任青 马忠文 整理

張蔭桓日記

王貴忱謹題

上册

中国近代人物日记丛书

中华书局

图书在版编目(CIP)数据

张荫桓日记/任青,马忠文整理. —北京:中华书局,2015.1
(2022.1 重印)
(中国近代人物日记丛书)
ISBN 978-7-101-10483-7

Ⅰ.张… Ⅱ.①任…②马… Ⅲ.张荫桓(1837~1900)-日记 Ⅳ.K827=52

中国版本图书馆 CIP 数据核字(2014)第 235292 号

书　　名　张荫桓日记(全二册)
整 理 者　任　青　马忠文
丛 书 名　中国近代人物日记丛书
责任编辑　张玉亮
出版发行　中华书局
(北京市丰台区太平桥西里 38 号　100073)
http://www.zhbc.com.cn
E-mail:zhbc@zhbc.com.cn
印　　刷　北京瑞古冠中印刷厂
版　　次　2015 年 1 月北京第 1 版
2022 年 1 月北京第 2 次印刷
规　　格　开本/850×1168 毫米　1/32
印张 22¼　插页 11　字数 520 千字
印　　数　2001-3000 册
国际书号　ISBN 978-7-101-10483-7
定　　价　88.00 元

张荫桓像

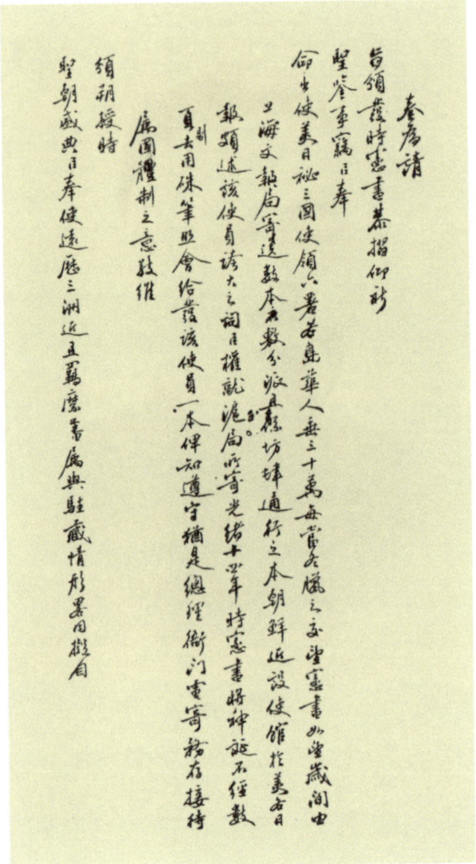
奏為請
旨頒發時憲書恭摺仰祈
聖鑒事竊臣奉
命出使美日秘三國使領以屬若島華人無三十萬每當歲之交望時憲書如望歲間由
上海文報局寄遞數本不敷分派且係坊肆通行之本朝鮮近設使館於美亦由
報頒述該使員誇大之詞臣權就滬局所寄光緒十四年時憲書將神誕不經數
頁剔去用硃筆照會給發該使員一本俾知遵守猶是總理衙門電寄務存接待
屬國體制之意按維
須頒授時
聖朝盛典臣奉使遠歷三洲近且羈縻藩屬與駐藏情形略同擬懇

张荫桓奏稿

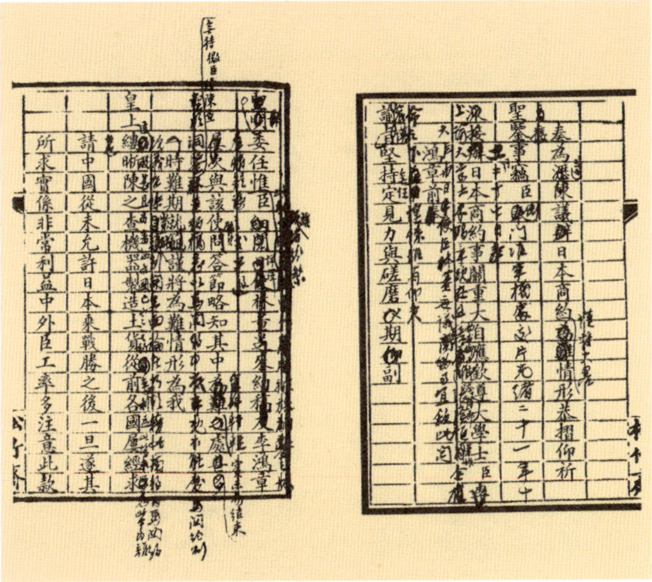

张荫桓奏稿之批改

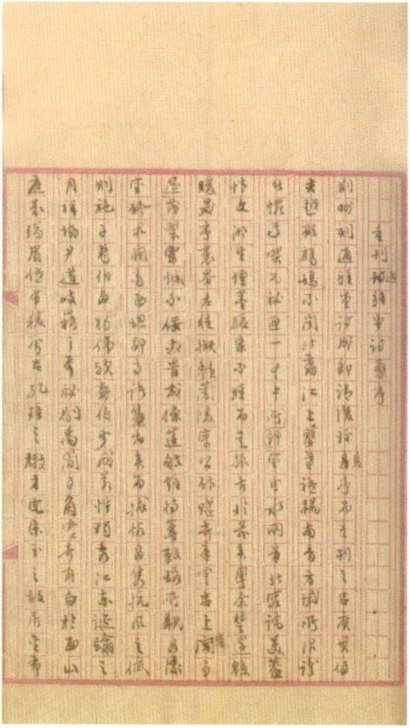

张荫桓文稿

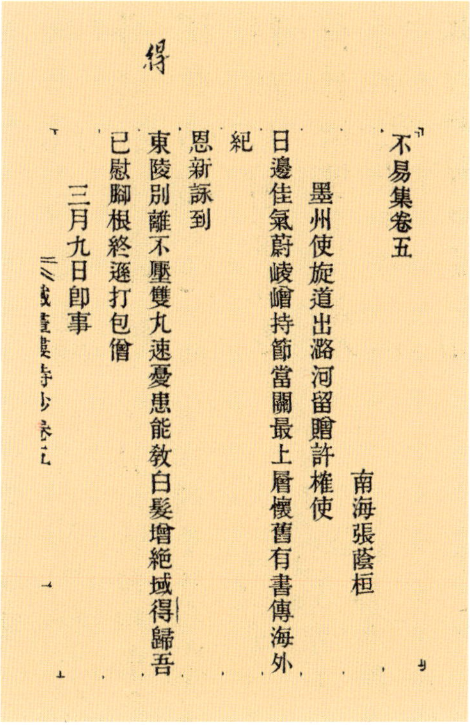
不易集卷五
南海張蔭桓
墨州使旋道出潞河留贈許権使
日邊佳氣蔚崚嶒持節當關最上層懷舊有書傳海外
紀
恩新詠到
東陵別離不壓雙丸速憂患能教白髮增絕域得歸吾
已慰腳根終遜打包僧
三月九日即事
得

张荫桓诗集之写样本

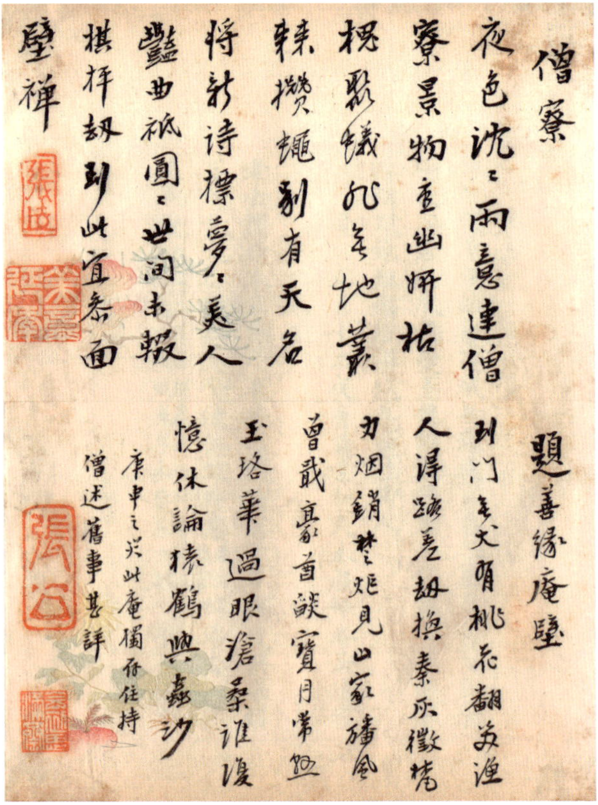

张荫桓诗稿（一）

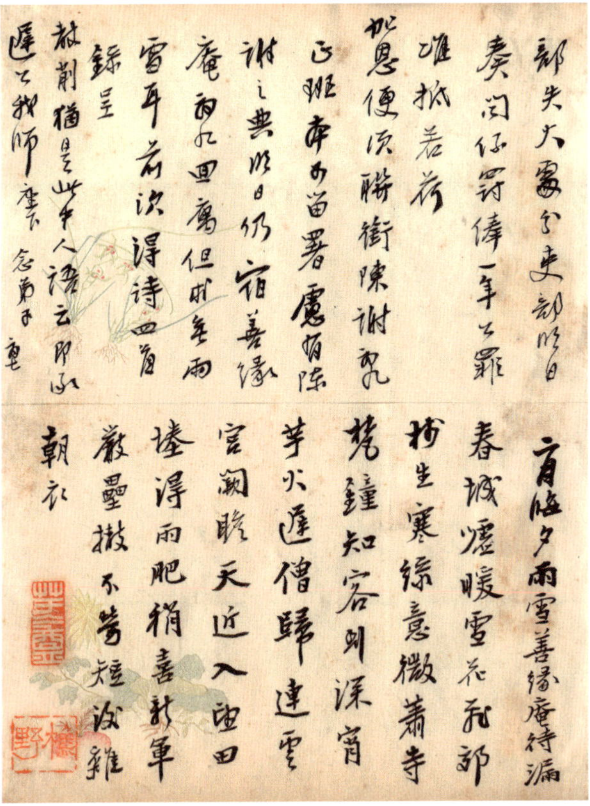

张荫桓诗稿（二）

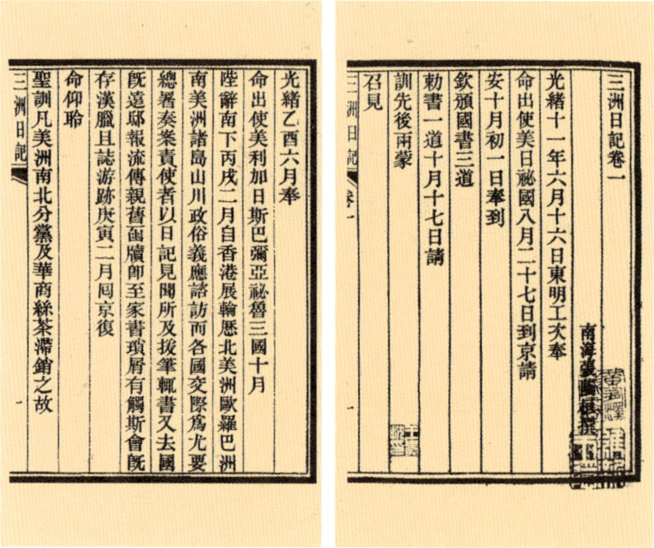
三洲日記卷一

南海張蔭桓撰

光緒十一年六月十六日東明工次奉
命出使美日祕國八月二十七日到京請
安十月初一日奉到
欽頒國書三道
勅書一道十月十七日請
訓先後兩蒙
召見

三洲日記　卷一　一

光緒乙酉六月奉
命出使美利加日斯巴彌亞祕魯三國十月
陛辭南下丙戌二月自香港展輪歷北美洲歐羅巴洲南美洲諸島山川政俗義應諮訪而各國交際爲尤要總署奏案責使者以日記見聞所及援筆輒書又去國既遠郵報流傳親舊函牘卽至家書瑣屑有觸斯會既存漢臘且誌游跡庚寅二月回京復
命仰聆
聖訓凡美洲南北分黨及華商絲茶滯銷之故

三洲日記　一

《三洲日记》正文与题记

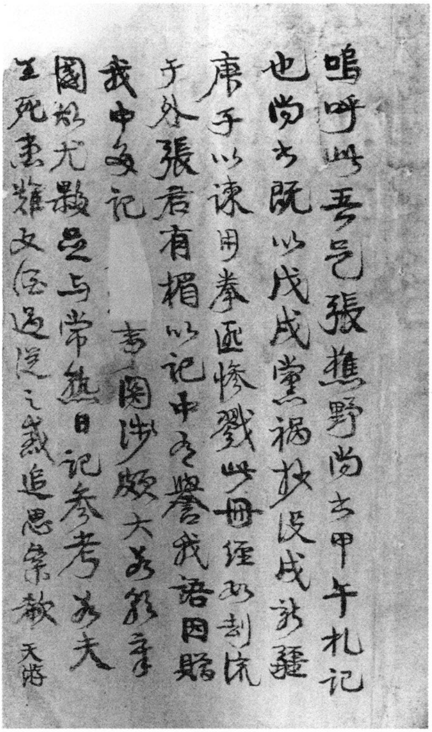
嗚呼此吾邑張樵野尚书甲午札记
也尚书既以戊戌党祸放没戌新疆
庚子以谏用拳匪惨戮此册经劫剖流
于外張君有楣以记中之誉我語因贻
我中多记　　吾國涉版大為能事
國赖尤戮之与常熟日记参考为夫
生死患难文位追從之感追思崇敬　天游

《甲午日记》康有为跋

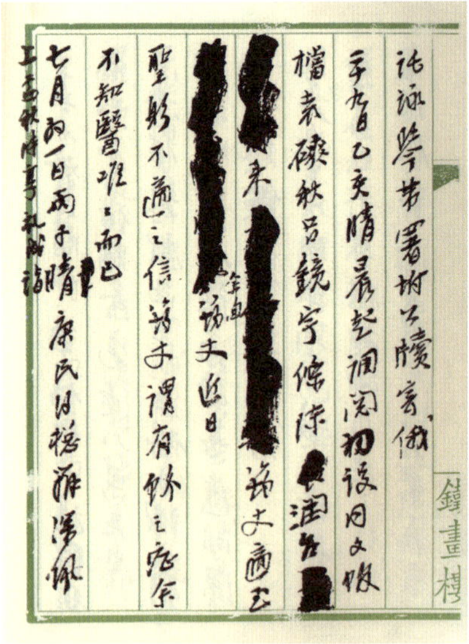
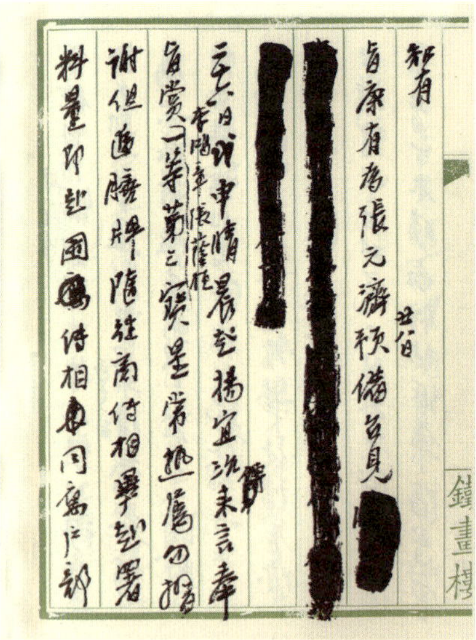

戊戌政变后张荫桓删改日记痕迹

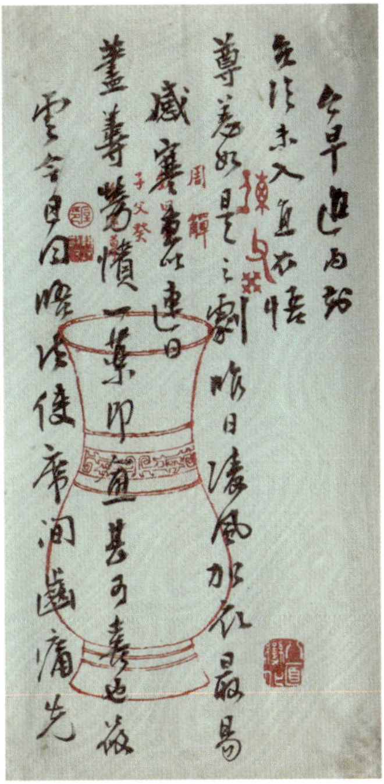

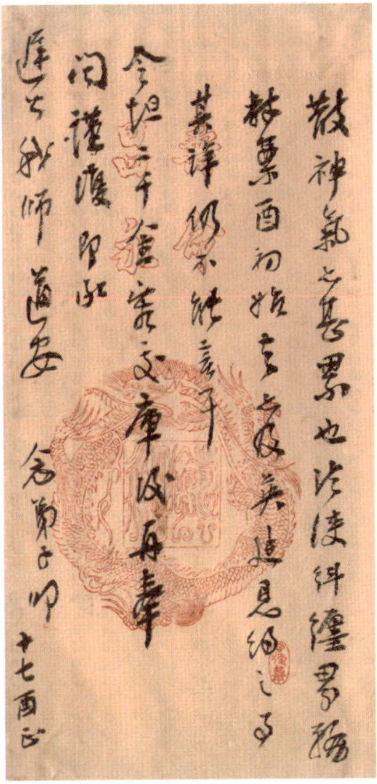

张荫桓致孙毓汶函

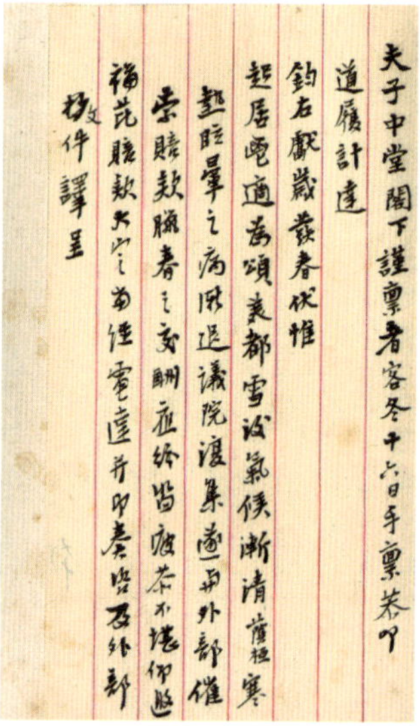

夫子中堂閣下謹稟者客冬十六日手稟恭叩
道履計達
鈞右獻歲發春伏惟
起居晻適為頌美都雪後氣候漸清蔭桓寒
熱眩暈之病咸退議院復集邇與外部催
索賠款臘春之交酬應紛沓疲苶不遑仰懇
福蔭賠款大宗尚俟電達并由奏咨及外部
抄文件譯呈

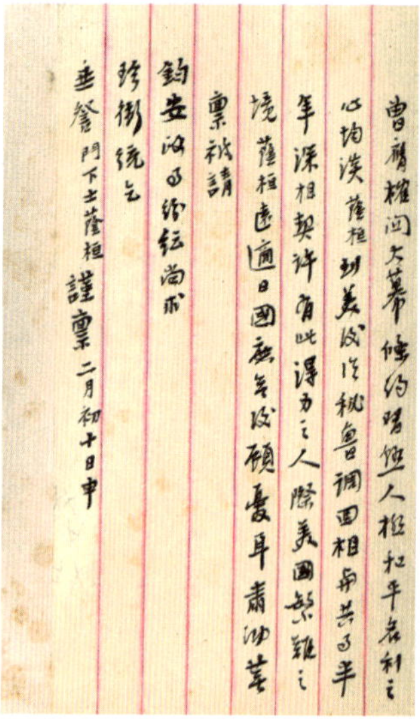

曾有權閣大幕僚約諸無人擬於千名利之
心均淡蔭桓到美後將秘魯調回相與共已半
年深相契許有此得力之人際美國繁難之
境蔭桓遠適日國庶無後顧憂耳肅此蓋
稟祇請
鈞安伏乞給紘尚祈
珍衛統之
垂鑒門下士蔭桓謹稟二月初十日申

张荫桓致阎敬铭函

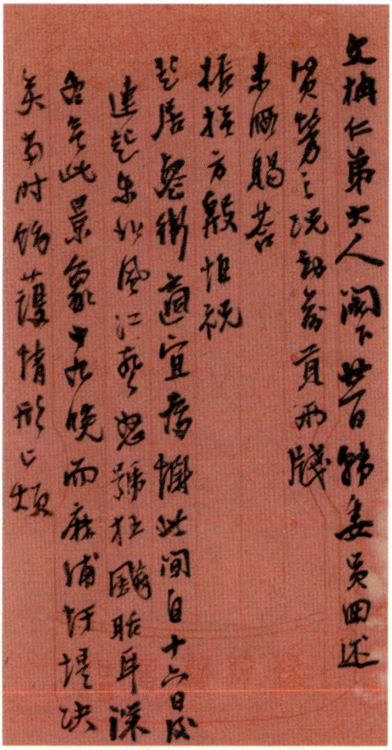

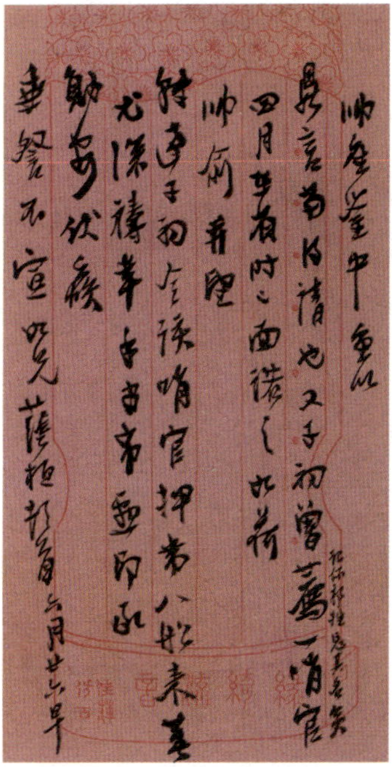

张荫桓致文楠函

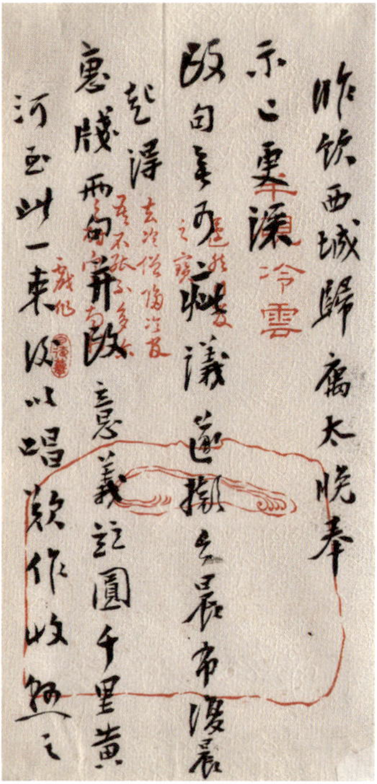

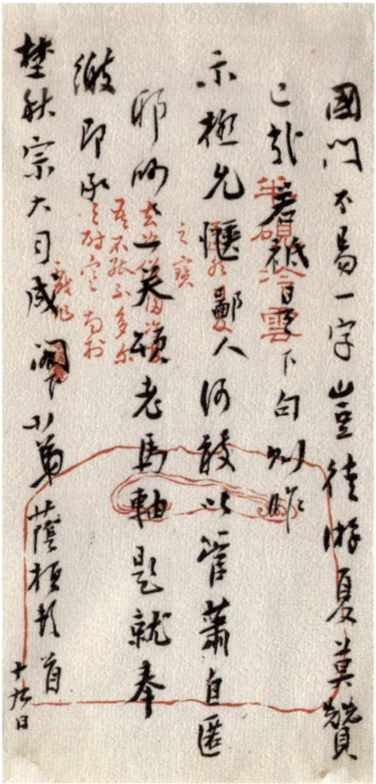

张荫桓致张百熙函

《中国近代人物日记丛书》出版说明

编辑出版《中国近代人物日记丛书》，旨在为学术界提供完备、可靠的基本资料。

日记体裁的特殊性，使其具有其他种类文献所不具备的史料价值。日记中的资料，有的为通行文献所不载，有的可与通行文献相互印证、补充，有的可以订正通行文献中的讹误。中国近代许多著名的历史人物都留有非常丰富的日记，较为著名的有晚清四大日记翁同龢《翁文恭公日记》、李慈铭《越缦堂日记》、王闿运《湘绮楼日记》、叶昌炽《缘督庐日记》等，都是具有较高史料价值、经常被学者征引的重要文献。

然而许多日记文献藏于图书馆、博物馆、研究机构或个人手中，学者访求不便。为此，系统发掘整理这类文献，是一项很有意义的工作。中华书局于二十世纪七十年代开始策划《中国近代人物日记丛书》，出版了多个品种，受到学术界的重视与好评，《翁同龢日记》、《郑孝胥日记》等至今仍是引用率较高的近代日记整理本。

新世纪以来，我们继承这一传统，加大近代人物日记的出版力度，试图通过进一步完善整理体例、新编更便利使用的索引、搜集更完备的附录资料等方式，使这套丛书发挥更大的作用，继续为学术研究贡献力量。

编好这套丛书，一定会遇到不少困难，但我们相信，在学术界、文博界和公私收藏机构与个人的大力支持下,这套有着悠久历史的基本文献丛书将会有更多更完备、精良的品种问世并传世。

中华书局编辑部

目　录

戊戌日记

新版前言

《张荫桓日记》自从2004年由上海书店出版社刊行以来，已经整整10年。应该承认，在过去许多年里，学界对张荫桓的研究比以往推进了不少。2012年中华书局出版了孔繁文、任青整理的《张荫桓集》，此次又将日记收入《中国近代人物日记丛书》重新出版，这些都充分证明了这一点。

提起张荫桓，以往人们的印象经常是一个在对外交涉中屈辱求和的"主和派"人物，一个不算太正面的角色。其实，这样的评判过于简单，他在近代外交和政治舞台上都曾留下过深刻的印迹，在近代学习西方的历程中扮演过重要角色。

张荫桓(1837-1900)字皓峦，号樵野，又号芋盦，广东南海佛山人，出身于一个破败的商人家庭。年轻时他并未像其他同龄人那样埋头八股，奔竞于科举之途，而是对刚刚兴起的洋务发生了兴趣。后随舅父李宗岱游宦山东，因为擅长交涉，办事干练，先后受到两任山东巡抚阎敬铭、丁宝桢以及直隶总督李鸿章的赏识与器重，屡经保荐，官至安徽池宁广太道。他曾收藏芜湖所产铁画梅、兰、竹、菊四联屏，运至佛山，故以"铁画楼"名其斋。光绪十年(1884)奉派在总理各国事务衙门学习行走，正式涉足清廷中央的对外交涉。不久受到清流人士参劾，左迁直隶大顺广道。次年经李鸿章保荐，充任清政府驻美国、西班牙(当时称日斯巴弥亚)和秘鲁三国公使，光绪十六年(1890)任满回国，以太仆寺卿再次担任总理衙门大臣，光绪十八年（1892）官至户部左侍郎。经过二十年的磨砺，张荫桓由一名捐班出身的地方洋务派官员，跻身卿贰，折冲樽俎，成为清季才具非凡、肩负重职的朝廷外交大员，也是西方人眼中最知外事的清廷官员之一。

光绪二十年（1894）甲午战争爆发后，张荫桓奉命参与外交决策，并于年底与湖南巡抚邵友濂一起，扬帆东渡，代表清政府前往广岛与日本方面议和，后因日方有意拒绝，开议未成，被迫返回。战后，张荫桓为光绪皇帝所赏识，屡蒙召见，咨询疑难；又被帝师翁同龢所依重，周旋于复杂的派系纠葛中，隐参清廷外交与财政决策。民国学者黄濬称他为"甲午至戊戌间幕后之大人物"，可算知人之论。必须强调的是，戊戌年光绪皇帝之所以赏识康有为，也是张荫桓在幕后秘密策划的结果，他甚至在召见时私下向皇帝举荐康氏。对于这个秘密，后来康、梁一直守口如瓶，又片面抛出"翁同龢荐康"之说以混淆视听。政变发生后，张荫桓被革职抄家，发配新疆。光绪二十六年（1900）义和团运动期间，慈禧重修戊戌旧怨，下令将张处死。在一定程度上，张荫桓是"戊戌六君子"外另一位因戊戌变法而死难的人物。可惜，世人受到康、梁的影响太大，往往很少知道樵野侍郎发挥的关键作用（详见马忠文：《张荫桓、翁同龢与戊戌年康有为进用之关系》，载《近代史研究》2012年第1期）。

张荫桓虽出身捐班，却才华横溢，工诗词，富收藏，常与孙毓汶、翁同龢、王懿荣、李文田等科举正途出身者往来唱和，品评书画，文名之盛，时人莫不刮目相看。著有《铁画楼诗文稿》（六卷）、《铁画楼诗续钞》（又称《荷戈集》，两卷）传世。与其他同时代人一样，张荫桓也曾长年坚持写日记，只因后来际遇突变，戍配西陲，不仅其书画收藏损失大半，自撰文稿、日记等也多散失。目前可以见到的唯有《三洲日记》、《戊戌日记》以及《甲午日记》，数量虽不多，内容却极为丰富，是研究近代史不可多得的重要资料。此次新版的《张荫桓日记》即由这三部分构成。

《三洲日记》是张荫桓出任驻美、西、秘三国公使期间所写的日记，起自光绪十二年二月初八日（1886年3月13日），止于光绪十五年十一月十三日（1889年12月5日）。光绪十六年初张荫桓回国复命，将日记抄录进呈，分为十六卷，称《奉使日记》，该进呈本现藏上海图书馆。南京图书馆又藏有铁画楼清抄本《奉使日记》一份。该日记后经张氏本人修订，改为八卷，命以《三洲日记》，于光绪二十二年丙申（1896）在北京刊行，光绪三十二年丙午（1906）于上海再次印行。日记中除了对当时多起美国排华事件有较多记述外，对其他外交活动、参观游历、往来案牍均有记录。其中对西方社会风俗民情的大量描述，对西方各国政治制度与社会制度的精辟分析，以及对中西文化进行对比后的种种心得体会，在一定程度上反映出张荫桓认识和学习西方的心路历程。20世纪80年代，日本学者坂野正高曾撰写《清季一个外交家的西洋社会观——张荫桓撰〈三洲日记〉札记》（载《纪念辛亥革命七十周年学术讨论会文集》下册，中华书局1981年）对此有过深刻的分析。

张荫桓甲午年的日记为稿本，系用作者自印绿格竹纸稿纸所写，半页八行，版心有"铁画楼"三字，现存四册，分别藏于常熟博物馆、台北中研院近代史所档案馆和南京博物院三处。其中常熟博物馆收藏一册，起于光绪二十年甲午正月初一日（1894年2月6日），止于二月三十日（1894年4月5日），后附曹菊生跋；南京博物院收藏一册，起于光绪二十年十月二十六日（1894 年 11 月 23 日），止于十二月三十日（1895 年 1 月 25 日），这两册均是近人俞仲久（名炳恒，江苏常熟人）旧藏，于上世纪五六十年代捐献给国家。台北中研院近代史研究所图书馆收藏的两册，一册起自光绪二十年三月初一日（1894 年 4 月 6 日），止于五月初一日（1894 年 6 月 4 日），其中三月初三、初四日、初五日及五月初一日部分内容缺损；另一册始于七月初一日（8 月 1 日）止于八月二十五日（9 月 24 日），其中七月初四日至八月初三日、八月初五日至八月初八日部分缺失；七月初三日、八月初四日、初九日、二十日有残缺。这两册有缺损的日记原稿是康有为的旧藏，附有康氏题跋，后由康氏后人于 1966 年捐献给台北中研院近代史所。《甲午日记》前部分多记载宫廷活动以及科举考试的各种制度；后部分则涉及甲午战争后期的议和活动，与内政、外交皆具有重要关系，史料价值较高。

《戊戌日记》稿本，亦用铁画楼稿纸所写，分装三册。原为国画家卢子枢旧藏，后归广东学者王贵忱先生所藏。记述始于光绪二十四年戊戌正月初一日（1898 年 1 月 22 日），止于同年七月初六日（8 月 22 日），即戊戌政变发生前一个月，前后共记 213 天的行事和见闻。上世纪 80 年代，王贵忱、王大文先生将其标点整理，分四次连载于《广州师院学报》1987 年第 3、4 期和 1988 年第 1、2 期。部分内容后来又被收入郑逸梅、陈左高先生主编的《中国近代文学大系·书信日记集》（上海书店 1993 年）。1999 年 11 月，澳门尚志书社影印出版了《张荫桓戊戌日记手稿》，王贵忱先生重新修订了部分注释。2013 年，曹淳亮、林锐选编《张荫桓诗文珍本集刊》（上海古籍出版社 2013 年）中，再次以影印形式收录了《戊戌日记》。这部分日记内容涉及戊戌年内政外交大事，诸如旅大胶州湾租借交涉、英德洋债、新政变法、德国亲王访华等事件都有反映，是近年披露的研究戊戌变法的重要史料。

这次重新出版《张荫桓日记》，主要是对《甲午日记》和《戊戌日记》的内容进行了修订和补充。第一，根据王贵忱、王大文、李吉奎、张求会等先生提出的意见，改正了《戊戌日记》中繁简体转化、断句标点、校对讹误等方面的问题。第二，根据曲阜师范大学张松智教授的研究，校正了《甲午日记》七月、八月份日记误断时间的问题（参见张松智：《〈张荫桓日记〉订误》，《近代史研究》2014年第6期）。第三，由于《戊戌日记》影印本已经容易找到，此次整理增加了部分注释，以便读者对张荫桓涂改日记的情况有直观了解。

为便于阅读日记，全面了解张荫桓其人，此次又增加了反映张氏生平事迹及著作情况的传记、笔记等，作为附录。同时，搜集补充了一些书影、书信、照片等作为插页，为读者提供参考。

我们从1996年起，开始整理《张荫桓日记》，从整理刊本到搜集稿本，再到出版，前后经历了七八年时间，一直得到文献学家王贵忱先生的热情关怀和指导，《戊戌日记》的整理尤其如此。搜集、抄录《甲午日记》稿本的工作，一波三折，最终零散的原稿汇成全璧。为此，应该感谢南京博物院徐湖平院长、张智先生、凌波女士，台北中研院近代史研究所罗久蓉研究员，中山大学桑兵教授，南京大学朱剑教授，以及常熟翁同龢纪念馆朱育礼先生。由于他们的帮助，整理工作才结束了裹足不前的局面。已故的台湾前辈学者黄彰健研究员，在1999年就曾为我们联系台北近代史所藏甲午日记的整理出版事宜，虽然当时未能如愿，但先生以史坛耆宿，甘为晚辈奔走，风谊感人至深，至今我们仍细心珍藏着先生的复函；美国哈佛大学费正清研究中心孔祥吉教授、中华书局编审刘宗汉先生、东北师范大学徐凤晨教授、曲晓范教授，还有广东学者梁基永、孔繁文、北京学者李经国诸位先生，都对整理工作给予了关注和帮助，在此一并致谢。可惜，由于学术积累不足和经验的欠缺，2004年《张荫桓日记》首次刊行后，仍然发现不少疏漏和讹误。此次重新出版时，我们做了认真的梳理和校改。整理文献，学者多视为畏途，稍有讹误，不仅劳而无功，且贻误学人。“失之毫厘，谬以千里”，希望以此与所有热爱和关注文献整理的同人共勉！

整理者

2014年11月20日

凡　例

一、日记按照时间先后顺序排列。刊本《三洲日记》,起于光绪十二年二月初八日,止于光绪十五年十一月十三日,原书共分为八卷,每卷内容四至六个月不等,且有相跨两个年份者,卷目详细如下:

卷一(光绪十二年二月初八日至七月二十九日)

卷二(光绪十二年八月初一日至十二月三十日)

卷三(光绪十三年正月初一日至四月三十日)

卷四(光绪十三年闰四月初一日至九月二十九日)

卷五(光绪十三年十月初一日至光绪十四年三月三十日)

卷六(光绪十四年四月初一日至八月二十九日)

卷七(光绪十四年九月初一日至光绪十五年三月三十日)

卷八(光绪十五年四月初一日至十一月十三日)

现为统一体例,改为以年为单位编排,与《甲午日记》和《戊戌日记》衔接,以便阅读。

二、日记刊本或稿本中表示敬称之抬头、空格,现予取消,文字连排;原来的小字夹注,改用小号字体排印。

三、日记刊本或稿本中明显的错字均予订正,先用括号括去误字,订正之字用〔　〕表示;原稿残缺或模糊难辨之处,凡可辨字数者,以□表示,不能辨字数者,以【上缺】或【下缺】表示;稿本中可以辨认,但又存在疑问的字,用〔　?〕表示;据文义补入之字,用〔　〕表示。

三洲日记

光绪十二年丙戌(1886年)

光绪十一年六月十六日东明工次奉命出使美、日、秘国。八月二十七日到京请安。十月初一日奉到钦颁国书三道、敕书一道。十月十七日请训。先后两蒙召见,训诲周详,复蒙皇太后谕:“尔向来办事认真,能办事人往往招忌。”跪聆感涕,虽捐縻顶踵,不足言报也。又钦奉廷寄,与张香帅会议海外事。陛辞后,寄宿恭将军宅。十九日,谒辞醇邸,承慰劳勤勉,属筹议香帅疏陈之件,期必有成,并约密电码“兵气销为日月光”七字冠首。连日庆邸、朝邑相国、福协揆、翁大农、周少宰厚为酒醴以饯,亦以远别为念也。二十一日出京,晚宿江苏粮运局。越日,薛抚屏、胡履平来别,并言昨夜繁星皆坠,众目诧睹云。二十四日到津,晤李傅相,筹商一切。遇李仲约亲家于紫竹林,往还数次,不尽所言。旋附“海晏”船南发。途经烟台,方右民登舟展别,东海旧僚幕多来晤,山农舅氏远在平度,得信较迟,赶至烟台,“海晏”已展轮矣,为之恋恋。

十一月初五日抵沪。经费拨定,拟为金陵之行,函询南洋,复以无甚要事,遂于二十五日附英公司船。二十九日至香港。紫笙舅氏,少萼表弟,靖闾、际平叔,秀村兄,晴江、小楼弟,均在港相候。先将行李附美船寄鸟约。十二月初四日晋省会晤香帅,筹议未定。正月初七日复奉寄谕,因留驻旬日,改订船期。二月初三晚与香帅面定会奏稿。初五日到港。初六日拜发起程摺并续调各员片。初七日赴港督马士之饮。

此数月中酬应纷如，返里一谒先墓，里居前后仅十七日，馀悉在省港。倪豹岑中丞绘《运甓斋话别图》为赠，并系两诗，可感也。倥偬行色，未及逐日为记，放洋后援笔编之。

二　月

初八日壬申（1886年3月13日）　晴

早起得李傅相电，属援美约十八款以办朝鲜之件，又念此去煞烦辨论，特为吉语赠行。旋往华安公司诸同乡处言别，辰正返寓。马士来寓送行，朝鲜国戚闵泳翊来送，并托寄郑光禄书。午初始饭，正饬家丁检点随身行李，适香帅电询会派小吕宋南洋群岛委员薪水数目，复以照三等参赞。发电后，委员王荣和又来电请示，竟无暇复之矣。未正一刻登舟，诸父昆弟念兹远行，先往轮艘为之料理。香帅派海东雄兵轮导送，由寓楼至海沿，则英官列队以待，并派政务司骆檄送至舟中，华安公司自雇小轮舶拖曳民船，沿海放爆竹以壮行色。送行之客次第别去，乘间至卧房易衣，周览同役各员房位，均安顿妥适矣。申正，船主来言放洋，出香港西口，绕太平山之南折而东行，海东雄兵轮港口炮台燃炮相送。是役同行者：礼部郎中、候选知府、二等轻车都尉延龄，号希九；候选知府瑞沅，号仲兰；湖北候补知州易学灏，号希梁；广西补用知县梁廷赞，号蓬云；广西补用通判姚家禧，号祝彭；浙江候补盐大使程赞清，号黼堂；刑部笔帖式张泰，号东岩；候选按经历江鉴，号藻亭；候选县丞莫镇藩，号力侯；候选县丞彭承谟，号禹廷；候补守备觉罗绪龄，号芝山；同知衔何慎之，号绯联；候选县丞梁诚，号震东；通判衔刘玉麟，号宝森；举人许珏，号静山；候选县丞张桐华，号子豫；刑部郎中彭光誉,号小圃;应用知县钱广涛,号涵生;县丞衔李之骐,号驺选;候选从九顾士款号敬之、邓廷铿号琴斋、张佐兴号钱伯;总署供事李春官、张丕勋,差弁陈吉胜、马宏源二十六员,另跟役十六人。舟行无风,尚无航海之苦。同舟无西妇,行坐尤便。船主以右边两桌专备吾辈饮食,不杂西人。

初九日癸酉(3月14日)　晴

舟向东北行。午正悬牌,行七百三十里,为粤闽交界处。戌刻雨,微有雾,渡厦门洋。亥初停轮,子正复行。

初十日甲戌(3月15日)　晴

遥望台湾诸山,如在云里。巳初停轮,刻许复行。午正行八百八十里。柁楼闲眺,偶询船主,却未置备各国旗志,然此为入口不可少之物。同行彭、程两员工绘事,善渲染,因就船旗之光洁者裁制如式,按图合作。暄风扇和,镜波朗澈,临渊画龙,几欲飞去,世无叶公,聊付船主。

十一日乙亥(3月16日)　晴

午正行九百八十里,船主约观机器制冰,寒气逼人。同舟有德商士布鲁士,操织染为业,游历中国,博考良法,人甚谨愿,是夕忽置酒享客,自言今日为母氏六十生辰,举酒为庆,询其父,则年八十矣。明发之怀,西人亦不能恝然,中外一理,千古不易之经也。

十二日丙子(3月17日)　晴,无风而浪

《十洲记》"水黑色谓之冥,海无风,洪波百丈",其今日之境乎?东方朔撰《十洲记》祖洲、瀛洲、悬洲、炎洲、长洲、元洲、流洲、生洲、凤麟洲、聚窟洲,又附以沧海岛、方丈洲、博桑、蓬邱、昆仑五条,已极荒远,兹之所经,乃复过之,惜乏舒雅之才为补绘图说耳。舟中时见小岛,以海图按之,当在琉球之北,日本之南。午正行八

百八十七里。夜窗骤醒，朗月入帏，海色殊佳。

十三日丁丑(3月18日) 晴

船主约观医生种痘，谢未往。航海章程，大舱华人须医生为种痘，以防天花传染，若舱有患者，船不得泊岸，此通例也，惟上客或西人均免。自香港展轮后皆向东北行。今日向正东行，望日本长崎诸山，蜿蜒不断，塔灯隐约于淡云碧水间。午正行一千三十六里。

十四日戊寅(3月19日) 晴

行八百八十七里。辰正抵横滨，停泊后风涛大作，遥望来船，如桔槔出没白波骇浪。横滨理事官率随员来迓，一舸冲荡，无缘相过，未正风息复来。参赞杨星垣亦自东京来，相约登岸，仲兰、震东、宝森同至理事府，饭毕坐火车赴东京。子初抵使署下榻。徐星使曾随陈副宪使美，谈美事甚悉，又历道水陆舟车劳逸之况，并言埃利士党有截害荫桓之谣，预为电告金山领事，知会巡捕照料登岸，更为添置棉夹衣、行路所需之物，东道之谊可感。香港起程时衣夹衣，舟中御棉，抵东京寒甚，竟御重裘。

十五日己卯(3月20日) 春分，嫩晴

访日本外务卿井上馨，窃谓略叙过客，寒暄而已，井上乃肫肫述其近政，谓欲与各国修订旧约，将各国商民之在日本者，遇事由日本办理，而举内地通商一事以相易。当告以内地通商亦有流弊，凡欲将已定之约更换，必须互衡利害，庶无后悔，井上韪之。并将美国驱逐华人近事相告，以此行为棘手，又劝考求法国律例，以便交涉，盖法国律，日本所宗也。叩以华人被害各案，美应赔偿否，井上沉吟久之，答曰：中日之于美民，设有此等事，美必索赔。可谓工于词令矣。随晤其当轴伊藤博文，甚从容暇豫。出该国陆军省所

制后膛枪赠李傅相,叩其铁从何来,亦购自西洋云。旋往访各国公使,无他要言,但道美事棘手,甚于《新闻日报》所云。美使哈勃初到日本,坐谈较久,故为颂祝宽慰之词,意仍不恶。闻其眷属并居使馆,奉七十衰亲航海远涉,舟中十数日不能食,及抵横滨,舟触礁石,旁皇觅舟登岸,可云险矣。西人不惮远行,现幸无恙,视若无事也。

十六日庚辰(3月21日)　　晴

薄游上野、芝山诸胜,路经红叶馆,门垂碧柳,风景不俗。户屦已满,遂尔回车,遥见宫样雏鬟望尘拜送。访德川将军墓,规模宏丽,尚有古风。又访奥国公使总署,旧识也。是晚日本使馆设筵欢宴,酒阑各散。子正草家书、上朝邑相国书。始购眼镜。

十七日辛巳(3月22日)　　晴

伊藤、井上及各国公使陆续答拜,均无暇接晤,惟葡使径至厅事,遂与坐谈片刻。附火车至横滨,理事官盛筵饯送。晚宿中学馆,馆师梁生谈学中肄业课程,颇不寂寞。

十八日壬午(3月23日)　　晴

晨起,驻日使馆、横滨理事各员并来送行,同驾小轮至大船,小坐而别。美水师兵官欲约晤,而加力船将展轮矣。巳正展轮向东南行,出东京海湾折向东北,午正行四十七里。自香港航海至旧金山,向以出入横滨口为奇险,过此则无触礁之虑,虽飓风淫雾,只要船主定静,司机器人毋大意,便稳渡太平洋。粤人每于此地焚黄以答神贶。日本诸山有灵慧气而乏雄厚。

十九日癸未(3月24日)　　晴

午正行一千一百二十里,仍向东北。是日东风大作,浪打船篷,飞溅舱里,夜尤颠簸。

二十日甲申(3月25日) 阴,微雨

舟向正东行,天气寒甚。午正行一千零六十七里,濆滃虹洞,轧盘涌裔,极混混沌沌之致。

二十一日乙酉(3月26日) 雨

午正行一千零十三里,绝无来船,时见海鸟随波上下。

二十二日丙戌(3月27日) 雨

午正行一千零三十三里,夜大雾。

二十三日丁亥(3月28日) 晴

午正行一千一百三十三里,顺风扬帆,西人鼓琴歌唱,以答涛声。

二十四日戊子(3月29日) 晴

午正行一千零八十里。航海每眩晕,此行却不甚苦,只不能食,间令庖丁制乡味,亦不下咽。水窗无俚,与希梁奕以解烦,念江皋别后不对局垂十年,彼此了无进境,可笑。

二十五日己丑(3月30日) 晴

午正行一千一百五十三里。晚观西人叶子戏,两两相附,若犄角,若对垒,其戏有王、有君后、有丞相,自一点至十点,红黑两色,为方式,为桃叶式,为半朵梅花式,牧猪奴外别创一格。西历重一日。

二十六日庚寅(3月31日) 晴

午正行一千零九十四里。粤人甘霖,操矿业,客金山垂三十年,陈弁导之来见,述金山今昔情形颇详。所营金矿以水机淘洗,事半功倍。因举莱莒矿事询之,霖言:"金山无此佳矿,惟须经理得宜。"渠九月回华,因许以荐往山东矿局。

二十七日辛卯(4月1日) 阴,晨雾,午晴

行一千零八十里。甘霖复来谈矿事。

二十八日壬辰(4月2日)　晴

午正行一千零二十三里。船行快捷,西人置酒以劳船主,谓西历四月后便无大风。

二十九日癸巳(4月3日)　晴

午正行一千零九十七里。西人以舟行里数赌赛为乐,船上医生每获隽,咸嗤为潜诣船主房问信,或未必然。

三　月

初一日甲午(4月4日)　晴

午正行一千零九十里。同使各员咸缮家书,并劝余乘此馀闲可以写信,恐抵金山日夕须接晤宾客,无握管之暇。余感其意而有待也。

初二日乙未(4月5日)　晴,清明节

忆沈佺期诗"海外无寒食,春来不见饧",为之怅然。午正行一千零二十三里。入夜风雨交作,颠簸之甚。柁楼卧房并不耐坐,独与蓬云、希梁就大餐房谈去年肇庆水灾,肇罗道所筑堤埝,及府关积弊事。子正解衣睡,船仍摇荡,黑甜一觉,俟波已平。

初三日丙申(4月6日)　阴雨

午正行九百九十里。晚馆后登柁楼,遥见灯光如星,昏黑无际涯。西人指以相示,云将进口,饬家人预检行李。

初四日丁酉(4月7日)　雨

晨起抵金山口。领事欧阳明偕洋员傅烈秘、翻译欧阳庚、随员王国逊、郑鹏程来见。因约领事官至房舱,询金山近事,坐谈逾时。旋登柁楼晤傅烈秘各员。少顷,船亦泊岸。正在搬运行李,而税司

黑假以索阅国书为词,阻碍登岸。当诘以税关无接阅国书之权,若欲展阅,须予我以能阅凭据,令傅烈秘与之辩论。适中华、三邑、冈州、阳和、合和、人和、昭一各会馆绅董来迎,遂下楼与晤,周旋甚久,而税司之见仍未销融。复告以迟迟不登岸,或原船回华,未尝不可,国书则断难给阅。税司知理不可夺,其总查官天年遂婉请登岸。即驱车就馆舍,寄榻九层楼。锦堂、傅烈秘仍来照料,因喻以税关如此无状,当往诘之。傅烈秘力述金山办事之难,唯唯而去。属锦堂电告郑光禄,转达外部。舟行逾半月,泰西食品雅非所嗜,且时或眩浪,辄不能食。旅居九层楼,当市集之冲,车雷彻夜,并不能眠。是夕订定火车,即电李傅相转醇邸"抵美一路平安"六字。

初五日戊戌(4月8日) 晴

天将曙,闻窗户震撼如大风雨,呼从者起视,殆层楼浇洗,水从上落,振兹奇响。建瓴之喻,及今而悟。午间法领事来,盛称锦堂之能。晚饮冈州馆,闲话故乡风味,何止猿鹤笑人?

初六日己亥(4月9日) 微雨

前美使镂斐迪来,谈前在中国时所办各事,多中理,中国前派学生来美学习,渠与有力,至今李傅相犹通音问。又言何天爵顷已赴华,谋办铁路。又询前日登岸情景,痛诋税务司之谬。酉正仍饮冈州馆,中华绅商之约。

初七日庚子(4月10日) 雨

法水师兵官来见,询其船只容二百吨煤,此从横滨来,倩风帆行驶。前美使士蟖枯特来见,寒暄甚殷。申初至领事署,复赴中华会馆、三邑会馆少坐。各商经客岁今春土人谋驱逐谋炸陷,几不安生,大有风鹤之感。欲收庄回华,帐项又难遽集,郁郁居此,又有性命之虞,未免进退维谷。二月而后,凶焰稍平,惊魂亦稍定矣。咸愿余多驻数日,备述近事。余奉命远来,保护商民,责无旁贷,遂详与抚慰。念中美通好数十年,同治七年蒲安臣之约,华人来美均有任便往来之益。其时美国志在开辟西境,招致华人惟恐不力。转瞬而火车铁路四达旁通,沿山煤铁五金之矿采拓不竭,金山荒芜之区,蔚为都会,杰构云连,商旅阗隘,微华人之力,曷克臻此?乃不数年而谋限制矣,不数年而谋驱逐矣。近且焚掠抢杀,惨毒不堪。顾兹海外残黎,何以为计?是宜各谋联络,咸务正业,毋为所轻。华人数万里远来,尤当共切桑梓敬恭之意,毋分某府某州某县,旅居谋食,悉如一家。间有勃溪,诉之会馆,甚不得已,乃烦领事,务令彼族知我华人彼此相顾,庶可略免欺侮。至于未结各案,自当设法促之,无足虑也。诸绅商咸韪斯言,唯唯而退。旋至昭一公所晚酌。返寓大雨。

初八日辛丑(4月11日)　雨

仍饮冈州馆。董事吕春荣言:此华人来金山始居之地,初本海滩,支布棚以避风雨,商务渐拓,沿海砂砾逐年填筑,遂成冲衢。此馆醵金建筑,楼上供关帝,司祝者岁一易人。聚乡人投阄,近竟投至八千馀金,足供会馆岁用,不收华人出港费矣。返寓则税司黑假、总查官天年、铸银行商三人来见。黑假寒暄后,自言前日登岸时并无索阅国书之事,当系传话之讹,因船来甚速,未及迎迓,以致失礼,乞函致外部为之解铃。当告以国书非尔所能阅,尔有命运当总统时接阅不迟。黑假力言断无索阅之意,絮聒不休。因指天年语之曰:"当日舟中问答情形尚记忆否?"天年但唯唯,谓实无此意,银行商董婉为缓颊,始悟黑假挟之同见,为解纷地也。

初九日壬寅(4月12日)　晴

往观大画。拾级登楼,仰视黑暗,只梯罅透微光,联步毕登,却别有天地。画为拿破仑第一与英、德诸国战事。两军部伍整列，拿破仑第一策马仗剑，叱咤指挥，从十馀骑，前军已北亟抢高阜，为敌军枪炮所拒，火光并烈，法军伤亡枕藉沟中，或扶伤颠踣，或裹创再接，或舆尸狂奔。其时车辆犹是牛马拖运，制作拙笨，知西制之巧亦与时俱进耳。遥望远处烟焰四起，则炮台燔矣，其光冲天，云气为赭。沿冈树木浅草苍绿如活，有枯树倒折于道，法兵败残者盔甲枪刀狼藉，撩弃若可检阅。谛视逾时，仿身在战场，不知为画，殆光学使然，特无声耳。汉桓帝时刘裒画《云汉图》，人见之觉热；画《北风图》，人见之觉寒。不假光学自成绝诣，又不可同日语也。

随至花园观华盛顿造像，园中珍禽奇兽，鳄鱼毒蟒皆备，海狗尤盛，中有圆池，就池作舟，无首尾，有帆桨，四面圜转而不能远行，游人往往于此为水嬉，舟楫之奇式也。围墙以松柏树翦蟠而成，深碧四围，视因树为屋者，别有奇想，又富有台榭，供游人憩息，金山繁扰中此为佳境。拟乘兴往观海口炮台，傅烈秘言守台官他往，遂不果。美自南北花旗争战后，兵船炮台皆旧式，数十年从未措意，只以海口有险，又僻在墨州，虽不戒备亦足自豪。归途见风筝，略如中土。晚饭杏花楼，三邑馆之约，南海举人罗熙尧主之。

初十日癸卯（4月13日） 雨

观铸金银局，该局近以银钱滞消，只铸金钱，大小不一，模式尚佳。午晴，答拜镂斐迪，茶话良久，询以前年何天爵回美愿为中国借款，与汝相商，何以无成？镂言尔时中法方有事，我亦因病赴他处就医故耳。归寓，寄山东矿局书荐甘霖。晚赴鹤山同乡之约。

十一日甲辰（4月14日） 晴

检行李交火车先起运。未初答拜士蛾枯特，承询中朝巨公甚挚，光绪六年中美续约即其手定，其律师之雄乎？旋赴宁阳馆之约,并往广联兴视从弟子豫病。亥正返寓,缮发总署咨,并寄北洋书、粤督书,述抵美情形。

十二日乙巳(4月15日)　晴

行李起运既竣,定期明日就道。子豫、骀选病不能从,留翻译相待同行,重往视之,并赴阳和会馆之约。合和、人和两会馆、龙冈公所均具柬分请,以火车期定,婉辞之,不得已,属并为一局,乃谓无以示敬,毋亦门户之见太牢乎?此行因埃利士党有截害之谣,特在金山多驻数日,各会馆公宴必赴,亦间观剧,数数出入,了无戒备,固知埃党恶言,无非虚疑恫喝,不足吓人也。晚约欧阳锦堂来寓,将应办各事预为商榷,并托寄秘鲁书。丑正睡。

十三日丙午(4月16日)　晴

辰正早饭毕,食士多苾利,绝类桑椹,颇清美。随身行李既检拾,又派定姚祝彭赴檀香山察看商务,将金山钞案付之,酌发盘川。事竣,乘马车,渡海至屋仑,附火车起程。随使济济,遂专雇两车,不杂外人。申初二刻开行。金山六会馆绅商远送至火车头,领事、翻译、随员等随车送至三十里而别。酉正过钵哥士达海港,船载火车径渡,类中土摆渡,特宽大有轮机耳。戌初二刻至沙加免杜尖,计程四百六十里。尖顿仅二十五分钟,车复行。中夜停两时许,修理机器。

十四日丁未(4月17日)　阴,霰雪,微寒

晨起渡落机大山,松毛满地,沙漠弥望。巳初至杜力机尖,行四百里,出嘉厘福尼省界。申正一刻至钦哺路的尖,行五百四十七里,仍下车就食,沿坡荑柳摇曳清泉,西人制机喷水,洒溉甚远,酒帘左侧修薄丛林,颇有野趣,同人信步,忘路之远近,几误回车。晷刻气筒两摇,亟追之返乘。月夜行,积雪相映,每过雪棚黝洞,漆黑

无所见，过尽豁然，若别有一境界。

十五日戊申（4月18日）　　阴

辰初二刻至的利士尖，行一千一百二十三里，出尼华大邦界。巳刻过盐湖，不闻臭气。未初二刻至恶顿尖，行四百零七里，为乌大属境。申初三刻换车复行，经地胡路士他，译言鬼门关，亦无甚奇险。少顷，过千迈树。谚云，自此树至阿虾麻恰千迈，即中里三千三百里也。戌初三刻至伊士顿尖，行二百五十三里。薄暮奇寒，雨雪交作。此埠有华商数家，乡人李荣邦自金山电属为备馕顿，甫停车而食榼至，杯盘肴饭，错陈几榻。雪天行路数万里外，复饫乡味，尤不易得。地距洛士丙冷不远，华民箪食壶浆，意自有在，吾侪不能拯水火而慰云霓，良兹愧耳！饭罢与廖群、廖泽谈洛士丙冷案。

十六日己酉（4月19日）　　晴

巳正至拉拉米尖，行一千三百里。未初过加兰坚嫩，自恶顿至阿虾麻，以此埠为最大，歪阿明属境也。其巡抚窝伦、总兵官露尼来见，谈华民被害事，并为太息。酉正至失尼尖，行三百四十里。戌初大雷电风雨，视海上风涛声势较壮，逾时始霁，月色皎然，遥见沿山野烧。

十七日庚戌（4月20日）　　谷雨，晴

巳刻渡米西希比河铁桥，此河绵亘万馀里，其难治与中国黄河同。巳正二刻至阿虾麻埠，行一千三百八十里。换马车，密曹吉士巡抚阿郎来见。午刻复行，出尼不拉士格邦境。酉正至利云钵，行九百四十里，为埃阿华邦东境，过此即衣邻奴士邦矣。换车后，就车中饮食，较前为适。途间花树麦苗秀色可喜，沿畦遍筑鹿篱，高下参差，若断若续，为画家增一奇境。视数日前沙砾荒凉，沃瘠之

判天渊。

十八日辛亥(4月21日)　晴

辰初至诗家谷,为依邻奴士邦大镇。连日委顿,小憩旅寓一夕。贻书郑光禄,令绯联、蓬云先往美都。乡人佣趁于此者约八百人,纷来请谒,亦馈饘粥。一人徘徊不去,云留此煮粥。叩其籍,为新会人,名卢达远,手挟呈词,俟各人散后乃递。阅之,则新蕾命案也,痛述刘、赵两人冤枉,恳予平反。其人颇有肝胆,因慰劳而许以到任筹办。

十九日壬子(4月22日)　晴

巳初诗家谷城主熙赖臣来见,约观公估局,盖谷米牛马贸易之所。人声鼎沸,竖指为问答,旁列电筒报价,不假毛生算博士而百万生意顷刻成交。美国四大埠,诗家谷其一也,南省通衢,粮米总汇,风气尚不侈靡,犹知农家作苦之况。未正衣顿虑士巡抚阿士被来见。申刻换车行。

二十日癸丑(4月23日)　晴

巳刻至毕次畀城尖,戌初抵华盛顿,郑光禄扶杖率从官迓之郊外,同至使馆恭请圣安后即返鸦灵顿客寓。随接见参赞诸客毕,始谋晚食,厨爨一空,又不谙市沽饭店。水陆行数万里,甫下车能自为馔者殆不易易,幸派员先一宿至,汲汲张罗,否则枵腹达旦矣。使馆在华盛顿,国都西北隅,雕攀园之北,颇高敞,门外馀地间植花木,又为暗机喷水,浅草如茵。门内翻译、会客、餐饭、跳舞、打波诸房均备,且华赡宽整,故西人以此为美都广厦。惟楼高三层,绝无院落,吾辈从中国远来,惟深异乡之感而已。曩在总署与荔秋副宪访美使杨约翰,喜其园亭遐旷,广荫嘉木,厅事亦明窗净几。间询荔秋:中国驻美使馆有此畅适乎?荔秋正色曰:有过之无不及。今至其地，知所见不逮所闻，且不独使馆一事。

自香港至金山，水路二万一千零三十里，自金山至美都，陆路一万一千零三十三里，水陆共三万二千零六十三里，行次逐日纪事，系以干支，至此确为三月二十日，而使馆壁悬中西合历，则为十九日，犹西人重日之说也。许静山日记言，前在舟时，曾有中国人不当在太平洋重日之说，后至金山登岸，询欧阳领事，则彼处官民咸以是日为初四日。盖华人惟据舟行所历之昼夜为凭，但知其地日出较广东早八点钟，无所谓重日也。及至华盛顿，则署中方以是日为十九日，云自陈副宪时相承不改，副宪于途中所纪东西经度既仍西人之旧，故重日亦随西人之例。其实华盛顿城在中国京师东偏一百六十六度，距昼夜分线处尚十四度，必过此十四度后，交中国偏西一百七十九度之线方为重日，以符华人西行至欧洲之历。如由此赴日斯巴弥亚，途中若不重一日，则到岸之日与中朝驻欧各国使署之历不符。然则我中国人之重日当在由美至欧之大西洋，不当在太平洋，明矣。然虽持此论，署中笺奏公牍仍以是日为十九日，姑存是说于日记中，以告后之游美者云。静山建议颇诋荔秋不谙星历，蒙亦疑焉，细核荔秋循用之历，衡以吾华星度皆不爽。比接总署北洋电信，日干悉符，大抵京师之昼，即华盛顿之夜，似荔秋未可厚非。即星度无参差，便可中西通用，西人重日亦以合星度耳。以后日记视此编定。

力侯《重日考》地球纬线周二万五千二十迈，分三百六十度，每度六十九迈半。日在中天为午刻，次日再见日在中天为一日，历二十四点钟。凡地球一周三百六十度，需二十四点钟，每一度须四分钟。譬如船在中国向东行，每日约行六度，以在船之人而论，则自昨日之午刻至今日之午刻只二十三点钟三十六分，盖日自东至西船已去东六度矣。此船行之度,非地球旋转之度也。故船中先二十四分钟见日,中国则后二十四分钟始至午刻,方合二十四点钟之数。船渐远则见日愈早。船至旧金山,去中国一百二十度,故先八点钟已见日在中天矣;至鸟约,去中国一百七十度,故先十一点二十分钟见日在中天矣;至英伦,又远七十度,则又先四点钟四十分见日在中天矣;算至回中国原始起程之处,则是三百六十度,见日当中应早二十四点钟矣。是船行所见之日即中土次日之日也,行船者以见日太早,遂少一日,因为重日之说以补其缺云。所论尚浅显,因并识之,昔李之藻天学诸书留意西学,却未预计后有使者远涉外洋,为之推阐历日,惟事考究理器,惜哉。

二十一日甲寅(4月24日)　晴

郑光禄见示清摺,皆客主往来之仪,及函商总署候复之件,又与商新旧任各事。

二十二日乙卯(4月25日)　晴

电粤督到美日期。重访郑光禄,长谈。其参赞携铁印来,又开具使者初到事宜,谓延希九曰,此铁印为历任与外部公牍往来钤用,视部颁关防尤要。余语希九:既如此郑重,盍俟送印时并送可乎?参赞怫然,拂袖径去,并事宜单而裂之。希九甚骇,余亦莫喻其旨。

二十三日丙辰(4月26日)　晴

照会外部,订见总统递国书之期。郑光禄来晤,携示要牍一簏,金山华人被害及美国限制华人各苛例办理辨驳成案馀牍,由参赞点交。是晚美绅假使署作善会,剧金充医院费,郑光禄既诺之矣。会者四百馀人,喧笑杂遝,余以未谒总统不便与会,但助善会之资,令从官代周旋。

二十四日丁巳(4月27日) 晴

午初郑光禄差官送印，当恭设香案，望阙叩头谢恩，拜领任事。外部照复二十六日见总统递国书。午后拜发到任接篆摺子。

二十五日戊午(4月28日) 晴

郑光禄来别，云已谒辞总统，亦有颂词，并将颂词抄示。秘鲁驻美公使爱立谟来访，未晤。

二十六日己未(4月29日) 晴

未初偕希九、仲兰、震东、洋员柏立赍国书至美外部，晤该部大臣叭夏，同往美宫。于是始与叭夏相见，词色甚和，谓太平洋滨商务从此可以展拓。旋诣美宫，荔秋日记所谓蔚蓝宫也，坐候片刻，美总统企俚扶轮出见，免冠植立点首，外部叭夏旁侍，余率从官点首答之。行稍近乃宣颂词，震东翻译一遍，随将国书敬递，总统接收后即交叭夏捧持，自探夹囊取颂词宣读一遍，彼此握手而退。顺道拜客，外部随将总统颂词备函送来。晚为郑光禄饯别。

二十七日庚申(4月30日) 晴

香帅电询金山情形、郑使病状，即电复之。旋往郑寓送行，郑光禄必欲一作主人，移尊使馆饮，劳同使各员，却之不恭，谈宴至亥初散。

二十八日辛酉(5月1日) 晴

晨起，将接交文牍移复前任，又托缴木质关防，并托寄家书。郑光禄准申初起程，率参赞从官先往车房候送，即美前总统加非被刺之地，现于壁上雕镂白石鹰，为加非题名其上，厅事宽敞，坐可数百人。西人则委内瑞辣公使在坐，掖郑光禄登车，西例之交厚者类如此。郑病稍痊，仍扶杖濒行，复感寒涕，修劳顿，窃为悬系。其亲故辞差归者多不与同道，郑光禄亦不强之也。送行后返署，得粤中转总署电:本日奉旨,张之洞沁电已悉,洛士丙冷案尚未定议,张荫桓到后,著郑藻如暂留,会同经理,并将各案议定善后章程,再行回华。钦此。当钦遵转电郑光禄留行。是晚子豫、骀选、宝森自金山来。

二十九日壬戌(5月2日)　晴

郑光禄回电,暂憩诗家谷候旨,因复为书约之。旋拜发赍递国书摺、现在交涉情形片、缴销木质关防片。外部叭夏以妻丧不拜客,差帖代面。晡后车运行李均到,检收安顿。接舍路华昌公司电禀:美兵将撤,土人仍谋驱逐。

三十日癸亥(5月3日)　晴

晨起照会外部缓撤舍路防兵。自递国书后,暇即循例拜客,如美外部、内部、户部、兵部、水师部、邮政部、律政部、按察司、陆师将军、水师提督及上下议院议员、各国公使,到门投刺,或晤或否。美廷诸臣各附其党,咸随总统为去留,惟合众国按察司屹立不动,岁俸九千金额,设九员堂,有六员便可听断,权力极大。民主之国政由议院,而法司之权自若也。墨西哥公使罗露美忽来照会,请订期议约。当答以外国与中国通商,向系专使赴华定议。该使复来书请查阅二月杪所给前任照会,盖欲援巴西条约作底本也,因并达总署。

四　月

初一日甲子(5月4日)　晴

外部回函,舍路防兵缓撤,即电复华昌,并抄寄金山领事。日斯巴弥亚公使罅丫鸦架来见,告以暂不能赴日,先派参赞往代。

初二日乙丑(5月5日) 立夏,午阴欲雨

德使鸦路湾士利本来见,询中国铁路事。申初答拜百贾,年八十一矣,客粤最久,以医为业,叶崑臣之役却在行间。此时归老故乡,不谈往事。坐中悬前粤抚黄石琴小照,又什藏故粤督耆介春画像,陈设器物多粤中佳制,厅外悬陈副宪映相,亦旧识云。

初三日丙寅(5月6日) 晴

驻华美使田贝之兄来见,询乃弟在华境况。美国前派驻俄驻日公使科士达来见,田贝所引荐也。西俗伯叔与母舅、姨母同一称谓,与所生同产也;伯叔母、姑夫、姨夫同一称谓,内外亲不别也;从兄弟姊妹与中表同一称谓,中表可为婚配,推而至于从兄弟姊妹。异矣。

初四日丁卯(5月7日) 雨

得郑光禄诗家谷来电,奉旨准归,即已就道。午后香帅复电询已否返署,当照光禄来电复之。陈蔼亭自古巴来。

初五日戊辰(5月8日) 雨

晤外部,先谢舍路留兵,次诘问金山税司阻碍登岸事,又特给予照会。美各部书佣,男女并用,其工资由考取递升不尽,请托视部务繁简,多或二千馀人,少亦千数百人,女工可以谋食。其俗无虑男女,六岁以上不向学读书,即责其父母。

初六日己巳(5月9日) 晴

倭使九鬼来晤,颇有同文联络之雅。申初易希梁辞赴鸟约领事任,翻译刘宝森同行。美国火车铁轨四通八达,无远弗届。货车无论矣,客车分等,上等之坐有机括,能四面活转,另有烟房吸烟,避女客也;下等则二人三人共一榻,而间能就榻吸烟餐饭,或就后车,或移至榻侧;长路之车则下车就食于饭馆,为期太迫,又别一风

味。睡车分上下床,合掌横排,间以帷幔,男客例居上,昏则解榻,晨起辄卷,藏衾茵析为坐具。车中另有卧房,可以自为一所,能容三人,价稍昂。睡车之式,环球以美为最。

初七日庚午(5月10日)　晴

西俗有氏族有名,其氏族或以地或以神物,君主之国则兼以爵邑,且有赐姓,然赐有定额,皆勋旧也,其名刺则名在姓前,有爵者加印王帽。然往往同此氏族而乏同宗之谊,非如事华,葛藟本根,世胄遥遥,犹能按图回溯。

初八日辛未(5月11日)　早雨,午晴

往苏遮士毹,美国优养受伤军兵之地,水木明瑟,楼台如画,华盛顿城中最佳处,岁支养赡银一百五十万元,可谓知所养矣。老病军兵无所依倚,又不能自谋食,若不念其前劳置之度外,几何不填沟壑哉?美于此种战兵优养如是,既无愁苦怨恨之声,且增编民观感之志,千金市骨,殆有过之。美国陆兵二万六千八百名,岁饷三千九百九十二万四千七百馀元;水兵九千五百四十名,岁饷一千二百九十一万六千六百馀元。官兵均在内,兵少饷足,宜其顾眄自雄也。又民兵几二百万,儒士、医士、天文生而外,农工商贾二十岁以上四十岁以下概听征选,岁时操练一遍,无坐粮,略仿吾华寓兵于农之意。美国岁出岁入之款,总统每年辟议院之日颁论国中,亦仿吾华比较之法。

初九日壬申(5月12日)　晴

美议院每年开议,总在中历冬初,发凡起例而已,议至长至前五日,耶稣生日给假十天,假满即复集,或长议或短议,间岁为之。议绅视邦省人数多寡而公推,上院有定,下院无定,各有专司。美政所从出,总统高拱仰承画诺而已。叭夏回文为金山税司引咎,而

仍不免左袒。午后蔼亭回古巴,子豫、藻亭、东岩、骀选同往。

初十日癸酉(5月13日) 晴

谈地球之学者,辄以中美球形相对,美之纽约与中国京都对,美之华盛顿都城与中国德州对。以经纬衡之,中美各居纬线五十七度,经线则中国一百一十五度,美国六十四度。京都午正,美都寅正六分,美都午正,京都戌初六分。美国形势,其通大东洋者以旧金山为要津,通大西洋者以鸟约山丹为要津,国内湖河港汊均汇于东西两洋。金山未设火车以前须绕越巴拿马乃抵华盛顿都城,志克庵、孙稼生之行程是也。火车初设,中经烟甸野人之境,犹有劫掠,肄业华童曾被吓,今则轮轴镳驰,几成康庄矣。

十一日甲戌(5月14日) 晴

寄曾劼侯书,索映相,论粤督会疏事。西俗新旧教异流同源,而皆归宿于上帝,谓耶稣为上帝化身救世者,故崇奉唯谨。耶稣年三十而卒,生平无著述,足迹不出国门,竟能耸动西人至以其生年纪历,此大不可解者也。中西文字各殊,西教士游历吾华粗谙华文,遂举耶稣事迹附会成编,远逊佛经内典为中国文人译说者耳。

十二日乙亥(5月15日) 晴

西俗每年以正月、四月、六月、九月、十一月为三十日,三月、五月、七月、八月、十月、十二月为三十一日,二月为二十八日,每四年二月闰一日,周岁三百六十五日。俄罗斯、土尔其岁旦不同,犹泰亦不同。

十三日丙子(5月16日) 晴

博物院长约往游观,金石古物、五金矿质、丝布磁漆,器用所聚,飞走鳞介,巨细不遗,满置院中,几于千门万户。华盛顿衣靴亦嵌藏于橱,又雕镂各国种人,眉目如生,惟所藏中国器物绝无佳品。

光绪三年美国赛会,中国派各关税司备物与会,至今院内犹存牌坊一架,旁刊长联,李圭撰也。其极鄙陋,则所塑华人男女各像,高五六尺,冠服失度,直刍灵之不若矣;又婚丧仪仗,又鸦片烟具,琐屑之极。

十四日丁丑(5月17日) 晴

香帅电会疏,今日奉旨:该衙门知道。现饬王荣和、余瓗治装。倭使九鬼面订十九晚餐,并偕吉田二郎来晤。吉田曾驻北京代办榎本武阳使事,总署旧识,顷驻美为鸟约总领事,略谙华语。

十五日戊寅(5月18日) 晴

访日斯巴弥亚公使,贺其君后生男,致许竹筼书,托就近照应延希九出入法境。美国货币一元以下用银钱,一角以下用铜钱,一元以上用金钱,近则银纸畅行,金钱嫌其重,出境则携之,较银纸能通行他国也。公法若欲本国金银钱畅销他国,须先与该国有成约,亦必须互相施报。

十六日己卯(5月19日) 晴

延希九派往日都代办使事,绪芝山、徐立斋、邓琴斋偕往鸟约附船。午后寄北洋书,述酌派美、日、秘三国差使。美都各使馆皆不升旗,曩询郑光禄,谓必欲升旗须预告房东建造旗台,特各国既一律,中国历任从同,似不宜独表异,日都君主之国则不然云。

十七日庚辰(5月20日) 晴

课黑人治园畦。黑人者,阿非利加洲之种,其黑如漆,间焦黄,微白者则混矣,多执贱役,然性懒且不耐劳。

十八日辛巳(5月21日) 小满,晴

美城乡中多街车,夜间远望如灯船。驶骣于林木间,或一马或二马牵曳,一人司机,一车能容十数人,小或五六人。若男客满而

女客后至,则男客起立让之,未及马头而女客欲下,既车行之顷女客欲上,司车人须均听命。车值甚廉,然行不出境,无虑远近,只索五仙士,合中钱五十文。美都生意惟街车获利最厚,近拟改用电气,惜马力也。

十九日壬午(5月22日) 晴

姚祝彭禀:檀香山三月十六日大火,然烧华人寓庐十去八九,烧毙一人,伤二人,檀香山王及华商并筹拨巨款赈恤。午后接鸟约信,希九今日扬帆。晚赴倭使之约,檀使在坐,仍饫西馔,末乃以小磁蓝和鸡子分饷,此倭制云。归署,大雨,雷电。

二十日癸未(5月23日) 晴

雷电之后,德律风电筒受损,响摇不辍。前驻中国公使西华自鸟约来,晤之,之罘旧识也。美都街巷均弁以各邦省之名,民居则编数目,十号以下编一字,十号以上两字,百号以上三字,千号以上四字,万号以上五字,左右相对,左奇右偶,一目了然,惟中国使馆不编号,视各部院一例。

二十一日甲申(5月24日) 晴

檀香山商董程汝楫、古今辉禀:三月十六日火,中华会馆被焚,工价尚短七千金。批以急谋抚绥,毋琐琐会馆工价。

二十二日乙酉(5月25日) 晴

燕梳儿枪厂人路连扶路来见,云与蒲安臣旧识,曾将制造枪炮诸法交蒲安臣转达中国,不悟蒲安臣遽殁,此志未伸,现制新式枪及气炮,大可适用。许以得暇往观。

二十三日丙戌(5月26日) 晴

科士达以余与田贝相识,今晚特遍约田贝亲知为会。哈利顺夫妇亦在坐,琴歌中夜而散,始食冰牛奶。

二十四日丁亥(5月27日)　晴

西俗权货物以十二两为一磅,屯积衡重千七百斤为一吨,其称珍珠钻石用等子,略如中国。而微细尺则软皮为之,其度较中国差二寸。

二十五日戊子(5月28日)　晴

粤督咨送会奏会咨稿。美水师提督波打来见,自言久病新瘳,元气未复。美国近拟整顿水师,议院拨定四千万元添置兵船大炮,颇费经营,新铸炮口径十六寸,炮厂在把菟麦河堧。

二十六日己丑(5月29日)　晴

为美前总统格兰忒合窆周岁之期,偕震东赴鸟约,晡时抵埠,即驻领事署。晚饭后往访格总统之家,存问其妻子。其妻老病侵寻,犹期期以中国强盛为念,力劝速开铁路通火车,宜筹虑周远,控制邻国,持论宏通。其子当前年中法构兵时屡欲赴华投效,为部例所阻,至今言之犹有馀慨。复出示格总统战功政绩各图,又详述李傅相见待之厚。

二十七日庚寅(5月30日)　晴

接见中华会馆众商,询知华人在鸟约佣工者几五千人,大都以洗衣为业,尚能自给。惟有病则苦无医调之所,雇主或虑传染,辄令出外就医,西人医院又须易西装乃能进院,念之恻然。因与希梁商设中华医院,捐留百金以为之倡。

二十八日辛卯(5月31日)　雨,巳初始霁

各城水陆军兵列队至格总统墓致敬,军容甚整。其伤病不能行,乘车以往者,皆格总统旧同袍也。有西妇年六十馀,戎装乘马,控纵自如,亦曾随格总统共患难者,海外女云台宜首屈一指。各队旗帜间有军中旧物,经炮子枪弹洞穿如网,亦高举以助游观,使国

人知战阵之劳苦也。午后至格总统墓,赙以鲜花。车马杂遝,鼓乐喧阗,会者约二十三万人。墓碣纯用白石,制度质朴,前临海汊,轮帆赴会之人往来络绎,日晡仍未尽散。遂环绕登眺一周,西人不谙堪舆之说,往往暗合,观于格总统坟茔堂局之佳,四面环拱之妙,虽不谈风水者,亦嘉其得地矣。格总统在位八年,以南北花旗战功而立,退位后因乃郎银行倒盘,焦灼至病,又性嗜吕宋烟,日夕呼吸,中既沸郁,烟火爇之,遂至喉烂而死。国人谈遗事者谓格总统曾乘火车失险,从窗户跳出,犹含吕宋烟。格总统有手著游历中西各国记载,国人感其功德,以五十万金遗其家,求得此书发售。

二十九日壬辰(6月1日)　　晴

晨起接见龙冈公所各华商。午后得西华住址,遂往答拜。戌正饭毕,附火车回署。同车只一西人,甚宽适,且有售茶食酒面之属。子初就枕,闻胡琴声甚清越,美总统夫人即在后车,有援乐以娱之者。车行甚慢,展转不成眠,试卷帷,则曙矣。美都不刑人于市,亦无屠宰庖厨,所需牛羊各物悉于诗家谷运来,故虽天气渐热而无秽气。

五　月

初一日癸巳(6月2日)　　晴

葡萄牙公使以美总统婚事集议致贺,各使咸集,公推葡使一人持公函往贺。美总统行年五十,初纳少妇,国内新闻纸辄揶揄之,结缡之夕即偕游山水,意在避嚣,故外部概不知会。此间驻使曰希特、曰葡萄牙、曰义大利、曰比利时、曰英吉利、曰墨西哥、曰瑞士、曰俄罗斯、曰法兰西、曰瑞典、曰德意志、曰丹马、曰日本、曰奥大利、曰和兰、曰乌拉乖、曰日斯巴弥亚、曰拉巴拉他、曰巴西、曰厄瓜尔多、曰檀香山、曰委内瑞辣、曰三多明各、曰迄地马拉,以上二十四国。秘鲁使方停派,不预斯会,希特使他出,葡使领袖耳。各国使差无期限,惟中国与日本三年为期。

初二日甲午(6月3日)　晴

美总统婚事,闻英德诸国皆电贺,询之英德两使而信,因电达总署,请旨遵行。美外部署与水师部、兵部相连,内户可通,大门各别。

初三日乙未(6月4日)　晴

刘湘浦由古巴总领事调充秘鲁二等参赞,顷自古巴来。晚间本署洋员柏立约茶话。归寄欧阳锦堂书,询华人积案,并告以美议院新立补正限制华人例,条目甚苛。

初四日丙申(6月5日)　晴

晚约日本公使九鬼、前日斯巴弥亚公使科士达、本署洋员柏立宴会中华食品,二客皆欢,惟柏立甚以为苦。

初五日丁酉(6月6日)　芒种,晴

端午节,署中循例贺节给假。早饭后访鸦灵顿,南北花旗鏖战地也。前临把菟麦河,北花旗以河为守,营垒犹存,营房外仍列田鸡炮,安不忘危之意。战事定后就地为亭,历任总统题名其上,亭外为国殇丛冢,林木阴翳,草花鲜媚,中有台榭供游人憩息,波光树色,风帆飞鸟,颇具幽趣。

夷考美国邦属,除哥伦米阿原属马理兰邦,因建华盛顿都城,遂自立,不归邦不为属,按正方形得平方二十五里,民居十七万七千六百三十八人。东北六邦:曰缅邦,平方五百四十五里一分,居民六十四万八千九百四十五人,上议院议绅二员,下议院议绅四

员;曰纽罕什尔邦,平方二百八十九里二分,居民三十四万七千七百八十四人,上议院议绅二员,下议院议绅二员;曰洼满的邦,平方二百九十二里半,居民三万三千二百八十六人,上议院议绅二员,下议院议绅二员;曰麻沙朱色士邦,平方二百七十三里三分,居民一百七十八万三千零八十六人,上议院议绅二员,下议院议绅十二员;曰洛爱伦邦,平方一百零五里九分,居民二十七万六千五百二十八人,上议院议绅二员,下议院议绅二员;曰干捏底吉邦,平方二百一十一里八分,居民六十二万人,上议院议绅二员,下议院议绅四员。中五邦:曰鸟约邦,平方六百六十五里一分,居民五百零八万三千八百一十人,上议院议绅二员,下议院议绅三十四员;曰纽折尔西邦,平方二百六十五里二分,居民一百一十三万零八百九十三人,上议院议绅二员,下议院议绅七员;曰宾夕尔勒呢安邦,平方六百三十七里八分,居民四十六万二千七百八十六人,上议院议绅二员,下议院议绅二十八员;曰特尔拉华邦,平方一百三十五里六分,居民十四万六千六百五十四人,上议院议绅二员,下议院议绅一员;曰马理兰邦,平方三百三十二里七分,居民九十三万四千九百三十二人,上议院议绅二员,下议院议绅六员。南六邦:曰勿尔吉呢阿邦,平方六百一十八里,居民一百五十一万二千二百零三人,上议院议绅二员,下议院议绅十员;曰西勿尔呢阿邦,平方五百七十里七分,居民六十一万八千四百四十三人,上议院议绅二员,下议院议绅四员;曰北喀尔勒那邦,平方六百八十五里半,居民一百四十万零四十七人,上议院议绅二员,下议院议绅九员;曰南喀尔勒那邦,平方五百二十四里四分,居民九十九万五千七百零六人,上议院议绅二员,下议院议绅七员;曰若耳治邦,平方七百三十二里六分,居民一百五十三万九千零四十八人,上议院议绅二员,下议院议绅十员;曰佛勒尔勒厘邦,平方七百二十六里六分,居民二十六万七千三百五十一人,上议院议绅二员,下议院议绅二员。西二十一邦:曰倭海阿邦,平方六百零七里六分,居民三百一十九万八千二百三十九人,上议院议绅二员,下议院议绅二十一员;曰密执安邦,平方七百三十一里七分,居民一百六十三万六千三百三十一人,上议院议绅二员,下议院议绅十一员;曰阡的伊邦,平方六百零二里七分,居民一百六十四万八千七百零八人,上议院议绅二员,下议院议绅十一员;曰田纳西邦,平方六百一十五里,居民十五万四千六百六十三人,上议院议绅二员,下议院议绅十员;曰阿拉巴麻邦,平方六百八十五里半,居民一百二十六万二千七百九十四人,上议院议绅二员,下议院议绅八员;曰密士夫必邦,平方六百四十八里九分,居民一百一十三万一千五百九十二人,上议院议绅二员,下议院议绅七员;曰鲁西安纳邦,平方六百六十二里一分,居民九十四万零一百有三人,上议院议绅二员,下议院议绅六员;曰英厘安纳邦,平方五百七十一里八分,居民一百九十七万八千三百六十二人,上议院议绅二员,下议院议绅十三员;曰亦伦诺尔邦,平方七百一十里,居民三百零七万八千三百六十九人,上议院议绅二员,下议院议绅二十员;曰阿甘色邦,平方六百九十六里,居民八十万二千五百六十四人,上议院议绅二员,下议院议绅五员;曰密苏尔厘邦,平方七百九十里二分,居民二百一十六万八千八百零四人,上议院议绅二员,下议院议绅十四员;曰威士甘逊邦,平方七百一十里一分,居民一百三十一万五千四百八十人,上议院议绅二员,下议院议绅九员;曰衣呵华邦,平方七百零九里八分,居民一百六十二万四千六百二十人,上议院议绅二员,下议院议绅十一员;曰得撒邦,平方一千五百四十六里半,居民一百五十九万二千五百七十四人,上议院议绅二员,下议院议绅十一员;曰加利福呢亚邦,平方一千一百九十三里七分,居民八十六万四千六百八十六人,上议院议绅二员,下议院议绅六员;曰闽呢疏大邦,平方六十三里四分,居民七十八万零八百有六人,上议院议绅二员,下议院议绅五员;曰阿利坚邦,平方九百二十九里四分,居民十七万四千七百六十七人,上议院议绅二员,下议院议绅一员;曰甘色士邦,平方八百五十九里二分,居民九十九万五千九百六十六人,上议院议绅二员,下议院议绅七员;曰呢不拉士格邦,平方八百三十一里六分,居民四十五万二千四百三十三人,上议院议绅二员,下议院议绅三员;曰呢华大邦,平方九百九十八里一分,居民六万二千二百六十五人,上议院议绅二员,下议院议绅一员;曰哥罗拉大邦,平方九百四十五里六分,居民十九万四千六百四十九人,上议院议绅二员,下议院议绅一员。新成邦者四:曰华盛顿邦,平方七百八十九里,居民七万五千一百二十人,上议院议绅二员,下议院议绅一员;曰满单拿邦,平方一千一百四十六里六分,居民三万九千一百五十七人,上议院议绅二员,下议院议绅一员;曰哷哥大,现分作南北两邦,各派上议院议绅二员,下议院议绅一员,平方一千一百五十八里三分,居民十三万五千一百八十人。属土五:曰新墨西哥,平方一千零五十里三分,居民一百一十八万四千三百零四人,下议院议绅一员;曰乌大,平方八百七十四里二分,居民十四万三千九百零六人,下议院议绅一员;曰怀阿明,平方九百三十八里四分,居民二万零七百八十八人,下议院议绅一员;曰衣打贺,平方八百七十三里六分,居民三万二千六百一十一人,下议院议绅一员;曰亚里孙拿,平方一千零八里六分,居民四万零四百四十一人,下议院议绅一员。统计邦省四十二,属土五。已成邦者按正方形共得平方五千一百五十六里四分,未归邦属者得平方二千四百一十五里九分。丁口四千五百五十六万二千四百四十一人,游民野番四百九十八万二千八百九十五人,统计五千零五十四万五千三百三十六人。上议院议绅共八十四员,下议院议绅三百三十四员。其曰邦省者,则各自为政;其曰属土者,则美廷统辖之,而上议院不举议绅。

初六日戊戌(6月7日)　　晴

巳初渡把菟麦河,访华盛顿墓及其故居。沿山迤逦,夹道高树,中有石屋如洞,外环铁柱,洞中平列两石椁,雕镂精工。西人游者咸于洞外歌诗以乐神,但闻噌吰之声,雅乏暗解。行数武即华盛顿旧居,楼房两层,下列四楹,并不华赡。室中器用服物陈设妥贴,一如华盛顿生时。有破皮箧大小四枚,宝藏珍重,华盛顿军中之物,足见征战之苦矣。偏西一房逼狭仅容一榻,为华盛顿夫人之居,讶其太朴,询之守冢吏,谓此楼惟此房窗可以望见华盛顿墓,夫人既寡,足不下楼,日于楼窗瞻望,随亦逝世。楼下平房数椽远接马厩,皆当日工匠执役之所,楼之西北平房一区,守冢吏值宿处。后有园数亩,杂花盈畦,矮树为径,生意欣欣。有西人照相者于楹外映照,特与游侣别照一图。

初七日己亥(6月8日)　　晴

奉电旨致贺美总统婚礼告成。恭录照会外部转奏。

初八日庚子(6月9日)　　晴

接沪局包封,恭报起程续调人员摺片。奉旨后总署咨回,当钦遵分别咨行。是日并得皖藩书,言光绪八年赈捐二千金,移奖子弟虚衔,吏部未核准。

初九日辛丑(6月10日)　　晴

驳议脱稿。或谓华文译洋不如洋文译华之切,当宜常聘一律师,所论甚是,奈经费支绌何?

初十日壬寅(6月11日) 晴

午后访外部叭夏,论议院补正新例不符续约,大损华商、华工生计,须另议。外部以未经寓目为词,又言此议未必遽行,因下议院事繁,断无暇及,窃愿三两月后彼此重订续约,以顾声名而敦睦谊。当告以修约不如守约,美议院限制苛例,前年增修,今年补正,岂与续约相符哉?叭夏默然。

十一日癸卯(6月12日) 晴,午后甚热

美总统函订十四日九点钟接见各国公使及各部臣议员。

十二日甲辰(6月13日) 晴

致总署书,言洛案赔款定议及拟驳苛例,并致贺总统新婚,及存问前总统格兰忒家属各事。

十三日乙巳(6月14日) 晴,午后雨,天气转凉

驳议译就,函送外部。

十四日丙午(6月15日) 晴

戌初一刻偕震东、柏立赴美总统之约。各国公使陆续到,咸公服,德、俄两使满缀宝星,如披重铠,幸天气微凉。聚立约两刻,鼓乐作,各部臣夫妇对挽前导,簇拥总统夫人出,总统至偏殿免冠正立,夫人在右,各妇雁行于右。葡使先见,各使次第见,咸握手为礼,见夫人亦然。总统礼毕,偕夫人往正殿接见庶官,各使绕至东厅。万灯如昼,卉叶蟠柱础,雅丽可观,花气氤氲,不耐久坐。

十五日丁未(6月16日) 晴

莫力侯、郑翼云自金山来,言各埠华民尚安堵。午后访英使,言欧格纳将由中国调任美国参赞,欧盖总署旧识也,又言近因鸟蚡伦捕鱼事与美廷辩论未了。随访德使不值,往科士达寓一谈,灯后

刘湘浦复自纽约折回。月色良佳,散步园亭,夜分就枕。

十六日戊申(6月17日)　　晴

香帅电言王荣和、余瓗日内起程赴小吕宋、南洋群岛,属达日外部。当转电希九照办。并复粤,告以洛士丙冷案赔款定议,寄北洋书,论洛案并现驳美例及美欲修约事。

十七日己酉(6月18日)　　晴

美总兵官力尼偕水雷厂人加第、矿务人路扶来见。出观水雷炮台,图式及新制铜炮子,皆适用,叩其说,则不肯笔之于书。中国海口有此水雷台足以御侮。妙在台上悬杆,上缀一镜俯照波底,知敌船远近,而所藏水雷亦能照见距敌船几许,然后燃雷施放,既免虚掷又能攻坚。美国沿海近将建造。午后给外部函,催办澳路非奴命案,德使来,言美有量减入口税之议,果尔则商贩之来尚不吃亏,否则只有各国加重入口税以报之,庶不偏枯。美之麦面遍行欧洲,所经关口税并不重,殊不知中国并麦面而不税,较美之为,益不更优乎?厚往薄来之义略寓于此。

十八日庚戌(6月19日)　　晴

得京电:恭振夔署黑龙江将军,景苏捷南宫入翰林。旧年景苏随使之志甚锐,只以会试期近,切实止之,遂挈仲兰同行。今景苏果获售,知科名有定,为之喜慰。

十九日辛亥(6月20日)　　晴

料理刘湘浦、莫力侯、郑翼云、张丕勋赴秘都。镫后美绅弥坚地来见,询美国种植收成事,知美田岁只一收,收后种杂粮,略如中土,惟登麦须六月半乃毕。并询美银行事,承许赠章程一本。

二十日壬子(6月21日)　　夏至,晴

晨起核对的钦巴损失册摺,函致欧阳锦堂妥办造报。午初总

署电催洛士丙冷各案缉凶赔偿，当将现在情形电复。接曾劼侯自衣士本来书，论南洋群岛设领事及捐船卫商均不易办，现照烟台条约商设香港领事，稽查洋药税项兼可经理交还逃匪之案，幸有成议。又刘芝使书，言希九已聘得英人麦治，兼谙法日文者，赴日署当差。戌初答拜弥坚地，茶话逾时，弥坚地同治七年曾为志克庵、孙稼生作居停，尚宝藏志、孙墨迹。

二十一日癸丑(6月22日)　晴

外部函复。澳路非奴地方积雪未消，该城巡抚未能往，李驹南一案须下月中旬雪消乃能查办。午后复劼侯书，论中国制军器练水师及香港设领事，南洋群岛船捐各事。复金山第七号书，华民被刨各案宜先赴地方衙门控明立案。

二十二日甲寅(6月23日)　晴

午后有西妇携童访震东，眉目清秀，自言为华人，前数十年其父随水师提督丕亚来美，娶德国妇生子，四年而殁，童无所依，有前任北卡澳拉省臬司威律收育为螟蛉，西妇即威律室也。询其中国何府州县人，则忘之矣。西妇酷爱之，而颇嗔其不嗜学。童名步兰敦，震东为言，前送郑光禄时，有童登车与郑握手，五官不类西产，即此童也。申初赴外部访叭夏，促办洛士丙冷各案，问答甚长，另译记。

鸟约富人阿边好博，其子好冶游，另赁华庑以居，忽一夕，阿边与阿洛对局而胜，得采二十万元，阿洛无现资，书券限三日交银。翌日阿边寻其子新居，阿洛尾之，阿边父子诟詈甚激，其子贸贸焉径附火车赴费城去。阿洛突入，索阿边还其债券，阿边愤甚，诋之不虞，阿洛手刃相从也。阿边被刺，阿洛即从阿边夹衣内检债券裂之，自掩房门而去。房主人始闻诟詈，知其父子不相能，食时无动静,乃推门入,见阿边被刺于榻,仓卒报官。差拘其子,人证凿凿,其子遂抵罪,刑有日矣。忽有人名多士,手携一机器至公堂,一触而动,当日阿边父子相詈之声、其子出门行步之声、阿洛开门与阿边诋讪之声、阿边被刺呼痛之声、阿洛将刀拔出用纸抹刀之声,一一传出,于是问官,乃知杀人者阿洛也,乃宥其子,别执阿洛。此种冤狱,赖此机器平反,异矣。盖多士本与阿边之子隔壁住,是日正将传话机器试用,适阿边来寻其子,喧嚷不堪,多士遂扃钥房门,信步他往,欲俟声息稍静乃返,而忘却窒止机轮,乃回房而机动如故,所传悉阿边父子相詈、阿洛行凶之声情,及闻阿边之子定谳,因携此机器至公堂为之昭雪。

二十三日乙卯(6月24日)　晴

前任钵信当埠税司巴士来见。灯后寄金山领事书,论中美积案及补正新例。

二十四日丙辰(6月25日)　晴,未初微雨

博物院送来中国各关灯塔浮标册,询系有约,各国每年将此等册簿彼此互送。而赫德在华总司其事,似未将各国灯塔等册译呈总署,彼都险要,吾辈更何从寓目哉?晚饭后令震东答拜巴士,并访外部司员柏郎,促结洛士丙冷各案。晚凉,闲步山树清爽处,遇一西人,握手殷殷,就门外茵草移榻留谈,出糖食相饷,自言为本城臬司柏贾,又领其亲串陆续出见。坐谈数刻,深以美西境虐待华人为非,持论甚正。不图行路遇此佳士。

二十五日丁巳(6月26日)　晴

曩晤美京总教士车士达,询以美国抢杀华人之事知之否?车言:久有所闻,实为惋惜。当晓之曰:设美国教士在华有此等事,又将何处?现在美商在华者不多,而美教士则所在皆有,中国地方官

亦无不照约保护。特美国虐待华人至此,中国人心积不能平,万一教堂生事,岂不可惜?美国崇奉耶稣,而有此等惨酷之事,耶稣有知,亦当降罚。车唯唯而去。今日乃播之日报,援鄙言以劝工党改过迁善,亦足见车士达之能纳善言也。午后函催外部,饬办槐花园命案。因闻犯供狡翻避就,故先发制之。

二十六日戊午(6月27日) 晴

金山禀,言华民吴英等径禀外部索赔,并译送巴士函。当即批复,另为书答之。

二十七日己未(6月28日) 晴

余云楣奉到粤督檄,五日内束装起程。未正西人北祁来见,曾任舍路律政司,携舍路华商书来,历述舍路去秋今春被抢被逐事,其意可感。

二十八日庚申(6月29日) 晴

曩闻美国多牙医,前日堕一齿,拟补之,兼治余齿微痛而碍食者。柏立荐一牙医,颇精细,器具亦良,试以药,齿痛仍尔。未初访北祁。又答拜可仑比亚公使。

二十九日辛酉(6月30日) 晴

阅《申报》:芜湖关道梁钦辰开缺,接任为双福,总署总办章京也。前年例保,余列衔,具疏不三年,荣擢,窃为之喜。总署自恭声云后,满员久未得缺,亦无以示鼓励。

三十日壬戌(7月1日) 晴

英使威士来谈,携示烟台条约之续订者,此间已得曾劼侯书矣。英使又言,前在钵伦与华人相处甚欢,鸦片亦戏为吸食,询以美国人近多嗜此,而美不禁,何也?英使言欧洲妇女亦喜嗜之,但制如药丸,裹糖而食,非如中土之精。李傅相曩言银行章程美国最善,属觅精本,顷承弥坚地见惠,拟即寄津。傅相欲创设银行,朝论多不洽,《申报》所刊浮议滋甚。荫桓上年八月二十七日召对曾蒙垂问及此,初不知傅相建议,因奏言:"此事有真资本又任用得人,可以周转;反是则大有流弊。"续谒傅相,谓此为富强要义,行年已老,来日苦短,须为公家浚一利源,用心良苦。客有进言者,请将地丁、盐课、关税、厘金四项稍为厘剔,丁盐正供仍循向章,由司解部,不收银票;税厘两项专隶银行营运,户部每年只收银票三百万两,随收随放,户部不存留票纸,不致骇人听闻。傅相未置可否。

六　月

初一日癸亥(7月2日)　　雨

洛士丙冷案数日仍无消息。议院将散,今日重访外部促办。叭夏许以议院未散之前必为议结,词意似尚不虚。又乌卢公司命案判断不公,积不能平,并与辨论。叭夏以格于成例为词,亦深慨美律宽纵,情罪失当。约举诗家谷近事,工人倡乱,击毙巡捕六人,骤难拟抵以示自治,近政尚复如是,何有外交之案耶?余就中国律例约略告之,叭夏极称明允而不能仿行。电金山领事,查从前华民在美有无犯事经美国审拟抵命之件,以备与外部辨驳。戌初,巴士偕议员多福来见,亦言美西省虐待华人之非。并询初抵金山,税司黑假如何失礼,因将当日情形详告之,多福言黑假本系署事,亦从未经历迎送公使之差,故尔如是,然欲予以处分,则外部操权,议院却无此权也。余谓今日叭夏述田贝游历闽粤各口岸,承大府优待,实为感激云,叭夏直忘却金山税司之事,而昧彼此报施之礼矣,不忍援以互证,但谓中国待美国使臣向来优厚而已。晚致总署书,述外部问答各事。

初二日甲子(7月3日) 晴

电希九,询李芳荣留差否?徐进斋文称嘉西勒士于五月初三日正位总统。秘鲁上年冬间嘉西勒士谋夺总统,兴兵薄秘都,血战三昼夜,炮弹枪丸纷坠使馆,徐进斋杜门避兵,续与各国公使出为调停,秘前总统弃位遁去,嘉西勒士乃固举一部臣摄政,时逾半年始就乐推之席,一若不得已而为此。

初三日乙丑(7月4日) 晴

申初往观新制渡海电筒。适前日大雨,鸟约各电线有交黏者未能远达,抵本城则无阻耳,其储电纳线透电之法略如电报。坐有律师揭斯谛,论中国义理甚殷,曾就中国成语译出西文,刊刻成帙,期以劝化。谓中国能立国如是其久,为声名文物所宗,其故何哉?近悟其所以然,殆一孝字为根柢,人能孝亲则尊君亲上,老老慈幼之心油然生矣,一切制度悉从此出。西人多不谙孝字之义,故风俗总不醇,国祚亦不永云。余闻而悚然起敬,美国有此通人而为南党,尤为铁中铮铮者也。与谈良久,皆即物穷理之事,甚有意味。因语之曰:格物工夫,西人讲究不爽,若衡论义理,则中国五千馀年愈研愈精,西人不逮。若合中西融会贯通,斯为得之。

初四日丙寅(7月5日) 晴

今日为华盛顿开国之日,距今一百一十年矣,中国通商各口间差帖与美官致贺,美都则否。灯时,美议员前任总兵官力尼偕眷属来见,其女仅十三龄,能言中国地方扼塞。西人用心,男女一辙,可为悚惧。西俗发蒙即从地图入手,故环球地名悉能指说。

初五日丁卯(7月6日) 晴

答拜议员多福,论洛士丙冷赔款,多福亦谓下议院日内总可议及,不复再宕。随访科士达,亦云然,并属不必频催叭夏,闻已极力斡旋云。

初六日戊辰(7月7日)　晴,小暑,天气颇热

电派姚祝彭、郑翼云往查槐花园命案及的钦巴等案损失实数,又传谕洛士丙冷工头廖群、廖社妥备供词,候美员往查不致相左。法人流沛客华七年,略通华语,仲兰就之习法文,遂求仲兰介绍与谈数刻,此间西人谙华语者,麦嘉谛外惟此一人。

初七日己巳(7月8日)　晴

总统夫人新婚后示期见客,各国公使陆续往。午初偕震东、柏立诣美宫,投刺后,有人领导至客坐,夫人立候于门内,略道寒暄,他无可言,天气甚热,亦无暇遍览园亭。许竹筼书言德、法使事视美、日、秘略简,此中办事脱气处尚相类也。又论南洋群岛设领事之利弊,与曾劼侯意同。

初八日庚午(7月9日)　晴,未初微雨

寄曾劼侯书,论墨西哥求通商事,并询何日赴百灵,乃郎肠痈痊否?美国人扪力士曾在津教习水师数年,津门司道多认识,顷来谒,云将管驾兵轮游驶赴华,其船能装煤五百吨,昼夜开行只烧二十吨,每点钟行十迈,殆旧船也。傍晚答拜倭使不遇,访揭斯谛久谈。姚祝彭已回金山,来电言:檀香山之灾共赈恤银六千六百元,夏威仁国主二千五百元、洋商二千五百元、华商千四百元、教士二百元。

初九日辛未(7月10日)　晴

粤海监督海赞廷书,言得头品顶戴,七月将瓜代回京,因复询拟购美国机器清单。

初十日壬申(7月11日)　晴

重观电筒,为忌者所断,仍未就绪。坐客纵谈泰西风俗,俄人

针布述鬼神巫觋之事,甚详。曾倩女巫以术致亡妇,话家常儿女事,宛如生时。坐有崇奉耶稣之客,驳之甚力,而针布现身说法,绝无疑似之词。叩其巫何术,略如乱笔符咒之类,但以手帕在地作招致状,俄顷而鬼至,阴气飒飒。有专门名家以此为业者,自榜其门,并非怪诞云。

十一日癸酉(7 月 12 日) 晴

致总署书,言美、秘两国刑律皆宽纵,获案各犯不予严惩,可愤。现在设法催办。

十二日甲戌(7 月 13 日) 雨

午后揭斯谛来谈,盛颂中国义理精粹,西人多未窥涯,略能将四子书译以劝化,功莫大焉。余嘉其能识指归,自愧不谙西文,无缘广宣教化,诸翻译又鲜暇,不知何日克副其请也。

十三日乙亥(7 月 14 日) 早雨,午晴

容莼浦自哈富来,久谈而去。记芜湖展别五年矣,不图重见于华盛顿。委内瑞辣公使偕乌拉乖代办、公使来见。饭后答拜莼浦,亥初归。莼浦久游美国,凡中外交涉事,尚留心考究,尤侈言富强之略。

十四日丙子(7 月 15 日) 阴

美内部见贶全国舆图一幅。西正柏立约同莼浦访卜利连美总统别业,沿途山木蓊郁,楼阁间之,风景不俗。仰视浓云密布,雨势弥漫,遇叭夏策马飞驰。行里许,山阜回环,遇总统携妇疾驱而上。倏而雷雨大作,电光煜烁,因亦从佐知探急归,涂潦成河,无异山阴之棹。戌亥之交,雨意尤重。刘湘浦电,昨日到秘,今日接篆。

十五日丁丑(7 月 16 日) 晴

访外部。正欲置词,叭夏先言:洛士丙冷案,议院未散之前尽

可议竣,断无歧缓。又言:华盛顿属邦巡抚司圭也办事公平,甚爱华人,行将到此,当令来见,肯接晤否?诺之。问议院何时散?叭夏谓须西历八月初,若天气凉快,稍迟数日。今日下议院两议员论事不合,挥拳相殴,老者流血被面。美政决于议院,而历年类此者多,何议员之勇也。晚约莼浦、柏立小饮,容即别去。徐进斋电称秘外部要总署给予汉文公牍,始认湘浦为代办。公使直是无理要求,署文往返须百日,且向无此办法。记前年秘使爱立谟将驻华,国书托郑光禄代寄,郑光禄驳令自递,秘使乃径寄沪上,转递总署,并未援公法驳拒。今湘浦往代进斋,而秘乃固作难,中外交涉,忠恕之义未可于他族责之也。

十六日戊寅(7月17日)　晴

议员歇谛来言,议院之意,欲将洛士丙冷赔款与限制华工事并议。渠谓赔款系照案应赔,限制系违约苛议,不应相提并论。余告之曰:美不定赔款而急议限制,譬之负人债项靳不清偿,而别作种种方法严拒其人不许入门,岂不可笑?歇谛甚愧。

十七日己卯(7月18日)　晴

访前秘使爱立谟,论秘署派参赞代办之事及该使前年寄递国书旧案,属电告该国外部黎雷斯勿再抵牾。又查案,电复进斋与秘再辨论。美都衢路纯用碎石压成,和以杭油,性类巴麻子,极光泽。逐日以水车洒润,车中藏机器,车后置数管,车行机动,水从管出,沾溉甚匀。随有大车,刷埽亦藏机车中,随行随埽,路上杂物分拨两旁,末有小车检载出海。四时一辙,极洁净,惟炎夏郁蒸,油气热发,触鼻难堪耳。

十八日庚辰(7月19日)　晴,热

鸟约寄来洛士丙冷案卷,内夹存放火药引一枚,委员往查时,

检拾凶暴所遗火种也，存诸卷簏以为确据，然究非所宜，即交洋员消灭之。爱立谟来，谈从前驻华情境，叩以巴拿马河工能否得成，爱言恐难克期就绪，此河若成，商务诚便，惟美则骤增防海船兵，美滋不愿耳。灯后复来，未及接晤。续承钞送秘外部回电，允照余办。顷歇谛论美国限制华工事，甚详，意亦汲汲立限而颇怯清议。

十九日辛巳（7月20日） 晴

答拜爱立谟，询秘国新政及火车铁路事。其国内有山名安达斯，《瀛寰志略》已著录，山高二万三千尺，乘火车约三时可登顶。郑光禄坐是得病，山势既高，车行又速，血脉容易中伤。现拟沿山置铁路通阿麻桑河，由河入海，以拓商务，河形蜿蜒而长，河口阔三百迈，环球称最。河鱼极大，不可名状者约三百馀种。询其旧总统，则挈眷赴欧洲矣。秘国置君如奕棋，气运使然耶？返署午饭。科士达来晤，谓洛士丙冷案，叭夏甚著力而无如何，月杪则议院散，窃为焦急，姑尽人事分托各议员。巴士亦来晤，述的钦巴案，巡抚司圭也为恶党所窘，又觊举议员，干誉求荣之心纷集，遂不能一秉至公，计其禀复外部，必不以实，深为慨叹。进斋电商允外部认刘湘浦为代办，便可交替来美，此事秘廷纯引公法，阅之惭汗，甚不料转圜如是之速。万国公法，公使未递国书不能派代办，代办之员亦不能自派代办，此通例也。盖代办者，代办使事，公使未递国书，该国允认与否尚不可知，所代者谓何也？至代办之员本已为人作替，若有事他适，则仍须公使派员代之，事有所主，此公法之极有斟酌者。秘鲁贫弱之国犹不肯迁就，若无爱立谟旧案，则亦难强以必行，中外交涉只在得机得窍，且不宜稍著骄矜怯馁之见。

二十日壬午（7月21日） 雨，午晴，天风送凉，颇有秋意

多福、巴士来谈，多福言洛士丙冷案下院纵有折驳，上院亦可

速行复议,其延宕总在下院。爱立谟索照相,以一纸予之。复金山领事长笺,论未结各案及限制华工事。

二十一日癸未(7月22日)　晴

谨拟酌派美、日、秘三国参领各员摺并清单,秘鲁参领合署片,补奏郑鹏程酌调吕春荣片。昨有格兰忒旧部老兵年九十三岁,妇七十六岁,同谒美总统致华封颂祝之词,总统答之曰:能如尔多寿则愿足矣。老兵言:如我之寿固不难,若能如我得孙七十八人,养者七十五人,恐未易易也。总统笑谢之。

二十二日甲申(7月23日)　大曙,晴

晨起闻蝉,寒暑表七十九度。欧阳锦堂书来,所拟学堂章程殊未周妥。又查寄历年华民在美犯案监禁数目,却无缳首之刑,异乎所闻,或未详尽耶?舍路华商又公禀求留防兵,以备不虞。近年华民寓美,无非危境,且不独舍路,亦不独华商。

二十三日乙酉(7月24日)　晴

外部送阅华千尼亚邦文劳炮台后膛铜炮拓文一纸,云此炮庋置此台,历有年岁,而莫悉其来历,守将叠布托兵部大臣恩悌特转请译示。余细阅拓本,书法颇类高澄墓志,有年月而无国号,殊难定为何代物。考"佥使""万户"官秩为元代之制,史称元祖成吉思汗曾耀兵欧洲,至于印度,遗鸟枪一支,西人仿其制而引伸之,火器日盛,又曾夺俄罗斯西域,封其二子,至今基址犹存,此炮或即元物也。癸丑距今五百七十四年,其时即有后膛炮,然则泰西奇制悉缘中土而出,特吾人无毅力精思克广格致之效耳。

二十四日丙戌(7月25日)　雨

俄国代办公使来见,人甚和霭,现由乌约总领事调来,数年前曾经驻倭,与何子峨相识。叩以美属俄人几何?渠云:不多,而不

能指其数。询以俄商所运中国茶叶,分销英、德、法各属否?渠谓所运仅敷俄用,恐未必然也。

二十五日丁亥(7月26日) 晴

文报处第八号包封,署咨二件,并吏部钞案,又粤督咨会,发给王、余两员赀装数目。复美外部问铜炮书,曰:昨承惠示华千尼亚邦文劳炮台小铜炮拓文一纸,属为辨正,考古析疑,奇文共赏,欣荷无似。查拓文四行五十一字,内有漫漶两字,馀均可辨识。其文曰:"癸丑八月日铸造,四号佛狼机,第一百九十四,重一百斤。监铸官:前佥使申起立、本府军官前万户金得完,邑吏宋之濂,匠人金爱克。"共五十一字。其首行系记铸造年月,"癸丑"二字上隐有字迹,细拓当能清楚。第二行"四号佛狼机"五字,"四号"二字系第四等炮,"佛狼机"三字,中国自宋元明以来多以"佛狼机"名炮也。其"第一百九十四"六字系炮之号数。"重一百斤"系炮之重数也。第三行"监铸官前佥使",第四行"本府军官前万户"均类元朝官名,考元《百官志》,至元十一年置炮手总管府,二十二年改为万户府,置达噜噶一员、万户一员、副万户一员,又设枢密院佥院二员,正三品,佥院之称佥使,犹枢密院之称枢密使也。特"申起立"、"金得完"两人无考耳,其下列"邑吏宋之濂"五字系铸炮之地方官。"匠人金爱克"则铸炮之工匠也。癸丑年岁在元,则为仁宗皇庆二年,即西历一千三百一十二年,距今五百七十四年矣。其时元代尚跨有俄罗斯诸部,此炮或即元时所遗,然有年月而无国号,仍难遽以为实。拟请转告兵部,谕知守台官拓赠数纸以资考据,并请于第一行癸丑二字加工细拓,或有字迹可寻,则全文美备矣。然此炮究于何年月日安置此台,贵国故籍当有记载,若能查示,互相考订,则尤纫雅意也。

二十六日戊子(7月27日)　晴

寅正二刻率参赞各官恭祝皇上万寿,礼成即曙,为酒醴享同僚以志庆。申初得文报处第七号包封,署文二件,附中法商约刊本、李傅相书一函,钉黏甚固。颇嘉余不为税司所屈。粤督咨附密奏金山冬春情形,并请留郑光禄以了经手各事,以经手人在美则美之所许不能翻悔,大文裔皇,其所以体恤华民者,不惮烦絮。本日下议院送到议事节目,洛案已列,但未定何日议竣。晚访牙医不值,便道访科士达,属代催议员歇谛。

二十七日己丑(7月28日)　晴

早起再访牙医,治理逾时,弘刮六齿。晚访柏立,属询议员拉士,问洛案情形。

二十八日庚寅(7月29日)　晴,寒暑表八十三度

鸟约医院渐有成议,易希梁言粤人勇跃,颇有欢欣鼓舞之象。科士达来谈,将于明日晡时赴鸟约山乡避暑,若洛案一二日能定即不急往,留示避暑地址,以备通函。灯后日报馆人来访,震东谓黑假将补实金山税司,询余意见如何,翻译答以公使之意非我辈所能窥测。

二十九日辛卯(7月30日)　晴,寒暑表八十四度,已热不可耐矣

柏立述下议院议绅之言,谓西省应议之事尚多,各怀己见,议院将于礼拜一散议,洛案赔款恐不及议而散。旋访叭夏,又谓今午当可议及,议院须礼拜三乃散,叭夏之言始终不变。晚阅夏卢报云:前者上议院议定一款,责成外部大臣确查歪阿明属邦驱逐华人失款实数,并经筹款,以备清偿。至今已逾两月,而下议院尚未议及,望趁此未散议之前,即行议准此款,我美寓华商民教士及本国稍有天良

者,无不盼望早日议成云。此报可谓先得我心,亦足见公道在人。

七　月

初一日壬辰(7月31日)　雨

得曾劼侯六月十五、十九两书,又寄惠照相一纸,论香港设官、墨西哥议约事。晚晴,小坐园亭,见蝶风致可爱。彭小圃自言能识太常仙蝶,曾于此地见之,仙蝶四足大小不一,飞如雁影之掠,视常蝶翩翩有异。曩既敬闻仙蝶之异,况能渡海数万里至华盛顿都城,则灵妙不可方物,尤异之异者也。余曾忝太常,从未一见,愧乏仙缘,弥惭俗骨。

初二日癸巳(8月1日)　雨,未正始霁,仍热

复曾侯书,论海军事,仍属迅设香港领事,又寄答照相一纸。复李傅相书,论海军事及美使馆现办交涉情形,寄去美国银行章程三本,略言美国银行大致,兼请设官信局如泰西邮政之式以便民。

初三日甲午(8月2日)　晴

本日夏卢报馆仍申前说,诋下议院不速议洛案赔款,措词甚公。午间闻外部偕下院掌院同谒总统,想系散议之前有应商之事,或赔款不再延宕也。唁丁慎五,托薛抚屏寄蜀,并籛查稚师恤典。灯后,上议院绅巴麻万德臣、兵部梯恩特来谈,询中国兵制、长城形胜,并约下月初间为诗家谷之会。希九请调法文翻译联兴赴日署,该翻译久随曾侯,现相从归国,应俟回华后再行奏调,翻译之才近颇难得,法文尤难。

初四日乙未(8月3日)　晴,西风送凉,微有爽气

楼外斧斯,侵晨彻耳,殊搅清眠,匠役修葺衢路,讹索工赀,或

作或辍,四阅月不葳,叭夏曾举此以证内治之疲。叭夏持妇服甚切,不拜客,不预总统婚筵,乃不禁其子母丧纳妇,西人伦纪之道颇难索解。西人畏热特甚,日饮冰水,而室中顾相戒不置冰,虑为寒气所袭,回念京居正调冰雪耦时也。小吕宋华商求设领事禀,情词甚急。王荣和、余瓗具报,五月二十四日起程。金山领事电,槐花园案犯四名各具一万元保单出狱,缓至明春二月再讯。美律宽纵,无论如何要犯,均可具单保出。晚访牙医。答拜俄国代办公使。发总署第六号包封。

初五日丙申(8月4日)　晴

金山华商苦税关苛政,每米七十磅征银二元二角五仙。香港华安公司曾两禀,求商彼国量减,余抵美询之郑光禄,谓此为美国内治之政,非使者所得言,或由华商自倩律师赴该管衙门控拆,却不悖公法,坐是不便照会外部,且税关之政亦非外部所能越俎。前两月美有减税之议,正拟函告众商趁此机缘设法控理,讵美政纡缓,久议无成,此意亦未宣露。今日金山领事据昭一公所之请,恳达外部,盖亦不悟公法窒碍也,即以事势衡之,彼方厌薄华人,岂于华商而别加体恤哉?忝持使节,罔恤商艰,愧闷更何有极?前派姚祝彭赴舍路、的钦巴、洛士丙冷各埠,察看命案损失,并安抚被害残黎。面托外部电致华盛顿、歪阿明两属邦巡抚,顷得回函,已分别电寄。

初六日丁酉(8月5日)　晴

美议院已散,洛案赔款竟搁置不议。早晚两接外部复书并司圭也、华连两电,所以保护查案委员者甚周到,亦其致力之一端。

初七日戊戌(8月6日)　早雨,微凉

饭后晤叭夏,甚有惭色。力言议院事繁,竟未提及,殊出意外,

且候冬初议员复集时必能首先定议，有此一宕，西省人心更平，以后谅无他害，拟将此中延迟之故，详达田贝，转告总署云。余以总署一面，田贝能言之，惟华人跂望之切，尚须设法安慰。叭夏敬诺。便道至柏立寓庐，柏立之妇年垂六十，劝余暂搁史传诸书，试观小说以排闷，又叩中国诗学，且举西人诗法以相证，不悟此妇能为此言，惜乏香山佳句能令老妪解说，然质问殷殷，亦鸡林贾人之滥觞欤？比日金山乡人建“小蓬诗社”，前两月曾以《筹边楼怀古诗》一百一十首寄请评定。年来心绪鲜暇，此调久不弹，然乡人旅居市廛，有此雅会，甚不易得，冗杂之馀，阅定还之。今日陈蔼亭寄来古巴各埠地图并分派华洋董事清摺。陆寿峰辞行赴秘鲁。致刘湘浦书，属催办拐匪赵非潍案。科士达今晚言旋先电致柏立转达，或不专为洛案而来，然究是心心相印之人，视柏立之急思携家避暑，用意自别。

初八日己亥（8月7日） 阴雨

金山领事查抄华民犯事旧案，大都监禁至终身而止。惟罗生忌利埠一案，系华人争斗，误毙一洋人，合埠洋人起而围攻，遂捉获华人二十三人吊杀，内有幼童、医生，死非其罪，尤为无辜，事在同治十一年。又加拉扶罅县宴杜亚埠一案，有洋人过桥被人击毙，疑系华民所为，强捉华民三名，经官判以一人抵命，二人监禁终身。续经再四申说，会馆费至二千金，始将三人保出，此光绪四年事。两案均不近情，然平心按之，罗生忌利埠一案，类于斗杀，客主不敌，良歹不分，殆非美官讯明论死者。宴杜亚埠一案，终获保全。两案均难援引也。科士达来，谈洛案甚详。晚与翻译互忆日间问答，适水车络绎喧阗，凭栏仰视，火光熊熊，相去不逾里，信步往观，微见白烟，水车仍运机喷薄，火已灭矣。美俗水车规制甚善，马亦驯熟,火警电钟一响,机连马厩,马即腾跃,急行就辕以待辔,其救火健儿则从楼上滑溜而下,不由梯级,既取快捷且虑闻警下梯或致蹉跌,故于楼口置欹木,光泽可鉴,稍纵即逝,疾于飞鸟,相距三里不逾刻而至,故扑救之速,鲜有延烧,亦无乘火抢劫之弊,只二三黑人远立了观,此美之善政也。

初九日庚子(8月8日)　立秋,晴

晡后北洋密电本日谕旨一道,南洋群岛事,即电复。适欧洲电线须修理,复电恐不时到。

初十日辛丑(8月9日)　晴

前晚火警,本城纷传有人放火,其说不一。或曰工头刻薄,散匠不平,激而为此;或曰匠役近多赋闲,欲谋工作,则人心叵测之甚矣。所燔系新盖未成之屋,若云放火,意皆散匠为之也。

西人不信鬼神占验之说,比乃多有记载。如威司根先邦柯山基县基立父敦地方有星陨一事,庄主人梯力德方雇农人刈麦,正在操作,忽闻大声震响,略如铁路轮车鱼贯疾驰,仰视空际,瞥见烟霞团滚如球,迅坠于地,其势甚重,入土即成深井,距农人立处不数丈,其陷入处用长杆试探无底,其洞口围可三四尺,现庄主人令农工绕洞挖掘,务究其根云,此六月二十日事也。

又西人罗满地寓居活佛县坚德基河码头,忽为其妻串谋医生地威司所鸩杀,事发隶罪,地威司判罚监禁终身,其妻未定谳。旋有土人结伴至罗满地屋外荒园摘果,倏见小石无数从空际掷下,旋掷旋止,遂各骇走。越日,医生地威司之妇出户,行不数武,忽被石掷伤臂,罗满地之女宴尼同日被石击伤头颅,重甚。越日,罗满地之女衣华亦被石击微伤。有黑人贤厘立高阜,适为石击,跌坠几毙,又连日黑人及邻居屋瓦频受石击,俱自空而下,不由旁掷,殊非

人力所能，殆鬼物为之云。

又鸟约有轮船名新庄，晚泊海壖，夜将半，有人从帐房窗外以洋钱一元索取船票，司帐者给票予之，检视洋钱如冰，骇甚，捽之坠于舱板，铿然一声，拇指皮已为冷气揭去，即闻船楼支更人喧呼有人坠水，其时船客熟睡，遍阅阖船，皆无恙，求其故不可得，乃悟前次有搭客病殁于舱，顷索船票者魂不散也，随声而灭，事或有之，特此洋钱何来，且复令人不能著手？司帐人展转不释，遂登诸日报，此亦六月初旬事也。谁谓西人不说鬼哉？偶志于此，以质华人之谈西学者。

访科士达，重论洛案，并商麦天拿属邦命案。

十一日壬寅（8月10日） 晴

刘芝使书，航海时及驻英境况，并云七月内赴俄都。电锦堂，告以洛款展议，并属密查司圭也所报外部文稿，以备商办舍路各案。电局来言，欧洲电线已修竣，津电即达。

十二日癸卯（8月11日） 晴

电总署三十二字。照会外部，促办麦天拿属邦案。使馆外时有乐工六七人，手持乐器，日落风清辄伺于门，不挥之去，则欣然奏技以索赏，或曰美利坚人，或曰义大里亚人，异方之乐，只令人悲。子豫弟馈双瓣茉莉四株，自吾粤而古巴而华盛顿，此花已历三洲，又能随地为活，花不甚繁，弥觉难能可贵。外部函谢所考铜炮款识。

十三日早辰（8月12日） 晴

美商吉丁设日报馆于的沙士邦，界于墨西哥，而丑诋墨之问刑官，语侵墨廷，墨人囚之，美外部贻书往索，墨不受命，判罚吉丁银六百元、监禁两年。美滋不平，频让墨使罗露美，罗婉言答之，而吉丁之囚自若也。或曰墨已备兵于边，将与交恶，恐未必然。此事就日报所言,墨似太甚,不司何遽强鸷乃尔。墨有岁输美款,历时已久,亦赔偿美人损失之事,近谓美款多虚,亦欲索还,倩律师与美辩论,数约百万,得直则以二成酬律师,美亦延律师六人与争,得直亦许割二成。交相为利,西俗大都然矣。

日来鸟约刑官判华人一案,殊堪解颐。华人叔侄二人洗衣为业,西人有无赖者日往纠缠。其侄血气方盛,不耐其扰,持刀逐之。其叔虑生事,尾追而喝阻,猝遇巡差,执其侄并凶器付之有司,西人讼焉。其叔延律师往诉。律师谓自认持刀,可免侄罪。叔曰:是我代侄也,何烦尔筹?律师谓:非此则尔侄须办罪,姑听鄙言,自有解说。及西官堂讯,其叔一如律师之指。西官谕西人曰:尔于持刀为何人尚不能辩,则含糊可知,是必扰人不堪,而后出此,判不准理。叔侄均无恙。此种判断,在吾华能行之乎?律师稔西例,竟脱两人,其技甚浅,然亦见中西殊制矣。

寄总署书,论洛案赔款迟延之故,请转促田使。

十四日乙巳(8月13日)　晴

中国省会城邑昏旦然号炮,漏二下亦然号炮,京师则否,美华盛顿城则日出日入然号炮。美都华盛顿铜石像皆精巧,所以志开国之盛,不忘本也。近又建纪功碑,高五十五丈,白石垒筑,其形方,其顶锐,状如方塔,峭直插天,西人博学者谓合地球最高之物,顾名之曰碑,殆未谙字义。智利公使坚拿来晤,昨始递国书,到美已逾旬矣,曾游欧洲,曾使巴西。子正锦堂来电,密码而先未约定,遍检电书不知所云。

十五日丙午(8月14日)　早雨,午晴

吉丁一案,美墨交恶之谣所述不一,叭夏以为讹传,惟按约与争,决不开兵端云。此案墨使罗露美持该国律例第一百八十六款,

谓凡人在墨国或别国攻犯墨国人民，墨得以讯究，吉丁虽在的沙士邦刊布诋毁，而墨总能按例拿办，吉丁例应被禁云。其驻欧洲墨使某言：此例系仿照法国，设此案易地于法，美必不苛求，美有数邦之例，久为英国所不取，然亦未尝因而开衅。墨之自援国例，若甚有词而美不允，美领事乘咸亲至墨国，询悉吉丁只为刊报诋毁一事被逮，且不准其保释，领事照会墨官亦不见复讯。据德基厘供，吉丁实因六月十八号所刊日报被拘，别无他罪，我在堂上耳闻臬司云吉丁并非冒渎公堂受押，但为日报所刊之事。丹拿供亦然。美外部所办似有条理。美之于墨颇存卵翼之见，墨在美南，不通大国，美西各省皆墨之旧封，墨久为美压，近忽自雄，抑何速也？答拜智使，已返鸟约。复希九书，询日使已否赴华。

十六日丁未(8月15日) 晴

金山华人各立堂名，间相斗杀，久思谕禁，实无暇晷，顷领事禀请，因为文以谕之。曰：

"吾粤地广人稠，道光、咸丰年间海禁渐弛，又值土匪客匪之乱，于是有出洋谋食之一途，或工艺糊口，或小本营生，咸有所获，相率偕来，富商大贾亦开庄贸易，渐而创建会馆，互相联属，国家特设领事专官以资治理。前此中国水旱偏灾，华人乐输赈济，并荷圣明给匾嘉奖，煌煌睿藻，炳耀殊方。本大臣前过金山，察看该埠情形，华人旅居日繁，苦乐不一，而数十年不易冠服，不隶他籍，深堪嘉尚，当于奏报到任摺内附片陈明，仰慰宸廑。海外编氓呼吸上通帝坐，凡我华人宜如何激劝以永迓天庥哉？本大臣德薄能浅，拜使命于土人虐待华人之际，驱逐燔杀，积案累累，华人之聚散安危时萦心目。故自金山以至华盛顿，凡我华人来见，无不欣然容接，宽其礼貌，使之尽言，非不知等威有别，特以远役他洲，犹得与乡人聚话,已为可喜,亦欲博访华人生计,以相维持。我华人远离乡井,风涛之险,洋例之苛,不避艰难,无非为谋生而至,或同处一埠,或分驻各埠,平日总须各存一同乡相之见。其在中土,则尔府尔县或漠不相识,既同客异域,则华人之外皆非我族类。山颠海澨之区,旅馆羁栖,无父母妻子之相依,望田园庐墓而不见,间与嗜欲同声貌肖者相周旋,则亲爱之情油然而生,此天性也。相处既久,无殊兄弟手足,则患难与共,疾病相扶持,亦出于情之不自觉。偶有猜嫌或致诟詈,一言不合遂尔拔刀,此血气方盛之所为。然转念同为华人、同客异域,或小忿酿命,则死者无辜,冤气不散。旅魂之缠绕,公论之鄙夷,虽幸逃法网,亦难望谋为顺遂,美律纵能宽恕,中国自有典章,一经咨查,亲族受累。况美国年来厌薄华人已成风气,我华人即安分守己犹虑蒙以恶名,我复自相残杀,予人以口实,是因一二人之好勇斗狠以致一国商民皆受诋诃,益坚彼禁逐之志。各商等资本所关,生业所寄,又不能遽尔收庄浩然归去,即工艺糊口之人亦未必行囊各裕,去住自如,当此寄食艰危、夙夜戒惧之候,其可不格外联络、共保岁寒,而顾以口角微嫌贸然斗杀乎?粤人性情大都义气相高,不肯少受屈曲,然临事不假思索,容易生事,不旋踵而悔,当其奋不顾身,虽鬼神赫临亦悍然不恤,及祸机已兆,一皂役之力足以制之。故粤中长吏或曰粤俗易治,或曰粤俗难治,东南将帅或言广勇有良心,或言广勇无纪律。要之粤人行径好排场、爱体面、耐劳苦、轻身命者居多,其阴鸷狠毒甘蹈不法者实无几人,只是血气用事,忿激易形,见理稍迟,每致自误,可为痛惜。本大臣有保护华人之责,欲令华人不为洋人所欺,必先令华人自相和洽,若械斗而在异邦,则乡邻无殊同室,慨被发缨冠之,不遑愧条教号令之未备。现在金山各会馆绅董读书明理,于华人疾苦刻刻关心,各华人偶有不平，何难投诉？重或具禀领事衙门，尽能公平处置，断不令固结莫解，何致自相杀害耶？华人之各联堂社，自为保护，则可恃以分党，则大谬。离家数万里，不思同舟共济，惟务同类伤残，此种气象何以自全？本大臣上体朝廷好生之德，下维休戚相关之谊，久欲剀切开导，共庆安全，顷据欧阳领事转据中华会馆绅董罗熙尧等禀本年六月内宝善、继善两社斗杀一案，富豪者不惜资财，无赖者拼其死命，实骇观听，各绅商公商办法，详请转咨粤中大府分行凶党本籍地方存案究办，并请严谕禁止，以安商旅等情。本大臣接阅之下，不胜愤闷，除批示并据详转咨两广督部堂、广东抚部院查照办理外，该领事仍当督同各绅董谆谕华人共相诫勉，毋恃美律宽纵为幸脱，当念同类相杀为大耻，咸怀木本水源之思，庶免危身忘亲之累，本大臣有厚望焉。倘经此次晓谕之后，尚复不知悛改，仍有寻殴互斗等事，一经领事禀报，本大臣惟有按名咨会原籍，设法究治以儆效尤而安良善，为此札饬。札到，该领事即便分饬遵照毋违。”

金山华人械斗之风，匪伊朝夕，为此俚词，聊相告诫，言之无文，行之不远，顽梗之徒亦非文字所能动，滋愧而已。

欧阳锦堂前夕密电，再四猜拟，知为澳路非奴命案事。前日新闻纸又言：本月初五日华盛顿属邦德忌利士岛煤矿公司所雇华佣八十名，为洋工迫胁辞去，公司主人地列威不允，洋工遽乘小舟强捉华佣，齐集河滨待渡。地列威与论不恤，即赴边打兵船乞兵弹压。讵洋工已急雇帆船两艘将华佣装运离岛。帆船不愿受雇，为势所逼云。美西省之仇视华人牢不可破，我华人犹不知危惧，同类自残，抑何梦梦？议院既散，各国公使分往外城择佳山水处避暑，不去则群诋为鄙吝，余亦欲从同，但苦于日行公事难恝置，中国使事之繁,他国不及知也。

十七日戊申(8月16日)　晴

西俗喜赛会,眩奇斗胜者,举一会经营数年。隋大业中,炀帝在东都悉召天下奇倡怪伎大陈端门前,曳罗縠弭金琲者十馀万,百官都人列绘楼缦阁夹道,被服光丽,廛邸皆供帐,池酒林胾,译长纵蛮夷与民贸易在所,令邀饮食相娱乐。蛮夷嗟咨,谓中国为仙宸帝所。隋方底定南北,库藏充盈,炀帝穷极奢侈,此种举动亦惟炀帝乐为之,风气达海外,即为外国赛会之权舆。

又唐高宗时,吐蕃因公主求赐经籍,于休烈建言:吐蕃性剽悍,果决善学,若达于书则知战,深于诗则知武。夫有师干之试,深于礼则知月令废兴之典,深于春秋则知用师诡诈之计,深于文则知往来书檄之制,何异假寇兵资盗粮?若不得已,请去春秋,盖春秋当周德既衰,诸侯盛强,征伐竞兴,情伪于是乎生,变诈于是乎起。诚与之,国之患也。高宗不能决,下中书议,裴光庭议宜渐以诗书陶以声教,休烈但见情诈于是乎生,不知忠信节义亦于是乎在。高宗曰:善!即与之。两臣殊议,各有见地,于不轻以经义导强敌,界限甚严;裴为将家子,习知边情,识解高远,故与之不疑。初唐之驭吐蕃矜慎如此,时至今日,环球各国声息皆通,中国经籍外国翻译成书,西人嗜学,每以不习中国经书为陋,其于尼山性道文章尤敬佩不谖,不独同文之国为然,可喜亦复可惧。要之,西人战斗纯尚火器,情伪变诈别有机杼,更不泥乎春秋一书也。时局若此,固当坦然示以无外,以彰中国之大。

又太宗时韦宏机使西突厥,会石国叛,道梗三年不得归,裂裾录所过诸国风俗物产,为《西征记》,比还上之,此即奉使日记之滥觞。陆生使越,苏武使匈奴,张骞寻河源,陈汤、甘延寿定郅支,意必博征约记,史佚之耳。

晨起得家书,颇详。又佛山万善堂捐簿,此时各埠华人生计日蹙,恐难乐输,姑代筹之。夜半风雨。

十八日己酉(8月17日) 晴

盛杏荪书,言中国电线西达滇池,东接吉林,声息弥广。昨晚美西境逼得士埠电报房为雷火所燔,电线均烧断。雷火之说,中国电局亦不可不慎,当详告之。本日华盛顿《士他日报》论教王遣使一事,谓中国不拒教,而教堂不应归法国辖理。

十九日庚戌(8月18日) 晴

晨起草疏,为前任随员请奖并调法文翻译、鸟约领事丁忧留差,一摺、二片、一清单。近日金价忒昂,每库平银一两值美银一元。

二十日辛亥(8月19日) 晴

美总统携妇避暑于衣带兰特,地方距鸟约不远,地甚清幽,渔钓为乐。本日闻长崎倭人与华人争斗,华人毙五人伤百馀人,不识确否?倭使九鬼避暑外埠,无缘得真耗。华人旅居异域,悉难相安,可胜愤懑。金山中华会馆董事南海举人罗熙尧被人顶名应礼部试,斥革查拿。窃意先行查后斥革,当为咨明粤中大府,以便查复,不悟部章严密,榜后即已革拿。寒士一第不易,且实系被人顶冒,因为疏请开复,附前摺拜发。

二十一日壬子(8月20日) 晴

春初在粤首途,粤抚倪豹帅为绘《运甓斋话别图》为赠,并系两诗,适有饷差入都,寄请周小棠将前所赠诗书其上,付博古装池,别倩知好为题咏,以存掌故,不悟小棠遽归道山,感伤之馀,此事辄不记忆。昨李仲约书言小棠递遗摺前一日命其子将图画转付代储。金石之谊,死生一致,可感也。今晚发总署包封。

二十二日癸丑(8月21日)　晴

此次摺片有“出自逾格鸿慈”之语,“逾格”二字未抬写,窃谓“鸿慈”之上除“高”“厚”等字,馀概不宜加。封发后,偶检旧牍,“逾格”二字却抬写,为之展转不释,行次无多书,援检曾文正稿,《叠克四城三隘疏》、《力保芜湖金柱关疏》、《湖口九江建祠疏》、《鲍军丰城大捷疏》、《沥陈湖北抚臣勋绩疏》、《通筹全局疏》、《水陆叠获胜仗疏》、《湘军剿贼四获胜仗疏》均有“出自逾格鸿慈”之语,而“逾格”二字不抬写。近日《申报》刊晋抚刚子良一疏亦然,鄙见暗合,为之稍安。此种舛误甚于与马而五,况海外孤臣哉?

二十三日甲寅(8月22日)　晴

发沪粤包封。晚得金山电,前调商董三人请仍照会外部行知税关,即照办文,明日送去。美前年增修限制华工例第十三款,中国官员文凭可代护照,既给文札且译英文犹烦,如许转折,美之拒我殆极显然,曩在总署竟不知如此情形,陈副宪亦从不一告。

二十四日乙卯(8月23日)　晴

锦堂书,言初十日有船到埠,内有华妇数人,关吏于码头广众之地搜检以查夹带,此直罕闻之事矣。即照会外部转达户部,行知税关,若以刻薄为尽职,亦宜仍用西妇搜查,以顾美国声名。金山税关本有西妇任斯役,比以舞弊辞去。税司黑假遂变本加厉。美之关卡,苦及妇人,即乌约且不免。欧洲来者亦啧有烦言,特不致金山之甚。

二十五日丙辰(8月24日)　晴

咨总署拨经费,促学生分缮前日奏咨文牍,学生每以写字为苦,此后拟定功过格,微示劝惩。吉丁之案,美特派将军薛威治赴墨商办,吉丁卒倩律师上控,原告美田拿不愿控追赔偿受亏款项,臬司遂将此案批销,并将吉丁释放。

二十六日丁巳(8月25日) 晴

未初偕仲兰、震东赴鸟约。戌正到埠,寓客栈,进斋亦于是日自秘鲁回,相约同寓。论及斥退洋员德里安一事,几酿事端,其时各国公使议论不一。德使言德里安虽为中国使署所用,然究非中国人,既犯秘例,应治之。智使、英使谓德里安既为中国使馆办事,应由中国自治,秘所能治者,秘人则可,若非秘人,秘不应禁锢,遂援据公法以为言。秘不能屈,德使亦惭,德里安乃出狱,否则各国公使拟电达本国政府,因一洋员而大动唇舌矣。又赵非濉等犯如有人控告仍可拿办,并述湘浦现办情形。又谓参领两署居所省无几,此事已入告,无可游移也。谈至亥初各散,卧房临街,车声如雷,彻夜不寐。

二十七日戊午(8月26日) 晴

唁易希梁,慰留之,与商鸟约医院事、纽阿连命案、新蕾巨案。早晚均在领事署餐饭。晚回寓楼,另觅僻静卧房,始安睡。

二十八日己未(8月27日) 晴

鸟约总巡科露臣遣巡海兵船渡送蒿尼挨伦,饭后乘潮出海门,凭眺两岸所置炮台均得地,惟台式忒旧,现已废弃,仅于台后依山另筑,蜿蜒如半月,纯用青石,亦得控制之宜。海门不宽,有浮椿一枝,海兽随潮出没,或曰海狗,其头类牛,其形如马,或即海豨水兕之类耶。晡时抵岸,乘火车至万客顿晚餐。戌初步行至烟火处,中隔一河,对岸列城郭、炮台、礼拜堂诸式,均有门可以出进上下,前环数柱,横牵一绳,一人持杆行绳上,作跳舞旋起旋落,或倒行或翻跳无不如意,略如中华之绳技,其旁有三人手扌翻踏层累跳跃,亦其灵捷。台上为法俄争战事,烟焰冲霄,城郭楼堞俄顷而尽,烟火架亦焚裂,燃枪放炮直如交绥,又有教士数十辈出而解纷,卒无效,寻至焚毁,而以火珠编作熊虎形,火箭纷坠,均吐五色圆珠,此则吾华固有之,不足异也。晚宿万客顿楼,窗倚沧溟,海风甚畅,清眠达曙。

二十九日庚申(8月28日) 晴

回鸟约。饭后往博物院,求如陈副宪日记所谓小鸟如蜻蜓五色咸备者,殆拟议之词,院中固多奇禽,如朱鹤、翠鹦均有奇采,小鸟无虑数百,极小者视蜻蜓相去尚远也。另一博物院则陈设诸古器,内多石像,间有方柱如经幢,亦有刊志,中有石椁数具,椁上镌人头,略如佛像,椁之两旁镌人物车马作争战状,高髻长戟,略如武梁祠画像。其架所庋铜器矛头为多,亦有方式,图章大都腊丁文字,又有宣德铜方炉一,尚非赝也。楼上列中国磁器颇富,极旧者明磁而已,亦有象牙雕漆诸器,视华盛顿博物院略胜。

旋观光学画,此为咸丰十一年南北花旗水战之状。咸丰九年,拿破仑第三曾以一战船名曰拉高飞亚,盖之以铁,随后英国战船窝利亚并挨伦稚继为铁甲,当时铁甲惟此三船,而未经战阵,得力与否,究未可知。时有南花旗兵官布录略悉其奥,欲加考验,请于南兵部将前北花旗所弃遗之美利麦船从水中捞起,修整并加铁甲,以便回攻北花旗木战船之用。此议既定,潜行开工,举动机密,诚恐北人识其军情也。未几,北人探其消息,即集议御敌之策,有呈进一图者,名曰铁甲望弥打,议院嘉纳,加工赶办。其形状远视如一木排,上架一圆箱,别无他物,近则长一百七十二尺,高过水面不逾尺,其船中敌楼四面能转,其炮能藏十二寸阔、一百八十磅重之弹子，每点钟可行四五迈，其管带房在船前，高四尺，能藏三人，用九寸厚铁包固，门口另加以二寸铁，能开能阖，以便出入，四面小窗系用半寸铁卷尖藏入者。此船经兵部允准后，机匠日夜赶办，而水兵各员尚无暇操练，凡敌楼转捩及船内机器概未周知，除管带窝顿、帮带古连外，馀五十六人悉当时凑集或自愿投效者，驾驶攻战均不熟识也。美利麦北发之后一日，北花旗之望弥打始工竣，如北船早成南船后发，则北人之木战船不致遽被轰沉也。美利麦船身长二百三十尺，船中之楼长十七尺，高七尺，系用尺四厚木创造加以二寸厚铁包裹，船之尖首长四尺，纯用坚铁铸成，管带房之铁厚四寸。此船虽大，然行动不快，吃水太深，且内中机器并非全美，每点钟只行五六迈，惟较之木战船则胜万分矣。船中只得管带宝间仁、帮带吉时比熟悉驾驶，此外亦非熟手，即于三月八号礼拜六日开行，往征北界。一日赶到战场，见有北花旗船钦巴伦与江纪利时两船相闲湾泊隔七迈，之后又有三船曰棉弥疏打、曰圣罗伦时、曰胡老燕诺，江纪利时与圣罗伦时两船俱装大炮五十口，钦巴伦船只有三十口。钦巴伦正管带适于是日公出，其副管带摩利时一见美利麦形状，初疑为鳄鱼，细辨知为南花旗新造之铁甲，即喝令兵丁防守，迨美利麦行近一迈路，即先燃大炮御之，不料炮弹放中其船旋即撞回，如皮球跳跃之戏，屡放皆然。于是美利麦渐渐而前，凡开一炮动伤数人，船头之撞车竟向钦巴伦直撞，钦巴伦船头遽尔入水，又继以大炮轰击，钦巴伦殊死战，船兵凡一班死，后一班继之，再接再厉。美利麦高语钦巴伦甘心投降否，钦巴伦即升红旗答以情愿沉死不能下降，盖其船中装储军械不少，倘为南花旗所获，则以后水师受害不浅也。嗣又战有两刻，船中已流血成渠，然无一兵一士自甘为败者，迨后忽有一壳码打入厨房，机器铜片爆击，伤死者数十而船愈沉愈深,管带摩利时乃呼其兵曰:船无可救,各人自寻生路可也。兵士始散,然得生者仍无几,幸管带摩利时遇救登岸。此船虽失,然北花旗之国旗犹正立不坠,可想其志气之坚矣。钦巴伦既沉,美利麦乃向江纪利时攻打,未及半刻,伤死者众,遂即投降,掳去兵士三十人。两船优劣相去天渊耳,续经北人岸上陆兵急开枪炮,故南人不能上船夺其船物,只可抛掷药弹焚之。两船既失,馀船亦甚危险,明日且将凿去。议院闻之,惊惶无措,正在焦急万分,新造之铁甲船赶到战场,驶入河口与棉弥疏打互通消息,备闻本日战败情形,兵士在船两日,虽劳苦异常,气力困惫,亦莫不赫然思奋,务雪前耻。次日,美利麦拟攻棉弥疏打,时望弥打先进前抵敌,美利麦以为微细之铁甲,轻之。未几,望弥打先开一炮,美利麦即行还答,以后炮声不绝。望弥打船小而活,四边巡走,欲寻美利麦可伤之处而攻之,只放得数重弹而美利麦亦放中数炮,一打伤大伙、一毁坏管带炮楼之号令筒,以致不闻号令。美利麦之最得力者,一弹打到望弥打管带房,正管带伤目创甚,因谕令将船旁驶交副管带接手,预备再攻。讵美利麦已向那科船厂蹿去,追放数炮,迄未得力。据南花旗则谓北船停战旁行,即示败也,北花旗则谓南船退出战场,自归北方守御,保护自己水师,而美利麦不复再来,以为胜也。从此两船均未再遇,南人终恐此船为北人所掳,旋即焚之,至望弥打一船亦于是年冬行海中为飓风沉去。此为南北花旗始建铁甲船水战之大略。此图绘画兵士败走,凫水、抱木、缘桅、坠缆诸状,活活如生,炮火烟焰蒸腾之间,隐隐有硝磺气。

八　月

初一日辛酉(8月29日)　晴

夜十一点钟乘火车,四点钟至海汉,换船至鸟波。

初二日壬戌(8月30日)　晴

寅正抵鸟波,微雨,候车小坐茶馆啜茗。旋乘车至澳顺客栈,花树楼台,管弦金奏,颇饶风趣。租寓五房一厅,尚宽适,惟地气太湿,久住非宜。饭后礼格佛德城知府伯罗巴阿士哥来见,约访土客园林。申正中餐,随赴沿海一带游观,略如之罘风景,而朴茂逊之。灯后雨,通宵不辍。

初三日癸亥(8月31日)　晴

土人德恩来见,自言客华十九年,曾任福州领事,特来一晤,意良殷。午初观潮,天风浪浪,颇祛尘翳。游人乘潮而浴,出没波涛跳跃为戏,男女杂遝,衣裤咸具,却知廉耻,所见强于所闻。晡时访议院绅士璧拿蛮,园亭富丽且滨海,甚凉快。出观《打球图》一轴,云系吾华手笔,细视之,盖倭画也,笔墨精细,似仿仇实父,人马冠服颇有古致。随访德恩,亦近海结庐,修竹映带,暑气所不到者。与谈华事,殆道光咸丰时贸迁于闽者,回美已久,闽省尚有字号,留一子经纪之,自不办茶,代客装运云。夜雨甚凉。

初四日甲子(9月1日)　晴

伯罗巴阿士哥偕访其友人阿利士园亭,小坐清酌,其女絮絮问中国五等封爵袭次年代,又欲中国多遣读书人来导之礼义。阿利士为银行富商,复偕乘马车遍游诸胜,殊有东道之情。晡后赴球场观跃马打球之戏,五马角逐于浅草平原,驰骤甚捷。观竟更历数衢弄,所过皆楼阁宏敞,树帷草茵间有绿藤密缠窗柱,一望潇碧。戌正赴璧拿蛮之约,坐无杂宾,主人盛服相迓,父母兄嫂诸弟列坐同餐,绮席丰腆,母年已逾六旬,珠饰极盛。酒半,璧拿蛮起辞赴鸟约,入坐时先已言明有要公,须即日往,因留客晚饭,遂延至夜。西人硁硁守信,其可嘉者。璧拿蛮曾言近阅新闻纸,中华兵轮九艘并集高丽,不知何事?余未得京津来书,特论形势,高丽毗连俄、倭,国又奇窘,内乱频兴,言顾东藩深为之虑。席散返寓,将子初矣。与参赞谈西人切音之学。子正就枕,不成寐。

初五日乙丑(9月2日)　晴

观狗会,无虑千百,豢养珍惜之,有价值千金者。会场宽敞,观者须给入门票钱,西人好事类如此。派仲兰、震东赴蒲拉夫顿士机器厂,查察沪上织局所购机器。

初六日丙寅(9月3日)　晴

天气清爽,侵晨仍有烟雾,在几席间门窗洞开,朝曦微曜,则雾气散矣。与进斋、仲兰、震东共照一相,其技甚劣。晚观西人乐舞,约三百人,中有曾贾于华者曲礼士活,款接甚殷。又水师兵官曾到中国,亦极亲洽。

初七日丁卯(9月4日)　晴

午初趁船泊域佛,乘火车至鸟稀濆。进斋回鸟约,余偕仲兰、震东往哈富,稍迟两刻,遂误车期。薄游鸟稀濆市肆、书院,亦大都会也。酉初车来,附至哈富,沿途小站车停屡屡,酉正二刻乃抵柏仙露客寓。容莼浦来,共晚餐,且坚邀至其家,猥以连夜失眠,拟明日往。莼浦论及缅事,谓中国不宜与英说断,但当存而不论,告以暂不与争。但此案我总不平,兵力盛时当必取回,此时仍是普鲁泰士特译言"深不许"之谓也。所论尚不忘本。

初八日戊辰(9月5日) 晴

夜睡足。晨起小吃后,移寓莼浦之居。莼浦购地二十亩,广植卉木,中建楼阁,挈妇子以居。夏间妇殁,弥留遗属以园产付二子,而莼浦不与焉。莼浦既有遗袿之悼,其子又幼稚,即寄养外家,而将楼居扃钥,自乃寄榻比邻妻弟之室,亦莼浦所购赠者。莼浦伉俪敦笃,推爱及之。近转如寄生之草,固安之矣。以余远来,特辟房闼,重置爨具,中馈无人,触处增感,亦大可怜。与论昔日学堂起止功课规条。子正睡。

初九日己巳(9月6日) 晴

柏立自花门顿来晤,即去,约往游,诺之。午后格林炮厂主人来,约观格林炮机器演试。格林炮新旧两式并快捷,其极大之管径一寸,每炮以十管为度,少或六管,能穿一寸厚铁,其主人持已穿之铁板为证,然不甚能及远。又观其验器之机,此即总署拟购者,问值只四千元,当令详开清单绘图见觃。回寓中饭。间拿炮厂又遣一车来迓,其厂较宏富,所制间拿炮略如格林,只平列两管,出子不及格林之多,而管外涵筒盛水,虽连放数时,炮管不热,其法甚良。炮式则前圆后方,机器简便,偶阙一器,则窒矣。遇败北时,仓卒不及搬运,则随意抽出,不致资敌也。近乃改制圆式如小铜炮,较精工,所配炮车上下左右圆转自如。

初十日庚午(9月7日) 晴

莼浦约赴挨云,访其岳家。其二子蓬头赤脚而能长揖为礼。对门为炸药引线机房,遥望但见线机环绕,状如缫丝,旋往观之,则线皆入药,又外裹黑油,始能出售。其机轮用水力鼓动,故无碍于火药也。随至花门顿,柏立挈家避暑于此,预为午餐以待。柏立寓楼为华盛顿曾驻之地,火炉遗迹尚存,形制甚古。复往学庐流览泰西故籍,不谙西文,不敢附和,客寓主人坚请留名而去。沿路山树丛密,中经两湖,尤幽邃,湖水极清,哈富城中自来水悉从此出。置机湖上,有人建屋湖堧以司启闭。草树湖光,结构幽雅。是日轻车骋游,晡时始返,所览山光苍翠秀逸,余诧谓:似吾华佳山。莼浦徐应之曰:山色固无分中外也。其言甚婉,而若有言外之意。

十一日辛未(9月8日)　晴

震东自劳伦回,查得织局所购罗未尔机厂棉花机器五副,纺纱机器八副,纺线机器五十二副,焙线机器一副,士颠铁筒七捆,浆锅一枚,压布机器一副,展埽棉花机器七副,绕线大铁筒二十条,织三尺四寸阔布机器二百零四副,每副每日能织至四十码或四十五码,又织三尺八寸阔布机器九十六副,每副每日能织四十码或四十五码,折布机器一副,零用器一箱,共计马力二百五十匹,每日需煤五吨,共银五万七千五百三十八元,分装七百八十箱,系光绪九年定造,并未交价,该厂现欲转售。震东此去,往返均夜行,尚不为埃党所窘。莼浦约一西人墨兜款来谈银行事,多未中肯,余告以国家银行之设要在裕国便民,又能顾全商本,斯为近之中西情形不同,非可胶柱鼓瑟。

十二日壬申(9月9日)　晴

辰正早饭。莼浦送至乌希渍。豁泥枪厂主人候于火车房,偕赴该厂。遍览所制枪,无甚新异,多就林明敦旧枪改作,枪子仍用中针,视旧枪不加捷,恐销售不多也,又新改一枪,三运手而出弹,枪膛内别缀小钢筒,亦可多储弹子,连环六出。近日兵枪之最快者,仍就旧枪改作,原制名曰"哩枪",中国有购者。今春途经金山曾见之,今豁泥又加意修改,且欲以李傅相之名名之,西人制器多取闻望素著之人以为名。阅竟同至温遮士得厂,主人避暑出埠,只观枪式四种，未及遍观机器。该厂原于两月前函请往观其所制枪，又久已运销中国，惜主人他出，阙融洽之趣。时已未正，豁泥约在客寓午餐。申初仍赴火车房候车。申正起程回鸟约，莼浦送至车上，展轮而别。见赠羊豪十管皆纯净，又假《四库提要》一函、《骈体文钞》一函，其他书籍缥缃满橱，无甚陋本。莼浦曾举半以赠哈富书院，欲西人传诵云。

十三日癸酉(9月10日) 晴

美属南省地震成灾，英后贻书总统慰藉。算学家云两月后仍有地震，势渐偏西，金山各埠亦不免云。午后渡海观野人马戏，观者约二万人，略如斗马，野人为烟甸种，美之土著也。状貌狞丑，皆焦色，黄头插鸟羽，耳贯铜环，乘马追逐，或出而劫掠，结布幕以居。手鼓摇铃，群歌踏跳，但形其野而已。有女郎自围外挟鸟枪登场，演技百发百中，以黑球为的，用铁范作鹿形，黑球即满缀于鹿之上下左右，后悬一绳，浮曳其上，鹿形摇摇不定，女郎于十步外然枪击球，每击辄破碎，观者击节。续横一机，以长绦悬系一球，摇曳不可捉搦，别一女郎背球发枪，且置枪于顶，手镜以验准的，亦百不失一。两女郎一为歪阿明属邦，一为嘉利福尼省人，两地皆悍，华人屡受其害者，不图女子亦具此奇技。日晡返棹，渡至中流，牙医哈文指点两帆船相示，曰纯白者为英船，黑白匀者为美船，岁于鸟约斗捷，前日英又不胜，计连负三十五年矣。英美海国，擅舟楫之利，轮轴机巧层出不穷，而帆船为航海始基，故尤以此斗胜。十年前美船往英演赛夺银鼎归，嗣是，则英船来美就赛，而其屡负之故，或船制失宜，未可知也。每年所斗皆各制新船，视为故事。

十四日甲戌(9月11日) 晴

牙医哈文约晚餐，观水法。酉初登台，观者逾万，西人聚水为池,甃以砖石,上穴数孔,水从穴中喷出,高可一二丈,略如济南趵突泉之法。惟水成五色,中或如球,或成方柱,此则以电气映之,仍用机器转轴以运水,西人每设奇技,必于此中求利。其主人请观机器,并赠电灯两枝。子初渡海回寓,月色波光相映,风趣不俗。此种渡船日夜不息,两岸各有埔头,此往彼来,不差晷刻。船分上下两层,船舷前后置小几,便散坐。船中明窗短榻,便眺远,且可避风。合船可容四五百人,马车、货车亦并渡送。散坐各五仙士,马车半元。泊船时刻与火车合,抵岸即可登车,大率船车共一公司。

十五日乙亥(9月12日)　晴

中秋节同人循例致贺,华人之贾于鸟约者仍为月饼分售,不忘故乡之思也。傍晚偕进斋拟登铁线桥,遇雨而返。

十六日丙子(9月13日)　晴

鸟约博物院储无翼鸟一头,长约八寸,高如之,长喙绿睛,缩颈秃尾,两足似鹤而距甚小,其羽细腻如绒,黑白两色,出太平洋滨。又有重翼鸟,五采备具,头红嘴黑,略如吾华之鹦鹉,特尾长于身,分张如燕,两翠翼之下重展两白翼,作飞鸣势,出南亚墨利加洲。两鸟相视,诚有幸有不幸。语云"两其足者辅之翼",天之生物,殆不尽然。

十七日丁丑(9月14日)　晴

法文翻译联兴经刘芝使派驻俄国,现在日署事简,拟不再调,俄事重要,自应先其所急。午后访西华,不遇。

十八日戊寅(9月15日)　晴

湾克来谈,云布鲁伦案已结。前数日布鲁伦华人持斧误伤房主人未笄之女,医生以为难治,讼之美官。华人倩人作保,立单二千五百元。又必该埠有产业者始能出保单,一时颇费踌躇,讵一挨利士人慨允作保,如数订立保单,直仅见之事。挨党乃有此人,可知人性善恶,并非有生俱来者耳。与进斋搭夜车回华盛顿,子初登车。

十九日己卯(9月16日) 微雨

辰初抵华盛顿。得劼侯书,七月十八日交卸俄篆,仍返衣钵寓,拟挈眷暂寓法都以避英伦秋末寒湿之气,又赠公服照相一纸。午后接文报处第十号包封,李傅相六月初八、十四两书,论美案办法,并属以应办各事,勿以中外音书隔阂,遂驰任事之心。

二十日庚辰(9月17日) 晴

复外部书,谢照行金山税关遵验札文,准令董事登岸,并查复华妇搜捡事。日来天气甚热,已过中秋,炎蒸未退,殊方气候调摄诚难。仍患头眩。

二十一日辛巳(9月18日) 晴

田使贻叭夏书,言华人虐待美人,近有两案,索偿五千金,又据汉口领事佛郎坚禀,称英、美、法、俄教士亦有被扰之事,此皆在美肇衅所致云。《波士日报》乃论之曰:"在中国固应苛待美人,因何而不为耶?我美人岂未尝导以难容人之量,残害之机乎?我美人曾有因驱逐伤毙华人而缳首者乎?"日报之言如此,美之不肯抵罪,靳不赔偿,自难餍众志也。近闻教王已派亚和雅第为驻华公使,不识确否?教使驻华,教堂各事无预于法,省却法人交涉之一端,然教使每喜干预地方公事,又必将入教之人归其管辖,近日环球各国多厌薄之,智利且逐其使。从前佛兰西、西班牙多崇奉彼教,西班牙则疆宇日蹙,法亦受迫于德。从前德相毕斯默力诋其教,有志富强者咸韪其言,年来教王赠予宝星,毕斯默欣然拜受。德近争西班牙一岛,教王出而调处,毕斯默亦俯允让还。或曰毕斯默勋业炳耀欧洲而犹惑于天堂地狱之说,或者血气既衰,亦如中国达官暮年佞佛。

二十二日壬午(9月19日) 阴,午后晴热,酉初雨,疾风虹见,晚凉

坚弥地来谈:美国人在中国近有不安之事,理所必然,昧昧者不悟。又言:该省或将复举为议绅。余戏谓之曰:尔乐与华人交,则投阄者少矣。坚弥地笑而不言,复言金山巡抚近释凶犯四人,皆五年前虐待华人者,原判以监禁终身,刻竟保释,殊不公允云。今日外部照复金山税关不认搜捡华妇,但已雇西妇充役,前事可不辨自明。

二十三日癸未(9月20日) 晴

照会外部以进斋回美参赞使事。复锦堂第十五、十六、十八号函,又属拟中西学堂章程。

二十四日甲申(9月21日) 晴

西班牙日报言,小吕宋一岛华人自行设官治理,俨然一小中国也,宜设法禁拒华人之来云。华人旅食海外,近几无可托足,微待墨洲已也。晚访科士达,告以司圭也报外部案已抄出,容送阅。坐有莼浦旧同学,熟精美国枪炮形制,约得暇往观。

二十五日乙酉(9月22日) 晴

美总统今日言旋,天气渐凉,或不再出矣。午后拟访叭夏,适叭夏今日不到外部。又闻总统归后叭夏即往避暑,燕雁代飞,足征一德之契。独叭夏每不践言,洛案固无论矣,即舍路留兵一事,叭夏于六月底犹许以此项防兵不遽撤,即撤亦候总统批示,当译其语函告领事,转慰华人,乃昨接华昌公司来信,此兵已于七月二十二日撤去,幸地方尚绥靖耳。

二十六日丙戌(9月23日) 秋分,晴

得总署公函,答复华人到美及墨西哥立约事,抄寄致美、英两

使照会。又李傅相函询小吕宋能否设领事，曾沅帅书嘉辨驳补正限制华工章程，并述小吕宋事。

二十七日丁亥（9月24日） 晴

未正偕进斋访叭夏，问询以诗家谷巡差命案，闻已拟抵。叭夏曰然，而于华人被害各案乃不肯援以饬办。亥初姚祝彭、吕杰卿自金山来，火车颠簸，少坐，即属以安憩。

二十八日戊子（9月25日） 晴

许竹筼书言曾劼侯月半内渡，论小吕宋设官及香港近议不谐各事，刘芝使八月初一日谒俄王递国书，无甚要事，行将返英云。询杰卿金山近事，尚安戢，前月谕禁械斗，榜示通衢，华人亦知感化，有读之泣下者，或抄存一纸，互相传诵，深夜秉烛立誊不惮烦劳，领事乃将示谕刊派，似华人非尽不可教诲者也。近因迁运旅厝枯骸回粤，中华会馆存项不敷，领事欲先集资后发掘，曾为告白，而措语不圆，又为众论所嗤。要之，此举固不容缓而领事持议亦慎重，但须统筹尽善耳。

二十九日己丑（9月26日） 晴

秘鲁内部檄行各府优待华人与各国人一例，秘廷特施惠政，仍欲拓办招工耳。晚询姚祝彭所查舍路、士哥、槐花园、洛士丙冷各案，并现在华人情形。自冬春惊扰后，华人多已失业他往，只舍路尚有数十人，防兵则于七月二十二日撤去矣。洛士丙冷煤矿仍开采，华佣承工者尚千馀人，防兵未撤，或可相安。钵伦及英属域多利两埠华工各有千馀，生意尚佳，均有粤剧园馆。

三十日庚寅（9月27日） 晴

天气郁热，无秋爽气，头眩之患仍未霍然。刘湘浦书述秘廷相待尚优，拟即派员查办各寮虐待华工之案，又将筹办中西学堂。今日叭夏赴波士顿送幼女入塾读书,外部事暂交波打代办。

九　月

初一日辛卯(9月28日)　　晴

复总署书,论美案赔款办凶、中国自禁华人及墨西哥通商事,并缅甸、徵贡、珲春定界各情形,又寄去重庆教案新闻纸。天气热甚,夜大风暴雨。

初二日壬辰(9月29日)　　早雨嫩晴,炎热未退

西人占验,谓今日大风雨、地震,不知验否?尼华地日报言:重庆教案耶稣教士与天主教士互相谯让,天主教士谓耶稣教士行为不慎所致,耶稣教士谓天主堂盖用琉璃鸳瓦,大违中国制度因而肇祸云。叭夏果于七月十六日函致田贝,以洛案骤未了结之故,属达总署以明敦睦之情。叭夏此事尚不遗漏。

初三日癸巳(9月30日)　　晴

昨日西人地震之说不验,只朔夕风雨,微有影响。姚祝彭自檀香山回,述该岛口岸轮船固不敢深入,舢板亦不能泊岸,登陟甚难,岛人于岸上悬杆以长铁练系木斗,人坐斗中,略如秋千,俟舢板来时,波浪稍定,摇曳作势以就之,稍不慎则坠波中矣。又沿岛皆山,高或一二百丈,恃马以行,马多驯良且能负重,山路崎岖,往来如平地,马性习之也。水陆皆险阻,惟于陈芳园中一啖荔枝,岭南嘉果移植遐荒,陈芳倡之矣。近渐垦辟榛芜,土人犹以树叶围项,日啜芋浆,无匕箸染指而饱,亦荒外之民也。檀主每顾田畴辄喟然曰:此地华人流汗不少乃有今日。殆天良发现之语,然其国例一导美教,虐待华人殊苛。

初四日甲午(10月1日) 晴

晡后制造局总管威露健臣来见,约观局中机器模式。

初五日乙未(10月2日) 晴

今日发第十号包封。笺牍既清,索阅徐进斋所藏李北海书《古诗十九首》,见所未见,与岳麓、云麾诸拓笔政相类,纯从张猛龙得来。今人王梦楼学云麾,略窥涯涘而究乏清严气,观此则并不薄梦楼矣。卷为宣和御府藏物,有"散主道君"章,却无"天下一人"押,曾属半闲堂,展转至商邱宋氏,进斋以千金得之都下。

初六日丙申(10月3日) 晴

重核织局机器数目,咨送北洋。又检舍路、的钦巴损失各案,交进斋清厘,备译洋文,与外部商办。

初七日丁酉(10月4日) 晴

霾雾四塞,朝阳既升,犹形蓊翳,外国天气不常。曩闻之莼浦云,去冬倩医为种洋痘,莼浦年垂六十,何自苦若此?盖西人七年一种,若遇天花流行,无老幼皆种,亦不拘定蜻蜓穴,西女皆种于腿,虑臂上疤痕,袒舞不雅观云。又西人保命险及保手足伤损险公司,美国最多,莫盛于哈富,每公司有储本至四五千万元者,亦甚获利。窃谓手足损伤保险岁输息于公司,一旦偶尔损伤,公司如其所保之数偿之,彼佣工作苦之徒预虑残废无以自活,且不能赡妻子,照章保险,不为无见。若保命险,既殁之后直为子孙计,不仅作马牛而已,似非达观也。进斋谓保命险亦有益,保十年、二十年、三十年,如期不死则公司将岁输之息加倍纳还,西人保命险不尽为身后计。

初八日戊戌(10月5日) 晴

秋蝇渐冻,偶启画簏,取数帧补壁,薄慰卧游之思。房主人甚不愿壁上缀钉,遂购极小钢钉,无害墙纸而能悬物者,经营数日而妥。海外旅居,动止殊趣,此其一端。所藏恽册得自匡鹤泉少宰,而坊肆有摹本,几可乱真,前年在京朝邑携示南皮,相与抚掌。论画且然,况知人哉。

初九日己亥(10月6日)　晴

约同人恰卞庄桥登高。自使馆西行约二十里,溪河林木映带,陂陀绿波红叶,时见楼阁沿山。场圃秋获甫毕,粟秸盈畦,高阜犹复犁种。堤外泊船三五行,则以骡马拉纤,故舟人必蓄马,翘踛树阴,亦足点缀风景。午初到桥边酒楼饮啖。遂缘山亭直下,清流可鉴,积岨砻礶,拂石小憩,颇有在山之趣,歧曲萦回,略如瘪石园。追忆旧游,怦怦不置矣。美国石桥此为巨观,长二百二十尺,高一百五十尺,桥洞如虹,横跨波上。夏秋之交游人甚盛,或乘独轮车于桥沿极险窄处疾行,赌赛龙山之会,则非西人所知也。归途进斋谈安清道友之教,英、法皆同,英曰"糜生"、法曰"麻松",相见握手亦有暗号。此中衣钵究不解自中而西,抑自西而中?曩在皖中闻此种会党皆粮船散丁,无业为生,于江淮间别相要结,不晤英、法亦有此会,且同一鼻祖。

初十日庚子(10月7日)　晴

王荣和、余瓗申称,改期七月二十五日附洋舶先至小吕宋,此事久不得香帅书,莫名濡滞之由。

十一日辛丑(10月8日)　晴

舍路华人公禀:本年正月五日攻劫华人恶党获案后,问官竟于本月一号判释。又槐花园案,其陪审人乃谓华人先发,洋人自顾性命因而回击,问官亦遂释之。原告律师谓应科以杀人放火之罪,问官徇陪审人之情,仅科以滋闹轻罪,将案申送臬司以定赔偿,此司圭也具报外部之言也。此案余于五月间照会外部,曾言华人被击时均在睡梦中,安能放枪自卫?外部已照原文转行。即据现谳,亦言华人所住布帐,枪弹洞穿之孔,其弹均自外入,绝无自内打出者,可见华人先发之说为大谬。又言华人枪弹均打入地里,尤牵强。俟叭夏归后,再与驳辩。

十二日壬寅(10月9日) 晴

西人每谓环球国权,中俄为最,俄且兼管教务。余驳之曰:中国自开辟以来,不知天主耶稣为何事,若但言教务,则回回、喇嘛、僧道各教,中国久已辖之矣。

十三日癸卯(10月10日) 晴

王荣和、余瓗书言展期南发,系因荷兰不允委员往查,改为游历。又抄寄小吕宋华商官文斗等禀今年被土人逐害事,即详复之。

十四日甲辰(10月11日) 晴

金山领事禀:华人旅厝各棺检运回里,金山医生每具索银十元,现倩律师讼驳,请照会外部查理。当即备文叭夏。美政烦苛,虐及枯骨,环球各国所无。希九书,言日后避暑回宫之日,乱党乘间为变,拒伤护军,续调多兵乃捕获数人,皆前废后之党。是日各国公使均往迎迓,恰值其事。

十五日乙巳(10月12日) 晴

义大里人携妇至美变戏法,大都在华时所曾纵目,或如许氏番剧杂说,惟内有三出颇足解颐。其一出于台上设矮榻,横约八尺,纵约四尺,空诸所有,榻上置小儿,演剧者之妇艳装而出,扶立儿上,以木棍撑两臂膀,略如蒙药薰鼻状,即朦胧若无所知,乃去小儿悬立,续去左膀木棍,随意屈伸之,又取小旗鲜花诸物教之擎举,已大可诧,随施小扇轻扬,妇即渐渐横卧,四无依傍,少焉又扇,乃徐徐而下,悬立于矮榻,观者瞪目拍手喧嚷,术人乃取小儿仍置妇足下,乃醒,或曰机器钩挽所为。又取墀子观剧者之高帽置几上,其妇略为拂拭,纳还原主,乃从帽中取出五色彩球无算,又手帕百十块,又牵出五色纸条数十丈,愈曳愈长,西人举以授妇,续又自为接卷,以小短竿绕之成团,忽有白鸭自纸团出,沿台叫跳,术人视帽中无物,呼后台一老者持帽还人,半道而踣,帽为之扁,术人若甚愧歉,旋推一田鸡炮置台沿,裂帽数段实以炮子,猛轰一声,高帽乃粘于墀子顶上,术人下台,然手枪一击,帽应声坠。又于台上置六扇屏风,席以红氍毹,又垫新闻纸一张,上搁高木几,引妇端立几上,蒙以薄绸,作西语念温都地厘一过,揭绸而西妇不知所往,旋从台右小门出,与观者点头而散。此种奇技无非机器电光所为,台上饰观姑不深求其伪,傀儡中别一格也。安知匽师奏技,无此机器电光耶?当时但倾倒其幻,而不详思其巧耳。

十六日丙午(10月13日) 晴

陈蔼亭禀呈创设中西学堂章程,略有条理,即批令择日开馆。又复希九书,述小吕宋华民被害事,属达外部并示以中国将为设官保护。今日天气陡热,楼上寒暑表至八十度。

十七日丁未(10月14日) 阴晴微雨,气候甚恶

卯初睡醒,腹胀如厕,复睡,微有热汗而不觉冷,或不致成疟。昨医生诊视以为疟痢并发,此间不足怪,疟非泻则汗,否难告痊,为订两方配丸。今日金山领事报筹设中西学堂,欲假西人书馆,令华师率华童就学,殊误,即批饬另拟办法。

十八日戊申(10月15日) 晴

昨晚服丸药,约四时许药气行动,果如所言,泻后微眩,且复畏寒。午后沪局递到十二号包封,总署寄回奏报到任各摺片,六月十

四日奉旨,钦遵分别咨行。

十九日己酉(10月16日) 晴

检总署抄来日文条约,照缮一份寄日署。中国与外国所立条约往往中西文字互异,亦有脱误,如美国续约观审一条,中文刊本乃将首句"在中国"三字删去,又"限制华工所定人数年数之限须要公道"等语,又将"须要公道"一层意思略之,两者交涉均吃亏,往往持中文约本与办,动多轩轾,不知当日翻译之人有意错误或无心出之也?故将日约原文抄存日署。

二十日庚戌(10月17日) 晴

针布电筒搭至鸟约,能与陆永泉问答,仍不能字字清晰。近以连日作病,闷坐不堪,乘马车至苏遮士毚观红叶,夜霜不重,杂树微赭,尚不及恰卞庄桥之势。

二十一日辛亥(10月18日) 晴

麦天拿属邦命案,叭夏回文该属邦虽为查理,仍未获犯,拟为文促之,并行金山领事。晡后收到更换日斯巴弥亚国书。

二十二日壬子(10月19日) 晴

晨起胸膈稍舒,仍有寒热,似是肝木克脾。复总署书,论日斯巴弥亚事。又函促刘湘浦办中西学堂。昨晚医生赠药水属饭前服、药散属饭后服,谓可消滞舒胃气,约五六日可愈,嫌其纡缓置之,西医之药既无速效,不愿尝试。

二十三日癸丑(10月20日) 晴

外部索本署各员衔名,为刊缙绅。美都各日报盛述本署冠服大雅,迥殊他族,殆渐识汉家制度欤?

二十四日甲寅(10月21日) 晴

美外部照复金山华人搬运枯骨事,已行嘉利福尼省酌办。上议院绅、前任外部衣云士函约本月二十八号拔劳岛石像开光,美总统宣诵赞词,请往观礼。

二十五日乙卯(10月22日)　晴

晨起尚畏寒,不能出门。午后令参赞往晤叭夏,属函告嘉利福尼省总督平决华人搬运骸骨事,并托函知文劳炮台守将,余将往游。叭夏以嘉省事难于致书或托议绅代达,然该省之例专为华人设,恐难删减,特较墨西哥例骸骨不准出口犹宽云。金山日报言:散罗些埠有华人曾广成于上年在博场枪毙西人一名,众华人虑为牵累,遂缚付有司,定为一等罪名,监候久矣。昨复讯决判于西历十一月十二日缳首抵罪,不识确否?当告领事详查,若得确凭,可为槐花园诸案之证。王荣和、余瓗两委员七月初八日抵小吕宋,该埠商民迎迓甚恭。本日发总署包封。

二十六日丙辰(10月23日)　霜降,晴

叭夏函送兵部所致文劳守将书。美国秋高试马,主者函请往观。马既不多,人无长技。

二十七日丁巳(10月24日)　晴

昨睡得微汗,寒病略解。檄金山领事催办华人搬运骸骨事。

二十八日戊午(10月25日)　晴

叭夏照复槐花园命案凶犯已释,不能再拿,欧洲通例,可一不可再,无论陪审人是否有意,抑罪有可疑,均不便干预,须知他国人系自行来美致此境地云。可谓无理已极。欧洲通例蒙岂不知?他国人若无条约岂能遽来?不问如何冤抑,尽付诸陪审人之口,尚有天日哉?当再驳之。檀香山商董程汝楫、古今辉禀言:建复会馆作为医院,如香港东华医院之式,乃为会党所阻,另禀求退。华人远客数万里,所遇皆蹇,又自立会党,操戈同室,安有绥戢时哉?

二十九日己未(10月26日) 阴,雾

比阅《广报》,番禺人郭见福忤逆不孝,乃父送县惩治,郭固贾于香港者也,控于港官,贻文英领事查询。番禺令驳之曰:郭见福在中国为叛民,在郭氏为逆子,自应惩治,律师不谙中国律例,妄行干预,殊出情理之外云。令诚能矣,安得中国庶官尽如番禺令者,以办中西交涉事哉?香港毗近省垣,粤人每于此营生,以其不抽税厘,遂多获利,因而寄家于港间,生子女须赴港官报册,港官乃据为英民,偶犯中国之法,辄倚港官为脱身计,此风由来久矣。若如番禺令之词严义正,不激不随,港官亦不能不韪之也。泰西各国间有他国人寄生者,却不能引为彼国之籍,其自愿入籍者听之。法国律例则无论人民寄生何国,仍不得脱法籍入他籍。昨美外部所言墨西哥不准枯骨出口之说,细查墨例系五年后乃准起运,并非概不准出口,特起运时却不索钱,非如金山之无理,叭夏所谓墨例不准运者仅知其一而已。闻数月前美绅有女殁于墨国,曾托叭夏函致驻墨美使代讨人情,墨未之许,叭夏遂援以为说。惟金山之事寻究美例,叭夏却无权转移,须倩律师控之,地方官不直,则控之美都。若专为华人而设此苛例,大可驳除。即电金山领事将例案抄送。

十　月

初一日庚申(10月27日) 雨

总署公函,颇以余驳诘补正新例煞费苦心,并为照会田使,一如鄙言以诘之,又促索洛案偿款。总署于美案已极著力,惜美政歧缓,令人焦闷。今日总统、外部均赴鸟约赞颂石像,叭夏贻书来约,余仍以病辞。

初二日辛酉(10月28日)　阴,微寒

阅邸报,直隶水灾极重,畿辅之地,思有以济之。海外华商秘鲁差胜,因告参赞贻书秘鲁劝办。今日为鸟约海岛石像开光之期,适大雨泥泞,观者未免败兴,各国公使多不往,只檀香山、墨西哥及鸟约寄寓各参赞随喜而已。美总统闻夜间遄返。巳初核各案照会,凝神略久,冷气潜发,强饭以压之,仍不适。蓬云来商陆永全差事,几不能答。

初三日壬戌(10月29日)　阴

晨起似无病,偶至参赞房听习西语,复翻昨稿重核一遍,冷气仍起,然非疟也。照复叭夏,重论槐花园案。

初四日癸亥(10月30日)　阴晴不定

进斋理出的钦巴损失数目,头绪纷繁,拟照会叭夏办去。此数日间似疟非疟,甚闷。

初五日甲子(10月31日)　阴寒

晨起略免寒热,徐步雕扳园,稍畅筋骨。饭后复乘车,林木深处,秋林黄紫相杂,仿佛沛南龙洞佛峪之境。闻叭夏亦自鸟约回,石像开光之事毕矣。此像安置拔劳海岛,为鸟约入口处,近瞰河海,远览墨欧,亦殊得地。像为女身,略如吾华之观音大士,纯以白石雕镂,光洁绝俗,下承以础,高八丈九尺,像高一百十一尺六寸。头面阔一丈,两眉相距二尺六寸,鼻准长四尺六寸,臂长四丈二尺,腰围厚三丈五尺,口阔三尺,左手挽一石碑,长二丈三尺七寸,阔一丈三尺七寸,厚二尺。碑镌"一千七百七十六年七月四号"等字,盖即华盛顿开国之日也。右手举一石盏,其大可容二十人,储火照远以备夜船往来,傍置小梯,为他日重修之地。西人谋事至深远矣。此为法国赠美国自主之像,当华盛顿叛英时,法实为之助。法

美之交由来牢固,前年法越之事,何天爵屡诳言照约居间,谬甚。此像始于同治二年,逾年石盏、石臂先竣工,同治四年曾在肥路底肥亚埠陈设,续以德法之役,此像辍工,旋择定置像之岛,乃于光绪八年全像告竣,光绪九年又在巴黎斯竖立,几费经营,甫于光绪十二年八月安置于此岛也。是日法国文武到者若干人。

初六日乙丑(11月1日) 晴

天气颇清朗,今日病亦略减。晨起核正复总署第十二号函。午正医生来,劝服消滞药并多行动,理或然欤?澳路非奴命案,外部照会指李驹南为真凶,略如锦堂之密电。惟私刑缳杀,岂称明允哉?当与再驳论。希九书,言日国《新报》论洛案赔款美国有翻悔之说,又言查释修打监禁华人各事,日外部允给各该衙门公文并给委员护照以利遄行,颇有修睦意,并将日国近易吏、藩、户、刑、海各部臣衔名寄阅。未初檀香山公使哈达来晤,盛言华人在檀岛甚相安,该国极愿中国立约,曾告郑前任,允代达之总署,而无消息。余以郑前任从未言及,出京时总署亦无属付,哈达遂去。余往晤科士达,论澳路非奴案,并询日都《新报》,科士达以为谣言,并谓近得田使书,洛案赔款两议院均已议准,田使尚未的确,可知《欧洲日报》更虚如捕风。

初七日丙寅(11月2日) 晴,辰正仍雾

今日复有寒热,往来强行半里,不如昨日之适。午后答拜南亚墨利加洲沙路咸朵国公使威亚士高,该使自言知医治寒疾,无须金鸡衲霜,当别有道。又答拜檀使,不值,其妇出见,颇言檀岛国典土风,擎示白羽竿,略如吾华鸡毛帚,约六尺许,谓檀王视朝以此为羽卫云。一物之微,显晦殊无定也。近日法人屏逐拿破仑子孙,以致流寓美都,美总统步行访之,复偕至戏园观剧,绝无炎凉之见,益以

征法美之昔交矣。

初八日丁卯(11月3日) 晴

美属公举议员之期,拉士不安于位,其党孤矣。未正英使偕参赞欧格讷来晤,盖自华调美者,曩在总署曾与往还。据云都中近状甚好,总署亦极相洽,并属贻书各堂为之道候,意殊恋恋。抵美一宿即返英伦,八月自吾华起程,先来美都谒公使,后请假归国。

初九日戊辰(11月4日) 晴

秘总统每月礼拜六日约各国公使入宫共谈政事,微特集思广益,亦足联络邦交。子正将就枕,锦堂长篇电禀,深为骇诧,因华商贩运烟土至域多厘、巴拿马等埠,经过金山税司,扣留输税,锦堂乃电请照会外部。光绪八年中美续约条款甚明,该领事并此不省,何哉?

初十日己巳(11月5日) 晴

卯初率僚佐恭祝皇太后万寿,礼成即曙,开窗纳朝气,凭案起草,早晚为酒食宴乐。批饬金山领事电禀。

十一日庚午(11月6日) 晴

患病经月,西医劝以避地。巳初附车至鸟约,震东、祝彭偕行,开车辄凉,饭后渐热。申正抵鸟约则更热,晚饭后乃大雨。西人有为菊花会者,冒雨往观。布列高下,疏密不一,合之有七百馀种,其大如牡丹、芍药者中国种,小而瓣密者倭产也。西人培植未尽得法,又以花多为贵。主人款接甚殷,询所好折以相赠,又约到园中赏鉴。

十二日辛未(11月7日) 立冬,晴

天气和煦,略似都下初冬景色。鸟约绅士湾克来寓订观倭剧。近有英伦访事人自华来此,谓津东新制火车每点钟行七迈路,以为

笑柄。申正微雪,不逾刻。

十三日壬申(11月8日) 晴

午后往仙打园观虎、豹、犀、象、狮、熊之属,下车微雪,寒甚。方池不冻,亦分畜海豨、海狗,数见不鲜矣。禽鸟颇稀,主人云天寒移置他处。旋复至博物院重观无翼鸟,却又见其一,毛色苍老略如元狐,嘴距并黑,背特高耸,秃尾。天壤之大无奇不有,列子言:“大禹行而见之,伯益知而名之,夷坚闻而志之”,仍未尽也。又到一博物院,主人新得大水晶,琢为圆球,颇光洁,欲以夸客,折柬召朋旧,余告以中国以此作屏风为夏日避暑之用,主人大骇。旋至酒肆晚饭,寒月初上,林木萧森。访格前总统宅,谈两时许,煮茗肃客,重话曩游并询高丽近状,甚关切。座有专管医生牌照者,谓中医有数人于此售技,而无公使领事准照,土人群思执之,乞给以准照。当答以不深悉此辈医学,故不给,若美例如是,当告领事查给可也。便道重观南北花旗水战光学画。

十四日癸酉(11月9日) 晴

津电小吕宋事。鸟约寓楼火炉烟重,遂患咳嗽。

十五日甲戌(11月10日) 晴

秘鲁参领琐言并署非宜及何子刚讼案,殊未的当。

十六日乙亥(11月11日) 晴

未初徇菊花主人之约,渡海往观,田庄风味,犹存朴拙气。留饭至灯时乃还,承专人迎送,又赠菊花归。晚访湾克不遇。渡海一行,头眩渐解,咳嗽仍尔。

十七日丙子(11月12日) 微雨

檀使以檀王诞日,请宴,病不能往,即婉复之,属参赞届时往贺。

十八日丁丑(11月13日)　阴雨

檀使复请酌,带从官与会,当属参赞并复谢之。金山来电,张广胜一案已缓二十日,仍可设法减轻。曩阅新闻纸作曾广成,缮写讹矣。申初雨雪,气候愈寒。

十九日戊寅(11月14日)　晴

午后渡铁线桥,访钵劳仑花园。平湖浅草,略具亭榭,长松叠翠,红树间之,状如紫荆,色如含桃。草木变衰之候,得此甚奇。凫鹭浮沫,晾羽波间,游人荡小艓往来,颇类江乡光景,亦或驰马沙岸,恣其游骋,鸟约别一境也。湖堧夕憩,仍沿桥道归,已昏黑矣。本拟缓步过桥,凭眺形势,海风凛冽,病尚恶寒,遂乘车行。

二十日己卯(11月15日)　晴

古巴领事禀:翻译谭乾初请假六月,当批俟日秘差旋再酌。秋气已深,美都林木凋落,垂柳犹青,物性之不可解如此。

二十一日庚辰(11月16日)　晴

李傅相九月初四日书,以余所办均得法,并属厚结科律师,又言俄高私约悉属子虚,已奉明训,当益谨侯度。又邮政局事,总署尚未深信,银行事则议者纷然,尤不敢著手。

二十二日辛巳(11月17日)　阴雨

金山电陈、邝董事二人于二十日到埠,登岸无阻。澳路非奴案照会外部文十八日送去,又预定保护华民章程,批复王荣和、余瓗两委员禀,并分咨总署、南北洋、粤督。

二十三日壬午(11月18日)　大风,雷雨,窗瓦动摇,约三刻而霁

鸟约律师巴庐偕总兵官魏礼森来晤。魏盖京津旧识,甫从吾华回美,备言与田使游历江南闽台,见曾沅帅、刘省帅,款留饮宴,

省帅目疾仍未痊,又谓在华一晤何天爵,无所事事,此旬日间即将回美。巴庐约观剧,行后又遣其子来订期,闻其室庐园亭甚佳,多藏中华器物。

二十四日癸未(11月19日) 晴

美城气候仍恶。诸参赞劝在鸟约多避数日。又请汇秘鲁经费。

二十五日甲申(11月20日) 晴

美前总统亚大殁于鸟约,现任总统及外部诸臣并往会丧,各部衙门悬孝一月,弁兵持服半年,尚不忘旧君也。各国公使惟墨西哥亲吊,余以华人近为美国苛虐,特沿彼族之例,赙以鲜花函唁。其子前年增修限禁华工例,亚大曾与议员折驳,尚非不顾邦交者,叭夏至今犹怼其所驳为不然。旗昌士蔑德自沪回美,偕福士来见,询以吾华商务。士蔑德言今年业茶者尚不吃亏,惟西商转运外洋则大损,又言招商局生意尚佳,中国宜用小轮船运货,获利较厚,曾至台湾谒刘省帅,拟接办铁路,无成。福士历言前在粤中境况,颇念伍怡和之情,又拟招同曾往中国各商,谋一欢叙。余以微疴未痊谢之。

二十六日乙酉(11月21日) 晴

答拜巴庐,阅所藏吾华玛瑙京料雕磁白玉烟壶百十枚,又霁红瓶一枚特佳,旗昌得自伍怡和,以之转赠者。拟访魏礼森,已返乡矣。访巴那蛮,则高卧未起,美俗富人类如是也。灯后湾德约访摩登,曾使法兰西,云识曾劼侯,亦略言前年法越事曾为居间。湾德以其党人众多,将为上议院绅或拟举副总统,欲余与之认识,以备他时之需。

二十七日丙戌(11月22日) 晴

古巴招置学童,说帖留交易希梁在鸟约酌办,鸟约华人不甚联络,现办医院尚吃力,学堂恐未易办到。晚赴巴庐之会,鸟约戏园极宏壮者也,地跨四弄,楼分五层,第一二层有间隔且别内外,第三层以上及墀子均散坐,岁收散坐钱不敷开销,园主人仍须津贴。今晚演剧为德国人,语音不辨,只跳舞尚整齐,坐客珠宝缨络与灯光相眩耀,美都无此巨观。

二十八日丁亥(11月23日)　雨

午初附火车,途中热甚。戌正乃抵华盛顿,同人皆夹衣,与鸟约气候又殊。得李傅相九月十二日书,论经营南岛及小吕宋设领事官事。与十三日来电恰相印证。此事已函属希九,今日亦得回书,言外部亦愿中国设领事,至华商官文斗前禀各案,须详查的确,乃免推宕。

二十九日戊子(11月24日)　晴

古巴领事禀:建设中西学堂事尚清楚,视金山为得体,拟即奏报核定。照会美外部文,麦天拿属邦旧案、金山外埠布林非鲁案。

三十日己丑(11月25日)　雨

美俗祀神之日,总统而下均放假一天。传闻华盛顿拔出英籍后曾于是月大饥,麦谷均尽,忽波士顿飘来一麦船,遂庆更生,故年例悉于是月举家欢宴一日,烹火鸡佐馔以答神贶,无忘在莒之义也。比日本城巡捕多被拘禁,闻各巡捕以议绅减其薪资,欲伺议绅狭邪游时捕以泄忿,而为同事所觉,议绅怒甚,故拘之也。子豫书,言冬月初赴马丹萨各埠察看华民,并询余病状。当草复之,属以发春来晤,兼约谭子刚同来,以便随赴日、秘。美俗放假之日,信局仅于午前酉末收递信件。

十一月

初一日庚寅（11月26日） 晴

晨起草疏一摺两片具报，古巴筹设学堂一摺，日君后感谢拯救小吕宋难民一片，秘总统嘉西勒士即位一片。午后访外部告以议院将开，所有未结各案宜请总统特谕议员速结。叭夏答以总统前为洛士丙冷案曾谕议院，语意甚详。此时议院并非不办，只是夏间散议时要事太繁，遂尔搁置，现在举官之期已过，议绅无所瞻顾，当无异议，我必极力谆托议绅于美俗给假之前议结，近日太平洋来船甚多，既坚既大，从此商务日拓矣。当答以太平洋商务，华商居其大半，若欲商务兴旺，非保护华商不可。叭夏深然之。又言田使来书，据上海总领事禀，欲与中国联办书信馆事，亦畅通商务之一助云。答拜檀使、瑞典使不遇，在多福、威露健臣处少坐，精神尚可支持，寒病或遂退矣。晚与参赞重论古巴学堂章程，详为考订。

初二日辛卯（11月27日） 晴

小吕宋华商本年被害各案，所有地名、时日、被害人籍贯、损失数目，前经批饬王、余两员复查，因虑该员行踪无定，又函托香港何崑山径询小吕宋各商，或更捷速。

初三日壬辰（11月28日） 晴

复北洋书，商小吕宋领事经费。致总署书大致亦如之，兼叙英前署使欧格讷谢优待事。比日天气颇暄暖，复为苏遮士龛之游，木叶尽脱，红树更寥寥矣。

初四日癸巳（11月29日） 晴

美国画报列牛、马、鸡、犬诸状而面目则作人形，神理逼肖，其庞然大物、骍角细毛者，今总统企哩扶轮也；小犊相依、眯目张口者，外部大臣叭夏也；蹲踞于前、狺狺欲詈者，两举总统未成之布连也；俊耳高腕、倜傥权奇、一圉人牵之以出，则将举总统之劳近也；其他鹰、兔皆作人面，识者悉能辨认。民政从宽甚于处士横议，然所周旋者视此图，能勿慨伤哉？

初五日甲午(11月30日) 雨

查岛委员来禀并钞呈小吕宋华商禀搢及该员照会小吕宋总督稿，当详批之。小吕宋能否设领事，尚烦唇舌，该员遽予日官照会，益速其疑忌，甚无谓也。

初六日乙未(12月1日) 晴

午后拜发搢片，并附总署咨函、北洋咨函、南洋粤督咨。晡时令震东告夏庐报馆中美未结各案。德使鸦劳湾士宾自百灵回美，来谈甚久，询德王病状，已大痊，濒行曾与共食，今年恰九十岁，毕斯默亦年七十二矣。日耳曼多寿人云。

初七日丙申(12月2日) 晴

小吕宋领事薪俸，据查岛委员及华商陈谦善、叶钦龙禀，均言就地筹费。而委员禀末又虑为日官所轻，仍请拨款。当援案咨商香帅核复。

初八日丁酉(12月3日) 晴，气候渐寒

《波士日报》言德沙士邦眉劳艾打埠有华工五十名，修理铁路，日久相安。讵本月初四晚，深夜之间被涂面洋匪数十人抢劫银五百元，凶手未获云。当饬金山领事查理。美政纡缓，前日德使来晤，谓向来如此，曩有类此之事，曾受前外部之诳。

初九日戊戌(12月4日) 阴寒

锦堂以华商洋药被税关扣留一事又电商核办，可谓颟顸矣。

不看批札，只徇商情，何以处烦剧哉？叠次禀牍，藏头露尾，深可骇异。申初雪，答拜德使、英使，雪意甚重，颇有深冬气象，不识吾华得雪否？畿疆、秦晋、齐辽今年并有水患，三冬若无雪，尤可虑，窃默祷之。

初十日己亥（12月5日） 雪

乘雪车循议院一游，以挹清气，略如京东狗爬犁，然价视马车倍蓰，双马者尤不多也。金山洋药事来电含混，展转思之，乃悟其辨生熟土之意，因美户部定章，凡烟膏进口后复出口纵不拆箱亦须征税，每磅十元，故该商絜聒生熟土耳，惟须领事与税司将此项烟土提出一枚，会盖印花，律师签名，寄往香港售土之地，或印度产土之区一为试练，乃决为生土为熟膏，甚非泛泛文牍所能争理。锦堂办事如是隔膜，奈何。香港近有将烟土煮熟灌入皮壳化二为一，审若此则更难制胜。是宜详询各商，踏实脚根乃可发手。

十一日庚子（12月6日） 晴，申酉仍雪

本日为议院复集之日。循俗往拜诸律政司，于威地处晤法使，握手通名，避坐，因与寒暄数语，甫自法国回美也。美总统谕议院文，煌煌大篇，所言中美交涉事，意在限制华工，无他谬巧。

十二日辛丑（12月7日） 雪，午晴

美总统谕议院诸条所论中美交涉事，仍以虐待华人为非，且云照约保护，但限制华工之意尤为侧重，并及洋药、金山近事，或有所闻耶？谕中有索智利偿款一事，而于应偿中国之款乃不著一字，亦无意于办凶。陆师大将军佘利钝来晤，人尚稳练，格总统之旧部也。习西学者应从算法入手，偶举《新唐书·郑钦说传》，述梁大中四年七月，任昉得钟山圹，铭曰："龟言土，蓍言水，甸服黄钟启灵址。瘗在三上庚，堕遇七中巳。六千三百浃辰交，二九重三四百

纪。"试令翻译以西人算法推之,数目仍歧。

十三日壬寅(12月8日)　晴

沪局包封,总署寄还七月奏派员弁各摺片,又公函一件,述田使辩论限制华工事,总署谓:田使纵以此时辩论为早,然预制其谋不为无益。本日为美各部臣见客之期,循俗一行,仅见兵部、水师部两家,来客纷如,主人肆应不暇。希九电述外部言小吕宋宜设领事。

十四日癸卯(12月9日)　晴

粤海关税司贺璧理自粤来,言粤中夏秋旱甚,田禾尽槁,入口之地厘金倍征,商船裹足。新监督接任后六礼拜内常关无一钱之税,旧监督因家丁被罚贻累,甚窘急,卒罚二十万金了结。又黄浦海口仍堵塞,英领事以为堵塞之工有名无实,徒碍商船,无裨防务,特遣人入水探视,绘成一图送香帅阅,意以促其毁拆,香帅留阅斯图,即就图中所云不结实者照图加筑,此时更无改拆意云。贺璧理系英人,娶妇于美,偕妇寓岳家,叩以此次抵金山,税关作难否?贺云:作难之至,箱箧检视,极其烦琐。因自往见税司黑假,仍不少宽,见犹不见,然总算留情。同船有日本三人被其盘诘,尤不堪也。惟钦差所调两董事极优待,特将衣物另搁一边,无须搜检。余笑语之曰:尔在中国当税司无此认真也。又询以香港稽查洋药事,贺云:须候澳门并行,澳门新易总督,故担搁。与谈甚久,不图此间遇此熟人。美政纡缓,外部又屡食言,特致田使一书,略言其状。钞稿寄总署。

十五日甲辰(12月10日)　晴

副外部请茶会,四点钟至七点钟,相距甚近,一酬应之。科士达已回,早间将外部复文送阅并订晚八点钟往晤。科言外部回文谓前函所述华人被害数十命指为失实,当驳复之。税关阻碍一事,余不深究,已极通融。叭夏于中美交涉各案仍不能速结,岂不可叹? 科亦云然。茶话至子初,返寓晚餐。

十六日乙巳(12 月 11 日) 晴

发总署第十三号包封。英使来询中国书信局事有无成议,当答以顷接北洋九月书,略言其事仍无开办之信。从前税司赫德曾设华洋信馆及驷拨处,此系暂时试办,非如外国邮政章程。日前晤外部,曾言据田使书欲设中美信局,自旧金山以达上海,究不知已否定议。因询以印度洋药有无过火,答言不甚了了,允代详询。告以域多利华商烟土为金山税司扣,索每磅十元之事,并将电饬领事办法告之,英使深以为然。又共论美总统所谕议院文且及银价各事,属并翻译户部报章,谓极紧要云。湘浦来电:集捐直赈千元。秘鲁华商今年倒塌二十四家,现正艰涩。佛山万善堂捐得一千三百馀元,已极费力。中西学堂须明春乃能开办云。闻仲兰得子,特与致贺。张弧月日,仲兰亦未详,远道音问之难如此。

十七日丙午(12 月 12 日) 晴

西人以女发黏织为花,毛色红黄黑白不一,具有巧思。进斋近制一屏赠秘鲁人,所费不赀,惟鸟约工匠能之,南阿麦利加无此新制也。作《发花歌》。

十八日丁未(12 月 13 日) 雾

秘鲁电称直赈不能加筹,益可见华商之困矣。金山书言张广胜案已得减死,但科以监禁终身,此已极费斡旋矣。刘玉麟所译美总统谕,语意甚明晰,于彼国外交亦略知梗概。当分寄总署、南洋,以资考证。

十九日戊申(12 月 14 日) 晴

美前总统亚大殁于鸟约,念中美旧好,赠花如礼,书唁其子,令刘宝森往吊。顷其子专函致谢,并亲串名刺俱来,美俗然也。午间科士达来,自携拟驳乌庐命案稿,谓叭夏前文指为失实,殆将去文并未办凶一句略过,遂致上下脱节,或系外部庸手所为,叭夏尚不至是,现与驳复,使之自愧。何天爵自吾华来见,别逾两年,面目苍老。忆前年中法之役,照约倩美调停,何天爵频频居间,适以他事为美撤回;何天爵又谓中法各派使臣至美候断,渠愿充参赞,又为与中国借款之说坚求廷旨以行。余言借款既有著,乃请旨,此时事之成否未可知,岂能以圣谕付之尔手?如借有确实,必先请旨后收兑,何天爵唯唯。遂由蕙吟拟定借约稿,余酌加数字付以户部砝码,卒之所借无成。余奉使出京之顷,总署属晤何天爵取回借约,余抵金山而何已赴华矣,砝码等物已寄还总署。何天爵到京求见,总署拒不接晤,遂赴津谒李傅相,力诋柏立才短,将欲黜而代之乎?北洋频有书来,当切实答之,其品诣尚逊柏立也。顷何天爵来晤,殊有不甘落拓之概,屡言有事可以相助,余属将借约交还,何天爵有延赖意。美各部为前总统亚大持服一月,今日已满,各衙署黑绸均摘去。

二十日己酉(12月15日)　阴

美为民主之国,应译其创国例备览。蔡毅约有译本,甚清晰。其词曰:

美国合邦盟约一译作律纲我合众国人民意欲联合众邦,以益巩固、昭公义、保安居、敦守卫,兴利除弊,爰及后裔,永享自由之福。特立盟约曰美国合邦盟约。

第一章论立法司。按合众国政治分三门:一曰行法司,总统是也;一曰立法司,国会是也;一曰定法司,律政院是也。第一节第一款,众邦既合之后,所有立法之权应归合众国会,曰上议院、曰下议院。第二节论下议院绅士。第一款，下议院绅士由各邦庶民选举，每二年一换，举之之法悉照各邦选举邦会各绅士之例。按各邦会亦分上、下两院，其绅士由民间投筹公举，举法各殊，有男女皆准投筹者；有不准妇人投筹者；有二十一岁后皆准投筹者；有须读书识字始准投筹者。第二款，各邦所举下议院绅士必须籍隶本邦，年在二十五岁以上，入籍美国已逾七年，方准充当。第三款，每邦所派下议院绅士人数及科派丁税之数俱按照各邦户口丁数比例而定。统计良民人数及他邦来此限年佣工之人加奴役人等五分之三，共得若干人，照数均派，烟甸土人不纳税者不入算。自国会初开后，三年之内务将民数查清，此后每十年间照例重修户口册一次，按民数每三万人选派下议院绅士一名，小邦不及三万人者准其选派绅士一名。未造户口册以前，纽咸时邦准派下议院绅士三名、麻沙朱色士邦八名、洛哀伦邦一名、干泥底吉邦五名、鸟约邦六名、纽折尔西邦四名、宾西尼勒尼阿邦八名、地拉华邦一名、马力兰邦六名、勿尔吉尼阿邦十名、北哥罗尼那邦五名、南哥罗尼那邦五名、若耳治邦三名。按合众国既立盟约，美洲各邦归附者渐多，原订按民数每三万人举绅士一名，觉绅士人数过多，碍难照行，嗣后民数限额屡有更张，近年则以十三万五百三十三人准派绅士一名，共得下议院绅士二百九十二名。第四款，各邦所派下议院绅士有因事出缺者，由该邦总督出示晓谕民间举员充补。第五款，下议院院长由该院绅士自选，司事属员亦由该院选派，纠参官吏惟下议院独有其权。下议院纠参，上议院审讯。第三节论上议院绅耆。第一款，上议院绅耆每邦准派二名，由各邦会绅士选举，在任以六年为期，凡判事可否，各人得自摅己见。第二款，国会初次聚会即将各邦所举上议院绅耆约分为三排：第一排绅耆以第二年为满任，第二排绅耆以第四年为满任，第三排绅耆以第六年为满任，此后每二年选举一次,得新任人员三分之一。旧多新少,以资熟手。如上议院绅耆告退或因事出缺适值邦会停议之时,未能即行选员充补者,由该邦总督派员权理,俟下届该邦邦会聚议时再行遴员充补。第三款:凡充上议院绅耆者必籍隶本邦,年在三十岁以上,入籍美国已逾九年方准充当。第四款:上议院以副总统为院长,议事不道可否,若所议之事众绅耆从违各半,则以院长允否为行止。第五款:上议院司事属员由众绅耆选派,遇副总统他往或摄行正总统事,众绅耆可择本院一人暂充院长。第六款:凡纠参官吏,悉由上议院审问,遇有此等事,众绅耆必重行具誓,然后开审,如总统被参提审,则以律政院正堂为院长,定案时必须在院人员三分之二意见相同方成信谳。第七款:官吏被参事迹属实,上议院只能革其官职永不叙用,不准再当合众国各项差事,至革职之后应如何审办定罪,由有司遵例办理。第四节论国会。第一款:选举国会绅士应于何时何处如何举法,悉由各邦会自定。国会亦可随时立法,以易其章程,惟举上议院绅耆之处则不得更易。按选举上议院绅耆,恒在各邦之议例院。第二款:国会每年至少须聚会一次,以洋十二月内第一次礼拜一为期,或立例另易日期亦可。第五节论国会应行事宜。第一款,国会绅耆得邀公举之据是否合例,由各该院绅耆公同核验,每院人数过半即可议事。如人数不及半,可以连日停议或设法勒令旷职之员即行到院。按在院有十五员即可拘传不到之员。第二款:上下议院各自定其办事章程,惩办不循规矩之员,如三分之二意见相同,可将本院某员罢黜。第三款:每院须设一日报,将所议公事详载刊布,其机密事件不便刊布者,由院绅酌定。每议成一事,如在院人员五分之一请将曰可曰否者之名载于日报,应即载明。按每议一事,各员先行辩论,事理了亮之后,院长请定行否,愿行者同声曰可,不愿行者同声曰否,察声音间之大小以定事之行否,间或曰可曰否声音相埒,未能立决,即须按名查问孰曰可孰曰否,逐一载于日报;又或曰可或曰否声音大小迥别已无疑义,而在院人员若有五分一人数愿得曰可曰否者之名,俾举国共知某人主何说,则应将曰可曰否者之名载于日报。第四款,当国会开议之期,除两院公允停议外,每院暂停不得逾三日,至停议必在上、下议院立定之处,不得前往别处聚会。第六节论国会绅耆应享利益与其所不得为者。第一款,国会绅耆应得俸薪照定例酌给若干,由合众国户部开支。该绅耆自赴院会议至议毕回家之时,除反叛、大恶、伤风败俗、死罪外,不得因案拘拿。其在议院内所辩论之公事得于别处究诘。第二款:国会绅耆任内于合众国新设文职各缺,其薪俸较优于绅耆本任者,不准充当合众国现任职官,亦不得兼充国会绅士。第七节论立例事宜。第一款:凡议征收税课之例,应由下议院先议,议成之后,上议院或从或改,悉照寻常例稿办理。第二款:凡例稿经上、下议院议成之后,必呈总统核准,方谓之例。总统允准即在例稿上画押,若不允准,应将不准之故批明,发回创议斯例之院。或始议于上议院,或如议于下议院。该院即将总统驳词详载官报上,重行置议,如众绅耆愿行者有三分之二,即将总统驳词转送至又一院重议,此院绅士若再有三分之二画诺,该例即为定例。无须总统批准。凡重议之例,众绅耆孰曰可孰曰否必将姓名详载于官报,总统于国会呈例稿后,除礼拜日不计,及十日内若不将例稿发回,该例稿即作为定例,与已经批准者无异。如因国会停议,无从发回者,不在此论。第三款:凡号令条议画诺之件,须由两院核准者,除议停歇日期不计外国会停议日期由两院绅耆公同商定,无须总统批准俱应照呈总统,听候核定,方得举行。如总统批驳,须由两院重议,仍须每院愿从人数有三分之二方为定例。办理悉与寻常例稿无异。第八节论国会之权。第一款:国会有权征收地丁税课、出入口税、制造税,以清还国债、维持国是、昌裕国度,惟所征出入口税及制造税,须举国一律。第二款:国会有权为合众国揭散债款。第三款:国会有权酌立通商章程与外国贸易,或各邦互市、或与烟甸土人买卖。第四款:国会有权定立外国人入籍章程,及亏空债项规条,俱宜举国一律无异。按外国人来美至少须寄居五年方许入籍。第五款:国会有权饬将钱币,定其轻重价值,酌定外国泉布相当价值,设立权衡丈尺。第六款:国会有权立例以惩办假冒钞票钱币等弊。第七款,国会有权设立邮务局与驿站。第八款:国会有权以鼓励格致技艺有用之学,凡著书之人,及始创新式器用之人,俱给予年限,使专其利,毋许他人翻刻仿造。按现例著作书籍准予二十八年限期,限内不准他人翻刻,始创新式器用者给予十四年限期,限内不准他人仿造。第九款:国会有权设立审司衙门巡按署及合众国按察司署,归律政院统属。第十款:国会有权立法惩办海洋盗犯及干犯公法之案。第十一款:国会有权宣谕交战,发给出疆强偿执照,定水陆地方捕拿敌人物业之章程。惠顿氏万国公法云:用力自行伸冤谓之强偿,如本国之民遭别国强暴冤抑即可发给强偿执照与受屈者,俾其自行捕拿抵偿。第十二款:国会有权募养兵士,惟筹饷不行逾两万之需。第十三款:国会有权设立水师。第十四款:国会有权定立水陆二师军法。第十五款:国会有权调集民兵,以伸国法、平内乱、御外侮。第十六款:国会有权令各邦团练民兵,给予军装妥行训练,如经合众国调用则归国会节制。至于派官统领,按照国会所定纪律,如何训练,悉由各邦自行办理。按训练民兵由各邦自行派官者,缘民兵本为各邦自卫而设,合众国偶有调用,非常事也。训练必遵国会所定纪律者,冀步伐止齐,举国一致也。第十七款:国会有权立法管辖京畿地方。其地四方不过十洋里,某邦让出,经国会核收即为合众国都城。至合众国向某邦购买地段,既经该邦邦会允肯,其地用以建造炮台、军装局、军火局及一切公所地方,虽在各邦界内,仍归国会统辖管理。按盟约定后次年,马力兰邦让出波淘麦河车地一段,又明年,麦尔吉尼阿邦让出河西地一段,均经国会核收,截地方十洋里名曰古林比阿郡,至一千八百年始建都于此,都城曰华盛顿。第十八款:上文明载国会应有之权及合众国各部院官员遵盟约应有之权,由国会详审立例,使其权必行。第九节论合众国之权有限制。第一款:招徕各国人多寡,悉听各邦自行酌量。国会于一千八百零八年以前不得立法禁止,其招徕之人拟征收人税,每名不得逾十元。按立国之初,地广人稀,须工垦植,故暂准招工贩奴,拟征人税,所以示禁阻之意也。第二款:提审票所以恤无辜被押之人,不得无故停发,遇内乱外侵事,势危急,有关大局之际自可停发。按提审票由被押者之亲属请领,由审司发给,定日提审以免久押受累。第三款:越权定罪之例、追罪往事之例俱不准行。按越权定罪者谓不循例审办且无确实证据遽定人罪,追罪往事者谓犯法后始立苛例以重惩之。第四款:征收丁税正税,必按户口册均派,法详上文。见第一章第二节第三款。第五款:合众国各邦货物出口不得征税。各海口贸易章程税则宜一律无异,不得有此优彼绌之别。船只载货赴某邦或由某邦开行,均听其任便,往来不得限定某邦某口为卸货纳税之区。按美属英之时不与欧洲各国贸易,凡船只载货物出口须赴英国口岸起卸,商民病之,故盟约特载此款以革其弊。第六款:户部存款除遵例提用外,无许乱支,其遵例提用之款,务将进支数目、如何动支逐一载明随时呈报。第七款:合众国不设爵衔称号,其食俸任事官员非有国会允准不得受外国君主礼物、酬劳、官职、称号。第十节论合众国各邦之权有限制。第一款:国内各邦不得与外国立约联邦会盟,并不得发给出疆强偿执照,不得铸钱币、出钞票,除金银而外,不得制他物以偿债,并不准行越权定罪之例,及追罪往事之例,凡律法能致人失信而弃约据者不准行,爵衔亦不准用。第二款:各邦非经国会允准不得征收出入口货税,如酌收规费以供本邦查验出产之用者,在所不禁,各邦所征出入口税实数俱归合众国户部动用。所有征收税课之例,如须改订,悉由国会核定,各邦非有国会允准,不得征收船钞于升平之日,不得豢养兵士建置战舰,并不得与邻邦或与外国订立条约,擅启衅端。若外侮方侵,事变叵测,急不及待,应行从权者,不在此论。

第二章论行法司。第一节论正副总统。第一款:行法之权归于合众国正总统。总统以四年为满任,副总统亦然。举总统之法如下款。第二款:各邦按照邦会绅士所授之选派公举人若干员,其人数与各该邦所派上下议院绅耆之数相等,现任国会绅耆及合众国食俸任事之员不得派充公举人。第三款:按此款所载举总统旧法今已不行,改订新法如下。续增美国合邦盟约第十二章第一款:各邦公举人在其本邦聚会,各出筹拟举正总统一人、副总统一人,正副不得同籍本邦,至少须有外籍者一人。筹上书明选举某人为正总统,另一筹书明选举某人为副总统,于是将拟举为正总统者伊谁各得筹若干,拟举为副总统者伊谁各得筹若干,分列为二单,由公举人画押批明封固,送至合众国都城交上议院院长开拆。按此单须缮备三分,一分专差递交国会,一分交邮务局转递,一分封交本邦之合众国巡按司公署存案。如延至正月内第一次礼拜三此单犹未递至都城,则由院长遣员赴该邦巡按司公署查取存案之一分,送至都城以凭核计。该院长届期即在国会众绅耆之前将各邦送到名单当堂开拆,核算某人承举为总统,得筹最多而其数又逾于公举人总数之半者,其人即定为正总统,如得筹不及公举人总数之半即取得筹最多者约之,由下议院众绅士投筹重举一人为总统,计筹之法每邦无论所派下议院绅士多寡,须同一筹,此事须得众邦三分之二有绅士在坐方得开办,若绅士所举之人筹数逾于邦数之半即以其人为总统。如下议院绅士于应举总统一事延至本年三月初四日犹未举定,即以所举之副总统署正总统,其办法与正总统身故出缺或有故未能任事者同。第二款:其承举为副总统得筹最多而其数又逾于公举人总数之半者,其人即定为副总统。不及半则取得筹最多者二人由上议院绅耆重举,此事须得本院绅耆人数三分之二在坐方得开办,若所举之人筹数逾于众绅耆人数之半者,即以其人为副总统。按上议院举副总统,每员准一筹,下议院举正总统,每邦只准一筹,办法各异。第三款:凡不能胜正总统之任者,亦不得为副总统。第四款:各邦选举公举人日期及公举人投筹日期均由国会酌定,惟投筹日期须举国一律。按一千七百九十二年定例,公举人聚会投筹在十二月内第一次礼拜三,国会核计算数在二月内第一次礼拜三。又一千八百四十五年定例,各邦选举公举人在十一月内第一次礼拜后一日。第五款:在美国生长之人或入籍美国在立盟约之前者,方准为总统;惟年纪不及三十五岁,入籍未及十四年者,仍不准。第六款:总统因事开缺或身故或告退或有故未能任事,即以副总统为正总统,倘遇正副总统皆因事出缺或身故或告退或有故未能任事,则由国会议立一员摄行总统事,以俟总统照常任事,或俟各邦另行公举。第七款:总统任内俸银不得卒加卒减,并不得受合众国及国内某邦酬款。按总统俸银前定每年二万五千元,至一千八百七十三年增至五万元,副总统俸银八千元。第八款:总统受职必先具誓,其词曰:"指天具誓,愿竭诚效忠以任合众国总统之职务,殚尽心力以保全合邦。"盟约第二节论总统之权。第一款:总统为合众国水陆二师统兵大元帅,各邦为合众国调用者,亦归总统节制,各部该管事务总统可饬令该部大臣议奏,除官员被参不得宽宥外,凡有干犯合众国律法者,总统有权特赦其罪、或命暂行监候。第二款:总统商准上议院绅耆可与外国立约,惟须上议院绅耆有三分之二意见相同,方能定议。总统可点派头等公使、各等出使大臣、领事官、律政院审司及合众国日后遵例续设职官,均须上议院绅耆公议允从而后定。至于各属司员,或由总统自行点派,或由律政院审司及各部大臣拣派,应由国会酌度情形立例议定。第三款:上议院停议之时,遇有合众国官员出缺,总统可以发照派人充补,其任事之期限至下届国会停议为止。第三节论总统职守。第一款:总统须将合众国各邦情形随时谕知国会,令将应行事宜公同商妥,遇有要事可调集两院或任调一院绅耆会议,如两院于停议日期意见各殊,总统可酌量谕令停止至何日再行会议。至于接纳外国各等公使,皆总统之事,又须留心体察各定例是否实力举行,并给予合众国各职官莅任执照。第四节论总统被参。第一款:正副总统及合众国文职官员谓各邦大臣、律政院审司及巡按司等官,国会绅耆为各邦所举者不在职官之列如有谋叛大恶、授受贿赂、干名犯法等事被劾后,审明即行革退。

第三章论定法司。第一节论合众国法院。第一款:合众国司法之权归于律政院及国会,随后所设归律政院统属。诸法院、律政院审司及属下各法院审司如品行果端方,应令长莅斯职,在任时应得薪俸不得核减。第二节论审司之权。第一款:凡与合邦盟约律法及合众国所立和约有关涉之案,或有关于公使领事之案,海上战利管辖等案,与夫一切龃龉案件,合众国在局内者,或此邦与彼邦龃龉,或此邦与彼邦之民龃龉,或此邦之民与彼邦之民龃龉,或同为一邦之民凭二邦之权索地基而兴讼者，或此邦及此邦之民与外国及外国之民龃龉，以上各案件皆归合众国审司审断。第二款：凡有关于外国公使、驻扎使臣及领事官之案，与案情之牵涉于一邦者，律政院有径行审断之权，其馀前款所述各案件，律政院遇上控有复审之权，其有不准上控者，有须循定章者，悉由国会酌定。第三款：凡审问一切罪案，除官吏被劾外，须有陪审人员，又必在起事之邦审办，如起事不在各邦辖内，应于何处审办，由国会议定照行。按陪审人员以十二人为额，择民间之殷实诚朴者当之，遇审罪案，令陪审者到听审，审司执法判案仍须陪审十二人公议允行，方得定罪。第三节论反叛。第一款：兴兵谋反，或潜附敌人助之济之，斯为反叛。反叛之案须有见证二人，供词相同，或逆犯当堂自招，方得定罪。第二款：反逆如何治罪由国会议定，惟不得查抄家产、罚及子孙，反逆不处死者，不在此论。一千八百六十二年国会定例，反逆或处死、或监禁、或罚锾，由审司酌定，惟监禁不得少于五年，罚锾不得少于万元。

第四章第一节论各邦例案。第一款：此邦于彼邦之律例契券及其审司讯判之据，当奉为信凭，应如何察验以杜假冒之处，由国会立例通饬遵行。一千七百九十年国会立例，各邦律例契券审司判词均以印押为凭。第二节论庶民利益。第一款：此邦之民赴彼邦，其应享利益与彼邦之民所享之利益相同。第二款：此邦有反叛凶恶罪犯逃往彼邦，由此邦主政者即总督行文到彼邦查拿，应即将犯解交起事之邦惩办。第三款：学徒佣工遵此邦之例定有年限，如在限期内逃往彼邦，不得以章程互异遂为逃人解脱，如经原主查取应交还。第三节论新邦新疆。第一款：新邦愿入合众国者由国会核准，但不得于旧邦辖内别为一新邦，亦不得合二旧邦或数旧邦以为一新邦，更不得于数旧邦内割地凑合另为一新邦。如经各该邦会及国会核准者,不在此论。第二款:国会有权定立条例以掌管处置合众国新疆公业。至合众国与各邦各有应得之地,盟约各款不得作有碍于其应得之额解说。第四节论护卫各邦。第一款:合众国愿保全各邦永行民主之政,各邦遇有外侵内乱,一经该邦邦会或总督报知邦会停议即由总督合众国,必妥为保护。

第五章论增订合邦盟约。国会绅耆如有三分之二欲将合邦盟约增订,或合众国各邦三分之二其邦会请国会将盟约增订者,由国会知照各邦派员会议如何增订,议成之后或由各邦邦会绅耆画押,或由会议各员画押,应由国会酌定,其画押须得众邦四分之三具名方称定议。议定之款即与原立合邦盟约无异,举国一体奉行,惟一千八百零八年以前如有删订,不得于第一章第一、第四两款稍有妨碍。各邦非出于自愿不得减少其应派上议院绅耆人数。

第六章第一款:未立盟约以前,所有拨借公债立定约章均系合众国肩承,办法悉与联邦时无异。第二款:合邦盟约及遵盟约而立之,律例既已立,续立之条约俱视为合众国之上法,各邦审司执法办案凡邦例与盟约不符者概不准行。第三款:国会邦会诸绅耆,及合众国与各邦行法定法之官,于受职之时须具誓卫护合邦盟约,至于奉教,无关于职守,无论所奉何教,合众国不得歧视。

第七章论盟约告成,众邦会议以上盟约如有九邦画押愿从者,即作为定议,由愿从之邦遵守奉行。按会议盟约之时美国共有十三邦,愿从者十一邦,一千七百八十七年九月十七日。

合众国自主后第十二年,众邦同立合众国续增盟约十五章:第一章,民间立教奉教各行其是,国会不得立例禁阻,至于言论著述、安分聚会、负屈请伸等事皆得任便行之,国会毋得立例拘制。第二章,各邦应练民兵以资保护,民间置备随带军器不得禁阻。第三章，国家平定之时寓兵于民房，必由房主情愿，乱时亦然，兵士如何安插，候立例定夺。第四章，民间身家房屋物产契券字据不得无故搜夺，如请搜检票，必须案出有因，又必具誓确实，指明应搜之处某人某物应行搜拿，方准发票。第五章，凡干名犯义重大罪案，须由陪审大员具呈各邑择有名望者至少十二人至多二十三人为陪审大员，遇有罪案，先由陪审大员会议确查原告所禀情形属实，然后具呈有司审办，方能提犯到案审讯，水陆二军及民兵当国家有事之秋有犯前罪者，不在此论，罪犯既已办结，不得再拿惩办，并不得勒令犯人自供其罪指用刑鞠讯，除遵例办理外，不得杀害人之生命、拘制人之行藏、侵夺人之家产，如以私业取为公用，必须公平酬偿。第六章，犯罪之案，被告者须由犯事地方例定界限内之陪审人员公同妥速审问，将所控情由详告被告之人，准其当堂与证人对质，如被告者欲得某人为证，须即传令到案，并准其请律师到堂申理。第七章，遵例审判之案，凡银数逾二十元者，须由陪审人员断定，既定之后不得在合众国法院重审，其遵照通例所载有可以再行提审者，不在此论。第八章，取保不得多索，罚款不得过重，刑法不得太酷。第九章，合邦盟约所载民间应有之权利，非谓所有权利，仅此而已，其寻常所有者，仍旧照行。第十章，凡盟约无载明特让合众国之权，及特禁各邦之权，准各邦与其居民仍旧照行。以上十章于一千七百九十一年十二月十五日增立。第十一章，无论本国列国之民，不得因例案争端兴讼控告合众国内之某一邦，合众国司法之权不得理及此等案。此章于一千七百九十八年正月初八日增立。按原立合邦盟约第三章第二节第一款载，此邦及此邦之民与外国及外国之民兴讼亦归审司审断，是无论本国外国之人皆得与国内之一邦兴讼，众邦以其有碍于体制，故增立此条，以删改之。第十二章，译见前，此章于一千八百零三年增立。第十三章,第一款,合众国内及所辖地方不得蓄养奴仆,并不得迫人为奴役之工,罪犯定案后罚作奴役之工者,不在此论。第二款,国会有权妥定律例,以行前款之意。此章于一千八百六十五年增立。第十四章,第一款,凡在合众国内生长之人,及入籍于合众国,或其属地之人即为合众国之民,亦即为所住此邦之民,无论何邦不得立例减少合众国人民应享之权利,并不得违背例章杀害人之生命、拘制人之行藏、侵夺人之空产,凡属合众国辖内之人,皆须遵例一体保护。第二款,下议院绅士人数系按照各邦民数多寡而定,烟甸土人不纳税者不入计。凡居民男丁年在二十一岁以上不入叛党又无犯法,若所居之邦不准其投筹选举公举人及下议院绅士暨本邦总督、审司、邦会诸人员,则该邦应派下议院绅士人数按照所不准举官之男丁人数比例核减。按何色人始准举官,系由各邦自定,合众国本不与闻,但释奴后,昔日之奴役作五分三算,今皆齐民,南邦之民数顿增,其所派下议院绅士人数亦与之俱增,乃南邦每不准昔日之奴举官,故国会特增此款,意谓南邦绅士人数既因释黑奴而增,则黑奴应一律举官,如不准其举官,则派绅士人数应比例核减,欲各邦自择所从,以示限制也。第三款,凡上下议院绅士及合众国职官暨各邦立法、行法、定法等官,于受职时业已具誓遵守合邦盟约,此项人员如有明归叛党或暗助之,以后不准再充国会绅士,并不准充公举人及合众国各邦文武职官,如国会两院绅耆各有三分之二允准其人复充职官者,不在此论。第四款,合众国遵例揭借之公债及剿平乱党优恤粮借款,暨募兵平乱,所给之鼓励银借款入募者例给粮饷之外有先给鼓励银一款,所给不一律,其多少视募兵之难易而定等项自应照还,至于乱党所欠之债为扶助反逆以攻合众国者,既释奴后,奴主亏累之款皆属不合法款项,合众国及各邦皆不认还。第五款,国会有权立例以行前款之意。此章于一千八百六十八年七月二十一日增立。第十五章,第一款,凡属合众国之民,皆准一律举官,不得以种类不同、皮色各异或因其昔日微贱为奴,遂不准其举官,或减少其举官之权。按第十四章第二款,用意在黑人可以一体举官,不在核减绅士人数,乃南人卒不愿黑人举官,国会恐黑人不能一律自主,故再增此款,欲举国二十一岁之男丁皆得一律举官也。第二款,国会有权立例以存前款之意。此章于一千八百七十年三月二十日增立云云。

此项译文,不知吾华有无刊本,录于简端,以资考核。夜雪竟夕。

二十一日庚戌(12月16日)

古巴招工之初,华人被诱卖而至不耐寮主苛虐,愤而扑杀,坐是获罪,分押各省监。陈副宪往查的实,因达总署与日廷订约,古巴设领事保护,虐政悉除,华人各得自主,而各省监房仍有期满不释之患。郑光禄派员往查,分别省释。其修打省、格兰那达省两处被禁尚二十馀人。余属希九照会外部释却其五,仍虑中有隐瞒,特令邓琴斋亲往查看,修打省尚有十八名,格兰那达二名,其一已释,其一瘐毙。此外,思维洛省、巴士隆省、伯渊省备文外部再往查。各省华佣流寓者一百三十一名,工作糊口,苦累之甚,求赴古巴,求送回籍,又求寄家书,其情可悯。内有黄敬一名,以久客思亲,专禀求余代寄家信,甚可嘉也。若辈被拐远来,暗无天日,乃幸睹中国衣冠,且为之设法保护,几同再生,弥见皇威远播,小民受益无疆矣。资遣存款不敷用,当为另筹。西人将度岁,售年货之店频请往观,遇总统与妇同车,意甚自得,民政之国,洒脱乃尔。各店铺所售略如货郎担,目迷五色,四围缚架,支架铜线,中缀一小船,购物之银随手搁于船里,随机转至楼上收银处,有找赎零银零票亦随船而还,呼吸而至,每货摊皆如是,故货场虽杂而收银不乱,甚得以简驭繁之妙。议绅巴拿蛮来言,洛案赔款假期之前不能议及,叭夏托以转告。

二十二日辛亥(12月17日)　晴

核定科士达所拟照会,付震东翻译。晚到科寓重论中美交际事。

二十三日壬子(12月18日)　雨

赠宫太保丁文诚公督蜀十年,勋业炳著,履任之始,裁夫马局,改离堆水道,办官运盐,锐意兴革,怨毒之声腾于京外,言者交弹,使星勘治,而松柏之姿经冬弥茂,名实相副。天眷愈隆,比者鞠躬尽瘁,归葬山东素旐。首途军民悼哭,有相泣而歌者,曰:"忆公之来,降福孔皆;川民熙熙,如登春台。我有学校,公为振兴;我有田畴,公为经营。除莠安良,教养兼至;日用不知,皆公之赐。彼苍者天,歼我哲人;如可赎兮,人百其身。公柩返鲁,公泽在蜀;无小无大,同声一哭。岷山峨峨,江水泱泱;公归不复,如何勿伤。"此与子产谁嗣之歌后先辉映,乃知至诚可以感神,况蚩蚩之民未有终昧天良者也。意既可嘉,词亦雅驯。吾华税司吴得禄请假返美,来见,谓明年夏秋假满即回华供差,求余晤美总统时述其在华得力,余诺之。该税司经事颇久,芜湖开办新关时,是其经理,尚无大谬。夜雾甚昏,对面不辨。

二十四日癸丑(12月19日)　早阴,午晴,气候甚暖

粤中秋旱,米价奇昂,十月朔日粤督率属祷于南海神,仍未得雨,粤中民情浮动。法越事起,困于输将,又散卒纷然,城乡不靖,劫案重叠,琼州生黎,兵事棘手,值兹歉岁,何可设想?县令方议捐议借条教风生。瞻望乡关,杞忧滋甚。直隶今年水灾甚巨,畿辅重

地，屡烦圣廑，截漕赈济，复蒙皇太后捐内帑以拯恤，深仁厚泽，亘铄古今，余曾任畿南，岂能恝置？倡捐六百金，为诸华商劝。各岛华人均无佳况，秘鲁劝办仅得千元，同使各员集捐约可千金，杯水车薪，诚无当也。

二十五日甲寅（12月20日） 晴

申初答拜俄使，不值。赴金饰店一览，视鸟约铁佛尼，则小巫之徒矣。

二十六日乙卯（12月21日） 晴

时将改岁，未睹明年历书，诚为阙典。中西既殊历，各国使馆似应颁宪视各行省，不然，去国数万里，几不识长安弦望也。拟具疏陈乞，因属参赞先查会典，颁朔之文既际，重修会典宜可编入此条。亦拟于疏内声请。外部总办司员布郎偕绅士挨林士、绅士阿希来晤，索观中国旧瓷，随意检数种示之，叹美不置，亦能究其佳处，诚美人之风雅者。美前外部布连，画报中之巨獒也，党羽既夥，又首诋华人以媚工党，曾两举总统不谐，仅得外部，亟营华居以自夸耀。未数月而总统架非被刺，亚大继立，即黜之，不耐炎凉，出居外埠，而以新居赁与巨商黎特，租值岁万二千金，距使馆咫尺。黎特避暑初回，顷来修谒，遂回访之，其楼廨闲隔颇精，殊为布连惜此美室不安其居也。本日发沪粤包封。

二十七日丙辰（12月22日）

长至令节，率僚属望阙行礼，复为酒醴相乐。晚延英使、日使、倭使、檀使、威使、科士达、柏立诸西人饮宴，入夜寒雨，似将酿雪。古巴总领事禀呈学堂各童籍贯名册，谓规模强于西学馆，西人啧啧称善。现已满一班，明春可推拓一班，惟教习一人恐难兼顾，须酌添。

二十八日丁巳(12月23日)　阴

议院昨已放假,叭夏所许洛案速议之说,又成子虚,巴拿蛮日前曾来言之矣。叭夏屡约皆爽,殊令余愧对华人。午后上下议院绅耆福来、多福、歇谛路列,水师提督坚高罗士比纷纷来拜,概未接晤。晚到柏立寓,茶话逾时,闻松子香洌异常,云系山上老松树所生,可以疗病。归寓适格总统之子远寄方枕一枚,即储此香屑,上绣数字,谓枕之可得美睡且清头目,答以老君眉茶叶四瓶。昨晚之会,倭使九鬼席间见示五古一首:"浩月天无际,霄汉一星飞。清光不待瞬,黑夜锁流辉。客心迷碧落,秋魂归不归。"末署"近作成海"四字。余席间次和之,复赠以五律二首,戏将和诗属译官译作英语,转示求诗之人。窃恐有韵之文,非英语所能肖。

二十九日戊午(12月24日)　阴雾,雨

美俗年前假期议绅可散,各部仍照常办事。今日为外部见客之期,拟访叭夏一谈,遣人询之,遁矣。所复积案办凶文和平之甚,或亦自知理绌也。威使来言,美国苛待华人,此间稍明义理之人均不谓然,惟官员则无不附和工党。

十二月

初一日己未(12月25日)　晴

西人假期,相传为耶稣生日,交相庆贺,亲友馈遗,室中缚松树于几,上缀彩绣花果之属,亦一到礼拜堂。以中历推之,总在冬至后三日,其年节则在冬至后十日,似视吾华至日以为准。中朔有定,西历靡常,或曰闰月、重日之说有所参差,何以西族给假度岁之期衡以中历则不爽,固知声教之遐被矣。科士达来,约初七晚饭,又劝余于中美交涉各事持以忍字，西俗古谚“能忍可以上天”，此与吾儒忍字之义不背，试举九世同居百忍字告之，可共证也。检前致田贝书示科律师，科言情义兼尽，但田贝阅之自觉美国愧对之事忒多，未免难为情。又云美廷将加田贝薪俸，与出使英、法、俄一例，宠异田贝即尊崇中朝之意云。威使偕美绅怀阿庐来晤。怀盖家于鸟约，其妻父为旗昌行东，室中所储吾华器物甚富，又言经营鸟约花园河汉各事，有旧图行当送阅。威使又痛詈美官与恶党同一见解，致华人被害种种积案又不肯结，近日土尔其人来美佣工渐多，能勤俭耐劳，亦必为挨党所仇。

初二日庚申(12 月 26 日) 阴

鸟约华商公禀为张丁盛辨冤，以所裁薪水为屈。申正大雪。上年墨西哥属境有地名地安打壁者，扬言招工建铁路，金山华商为所蛊惑，遂有新宁人卫滋德以巨资创设荣华公司，招雇华人前往受佣。域多利埠去者二百人、金山四十人。至则地安打壁无工，遂转泊麻士连埠以待，渐有矿土可造，而劳苦不堪，其无工之徒，则坐困麻埠，狼狈可悯。秋间曾饬金山领事檄令该公司将华人载回，该公司既无可推诿，由中华会馆与该公司特倩一人先往察看，乃所言异词，此事遂延宕。顷领事来详，有理喻势禁俱穷之语，良可骇诧，当批饬之。刘湘浦函，言秘鲁各部又复更换，自嘉西勒士即位后，至此而三易部臣，民情浮动，深以为虑。幸各寮华工近免凌虐，似新政亦不无可采。

初三日辛酉(12 月 27 日) 晴

科士达送阅俄国图说、墨西哥火车路图说，俄说篇轴校多。议绅劳近今日病殁，即画报中之獦马，曾立战功者也。余初到时曾与往还，因函唁其家属。希九禀商遣送华佣经费，并言日外部于小吕宋设领事之举无异议,华人损失各案亦已行文该省总督云。又收到笺纸十匣,脚价乃费六元,拟之洛阳,殆有过之。午后沪局包封,总署寄回摺件,徐学伊等保案,罗熙尧开复鸟约领事,易学灏丁忧留差,及日秘两署酌调酌留各员,并荷圣俞,谨钦遵转行。罗熙尧事适得香帅咨复,已饬拿冒名入场之人,及经手请咨之藩县各书吏,庶几皂白昭然,水落石出乎?随使各员截留薪水养家一事,到美查卷极其烦猥,自当撤销前咨,由各员自行汇寄。顷总署公函,为希九家属请仍留支,只可仍托总署按月代给,不必托赫德也。晡后答拜布郎不值。在科士达寓晤法使,醉态可掬。旋访挨林士,亦不值。晤阿希,出观嵌银小铜瓶,云得之日本,该国以为华物,殊误。挨林士之祖若父曾任美总统,饶有故家之风,与阿希比屋而居,门内外布置大雅。

初四日壬戌(12月28日)　晴

横滨中学馆教习梁明照,南海人。春间道经其地,曾宿学馆一宵,与之夜谈,询华商事业并学馆规条,梁以馆谷微薄为请,曾言之徐孙麒,乞岁加二十金,顷得梁书,知言之无文,行之不远。寒士可悯,当为再托横滨领事。午饭后议绅衣敦挈眷来谒,与论纽阿连华商生意,人尚老洁。酉正赴邮政部威拉士公会,喧挤之甚,遇倭使九鬼,立谈片刻,谢余赠诗,云将属和。其妇亦与会,倭女而为西服,倍形腼腆。随至水师提督劳拿偕士公会,客殊寥寥,绝不认识,内一老妇云从其夫任福州领事,住闽十馀年,曾携一华女回美,然已不能华语矣。晚饭后赴比邻黎特公会观跳舞,英使、德使均在坐,会者约三百人,子正返寓。

初五日癸亥(12月29日)　晴

美总统脚患浮肿至膝,已数日矣。劳近之病,缘手腕而起,不数日而殁,论者遂为总统忧之。今年英德诸国皆大雪,西人以为丰年之兆。日报有倭假美款七百万元之说,或不确也。早间倭使次答一诗云:"方域车书异,遣情日夜难。窗前飞雪戛,江上凝烟寒。岁时蛇赴壑,天外雁传翰。吟君相寄句,蕴藉有馀欢。"声韵不甚谐,造句却不落套。外部知会,总统订中历腊八日接见各国公使并从官等,准十一点钟不误,病或霍然也。午后答拜俄、墨、瑞典、巴西各使,访议绅歇地论赔款,又答拜议绅怀阿庐,所藏铜器绝非佳品。夜雪。

初六日甲子(12月30日) 雪后寒甚

昨歇地言,田贝加给俸薪近将议定,且欲筹建使馆。今日寄赠巴庐五宝镶嵌画屏一幅,赠湾克绣垫、绣裙各一,乌约新交也。美国派驻墨西哥领事基利敦函言:准金山欧阳领事文,查荣华公司所雇华人赴墨,有无工作,旅况何如?谨查,该公司相待华人尚好,墨国亦肯保护,华人初抵岸时,众论甚哗,群思抵拒,近渐安戢,皆地方官吏保护之功。现有数处矿业多用华工,而各华工皆不愿赴,或自相打架。兹据该公司所言,敢以禀达。毋亦荣华公司托为说客者乎?晡时赴总察院步力尼公会,颇盛集,主人年逾七十,拱立迎送,亦忒劳矣。晚得寓墨华人致中华会馆公启,备言为荣华公司所诳,无工可佣,近且被该公司绝其饮食,驱之入山。墨境地方官悯流佣饥饿,发帑赈济,每人日给二毫子,责以修路。前月十三、二十七两日,华人李广及墨官均有电致欧阳领事,请速设法救济,两电并录刊于后。似此情形,该公司何异猪仔头?连夜电谕锦堂,饬集会馆传卫滋德,限明日定议将华佣尽数装回,如再玩违,即禀候电咨粤中查抄严办。一面由会馆设法集资将华人载回,毋令流落异域。墨为无约之国,卫滋德贸然招人前往,殊荒谬不量力矣。古巴领事复电:今年照费不敷开支,若移拨马得力为资遣华犯之用,实虑顾此失彼,请示遵。此事应与希九再商办法,不能汲汲也。夜雪寒甚。

初七日乙丑(12月31日)　阴,雪

晨起函饬陈蔼亭认真经理照费各事,收数大相悬殊,江河日下,无以支拄,即裁冗员以节糜费,仍无济也。议绅劳近,为美国仰望之人,于其殓也,仍赙以花。以姚祝彭所查檀香山华人情形,及酌给董事程汝楫、古今辉正、副领事衔办法,咨总署。酉初赴科士达之约,谈日斯巴弥亚近事,并询赴日水道程期。戌正返署,冒雨登车,天气却暖,早间顿异。

初八日丙寅(1887年1月1日)　晴

为腊八粥以饷同人,循中法也。西历以今日为岁首,各使均赴美宫与总统贺年。洋例接见各使以到国先后为序,无强弱无大小。此次希特国使为领袖,中阿墨利加洲极小之国,其到美在葡使之前,余到美在西班牙之次。如外部之约,于十点半钟偕进斋、仲兰、蓬云、震东、柏立同往,各使先后到,随意起坐。少顷乐作,美总统挈户部之妇、外部挈总统夫人同行,各部臣均易妇扶挈相导,总统立于偏殿东,西叭夏旁侍,总统夫人立于右,水师、兵、户、邮政诸部之妇立于总统夫人之下。各使以次握手,为贺岁之词,总统免冠欢接,词色蔼如,约半点钟,乃往正殿接见僚庶,至一点钟散。余与各使及各议绅立谈数语,复至客坐少徘徊而出,约周旋半时许。往年见总统后随赴外部之会,叭夏持妇服甚哀,此会遂废,到门投刺而已。顺道至倭使署一贺,盖郑光禄所属,谓每年中历岁旦倭使必来贺,故以报之也。他概不往,即有来者亦不答拜,中西殊历故也。归署饭后往拜户部、兵部、内部、邮政部、水师部、律政司、总水师提

督、陆师将军、下议院掌院、都城九臬司，均拜会，所不接客者仅律政司与两臬司而已，展转至水师部，时已酉正，亦杜门矣。穷半日奔驰，每上下马车已形疲茶，又入室握手，后必立谈刻许，宜可径行，主人悉备酒盏茶铛饷客，亦须立饮，少尽其欢。屡与各使相值，彼此皆匆遽。于臬司梅拉处晤德使，乃询内部住址，其生疏甚于余。在水师提督处晤兵官颠拿与同加力船来者，尚能认识。返署已灯时。此种应酬，幸只一年一度，否则筋力难为礼也。子初锦堂复电，荣华公司卫滋德具限本月内先后将华人载回。果能如限，尚可从宽，不然此种作为天理、国法、人情皆不容也，即电复之。丑初睡。

初九日丁卯(1月2日) 晴

曩从鸟约购到水仙，近已著花，惜未先培植，遂尔叶长盈尺，仍以所携旧磁分植。吾华度岁室内瓶罍多插万年青，不图美国却有此种，名亦如之，献岁家家遍插以为瑞，吾华吉征无远弗届矣。美都有以幻术演剧者，相邀未往。长至之夕日使、英使来会，略谈其异而不甚详。顷医士言：西人确有此术，或用镜光、或直伸一指、或拂数指，坐客视之稍专即摄至台上供其戏弄，随所支使，然行必左右踯躅，不能平步，憨态极妍，术者拍掌一击或旁人击掌，其迷辄解，解后术人欲重弄之，但按其脑或摸其鬓，则其人迷罔如故，始作俑者名蔑士谜，讵今已百馀年，其术甚炫。其后各医家潜心考究，亦得其秘，设病须刀割而其气体不受蒙药者，医即以此法使之不药而迷，奏刀不痛，名曰歉那，译言迷药也。特迷后恒数月不适，脑髓足者亦不受迷。近日谙此术者，正人以之业医，幻人持以为戏云。《周礼》所谓怪民，《史记》所谓方士欤？

初十日戊辰(1月3日) 晴

总署知照吏部文开："光绪十二年十月初四日奉旨，张荫桓补授太常寺少卿,钦此。”当即恭设香案,望阙叩头谢恩,拜发谢摺。同日得李傅相函,论小吕宋设领事,宜请香帅派员,筹虑周密。惟此案七月十九日钦奉电寄谕旨,饬与日外部妥商,而外洋通例,惟公使有选派领事之权,且各省疆臣无径达他国外部之件,似粤督即能定人,亦须此间委派,否则总署行文作为署派,庶不为彼族所拒也,拟再商之傅相。又言吾华刻无需人之处,格总统长子投效之请,可婉却之。又言枪厂以贱名名枪,忆曾文正乡居时喜衣灰布袍,乡里效之,名曰“曾布”,兹以李枪为对,不禁轩渠。德兵官丕艾哥士奇来见,沪上旧识也,今春复于粤中遇之,承送阅铁炮台图式,海口颇宜,粤中以款绌未与商。渠自华来美,亦欲谋炮台之业。自言曾于津门将各图式面呈醇邸,此中奥妙一览便透悉,实深敬佩。因面求随侍至旅顺口炮台晤瑞乃尔,仍当教习差使,薪水优厚,境况尚佳云。午后复北洋书,寄去印花奏事处咨文各三件,印花不寄空白必陈谢后乃能换填新衔,后有升转亦随谢摺付寄。今日寒暑表窗外十三度,楼内五十八度,盥巾亦冻。曩在之罘冷至十八度便谓极寒,不图外洋竟有冷至无度可纪者。十度内外仍不奇也。发总署第十四号包封。丑初睡。

十一日己巳(1月4日)　晴

前日西历岁旦,美总统接见公使,所奏乐章曰“愔巴瑟特”,译言“头等公使”也。此间各使并无头等,虽曰地室而悬,意在娱客,毋亦自夸大耶?今日为议员假满之期,当兹公会纷然,恐未能料量各事。饭后循例往拜下议院专管外交事务十二员,晤升高顿,久谈,升为南党,在议院十八年,人甚坦白,深以洛案未能速结为歉。锦堂禀乞回籍就医,积劳至疾,喀血不寐,若久于金山,恐难获痊,当准之矣。郑光禄寄来总署咨复第四次报销册,并言粤中旱象,耕农无年，足疾渐痊，无须扶杖。晚赴总察院威地公会，法、倭、墨、威各使均预，主人周到之至，子初返署。

十二日庚午（1月5日）　小寒

格总统乃郎函谢茶叶，其投效吾华之意已得北洋书，拟面告之也。察其境况亦可支持，集书之值垂五十万金，又新为士颠公司生意，苟拓亦足自全矣。议绅怀阿庐送阅鸟约全图，其未经开辟以前荒芜一片，极数十年经营遂成一都会，合地球计之，类此却不多也。美人石米得，前任上海总领事，又代办驻京公使，去冬在沪相送，颇殷勤，顷复派充津门领事，特来晤谈，云俟西三月时挈其长子赴华，眷属续往。叩以田使既加俸薪，领事亦应一律加给，石言总统本有此意，讵下院集议时不待筹商，先将领事一层勾去，现只盼上院核议。余许为致书北洋，并关道税司，石感谢而去。希九电复资遣华犯事另筹酌办。竟日密雪。申正往拜水师部、邮政部、户部，赴英使公会观乐舞，英使年将六旬，亦跳以娱宾，会者三百馀人。丑正归寓。

十三日辛未（1月6日）　晴

希梁自鸟约来，询华人赌馆，则已禁歇矣。鸟约银行主人布琅，南党也，有子颇聪颖，西历献岁特来美都游历，科律师领谒总统，即识礼节又能代父母致词。科又偕谒余，与之茗，饮不敢尽瓯，美俗未成童时不得饮茶与架啡。余嘉其谒总统能善为说辞，其兄则归美于弟怡怡可爱，美童之翘楚也。爱立谟甫自外埠回，贻书请见，比以酬应忒繁，午后鲜暇，因于拜客之便往访之。其意总欲招工，历言华工在秘近免苛虐。余答以秘国政令未一，嘉总统接任后不数月而四易部臣，民情浮动，此时刘参赞在彼与各部甫洽不旋踵而又换一班，办事颇难。派员往查，各寮久未办到，特各地方官颇能与领事出力,下情尚通。今年华商倒塌二十四家,生理甚蹙,招工事未便遽商。爱立谟不能强,濒行复请示期接晤,尚欲再申前请也。美绅坚弥地性颇质直,又最顾华人,自孙稼生后历任往还甚密,余以秋冬寒疾久未答拜,近屡于公会中见之,遂与订今日往谈。寓中繁花甚香,见示一叶,云得之金山,微有麝味,宝藏于匣六年,其气不散,且不枯,莫名其种。酉正晚餐,后在波房手谈。正凝思间,忽闻烟焰,回视波桌,则火光熊熊,其桌布本洋花镜光者,滑泽而脆,著火即燃,急裂之,乃灭,然不解火所自来。桌上有煤气灯,其气横出或曰煤气下坠所致,然煤气无质,从无坠火之说,特然著之布适承其下,果尔,则煤气灯亦须善用,若非坐隐有人,几误矣。子初赴兵部之约,晤德使及其从官,各使已先后散矣。子正归寓,丑初睡。

十四日壬申(1月7日)　晴

阅华报,丁太保予谥文诚。按《谥法考》,道德博闻曰文,肫笃无欺曰诚,朝廷眷礼荩臣隆厚极矣。未正访叭夏,告以美总统谕议院文,于保护华工尚存公道,而于限制华工未免太急,此事总署已照会田使,贵总统尚何汲汲限制为哉?叭夏谓久欲相商,只以积案未结,欲言辄止,容订期晤谈。

十五日癸酉(1月8日)　晴

电汇直赈三千元,不过沧海一粟,聊尽心力而已。查岛委员禀言:查过新架波华人约五十馀万,槟榔屿亦如之,且华人产业几占十分之二,新架波领事华人出进口绝不关白,槟榔屿各岛又不兼顾,宜设副领事于槟榔屿云。此为刘芝使所辖,未便越俎,意粤督必有经纬也,即批复之。申正偕参赞翻译往见总统夫人,略如西历岁旦之仪。随到柏立寓少憩,回赴亚希公会,室庐雅饰,暖阁承尘,绘画微仿吾华，陈设亦不俗，案上有雕漆小屏风，美都仅见。此外铜磁各器倭产为多，华磁两种，却非古物，然辉映其间，如见鸡群之鹤矣。临窗有杜鹃一盘，鲜艳绝伦。曩在鄂中颇喜此花，购之彝陵，花时当夏，鄂人名曰“夏鹃”，去楚后从未复睹矣，爱玩久之。其几上玻璃瓶插玫瑰花四朵，大如牡丹，产自金山云。晚访科士达，商舍路案。旋赴劳令公会，德、法、俄、倭各使均在坐，热甚，不耐久谈，子初返署。接金山电言，今日派人赴墨西哥，载回华佣。卫滋德具限本月内将华佣载回，迟至此时始派人前往，能不逾限乎？当电饬锦堂查其产业先行具报，果不能依限，即行奏咨严办。卫滋德忍心害理，必有以惩之。

十六日甲戌(1月9日)　阴寒，微雪

爱立谟来晤，劝习英文，差旋回华便可阅各路日报。又询赴秘之期，届时或可同道，诺之。同人以余补还前官，宜为酒礼以宴，薄作主人，犹是故乡风味也。西俗以腊、正、二月为冬，三、四、五月为春，六、七、八月为夏，九、十、十一月为秋，亦具四时之气。夜雪。

十七日乙亥(1月10日)　晴

核正咨札各稿。申正到科士达处一周旋，随赴畀劳将军之约，格总统旧袍泽也。出观李傅相与格总统并坐映相，神理甚清。又导阅拿破仑第三波都游猎油相图，偕相臣部臣缓辔展眺，卫士前导，鞍旃骈阗，极郊坰之乐，特图绘以示驻美使者。未几而为德败，使者得耗，手枪自毙，此图遂流落畀劳之手。子初金山电言：荣华公司业于十六日专人往墨载回华人，回域、回华或愿留墨，须查明分别办理。此为众华商勉助卫滋德之力，若遽查钞，则众商之资无著。乞宽办。当电复以回域、回华均须悉数载还，委为愿留，仍是欺饰。无工无食，无约之国，又无保护，情形甚惨，宜速办。锦堂若

推恻隐之心,当能妥筹。

十八日丙子(1月11日)　晴

各国方言互异,即能翻译而字义亦无可诂。美利坚一国或作米或作谜,《瀛寰志略》言之详矣。苏鹗《杜阳杂编》,四库嗤其祖述《拾遗》、《洞冥》诸记,所称某物为某年某国所贡,如日林、大林、文单、吴明、拘弭、大轸、南昌、渤东、条支、鬼荷、河陵、兜离,《唐书·外国传》皆无此名,读者挹其葩未遂,亦忘其夸饰云,然以近日海外诸国衡之,苏鹗所记当系南洋群岛之与中国近者,译音互异,《唐书》偶失载,未可概目为夸饰也。近有英商贩烟土一箱至金山,为税关所留,讼之户部,此与华商烟土事相类,且看户部如何判断。午后得津电"捐赈谢转通副贺"七字,荫桓又蒙恩升转,电音简略,未悉奉旨月日。屡荷天恩,迄无报称,弥滋惭悚。前任各案,科士达为之料理,洛士丙冷一起,案情最重,美已允结。叭夏曾屡言之,且见诸文牍。外此乌庐公司、澳路非奴、姑力阿路美、的钦巴五案尚无端绪,的钦巴捐失数目亦须详查乃能补送。又舍路华昌公司一案,郑光禄濒行属俟洛款有著再行续办,转瞬逾年,今日属进斋将舍路全案送律师核拟照会,并与订笔费。

十九日丁丑(1月12日)　晴

前夕德律风主人之居不戒于火,焚毁殆尽,幸未伤人,中夜火发,巡捕从窗外遥见火光乃为呼救。或曰火油之害,今晨震东往视之,云系室中多储电罐,相激成火,理或然也。西人近多用煤气灯,火油之患渐泯。吾华方竞用火油,穷乡僻壤亦多售卖。曩居京师曾与大金吾、大京兆商所以禁之,然群情喜其价廉而光澈,恐终难禁遏也。《辽史》载火油产高丽之东,现美国所产最盛,其亦高丽之东乎?吾华台湾、四川均有此产而未开采。科士达偕夏庐馆主人来晤，以其关切华人屡倡公论，欲余与之认识，午后赴各部公会之便亦答拜之。亥刻刘芝使转总署电云：使费支绌，本署拟奏定限制，除电费仍另核计外，每年限定英、俄九万；德、法等国八万；美、日、秘十一万，从明年元旦为始。因文函太缓，故先电知，使各馆可将本年销册截至除夕为止，并可预定明年各员薪俸裁减之法，或一律减成，或少减多减之分，或得力者不减，听使者自酌。请转电许、张，并候电复。当复以此间薪俸参赞照章，领事、翻译以下均减发，金贵银贱，颇难再减。署章另款核计者何项？来码讹乞复。岁限之款，即薪俸一节尚不敷，况他项杂费哉？

二十日戊寅（1月13日）　晴

叭夏来文限制华工事，即驳之。美方限制华工，总署乃限制经费，美方议加田贝薪俸，总署乃饬减薪俸，何其巧相值也。今秋美都地震，余适避暑鸟波，及询钱涵生，谓是日灯后，几榻自动，窗灯摇撼有声，墙壁依然，人亦不眩，震之微者也。《云间杂记》载徐阶为首辅时忤旨下狱，地震赦免，虽正史不载，然吾华因地震而及时政者由来尚矣。外国无遇灾修省之意，几以地震为常，灾重则恤之，犹存恻隐之心也。刘芝使复电，总署所谓另款核计者似系专指电费，又询美、日、秘岁需经费若干。复以"出使经费向系到国一年总署据册定数，截至除夕，非通年也。此间使署三、领署四，共五十一员，俸薪减发如尊处，与德、法并遵办。乞示复。"今日循例往拜上议院绅并赴总统文案处公会。返署微雨。外部知会总统九点钟接见各国公使，先半点钟往，各使先后到，倭使携妇致敬，西装西语，灵慧趋时。杜诗"香雾云鬟湿，清辉玉臂寒"，庶几近之。届时乐作，总统偕夫人出殿面东立，如西历岁旦之仪，各使依次见毕，叭夏退出班行，户部大臣仍遥立于总统之后。略与寒暄，旋至东殿少坐。是夕总统并延见水陆军官、上下院议绅约数千人。戎服裙襦，喧嚣杂遝。诸人见总统讫辄来访余，倩人介绍或自通名，余亦劳甚，直相周旋至十点半钟。内有老者名克格伦，年八十七岁，鬓发皓然，为美之善人，家资三千馀万，好行善事，凡美都育婴恤嫠诸善堂多其倡设，近又创建一高楼，为商贾无业落拓者所居，殊堪健羡，不以一敬加喜也。柏立言总统将回内殿，尔时大众同出，车马拥挤，不如乘便先行，遂从人丛中觅路，甚逼迫。归署则子初矣，与参赞论总署限制事。丑正睡。

二十一日己卯(1月14日)　雨

冈州会馆包另捐直赈二千元自行汇津。嘉里约领事来禀，波利非亚国近拟招华工，亦有华商潜行招去十数人，亟为禁止。商之地方官，谓须领事予以文牍，始能禁其出口，且以领事护照为凭，现拟自捐纸费，但有利无害，即拟举行，已商之参赞，并告华商，均谓应办云。所禀殊有匣剑帷灯之意，出口给照为领事固有之权利，何谓无害即办？又自捐纸费，甚觉词不达意。禁止招工，固无所害，若非招工而出口，亦应请领事给照乃行，即酌取照费亦无不可，何所禀之掩沓也。今日译出叭夏来文，欲订限制华工之约，要以三十年，而于保护之款仍只带叙数语，至积案未清则迄无一言，当痛驳之。申酉大雾，倚窗凭眺，一片濛溶。

二十二日庚辰(1月15日)　晴

叭夏亟拟限制华工，记八月初一日总署与田使辨论议院限制条款，田使复称此时与商未免太早，余亦以此语答叭夏，虽涉机锋，亦报称之义也。午后往访克格伦，延坐内书房，绝无豪富气，陈设并不华侈，楼屋宽闳，且有园圃，林木参差，美都居室之极大者。克格伦自言行年八十七岁，向皆杜门，昨赴总统之会，得晤中国公使，诚大幸事。今日诸孙均不在家,不获出见,殊以为歉,可谓工于词令矣。又属往阅其画院,余颔之。因嘉其好善而得寿富,此天理所必然,克乃谦谢不置。以其年老,不便久累之。粤中来书,夏间寄到玫瑰,花开如小铜钱,何迁地弗良也?

二十三日辛巳(1月16日) 晴

许竹筼复称昨电署俟文函到再筹复。比日华民稍安戢,金山无恙,各岛胥靖矣。锦堂以病乞假,因令蓬云往代。今日为吾华祀灶之日,外洋使馆历任皆不举行,只益殊方之感。晚饭后访科医生,云把菟麦河前日冻结四十迈,冰积不厚,履行者稀。余告以吾华黄河冻后车马往来杂沓,然必验有狐迹始敢畅行,盖狐性多疑,应机甚捷,每夜侧听冰里无水声乃渡,故车行先视其爪印也。合坐闻之,诧为格物之要。余询以寒天膏泽,西人傅面以护肌,此吾华不龟手之药也,能否透入肌理。科云可透,譬之病者不愿饮药则以药水擦手背,药气自达,病徐解,其理一也。又言西人欲除面上坏色,有带药面具以睡者,睡熟则汗药气蒸之也,约数礼拜坏色可去,然究以不用为妙,此非自然之理,此等药亦于养生非宜。

二十四日壬午(1月17日) 阴,雾

永乐四年张洪奉使缅甸,作《使规》一卷,《四库》已存目。近日使事较明初繁杂何可以道里计,张洪但使缅,其地且邻滇蜀,今日欧墨诸洲远近难易何如也。援古证今,颇难求类,然或能取资一二,则古人贶我良厚矣。拟自为撰著,不知有此闲暇否?或差旋回华博访群书积日为之。蔼亭寄到西班牙招工国谕十条,似尚优厚,他日言行翕符与否,殆难下数语耳。前晚美总统之会,有总兵克他为宫内热气所逼,归而冒风,昨竟溘然,年仅五十馀,西人咸惜其暴卒。是夕英使、日使均未往,或曰英、日与美并有龃龉故,然此种公

会,纵有不洽,似不致显露痕迹。午后刘芝使电"许复限数,勉敷用,敝处实不敷,拟请益"十六字。许昨电谓"候文函再筹复",尚不确也。

二十五日癸未(1月18日)　晴

金山电报,前夕有帆船帕厘利入口触礁,进退维谷,夜潮湍急,撼击至沉船。载炸弹碰石自燃,海口炮台堤岸为裂。岸上救生棚三西人震之半空而坠,死者一,馀重伤,船上水手乃先逃免。航海惟帆船肯载火器,驾驶不慎,竟遇此险,船主不能无过矣。曩见威露健臣家有石华一枚,威即以此馈岁,更示刊板。西文疏其出产,略谓此系骨体海上纤小生物缠积成泡,内聚小蟹无数,得之印度洋,此间惟博物院藏一枚,视此倍小,盖不常有云。传示同人,共相嘉赏,文愧元虚,博渐壮武,遇物能名,谈何容易。余直谓此为冰蚕茧,其色白、其外有毛如丝,其形如茧,其末如蛹,进斋漫应之曰将毋同。又诗他令家陈设颇富。有金装佛像二尊,得之日本。又埃及金项圈、土尔其银项圈,云系出土之物,年代甚古,有吾华雕漆瓶,京料套色烟壶,市肆巾履,又顾绣销金寿幛一幅,款署"道光辛卯十一月戊子举人李师白、明经进士刘桂臣撰书",上款折叠高悬不及辨,西人宝此以为清供,尚非诧罽为布耳。美总兵克他殁后,与之游者如畀劳、歇地,皆杜门不见客,颇有古风。

二十六日甲申(1月19日)　晴

早起访总统别业。沿山积雪未消,河冰尚冻,寒林远岫,颇幽致。楼居却不闳丽,略如华盛顿故宫之式,企俚扶轮隐与创国者相颉颃也。午后闻窗外军乐,军士列队,炮车前驱,众兵皆肩搭红羽毛,右臂缀黑布一幅,倒持兵枪,克他出殡也。美俗凡兵官殁,所部列队相送,其制如此。叭夏持妇服如亲丧,颇欲以此求誉,近纷传其续弦,叭夏愤甚,毋亦皦皦者易污乎?午后于邮政部遇诗他令,言今早所居几遭回禄,烟筒为风所遏,烟气窒滞,激而猛突,幸急救乃免。洋房本极便当,而火灾大可虑,居处宜格外谨慎。

二十七日乙酉(1月20日) 大寒,晴

锦堂来电,今日由墨载回二十八人,未载者尚多,船期难凑拍,不得不宽予限期。嘉利福尼省议绅士丹佛富于财,所居华赡,陈设多中国顾绣帷幔,司庖用华仆,见余至,窃窥于屏,并不剃发改装,可嘉之至。士丹佛自言虽籍居嘉省,并不仇视华人,犹有质直之气,此为庸中佼佼者。申初出门,灯后返署,亥正复有应酬。天气忽热,换夹衣。

二十八日丙戌(1月21日) 阴,雨

阅邸抄,京师蚕池口教堂现已移置西什库南,办理此案中外各员并蒙保奖,未尽事宜由北洋与法使妥订。想教王遣使之说不果行矣。去冬出京,北洋以伍秩庸经手此事不能相从出洋,此时请奖秩庸不预,或未始终其事也。俄馆梅寿祺书,言海参威拟设领事,图门江拟通市,不悉能办到否?海参威宜设领事特使,臣遥顾为难,图门互市能遏俄侵,亦有裨益,买卖则寥寥耳。又言俄都冬寒,只巳、午、未三时放晴,馀须灯烛,又较华盛顿不若矣。午后赴议绅家,其妇年逾五旬,肥硕臃肿,絮言数十年旧事,谓华盛顿都城为密的力所经营,即陈副宪之旧房东也,辟草莱,治泥滓,乃有今日之平坦,美国人将为之立碑。征引指证不休,而狐臭扑鼻,进斋随答随引酒自薰,良久乃得摆脱。余不谙西语,幸免此窘。

二十九日丁亥(1月22日) 阴

美俗花草四时不断,亦饶色香,惟桂花绝少,近购一盆,聊慰乡园之思。复郑光禄书,缕述今年中美交际并金山更换领事

各事。

三十日戊子(1月23日)　　晴,天气暄暖

徐孙祺书,言日本长崎案停讯,案牍送北洋候决,若如球事办法,恐益为所轻。许竹筼见寄外国师船图表九月间已到,而其书函乃从日本使馆寄来,邮筒互误也。师船图表始辑于刘孚翊,竹筼集大成而每图加之序,既洞识制器御侮之实,而犹不失中国士夫气概。晚复总署电五十六字。今日岁除,为酒礼与僚佐同饮,检新罗《祝寿图》、吴墨井《松壑会琴图》悬壁,吴画款署"壬午年炊熟日"距今二百六十四年。客窗得此,聊志岁华,更为祭诗之戏,镜听鸡卜,或难验诸海外。柏立却循华俗馈岁。

光绪十三年丁亥(1887年)

正　月

初一日己丑(1887年1月24日)　　雨

寅正二刻率僚佐望阙朝贺,旋复团拜。雨意甚浓,巳初微见雪花,气候却暖,寒暑表六十九度。去国四万里,辄忆唐人《元日早朝》诗,弥重觚棱之恋矣。午正密雪,仍不觉寒,与僚佐会饮。《金山日报》罗舍利埠有西人那亚笠界,年一百一十五岁,诞于那付卡罗磷拿埠,随父母徙居纽折尔省,复迁丕兰非埠,足迹不逾本国。精神强健,每谈华盛顿开国时事,人多就询,战陈情形均能口讲指画,老人而善记者也。郑光禄留摺,西历度岁各使馆不往来,来者亦不答拜,惟倭署必须一投刺,因中历元旦倭使必来贺,所以厚之也,余谨步萧规。其日倭署蒙国旗于门眉,以志尊崇西历之意,此间各使馆皆不悬旗,倭特委婉以张之。今日倭使乃不来此,非郑光禄之误,九鬼或忘之耳,然其请会余仍赴之。倭俗好自侈恣,每思睥睨,识者窃笑,莫敖趾高矣。

初二日庚寅(1月25日)　　晴

为春酒会,就前任留交应请之客暨余新交约七百人,大都以预会为幸。九鬼既不来贺岁,乃函求偕友同来,谓为倭之故侯,余诺之,并补与一柬。订约九点半钟,叭夏令布郎来代张罗,各部及英、俄、法、德各使,上、下院议绅并至,十一点钟时竟及千人,有仅延一客而举家俱来者,遂至应接不暇。音乐既作,随意饮食,直至两点钟散。余与参赞迎送于厅事门内,疲于握手。客散后看视诸仆收拾灯烛,洒扫房屋,四点钟睡。是夕有约不来者,旗昌、士蔑。会中能华语者,税司贺璧理。

初三日辛卯(1月26日)　阴,早雨,午晴

各路日报述昨晚之会,谓自格总统后无此盛集。或询英使曰:英馆之会不如也?英使答曰:然。于是日报又言余力顾邦交,每事不肯落人后,皆意度之词。金山会馆公禀为卫滋德乞恩,但惜卫氏资财,不顾华人生命,似非持平之论,当批饬之,姑候限满再酌。晡后赴户部、邮政部公会,咸讶昨晚宴客极劳,今日尚能出门酬应。

初四日壬辰(1月27日)　晴

余生日,同人置酒,约英、俄、法、日、墨、威各使,科律师、夏庐、科医生三家。夏庐制小蜡十六枚,以糖食镂作烛擎为赠,烛尽则糖中有吉祥语,西俗然也。是夕总统请会,余仍往赴,归而肃客,丑正始散,寅正睡。

初五日癸巳(1月28日)　晴

早饭后往外部,叭夏谓驻节逾年,华工与西人不洽之故,当了然矣。是宜筹限制之法,否则美律几穷于保护。且美人在华只能侨寓通商五口,华人在美则无地不可行住,似华人利益较多。余答以西人之不能入内地,中国待各国人与美人一律,无所区别。且美人传教吾华无地蔑有,极之蒙古、新疆,足迹几遍。叭夏谓禁之不往,未尝不可,余笑颔之。叭夏又言昨见巴拿蛮,洛士丙冷案日内可结,此次断不虚。余答以各案未清,遽议限制,何以对华人?四川教堂案,田贝不已有书致贵部耶?中国之待美民优厚为何如也?

叭夏有愧色,徐云下礼拜四总统宫里再谈。余不谙西语,总统请宴主客之情不通,并告叭夏代道歉。美新派驻朝鲜公使田士谟持副外部波打函来见,余适到外部,遂未接晤,叭夏亦未言及。旋赴邻人会,并答拜两客。返署晚饭后幸无酬应,拟早睡。阅金山译刊西报,言美部诸臣在余圈套中,所拟条款只有益于华人,断无利于我辈。因与蓬云、杰卿衡论其事,并到美后所办各案,不觉絮絮,仍至丑正始就枕。

初六日甲午(1月29日) 雨

域多利贩运烟土一案,既延律师讼争,此时更未便遽商外部,恐于华工加损。午后答拜新派朝鲜美使田士谟,询之外部,则已他适。遂到科士达处,述昨日叭夏问答之言,并叩以美廷何以不令田贝兼使朝鲜而别派一人。科言中国交涉重大,不能分身,美亦向不兼使,如荷兰、比利时所距甚近,仍各遣专使,前人命意所以重邦交云。前年田贝欲兼此差,北洋为电托郑光禄,或亦格于美例故未果耶?美议员鹦哥倡言于众,谓美宜将英、美交界阿那麻地方收入版图中,阿墨利加洲之愿附美者亦应一并收纳。闻者韪之,阿那麻之土著尤欣然附和,而英伦绅民乃大相诋诃。英美交涉之案因海渔起衅,已数年矣,那民乐美政之宽纵,故愿属美,此岂英之利哉?其地辽阔,若并而有之,恐亦尾大不掉,是在谋国者之善为经度耳。

初七日乙未(1月30日) 阴

电各署自元旦起华员薪俸减成核发,遵署限也。中历腊正之间美都游人颇盛,总统每礼拜内接见两次,无分贵贱等差,鱼贯握手而出。各部臣议绅又叠为公会款客,故有不远数千里而来者。华盛顿坟鸦灵顿公冢皆游人杂遝之地。近以船桥待修,游袂稍滞,苏遮士龛亦以泥淖不便车行。偶忆粤中花埭人日游船之盛,不禁乡思萦萦。杜甫《览物》诗"巫峡忽如瞻华岳,蜀江犹似见黄河",固诗人拟议之词,海外客居并乏兹境。金山乡人纷请书联,久未践诺,灯下濡笔,借以遣烦。

初八日丙申(1月31日)　晴

贺璧理来,言旅顺口近雇法人承修炮台,法日报谓该口地势险要,孤拔所不能到者,近则一商人肩其任云,言亦夸矣。又言曾劼侯近著一论,叙述中国自强之意,语甚透辟,宜购此书备览。又述赫德夸美总署近政。又言香港烟土事未成议,顷将挈妇往鸟约,有一月之别,特来长谈。贺璧理为赫德高足,西人之能者,余以总署旧识,亦厚遇之。午后英使来约下礼拜二晚饭,诺之。天气晴暄,赴公会六处。返署阅日报,巴拿蛮少弟以洋枪为戏,竟尔自毙,巴拿蛮得电报急奉母回鸟约,洛案之议恐复延宕,事机错出,直非人力所能推挽矣。巴拿蛮之弟去秋曾识之鸟波,眉目秀朗,举止大方,嗜酒,则西人通病也。昨夜乘醉入打波房,令仆人缀小铜扣于顶,自燃手枪击之,闲常试演,百发百中,仆亦不惧,甫欲燃枪,虑乃父来阻,属仆闭门,仆阖户毕,回视则已自毙矣,当系醉后致误。西人类此者多,不图巴拿蛮之弟亦蹈此习,尤为其父母惜也。晚十一点钟后赴上议院长佘文之会。丑正睡。

初九日丁酉(2月1日)　晴

希九电资遣华犯事竣。此事希九甚著意,固免彼族所轻,而于无业华人亦免流落,诚为善举。李芳荣贺年衔版署驻法监造战船,或自日署辞差后取道巴黎,为许竹篔留用,然已在日署领却回华川资矣。属柏立为函唁巴拿蛮。天气甚暖,柏立虑日内有雨,余谓将雪,柏言正二月不致有雪。申正赴墨使及下院议绅公会五处,升高顿以病不获晤,余因明日洛案之议巴拿蛮不及赶回,欲兼托升高顿,而竟相左,事机诚绌。子初赴水师提督波打乐舞会,主人导至楼上斗室。英使、威士及美大将军佘利钝宴坐,闲论德法近各备兵,势将用武。英使谓局势如是,然此三年内当不出于战,毕斯默有深意也,三年之后必有恶战,嗣是则兵气销矣。盖火器至今日,穷工极巧,甚难增益,经此一战不问胜败咸知器械之功利不过尔耳,当专务修睦,无复旧憾。余叩以兵枪单响与连环究以何者适用,英使云单响能及远,佘利钝云连环利急发,余谓急发而不能及远似以单响为佳,英使深然之。询以亨利马蹄尼枪英国现尚见重否?英使云刻无新制能驾而上之也。纵谈良久,主人肃客饮啖,为尽一瓶,吸冰酒一碗,随复登楼小坐。前外部帮办倩英使介绍与余接谈,词意甚周。是夕会者约二百馀人,房室不多而不形拥挤。波打行年七十四,精神周到之至。外洋使规,每于岁底将与外部来往文函钞寄政府,余属参赞编检,计七十一件,厘政事由节目缮一总摺,复与参赞论到任后所办交涉各事,寅初睡。

初十日戊戌(2月2日) 雪

罗熙尧开复案,已奉准部文。余原奏所请,以后各埠会馆延聘举贡生监充当董事,报由使臣咨明原籍督抚稽核一层,部议并准专咨报部,著为令。罗熙尧沉冤已雪,亦杜他日冒混之弊,部章诚周密矣。惟署南海令张琮交部议处,责令缉拿冒名入场之人及根究经手请咨诸吏役,亦应有之义。部权隆重,政令清明,为之喜跃。得盛杏荪书,言织局不难于集资,难于得人,托详查丹科手艺,又请代物色矿师,因黑龙江商办金矿,欲得良工指导之也。又书言中国宜自铸银钱以塞漏卮,制内河小轮船以拓利源。科士达来,言洛案本明日定议,因巴拿蛮有人琴之悼,展至下礼拜,连日夏庐报馆频论列之。科士达询余日夕酬应累否,答以甚疲乏,科谓此为公使应尽之职,各国皆然,万勿厌烦,否则声息不通,一事办不动矣。晡时赴公会七处。雨霰沾濡,了无意趣。

十一日己亥(2月3日)　阴雨,雾

科士达偕总兵魏森礼来晤,魏本津门旧识客,冬又于鸟约遇之。此来为言比得招商局电询火车办法,欲自大沽筑至新城,自新城至紫竹林商局自办。余叩以金矿师有精良者否,魏言数日前曾为北洋物色煤铁矿师一人,赴华金矿亦可兼也,余告以开金之地在黑龙江省,舟航不通,须由陆路,恐西人不便,魏言西人在华乘车亦不觉苦。申初赴公会两处。访士丹佛不值。梁蓬云接办金山领事,士丹佛为该省富绅,欲令与一晤谈。晚七点半钟赴总统宴,不带翻译,柏立送至宫门,有人领导沿升梯至楼房,叭夏在此接迓,指宴席图告以坐位,另各予一小图。各使并至,易衣后德使、威使相约下楼,总统偕夫人已立候,叭夏旁侍,遂进与握手。徘徊刻许,总统肃客,鱼贯入坐席,布工字形。总统北面,右则墨使夫人,左为英使;总统夫人南面,右为希使,左则叭夏。此中坐次似不论到国先后,余与俄使、法使、巴西使一行坐。总统之亲串夹陪,余不谙西语且不认识,直无从周旋,法使则极周到,与余隔坐者为德使,旁坐者为威使,平日往来稍密,均曲为指导,宴至十点钟而罢。复至正殿行游,热甚,得英使女公子惠假一扇,与日使觅烟房不可得,随至花园游憩,客有自携烟卷者分饷一枚,日使展转寻得两枚分贻。进览园花,徐步一周,重入宴会之地。总统与各使杂坐吸烟,饮佛兰地酒,余与总统对坐。烟酒两度,总统起赴正殿,各使随出,女客先辞,各使以次握手,余无须易衣,以扇还英使,径出宫门,御者候于闼,返署则十一点钟矣。静坐阅《字林报》,汗气稍解,至两点钟易衣睡。曩闻柏立言郑光禄往值此会,伊送至宫门属门者指明道路即返，洎余此会，柏立乃忘之，当令译官传语，柏立愧悚，坚请随往，余却之，柏立益惭。又代询布郎请余带仆从以代问答，余不愿为苟异，且幸不为所诳，各使皆独行，只余携仆，则美廷将更藉口谓中国独有权利。此等宴会亦无仆从侍立之地，徒贻笑柄。弥悔不预习西国语言文字，各使总以能谙他国方言以为称职。

十二日庚子(2月4日) 立春，晴

昨日墨西哥载回华人七十二名，合之客腊载回之数，恰百人。转瞬十六日，展限届期，徒事姑息，无济也。秘鲁领事刘福谦禀言，华人出口护照事，秘官又有新议，近虑疫蒸，另觅敞地，属华人晰居，领事晓示三次，华人不移，秘官乃为拆运，华人无如何，乃归怨领事不善保护，冥顽极矣。刘湘浦函言，从此华人不到外国未始非福，虽过激之论，然华人之不受教约，亦可愤也。晡后循例赴美宫投刺道谢，又应酬公会三处，答拜魏礼森。晚饭后赴佐知探公会。子初返署。湿雾漫空，气候却暖。

十三日辛丑(2月5日) 雪

总统夫人见客之期，雨雪泥泞，方谓去客不多，循例往拜，抵宫门车马杂遝，拥挤甚于曩时。宫内侍者导引排拨乃达偏殿，法使、俄使在焉。热不可耐，适衣灰鼠裘，益难久立，绕至正殿而出。偕震东赴公会两处。返署少憩。

酉正赴阿希晚餐之约，承出观旧总统灵谨谕文及诸铜器，内有宣德铜炉，疑为倭工所仿，磁瓶一种背镌“大明成化年制”，确为倭工伪造，以此类推，知日本赝物甚夥，美俗每得一二，诧为华产，甚于燕石。间询博物院中石刻各碑及石椁图绘能否拓拓，希言此地无此工，大抵拓拓须著色，西人必不愿，遂不强之矣。询以气球之戏，希谓此极险事，前数年诗家谷有为此戏者，久之渺如佥，谓坠于

湖中,阅数月有人于墨西哥属地岩壑间见骸骨,腐朽在气球之侧,检视球内乃知诗家谷之物。此间作此戏者大都贫人,借奇以觅食。每当发球时,较量未竟,球已上升,急往缘之,球力太猛,竟难纵身入坐,仅牵缀球底绳索,球愈高则手力愈微,往往颠坠而陨。昔南北花旗鏖战时亦不常用。往曾试一遍,球升之后,下视则深不可测,横视则远而若近,未携食物,数刻即下,迄今思之,犹惴惴也。近日欧洲讲求斯技已能渡英法交界之海,然实无把握横行之法,终未尽善。球制始于拿破仑第一军中,用以觇敌云。希又出观罗马新出土铜像、石像、映本各一,与谈中国古彝鼎诸器。挨林士亦在坐,皆好古之士,听之甚乐。亥正始散,雪霁,微有月色。

灵谨被刺即在新戏园楼之侧,同时被刺之西華适患齿颊,医以铁箍夹之,赖此铁箍刀难遽入,得不死,灵谨则枪毙矣,距今二十一年。阿希曾司文案,故能什袭其谕单,谓历任总统以此谕为最佳云。当灵谨时任兵部大臣者,刻乃不能自存,牵马一匹求售于阿希,民政之国,无所谓世家旧族也。灵谨而后又有奇笃之案,距今七年,此则直以一己私怨戕害总统,尤凶悍离奇。

十四日壬寅(2月6日)　晴

复秘署书,询中西学堂事,秘官令华民迁徙事,属随时寄知,毋令失所。复金署书,卫滋德贩运人口案毋得以"有利可图不能强回"八字遂其诡混,展限既届,不能再宽。晚赴诗他令公会,适李格士银行亲属,言自美赴欧船只以英公司劳堪船为最稳,每年在荔华埔守冻,三月内当来鸟约,属余赴日宜附此船。

十五日癸卯(2月7日)　晴

今日皇上亲政之期,率属朝贺。此间风日暄和,遥望京华,当有日月合璧五星联奎之瑞,比阅各报,都中已于客冬得雪四寸,津郡亦雪，丰穰可庆也。午后草疏一摺两片，奏陈调派参赞彭光誉、领事梁廷赞各官一摺；法文翻译联兴不再咨调，拔升学生邓廷铿为三等翻译，供事李春官为随员一片；调派医官吕春荣随办金山华洋事务一片；附幕府誊稿。旋偕翻译酬应各臬司公会四处，返署晚饭，复赴上议院长佘文公会，认识者渐多，颇不落漠。

十六日甲辰(2月8日) 雾

照会外部梁蓬云接办金山总领事，请发准照，彭小圃接办三等参赞，请备案。晡时赴墨使公会。旋访挨林士，阅所藏中外古器，吾华名磁有两种，不甚佳。有罗马陶器一种，古色可爱。壁悬倭画数帧，内钟馗一帧疑为华人手笔，惜无款识。

返署得李傅相电，言驻津美领事巴得密，舆情爱戴，现彼国异党另举司米德来代，各国领事、各商公电美总统留巴，并求电余转达外部云。司米德为叭夏同里至交，此事想难俯如众商之请，姑与商之。七点半钟赴英使晚饭，谈宴甚欢。登楼阅其祖遗珍宝，内有折扇一持，嵌金花绿钻石，可贵也，惟忒笨重，徒饰观耳。英使威士，英之世爵，人亦静默，燕见辄不甚周旋，人多诮其简傲，实则孟公绰一流。英使为言，现派驻华之公使人甚正派和平，中英交谊可以益固，余颔之。饭后久谈，子初返署。

十七日乙巳(2月9日) 晴

美擅铁路之利，环球各国首屈一指，桥梁之制极巩固，比以西北大雪，铁桥积冻潜致损蚀。昨十四晚威漫省白河桥火车夜行，忽尔坠坏，车坠河中，殒七十三人。今年雪太盛，麦天拿属邦产煤之地，近日煤价每吨洋银六十元，雪大不能采挖之故。吾华近日用煤渐多，而不甚讲求开矿之法，恐他日价昂或甚于此。

中国自禁华工之议本于郑光禄，其亦锦堂条议之一，总署客秋来函,嘉其卓见,就其节略照会田使并照会英使,大要有三:一曰未曾赴美华工禁不准来;二曰业经回籍华工,若无眷属、财产在美,禁勿再往;三曰现仍寓美华工,须责美国照约保护。其详细章程,属余妥定,照会外部,并寄署存案。余以未经赴美及现仍寓美两层尚易措办,惟业已回华有无眷属、财产在美一层,颇难清厘,因华人散处各埠,从未赴领事署报册,从何稽核?若概令弃之如遗,漫无区别,亦非总署本意,所以迟迟未发。比日金山盛传余与美廷订约限制华人,欲具公禀,锦堂附和之,而忘其首先建议。人情当颠沛流离、焚逐驱迫之际,辄以得归乡井为幸,凶焰稍平,事机不窒,则痛定忘痛矣。郑光禄之意曲突徙薪最为善美,明知美必设苛例限制,何如中国自禁之为得体哉?锦堂初议亦然,特札令集议筹复。

申正赴公会五处,于下议院首座晤俄使,询余何日见客,欲来晤谢,余以彼此逐日相见,可不拘此形迹。灯后多福偕巴士来谈,阍人以晚餐却之。巴士以舍路案两谒不晤,殊负其意,洛案既归两议院互订,亦欲一托多福,阍人诚误矣,属震东函约明日两点钟接晤。

十八日丙午(2月10日) 晴

近因华人渐次安堵,而美党驱逐每在腊正之交,彼族稔知华人开岁后出而谋生,每豫遏其来。前车之鉴不远,居安思危,宜筹销患未萌之法。拟令领事布告华人之老病无业者,各谋归计,或如去春之商减轮船水脚。华人果否成行,原不必强,但领事有此告白,则彼族知中国并不愿华人流落海外,或当默化其凶焰,此鄙意也。与总署自禁、美国限制迥不相侔。华人虽散处各埠,当能体谅此心。

午后巴士来谈,询以陈宜禧借给土人修建铁路之资,已否收回？巴言：曾将借券八折减卖数千，现未收者仅二万馀金。该埠生意甚冷淡，的钦巴更稀云。申正赴公会六处，晤多福，言洛案赔款上议院亦如下议院之议，毋须派查。酉正返署，大雨。饭后偕蓬云往晤士丹佛，托以函致嘉省官绅与之联络，士丹佛欣然照办。又详言铁路机器之利，絮絮不休。又言他州谋食之徒多聚于美，与华人争工作难，其心智远不逮华人，而为美国之害殆又甚之，现国会亦将筹限制。谈论逾时意仍未尽，余因总统请会，遂与订另日再谈。即赴美宫，各使到者寥寥，英使领袖，次墨使，次余。与总统握手后，俄、法两使续至，仅一周旋，复至正殿少立。有水师提督士的蚡曾于沪上相晤者，特来就谈，叩其居址，定日往拜，伊坚辞，谓须先诣奉访，美之识礼者也。旋至科士达寓，科谓洛案既定，其的钦巴等案亦有词以要之。美例从无赔偿之事，洛案初办时甚无把握，因就外部详查中美既办旧案，证以公法报施之义，美乃无词推宕，今日告成，亦聊自慰。余复以新蕾命案商之。科谓公使权利仍可衡论，但不干预他国内治之政而已，至其判断不公，总应诘问。商以提归美都审断，科言不合美例，只可就该省办理。此案为期已迫，不识能否挽回。鸟约各华商亦不甚关切，延宕至今，为之愤闷。

十九日丁未（2月11日） 晴

昨日上议院复议下议院所定洛士丙冷案，柏立往观议，其时预议者百八十馀员，无以为不应赔者。特派查与否尚难遽定，主不派查者一百一十五人，主派查者六十一人，卒从不派查之议。内有议绅言：事逾两年，如此延搁，殊无以对中国。又有谓赔款虽十馀万，而被害者八百馀人，每人所得几何？此两绅诚不没公道矣。柏立又言近日美人皆有加敬中国之意，非复从前狂悖，颇归美余之耐烦酬应，余忝持使节，自以邦交为重。午后作雨，略如吾粤初夏天气。

西正访巴拿蛮,慰其鸰原之悼。晚饭后电复北洋以“司领事难阻留,美商公禀总统,驳之矣”。又“冈州会馆赈捐,容另牍请奖”。又“美赔款上下议院均妥定,乞达总署”。共三十九字。夜大风,窗户摇撼,气候陡寒。

二十日戊申(2月12日)　晴

外部送到金山总领事准照,另致税关一书,属与总领事联络,极力推重,亦有意修好也,为书谢之。

西人每以中国妇女缠足为千古奇事,至有觅弓鞋以为陈设者。吾华缠足之风不知昉自何代,咸以东昏步步莲花为创始,或言南唐宫嫔窅娘以帛缠足屈上作新月形,后世援为缠足之证。考古家又据《史记》“揄修袖,蹑利屣”,《晋书》“男子履方头,妇人履圆头”,曰利曰圆皆指为缠足,与细腰互宠,同一娉婷之态。又引《焦仲卿妻》诗“纤纤作细步,精妙世无双”,晋《清商曲》“新罗绣行缠,足趺如春妍”为缠足笺释。曩日山东得唐拓武梁祠画像曾子母像履形尖锐,殆非史记利屣之说,持此以傅会,或较有所本然。西人虽不缠足,而富贵家宴会跳舞不曳革履,率以诸色光缎为之,亦如《杂事秘辛》所谓“底平指敛,约缣迫袜”者,当勿以缠足作笑柄也。

未初科士达来商新蕾命案,须详查两造状师姓名、历次供判及现在情形乃能筹办,现只先托该省议绅函致问官缓狱,所论甚当。即电促乌署速复,并令陈弁函约庐达远来晤。庐达远颇知此中案由,曾于诗家谷密禀其略,亦具有侠肠,其人似不甚谬,穷极心力或能平反。又电洛士丙冷工头廖郡、廖社两人,饬令一人来署,询商发给赔偿事。申正赴公会六处,于毕顿宅晤日使,询余何时往日都,如定意在日避暑须预定寓庐,否则客店不堪容膝云。亥正赴劳令公会,有矿师阿希,曾在津承阅开平、平泉各矿,深为叹赏,为言吾华佳矿甚多,惜未开采。颇以客华日浅,未及遍览为憾。

二十一日己酉(2月13日) 晴

议绅士丹佛约往教堂,听教士乌文宣讲中美交关,普劝美人毋薄华人之论。午初赴之,列坐千人,中敞一台,乌文高立其上,略如剧场之式。乌文盛称中国版图之富,人民之繁,武备之修,教化之正,外交之厚,每段均能援据近事以为证,其于冯子材谅山之捷,尤眉飞色舞而道之。且谓法人虽强,从此不敢正视中国,举以劝美俗之仇视华人者。又言西省近年富盛,试登沙加免杜埠高处一望,铁路四通,货车络绎,贫者得以食力糊口,富者因而居积取盈,伊谁之力哉?若无华人为之开垦,则海滨之荒地耳。焉可遽忘创始之功视为仇雠也?所论殊正,姑勿问美俗能否感化,但得人知此理,亦不致前此之苛虐。

二十二日庚戌(2月14日) 晴

科士达明早赴鸟约查商新蕾命案。午后草疏,缕陈洛案定议,拟订善后条款,脱稿后赴公会五处。晡时霰雪交濡,气候陡冷。亥正赴李格士银行观乐舞,又至佘文宅公会,冒雨往还,甚累。李格士主人出观旧图绘,皆美国未开辟以前烟甸风景。

二十三日辛亥(2月15日) 晴

午初何天爵来谈,皆不经之语。云将赴华,不识作何营谋?总署去年来函已拒不接见矣。阿希、挨林士偕博物院一人来谒,云曾往高丽搜罗古器不少。及携示,殆一法蓝茶杯,极新;一粗玉牌,薄镌"九如"二字,殊劣;一白玉鹭鸶,雕镂颇工,下贯铜座,略如吾华雀儿顶式,玉质尚不甚恶。西人以此为古器,宜其得倭物而珍赏不置耳。老人百贯来晤,年八十六岁,尚能操华语,步履涩甚,少坐即辞,令梁震东掖之登车。晡时赴公会四处,晚与杰卿论髦字音义,罗亨衢字学仍不误,至于“牵率”、“委随”两典,则忘之矣。亨衢函述荣华公司沓拖之故,有袒护之者而不敢明指其人。当缕复之,并告以会筹华工取益防损之策。

二十四日壬子(2月16日)　晴

重访总统别业,天日暄美,途次所遇多旧识。返署阅日报,知华盛顿属邦华人损失各案总统与诸部臣商定令议院议赔,惟数目微有参差。户部大臣珉玲辞职挈家赴鸟约作银行总管,舍高位而营私财,杨氏为己之学,然视恋栈豆以谋食者则高不可攀矣。申初赴公会八处,于副外部宅晤布郎,谓洛款总统昨已画押。晚观法人跳舞会。

二十五日癸丑(2月17日)　晴

拜发摺片,赶初二日船期,舍路案已译正,核定后应添叙“前承缓撤防兵之文”,此美之敦睦谊者不宜没之。申正赴公会六处。议绅巴麻宅久谈,蒲安臣之同里也,酌酒相庆,谓蒲安臣曾膺中国使符,兹不敢跂,但愿备充武职效力,其词甚恭,酬酢甚挚。晚十一点钟赴后邻卜挨仁公会,新自日本营运致富者,壁悬日本所给札文,有“睦仁”二字,上钤“大日本宝”,旁著勋位衔名“三条世美”,其领袖也。书字亦不恶,俄、墨、倭、智、檀各使并在座。

二十六日甲寅(2月18日)　雨

吴清帅俄界事竣,立铜柱于边,铭曰:“疆域有表国有维,此柱可立不可移”,与马文渊交趾铜柱南北后先辉映矣。

越南名国始于嘉庆三年,农耐阮福映翦灭阮光缵,自诩为黎氏旧臣,求册封,请以南越名国,济宁相国时抚粤西,奏准纳款,而以名嫌赵佗,驳之。续以百越之南本乃夷域,彼先有越裳,继有安南,因请锡号越南,得旨俞允,为越南名国之始。当时阮福映两表署衔曰:“南越国臣阮福映稽首顿首谨奏,为恭陈谢悃,冒达遥情,伏望高聪俯垂烛照事:窃臣九世祖阮淦以黎氏辅臣后裔,愤逆人僭篡,纠合国内义士,讨贼复储,扶立黎后。讵意臣先祖中道逝殁,其婿郑稔自专兵权,协制黎王。臣十世祖阮潢,年在幼龄,止得就封于绝境广南、顺化等处,地嫌势隔,郑氏视以为雠,从此分疆别为一国。嗣后臣之先祖建国于南,辟土浸广,父传子继,二百馀年。惟海澨山陬,梯航路阻,区区僻壤,未获禀命于天朝。迨臣先叔阮醇冲年嗣服,国祚式微,臣辖内奸民阮文岳、阮文惠等倡乱于西山外,而郑氏乘危掩袭,臣先叔阮醇与臣族属播越边方,文惠遂逞毒心,肆行无忌,破毁臣历代坟茔,戕戮臣至亲骨肉,古来盗贼虐焰未有甚于此者。臣时在幼稚,未能图回,因率本部军士寄迹暹罗,深以祖宗之仇未复为耻,卧薪尝胆以待时机。文惠复逞凶威,连破郑氏,遂并吞交南全幅。遥蒙圣德涵容,彼竟不能祗承训范,犹且荼毒国内,无所不为,苛政暴刑,重征厚敛,阖境士庶靡有聊生,究彼所行,罪盈恶积,诚神人之所共愤,天地之所难容。彼既殒命,其子文缵以顽劣之姿蹈凶残之习,率性妄作,弗畏明威。容养匪徒,劫掠边鄙,暴残之怨,日甚月深。臣于戊午年始自邻国旋师,先复嘉定、康顺等镇,己未年水陆并举,克复归仁城,破彼巢穴定城,后水兵凯旋,适遇暴风大作,漂入上国广东地方,经督臣题奏恩赐遣还,并照给衣食需装,极其优厚。臣部属获归本国,具述洪恩,仰见圣德如天,并包遍覆,臣谨率本部大小将臣向北叩谢,无不感荷圣慈,理该即日遴选陪臣进京恭谢,惟臣尚与西贼构兵,海程多有艰阻,廑念天恩未报,殊切兢惶。辛酉年臣再督本部兵马收徇广南、顺化等镇,悉平故境。文缵只身奔窜,尽弃天朝锡封册命、印信,与齐桅党夥,曾与西贼助虐,如伪称东海伯莫观扶、伪总兵梁文庚、樊文才等并在生俘。实由臣遥仗天威,故获埽清南徼。现当整饬兵戎,水陆并进,报仇雪耻,志在必复国储而后已。文缵就擒,则洋盗无所凭依,必能节次殄除,永清疆圉,是臣之所大愿也。兹幸海程稍已宁贴,谨遣陪臣郑怀恩、吴仁静、黄玉蕴等,恭赍不腆方物,仰凭两广督臣代为题奏,恭候赐进,诣阙陈谢,庶表臣敬天事大之忱。再者册命、印信是天朝锡封名器,臣不敢擅便处决,并委陪臣赍禀缴纳解递,伏望曲垂体恤。窃念臣化外小番,叩沾优渥,彤庭天远,瞻就无由,望阙神驰,焚香拜表,臣不胜瞻天仰圣激切屏营之至,谨奏以闻。南越国臣阮福映稽首、顿首,谨奏上言。"

"兹钦仰王道荡平,圣恩溥洽,开阖关何言之,化天施地,生涵育昭,一视之仁,迩安远格,臣不胜感激铭佩之至。谨奉表称谢者:伏以乾元资始,普照通队至之尊亲;皇极建中,大华夏译鞮之怙冒。朔南咸暨,陬澨均沾。钦惟纲纪四方,仪型万国,神其化不遗于成物,故以字大则大畏,字小则小怀,一哉。心无息于征民,虽未施敬而敬同,未施爱而爱合,岂意区区小壤,独蒙湛湛洪恩,轸臣未入职方,照临及远离之将士,俾臣遥承恩宠,荣幸标新,构之家邦,沐天沾而喜溢寰瀛,叨帝眷而梦驰阊阖。臣敢不倾心向日,翘首望云?沾膏泽于遐边,实重荷柔远绥方之德,仰威颜于咫尺;愿永输畏天事大之忱。臣下情无任瞻天仰圣、激切屏营之至,谨奉表称谢以闻。"

合观阮福映疏表,词甚恭谨,斟灌一旅光复旧部,乃自比降王,大长其志,量为不小矣。然阮氏一线之传,莫非圣朝字小之德。乾隆戊申该国内讧,越王黎维祁为其臣阮惠所逐,叩关吁救,孙文靖奉诏征之,自龙州出关,战于谅山、寿昌、嘉观、市球江皆捷,乘胜至富良江,遂克黎城,阮惠遁归富春。乃传旨复黎维祁封,班师凯撤,为南征诗十首，以纪其事。不虞阮惠之卒至，黎维祁孤立无援也，归师遇险，上疏自贬。其后阮福映归命，越事乃大定，至今诵孙文靖诗犹足资考证，爰录之诗曰："门开太乙曙钟迟，是日黎明祭祃出关。茶火军容徼外知。未必过师同枕席，庶几荒服见威仪。建旟已拜专征命，补牍应来选事疑。先是提督许世亨带兵出关，毅力请巢贼，蒙恩准视师。为语戎行须报国，早将犁埽达彤墀。""围城襟带接重洋，谅山城一名围城，城外有江，通洋海。上下思文景物荒。上文、下文，谅山所属；上思、下思皆州地名。寅雾蛟涎工掩日，安南多雾，寅时即迷漫四野，土人谓系蛟蜃嘘气。午前不见日。丁男鸦嘴惯耕霜。该国惟谅山百里内有霜。过此则无，其地一面殒霜一面耕种，土人谓之耕霜。入云坂洞坡名。盘千折，夹道翁茶网四张。呼官为翁茶，出，四人舁网而行。最是马前频慰劳，槟榔满接当壶浆。夹道跪献槟榔者千百为群。""羊肠留线虎留踪，闻道蒙茸路久封。江汉一路多萑苻，藤萝纠结，商贾十年不行，贼人疑大兵断不由此。母岭群狙晨伏莽，母子岭极为险峻，数日前贼兵伏此。鬼门磷火夜乘墉。原名鬼门关，于康熙年间更名畏天关，草木蔽天，几不得路。宣旬窃欲方朱隽，朱隽以兵五十分道进剿交逆梁龙，旬月而定，毅辄效之，缘极南地热，瘴盛，势难久留也。来晚应知愧贾悰。多少步兵齐茧足，敢因下马便支筇。险峻处，率同官下马步行前进。""龙城新铸赫连刀，令将士短兵杀贼，铸纯钢刀五百柄。要斫生鼍断巨鳌。万里戎王归信杳，三江戍垒陈云高。时未悉黎嗣信。韦先郑犒情原怯，阮贼遣头目馈牛羊，愿大兵不往斥之。幕有齐乌计必逃，所遇贼屯，半属空寨。烈炬连空狼穴静，斯斯竞向朔风号。派总兵张朝龙、游击张纯于枯诂、诃庐等处，两路夹攻，匪众溃窜，尽归巢穴，归报。""阚虎声中喋血鲜，临江士气倍争先。市球江贼氛甚恶，我军血战两昼夜不息，不能蓐食，遂获全胜。欃星远落三层外，驻军三层山，即市球江岸。炮火还奔五步前。岂有夜郎能自大,果然飞骑竟从天。夜半令总兵张朝龙于左边二十五里外潜渡彼岸,绕出贼营后直捣中坚,贼始溃乱。战场直已成京观,此劫应消几百年。""获丑纷难诘姓名,一时骈首动哀鸣。连日生擒正法七百馀人。编篱那许羝羊触,漂杵常教草木腥。人说妖氛连四镇,我怜杀气压三城。黎城内土城一、砖城一。军门执法臣应尔,圣德如天本好生。""左鞍右伞古交州,黎城左鞍子山,右伞子山,富良江缠抱左右。鼓角殷江夜哭稠。搜粟几时停校尉,安南兵食概取诸民。立功毕竟数兜鍪。时诸将用命,将弁并给花翎。斩袪仅免思公子,国王母弟为刺客伤中要害,殆甚。释缚还擒送孟酋。贼将陈文炳既降复叛,命副将庆成生致之。一事尚教悬圣虑,前军未送月氐头。谓贼首阮惠。""约法森严日几巡,克复黎城后,禁止弁兵不许一人入城。满城焦烂痛遗民。居民呈诉阮贼戕害情形甚惨。师贞行指逋逃薮,拟裹粮直捣贼巢。巽命先加草莽臣。嗣孙黎维祁承袭国王。钜野战难忘每饭,有苗格或待经旬。自出关至克复黎城,刚阅两旬,贼首阮惠是否投出,姑且俟之。出关事事劳宸断,万里还同几席亲。""金章翠轴雁飞翔,俯首殊恩下九阊。时从驿递颁黎维祁袭封印敕。已分纪侯成大去,忽令卫国庆忘亡。租庸不税尖方土,屡奉谕旨,惟在继绝存亡,不利寸土。安南向行租庸调法,今则不然矣。带砺仍然异姓王。底事乌孙消息断,澄江无际望宣光。宣光江发源云南教化长官司,入交境时,望乌提军信不得。""裘带居然偏百蛮,云贵四川俱为毅宦辙所经,己丑、庚寅间随经略傅文忠公出师缅甸。洱河恩许唱刀环。时奉班师之命。伏波迹已埋铜柱,询之土人,云铜柱没土中不可复见。定远心原恋玉关。二月花秾黄木渡,黄木渡,在广州府城外。三年香染紫宸班。现届三年述职之期,回兵后即入都。只因妖鸟巢犹在,梦绕罗平未肯还。贼巢未灭,深感烈士暮年之语。"

粤中梁汝鳌笔记：孙文靖战胜后克复黎城，置酒王宫，大宴将士，为《南征》诗寄羊城缙绅，视魏武横槊殆有过之。阮惠乘其无备，寅夜袭攻，孙文靖仅以身免。阮惠为惠州人，张保为阮惠养子，与阮惠之妇、郑壹嫂通，杀阮惠以降。所说殊舛。张保为海盗郑壹养子，非阮惠也，有年代可考。张保曾扰七府杀二大将，受抚后，闾阎被害之家犹切齿。粤督百菊溪内调，携之偕行，张保改官闽省。荐至澎湖副将，任以专阃，林文忠劾之。姚莹时任剧令，言于闽督董文恪，责张保以讨贼，藉以除之，贼灭而张保亦死。百菊溪自东抚量移粤督，过安庆时寄董诗曰："此行一事君应羡，杀贼归来啖荔枝。"其后卒成抚局，董改前诗"杀"字为"抚"字以戏之，不图张保之殁，仍出董文恪手也。

二十七日乙卯(2月19日)　雨水，晴

廖社自洛士丙冷来，询悉该埠华佣工作无恙，美尚驻兵一营以护之。告以赔款经议院议准，自应照册给领，惟被害之二十八人宜量加抚恤。廖社言众人之意则以被害之人已有赔款赡其家属，不必再拨。当告以黄钧选原拟将公共器具损失之项另行提出，为此案一切用费及赔还郑任垫款，中华会馆包垫款，廖社又以为不可，但请将此案共费若干于全款扣出外，此每人应得几成，求余斟酌。当饬与领事妥商。申正赴美宫及倭使公会，倭署所悬画帧尚有佳者，既尊西法当弃如刍狗耳，仍以饰观，不忘本也。晚得华人冯广盛等禀：去年七月在阿拉时驾地方被逐，损失一万三千馀金，请照会赔偿。金山领事却无禀报。检阅兵官所禀兵部公文，乃有其事。美总统客冬谕议院文亦声叙及此，虽被害不重，然非华人讹赖也。因先照会外部，续饬领事详查损失。新蕾命案已得该埠律师回信，须礼拜二乃能详查情节具复。旋赴劳令公会，法、俄、德各使将散，

时已中夜,少坐即返。重检洛案复阅,此案华人损失有著,而人命未抵,究不惬意,顷问科士达,缕述初与郑光禄商办情形。又检出古巴旧案钩勒,交震东译示,大约郑光禄初意怯于颠花一案为议院驳煞,恐蹈前车,又以凶手已释,难为追究,只就损失赔偿立论,亦苦心孤诣矣。余告科以去冬所驳外部照会曾有赔款为华人损失之数,无与于华人被杀之冤,似已伏笔。科言究不若专案请赔为合法,因复检旧卷一寻绎之,重与廖社衡论一遍。寅初睡。

二十八日丙辰(2月20日)　雨雪,午后辄止,弥望园地皆白,气候微寒

新蕾命案据上年日报言,赵寅秾在新蕾埠麦杰街开赌,骗尽华人钱财,龚佑自鸟约往为禁止,美官定期审讯,佑即于前夕被人戕杀,后三日在以离耐省勿非士波鲁拿获凶手,龚盛供认赵寅秾愿出银一千二百元酬杀龚佑,众华人皆不允,续赵卓、赵朴、刘学硕、龚盛慨然诺之,商定六月一号行事。赵朴、刘学硕三人一持洋枪、一持小刀、一衔刀于口从地窖板门入屋行凶,龚盛在门外守候,旋闻刀声、喊声,其三人由后门遁去,龚盛始入门打扫血迹,移尸小屋,适房门紧闭,将尸搁置膝上,然后开门,遂致裤渍血迹,事后索银百元只收得十五元,馀未到手。核与卷存禀钞各件迥殊,大约各护其党,编为说辞,托报馆传播耳。龚盛为龚佑同族兄弟,赵寅秾即欲谋杀,岂肯贿买其宗人?即以千二百元晰之,龚盛亦不仅百元之数所称得,银十五元何人过付,尤属子虚。且龚盛杀人后在河边洗血、酒馆饮酒,有黑人眼证,又曾在被获地仕拉埠衙署供认,解回新蕾乃翻,并以攀刘、赵诸人,明系两党挟仇致讼,情事显然。赵寅秾聚赌酿祸,咎有应得,然必指为谋杀至以数人抵一命,则冤甚矣。

昨询廖社，谓去年曾往新蕾，该两党构讼已筋疲力竭，当函复鸟署详询赵凤培近日情形，并候该埠律师回信。晚赴公会两处。

二十九日丁巳（2月21日） 晴

司米德因驻津美商禀留旧领事巴密德，遂匆匆赴华，仅投刺告别，承许代携信物均爽约矣。西人名利之切如此，或总统促之也。秘鲁国例，商民交易银纸二十元以上须贴士担，与寄信者小异，现新总统颁谕光绪十年以前士担概不算，否则示罚，意在丕焕新猷，实欲敛金作赎。午后杨约翰来晤，神色惨沮，非复驻华时气概，乍见几不认识，惝恍之甚，予之茶不敢啜，但吸冰水，似有病。与谈当日法越事尚能记忆，谓去年游巴黎，法人诋其附和中国，几目为中国人云。法越之事杨约翰屡欲调停，而才力不足，然美之国政操之自下，向仅自顾，岂能为人解纷？且其立国之初深荷法人之助，又岂肯明指法人之短哉？此固不足为杨约翰之责也。杨约翰言近日南党司令渠为格总统旧人，故尔投闲置散，并谓数月后拟为中国之游，今日为合众国各按察司公会之末，就踪迹较密者一往周旋。

比邻富媪毕顿嫁女，请八点钟往观礼，其正厅楣柱并堆花叶作璎珞，两旁栏以白缎绦，中边置一桌，亦陈设花卉。届时音乐作，天主教士手一卷前导，新郎君尾之，众女伴手持鲜花簇拥新妇出，以白绢蒙头面，新郎趋而扶掖至教士前，主人立于右，颇有涕出而女之状。教士执卷喃喃，随向新郎宣誓章，新郎随口说诵，复宣于新妇，亦如之，大率既为婚配，甘苦与共、疾病相倚、患难相扶之词。宣毕，新郎以戒指一枚付教士，约之新妇中指，教士退，新郎新妇正立，解去绦栏，客与握手致贺，并贺主人，少顷客入餐房饮馔，夜阑人散时，新郎新妇潜遁至外埠成婚，美俗通例也。客有询中国婚礼者,余略举父母之命,媒妁之言,及亲迎、合卺、庙见之仪告之,客乃大诧西俗之简。

三十日戊午(2月22日)　晴

华盛顿览揆之辰,美俗官商均给假,各兵列队游行街市,并鹄立于美宫候总统阅视,复至华盛顿坟顶礼,所以志创国之盛,亦应有之义矣。申初访议绅修彭,盛称中国随使各员不为西装以为得体。答拜杨约翰并大将军佘利钝。晚按察司卜勒特佛约大餐为华盛顿作生日,会者十八人,水师、邮政两部,按察司马调、前农部劳令,议绅衣浑士,报馆主笔夏庐皆认识,馀则茫然,并坐有前户部俚质臣,现任钱债臬司,曾到吾华江广等省,为言中国水利甚畅,不宜专设火车路以夺之,即如美国火车近已四达旁通,而固有之河道乃无问津者,水利将坐失矣。火车可助船力之不足,不合与船争利,此又一说也。又言中国工艺甚巧,宜扩充之,解身缀金练,云制之粤中,雕镂玲珑可爱。余询邮政部事,盛呀士谓此间岁役八万馀人,岁入士担银三千馀万,士担专有公司禀承于邮政部,其印文精绝,铜铸不能伪造。中国曾有函来问,已复之,容将现办章程致送一本云。欢宴将罢,主人出陈酒饷客,谓乃翁购自欧洲,距今已四十九年,购买之年,封识之号敬藏于厨,非盛会不敢饮,叙此酒来历及曾经预饮之人,述毕座客均起尽爵,为主人志庆。席间磁器甚佳,英使曾向余称道内有吾华一种,自出模式托人定造,迄今六十二年,殆珍惜而善用者也。此会自七点钟入座,十点钟散,坐有前水师提督士京,久历戎行,右手为炮伤,年将七十,不终席而去,水师部亦然,一则年老多病,一则新占弄瓦。

二　月

初一日己未（2月23日）　　晴暖，未初雨雪，陡寒

闻远近钟声，相传为耶稣生日，教士诵经致祷也。进斋气体魁梧，名利皆淡，少习拳勇，遂能耐劳。正月间偶觉夜睡不酣，神若外散，方寸不能自摄，急起徐步数次乃安。辄疑虚弱，购服西医药水，旋而便血，杰卿为之诊脉，以为血燥，恐致上行，昨果痰中见血，精神仍不委顿，但步履不适。劝以静养勿吸吕宋烟，究其血所由来，则铁酒害之也。进斋亦悟铁酒流弊，遂不饮矣。陈副宪驻美时亦饮铁酒，顿生他病，啜白茅根汤乃解。西人药品有效有不效，未可胶柱鼓瑟也。夜雪已止，仍雨。

初二日庚申（2月24日）　　晴

子豫、子刚自古巴来，言修打诸埠遣至古巴华人，颇难安插，因内多老病而瞎者，分别送入医院，受雇糖寮，聊可觅食，较在被系地方有生活，但领事稍吃力耳。又言学堂已有规模，惟学生多不谙华语，现增延中学教习一人，请书额悬之堂中，若榜于门外，则岁输税银数十金，此古巴省例也。古巴生意糖寮为大宗，近为德商所挤，顿形减色，比来欧洲日报每言德法将构兵，识者咸为扼腕，而古巴各商则翘足而望其必出战，兵戈之际，德商糖业且歇，彼可专利，此商情之可笑者也。义大里都城昨日地震，英储君方游历于此，英后闻之而忧，电询无恙乃安，英廷诸臣并称贺。

初三日辛酉（2月25日）　　晴

希九资遣华人之事，极费苦心，日国不吝不苛，亦微睦谊。希九函请奏陈俾与日廷致谢，余恐此端一开，动辄索奏，殊乖政体，而

希九办理得宜,不能没其所长,无以鼓励,似应上闻,遂草一疏,附洛案赔款定议疏并发。脱稿而美总统批准议院议赔之数,外部刷印送阅,前拟片稿改为正摺,因曾奉电旨饬催,且头绪纷繁不合夹片声叙,两稿既定,先电总署。晚至士丹佛处访格总统夫人,留刺而返。顺道告柏立以洛案批定,柏立乐不可支,酌酒以庆。

初四日壬戌(2月26日)　雪

重订洛案疏稿,缮政已逾六点钟,邮局加保士担不能买,明日又为西人礼拜,只可包封以待,幸昨已电奏矣。致李傅相书,论洛案议结及总署限制经费、金山冈州会馆捐赈请奏各事。曩与谭子刚论日月蚀之说,谭谓西人能前知,每年注于西历,本年六月十四日日蚀,西班牙有记载云。

初五日癸亥(2月27日)　晴

复刘湘浦书,劝以撙节公用。湘浦久任古巴,未经窘迫之境,不悟总署遽限岁费,而古巴鸿雪自难重印于利马矣。灯后大风,气候却暖。

初六日甲子(2月28日)　晴

许静山以余属集史传历代使事,加之论断,谓类于钞胥,心思误用,而别商译述美政导当事者,刁美邦之静默,毋效欧洲之纷纭,又愿编辑中美交涉旧事以谂来者,言外之意总不甘以文士自居,至谓使馆所用,国帑民膏,殊域光阴,卧薪尝胆亦既痛切言之矣。而静山自抵美后不操寸楮之劳,拥书课子,薪胆谓何也?当率复之,曰:"早间惠示手书,以钞录二十四史中使事类于钞胥,鄙人以之奉托,又历指海外著书之无益,必不得已,俯商译述可为者一,编辑可为者一。崇论闳议,如聆清梵,汉人所谓穷该典籍不达予趣,虽欲无对而义笃其词者也。奉使欧墨,本为创局,试撮举历代使事可援证而或绝不相类者,默为论断,或非钞胥所办。国初通经之士大都援据古义,旁加考证,积日累月亦不免为钞胥,固知著述一事甚非空谈高视所能济也。《四库》著录《使规》一卷,明张洪永乐四年奉使缅甸,采古人奉使事迹,勒为一编,分忠信、节义、廉介、谦德、博古、文学、识量、智慧、威仪、说词、举贤、咨访、服善、详慎、勇略、警戒为十六类,各列事实,断以己意,此书虽罕传,而《四库》并不诋其妄作。若谓史传太繁,难以抉择,且证以近事,虑触时忌,犹为见道之言,若谓误用心思,鄙人窃所未喻,航海远行,张旃异域,本非谈艺著书之时,雕虫小技,壮夫不为,况执事哉?猥以数万里相从,方舟共济,虽吴越异产犹相亲睦,充迈往不屑之韵似无一事足劳清顾者。念馆厨恰有全史,拟师古人之意而一拓之,敬以相属。史学亦通人所不薄,随事论断,或亦客中破寂之一助,不悟阁下等之钞胥,固宜腹诽而丑诋矣。偶然著录,无与于国帑民膏,尊意谓非有裨中外大局者不必为,则诚有见地。至日本地理兵志,鄙人未寓目,许星使《各国师船图表》曾涉猎一过,似非尽属书帕本也,中国未睹兵船形势者多更莫辨各国之优劣,此书详考各国兵轮,为之表以便查考,尤非凿空一流,尊论以为无益,览未终幅,令人废然,盍摘示以启蒙也?承示美国幅员襟海负陆大势与中国同,其海防延袤,东西两洋计其里数不啻倍于中国,而气象闲静,四境晏然,每思体察其防海情形,凡守险之炮台、御敌之士卒、需用之器械、常年经费之制,译为一书,导当事者采用,美邦之简静无效,欧土之张皇炎炎,大言抑何切要,识时务者为俊杰,诚千古不磨之论也。鄙人愚陋,窃有所思,中国版图宏富而乏可守之险,自外洋以达津沽可扼者何地哉。美自南北花旗鏖战后,兵轮炮台无非旧制,其东西洋路虽广,然西道则鸟约有险,东道则太平洋混混无际,中无添煤取水之地。所联接者,中国、日本,中间洋面却有俄罗斯一段,中日固非图美之国,俄船亦无从出没于此,且美之西偏原为不毛之地,近始渐开拓,敌人得之不易经界,故金山炮台坐视颓圮而不顾,凡此亮非中国所能强同。中国海疆无险而国库民财并非丰裕,其能为黄老之学或如孟氏所云制挺以挞乎?美为民政之国,权操自下,总统坐啸画诺而已,中国能之乎?至其偃然不设备者,皆恃库储常数千万而轮路电线乡曲可通,有警则民兵应响斯至,彼盖先劳后逸。阁下但观美之近境而忘其缔构始基,谋国之道断未有无御侮之具而侈言镇静者也。美之长技尤在枪炮,此可仿效。比日美亦长虑却顾议拨定四千万金专筹防海之用,长袖善舞,健羡而已。语云:'六经之治,贵于未乱;兵家之胜,贵于未战。'中国非筹防之误,不预筹于无事时之误也,若以美例之,窃虑仪豪失墙,鄙人既非当事,亦非好事,因阁下俯商译述,聊摅鄙积,季绪琐琐,曾何足云。又中美通使以来,交涉各事择其有关系者,如外交之礼节、保护之章程、各埠开办之始末、条约限制之增损,随事摘次开卷了然,敬纫明诲。美俗礼节甚简,保护限制并载条约,有保护而无章程,有限制而无增损,美只金山、鸟约有领事,他埠虽繁,庶中国迄未设官,历年所办之事,案牍固不泯也,此中各有典司,西俗谓之权利。同事假观,何须关白,若出自鄙人之口,则庖人虽不治庖,尸祝不能越俎而代之也,况前使经营未必尽符高架,率加雌黄,类于讦直,随案选录,犹是钞胥,鄙人近政疵谬弥甚,阁下若推袍泽之谊,为掩著之词,无以信今传后,萧氏选楼所以不收二何之作也。执事经朝邑相国之荐,许为淹博之才,曩在都门拜读大稿,弥深敬佩,窃幸远适异国,晨夕可资教益,鄙人谫陋,原不值大雅品题,既承枉教,未便安于缄默。庄生寓言惠子知我同付一粲可乎?季怀诗文稿寄到,幸见惠《郘亭文集》附览。”

初七日乙丑(3月1日) 晴

拜发谢摺。又为书寄北洋,印花咨文各三,备贺摺用也。希九函述遣送华人案尚有陈某一人后未能行,随后续往,又言日后与诸部臣聚论接驻华公使,书有一日国教士在中国受侮,须索中国赔偿云。一教士受侮便索赔偿,则小吕宋诸华商被害索赔我更有词矣。

初八日丙寅(3月2日) 晴

新蕾公家状师回信,述龚佑命案仍是一面之词,乃复为书致两造状师核办。西四月乃复审,尚可设法。午后答拜百贾、科士达,回至英馆一谈,英使谓议院此次所结外交之案仅四起,洛案赔款能结直大不易。又询余赴日之期。

初九日丁卯(3月3日) 晴

料理梁蓬云赴金山,属将要案钞去,为诗扇赠行,谢傅仁风,非敢希冀,聊摅鄙积而已。吕杰卿同去,亦书赠之。廖社相随至洛士丙冷,并将华人损失之项谆属妥筹分给,俟外部交到赔款即电至金山领署,先给双联票,各华人凭票赴领,或托工头代领亦无不可,惟须本人或家属各有实益,此案一切公用仍应在各冚公共器具款内支销,此项器具赔款若散之各冚,亦难匀给,黄钧选此议不谬也。并属蓬云至诗家谷就询卢达远新蕾命案实在情形,蓬云此去成竹在胸,无甚棘手之事,只中国自禁华人一案,总署所定章程有眷属财产者仍准回美,颇烦稽核。卫滋德事亦须善筹结束。

初十日戊辰(3月4日) 雪,积厚盈寸

芜关赔款应请总署扣提俸薪代交内府,了兹夙累,余本年薪俸亦只六成,庶足以告同人之减薪者,为文咨署并咨皖中。叭夏照会总统批例,四纸一式,刊送备案,并请转奏,当照译达总署。

十一日己巳(3月5日)　雪

复外部照会,发沪粤包封。访科士达询商所拟保护自禁条款。途间雪霰甚密,往金饰店观所补旧磁,竟如无缝天衣。

十二日庚午(3月6日)　惊蛰,晴

使馆居停士雕鹘来晤,新举上议院议绅,从西省来也,欲中国为购此屋索价十五万元。士雕鹘以开矿致富,与谈矿务,云矿师甚不足靠,如须寻觅可荐之来,余属以遇便留意,不必专荐,视其技能何如再定延雇耳。士雕鹘又言华人之业矿者大有能手,矿上之事优为之,矿内之秘则土人禁不使窥也。中国开矿不如择此类三五人回华办理,当有明效。曩因盛杏荪托觅金矿师,故询之。复山东矿局书,遂详述此事。

十三日辛未(3月7日)　阴雾

锦堂来函,条议自禁华工未尽事宜,虽不能自圆其说,仍与署意不背。午后答拜房东士雕鹘不值,随答拜上议院绅卜捞悟,南花旗人也,年将七十,无苍鹘气,治任将归,倚装待发,以余往访,犹率家人妇子出见,历叙南北花旗战事,曾因兵败为北花旗虏禁七日,即囚于议院之南,曩缘收买黑奴起衅,现在此风已息,南北浑一,亦自雍睦,所居多山,岁产稻甚富,亦有麦棉架啡之属,该省铁路皆其子经营,举图为赠,图中仍绘当日战迹。蓬云手笺新蕾命案甚详,知鸟约日报更不足靠矣。密令庐达远前往查察现在情形,并密查金山扛讼之人,为击首应尾之计。

十四日壬申(3月8日)　晴

兵部恩梯特函约往听西人宣讲,初疑为教士善会,殆非然也。美之游学于英者欲公建馆舍以备栖止,须费六万金,有西妇在鸟约募得万五千金,拟在此再筹万馀金,馀则逐年分募。首座为克格

伦，宣讲者耳目精神并注之，毕顿、士丹佛并在座，使馆惟余与英使预焉，昨询俄使不往也。宣讲至半，西妇便授铅笔于其伴，拟求座客书捐，主人婉止之，谓好善之人有不愿显著名者，宜随后再商。客渐散，余亦辞出，天气极佳，乘便映相。返署，给外部照会，论美总统所准限禁中美商人贩运洋药例内第三款与中国税关历来办法及地方官自治之权有所妨碍，仍应另文专驳。沪局包封，总署转准吏部知照，上年奏保一案只徐学伊照准，余均议驳，未满差期之员，非因丁忧事故回华者，不得给奖，系新章云。此次所保各员为郑光禄移交，仍照总署奏案办理，不悟吏部以新章见驳，此数君者并非缘事撤差，特未留用，乃并其前劳而没之，是历涉重洋供差殊域尚不逮海运之半年一保。使者驰驱海外，何以收群策群力哉？

十五日癸酉（3月9日） 嫩晴

赴波渡摩访西人窝路打所藏中国铜、磁、法蓝、雕漆诸器。美绅挨林士领导，与美绅阿梯共作东道，主人即贺璧理之妻父也，同往者俄使、倭使。纵览逾时，无甚奇品，然搜罗磁器至千百种，亦难能矣，古铜数器于花纹、雷纹之上泽以殊色，尤失本来面目，法蓝六器不伪，雕漆三器亦佳，壁悬花卉山水数帧，署款曰沈铨，曰应举，曰翚，皆赝作也，然满室所储吾华器物十之九，内郎窑瓶一枚，高不及二尺，乃以万七千金得之美洲，以为奇货，馀则倭、法两国铜磁数事而已。其里间所悬油画水画悉西法之妙品，价或数万金。又油相一幅，绝妙，在十步外视之直如生人，眉目筋骨栩栩欲活，浓胡浮现，襟际所见油相无虑千百，此为极工，此像系好为善事之人与窝路打交厚，特悬挂以示久要之意。闻窝路打微时业小酒店，近乃巨富，以所藏器物供人游赏，人索半元每日，所得悉送赠医院善堂，自不卖票，游人均买诸客寓书坊，示非图利也。览毕，挨林士、阿梯约至客寓。午饭适微雨,饭后俄倭两使与挨林士先返。倭使告余以长崎案结倭赔偿华兵船损伤之款,中国亦恤赏日捕,纵此两息争端。余答以同在亚洲,相距邻近,若不格外联络,岂不贻笑他洲哉?倭使深韪斯言。

十六日甲戌(3月10日)　　晴

访科士达,论新蕾命案,并所拟保护自禁各条款与美例不符者,分别指出,又交犯减税两条与华工无涉,须另款缀列于后。余谓既可另款则公使来美不得阻拦一层拟添叙,科谓此事美廷大愧悔,若复提起则外部益惭汗,以后断无此等事,可免置议,余意在保护,容有持议太密之处,然不得不如是立论。科谓应请议院专议保护华人之例,较有实际。

十七日乙亥(3月11日)　　晴

未正往晤叭夏,告以限禁中美商人贩运洋药例,美官驻华权利太重,隐欲侵夺中国税关之权,此时若不言明,后来不免争执,叭夏旋取例本复阅,彼此折驳一遍,告以随后给予详细照会。叭夏唯唯,又重申修约之请,谓西省民人以赔款既定而限制之例不行,纷纷唾骂,有各省自行议例之说,余答以中国系与美国立约,非与各省邦立约,设有苛虐之事,只与美国讲论而已。叭夏谓我之苦衷特相告语,盖议院前议限制例不行,系我极力遏之,窃谓非两国互订不能公允,我非举此相催促,但此中难处一再详言之耳。余答以总署已定三端甚费踌躇,此亦我之难处。俟将所拟条款晤商妥定再行照会。叭夏又询何时赴日,答以三月底。今日问答甚长,震东另记。

十八日丙子(3月12日)　　晴

美日报述美都察院裴露批案云,两议院有专议保护华人之权,应速议以为定例。并判匿市架一案，谓援据条例未当，盖强夺别国人应享利益，即是强阻申行合众国之法纪也。据所判而论华人惨遭杀害各案，并他国人未经入美籍或有被害如华人者合众国例实未由保护，申理只得仍按各邦之例，期以保护而已。故都察院应责议院以速议保护华人之专例也，日报之言如此。申正访科士达，告以新蕾案西四月十九号提往别埠审讯，并与论保护华人条款。旋访老人百贾寓楼，出观前在粤中所治杂证各图约五六十幅，刊诸卷帙者又百十图，皆举极奇难而撮刊之，得其医治而痊者尽五万馀人。百贾在粤有善人之誉，不图丁巳之祸亦预兵间耳。现在行年八十二岁，步履少涩，上下楼梯其子绝不理会，余虑其蹉跌，屡语以扶侍，其子谓乃翁不乐相扶，西人父子之谊盖如是也。邻人毕顿之婿途次新墨西哥赴友人之席，食蘑菇稍多，归而昏不知人，新妇急灌威事记酒解之，医谓幸先得此酒，否则不治，然则威事记酒亦足以治寒疾。

十九日丁丑(3月13日) 晴

华童步兰敦每礼拜日必来使馆，期寻本生父籍贯、姓名，至于流涕。其父别无遗物，无可追考。一日持一皮枕来，谓有华字，疑为乃父之名，质诸各员，则皮枕店之字号，童乃爽然若失。又谓：闻乃父来美时，经提督披利带至华盛顿，曾佣于农部花园，即今之钵多溺嘉顿也。谭子刚怜其孤露，喜其诚孝，偕至花园晤花匠士蔑，指园内荔枝一株高丈四尺，龙眼一株高丈二尺，含笑一株高丈，云系伊父从中国带来手植于此。惟其中国姓名殆忘之，约略记系澳门人，曾有题志旧帙，不知搁置何处。有诗家谷一人，为其旧交，容代询之。其来在南北花旗未征战之前，当日花园实亦荒芜乍翦，然华人之来华盛顿者，此为最先云。华童得此消息感谢不置，径欲自往诗家谷寻此西人,子刚以其年稚,止之,欲俟士蔑取有回信再为寻究。华童年仅十三岁,久养于西人,嬉乐、衣食无间,必欲自寻所生,天性之厚,良不易得。顷来使馆,因倩进斋为英语奖之。正月间闻士丹佛言,他日为美患者决非华人,而懵者不悟近日议院亦将议限禁欧洲各工来美,云前日晤科士达论及此事,科谓并未明白宣禁,但议定不准美国工头赴欧洲招工,不禁而禁矣。进斋谓德人在美百十万,现有充议绅者,其势万难限禁,美只能潜为之备而已。比邻一鹘曾任兵官,炮折右骰,以木接之,行动如常,乍见并不悟为废疾,此西医之妙也。

二十日戊寅(3月14日)　　朝阴,午晴

毕顿荐一映相人,午后往映照,技亦平平。秘鲁领事寄参赞书,言麻担埠华人庆贺元旦,各铺户纷竖龙旗,地保索资乃准,经代办领事些庐巴士哥惩革之。秘俗贪利可笑,而西官代办领事能秉公道不畏强暴,亦可嘉也。

二十一日己卯(3月15日)　　晴

户部珉玲辞职就贾,差片告行,余亦差送之。科律师来谈限禁贩运烟土事,中国应有专例,今中国不颂行,故美廷立例耳。余谓中国罚办本有定章,载在咸丰八年条约,所以续约无须申明。美领事权利较华领事天渊,现不与叭夏争者,以中国政存宽大,其畀领事之权各国一律,非于美国特优,美为民政之国,权在国会,其畀领事之权亦各国一律,非于中国独刻,故无须争辨。但美领事驻华既享受通共利益,应遵守通行关章,未可以续约所载"由各本国自行禁止,不引利益均沾"之词讲解二语,遂谓领事可独行其智也。科询关章向日是否如此?余答以税关之权向不旁落,随属参赞将条约引证数款添叙文内。

二十二日庚辰(3月16日) 晴

晨窗将起,时闻鸟声,春气渐深,园树将坼矣。饭后门外马车云集,俄馆参赞约郊外试猎,余以猎无定处,追逐驰骋,雅非所好,遂赴农部花园。甫启扉,香气旖旎,则含笑花也,仰观龙眼亦缀蓓蕾,惟荔枝则绿叶扶疏而已。稍进有桂树二株,繁花如缨络,花匠摘含笑一朵以赠,自出山以后不观此花二十四年,不图四万里外遇之。惜西人养花闭置玻璃屋里,似难畅其生机。其旁植棕椰诸树,沿砌鸡爪、兰花皆粤产,有类棕叶而大中缀实如芭蕉形者,西人标题为蓑衣树。粤中袯襫之具,究莫能指名,南方草木状有无记载并忘之矣。昨日订定照复外部限禁贩运洋药文,检洋文约本校对无讹,即令震东照缮。又保护诸条款已译就,仍令进斋复核以免舛错。

二十三日辛巳(3月17日) 晴

昨检同治七年《中美续约》校阅,《志克庵日记》与总署刊本间有一二字脱漏,然大致不差,且每条详疏命意,惜美廷不克遵守耳。克庵此记详于各国制造船械、枪炮、农具、金银、自来水、煤气灯及织造毡毯、布匹、绸绫、树胶、器皿,记载精细,若并算法而引伸之,裨益较大,惟矿务不甚推求,其时中国方以开矿为罪,故不愿考究。所载比利时海口炮台特详其式,守国有险,复建斯台,庶几可以自固。克庵驻法正当津案构衅时,法人颇有仇视使者之意。记辛未之冬余在鄂晤孙稼生,述法兵败挫,臣民离散,土匪抢掠之状,视克庵此记为详。然此种札记总为有用之书,足资考据。溯克庵来时度金山附船至巴拿马换船抵鸟约,水程多阅两旬。当日金山至美都尚无铁路,自蒲安臣之约立,华人纷至佣工,然后铁路始成,乃铁路成而厌恶华人之衅起矣,今昔情形不同如此。土尔其新派公使来晤,眉宇间有灵慧气,殆习耶稣教而非回回教也。据云土国遣使视某国之教以为衡,若英美均遣习耶稣教人,义大里则派天主教人矣,俯仰随人宜国势之蹙。晚观鳏会跳舞,晤倭使,询倭俗五七言三十一字诗是否每句用韵,倭使曰然。天气甚寒,少坐即返,途次雨雪。

二十四日壬午(3月18日)　晴

贺璧理复称中国税关拿获洋商违禁私贩货物即行充公,无须知会该国领事,若惩罚则由领事主政,税关不专之也,与余意吻合,当将照会署名送外部。适叭夏来文,以洛案赔款备齐,候示订交,因电总署代奏。公使无代国行权之事,何可专擅?发电后赴英使之约,仍是前在兵部宅集捐之英人,意属克格伦而克仅捐二百金,余以英使之交特捐百金助其提倡。饭后赴外部晤叭夏,申明总署自禁华佣要以保护,末缀减米税、交逃犯两款,共十五款,草议付叭夏斟酌。华工日稀,华商日蹙,故须请减米税为华商稍谋生活,至订交逃犯一层,则美方与欧亚诸国订约,有可援证也,此虽与华工无涉,既互订约款,当连类及之。叭夏亦谓交犯一条原可照办,但当另为专条,并约下礼拜再谈。就近赴画院一览。此中油画有值二万五千金一帧,却无过人处,其为值不昂者尚有可观。中有吾华珐琅几一张,却不赝。楼上下并有石像,雕镂极工,如老妇蒙纱、幼童垂泪均能形容于石,已非易事,其最难能者拿破仑第一之像系兵败被拘、愁郁致疾、枯坐胡床、手握地图,背倚棉枕,膝盖棉毡,眼光上视,若有所思,口鼻之间若喘息,既肖其兀傲不平,病困抑郁之状,而棉枕折纹、棉毡垂搭、地图如纸薄,悉于石乎求似,以至坚之物作如许揉叠,令人视之忘其为石,美都所见石像斯为最矣。续赴后邻观乐器,其制如弓形,中缀四十四弦,两手并弹,其近地处有一铜机以为轻重疾徐之节，以足按之，用意与洋琴同而工尺之音与吾华无异，疑仿吾华之瑟为之，出义大里亚他日差，旋当购一器以示知音者。遇日使，云将为古巴之游，往返数日，并约置酒饯别。晚观幼孩跳舞，自四岁以迄成童，衣饰奇丽，教习者就中指与行动，进退略如兵法，部勒整齐。鸟约银行主人布琅携妇寓科律师处，科为设会约谈，晤檀使，询该国种茶有成否？答云种植仍不得法。告以中国产茶亦非到处可植，视地利何如耳。坐客甚多，不觉久谈，子正始返。是日为美总统生日，各驻使向无庆贺之仪，行经美宫只马车数辆，或其密友相与称觥。民主之国简质如是。

二十五日癸未（3月19日） 晴

阅《广报》，本年正月十六日甲辰月食，四分四十四秒初亏，申正二刻九分在地平下，月出地平酉初二刻四分二十七秒，食甚酉初三刻，复圆戌初一刻，而此间不睹月食之象。顷询西士谙天文者，云南阿墨利加洲见之，允代查时刻见示，或可资考证也。美都之东伦柯忌埠有西人名专域，年一百零二岁，本月十三日纳妇曰压地士蔑，年七十岁，白头花烛，海外之奇谈。

二十六日甲申（3月20日） 晴

巳初得总署复电，美赔款奉旨照收。前电但云十四万零，未声明银数抑系洋圆，即电复，等因。当复以钦遵照收转发金山领事，按册给领豫刊告白联票免舛误。此款十四万七千七百四十八元，照咨册索足。洋银均论圆，金则论磅。使费已到，俟善后约款就绪，寄呈核定。三月杪赴日，美新例杜美商贩烟土，由领事罚办，究碍税关权，已驳之，乞告田使，此等一面之例，中国不准云。往讶西人嗜利，无孔不入，而官兵却无侵蚀空旷，宜其兵队之整而战胜之易，是操何道哉？比与阿麻玲谈，知各兵队中另有发饷之人，不出诸营官统领之手,各兵领饷必自行签名,每队层次给发,从无舛错,其有病伤告假,则就医院寓房给领,本队不给,亦免朦混,水陆兵饷均如此办法,询以带队官不握饷权,则各兵恐不易约束。阿谓自有军法,不系乎自行发饷也。询以管饷之员受带兵官节制否?阿云不受,又美例凡兵部、水师部两大臣向用文员,取其不如武人之暴动思斗狠。晚观印度诸图,纯用白石雕凿,宫殿柱础皆白石为之,穷极工巧。殿内园池极幽秀,其王每令宫女衣纸裳荡舟,有消息纳水自覆,纸裳悉飘弃无馀,王乃垂竿钓之,令衔钩而出,赤身如白鱼,淫巧之极奇者,宜其亡矣。此时政令咸受成于英之留镇大臣,爵与王埒,而王之逸乐如故。其国多石佛像,梵宇闳峻,亦凿石雕镂,极诸洲所仅见,乃悟印度盛时物力之厚。有喜神像一区,状如牟尼,左膝盘绕,右足下垂,袒肩垂手,善气迎人,彼族以为喜神,谓祷之必有欢庆事。曩闻财神在西域即佛寺头门握伞之像,谓白属金,伞为华盖状,肺亦属金,故为财神。今阅此图,知喜神亦出印度,吾华每于正月迎喜,乌有子虚而外别有所本乎?

二十七日乙酉(3月21日)　　春分,阴

叭夏约十一点钟晤谈条款,偕进斋、震东、柏立往,叭夏亦倩副外部麼士旁坐助检旧牍,且代触发。叭夏意在限制,余意在保护,彼此辨论逾时。叭夏以余所拟条款"请美廷专议保护华人之例",以为美国向无专为一国之人立例者,余微哂之曰:"限制华工例非专为一国而发耶?"叭夏愧怍。又云所拟合众国专派一员料理华人事亦可不必,余答以中国系与合众国立约,故请合众国派员,叭夏亦语塞。一席问答,折驳层叠,震东详记之。

二十八日丙戌(3月22日)　　晴

议绅多福前日面交洋文一禀,系历叙华人江廷在阿利根省,能

得众心,乞酌予职事。禀内签名数人,皆该城巡抚诸官,士圭也亦预其列,末则多福与税司巴士,当译寄蓬云详查其人。本日新闻纸言巴士途次洛士丙冷被盗,失却七千金。或多福近承国会公推督查兵营操防各事,故令巴士先驱乎?檀使送到该国主贺今上亲政书,又讣告其女弟殂逝,诚杂紊不典矣。檀为无约之国,特以华人佣工斯岛垂四万人,不得不虚与委蛇,前年该国有丧,亦曾讣告于我,郑光禄传旨慰问,此时若不上闻,徒滋口舌,朝廷答书如何,当与总署商之。檀使复请订期相晤,意在通商耳。秘鲁查寮之事,屡催无耗,因电派杨建勋、莫力侯两员往查,限夏季竣事。

二十九日丁亥(3月23日) 晴

午后答拜俄使、土使,又晤议绅多福,询巴士被劫事,另有其人,非税司巴士也。晤科士达,论前日与叭夏议约情形及新蕾状师来函所陈各节,此案准西四月十九号移提美苏利省臬司复讯,能否全案平反,却有两说。晚令谭子刚往鸟约定舱位,并因新蕾案转告赵凤培诸人办法。

三十日戊子(3月24日) 晴

《字林》中西历误刊二月小建、三月大建,谨遵历书正之。中正往佐知探,观布琅自置轮船,形狭而长,其行甚速,每点钟能行十八迈,自鸟约至荔华埔仅四日。初制此船原为递送书信之用,共四十艘,久而散卖,此船遂归布琅作游船,月糜二千金,西人豪举也。船形视海东雄尚狭,视澄练则过之,然工本已十五万金,宜结实可靠矣。轮机坚固,设海上遇风,颠簸仍倍他船,亦宜于内河汊港耻。灯后得蓬云二十二日手笺,略言自诗家谷起行,经阿美河、洛士丙冷、恰鼻士顿、卡伦屋顿、离那,六埠均有华人数十,迎馈酒肉,欢声载道。咸言近日工作获安,佣值且昂,闻新领事经过,醵资畅饮,有从山里小埠间关来者,喜其今日敬爱之诚,益悯其当日流离之苦。又传谕洛士丙冷工头,勿以索得赔款为高兴,勿以原报厚薄相诟争,诸华佣均唯唯。金山一埠有约之国均设领事,竟有三十二员。英、义、荷三国并设两领事,其交涉之繁,亦可想见。士丹佛未回,黑假近抱西河之悼,蓬云均未相见。锦堂于二十二日附茄力船内渡,云近日鸟约禁赌甚严,诸博徒乃欲输资恶党以为护符,仍理旧业,领事忧之而无权禁遏。晚十点钟大风零雨,几类地震。

三　月

初一日己丑(3月25日)　晴

道光二十四年,即西历一千八百四十四年《中美条约》,粤督耆介春所订,总署刊本已遗之矣,而美廷时复援引。叭夏去年复郑光禄照会论洛士丙冷案,引证数条,皆谓美民在华只能聚居通商口岸,非如华民来美到处可以游行,以见中美之人利益厚薄,而忘却美之待华人者如是,其待各友国人亦如是,中国之待美民如是,其待各友国民亦如是,美国非于华民特优,中国非于美民特薄,两国各有政例,未可强同。然此约本既非废纸,自宜备,因令翻译到外部将原约之配送汉文者照抄一分,拟寄署刊之。即咸丰九年中英约内亦有“金陵约仍留照行”一语,似金陵约本亦未尽废,总署亦宜备刊也。俄王近复被刺,幸免于难,英王贺之,顷闻已缉获凶手矣。俄人思改民政,狙击之祸屡屡。

初二日庚寅(3月26日)　晴

鸟约华人拟购医院,价值万六千金,先交六千可以管业,现仅捐集三千馀金便已交价,馀拟凑公分三千金,以集事所阙万金分年收租抵还，或集捐款给之，殊勉强，窃虑尾大不掉也。当函告领事再酌。华人谋生外国垂二百万人，即美、日、秘三国亦逾三十万，总署纳郑光禄之议，自禁华工赴美，所以远祸机而保生命，法甚善也。惟不能来美，宜别筹融纳。古巴自中国设官以来，华人均享自主之利，非复仍前苛虐。该国近有招工之说，究竟有无流弊，因电询藹亭再商办法。蓬云致参赞书，言锦堂日夕絮聒，无非诋斥李金华，直与公事无涉。又奉饬集会馆公所，妥议自禁华工后取益防损之法，锦堂匿不示人，且未集议，刻始将奉批各节补录札文示诸绅董，于是华商大哗，谓锦堂建议限禁，又匿不集商，因集昭一公所，索锦堂立单保其身家，众情愤愤。锦堂既倡自禁之议，又欲见好众商，归恶鄙人，鼯技终穷，竟何益哉！

晚七点钟公宴都察院威地、布勒迟佛、俄使、倭使、前外部黎积臣、绅士挨林士、阿希、坚弥地、科士达、夏庐、柏立十一人，席散后索观铜、玉、磁、漆诸器并及书画，倭使极赏方方壶一卷，科士达击节恽画，此外颇乏解人。席间阿希为言杨约翰近竟疯魔，言动失度，盖自华回美，郁郁不得志，至不能赡其子女，前月来晤，已讶其非复在华时举止，不悟热中致疾也，其人本长厚，甲申在都与商榷法越事，迄无所成。

初三日辛卯(3月27日) 晴

吾华修禊之日，觞咏风光，未可期诸海外。华谚上巳前后必有大风，舟行所戒，顷西人人亦言西历四月二十八号必有大风，航海者避之。俄使将赴巴黎，避此风信，且有劝余日国之行宜在风信之后。中外节候攸殊，风信乃合，此不可解者也。余已定雇法公司船名波安，船主佛弥治，四月朔日自鸟约展轮，直抵法之虾画埠，距巴黎甚近。不走荔华浦，拟归途再经英伦。西人避暑者群游欧洲，此次法公司船极费力乃能定此舱位,俄使亦云此船坚稳。威地来书以昨晚之会误阅去柬,迟到半点钟,委婉道歉。西人守信如威地者,不愧为都察院矣。

初四日壬辰(3月28日)　　阴

尼臣路日报言昨接伦敦电音,中国与葡萄牙立约,准该国管辖澳门。墨西哥华人公禀为荣华公司辨冤,自系卫滋德诡谋属托,与去腊美领事来禀用意正同,当批交蓬云查复。

初五日癸巳(3月29日)　　晴

叭夏约十一点钟往收洛案赔款,银十四万七千七百四十八元七毫八仙,如期照收。书据三纸,外部留两纸与户部分存,余携回一纸存使馆备案。叭夏所交系鸟约银票,又自署名于后,十数万金易此寸纸,外国银纸之用广矣,吾华如能仿行,安见财币之不流通也。收票后,属叭夏代谢总统修睦之谊。电询蓬云何时汇金山。饭后至科士达处询商结案,美廷所赔者华人损失之数,并未赔偿命案,此时申论,类于得陇望蜀,余不屑为之。彼国之例,已释之囚不复再系,则办凶之说无从根究,然毙命无著究不能平。科言偿命一层,初办此案时业与郑光禄商之,且检成案与阅,郑光禄以为不必,若当时并索则不止此数,刻自不便与美再索。特此中阙憾处,仍得援为话柄而已。金山电复:“洛款商定在美华人由工头、越国由殷商、回籍由陈芷泉各保领,约三阅月可发八万,半年竣事。此案用费众议匀扣,恐贻诮,乞夺。”当复以:“在美、越国、回籍三项各若干,工头曾言否?此中不尽新宁,或按县填票,交馆董照发,匀费断不可,曾电奏按册给发,由领事预刊告白,联票现费无多,只公器一项已足,每名应若干,实填联票,明宣告白,以顾考成,不能徇众情。此款呕尽心血索来,若散放潦草,蒙谤实甚,重报五名,剔存候信。”

初六日甲午(3月30日) 晴

小吕宋设领事,咨香帅选定电复,以便照会日廷索准。照去年会奏,南洋群岛归粤督兼顾,自应粤中抡派。午后草疏遵收洛案赔款散放情形一摺,附陈寓美华人善后各款与美部晤商一片,张佐兴留差一片。

初七日乙未(3月31日) 雪

竟日寒甚,晨起草疏恭报兼使日国起程日期一摺,附陈小吕宋拟设领事一片。津关书言中法约款法使请再商者五,又美驻朝鲜使者福荀潜预俄事,属查其人。复蓬云电,请排众嚣。思鄙言,洛款索偿之难,人皆知之,洛款散放之难,直非所料。湘浦请改派林、莫两员查寮,即照允,并属电报程期。

初八日丙申(4月1日) 雪霁

致总署书洛案赔款散放事、善后条约事、自禁华人事、美禁贩烟事,附华人历年在美犯事抵罪各案一件、条约底本一件、外部问答一件、烟禁照会一件,洋文一式两纸。

初九日丁酉(4月2日) 晴

夏湾拿日报言小吕宋土人厌恶华人,近为公禀,乞总督转达日廷,将中日条约详酌一切,俾小吕宋华人所得权利与日人在华者一体,总督诺之。今虽华人勇跃集资以驳案,然内外商务有关,当道主持公论,当有法以逐之云。华人谋生海外,几成厌物,然其召侮之处,亦大可慨矣。小吕宋设领事之议,去冬咨粤督定用费之所出,今春复咨请抡员电知照派,不知何时见复,顷将赴日,当咨总署请示。

初十日戊戌(4月3日) 晴

就所致总署函内事理并达北洋,亦附钞摺洋文各件。西人士蔑查示本年正月三十日,即西历二月二十二号,南纬线二十一度四十分、西经线七十度二十五分,南阿墨利加洲、智利国北鸽排荼埠见日全蚀,约六分十秒,当日落时该埠时表六点钟三十分时候。西人考究甚确,吾华经纬相悬,不见日蚀也。

十一日己亥(4月4日)　晴

沪局包封已发。访阿希、挨林士、坚弥地、柏立,途经檀使馆,留刺答拜。檀岛以华人流寓日多,屡欲与中国通好立约。檀地略如吾华一府,国政又杂乱,近准华人包收烟税,其岛主得贿七万元。既批准矣,续有加贿者,岛主亦准之,举国哗然。檀使前日来晤,但云岛主喜用土人,不甚崇重美人而已,烟税事未相告,今日已见诸鸟约新闻纸矣。檀类美之附庸,美亦卵翼之,其外部为美逃人犯罪以檀为逋逃薮,檀乃倚为硕辅。美又喜其联络一气,更可以为所欲为。年前美定限制华工例,檀亦欣然附和。近据商董禀,回华诸人须请护照乃能复返,而须家赀千金者乃给照,每照自二元起索至十元。商董禀商由会馆代领,以一事权。

十二日庚子(4月5日)　清明,晴

今上谒陵之日,遥望京华,风日当晴暄也。子豫辞回古巴,属代购衣簏两枚,往从香港所购颇不坚韧,亦几经舟车抛坠,不能尽委之制造不实也。夏庐约今晚九点钟公会,余先有日使饯行之局,恐难兼赴,为书谢之,仍属参赞代往,以答其意。电许竹筼赴日船期,请预达外部知会税关。电希九派员在虾画埠照料登岸。今晚日使之约同席皆南阿墨利加洲公使,其国土旧隶西班牙,故日使号召以为陪客,食品皆日制,所言皆日语,询以欧洲应否用颂词,日使云:现仍通用。前年闻诸李丹庄,谓欧洲近删此虚文,殊不确也。席散后仍赴夏庐宅,都察院威地、科士达均在座,墨使、智使续至。

十三日辛丑(4月6日) 晴

拟定颂词译日文备用。日为君主之国,仪文甚讲究,不宜略之。檀岛贺书备文,咨署另函代达,其女弟告逝之文,于无可如何之中强析为二。申初访英使、前户部李积臣不值,访威使,久谈,承语以美俗,近于中国较亲睦,自余到后大有转机,渠数日前偶步美宫,不期适遇总统,立谈三刻,频叩中国公使起居,词意甚挚,即各官绅只有推重之语,无复轻慢之词。又询余何日起程,拟赴鸟约相送。此老为郑光禄旧交,于余又极相洽,驻使之诚笃者。

十四日壬寅(4月7日) 晴,午阴,晡雨

各署俸薪发,夏季连闰四个月。午初科士达来询何时赴鸟约,布瑯欲订期相招,一修东道之谊,告以本月下旬。复询其经过英法应否拜客,科谓有暇则拜,否亦不拘。复托以新蕾命案,科意不能于西四月十九号移提之,先设法但托该城律师查取供判而已,其一策则俟定案后照会外部申理,余行后仍可与代办商量,属勿萦念。

十五日癸卯(4月8日) 晴

函复蓬云,金山领署程、彭两员,一为浙人,一为楚人,与领署诸粤人言语不通,文墨外无他助。远役数万里,又若自为一流人,殊域之中别有境界,良可念其不自检束之故,领事宜体恤而箴诫之,遽商弃置,殊不忍。

十六日甲辰(4月9日) 晴

各署函牍向系径达,自去年夏秋悉缄交参赞代呈。外洋通例,公使权利最重,若封面不填公使衔名,无从查追,此等办法不知何所本。昨因日署复函逾月未到,遂通饬之。驻德随员王子裳辞差回华,游历美洲,取道日本,许竹筼函托招呼,并述限制使费系曾劼侯发端,非阎丹相之意。

十七日乙巳(4月10日)　晴

属仲兰检齐赴日应带文件,国书而外一切案牍须现办者不可遗也。蓬云函报散放各款章程,即手复之,寄去电奏稿、致总署函稿。

十八日丙午(4月11日)　晴

马邦各书院学生来谒总统,并托柏立求见,余遂于晡时接晤,来者约六十人,不知其造诣何如也。水师部汨尼女生弥月,赴礼拜堂洗沐,听讲耶稣,函约观礼,余以礼拜堂之会,如总统生儿女或平日稔交之友可以赴之,否则不往,遂仅到其宅一贺,坐客如云,皆美之极有声望者。函致总署,钞送道光二十五年《中美旧约》。

十九日丁未(4月12日)　晴

王子裳自鸟约来,解榻迓之,又令祝彭导游美都诸胜,雅副其纡道游历之意。子裳以部曹随使,照章只保直隶州,非其志也,届期如不请叙,又以为规避,部章綦严,乃于未满差以前请假回华,同行之严福增医官而不服水土者也,均不能西语,火车亦殊不便。叭夏函送条款,且订明日十一点钟晤谈,诺之。惟条款恐未能今晚译出。

二十日戊申(4月13日)　晴

叭夏条款竟译就,所拟限制华工四条:第一款,以二十年为限;第二款,以父母、正妻、儿女为眷属,以产值千元为财产,惟须报明税司,该税司遵现时之例,或自后所立之例,给予回美执照;第三款,言约内所定章程专为华工而设,不与传教、学习、贸易、游历诸华人有碍,又订明华工或前赴他国,或自他国取道来美,仍旧享受假道之权利,惟须遵守美国政府自后所立章程;第四款,则言此约互须遵守,以二十年为期,按批准互换之日起,期满之日,倘彼此于六个月以前不将停止限制之意备文知照,则仍展二十年,等语。于余所拟保护各款,乃援道光二十五年老约以相折驳,清积案、减米税两款,谓须取决议院,即前次面许交犯之条,亦竟翻悔。当再往晤,分别诘之,问答甚详,震东另记大要。驳以但援道光二十五年老约而不援光绪六年新约,及已许旋悔,又华盛顿创国例,议院有权能立申明遵守条约之例。叭夏惭悟,属以商改。余告以赴日船期已定,此时不暇率订,俟途次复核。叭夏唯唯。索余照相,余亦还索之,握手为别。

二十一日己酉(4月14日) 晴

复李傅相书,寄去昨与外部问答,另寄油相一幅。午后赴墨使署言别,答拜德使、法使、倭使、波打卑劳、佘路文各将军,议绅多福阿编佘文及内部、兵部、水师部均过门留刺,绕至坚弥地宅一谈,赴柏立晚餐。

二十二日庚戌(4月15日) 晴

晨起拜发起程摺片讫,重属仲兰检美约三分,又道光二十五年老约钞本,又洋员马治宝星一枚、印照一纸,约计各处函牍粗了,可以检拾文具。午后赴威地、科士达处辞行。

二十三日辛亥(4月16日) 晴

晨起检日记钞本,交钱侄缮政,复检衣囊,棉夹单纱并带,皮衣带至灰鼠羊皮。科士达来展别,并约二十八日到鸟约相送,倭使来别,知料简行李,遂告译官以亲到送行之意。

二十四日壬子(4月17日) 阴

蔼亭自古巴来,古巴近状华人尚相安,销册缮印包封札沪局递送。今日礼拜不能买担保士单。

二十五日癸丑(4月18日) 雨

午初登车，微见雪点，仲兰、涵生、震东、子刚，差弁陈吉胜、李角两仆，黑奴义利同行。酉初抵鸟约，沿途积雪盈寸，度费城雪意渐浓，鸟约则寒如深冬。车行迟半时乃到，询希梁，新蕾案已专人前往料理。

二十六日甲寅(4月19日)　晴

鸟约有西人善相者，招之来谈，不言休咎，但论性情、作用，只就头骨揣摩，自携一人随谈随记，谈毕以相图为赠，又赠一书本，其图上部位自眉至脑，非如吾华自天中起算也。所言间有当者，不言休咎亦取巧之一道。申初访巴庐不值。至格总统府一谈，格夫人缕述欧洲风景，颇嘉俄罗斯之富强，视英、法蔑如也。芝使电询何日到英伦，复以日都归途趋教。

二十七日乙卯(4月20日)　晴

蔼亭自华盛顿带到续检中大毛皮衣，饭后与谈古巴用款及经费限制之故。午后仍约相士来为仲兰、涵生、震东谈相，各有微中，续询其图上部位，相士谓确有所指，乃叩以凡人好为诳语，于何征之，相士指耳上发际一团如狐穴者，谓此物最诡谲，若此部位不显，则人不作伪，又顶心骨主人忠信，部位高耸则其人可交，若于应显应晦之地，均相反，宜多诳言。相士今日所携之写字人系以手蹙机作字马，略如电报纸条，甚捷速，且系暗马，旁观阅之不解。申初访巴拿蛮、布瑯、福士，均未遇。福士之门有旗昌洋行四字汉文，美商在籍犹不忘吾华，存心良厚。

二十八日丙辰(4月21日)　晴

格总统长公子来展别，详论火车银行两事，为言中国现销墨西哥鹰银系英商以中国畅销因而仿造，非墨西哥物也，叩以仿造他国银元不悖公法否，格云不悖，但能悉仿成色不伪，虽美银亦不禁人仿铸也。格别后科士达来,询有无留交之事,其意甚殷,为致驻日都义大里亚公使一函、银行两函,可感也。布瑯设饯于家,遍邀鸟约富人同叙,出观中国乐器图,大哉孔子之歌,竟用西文译出,又以意为音乐节奏,西人好古,大都类此,末乃并译《三月三是清明》小曲,殊不经耳。畅饮尽欢而散,谈臣亦在座,此行同舟之侣也。

二十九日丁巳(4 月 22 日) 晴

午初运行李交船主,差弁仆从先发。余晚饭后登舟,科士达、进斋、蔼亭、希梁、宝森送至舟中为别。船主升国旗志庆,从此容与西行,轮帆无恙,诚多幸也。

四　月

初一日戊午(4 月 23 日) 雨

寅正出口,无风。同舟有瑞典国兵官,曾在金山开矿,用华工颇多,曾游吾华,略知拜手为礼,赠余映相,余亦还答之。有古巴督署司员赠烟卷,均萍逢之雅。是日舟行三百九十八迈。

初二日己未(4 月 24 日) 早阴,午晴

遥见鸟波诸山,晡后亦见来船一叶,船主午饭后戎装修谒,极道展轮时忙甚,且患小恙,故迟迟求见,如有支使之事,静候指挥,其词甚恭。夜风微眩,即睡。

初三日庚申(4 月 25 日) 晴

晨起渡鸟蚡伦,无风而浪,眩晕不能早餐,登柁楼小立,眩不止,仍就枕寻睡。申初睡醒,略觉清爽,晚餐尚不阙,特不过食耳。昨来船示旗告船主以冰山随潮而下容易碰撞,适浓雾迷蒙,船主有忧色。

初四日辛酉(4 月 26 日) 晴,无风

早食稍适,登柁楼,爽挹清风,西人以为养生妙诀也。旋为手谈,至申正少憩,读杜诗数首。晚饭时见来船从窗外过,仍登柁楼遐眺,远见帆影同行甚驶。与瑞士兵官约明早观日出。

初五日壬戌(4月27日) 晴

早起微风,天脚阴翳,观日之约不果。午饭后风卷白浪,舟行颠簸,西人谓此为大西洋极深处,过此入一海峡,气候渐暖,或曰暖海。

初六日癸亥(4月28日) 晴

子刚早起欲俟日出,邀余往观,亦为海气所障,然风已渐平,饮食略多。饭后登船棚小坐,旋至医生房与谈医理,并询金鸡纳霜功用,医言欧洲鲜用此药,其性主于温散,美则无论何病辄用之,又云寒热之病欧洲不常有,惟近土尔其之地间患此耳。余嘉是船之快,医生谓究逊英公司。晡后风浪较定,晚听琴歌。

初七日甲子(4月29日) 晴

风浪平静,同舟有比利时布商,赠俪面银钱一枚,又留住址,请游历时便道访之,复举谅山之捷以为差强人意,尚非泛泛恭惟者。奉使以来两闻西人谈谅山胜仗矣。晚餐之顷见一帆船从窗外过。间询谈臣美俗,开矿之利及房东士雕鹘骤富骤贫之状,谈臣言士雕鹘以开矿而富,买股票而贫。开矿须靠矿师,亦有非矿师识力能及者,譬之火油一项,初业矿者不知也,向只盛产于俄,近则美产不少矣。即此可以类推。又墨西哥一国独出银矿而无金,且乏煤,其银产虽旺,成本不轻,以须从美购煤熔化故也。

初八日乙丑(4月30日) 晴

风浪平,舟行三百九十二迈,明日可抵岸,船主为佳馔美酒以餉客,午后见来船二,联樯乘风其行甚快,晚饭时亦见一船,均恃帆以行,已抵法境矣。诸客醉饱,欢呼跳舞,间为手谈,夜一点半钟至塔灯处,停船二十分钟,候引水人来入口。

初九日丙寅(5月1日) 晴

渡英国海界,波浪稍雄,已历九昼夜,遂不眩矣。舟行三百七十二迈。饭后登眺,遥见西面诸山,横亘波际,断续不相接,气脉似不贯也,山上亦有塔灯,白昼无光耳。检拾衣簏付船上管舱人代运至巴黎客寓,并犒赏侍役,船主好名,每次必求诸客署名于簿以嘉其伺应之周,余已许之矣。总管者请之,谈臣乃不肯署,总管大惭,谈臣殆西人之直谅者也。酉初将抵埠,潮退不能入口,用小火轮接运,诸客各携皮袋候于船舷,遥见龙旗一舸,则希九驾小火轮来迓,候公司驳船开驶,逾时乃泊近大船,适风雨暴至,两船大小相悬,艰于紧接,从船篷上搭小木梯作桥,极高而狭,船主以木板填之,又令水手夹侍两旁,自立桥上扶掖而过,其意可嘉,登岸则同舟诸西人皆立候握手。是晚暂寓哈画客店。

初十日丁卯(5月2日) 晴

早饭后乘火车至巴黎,途经各埠,风景闲秀,略如江南。申正抵巴黎,许竹筼率参赞舒春舫、庆蔼堂、陈敬如各员,学堂洋教习斯恭塞迓之车头,东道之谊可感,遂偕希九同车至甘天年客寓,略啖茶面即易衣答拜竹筼,畅谈中外各事,不觉中夜,又答拜参赞诸君、学堂教习周子玉、洋员斯恭塞,回寓晚餐,丑正睡。

十一日戊辰(5月3日) 晴

晨起春舫诸君来晤。午正谈臣来别,将于明早赴义国游历,备言哈画登岸时,坐待火车至十一点钟乃行,五点钟抵巴黎,车上不能宿,劳顿之至,转不如少憩哈画为便,复约会伦敦。竹筼来寓,约观蜡偶殿、光学画及山林泉石之胜。至大清公所啜茗,回至法馆晚餐,谈至子正冒雨归寓。蜡偶殿者以蜡捏成栩栩欲活,细视亦不觉为假,诚绝技矣。内有李傅相、曾劼侯两像,却非庐山面目,衣冠翕然而朝珠倒挂,两像一坐一立,冠则一夏一冬,其下一像为德相毕斯默,竹篔亦云不类,然则蜡偶之技,其酷肖者寻常行路人矣乎?其圜画则当日德兵破巴黎时事,状离乱奔避兵燹苍黄之情,上有气球隐隐可辨,将以激励众心,欲为三年拜赐之师也。其楼上之画则土尔其都城诸境,桥梁舟车无不肖,似非如他处圜画但为战陈之形而已。山林泉石诸胜殆如公家花园,而有瀑布石洞层叠曲折,颇类吾华,所经池沼亦多花树鹅鸭之属,绕石洞后忽大雨,衣履沾濡,亦防泥滑,沿磴行幸免颠踬。大清公所则从前赛会时赫德之所营造,工匠物料均由吾华带来,房屋概如华式,屋前有亭,其楹联曰"于此间得少佳趣,亦足以畅叙幽情。"屋内所用茶盘镌以篆书。闻费以十万计,会散后即以赠法廷,迄今作架啡馆,亦犹吾华之茶馆也。土木之工,雕镂精妙,金碧辉映。巴黎为欧洲绝大都会,留此规模,俾西人瞻仰,未始非宜。

十二日己巳(5月4日)　　晴

竹篔函订两点钟访法外部,届时来寓同去,因早餐以待,遂偕希九、仲兰、震东、法文参赞庆蔼堂同去。外部规模华丽逾于美都,其部臣福鲁昂才器似逊叭夏,握手后告余以中法之交从此益睦,恭思当驻华系了事之人,非生事之人,所办必能相得。又言中国如此大国,必须有铁路以转输,微闻近已创办于津门。余答以出京后便不知铁路消息。竹篔告以商约闻将妥订。又谢其安顿游艺诸生,福鲁昂谦让不置。余告以此行顺道游历,三五日即赴日都,不求见总统,亦无暇再言别。晚八点钟竹篔假法总统官座观剧,劼侯日记所述之地,剧园豪侈,为欧洲之冠,法为德败后特建此以维系人心,西洋风俗所好,然经营亦良不易。

十三日庚午(5月5日) 晴

饭后赴映相馆,陈设多吾华锦绣,疑系购诸估衣铺者,中有绣屏如纨扇式,极工致,惜映相之技不佳,镜忒小。时已申初,因与竹筼约定赴日使馆,遂匆匆返寓,竹筼已坐候,共议总署限减速俸薪之令,并商咨复办法。四点钟访日使,则因事赴外部矣,已订定三点至五点钟候晤,而失信如是,甚可诧也。大约强国初尚信义,久乃习忘,遂渐即于贫弱,国势既颓,更不知信义为何事。

十四日辛未(5月6日) 立夏,阴

法报言恭思当将自华返国。午后竹筼来谈,德、法构兵之机已窒,日前有法巡捕官巡哨至德界,德人虏之,盖德国例禁他国人刺听军事,其防范法人尤严,而法巡捕之往则德人招之也,被拿之后两国各有违言,法巡捕呈出德人招致书函以示非自行前往,德乃无词,遂委之缉拿者之误,与法婉言,法亦不深究,于是两国不起戎机。竹筼谓此事可为中外交涉作一榜样,两国势力适均,操纵自如也。此行与竹筼盘旋数日,因与同映一相,又自映衣冠、便衣各一相。竹筼约观西人杂剧,极水火变化之巧,子初返寓。

十五日壬申(5月7日) 阴,寒

竹筼因造船事回德国,属勿往送。本日日报言日君后偕子女避暑行宫,尚无回銮之期。午后往倍克思珠宝店看珍珠、钻石、钟表,该店持劼侯所给牌照来谒,以证买卖公平,及到店楼,尚有志克庵、孙稼生所给谕单,亦奖其价值不浮,中国人来此买物宜照顾之。竹筼则谓其初尚诚实,近乃浮诈,毋亦商贾之常技乎?返寓晚饭,赶至车房,竹筼立谈至火车展轮乃别,复订为百灵之游。日公使来访,未接晤。

十六日癸酉(5月8日) 晴

舒春舫、陈敬如约观水法,无甚奇巧,但欲凭高一览法都形胜,遂同登塔顶,高二十二丈,升梯而上,未及半,寒气凛然,俯视巴黎了如矣。旋至大花园观珍禽怪兽,海外数见者也。惟此园中羊车街车及骡马、骆驼均任便乘骑,投钱予之,价并不昂。象亦能骑,每象背坐八人,略如街车之式,园中特制一石桥为骑象上下之磴,西人用心无微不至。园有班骓数头。又有一兽毛灰色、头脊微白,闭之铁笼,终日行走不辍,或龃属耶?亦有狼狈二兽,殊不奇矣。日色已西,分道遄返,经拿破仑第一纪功碑处,垒石如牌坊,雕镂精工,所刻人物皆当时杰出之彦,亦豪矣哉。德人破巴黎后特令得胜之兵绕行三周。法俗侈靡,惟送丧无贵贱皆步行,此风近古。

十七日甲戌(5月9日) 晴

映相主人复求往映一相,不索钱,旋至古董楼看埃及、罗马旧陶石、铜像诸器。此行屡承法馆东道之好,因假一酒楼回酌之。偶及甲申法越之事,法曾勒越南缴还中国印玺,此在观音桥接仗之前,法实先背津约。陈敬如谓曾于公会地方引茹费礼登楼,询以有无其事,茹不能答,匆匆下楼去,续与李丹厓商所以诘问之语,丹厓以新闻纸非确据止之,此事余曾面奏矣。敬如与同意,惜李丹厓不悟,未于法都相与折辨耳。间询敬如法人视刘永福何如?敬如谓法报至今犹详其起居,其曾在行间接仗者,谓与黑旗相持,其难倍于他部,是黑旗之捷非虚,李仲约之揄扬,张香帅之调护,殊不阿好。

十八日乙亥(5月10日) 晴

敬如导观博物院,法之故宫也。其水师院各楼房所制船式船图并资考究,又搜罗各国船式有福州崇安炮台木样一座,不知从何得来，其里间陈设镶玉石屏、雕漆螺甸诸器皆华物，又有先贤冉子讳求神牌及诸神像，不伦之甚。其下一层有吾华书画数种，内一小卷山水绝工，似系《清明上河图》缩临本，竹筼曾言博物院中有书画，或即此类。其他油画注目皆是。又所藏埃及古文字一室，中有类鸟篆大篆者，上古文章朴茂，理或然也。徘徊逾时，未及遍览，遂至大清公所啜茗，灯后往观珠宝场，真伪莫辨。

十九日丙子(5月11日)　　晴

同舟瑞士国人来晤，云将返旧金山经营矿务，余属往访蓬云，薄资联络。饭后敬如来寓，同访拿破仑第一坟，守冢官迓于门外，规模略如法宫，柩藏于石，雕镂华泽，围以圜池皆垒石为之，并择诸色小石镶作草花纹，工程良费矣。左右两坟皆同功一体，陪葬于此，其后两坟则其宗藩云。坟下有洞，惫未往。守冢官导仲兰等然烛入，殆藏弆拿破仑第一所用军器盔甲之属，不忘创霸之艰也。坟外为讲堂，礼拜日教士于此讲说叶经，其甬道两檐多植战胜所夺旗帜，霉烂不堪，不足以示武。拿破仑第一败窜荒岛，为英人锢禁，愤郁而没，法人乞其骸骨归葬，犹复如是夸美。其茔坟经营二十馀年而蒇，其于故君，可云尽礼守者。复导观东偏各屋，悉储历代盔甲、枪刀，亦有如弩箭者，枪多前膛旧式，而枪柄乃镶嵌象牙、螺甸，极形侈丽，蚩尤玉戚之类欤？其后膛枪则德之毛瑟为多，亦师其意而变通之，守者谓此枪系德法战后寻究为之，又制作各国种人，象形惟肖，然未经见者，殆难遽信。子刚观竟，窃叹德人破法不毁及此，以证德人之厚。

二十日丁丑(5月12日)　　晴

法都府尹约观其地宫沟道，缘梯而下，持烛以行，守者候于洞，车跨于渠，每车四行，前后背坐，车首尾皆悬灯，昏黑中时有一二石洞通气其顶,如桥洞电线,德律风线及出气、出水各机筒均缀于顶,六人挽车,每至有红灯处则左右避之,略如海夜行船遥见塔灯也。车路尽处接以小船,则两面对坐矣,船亦人力牵挽,水道较宽,绕行半时而出,仿如重见天日,为之一快。法人好奇,此种制作所费不赀,然德兵破法时土人多避此逃命,未始无益。

二十一日戊寅(5月13日)　晴

庆蔼堂约观官窑厂,出城数里始达,沿途小山杂树,略如吾华暮春天气,窑主人迓于门,导观楼东已成之器,可以售买,器亦精巧,大率西人所矜重而不适华人之用也。旋观制坯印模各厂,以足运车辅泥,车中以手撑挽,随运随起,此粤东石湾制盆制坛之法,儿时所习见,不晤此法传流海外,中国非不谙机器,特不肯精益求精耳。其烧窑亦略如石湾,但以针表消息之,火气较匀,厂中画匠极多,并工巧,雕磁属之女工,磁印金花亦然,内一女工年约六十,高不四尺,头面犹人而两臂自膀至指仅尺二寸,所制磁瓶略高大者便须晰而为二,中贯螺丝,主者谓此种制法较逊中国。更导观所储吾华诸器,真赝夹杂,石湾陶器亦宝如拱璧,内有磁碟两枚,主者曰一为华制,一为仿造,请辨之,真伪颇难区别,主者笑擎一枚曰此华物也,余谛视之,证为仿造,以碟背加粉,又故作洋码,于此决之矣,主者大笑。又观所藏埃及、罗马、日耳曼、俄罗斯、美利坚、日本各器,亦多有可赏,其自制磁画与油画、水画无异,价甚昂,流览半日,主者赠磁画一幅。周子玉强病来约晚饭,因答拜,并至法馆告别。

二十二日己卯(5月14日)　晴

晨起次和敬如两诗,为书留别竹篔。遂至天文台观星,总监督慕赛思主之,曾到吾华,已阅数十年矣。导观测量诸器,仅见二星,其一金星,其一星西人不能名之矣。观星之器下承以镜,倒景就观,不为日光所夺,此台主者皆水师提督,曾立战功,罢任后畀此优闲之地养其馀年,殆非尽谙天文者。平时或不甚查考,其观星一镜有损点如豆,主者大嗔,旁有解之者曰此水银走脱,非镜裂云。又机器间有蛛丝,若逐日测量当不致是慕赛思赠星月图三纸。归寓发行李。晚饭后九点半钟乘马车至火车房,法馆参赞、洋教习斯恭塞来送,车有餐房,茶酒均便。

二十三日庚辰(5月15日) 晴

晨起赴后车啜茗小吃,九点钟至日界,客寓饭毕,小住,换车后沿途麦苗芃芃,山雪未消,畦边瓦屋略如华式。车行山洞屡屡,自法至日共九十七洞,间须下车就食,仅二十分钟,迫促之甚。所经多荒山穷峦,至平坦处间有巡兵三两,视美法车路气象殊矣。车行甚速,不成寐。

二十四日辛巳(5月16日) 晴

震初抵马得利,各检随身行李,日署随员徐立斋、绪芝山驾马车来迓,遂同车至署,即属希九晤外部订期相见。饭后阅沪局包封,客腊初六筹设古巴学堂一疏奉朱批"著照所请,该衙门知道,单并发",日廷申谢一片、秘总统接位一片,并奉朱批"知道了",今上亲政后第一次奉批也。又承总署代领亲政诏书一纸,又总署奏定减俸一疏,又津文报局只准请奖黄、赵两员,皆总署新政也。傅相二月十五日函以小吕宋设官,若呆候香帅,恐失事机,并言现返津门料理,官弁出洋领运英德各船,又分布旅顺口,大连湾防兵,即入都,随扈查岛委员并有复禀,官文斗之诉未尽可靠,中日交涉事当酌办。阅毕当将自美起程至日各事详致进斋一书。适得傅相电,廿二日奉旨张荫桓补授太仆寺卿。

二十五日壬午(5月17日) 晴

日后昨晚回宫,今日王子周晬,受贺,希九肃衣冠往,行至半途宫官止之,以日后病未痊也。

二十六日癸未(5月18日) 晴

日外部见客,希九往晤,并催订与余相见之期,外部约以廿八日两点钟。晡后得总署电,寄奉旨补授太仆寺卿日期,又"赔款已照办"五字。此电由美署照转,谨电复之,应援刘芝使补常正例准署电疏稿,连夜草疏交幕府誊清。

二十七日甲申(5月19日) 晴

晨起望阙谢恩。自出洋至今甫逾年,已三迁矣。朝廷重念劳役,超越不次,自顾无尘露之报,怵惕万状,总署酌减薪俸不足以示惩也。谢疏今日拜发。外部照复明日相见,余亦自备照会译送国书、颂词两纸,明日面交以备裁答。晡后外部商务总办米阿斯来谒,并偕其少子,云与希九稔熟,坐谈良久,其子假铅笔为余画小照,虽不甚工,亦难能也。议绅白耶敦来晤,并约晚间茶会,余以未见君后辞之。

二十八日乙酉(5月20日) 晴

阅日报述余官阀政绩。未正往晤外部谟烈,询日廷接收国书之期,外部以日后明日回都,须见三国公使,又须赴画院开光事竣仍返行宫,恐不暇接见,须缓数日,俟其再回都时定期,余以到国数日而不获见君后,颇难复奏,且奉使非止一国也,外部视余词色稍遽,遂允以代商。晚九点钟接其回文,日后准明日四点半钟相见,当与希九商定明日同见之人。

二十九日丙戌(5月21日) 晴

日廷三点钟备朝车来迎,届时头等朝官萨拉郭兑拉瓦叶领朝车来，殿前将军戎装入，握手后与朝官共一车，译官同乘，希九、仲兰、震东共一车，涵生、琴斋共一车，迤逦而行。朝官自言曾伴迎公使九十三次，可谓老于事矣。然犹频阅时表告御者以驰骋之节，又言日后今日赴画院开光，或稍有担搁，还宫略迟，恐与订期时刻稍缓，乞勿见怪。答以今日贵君后拨冗接见，已征两国睦谊，何争数刻工夫也。及将抵宫门，闻车骑之声，则日后方自画院归。部臣驾车前行，日后与君姊同车，后则马军数队，朝官令御者绕道，便于睇观，仪卫甚整，及抵宫门，希九等先下车立候，朝官导余拾级登楼，三周乃绕至偏殿，临窗少坐，外部谟烈趋告以君后持服，谦请免宣颂词，余诺之。少顷宫阈启，余入见。遥望一中年妇墨缞端坐，案右后列女官数辈，左则戎装宝星之徒雁翅而立。朝官导趋前，余立定，恭捧国书敬递，日后亲接，后即付外部，起立与余为英语翻译代答复，一一劳问，希九与琴斋均用日语答之，礼成而退，日后回内宫，余立送之，日后亦回顾三次，曲膝为礼，西俗妇人敬客之盛仪也。朝官导引仍由旧路出宫门登车，朝官扶余出正门，指参赞等出旁门，乃悟来时同入正门殆随国书而入，礼毕出宫则公使参赞固有区别，西俗规模亦殊。斟酌日国当二百年前跨有数洲，南北花旗多其属土，近则只有古巴、小吕宋两处，积弱之甚，日后持服之诚、抚绥之难骤见，不禁恻然。其宫门内外兵卫整齐，每过一门则有两兵校持杖植立，而外部诸臣免冠旁侍，气象甚肃，旧规犹在也。日后接见后仍返行宫，或曰兵队之事未竟云。今日之英即百年前之日，国运无常，在为政者之能修德教而已。朝官伴送余归寓，款以酒果佳茗，朝官许将各官住址单送览，以便拜访，朝官行后晚饭毕偕希九至其宰相、外部两署照例投刺，归寓草疏。

三十日丁亥(5月22日)　晴

晨起,美署包封,江海关道补具文批,即批答之,并咨复总署;科士达代拟保护华人照会稿,后幅甚佳,前段尚须斟酌。申正偕希九往拜宰相萨嘎司达、外部谟烈、刑部马尔丁内思、海部亚黎阿思、户部布意克思威拉、吏部类渊戛思的略、藩部巴拉归拉西类拉、兵部戛佛拉、副外部阿乌微拉、英使佛而特、美使喀而列、俄使郭尔特恰果洛、奥使都布士机,均投刺,仅于外部宅中晤德使索伦洼拉得,云将归国,已辞日廷,各部臣均赴行宫与日后筹商国事,各使方骋游园道也。日廷各部多仿中国,惟刑部所决,刑名仍归吏部复核,吏部乃不管升迁、调补而属之户部,就户部内另编一官部以典铨衡,或亦理财、用人事同一律乎?车至兵部署门,希九指谓余曰去秋兵变时总兵官被戕于此。

闰四月

初一日戊子(5月23日)　晴

芜关赔款既扣俸抵解,即寄阎相国书。饭后与仲兰订政咨札通稿。申初访各使并宫官马得利将军府尹,投刺而返。晤墨西哥教、王两使,久谈,墨使到未逾年,教使则参赞代办。是日赛马之期,观者云集,车式华丽。

初二日己丑(5月24日)　晴

进斋申报开用代办关防日期。未正访法、英两使,洋员麦治戎装佩刀随往,为法使作舌人,始知其曾受职,富有宝星也。日俗马车有四马连镳五马并驾者,御者盛服执鞭跨马前导,车后又端坐侍役两人,谓之押车,诚浪费矣。希九谓曩亦不数见,近因赛马故多驰骋。日俗仆役不准留须，只准颔颊微髭而已，随行一黑人，谕令剃须，颇有难色。日都惟公使与各部院车能驰行中道，御者准蟠金边帽，日廷加礼之一端。

初三日庚寅（5月25日）

晨起发包封。酬应渐简，拟略习静，闲步园亭，花树秀密，琴斋言门外皆官树，有专司之者，日俗极疲缓；去年风折树两株，属令补种，其应如响，盖种树之官为优缺，城外有山园，林木蓊翳，伐以作薪，岁入不赀云。

初四日辛卯（5月26日） 晴

日俗以斗牛为巨典，君相而下观者若狂，至其国者靡不寓目。饭后偕同人往观，斗场甚宏敞，中作大圈，四围环坐，楼高三层，亦四围环绕。日君之楼房中，旁列主斗之首领，余乃随意租赁，余楼房适邻首领，承赠一单，则所斗次数也。续又送呈牛栏钥匙，时刻既届，掷下钥匙，牛乃突出而斗，首领以钥匙送呈，亦请主盟之意，余逊谢之。首领手持电线传语至斗场，亦犹战陈之号令也。初疑两牛自斗以角胜负，岂悟人与牛斗，手持长枪骑马而又浑身自裹铁胁，以有知之人敌无知之牛，已操胜算，且以多人持绛缦跳跃，导牛奔喘而疲，斗者纵而伤之，牛之健者角伤马肚，马垂倒而斗者起矣，牛或趋之，则徒步诸人又导牛他走，旋转靡定，斗者铁甲重裹，堕地多不能立，则群起而扶，实自立于不败之地，牛被数枪，奔逸已乏，又有手持短弩就其伤处插之，愈插而牛愈奔，气力亦渐不振，于是有持剑者出，左手执红方旗，群拍掌观其试技，其人对牛立，牛斗疲而喘息，乃急以剑从伤口插之，插至剑靶者谓之能手。人与牛斗，始而长枪，继以短弩，终之以剑，牛无不死者，以此示武，诚不解。闻教王曾屡劝阻而日不悟，每斗一场牛马伤毙以数十计，牛角划伤

台图形甚多,其有急就而可移用者,则用茅竹夹沙层,沙层竹亦足御侮,特无太平盖耳。内有德国所赠后膛车炮一,口径四寸,四马驾軨,制作精巧,有越南铜炮三,铸造光泽,不悟越南有此佳制,炮后有汉字一行,如环文义,翼分略如镜,铭自左读者曰:"嘉隆十五年岁次丙子吉日",自右读者曰:"敕封讨逆大将军三十八位第十二"共廿六字,第十九、第二十六铭语同,均凸字,炮身錾以文曰:"岁己未四月二十九日,御驾讨伪西,六月二十四日攻下归仁城,尽获戎器铳口班师嘉定。收所获伪铳熔化铸成。"共四十四字,阴文。又小铁炮三,磨炼如钢炮,后亦环铸"官兵攻破暹虏所获"八字,其他漫漶莫辨,若能拓拓则均可识也。嘉隆为越南何代国号,李申耆纪元篇无可考,所谓伪西不知何指,归仁城系越南地,嘉定即今之西贡也,土名柴棍,徐氏《瀛环志略》亦未纪其事,暹虏殆即暹罗,考嘉庆三年阮福映表文,有"戊午年始自邻国旋师,先复嘉定、康顺等镇,巳未年水陆并举,克复归仁城,凯旋遇风漂入广东"云云,支干地名均符,阅此数炮,似越南盛时武备,仍可观也。其楼藏有越南中军中队旗一幅,主者云战胜而得,与诸炮同,询其年代乃忘之,窃意咸丰戊午、同治乙丑越南两遭法患,或西班牙亦附和于其间也。旋观禽兽苑,一虎五熊,有似鹿似驼之物,其禽鸟皆死后爱其羽毛,以西法药之如生,为类无几,并珍异,别储小吕宋活鸟数种,将以赛会,亦非奇品,只翠鸽数头略异耳。有嘉路第五房闼,间隔甚佳。随往新画院观油画,无甚惊人之笔,是院费数百万,经营垂十年。

初九日丙申(5月31日)　雨

订正照会外部稿,为小吕宋设官事,律师霍兰特来晤,约观大博物院及城外诸名胜,诺之。晚观马戏,大雷雨,有西人豢一驯象,能度危桥,狭不容趾,又能踏十二酒樽,亦有豢鹦鹉黄鹂者,奏技却不甚凑拍,末有稚女三人登台击木器成音而有节奏,其木如筒,四管接续,上下两层,经纬叠置,西人以为古乐,其实八音之木中土至今仍尔也。

初十日丁酉(6月1日) 阴,雨

美使喀而列约观议院。申正先至下议院,有特设公使出入之门,军兵站立甚肃。美使引导拾级登楼至使者公座,俯瞰墀子,掌院者居中高座,旁两人其副也,后有小龛,上罩金顶,下垂绛缦,有戎服军校夹侍,殆君主之座,敬如在之意。墀右一案为各部大臣之座,蒙以蓝绒,以别于诸议绅也。是日之议为老弱各兵筹廪给兵部倡论,气似愤愤,议绅送难者一人掌院,座前有方桌,四人分坐,各执笔书记,楼上下聚观者数百人,掌院以余初到,特馈糖食。旋往上议院,规模仿佛,所议为官银行事,议绅在座只十二人,一人倡论,连编累牍,约举英、美、法官银行章程,以证日国亟应为银行设法保护,坐无应者,户部参赞续论一遍,气足词和,视下议院之兵部异矣。各部臣于上下议院每日分班轮值,与美例别,美之部臣不能过问议院事也。又议绅有定员而无岁俸,有永远不换者,有君主特派者,有公推者,此亦与美不同,掌院遣员绅请余遍观院内房室,有油画一帧,绝佳,有毛织成画者数幅,亦极工致,其藏书之室则上下四围以铁围之,窗栏槅子无一非铁,既避潮湿且免火患,询之守者,费仅三万馀元。阅竟出门,晡日忽晴,美使返寓,余从驰道归,浓云又翳,雨意未住。

十一日戊戌(6月2日) 晴

饭后霍兰特导观博物院,为日王旧园囿。所储古物甚富,其石制矛头诸器则西人未有知识以前之物,石象亦多逾千年。所储埃及文字略如巴黎,又日王自用洋枪一杆,满镶红绿钻石,华赡胜于法,衡以军中之器不能顾名思义矣。锦绣、木雕、象牙诸器并奇古,有楼房屈曲相连,专储金、银、铜、铁钱,搜罗殊广。所藏即墨刀、齐刀、金错刀皆赝物,安阳币、大观钱却佳器也。有康熙钱一枚,外郭錾七截诗云:"花枝镜里百般妍,终让才人一著先。天只生人情便了,情长情短有谁怜。"语非庄雅,当系采兰赠芍之物,旷夫怨女之词,吾华却罕见,不识何由得此。又八骏钱、压胜钱亦足备一格。绕至东偏,专储各国器物,有红漆神龛一座,联曰"财恒足矣,宝藏兴焉。""恒"字阙画,疑明朝物也。有焦秉贞耕织图著色刊本。有永乐三年墨两盒。壁悬《清明上河图》缩临本,其衣冠齐整者,则广东将军阅武,广东藩司收拦舆呈子,绘画尚工。又铁画四帧,铁色光泽,西人珍惜及此,亦难能矣。其所制文武官像则俗不可耐,披执一像犹不大谬,朝珠补褂之制非彼族所知也。有铜关防一颗,镌"嘉定提督关防"六字,此越南物,不知何时掳来。此外吾华乐器、象牙、雕镂、花卉、花毯及玉、竹、雕、漆诸器,非近代物也。穷半日流览,徐步不觉二十里,其主者年八十馀,殷勤备至。晚得香帅电小吕宋总领事即派余璹以资熟手,并请主稿会奏经营各事,悉照前请云。余方照会外部,适得此电,则径填领事衔名索准照矣。

十二日己亥(6月3日)　晴

竹贺书,言有华人两名在美帆船佣工,值满,船主不照给工钱,船抵哈画,华人讼之法官,船主诉诸美领事,将华人拘留。庆蔼堂告法内部与美领事辨论,美领事谓法美和约,美领事在法口岸有管理船只水手之权,法无从致力,两华人亦经美领事送回鸟约云。即电希梁查该华人何时到埠。

十三日庚子(6月4日) 晴

本日四点钟至六点钟外部见客之期,偕希九、谭、梁两翻译同往。同使先到者十二国,外部接见向以先后到署为序,各使亦藉此聚谈。义使、德代办、可仑比亚使均就余长谈,后至者为奥使。余晤外部,略谢其转奏日后接见之速。并言小吕宋新设领事,愿速发准照。从前古巴初设领事,承派大臣伊巴理前往招呼,古巴总领事开办极为顺手。此次小吕宋开办,不必特派大臣前往,但愿切实致小吕宋总督一函,属其帮助领事办事。外部谓总督固应函托,更有稔交得力之人,亦为致书,必令领事易于称职,大可放心。余告以现派之余瓗系查岛委员,与小吕宋总督熟识,且曾任长崎领事,于两国交涉之事必能克敦睦谊,亦请外部放心。外部欣然,谓准照不难签字,只要该管司员办妥,便请君后照行也。余又言去年台湾道拯救小吕宋遭风难民,此系地方官应办之事,乃劳贵君后属代奏谢,弥佩厚谊,当代具奏,已奉批旨,从此两国邦交益固矣。外部问小吕宋翻译为谁?余答以中国谙日文者少,现尚未定,外部谓就地挑选,当复不难,余颔之。

十四日辛丑(6月5日) 晴

英船公司电预留第十号、第二十五、二十六号各房,请示复,好照定明日汇价取票。日例各使到国多为公会,以便与该国当事诸人及各使者习熟,亦略送土仪,余与希九商定十八晚公会,已发请帖,复检随带茶叶、顾绣等物,列单分送,外洋酬应实费于吾华也。批饬金山领事将洛案损失数目及领过银两函告粤省爱育善堂、香港东华医院登告白以免遗误。美署函言日内无事,美都操兵盛会,美总统请各使者往观。气候渐热,寒暑表八十三度。

十五日壬寅(6月6日)　芒种,晴

商务总办米阿斯来晤,论及小吕宋设领事,为条约所不载,此为藩部专政,恐难照行,余答以条约亦并未声明小吕宋不准设领事。米曰:然特华人久受甲必丹管束,若中国设官辖之,恐多不愿,尔时必生事端。余答以华人断无不乐隶华官治辖之理。且中国口岸均准日国设领事,小吕宋则各国皆设领事而独拒中国,其理安在?米云:此系条约如此。余谓条约第一款"两国商民彼此侨居,均全获保护身家",明系公法,彼此报施之义,岂得为日国设领事在中国为按约,中国设领事在日国口岸为违约耶?米云:华人在小吕宋为五万馀,论丁口则已占十分之四。余谓中国即设领事,决不碍尔政权,且观古巴自有领事以来,尔国政事有贬损否?米云:古巴不能并论。究竟中国要设领事在小吕宋是何意?余答以华民众多,若不派领事前往,似对不住百姓。招商局轮船亦欲前往载货,以拓商务。米云:华人现甚安居乐业,无待华官为之保护。中国商船前往,转于华人有损。此皆查岛委员具报不实,中国因有是举。余谓:查岛委员所报皆实,已照会外部矣。且该岛日官曾与委员商招华人前往垦荒。米云:必无其事,或某官自便私图耳。余曰:新架坡无约而中国亦设领事,英国并不阻止。米云:新架坡华人情形不同。辨论甚久,余不稍让。米云:此系朋友私谈,并非公事,外部、藩部如何意见,我亦不知。余曰:然。今日之话不足芥蒂,前日外部所谈乃为真耳。米遂辞出。微窥其意,或外部已面许,确实不能转圜,将假藩部为宕笔,因令商务总办先来探听,未可知也;或米阿斯从中作梗,示意揽权。余于外部面许之言及华民求设官之禀,均未提及,且看外部复文何如再酌。晚与希九详论其事,重检英、日各约。寅正始就枕。垂成之事,遽生波澜,殊闷。

十六日癸卯(6月7日)　　晴

外部咨取古巴领事札文,因将小吕宋领事札文并译送。白耶敦约观兵房不果往,有园林为善会者,晡后赴之。希九为小吕宋事往诘米阿斯不遇,转告白耶敦为之开导,谐否未可知也。美署书,言华童步兰敦寻得本生父笔迹,为广东澳门人,名蔡阿桂,小名阿多。此童有志竟成,天性甚厚,曩因其耳病曾赠三十金,医治或当不聋。蓬云文称:新安人周三涨诱骗华人六千至巴拿马开河,陷诸瘴疠,请咨粤查禁。

十七日甲辰(6月8日)　　晴

发沪粤包封,日署已故洋员麦治,郑光禄曾为奏请二等第三宝星,总署颁到执照而麦治已死,乃兄接充日署之役,因将宝星付之,属交其妻子,亦云厚矣。乃兄更求恤赏,诚无厌也,麦治死时业赠恤五百元,何可再为陈请?洋员之难用大率类此。晡后薄游王宫外园林,幽翳清迥,远望培楼,下临方池,水已涸矣。有平房数椽,日君水嬉之地。又里许有小河,岸壝一人垂钓,有石磴层级以便上下,日君于此习驾驶船只。就水建屋,四面窗棂,却不华丽。前年日君阿方疏第十二挟女侍臣冶游,置剑门外,军校守之。日后飞骑至,睹剑不能入,询守者,曰:我能入乎?守者曰:杀我则可。西例君主之剑在门,无论何人何事均不得入也。后言稍急,日君已虑其来,复闻其语,窘迫无地,亟启窗纵女侍臣逸去,自辟户与后为礼,后愤甚,手枪击之不中,自击亦不中,日君急切劝慰,后决意大归,即往奥使馆,谕奥使保护回奥。后盖奥之郡主也。日君转求与国亲故调停,盛礼迎之回宫,即今日墨缞居摄之君后也。阿方疏第十二英年嗣位,政极仁明,几将返弱为强,卒以女戒不谨,遽殒于色,日人至今悼之,而于日后尤爱戴,特党祸未息,国用日绌,犹危局也。去年兵部衙内乱党戕一总兵官,党魁威阿襟罢捕获,已定死罪,其女马利亚披发徒跣,日跪于宫门,求以身代,遂减死戍边。马利亚殆有缇萦之风。

十八日乙巳(6月9日)　晴

希九布置公会,满屋堆垛花树,香艳青苍,又于楼墙四围满缀煤灯,远望如繁星,略如日宫之式。小吕宋设官一事,米阿斯若必挟条约为言,余亦以条约与论。约内第四十七款:"中国商民至小吕宋贸易应与最优之国一律相待",此明文也,而日官所收身税、路税,自丁卯换约起至甲申共十八年该岛刊发新例止,共征华人银七百零七万八千一百六十一元二角四仙,专征华人每人岁纳九元六仙。甲申后乃兼征西人每人一元五角,华人则四元五角,计至丁亥共四年。又长征银五十二万零八百三十六元。又路照一项,西人每征四角五,华人每征则一元二五,又须预纳一年身路税,无理之甚。即与西人比较将四角五除去,实长征华人八角。自丁卯至丁亥廿一年共银七十二万九千一百七十元四角,预纳之身、路税犹在外也。路照谅非尽人而请,此项姑为约之耳。又每华人岁征医院费二角五仙,甚微,自丁卯换约至本年廿一年共征银二十二万七千八百六十五元七角五仙。此项与甲申以前之身、路税,均系独征华商,甚违一律优待之约。此中人数,就去年正月至九月数目共计华人四万三千四百零三人,逐年清计,尚不止此数也。电询科律师以索偿已往、禁遏将来办法,日廷若照约办理,则领事设否无不可耳。晚十点钟客来不断,藩部、兵部、海部、外部、商务、政务、头二等朝官、上下议院掌院及同使诸君并至日出而散。法使乞假斗蓬御寒,俄使谓于此结欢,即贻书驻华公使以证两国之好,英使最后散,有南墨洲阿天拿公使与洋员麦治口角微嗔,诉于子刚,为之和解。前驻吾华日使萨斯宝,旧识也,循例招之,承允来会,不果。

十九日丙午(6月10日) 晴

午后白耶敦来谈,以小吕宋设官一事,已详托米阿斯,又代约藩部会晤之期,为谋诚忠矣。晚得署电,檀香山女弟告逝,应电奏请旨慰问,当复请代奏饬遵。总署于无约之国如此郑重,回电当速。

二十日丁未(6月11日) 晴

科律师电复:中日换约后日国滥征华人各税不与西人一律者大可索偿。洋员麦治询此案办法,当令重检案牍,译述一遍,此事商办七年矣,当委员查岛时已声明,查明后即设领事,而日外部密夏照会准,藩部文称奉国家谕旨行,知小吕宋总督接待,证之西例日已默许矣。若据约辨争,当于委员查岛之时,不当于外部面允之后。晚赴白耶敦之会,并将此意告之,属转语米阿斯,以杜其诈。

二十一日戊申(6月12日) 晴

气候渐热,可御夹衣,接沪粤包封。希九月留俸薪百金养家。总署自本年三月起准咨照办,三月前仍系赫德代支,而究从何月日支起,署文未详,只可转行希九具复。午后米阿斯来谢公会,并及小吕宋之事,谓前允委员往查并非允设领事,希九告以若论条约,我中国亦有许多诘问之语,公使久已预备此事,究竟如何,请速复。米唯诺而去。余不愿再与折驳,特令希九见之,且亦希九旧交也。晚九点钟美使来谈,与论及此并述外部面允之言及前年回文之据,美使谓外国设立领事不尽登之条约,米阿斯所言直影响之谈,机局如是,宜为文速之,否则延宕无期矣。叩以荷兰文字,美使谓彼国别有一种方言,颇难了了,大约公牍用法文则无不可。询噶拉巴有无美国领事,美使曰有,随与订定返美之期。阅申报至一点钟就枕,竟夕不寐。

二十二日己酉(6月13日)　晴

白耶敦来,言米阿斯阻挠之意实虑中国设官后吕督不便滥征华人,国用岁阙数十万,又吕督赴任均费重资,营谋下车之始辄得陋规十馀万,中国设官则局面顿改,微闻外部、藩部均不明,阻但拓为宕局。

二十三日庚戌(6月14日)　晴

沪局包封,李傅相寄到秘鲁华商远安公司"好义乐施"匾额,并允奏请冈州会馆匾额,苏抚崧振帅咨复前参赞蔡国桢外奖,饬司注册。

二十四日辛亥(6月15日)　晴

进斋书言美总统于本月五日携妇外出游钓,美署无事。檀香山董事程汝楫等禀诉檀政苛虐,请予立约,并咨粤中查理。华人侨居绝域咸不相安,檀岛亦须订约,载书充栋矣,当咨粤督并行金山领事。函布香港东华医院,查明自港赴檀是否每船只载二十五人,再筹办法。酉初雷雨,逾刻即晴,微有凉意。日后回都,希九商往迎迓,间询各使,惟奥使往,后为奥人也,外此多不往,余亦从同。查岛委员禀述所查荷属日裹及柔佛国两埠,为原奏所未载。又般乌虽奏而华人不多,似可不往。现赴雪梨诸岛,往返需三阅月,请展期五六个月等语,当咨粤督转咨总署。该员所查加拉巴、三宝陇、泗里末三埠情形甚详,所称美斯甘库华人遗产千数百万,不知凭何记载,徒令筹海者廑望梅之思耳。所请就香港、汕头设护商官局,给发自愿出洋华工照据,自用工头招工,以杜拐贩,仍虑不免流弊,姑如候查竣再商。南洋群岛华人百数十万,未能遍设领事保护,苟声息亦复隔阂,微特拐贩滋害,亦非所以示体恤。

二十五日壬(6月16日) 晴

日国油画甲于欧洲，当拿破仑盛时曾攫入巴黎，续经日国索还，仍置于旧画院。院楼上下共十四所，满壁油画，并有生趣，仍不及上议院西壁一帧为佳。楼下铜石像甚古，有铜象一枚，高约尺八寸，背镌埃及古文殊清晰，惜不能拓。其用五宝镶嵌花草鸟兽人物为桌案，皆数百年物，工巧绝伦。又以碎石嵌作山水楼台及美人像，宛如油画之有阴阳向背，名曰摩西掖，乍睹不知为碎石也。有铅笔画稿一帧，绝类苏仁山手笔。院内无热气，随意纵览，历未、申、酉三时，院例自九点钟至四点钟开门，公使往观则无拘时刻，然守者伺应纷然，亦厚赏之。返寓少憩。访前任小吕宋总督诃比耶，询小吕宋华人数目，诃云：约六七万人，其娶土妇孳生者约二十万人，不在侨民之列。土人约七百馀万人。总督兼管兵事，有巡抚一员，有事则与巡抚及地方官商办。询以华人每年身税、路税何以与别国人参差？诃云：微闻征收稍多，皆以华人获利较他国人为厚。所征均充国用，别有专司之官，骤难详述也。示以藩部所查华人数目清单，诃谓不止此数，当属代核，承许明日三四点钟来谈。又告以华人去年在小吕宋遭害之案甚多，皆尔去任之后，外部不知如何查理？诃亦嗟叹不置，且谓华人在小吕宋于日国有益，与米阿斯之言异。

二十六日癸丑(6月17日) 晴

前小吕宋总督诃比耶来谈，携示前年刊本一册，俾查华人侨居实数。与论中国拟设领事究于华人能保护否？日国政权有干碍否？诃云：前在总督任内询之华人董事，谓此时总督明白，且事事优待，则领事设否无关紧要，若总督非其人，则究愿有领事以为保护也。余谓领事各有分际，万难侵夺地方官之权。即如现在英、法、美诸国均有领事,设遇该国商民事件,能不归日官办理乎?中国领事权利当亦相同,断无碍于睦谊。诃谓:我亦同此意。华民有领事管束,有事则地方官与领事官商办,岂不强于董事哉?但此领事宜慎选廉强坚定之品,庶为有济,我若在任,可以相助。此时各部首领当有一番斟酌。因告以外部谟烈面允之言,诃甚喜。且谓主脑在外部,其他枝叶也。设有辨论幸毋述鄙言,尚可暗中为力。余谓既荷详达各情,岂可宣露转若举以为证者乎?诃唯唯而别。西谚谓"搭缚非士",译言"两面光"也。昨观画院,有并头石像,讶之守者,曰此两面一真一假,识者当能辨别,因悟"搭缚非士"之言却有所本。外部知会,日国长公主明日三点半钟接见。又日都公家花园初启扉,函约观览,内有园亭音乐,小吕宋物产孔雀、翠鸽之属,桃、橙、梨诸果,黄水仙、粉红山茶、鹤顶兰诸花,磁、陶器皿。又小吕宋土人半黄黑,颇类华种,西人每夸属土,若日国近状,则止小吕宋与古巴而已,宜有今昔之感。

二十七日甲寅(6月18日)　晴

日国长公主意沙毗亚,中年而寡,仍居日宫,日王阿方疏既逝,日人欲拥戴以摄政,公主固让日后,而仍参决国事,亦接见各国公使。昨准外部来文,遂偕希九、仲兰、涵生、震东、子刚、琴斋同往,由后宫门下车,历石磴绕至宫廊,二等朝官立候于此,导引经数偏殿乃至燕见之处,让坐而不握手,寒暄毕,略询冠服仪制及前日公会之盛,子刚一一代答之,少坐辞出,候见者踵于门,不知为何许人,各不招呼,朝官伴送至后宫门而返。途次颇热,宫内则暑气不侵也。是日为外部见客之期,猥以小吕宋设官事未定,特令希九往促之,易于措词,外部果以藩部作宕,而仍自任安排妥当,但祈宽以时日,并愿下一礼拜订期会晤,希九详记问答,此中波折诚难卒办。

晚在白耶敦宅晤米阿斯，余未与言，米乃潜告子刚以此事曾尽力相助，可望有成，或亦随口饰词耳，究不便绝之，遂与订明日五点钟往谈。又告白耶敦无庸与藩部约晤，恐其避嫌也。藩部龃龉之故，殆以小吕宋地方官禀牍屡屡以中国设领事为于该岛有损，无非为违约滥征起见，即不设领事，其终能滥征乎？彼亦徒顾目前而已。

二十八日乙卯（6月19日）　晴

湘浦书言查寮之役，秘国总愿派一谙华语之人同往，物色甚不易，以故迟迟。又诱拐华人至玻非利亚国佣工之叶腾友已获案，格于秘例，不能痛惩。即函复以酌托有约之国公使、领事代为照料寓玻非利亚之流佣。并告以赴秘之期及署奏减俸各事。五点钟访米阿斯，所访小吕宋设官事，若迎若拒，乍合乍离。与论一时许，乃得其隐谋，实虑设官后不能违约滥征华税。伊国岁阙巨款，藩部所由争，而吕官假公济私，亦多不便，此种猥琐之见，白耶敦曾言之矣。当告以日国之能滥征与否，不击乎领事之有无，若藩部踌躇在此，可由外部与我明商，若有损于日而无益于中，我何必如是勉强？米又举条约为言，余告以条约第四十七款专指小吕宋立论，尔曾领会否？米语塞，乃为谀词以答。余将与谟烈面晤，特微示之意。

二十九日丙辰（6月20日）　晴

昨又彻夜不寐。早起得粤电，改派王荣和充小吕宋总领事，仍属余主稿会奏，当将现在辨论情形复之。既经照会岂能遽改，且此中棘手香帅未悉也。晡后赴王宫园林纳凉，遇王子车，导从甚都，归途遇长公主车，则如寻常游人耳。

五　月

初一日丁巳(6月21日)　　晴

本日为英后域多利得位五十年之期,英使科而特为会以娱宾。自申正至戌初,热不可耐,坐客如云,跳舞厅既不透风,尤难久立。日国长公主意沙毗亚与英使共跳,余则随意为之。英使应酬纷如,仅一握手而已。归途遇日后与王子同车,不设仪卫,彼此一点头。后为奥国人,体甚羸弱,有病不服日医之药,仍自带奥医,因前数年有君后中毒而殒,有鉴于是,特加慎云。

初二日戊午(6月22日)　　夏至,晴,热甚

发沪粤包封。后乘车一游,遇斗牛人返,喧欢于途,日俗以此为最乐,窭人虽典衣往观,亦甚自得。日俗虽贫弱而绝无伪银票,此为难能。公家花园今晚启扉,遥望灯光如繁星,又于高树茂林遍挂五色纸灯,高下掩映成趣,园有小瀑布,上悬电灯,深夜仍有水光,瀑布之侧有黝洞,深下逾里,观者出入有定程,不能紊也。园中设音乐两台,以备游人憩听,入者人输一鳖屑达即一角子,其数甚微,合之则巨,公使持请帖往可不破老悭。义、葡、高、法各公使、参赞均相遇。

初三日己未(6月23日)　　晴

给外部照会,约订会晤之期。琴斋译出英文,付麦治转译日文。中西文字不同,办事总难迅速。晚遇白耶敦于园中,略述米阿斯前月廿八日之言,白谓米之性情狡狯,谚所谓佛口蛇心者,姑听之而已。明日为樽神诞,西人预于今夕相庆,兵部署前游人极盛,灯光烟气蓊然。

初四日庚申(6月24日)　晴

晨起西风微凉。得总署初三日电"本日奉旨夏威仁国主女弟逝世,著张荫桓传旨慰问,钦此"。当即钦遵录示檀使转电该国。洋员麦治言:日国领事条例小吕宋一岛,不能独拒中国。当令遍查日国征收小吕宋华人税数,藩部司员允令礼拜一往阅,其他书坊,殆不可觅,因复电询科律师,或有存本也。晡后访诃毗耶,谈小吕宋事,极承关爱,又出示手记华人数目,深以米阿斯之言为妄,属与谟烈相商。其楼居宽敞,导游一遍,入夜而返。饭后观马戏,奏技犹前。其较异者,一人挺立,缚带于腹上,承长杆约二丈,杆端横铁棍约五尺,其或一手一足相挽,或一手一足蟠杆而横曳悬挂,承杆之人矻立不动,"横空盘硬语,妥帖力排奡"意象似之。少顷以红布蒙一大炮,四围作城墙式以遮盖之,轰然一声,一人从炮口跃登悬空之架,相距逾丈。

初五日辛酉(6月25日)　晴

端午节,循例放假,洋员麦治询掌故,琴斋略举汨罗江事告之,麦治以为不合天主之理。麦治盖信教之尤者,每乘火车抵埠必顶礼天主保其平安,及抵客旅必沐浴至教堂诵经乃食,自言廿七岁后操行无改,诚笃信矣。进斋书,言美人福荀为祟朝鲜,奉北洋电属商外部撤回,叭夏首肯云。即电复之,并属晤檀使询以传旨慰问之电何时奉到。晚九点钟美使来谈至十一点钟,与商去日辞行仪节。

初六日壬戌(6月26日)　晴

科士达书,言中日条约第四十七款专指华商而言,如其滥征华商苛于别国商人,即应索偿,但此款并未包含别项华人,除华商外似难遏其免征,惟第五十款中国允待日国人照最优之国相待,则日国待华人亦应照最优之国,一律不应加纳税饷云,犹持公法报施之义也。晚得竹篔电,洪文卿出使俄、德、奥、和。曩在巴黎竹篔曾言文卿日习英语,志在远游,余不之信,不悟有志竟成,昔之视为畏途者,近则乐此不疲,风气为之一变。

初七日癸亥(6月27日) 晴

午后答拜德使日绅拿娃露,返署得外部照复,古巴马丹萨准照,径发古巴总督转送,与美例稍殊,即电询古巴领署。

初八日甲子(6月28日) 晴

诃毗耶来谈,携阅光绪十年小吕宋官报,因留交子刚翻译。其与华商所禀合者只身税晰分十等一例,其路税一条尚未译得也。华人见客以摘眼镜为敬,西人见客以摘眼镜为慢,意谓不愿见此人故不加镜相视,虽臣民见君主,短视者皆带眼镜,中西殊制,此其小焉。曩见有平列酒瓶十二,豢象踩行者,讶之。晚观一英人豢象,能令倒行十二酒瓶,又能令以鼻捩机,以足踏琴柱,其一象足击铜铃旁立而跳,宛中音节。又教以摇铃传餐,额下预挂布囊,豢之者予以面包,随食随摇,食竟以鼻探囊,撮洋钱二枚置于磁碟,铿然而散。唐宫舞象之戏,不知何时流于海外。

初九日乙丑(6月29日) 晴

总署美字第六号书,颇嘉收索洛款,以为功德非浅,又属妥订约款以保华人生计。得李仲约书,论小吕宋设领事仰给华商之弊,又虑领事权利有限,威令不行,可谓见道之言。昨令麦治购日国例本,费将百金,日署存此等书,有事可资考证,麦治言日人无信,面谈不如笔争,因就灯下草一照会稿,先译英文。

初十日丙寅(6月30日) 晴

进斋电言,中国准日国设领事,日国不能不准中国设领事。驻使有派设领事之权,不击乎成约与否。此就公法空论焉已,至谓注重外部迫以践言却是正办。又电称北洋饬雇铁路华工十数名,交陆永全带津,请酌示,当复以雇之金山与订合同垫水脚,陆永全洋习可恶,能痛改,当令带去,否则由梁领事派定工头,备文册,径令赴津。顷朝官知会本日六点钟日后赴公家花园看视小吕宋物产,函请往赴。各使先后至高盖玻璃殿,中列两座为君后、君姊,左右环列公使、诸部臣之坐,屋中花树皆小吕宋之产,又有男女十数,分立阶下,有裸体文身头插鸟羽者,小吕宋土人也。君后偕君姊如期至,乐作登座,有宣讲官朗陈一遍,误将彼国世次颠倒,殊不称职,讲毕君后起立,出观会场各物,会中箬篷板屋皆小吕宋之式。八点钟散。

十一日丁卯(7月1日)　晴

晨起,重阅中美约款略节,稍为增删。又小吕宋设官事,麦治代拟照会,援据明晰,亦略为增删,令其自译日文,明日面交谟烈。晚赴花园晤可仑比亚代办公使,言巴拿马招华工开河事。余告以华工往者多毙,故视为畏途,鄙意亦不愿华人前往也。古巴复电各国领事,准照皆由总督转送,前因开办之始特在日都候准照发出乃行。

十二日戊辰(7月2日)　晴

外部函布,今日无暇见客。昨拟面交照会麦治虑将己意尽露,不如仍涵浑,索其准照。麦治又代拟一稿,不逮前稿之切实,余又为增删之。今日气候甚热,外部眷属入山避暑,来署辞行,余亦往送,彼此皆投刺,无谓之应酬,此类是也。晚访侯爵万沙道,楼居宏敞,陈设华贵,内有珐琅一器,的是华产。

十三日己巳(7月3日)　晴

晨起西风,仍不祛热。檀岛华商唐举以七万五千金为该岛包烟税,为岛主所赚,禀求申理,此事春间曾见之日报,檀使阿楠亦以为愧,而该商以数万巨资如此浪掷,茫无把握,可谓利令智昏矣。姑告檀使能否索还,未可必也。曩饬希梁代傅相与余赙赠格总统鲜花,鸟约新闻纸并夸颂。

十四日庚午(7 月 4 日)　晴

拟致外部一文,索准照告行期,固知不合西例,麦治亦云然,遂析为两纸。麦治将操铅笔,乃请加俸薪岁五百金,谓乃弟在时本有此说,英、德两使馆洋员薪俸较伊皆优云。日署事简,此来乃因小吕宋事与外部有照会往来,麦治藉此索钱,殊可鄙,不知希九当日与订合同何所取义?已将文卷钥匙盘踞,四点钟后检牍,则洋员将钥去矣。洋员之难用如此。美使明日两点钟谒辞日后,后日成行,本日为华盛顿得国之日,美都悬灯火以志庆,美使于此升旗而已。晚得外部文,言小吕宋各案华商轻事重报,又言日后将议新例为各国领事而设,现已刊印,当呈送云。似系通行之文,而小吕宋设官一事,似答非答,可云巧矣。仍就前文附致数语促其准照。

十五日辛未(7 月 5 日)　晴

晨起微凉。山东矿局属觅井底华工三名,随美矿师阿鲁威士回华,适复美署函,即令转告蓬云办去,开矿用洋匠,实糜费,宜多招金山华工,中国矿业渐开,华民归求有馀,无须谋食海外,诚大快事,余固不惮烦琐而赞成之。

十六日壬申(7 月 6 日)　晴

湘浦曩商秘外部酌派妥员偕林、莫两翻译查糖寮,外部乃派苏利,前年诡谋招工为进斋所斥者也。湘浦不允,乃改派参将爱斯哥巴,已甚烦辨论。秘总统复谕准该参将向寮东每华工一名索费四毫以作盘川,秘政之谬亦可见矣。秘署寄呈客岁与外部问答往来文件,具有条理,当汇呈总署。此环球使规,而中国则创行自余,不过稍费笔墨,中外办事可以共证。英俄近争埃及,大有违言,英与土尔其约两年内撤埃及防兵,然有事仍派兵前往保护,俄不以为然,闻土尔其已画诺矣。午间美使扶病来别,约会于伦敦,告余以日廷新议各岛领事之例已见官报,即属洋员检之,得廿五款,该员日看新闻纸,何熟视无睹耶?

十七日癸酉(7月7日) 小暑,晴

日廷领事新例译就,属麦治校对该国领事条规刊本有无异同,麦治又贡议裒集日国苛待小吕宋华人诸款之有实据者,照会外部以迫之,此等事余已博访逾月,亦拟定一稿,俟晤谟烈后再缮送耳。日廷近因炮威符省苛征食物税名曰"城税",民心不服因而生事,日兵弹压,捕获数人,不知如何了结。日议院已于十四日散议,古巴旧案日有应赔美国之款,日后已批令议院议赔,迨散院而赔款仍虚,美公使焦急之甚,此与余去年在美情事略同,使事之难,中西一辙也。前年粤中水灾,驻秘华商经刘伟臣募捐六千馀金。美、秘使署均无案行,今查明捐生姓氏,以便咨粤给奖,以免华人觖望。昨刘领事函称陆续解往香港东华医院,承寄回征信录百本,请咨粤。余客春在粤,萧杞山方摄粤藩,工赈未竟,何崑山建议请提东华医院捐存之项,港绅大不谓然,崑山几为众矢之集。秘鲁华商捐款是否分解爱育堂,抑全解东华医院,刘领事经募之人总应详叙,岂能漫无根据,贸然请咨,当饬切实查报。华人捐此巨款,粤中大府并不得知,故扁额亦阙,余去冬集捐直赈遂大费力。

十八日甲戌(7月8日) 晴

外部谟烈约今日六点钟会晤,遂偕希九、子刚、琴斋同往,并携条约及该部因小吕宋设官事叠次回文,又小吕宋官报、督署岁刊征

收华人税册、议院前日新议各国领事条例以备折辨,乃谟烈绝不提条约,力言国家甚愿意,我亦愿意,但藩部以土人不愿为阻,与我意见两歧,现正踌躇撮合,迟数日当备文知照,再请晤谈。余告以小吕宋设领事实于日国政权无损,日国领事权利具载新议条例中,我已得阅议院报本。谟烈旋取阅一遍,仍允妥筹报命,但属明日不必往谈,恐旁观疑猜。余答以既承肩任,明日即来署,亦非催迫,因行期在近,欲多晤面耳。问答甚长,另译记。晚晤白耶敦,略告以谟烈准情酌理之语,视米阿斯迥异,然米亦不作梗矣,便希代谢之,白以为必谐。

十九日乙亥(7月9日)　晴

电李傅相述小吕宋事,请转属日使助力,并告以铁路华工已饬美署妥雇。午后重访谟烈,询商谒辞日后之期,谟烈允俟今晚入宫赴宴时代为陈请。随告以小吕宋事,昨日详谈,今日之来并非催迫,如能于未去日都之前见复固佳,否则代办可代经理,至土人拒阻之说,日系君主之国,似不难禁遏。谟烈谓现在筹商,数礼拜后可定,此十日内当先布复大略情形。甫出门即接一照会,日君后、君姊订于廿一日两点钟接晤,系副外部画押,谟烈竟尔不知,或亦各有专司乎?

二十日丙子(7月10日)　晴

沪局第三十号包封,内署闰四月初四日,无甚要件而号数颠倒,此间已接到四十二号矣。教王公使昨递国书,日廷待以头等教使,遂不拜客而贻书知会。午后访之,略如吾华世味极深之和尚,与谈罗马古迹,尚能解颐。日廷供奉殊优,使馆一切皆日代备,又军官持枪守户客座之外,对立诸校,状如日宫之仪,但盛服而不执戟,客来去皆俯首迎送,礼貌甚恭,所以奉教者至矣。闻阿方疏第十二未立时,国人既逐其母,拟别求君,教王不允,阿方疏第十二遂得立。即位后教王问何以为报,阿方疏答以从此真心信教,矢誓不移,教王大乐,所谓入者主之,出者奴之,未若是之甚也。英太子薄游于此,日君后既宴之矣,英使复为公会,折柬相招,余偕希九、震东、芝山赴之,甫登楼,俄使潜告曰上立者英太子也,英使随来介绍握手,述及前游中国极承优待,又言现当水师兵官,故能游历。叩以威妥玛近境及中国所制战船,不甚了了,盖久驻海疆也。英以水师雄于欧洲,即王子亦躬亲其役,宜其讲求日精。英使为余介绍后即导芝山与谈,谓系中国红带子,有加敬之意。日之宰相及各部首领、各国公使均预会,蜡灯如昼,窗帘并下,热不可耐。

二十一日丁丑(7月11日) 晴

早起闻蝉。未初偕希九、震东、子刚、琴斋往见日后。由宫门历级至偏殿,案上有一纸,书明本日两点钟接见中国公使,侍卫各官见辄俯首为礼,少顷朝官导至偏殿,日后候于门,余趋前令子刚译述返美之意,又令震东为英语述之,日后分别答复,询何时回华,仍返日都否?答以使差三年乃竣,明年有暇或当再来,日后随呼两公主出见,询中华冠服之制,两翻译敬答如礼,随辞出,绕数殿门方见君姊,问答略如日后,又愿敬闻今上大婚之期,语甚得体。晚得外部照复希九代办之件,此却爽快,非若吕事之费力。

二十二日戊寅(7月12日) 晴

晨起,检历次与外部谟烈问答、节略,为书致总署、北洋、粤督。酉初大雷雨,气候略清,饬仆从检点行李。古巴领事禀言学堂规模渐立,学生共廿八人,教习甚认真。前日谟烈商习中学,余曾许以如果日人欲习汉文可于古巴附学,谟烈总以日都设汉学为急,于属岛则有门户之见矣。

二十三日己卯(7月13日)　晴

日外部接见公使向以到署先后为叙,德使坐候久矣,教王代办至外部乃先见之,德使愤甚,与外部总办论辨,谓教王虽尊,而代办不能驾乎公使之上,遂不见而去。檀香山董事公禀,求索追檀王骗吞华商巨款,及请咨粤中查察华人来檀护照。美、日、秘三署已极繁冗,益以檀事,殆难肆应。

二十四日庚辰(7月14日)　晴

沪局递到四十五号包封。摺批三件钦遵咨行李傅相函,询驻日约几时,当电复以小吕宋事,日使能圆去冬之说否?候回电定行期。

二十五日辛巳(7月15日)　晴

观狮子戏。三雄五雌共围一铁笼,横约二丈,纵半之。豢狮者耸身入笼,持鞭与戏,为纸圈使跳,继以火圈,狮跳而吼,观者咋舌。豢狮者为英人,身受六十八伤,不知几费抚摩乃得驯扰如是。日例豢猛兽若令逃逸则豢者论死,一兽偶逸,所伤不止一人,律甚善也。前年有狮逸于吏部署前,豢者涕泣追之,幸未伤人,招之复入圈,其时行路之人惊仆者多矣,日人谈之,犹色变也。今观八狮毛色纯黄,与吾华所绘顿异,雄者尚能仿佛。

二十六日壬午(7月16日)　晴

函告谟烈订廿九日五点钟会晤。巴西王明日可到,一宿即行,不见客,因肝病藉游历以调之,故不愿应酬,余亦不往见。

二十七日癸未(7月17日)　晴

子刚所撰《古巴杂记》,请代呈总署,当重量民厘正。巳初傅相电,言前电署未复,恐未晤日使,藩部阻似宕局。

二十八日甲申(7月18日) 将曙,忽大雷雨,逾时凉雾,气候颇佳

有日国派赴厦门领事卑利拉持外部文凭乞余署名,亦尊敬修睦之意。

行将去日,略考日国舆地政俗情形。东南届地中海,西届葡萄牙,北届法兰西,以比厘亚斯大山为界。为省四十有九,纵横二十万里,居民八兆,马得力都城户口五十万,矿产铜、铁、铅,土地肥腴,米麦足食,又多植杬树以取油,亦资生之一助。进口货物以棉花、火酒、白糖、木料、羊毛为大宗,出口以水银为大宗,铜、铁、铅次之。铁路通长约六千里,电线一万一千里。常时马步兵十二万,有战事加三十六万,惟炮兵绝少,仅五百五十名,各属境马步兵共二十五万。选兵于民,八年为期,四年驻本国,四年调外埠,民以为苦。现有兵船一百二十六艘,内铁甲九船,海军兵官二万五千员名。土地日削,从前属藩远及南北花旗,近则仅馀古巴、小吕宋两岛。古巴境内纵横四万九千四百八十里,居民二十九万,小吕宋纵横十一万四千三百二十里,居民五百七十万。国债一千一百九十一兆,虽周息四厘,特岁入正供仅一百六十一兆,不敷殊巨,近拟加收股票税课,议而未定也。马得力都城上下两议院议绅六百馀员,各部大臣每人值班一日,共议庶政,至军务重事则宰相与各部共商,议绅不与也。各部首领俸薪九成,或不再减耳。都城地势高,去海线千五百尺,寒暑约差二十五度,盛夏多避居海滨以憩炎暑,西俗类然。马得力城夏雨绝少,幸早晚多风,仍不甚苦。

午后厦门领事来见,人尚和平,因为书荐之刘省帅。

二十九日乙酉(7月19日) 阴

谟烈原订五点钟会晤,如期赴之乃不在外部而牵缀于吏部,盖

近摄两部也。荷兰使至不得晤,愤愤而去。外部参赞假电筒询谟烈改订七点钟至吏部晤谈,因须赴车头送巴西王,而吏部事仍多轇轕云。余以就吏部衙门论外部事恐非所宜,其参赞谓各使常有之事,不妨从同。届时投刺,阍人以谟烈未到为辞,琴斋直造其办事处乃证阍人之伪,及谟烈出见,自陈患病委顿可怜,吕事仍无著落,但云尽力妥办,请返美后与渠一信以便函告云。返寓晚饭后搭火车赴山丹岭那,车无卧房,客皆坐睡,余上下四人自雇一车,尚不甚迫,然无溲溺之器,须待停车上落,殊不便。

三十日丙戌(7月20日)　早晴,午后微雨

途经山洞十馀,遥望平畴已刈麦矣。酉初抵埠,麦治之父驾车来迓,年将七十精神甚健,导至客寓而去。昨晚车行眠食均不适,抵寓仍不能餐,旋往海滨观浴,天风送凉,绝无暑气,行李亦到,安顿妥当。晚饭时音乐奏于门外,云祝中国公使之来,薄赏而去。

六　月

初一日丁亥(7月21日)　早晴

晨起小食,麦治之父来导至其家,甫登车而大雨,车无襜帷,衣履沾濡,寒暄慰问而返。麦治之父极诚悫,眷属亦甚朴素,其领事公事房即在寓内。询以英商几何,答云不多,且幸其不多可以省事,各国领事驻此者约二十五国,然奉朝命来者只英、法、德、意四国,馀皆商人兼充领事,权利有限也。从前此埠以面粉运古巴易白糖烟卷,近日面粉之利悉为美夺,此间出口缺此大宗,货物生意减色矣。未初潮长雨止,天亦微晴。

中饭后往海滨游眺,西人导观温水浴房,略如轮船之式,但纯

用云石盘,又冷水淋头,濯足处作铜圈十数层,人立圈中,上下有铜管如莲蓬,运机则下淋上喷,西人以济医药之穷,犹是眉山治疟法也。本城知府个郎技差弁请期接见,许以明旦两点钟。可仑比亚代办公使钵霖来晤,云将同驻此店避暑,并约观斗牛,此行本欲避嚣而不能销声匿迹。晡后本城巡抚疏摩沙偕参赞亚比晏苏来见,叙谈甚久,复约赴会所听乐观舞。

初二日戊子(7月22日) 晴

天气清快,绝似之罘夏时。中饭后知府个郎技来晤,约观剧并派巡捕来寓伺应,当婉却之。日俗舍信义而重虚文,似昧本末之理,然视并此而略者则大可嘉矣。令翻译贻书洋员麦治,谢乃父周旋并述其双亲老健以慰之,麦治极信教,往与谈伦常道理,麦治自言每月必寄钱物博父母欢,为西人所罕。询以所爱何先,则曰妻第一,女第二,子第三,父母第四,信教者如是而已。本省钱粮官冀恰露及善堂主席来晤,约西八月三号公会,其时余已抵伦敦矣。麦治之父导游海口,绕行一周,山树阴翳,海风透爽,海中沙堤横亘,询系人工所成,将于堤内设船澳也。沿海有旧女墙一道,系百十年前备寇之用,工作尚坚。随往访其老友泻斑育,园林卉木甚繁。主人年六十八岁,款接甚殷,能为英语,出鼻烟敬客,余颇嘉赏,即以一瓶见赠,就瓶口嗅之,有苹果味,入鼻则色黑而味辛,曩闻鼻烟出西洋,乃此行遍觅不可得,今日始仅见之。主人之妻则其侄女,日俗类然,子刚古巴杂记曾言之,今则见之矣。坐谈逾时,主人折香花为赠,力劝无置于榻卧之侧,凡香气皆不宜睡中呼吸云。返寓晚饭,顺道答拜巡抚各官,知府个郎技来,同往观剧,官座之后别有斗室,为酒食款客,观竟又亲送归寓,时已夜中矣。

初三日己丑(7月23日)　大暑,晴

中饭后麦治之父来馈鼻烟一罐,云购自伦敦,微有玫瑰味而色总不佳,其寡媳偕子女来面呈一禀,略言故夫效力中国八年,宜有恤俸养赡终身。余告以中国无此例尔,既如此孤苦,我酌助二百金,去年所给五百金已属格外,昨并将宝星交尔夫兄,亦不忘尔夫效力之意,妇感谢而去。询以在此何依:云依乃父,曾作水师兵官,近已辞职。西俗伦常之谊甚平平,麦治之父本极诚悫,且在此充领事而不能养其寡媳孤孙,殊不解也。本城总兵官亚巴兰尔度如期来晤。可仑比亚代办公使钵霖适移寓至此,巡抚参赞阿地厘阿疏拉适来,约观会厂,同坐小饮,极两时而散。方欲憩,钵霖邀往观涛,复至后山松林,席地坐饮,海外奇境也。钵霖以医得官,历言华人不肯步行,甚乖养生之道,与论调摄,承赠健饭安眠药方,果效则大可感也。西正答拜个郎技,并赠以映相及中国顾绣零物,个郎技回赠映相一枚。

初四日庚寅(7月24日)　晴

晨起子刚偕仆从赴海滨浴,云不甚寒。钵霖屡劝余浴,敬谢不敏。今日雇定巴黎车票,惟所携日国银票巴黎不行用,须另换法银,不免折耗,白耶敦函托本城银行为之招呼,尚不致无从兑换。车期已迫,又值礼拜神诞,市易停辍,若无熟人自多周折,海外远役其能寡交乎?日俗以斗牛为盛会,无老少贫贱嗜此,为天下古今极快之事,举国若狂,曩在日都一览已厌残忍。顷来山丹巅那,恰逢其盛,地方官绅坚请往观,不得已而赴。甫入座则地下拍掌摘帽欢声雷动,其斗牛妙手曰漫散颠那,每日工价六千金,久著能名者也。及奏刀时又为颂词,祝中国强盛,中日和睦,因薄犒之。上下楼房观者逾万人,余未及散场返寓晚餐。随访麦治,偕游会场,灯光灿

如白龙，场中列肆售什物、茶酒，醉人忒多，凭轼纵览而已。留刺托代送巡抚、总兵官、郡守。

初五日辛卯(7月25日) 阴

巳初阿地厘阿疏拉来寓，导观会场，凡所陈设皆该省之产，红酒、皮酒为大宗，铅亦不少，又能制轮船、帆船、马车之属及电气钟，其布帛织纴之物则购棉花于美而自为工作，另匣储蚕茧数枚，色微黄，缀于枯叶，云系土产，或即野蚕茧也。又黑白云石，西人以饰座钟者，该省亦有所产，其他铜铁矿产纷罗满架。后圃豢鹿、羊、鸡甚蕃息。一省之地，物产日拓，宜可富也。询其关税岁入四百馀万金，杂税或复过之，斯岛四十年前人烟绝少，海道既便，舟行商旅渐集，日王阿方疏亲来游驻，力为倡提，嗣是而日形富庶，余寓楼即阿方疏旧行宫云。游览一周，天气欲雨，遂辞云，其主席坚留宣词颂祝，婉谢之，阿地厘阿疏拉伴送回寓。饭后收拾行李即起程，寓中候送者多，冀省面别之烦也。申初抵车房，本城总兵官亚巴兰尔度已候送于此，扶掖登车，俄而老麦治来，同寓之炮队参将漫天那亦来，老麦治之友法阿厘为雇车者步行赶来，将展轮而可仑比亚代办公使钵霖偕妇来，仓卒不及觅马车，虑余已行，匆匆附街车赶到，是日为其幼女生日，赠以绣帕，就车门握手为别，此中人情殊殷殷也。申正开车，戌正抵一小埠，下车就食，却能适口，鳗鱼尤肥美。子正换专车，停两点钟，车有睡床，有厕，甚便。

初六日壬辰(7月26日) 晴

巳初起。经山些巴士的埠，日国君后公侯避暑之地也。午正抵日法交界处，饭后换车，法税关并不查验衣箧，但请名刺一纸。遇日国一等朝官往义大里亚避暑于此，握手为别，该朝官甚欲得中国宝星为荣，余以给赏无名，曾属希九婉复之，曩见日后，此老导行,今出日境忽复相遇,亦莫或使之与?薄暮抵波都,法之巨镇,水陆舟车纷集,所产红酒尤擅场。灯后微雨,与谭子刚对榻闲话,谭谓此行一路见月,斯语颇隽,竟夜辗转不寐,开窗静坐待旦。

初七日癸巳(7月27日)　阴

卯初抵巴黎,换马车至旅店,微雨而寒,抵寓则前宿楼房依然闲扃,少啜奶茶,登楼补睡。曩与竹筼约晤伯灵,此时船期既迫,无缘过从,为书谢之,甚歉然也。

初八日甲午(7月28日)　晴

总署近减使俸以充游历各员川赀,意此辈必有嘉谋高论,无负此行,余曩欲为罗马伯灵之游,近亦辍念矣。巳初得香帅电,请主稿会奏小吕宋设领事事,且欲改派王荣和,语甚切至,仍未悉此间商论未定也。

子刚所为《古巴杂记》数年而成,乞为序,余适有所触,爰与厘政而序之曰:"古巴在南北阿墨利加州之交,而隶日斯巴弥亚国。其地肥饶,利耕种,尤宜甘蔗糖,次则烟叶,皆古巴致富之道也。奴禁未驰以前,田园富,人不仅,千指咸买自阿非利加洲,展转而流毒中土,闽粤黠者假招工为名潜相拐贩,自道光丁未至光绪戊寅,华人被诱作苦数至十二万六千馀,拘役鞭捶,虐甚牛马。事闻于朝,特令前副都御史陈兰彬往查诘,华人环递诉词,裒然成帙,遂与日斯巴弥亚国重订条约,陈副宪旋握使符驻扎美、日、秘三国,抡派知府刘亮沅、知县陈善言驻古巴为领事官,诸华人乃重见天日,数十年虐政一旦扫除。华人佣力自食,无官工所之束缚,拐贩绝迹,商贾渐集,蔚然可观。前年直粤水灾及海防诸费,领事官劝谕华人捐助,一呼而集二万馀金,可谓不忘本矣。中国道光己酉以后水旱偏灾数见，又值发捻倡乱，回焰西炽，用兵垂二纪，华人生计日艰，谋食海外旧金山、域多利、檀香山、秘鲁、古巴暨南洋之新架坡、小吕宋、噶拉巴三宝垅巴泗末新、金山、雪梨、暹罗、越南诸岛，无虑数百万，初只帆船往来，渐而轮舶杂遝，商工阗隘，自成市集。日唐人街生意之盛者，每不暇计长久，但先营酒楼、戏园以供游赏宴集，若夫博簺烟霞则无大小埠皆一致焉。数万里航海远来，力博蝇头，屡为土人所迫，锱积寸累悉消磨于意钱灯火之中，已可痛惜，甚或联强欺弱，自伤其类，仇杀之案穷于诫谕，其能谨愿习勤，薄有盈羡寄以赡家者，难求什一于千百也。古巴一岛华人日稀，来源既窒，少者渐老，而其政俗又不克自振，糖业浸为邻国所夺，土客交窘。无数华佣问藉吕宋，票为归计，得采则急装以行，且遍觅同来之人，挈之返里，赠以资斧，风义可嘉，而被惠者顾先索凭据，虑归后食言无以为活，人民不同如此。然华人能善全乡谊者，古巴一岛而已。吾乡谭乾初子刚，以翻译官从事于此，为《古巴杂记》一卷，岛中风俗人情撷其要领汇为笔记，诚有心人也。而尤可嘉者，为华人设书邮以通重译，华人每得家书辄痛哭，既振其水源木本之思，而其父母妻子亦知远人音问，保全实多，此皆子刚不惮烦琐为之，往返分寄，其功在语言文字外也。荫桓持节逾年，凡百无补比者，于役欧洲，渡大西洋，历英、法诸国而抵日斯巴弥亚都城。客窗月夕，高树挹爽，子刚出是编就政，爰序其缘起，俾付剞劂，所记只古巴一岛，编帙非富，视《翦桐随笔》《使规》诸书体例固异，他日四库重开，博搜海外记载，则是编仍不失为蠡勺豹斑。更愿同役诸君随事为记，毋骋空谈，即以是编为喤引可乎？考殊域之土风，写征人之雨雪，安石碎金，景纯剩锦，固非文采自矜，夫岂心思误用也哉？”

此两日间杜门静憩，心绪颇净，夜睡亦安。

初九日乙未(7月29日)　　晴

进斋抄寄与外部重论洋药罚办照会,甚得体,又言慰唁檀岛事,檀使已电复,余却未得接也,又檀岛民练揭竿为乱,草檄要檀主四事,诚奇闻矣。饭后洋教习斯恭塞来谈。周子玉续来,赠木雕图画,甚精巧,云得之伯灵。

初十日丙申(7月30日)　　晴

草定自日返美疏,交幕府誊清。未初培克思约观拿破仑所遗珠饰,其法冠一顶纯用白钻石堆成,花朵中嵌红宝石,绝类梵僧五佛冠,又项串一持,钻石二十四枚,极大者重四钱,色微黄,又绿钻石两枚,皆冠饰物也。坐次雷雨,因法馆参赞订约三点钟来晤,匆匆返寓已相左矣。电刘芝使,告以十二日准来晤,请转语税关免查行李。旋赴班麽赊店一观,译言便宜佳货也,其店枕连四拱,上下三层楼,无物不备,恍如列肆,执事者约千馀人,是日适该店查点货物之期,东主领导纵观,濒行赠巴黎图及该店货物折,与购绸帕,聊志兹游。归寓晚饭。庆蔼堂约观花园杂剧,有阿非利加人支棚奏技,有数女童敲木成音,如西班牙所听之调,中有跳舞场,适大雨,舞者不能尽兴。今日雷劈楼房一区,即培克思之近邻。

十一日丁酉(7月31日)　　晴

周子玉率学童十三人来见,学制造七人、律例六人,均闽厂高足,与久坐,慰勉奖励之。欧洲律例以法为通行,既与交涉,固宜推究之也。诸生有可以应书院考者,文笔多佳,口辨尚拙,游学未久耳,从此加勉,当有可造之才。西学总要从语言文字入手,高谈宏博而语言文字懵然,犹镂冰画脂、瓦鸡陶犬耳。制造根于算学,工师口讲指画尤须心领神会,由学堂归寓自行寻绎,庶几日计不足月计有馀,诸生咸不河汉斯言,时局日艰,储材为第一要著也。陈敬如来商去就及期满保举。敬如文人而就武职，用违其才，安得大力者负之以趋也。其笔述法政源流、君主民主之利病，斐然可观，诚非徒猎虚声者。

十二日戊戌（8月1日） 晴

晨起饭毕，巳初登程，舒春舫、庆蔼堂、陈敬如相送登车，未正至福士敦海口登舟，预赁三房舱，足敷坐起，展轮出口，幸无风浪。英、法对渡，诸水总汇之地，西人过者以为奇险，赫德曩告以饮三边酒可免呕吐，颇嗤其迂，近询西人亦有以此说进者，因悟此酒能通胃气，胃苟不逆，自无呕吐，理或然欤？既以此为险途，即无风浪亦觉微晕，凡事不宜著成见也。呼酒解渴，卧看海天无障，两岸山嘴了然，都化诸山崭岩狞恶，渡都化则海程速二十分钟，然不如福士敦之平顺，将抵彼岸，船主谒余致颂，谓向来无此稳渡，西人善谀，笑颔之而已。是日为彭祖飓，粤谚舟行所深忌者，阴阳怕蒙懂，信然。登岸乘火车，为英国境，税关亦不验行李。途次农田已登麦，而微有旱象。酉初至伦敦，刘芝使率参赞从官远迎，同车至蓝甘旅寓，卧房外为客厅，极华赡，又特启一升梯便出入，复偕芝使至使馆，承留晚餐，顿忘困乏。子正返寓，电复北洋，缮正电码交电报局，该局复请署名，似不谙华码也，震东详告之。余即就枕，甫入黑甜，闻叩门声，起视则电局人也，仍询前码，无谓之甚。

十三日己亥（8月2日） 晴

英馆参赞李伯行、潘子静来晤，马格里偕其子来，贵州矿局两委员亦来，以客多不及候而去。余易斋来，言将附新制兵轮回华，随使本为游历计，已遍览风景及各制造厂云。午正始早餐。旋偕仲兰赴芝使之约，询芝使应否往拜外部，芝使以订见无期，可不往拜。饭毕导观美会厂诸物产，又烟甸人马戏，客秋曾于鸟约一览，技亦犹是，而枪法屡失，电光紊之耶？亥正返寓，接法教习斯恭塞书，以昨日走送不及为歉。美使额而特曾到芝使处留示荔华浦寓所，并属余务于十六日到荔华浦。英人匹亭顿设医馆于北京，求捐助，西人好善而力每不逮，此种捐项盖数数矣。英有宰相，向管户部，近兼外部，理财、交邻极重要，然随党迁除，君主无能进退，又设兵部、刑部、工部、藩部、民部、海部、内部、邮部，印度别设一部，略如藩部而专外。此庶官咸有职司，要皆受成于各部，取决于议院。英之议院仍分上下，上议院多勋旧富人，下议院则民间公举，视城邑广狭人民众寡而定所举之数，与美议院同，上议院则无定额，宰相可举庶官，入院爵绅无状，君主亦可黜之。建院之始君主逐日至，近则议院启闭时一至，或有重大事亦至焉而已。上议院事简，下议院事繁，国之政令皆自下议院议之，议成上于上议院，视已成事无大更驳，下议院则自朝至于日昃，甚或卜夜，然掌院秩满，君主必予以世爵。大抵英之国权仍归两党，附君主者曰保党，乐民政者曰公党，上议院多爵绅，君党之气稍王，然两党迭主朝政，七年一易，君主立其党魁以为相，于是诸部院皆宰相所举，党易则举朝皆易，与美之南北党同一机轴。

十四日庚子(8月3日)　晴

巳初李伯行来寓，导观伦敦旧城，基址已湮，只一石人柴立为志，大商贾均聚城中，设府尹以为治，英君后进城亦带钥匙以示不专之意，君民共主之政固应尔也。印度尊英后为帝，英国境内不以为帝也。旋至蜡偶院，蜡像新旧不一，日君后一像见辄能辨，另小孩睡像一区，脐上有舒敛呼吸之气，此巴黎所无。曩闻有林文忠像，志克庵日记曾为颂赞，乃遍览不可得，却有伍怡和一像，蓝玻璃顶、蓝袍外套、绣金线衣一什略如道士服，不知何所得也。前列小几有林文忠禁烟疏,中西文并刊,旁有焦秉贞《耕织图》刊本,均不堪属目。顺道至日本村,陈设皆倭屋及土艺制作,内有吾华二十四孝图,笔墨却陋,然殊俗亦知摹绘此图,诚可嘉也。随往博物院,为时已迫,略观大意,且行且坐。至西正赴芝使晚餐,西人饭馆装饰美丽,梯极墙栏纯用云石,亦巴黎所无。饭罢同往观剧尽一出。与伯行下楼,清谈静憩,楼外有瀑池山石,皆人功,疲甚,观此亦足解烦。

十五日辛丑(8月4日)　　晴

芝使来谈,英外部文商巴拿马招工事,系藩部据法人篙石所谈,而非英廷之意,芝使已驳之,且抄寄总署,余亦将今春咨粤示禁各情相告。午正赴美使辉立士之约,返寓中饭。答拜马格里不遇,即同芝使乘马车至水晶宫,途经村落微有潇洒意,所谓水晶宫者直一大玻璃屋,四围光澈,中置花木、禽鱼、各国物产、石像、油画、黑人像,巨细靡遗,欧洲大观也。内一厂专储中国衣饰、乐器、书画,最古者诸葛铜鼓而已,有陈元章翎毛花卉四帧,邓涛山水斗方,竟署西人上款,岂西人亦能读画乎?厂外列街牌三对,分插两架,无异缙绅第宅之式,曰庚午科举人、曰赐进士出身、曰翰林院编修,吾华清贵之官,古今跂仰不置者,掌故流传海外,西人势利之见亦知科第足重也。别一室储光学画,为义大里火山上炎故事,逐事为图,由盛而衰,自晦而显,数千百年古迹跃现镜中,西人考古者缕述不辍。又园外为小池,一人罩铜冠著皮衣裤作入水工作状,持铜灯入水有机括消息之,铜冠有耳可以透气,而嵌玻璃可以鉴物,冠顶皮条接于岸上,可以与人问答,思亦巧矣。穷日周览未尽什一,就楼上晚餐,观烟火略如蒿呢挨伦,此间惟礼拜四燃放,往来观者几六万人。

十六日壬寅(8月5日)　晴

往英馆告别芝使,为言新架坡设领事一事,郭筠仙并未办竣,曾劼侯接任后始为合尖,至新金山等处则已言明不再设矣。南洋群岛近邻闽粤而西人总以中国设官为虑,曩过巴黎蔼堂亦言香港设领事一事,外部首肯而藩部梗议,当日噶拉巴拟设领事,商诸外部亦未拒驳,终为藩部所挠,正与西班牙机局略同,与芝使详论一遍,旋即起行,芝使率参赞随员远送,立候火车展轮,情谊可感。酉初抵荔华浦旅寓,美使额而特相候于此,枉谈征刻,约明日十点钟在驳船相见,先将行李附轮船公司。

十七日癸卯(8月6日)　晴

早饭后偕仲兰、涵生、震东、差弁陈吉胜、家丁吉祥、阿觉、洋仆钗利共八人同登驳船,沿岸亦有赤足妇女持贱物求售,略如吾华乞丐。途经石炮台,形势甚固,为船澳亦得地,子刚送至大船而返,此行搭客六百馀,拥挤之甚,船上高悬国旗,极尊敬。房位收拾妥定,美使暨日商泻班育来谈。一点钟展轮,晚十二点钟行二百四十迈至坤士探埠寄碇,该岛为埃利士境。美前外部布连,深恶华人者也,春间曾至该岛联络,挨党以为明年重举总统之助,岛岸不甚宽广,搭客间从此登舟,或乘邮船之便,各草家书附寄。余自抵伦敦,连日酬应,登舟乃得小憩,夜睡尚酣。

十八日甲辰(8月7日)　晴

舟中人多登岸游眺,是日西人礼拜,早晚闻叶经,前搭法公司船若无其事,教规亦微有不同。大洋舟行以教士多必有风雨,谓教士能吁祷,天必试以奇险之境以显其技,然耶?否耶?舟中人言前一礼拜有英船自鸟约回荔华浦,途中猝遇飓风,浪高五十尺,为历来航海所无,其时搭客惶恐,或于船蓬跪求上帝,或各觅太平圈,幸此风浪仅十五分钟而息,打折烟通一枝,船仍行驶如故,毋亦教士之功乎?同舟有英商威路健臣,织机为业,手创大机房三处,前月不戒于火,焚其一,丧二百馀万金,偕乃弟赴鸟约看视其子,别谋展拓,以相法衡之,该商必有重兴之日,其心地亦甚厚,不致中落也。一点钟游人回船,遂起碇,风浪平稳,船主送阅海线图,绘船行度数。

十九日乙巳(8月8日) 立秋,阴

晨起浪大,强饭不饱。登柁楼观眺。一点钟大车揭报行四百二十四万。美使眩浪而睡,同舟多眩者。未申之交大雨,房舱郁热,仲兰耐之,余就船面客厅少憩,几作吐,震东已不支矣,涵生观书不辍,雅健可喜。薄暮雨止,浪亦渐平,十点钟睡。

二十日丙午(8月9日) 阴

晨起涵生言昨晚同舟一教士心痛叫绝而死,船主准八点钟投之海中。余登船蓬,英商威路健臣方为哭送,且言船主检其衣襟得其妇手书,历述穷困无火车钱不能到马头相迎,属到鸟约即便回乡云。漠不相识甚于吴越,睹兹情境亦难泯恻隐之心矣。教士名的腾,由坤士探搭船回美,无亲属同行,船主例为水葬。是日舟行四百六十二迈。

二十一日丁未(8月10日) 阴

风浪不大,舟中能为手谈。美使同伴有故将军者名(王扁),人尚蕴藉,美使眩浪,此老每饭不阙,舟次频与往还,同舟人每日赌赛舟行迈数多奇中试,拟以四百六十一至四百六十五,是日果行四百六十二迈,误中副车,可笑也。夜雾。

二十二日戊申(8月11日) 晴

与陈弁晨登舵楼观日出,不甚清朗,但见云霞如绮,倒映波光,

朝气极爽。午后遥见小船十馀出没巨浸,皆渔船也。地名鸟蚡伦,英美连界,两国均以捕鱼致口舌,闻每年渔人之利极四千万金,固宜争之矣。水手为言昨晚阴雾,舟行稳慎,仅四百五十八迈,往来轮帆颇多,有来船悬灯为号,言鸟约大风,又一船射火箭为号,舟行定章云。

二十三日己酉(8月12日)　晴

晨起无风而浪,船极摇簸,舟人多恐,如此巨舰决无掀翻之理。有法国医生折一足以他骨续之,行甚蹒跚,而喜与人亲近,问询其医理尚隔膜。当船浪高掀时,该医生缕言英属前年有兵轮大于此者沉没无踪,絮絮不辍,盖兵轮旁炮风浪打归一边偏坠而没,岂商船可同语哉?医又言能凫水可三五迈,座客厌之,殊无谓也。船煤将尽,货物无多,不能压载,固宜动荡。是日舟行四百八十三迈。晚间威路健臣集同舟人歌唱,为美教士醵金赡其寡妇,琴歌既辍,美使当稠人广众中论说一遍,音节凄惋,客有垂涕者,余不谙西语,微会其意,赠五十金,同舟亦多解囊,合之得六百馀金,公推三人亲至的腾之家慰唁,美使预焉,义举也。而船主绝不闻问,人之欲善,谁不如我,恐难律之此辈。夜雾甚重。

二十四日庚戌(8月13日)　晴

晨起风浪平稳,雾亦渐散。震东言昨晚一点钟至船面,四围昏黑,阴雾可骇,仰视繁星烂然,莫名其理,询之水手,谓海中有热线,船绕线外行,寒热相激而成雾,天气无预也。饭后同舟人各检行李,遥见鸟约诸山,泻班育、威路健臣并呼酒与余为别。一点钟大车报行四百八十迈,亦云迅速。两点钟二十五分至山丹曲三十八迈入口,仰视船桅仍悬国旗,过此,为人鬼关,极言其险也,舟行转缓,至医局少停轮,官医登舟,视大舱搭客病则移居医药房,不令登岸。是日天色良佳,出口船甚众,舟行益稳,得以详览口门炮台形胜。经石人像后用小轮船三只拖带,两船曳缆前导,一船护于尾梢,极纡徐乃泊,乘风破浪之馀逮乎?诞登尤当持之以慎微,特舟行然也。鸟约税关船来查验,希梁、宝森、篯侄附此船来见,均讶来船之速。将登岸威路健臣遥见其子立候埔头,不觉垂泪,又指以示余,悲不自胜,乃弟酌酒以解之,少顷其子登舟,父子相抱而哭,旋亦破涕为笑,西人父子之情似此,未易数觏。叭夏知余船期,已先咨户部转行税关照料,与抵金山时情景顿异,美亦以此补过也。抵领事署,拜发摺子,仍电署代奏,并电复北洋,尘劳暂憩,略述使程所历。饭后栉沐,安睡尚酣。自荔华浦至鸟约共三千零四十九迈,合中里一万四十七里。

二十五日辛亥(8 月 14 日)　　晴

科士达来商美约各稿,杨约翰亦来,寒暄甚殷,缕述前在总署所商法越各事,并属函致总署北洋为之道候。杨约翰比日神理稍清,自言病愈,并言何天爵于两月前已由北京言旋,所谋无济云。本日照会叭夏自日返美之期。

二十六日壬子(8 月 15 日)　　晴

卯初起,率参赞从官祝皇上万寿。旋阅邸报,倪豹帅补授河南巡抚,不禁弹冠忭跃。午初科士达来,与论小吕宋设官事,检该岛官报之歧视华人显违条约者及本年该国新定领事条规,交科拟稿致谟烈,因濒行时谟烈属以抵美告日使转致一言,俾俟此事定议即可函布,余许以自行致书以达情悰,倩科起草当更周妥,科劝往沙加叨架避暑,且为代觅寓楼,函托内河游船伺应。晚饭后偕从官同观西剧志庆也。

二十七日癸丑(8月16日)　晴

电复香帅以小吕宋事宜候外部复文,然后会奏改派。晡后牙医哈文来治齿,比日齿摇发白,恐非医士所能奏效耳。查岛委员禀陈查过英属澳非利加洲钵打稳、雪梨、美利滨三埠,情形尚详细,即批复之。檀岛董事古金辉禀求与檀王立约,又欲请王、余两员往查,殆亦急求保护之意。檀乱近始粗定,其外部劫臣囚禁后且逐居旧金山,况他事乎?

二十八日甲寅(8月17日)　晴

行次咨札清厘印发,仲兰先返署,祝彭偕行,薄询祝彭檀岛之乱何以外部见囚?祝彭曾往该岛,消息常通,而莫能陈说,大抵事无巨细只在留心否耳。檀岛外部劫臣本美之逃人,粗通美律,檀倚美为援,遂厚遇之,日前之乱,闻各公使请于檀王去此外部,商民亦群攻之,劫臣既罢职,便如平民,加以商民之控遂置于理,否则断无公使请囚外部之例,然非劫臣无状,檀政贪昏亦不致是也。晚赴威商之约,同坐十二人,中多美商,酒后各为颂词,共慰主人失火重兴之事。

二十九日乙卯(8月18日)　晴

闽厂学生分往英、法学习水师、制造、律例诸务。寓法者周子玉已带见,多有可造之材。其寓英者始在水师学堂,续送入练船,艺益精进,而外部颇吃力。刘芝使数次婉商而就欲再往水雷船,则外部难之,以练船原不准他国人往看,中英谊洽,既允闽厂学生就学,日本则援以为请,不能不允,设俄亦以为言,则大费周折,俄之眈眈,各国共知见者也。水雷船之不能就学,盖事势所不得不已者。芝使又言今年英后得位五十年之庆,奉旨致贺,并有国书,须亲递。又寄赠珍玩各物,内磁器两件,途次摔坏,颇费踌躇,余劝以权将使馆所陈设者补足此数，芝使沉吟久之，余谓为期太迟，若电请续寄，至速亦须三月，且能保舟车搬运必不再摔乎？但将碎破原物寄还总署，声明自行补足，总署既不疑使署托词更换，且省却无数周折，设余遇此等事即如是办理，似无烦筹虑也。芝使颔之，适海军派来图南兵船，为新制快船之先导，闽厂学生既可相观而善，带寄什物亦复妥便。

七　月

初一日丙辰(8月19日)　晴

西人占验以本日太阳与地球行度为月光所掩，亚细亚洲中国、俄罗斯、日本均有日光不到之处，即日蚀也。西人之说验否？姑俟诸华报。申正渡海至蔼呢挨伦，寓澳厘晏特客寓，前湖后海，宜无暑气。晚看烟火，隔河为城郭，炮台犹是去年之式，所演为俄人踞守四巴土叨布城，即黑海堧也，英、法、义、土尔其、日尔曼合攻之，马步交驰，众兵奋登，拔俄帜而树英帜，火光熊熊，沿山炮台瞬然一炬。昨夜所观杂剧则希腊国攻北布伦国都，战胜后踞其宫殿耀兵歌舞，男女衣冠迥异时装，兵车则两马騑騑，略如吾华古战车之状。此时西人竞尚火器，当之靡矣。希腊不信耶稣，当跳舞时忽有火光列字示警，俄而巴西兵至，火起于宫墙，人马杂遝，纷然四散，华丽之区，倏然灰烬，城墙复合，观者行矣。此种杂剧无甚意味，然奏技垂二千人，亦巨观也，究与烟火之戏大同小异，伦敦水晶宫似尚逊之。

初二日丁巳(8月20日)　阴

早饭后间行海堧，三五帆船往来容与，帆布上书店铺住址、所售什物以备游客访购,西人谋利无微不至。接叭夏照复回驻美国日期。山丹颠英领事老麦治乞留伊子在日署至明年西六月,否则大累,或希九欲辞退麦治,故伊父电求欤?麦治小有才而傲辟殊甚。午后雨殷殷,有雷声,晡晴观浴,西人以浴海水为去病,非以去垢,浸灌海堧假海气以为养,潮来则欢呼叫跳,间有溺毙者,西俗不以为怪。晚饭后凭栏小坐,忽腹痛作泻,饮佛兰地酒而痛不止,冰牛乳、西瓜之害也,荷囊有高丽姜,嚼之渐愈,睡醒仍泻一遍。

初三日戊午(8月21日)　晴

天气良佳,腹痛亦止。申正回鸟约,洋弁驾车来迎,陆程稍远,海程尚速,特于腹泻委顿,非宜渡海。后车行僻静街道,御者不慎,马膝碰伤一女孩,年约两岁,老妇急抱持,孩尚能哭,观者如堵,洋弁引与报验,官医以为微伤不致命,又有一街坊作证,谓车行时此女孩欲绕过车头,御者当畅行之际,势难按勒,且系马车应行之路,尚非其罪云。晚间美绅湾克来,言鸟约类此者日凡数十起,绝不奇罕。

初四日己未(8月22日)　晴

未正大雨

申初至牙医哈文寓楼,冒雨沾濡,归途顺至莲芳公司,此华商之极体面者,专售西人货物,不兼设华人赌局,铺面俨然西商,华人来美若得类此者数十家,差免彼族之易视矣。其管事黎姓,西樵人,与谈中美生意,尚能指说利病。

初五日庚申(8月23日)　晴

昨闻仙打园竟有荷花,特往观赏,石磴临湖,中为石池,上设喷水之物,池上荷花五丛,十八学士种也,经年重见此花,清凉可爱,湖上小船行游,万绿之下甚自得,惜日色已晚,不及泛桨。途经蜡偶院，薄游一遍，虽有音乐娱人，究逊英、法，其医院蜡像尤可骇诧。

初六日辛酉(8月24日) 早晴，饭后大雨

午初冒雨登车渡海，附火车，途间微热，尚无秋意，戌初抵华盛顿。沪局递回摺片，闰四月二十日钦奉朱批钦遵转行，又得署咨奏定派员游历章程，议复御史陈琇莹请设算学科，及游历之员应得京察升转并制器汲井各事，又奏定英、法、俄、德兼使一摺，此皆总署近政也。总办成端甫函寄代缴芜关赔款，掣回内府实收。又述近与日本修约，添叙球案作为未结，又抄寄考取游历员单共二十名。西行数月，美署一切如常，进斋之力也。

初七日壬戌(8月25日) 晴

气候稍凉，似有秋意。参赞各员置酒洗尘，欢饮而散。

初八日癸亥(8月26日) 晴

饭后晤叭夏长谈，皆别后各事及欧洲近日情形。叭夏言日国不振，余言日虽贫弱而银票无伪，叭夏诧为难能。因将美国所用银票见示，请往制票局一观，又为书与该局总办。叭夏又言下礼拜有医生会，各洲来者约四千馀人，总统亲往开会，请同赴，又费城西九月十六号会期，总统亦往开会，均请同赴，余诺之。叭夏言西医究逊中医之技，中医能包治诸病，西医无此胆识。余告以今年暂不赴秘，有事可以随时商办，所送照会请酌订。叭夏唯唯，又言各使均避暑他出，只英使在此。

初九日甲子(8月27日) 阴，微雨

日报言俄王被刺幸免，何俄俗之悍耶？复希九书，告以南洋群岛设官棘手情形，宜相机催办，现与谟烈一书，阅后粘封送去。

初十日乙丑(8月28日) 晴

蓬云电禀洛款扫数发完，因查案，昨始回署。洛款散竣，少却

一段葛藤，俟册结到齐当奏咨也。晡时访日使不遇。访柏立，病未能兴，其妇为之请假。又至坚弥地宅，慰其家属。方余西发，坚弥地曾于署中合众西官举酒为颂，迄余返美，此老已物化，且被刺于冲衢，昔人所谓直如弦死道边者欤？此老极骯髒，与华人交最洽，曩者美党仇视华人，此老屡为不平之鸣，其他事之不附和可想见矣。然闻问官研讯凶手，乃无甚仇隙，但言伊父曾卖地一区，坚弥地经手，至今举家穷馁，故尔怨恨，观者多以为狂，究不知此凶是何意见。或曰坚弥地每日从写字楼归，必与律政司同行，是日适独行投函邮匭，旋即被刺，或误伤云。

十一日丙寅(8月29日)　晴

英使来谈甚久，皆别后近事，其言叭夏耳聋又讳言聋，则大可笑也。又言近有人建议从鸟约至荔华浦以大铁筒透入水中，如水雷之式，置人于筒如炮弹，留孔出气，燃药轰送，一点半钟可达荔华浦，诚奇制也。又请余订期接见印度王子，余诺之。美日报言中国新制兵船五艘，连樯内渡，恐有事于倭，未免妄测高深矣。

十二月丁卯(8月30日)　晴

午初偕参赞往看制造银纸处，先观錾画钢板房，各錾一种，不相浑，每板四连一式，又有圆模用机器压于钢板上，圆模制炼则以象牙片烧灰能制钢使软熟，置钢模于象牙灰裹漫火燃之，西人格物之精也。又一机嵌钻石针，初画于玻璃，续画于钢板，一人以手运机，画出花纹繁而不乱，其制板之意总在各执一艺，不相蒙杂，不出一人之手，以杜假冒。造纸亦然，纸成初印，即使之微显而软，印成微烘，又裁去两边馀纸，而加印号数，皆以人力运机器，齐整之甚。纸有两面花纹，极工致，最可嘉者，印号之机随印随换，自行转运，无待人力，主者谓每日每人印若干号，则先将号数字码安置机上，同力者接续印去,不陵杂亦不能偷惰,法良善也。纸式花纹自一元以至千万元,分别制成,统送户部加一小红印,钢板为之,户部加印亦用机器,取其捷也。其刷纸之法略如刷书,更有新机一副刷绿花纸,随刷随净,不另抹拭,主者以为省工。又导观制墨处,云用葡萄皮制成,是葡萄一物既能制酒又能为墨,功用不少矣。其红绿诸色则购自市肆,薄加制炼而已,阖厂用二百匹马力,机器一副,气管支分,升梯上下,并资之也。综其命意,总防作伪,凡一板一纸均经数手分隶数处,层层钤束,立法甚周。余欲博考西制以告大农,乃倭人用心尤切,果遣人赴厂学制铜板。春间九鬼坐中曾晤,此人自言来学此艺,顷遇之则与诸美工埋头工作,宛然成章,可畏也。

香帅电催吕事,又言查岛委员已返,即电复之。比以欧洲归来颇形疲惫,倩西医审听,云气血脉络强于旧年,恐未必然耳。晡时印度王子初利阿和来晤,金线缠头,衣裤亦绣金花,外披织金裳极精致,与询印度烟土出产,颇有惭色,乃云进口,运销中国之物亦有棉花,殆自文其恶也。饮以茶甚乐,能为英语,英使前日曾与先容矣。外部照复中国税关征收洋药事,已知会田使转行各口领事官照旧办理,不侵税关之权。

十三日戊辰(8 月 31 日) 晴

致洪文卿书,暌别五年,忽闻远使,不觉言之冗长。饭后答拜印度王子不遇,访德使一谈,返寓得许竹筼书,言经远、来远二舰于六月廿二日订收,换旗试验速率,中国来员琅威礼,合肥相国饬于回船装配诸物,准其酌改,遂改至数十事,估费计时,殊形拮据,月杪自德赴英拟乘往一观英制云。前日新闻纸言中国五兵轮连樯内渡,或当指此。英使以印度王子之来,约会叭夏在坐,余与德使、丹使及俄、德、倭参赞数人,印度王子自言乐英国之政,以其简易,若如西班牙从前属国非不多,而卒不保,皆政之不善耳。然英之并印度亦乘印度之乱而得,尚非力绌附之云。

十四日己巳(9月1日)　晴

希梁书,言新蕾案若不照蓬云调停办法,仍恐有首尾。华人性情得陇望蜀,过河拆桥,领事操纵殊不易。

十五日庚午(9月2日)　晴

科士达避暑初归,叩以新蕾案西十月复讯后赵、刘诸人能尽释否?科云或不待复讯而释,九月底当再到新蕾料理。

十六日辛未(9月3日)　早雨,午晴,寒暑表八十五度

余从荔华浦归后四日,有美公司船自鸟约赴英,船中满载棉花,气逼自热,遽兆燔如,诸客纷驾舢板逃命,船主与之俱,均遇他船拯救,其先发一舢板不知所之,顷阅日报,此舢板亦已遇救,幸矣。晡时答拜科士达,途经墨西哥使馆,已将落成。

十七日壬申(9月4日)　晴

金山电言井底矿工雇定二名,月给三十五元,川资百元,八月五日随洋矿师赴华。平度矿务得良工宣力,当更有效,寓美华工能各回中土以谋佣食,强于旅寄罹虐矣。又寄到黑龙江漠河拟开金矿全案,地理形势甚清晰,笔致亦佳。

十八日癸酉(9月5日)　晴

美都近为医生会,来者四千馀人,曾恳余接见,当婉谢之。随员姚祝彭乃承会中赠以银牌,居然把臂入林。

十九日甲戌(9月6日)　晴,热甚

沪局包封,总署答复檀岛主书,系庆邸单衔,援光绪七年该岛主赴华游历总署答书之案,当译送阿椭。总署又嘉办结洛案及拟订条约诸事,应并前函汇复之。小吕宋华商陈谦善等禀,乞照会日

外部速停封禁华人药铺之令。华人之必须华医,犹西人之必须西医,岂可强同? 此皆不设领事不便之明证,即电希九促谟烈定议。

二十日乙亥(9月7日) 晴

山东寄到通伸冈炮台销案,又了一重官累矣。此台创建于光绪二年丙子,告竣于光绪四年戊寅,共费八万金,公款不足,丁文诚垫万五千金,余垫八千金。此台略仿西法,工竣恰十年,坚固矻立,曾拔练军驻守,论者犹谓形势非善,不知当日原奏尚有垛山八蜡庙前敌两台,以无经费无从举办。又台成无炮,亦不能为东海屏藩,可惜也。

二十一日丙子(9月8日) 白露,晴

许竹筼书言李傅相近保使才四人,洪文卿、李仲约、崔惠人、李勉林,文卿奉使德、俄,中外荐员多至三百,勉林奉使日本,以病辞。

二十二日丁丑(9月9日) 晴

科士达来,约廿六日晚餐。

二十三日戊寅(9月10日) 早雨,午晴

希九电言小吕宋限禁华人医药,已准外部电告吕督阻止。即批复华商。

二十四日己卯(9月11日) 雨

沪局寄到《湘军志》,文笔苍秀,百忙中夹叙极闲冷事,尤得龙门法,近日军志之最也。不著撰人姓名,曩在皖中似曾阅过。

二十五日庚辰(9月12日) 雨

希九来书,请加琴斋薪水,酌允之。美都考古家收藏法文旧日报,方广不四寸,而叙事至百数十段,时阅百十年,宝如星凤。顷乃举以相赠,余不谙泰西文字,殊负其意。

二十六日辛巳(9月13日)　阴

午初总署密电朝鲜遣使事,即电复届时照办。秘鲁各部又将更换,查寮之役将竣,北省各寮已查过两城,尚无虐视华人之事。

二十七日壬午(9月14日)　雾,雨

巳初赴费城百年会,各省官绅、水陆军兵咸集,美总统率各部院往,客寓无寄榻处,黄腾派克约至伊父别墅,乡落避暑之地也。黄老候于途,年六十六岁,精采健壮,善气迎人。火车直抵村外,换坐马车至其庐,老树四围,幽静可喜,弥望山园。黄氏乔梓之产,居此已三十五年,花木皆手植,其母年九十犹健在。今晚黄老约亲友为大餐,客主十七人,席散登楼,与进斋少谈辄睡。西人饮水每从数十里外以机器引入城市,讲求水质,故不惮烦役,此园乃饮井水,味极甘美,惜不解唱柳七词耳。

二十八日癸未(9月15日)　晴

辰初起,林木挹爽,颇有山居之趣。黄腾派克导观百年大会,乘马车行经修薄华屋,皆西人避暑别业,仿佛鸟波而华丽逊之。至费城界口有小屋收过路费,略如卡房,过此以往沿途多铺碎石,将以碾成平路也。途次见气球一枚,搁于旷地,却无试演之期。历通衢至麝露湖客寓,看台用木支架,傍大树而无阴,热蒸,甚不适。未初闻鼓乐声,则各种工艺济用之物蝉联而过,间有兵队作华盛顿骑马督兵状;又天仙指以自主之状,其屋宇器用自创国时至今殊式异制,均用车轮牵曳,供人寻味;又为烟甸野人粗恶无知,教以诵书工作,渐变旧俗之状;又作可仑比亚初泛小舟,寻得阿墨利加洲之状。班驳陆离,仍有次第编为小册。竟日危坐殊惫,格总统之冢妇在坐,往与一周旋即返,其时会未竟也。扮演诸式只经大街,计中里四十里,观者如堵,百年一遇,殆未易数观耳。回寓少憩,至七点半

钟赴黄腾派克晚餐，杨约翰同坐，多言都中旧事，十一点钟散。

二十九日甲申(9月16日) 晴

辰正小食，入城观兵。美总统已至，仍登昨日寓楼，与总统相对，叭夏旁坐，各使惟九鬼及南墨洲数人。领兵前行为美大将军佘利钝，人极肥矮，以貌取人则不类矣。官民兵合二万五千馀。申初总统回寓，叭夏随行，马队导拥总统入门后，观者仍不散，跂候总统夫人至乃掷帽欢呼示敬，声如雷动，费城民兵八千人，亦殊繁庶。申正答拜杨约翰，仍谈都门旧事，痰气又发，颠倒错乱之甚。酉正仍返客寓，途次风寒感冒，假榻少憩。戌初晚餐，黄氏为主人，是日水陆军有公会，已辞之矣。其总兵官倩黄父子介绍，仍乞一顾，又新闻馆主笔人为食于楼之二层，请总统并邀余作客，近日多食则胃气疼，婉谢之。及总统将来，其主席又重恳赴会，不得已一往，告以不饮不食，略坐而已。至则满座拍掌，少顷总统至亦如之，总统立讲一遍，大意谓新闻主笔诸君并于此时会食，殆无暇骂人矣，闻者绝倒。徐言今晚应到之地甚多，然本心所愿，欲在此席长坐，闻者亦拍掌，奉以卮酒，总统举爵曰我甚不愿行，无如会首不准我人情，现只有十二分钟工夫耳。随说随笑而去，群欢送之。在坐约二百馀人，旋赴水陆军公会，晤佘利钝，后诸军兵导至总统会所，拥挤不能前，几与哙等伍矣。久立，风大，越过军官之前登台纵目，则总统偕其夫人已立候，见客趋与握手，遂及叭夏并美都诸旧识，会中巡捕导登小楼，九鬼前行，回眄目语而无由近接，绕至前台少坐。亥正归，途经长林，气候甚寒，远望天脚白光，黄老谓城中电光所映，乡居距城四十里，马车极速，亦一点一刻乃到。

八　月

初一日乙酉(9月17日)　晴

申正赴费城会之招,总统、外部陆续至于,彼此点头,相与隔案座。会者约六百人,杯盘丰腆,伺应不乱。九鬼两日数见,皆不及寒暄,意此可畅谈,乃九鬼入座辄有不愉之色,或曰余从官四五而倭仅一人,又会中人多就余为礼,相形之下故不乐。酒半会首立讲一遍,总统次之,总按察司讲院宣讲官以次逮讲,多述创国艰难,宜南北同心之意,又南党李将军之裔亦立讲一遍,似已浑南北而一之也。气象颇佳,前总统希士坐于今总统之次,漠然寡欢,故将军之不可为如此。亥正总统起立,余亦辞出。

初二日丙戌(9月18日)　晴

西人礼拜,黄老竟日在家。早饭后相与步行,至其子室庐,值他出,廊外徘徊,高树扶疏,少憩辄行,又偕访其女,路稍远,遂乘马车,仍驰骋于树木佳处,园亭较幽,从林杪遥望,犹见黄老楼檐,合子女同作园居,鸡犬桑麻,怡然自得,富人娱老之境无过是也。属震东购备赴鸟约车票,又告杨约翰明日勿来。

初三日丁亥(9月19日)　阴

辰初起,微雨。小吃后先发行李,与黄老同乘马车入费城,甫入火车房,接津电两纸,车中不及译。未初至鸟约领事署,译就即电复。

初四日戊子(9月20日)　晴

连得金山领事七月十七、二十一、二十三各函,请奖励经手发洛款之李荣邦。又言罗生忌利埠华人屋被焚,因不肯让街车路,致付一炬。现与该城知府约订保护,择地另建,已相安无事。午后沪局包封,日署摺批两件,钦遵恭录咨行。粤中拐匪周三溎一案,香帅接到咨会,即悬赏千金,期于必获。

初五日己丑(9月21日) 晴

粤中公函劝捐白沙先生钓台工费,属金山领事酌办。白沙钓台十馀年未蒇役,不知集款几何,工程几何也。日署寄到北洋手书,嘉撤退福苟事,又总署咨复小吕宋设官已抄奏,咨会粤督妥筹。

初六日庚寅(9月22日) 阴

晨起复蔡毅约书,属查吕督虐待华人实据,并转告商董陈谦善,遇有要事,径电日署,若函牍长言则寄美署。又荐陈敬如于香帅,备法文之助。

初七日辛卯(9月23日) 秋分,阴

晚趁火车往观大瀑,希梁、震东偕行,车甚稳适,能安睡。

初八日壬辰(9月24日) 晴

午初抵耐格忌腻岛,住吉地利嘉客寓,热客渐散,寓楼潇洒,楼外寒流浅濑,林木映带。饭后乘车绕行园囿至,瀑流屈曲,入湖处湍急如黄河盛涨之状,高岸陡崖,嵚崎旁魄,崖旁结木亭,备游人憩息,亭侧有屋数椽,售瀑湖所产各种小石,雕镂为首饰之物,间能适用者,略购数种以志兹游,其值甚昂,云以津贴善堂诸费。晚餐有英人,忘其名矣,云在华盛顿曾相见,越席寒暄殊周到。岛绅波打来访不值,投刺去。

初九日癸巳(9月25日) 晴

晨起麦饭既饱,乘车度楼外平桥至瀑布悬流处,缘崖陡下,瀑花飞溅,衣袂潜湿,崖垠铁栏屈曲,中护小桥秋透,黝洞崎岖,不易行,游人少往者。瀑下有小轮船一艘,渡客容与,瀑流极平处游驶不能远,机轮智巧至是而窘矣。回车绕行,三岛各跨一桥,名擅佳胜,中岛桥在鸣瀑之腰膂,崇林掩映,渐有红叶,坐桥柱少憩,胸臆皆凉,徘徊不忍去。三岛皆在水中,饶有林木而无居人,气脉亦若联,属俗云夫离昔士特,译言姊妹三也。西人好奇又最畏热,盍于岛中结台榭为迎凉计也。

返寓中饭,复乘车度飞桥至英属如拿他岛,桥去水二百六十尺,东西距三千二百尺,两岸加铁柱如闸,又集铁线纽作绳索以相牵缀,桥之两旁亦用铁线遥系,云可经久,数年前有意大利女童米尼阿士卑路的拿来此演技,从桥旁铁线踏步过,初仍眄睐徐行,续乃以帛缠目,去来任意,观者喧欢掷钱,不数日囊橐甚丰,其兄与之偕来,乃卷逃而遁,女童号啼凄怆,土人悯之,有善歌者为唱曲,醵数百金资以回国,西人兄妹之亲为此狗盗之行,谁谓不如我同父哉?桥窄仅容一车,彼此往来各于桥头相候,过桥,迤逦至一板屋,亦售卖湖石映画诸物,缘梯数级至水机房,下视陡绝,计二百九十尺,上盖木圆篷,不见天日,旁穴小窗透光,以水运机引胡床上下,极险事也。溜至平坦处,接以木阁,低枕水面,环以疏栏,约里许,峭壁千仞,草树蒙茸,瀑流至此乃极湍悍,隔岸水阁参差,陡崖外有木屋,方直插天,此升梯也。盈盈相望,喧腾猛迅,甚非一苇可航。崖侧英人映相馆持映片相示,谓前此有英人善泅者于此赌赛渡,甫半为瀑水喷激,触石而陨,又一英人纳身木桶,随流滚渡,幸不灭顶,各为映照成图,薄志奇趣,游人远客亦愿留图以备掌故。余遂与希梁、震东同照一帧,风景良不恶,他日使旋可以赠朋旧之谈雅游者矣。印度王子亦留一映相,危鬓金冠,缨络被体,犹是华城初见之状,其菩萨蛮之谓乎?

流览逾时,回车至耐格忌腻科,译言兹岛瀑布也,为瀑布正面直垂九十丈,横曲略如之,水气积为烟云,白光澈天际,视美属之侧听旁睨者别饶意味。旁有小博物院,停车少憩,飞走之属无几,却有特异之兽,喙尖利如箭,目长小如豆,尾大如埽,身亦肥硕,毛色略如元狐,出南墨阿利加洲,性嗜食蚁,庞然大物,仅与槐国作难,可笑也。有鳅鱼骨一具,极大,见所未见,其他斑马、人熊殊无足异。案上古钱一匣,内储乾隆钱两枚,却非私铸,有椭式方孔钱两枚,一镌"天保通宝",楷书直行,一镌"当百",下一花押,不能辨认。东偏小室蜡偶数具,极劣,壁悬吾华通纸人物,亦俗不可耐。院外题壁行书数行,倭人手笔,略法米南宫,殊域数万里,不易观此同文之迹。日色已晡,仆夫返驾,途经光学画室,乘兴纵目,为格总统战绩,然工艺远逊金山、鸟约诸作也。瀑布属英美两境,从前游客每历一胜,土人收银钱不一,美廷以为名胜之地宜蠲此烦琐,遂由鸟约诸绅富集赀百馀万,以俾土人不令收游费,英属则否,过桥之费一金,此犹英美共征也。偶从博物院购画数幅,回至美界税卡,索税钱,翻译探囊予之,徐告以余所购,关吏局踏不敢取,且掷帽谢过,此亦美政之佳者。

初十日甲午(9月26日) 晴

中饭后答拜波打,久谈,其弟又自出映片相示,皆瀑布风景,与列肆所售较别。波打四世居此,产业极富,瀑流之地皆其故物,近乃得价而属之鸟约公产矣。其妇子并贤慧,颇有东道之谊。申初复度平桥,畅观三岛,第二桥固所深爱,第三桥尽处折而东,则瀑之支流,木磴层折而下,宜可濯足,密林石上微露人影,临流偶坐,若有所思,遂缘磴而西。瀑流横侈而迅,飞花猛卷如泻,积雪寒光,上薄凝为白烟,岸堧危石可供坐憩,时遇游人,亦有携镜具就地映照者。环球瀑布此为巨擘云。上流为苏比尼河湖、墨锡近湖、枭邻湖、依尼湖,合四湖之水入耐格忌腻河潴为大瀑,流入因梯尼奥湖,出桑罗棱索河,行七百迈,越英属入大西洋海,此英美接界之地,二百年前本属法,犹有炮台故址,沧桑陵谷,海外亦时有之。晚餐毕,徐步至波打处茶话,听琴歌,子初散,波打令伊子伴送回寓。

十一日乙未(9月27日)　阴

日署新延一洋员,价与麦治埒,不识工艺、脾气何如也。得英馆书,许竹筼到英伦,恰后余半月。

十二日丙申(9月28日)　晴

复津电,震东亲往电报房,照码给价。适闻南省火车失险,客伤甚多,本埠医生悉数调往医治,续阅新闻纸,言铁路日久霉烂,车行颠踬,共损十五车,伤三十人,火车本极捷速,而时有失事,或急程太过,或车头套搭不稳,若夫铁轨年久失修,此尤火车公司之咎也。津沽近筑火车路,其亦考求明晰否?意外之险固亦数见,然偶触其险,遂屏而不御,亦犹因噎废食耳。十年前福星轮船失事,论者遂诋轮船不宜乘坐,几欲废罢招商局,适丁雨生在都,力言于政府,商局遂定。偶有所触,连类书之。岛绅格笠来晤,极道倾慕之意,年垂七十,好学不辍,欲得中国史事之译为西文者,以拓胸臆,又言认识蒲安臣,故于华事尤殷殷。

十三日丁酉(9月29日)　晴

午后赴格笠之约,即比邻客寓也。后有花圃水机,喷溅极高远,楼上房榻并华饰,有便门可达戏园,格笠之婿家巨富。酒后导游一遍,返寓已晡,天阴微雨,危坐栏槛,观瀑流清激,颇有潇然之致。灯后波打来约明晚过谈,此间人情良厚。

十四日戊戌(9月30日)　阴

格笠约乘小火船观瀑,天色欲雨不果,仅观其面粉、造纸、筚酒三公司。纯用水力运机，其磨麦碾粉由粗入细，即装箱、装袋亦以机器倒灌，引满则机自停，不假权量，铢两不爽，以奇器代人工，西俗生齿不繁之地宜也。日出面二千七百箱，每箱值四元，生意不小矣。其造纸机器即沪上纸局所仿效者，惟此则以木屑作纸，陶太尉已触机先，似不徒用以宾筵席地也。箄酒制法用花合米为之，花青色微黄，略如夜兰香，瓣十数，种尖小略如绯桃，味香美，米微黄色，较麦长大，西人专以酿箄酒，然则曩闻洋酒不假米面，殆耳食与。数年前入夏则不能制，近得新机，以水气相薄，虽炎天不辍工也。主者即以此酒相饷，为尽半瓯，归途经小火船马头。天日已霁，格笠请乘兴一览，仍乘溜床上下，其梯路较英界为险，下至平坡，所绕石磴即可仰观飞瀑，似无须乘船，右则奇树枕崖，古秀可画，下有小船，仅容只桨，有黑人纵身入船，荡游波心，水势涌急处无殊沧海芥航。返寓中饭，格笠复来约乘车至乡落，约二十三里，观瀑流入湖处，两山如峡，水口湾环，瀑势至是不悍，峭壁无岸，密树初赭，间有楼台。日晡返辔，经西人斗马场，规模宏于美都，此岛信非瘠乡矣。

十五日己亥(10 月 1 日)　　晴

中秋节鸟署各员上衔版，进斋函寄文稿七件，即核定寄还。今日风日清妍，度飞桥至英属高阜，回观瀑流，别有风景，沿秋林曲折，有新桥双峙波际，桥岸密树如锦，羊肠一径，架木阁以便往来，阁外劈松枝作阑，略如亚字，古朴可爱，凭阁一望，岛树幽翳，虬松翠柏之巅时有红叶缠绕，霜气初薄，苍赭相间，绝好溪山图画。回镳迤逦，每于树罅见瀑光，秋阳所照又激为红影，岩下白烟仍湿也。至前日映相处，仍乘溜梯，将晡矣。瀑浪怒卷，浩如江海，两岸最陡窄无阴晴一致也。索前照相未竟，爰独照一帧。震东疑有风雨，遂从火车桥道归，气候忽凉，黄叶萧萧，秋意深矣。灯后果雨，子初雨益大，就枕辄睡，犹闻檐溜声，枚氏广陵之乐，庾公南楼之兴，故难兼也。

十六日庚子(10月2日)　晴

饭后重览三岛之胜，游人甚盛，多摘红叶缀衣袂，或扑蝴蝶映衬。本岛税司吉拿来谒，自言与总统有旧，坚请明日往游英界石室，风景绝佳云。今日火车无卧房，明晚乃发，遂诺之。晚乘月至波打处话别。

十七日辛丑(10月3日)　晴

大风雨雹，税司石室之约不果往。拥炉兀坐，阅谢偶樵《白香词谱笺》，终卷只周清真笺下"汴都赋"误"沛都"，朱竹垞笺下"按"字误"挼"字，馀无讹。谭仲修校对之功也，乃归美于余，益惭感矣。晚饭后登车行，一点钟至波葫芦埠，换睡车，尚安适，搭客几满。天寒甚，竟御大裘。

十八日壬寅(10月4日)　晴

火车沿河行，晨望河濆秋树，风景甚清，沿岸多石，山间浮于水面，石文如小斧劈或如云林皴。后车兼卖伙食，抵鸟约方午初。

十九日癸卯(10月5日)　晴

秘鲁领事禀复乙酉寓秘华人捐济粤东水灾数目共六千馀金，应咨粤核奖，以彰善举。芜关税司许妥玛，旧识也，顷乞假携眷回英，过美相访谈。芜关近事岁收洋税至二十馀万金。又言曩值梁任时因公往见，梁小若不知为何许人，呼左右询姓名，异矣。随答拜之，偕游仙打园，就园中酒肆与饮，复约之观剧。子初各散，前年秋许税司函贺余出使并订会于美，果不爽约，当芜关聚话时诚不悟有今日之聚，人生离合，若或使之。许税司携妻女，因雇一仆妇，香山人，年逾五十，往还东西洋已十三次，绝不晕浪，自英入美界，税关索人税五十金，许税司甚怏怏。

二十日甲辰(10月6日) 晴

近患心悸，类于怔忡，昨晚忽睡忽醒，至六点钟惊怖急起，此皆心血耗损所致。电约姚祝彭来鸟一谈，姚非三折肱者，聊备讨论而已。

二十一日乙巳(10月7日) 晴

倩西医诊视，谓忧思太过，宜培养心血，安睡为第一要著，予药水令四点钟吸一匙，味如藕汁，夜睡略酣，仍不免惊怖，又予药水饭前食，谓可开胃，味殊苦涩，效否亦难言也。灯后西医间步相过，见余咳嗽渐发，又为开一药方，此医殊不苟简。许税司来辞行，病不能见，赠花为别。

二十二日丙午(10月8日) 寒露，晴

科律师来，言新蕾命案如证人无新样供词可望平反，惟龚氏之党方敛钱以博一胜，此案能否解释仍未定，当属领事转谕赵凤培等。

二十三日丁未(10月9日) 晴

饭后至仙打园，遇俄参赞于湖堧，略叙契阔，度桥少憩，仆夫导观华盛顿屯兵之庐，殆一石屋，高广约三丈，门尚扃，房外有旗杆，彼都有喜庆仍升旗，志不忘本也。日色渐晡，返寓微雨。

二十四日戊申(10月10日) 晴

科士达来，商小吕宋事如何办法，设官与禁滥征合办抑分办？余谓分作两文，二者必得一于此，科大笑，遂将日暑洋文各稿并付之，科即日返华城矣。

二十五日己酉(10月11日) 雨

北洋咨会电局，官报应给半费，奉旨准行官报索费，电局惯技。

余初奉使行抵沪上,电南北洋各事,电局既索印花,并索电费,续告盛杏荪乃将滥索之费缴还,而委为司报学生之误。此时外洋发电,一切电费皆外洋电局包送,无所谓半费也。乃欲于出使经费项下扣支,未免太过。

二十六日庚戌(10月12日)　晴

顷查鸟约电伦敦,每字一角四仙;伦敦电上海,每字一元七角四仙;电广东,每字一元八角四仙;由上海转电津京等处,每字二元一角四仙。是此间所发北洋总署粤督署各电均经外洋电局包费,中国电局不应再索半费也。今年英美赛船美又胜,窃谓鸟约水道美船较熟,论者谓美船于数十年前赴英赌赛而胜,英乃移船就美,非尽关水道。

二十七日辛亥(10月13日)　晴

檀岛商董古金辉禀言,檀外部新易与订华人出口护照,初无棘手,近乃欲效美例照相留识。又八月初五日有轮船由港抵檀,载华客三百馀,闭置病房六日,几烦唇舌,乃得登岸,乞设法,以便往来。又香山石连桥村人古玉芳、新安大望村人张文廷,向以私会蛊惑华人,抗违会馆条规,乞查办,而于唐举为檀岛主骗诈七万金之事不提及,或已结耶?华人私会之盛无过檀岛,去年有西人得其会盟秘要,译刊西语见寄,其愚妄可愤,亦可哂也。夏间已饬金山领事查办矣。午后杨约翰来,约九月初一日晚饭,坚辞不可,久谈而去。天日暄美,访格总统家,晤其子妇,知格夫人尚健,乃郎将为鸟约巡抚云。博物院新豢一猴,极驯,能以刀叉自食,教猱升木固自不难。

二十八日壬子(10月14日)　晴

前秘使爱立谟晤易希梁,谓接到总理衙门咨,新简英法、德俄两使,又询余何日赴秘,愿与同行。爱立谟驻华之差已撤,因秘库空虚并驻美亦停，爱立谟既自违于总署矣，此时犹接总署公文，甚以为荣。曩在巴黎得拿破仑冠饰绿钻石两枚，持往铁佛呢估价，倍于原索之数，并示以华产碧犀，西人诧为奇宝，用极细显微镜审视，谓英博物院有一枚，俄王冠饰一枚，此外不多见云。亦观其所售珠宝猫睛一物，索价不亚于钻石，有茶色类钻石而无闪光者，中国亦罕，又浅绿色如水晶者，彼国别有名而谓非水晶，微有蔗纹，水中之产云。黑珠两颗，价昂甚，非中土所尚也。楼上磁器磁碟一套十二枚，索价千八百金，及千金者不可胜计。西人食器之奢如此。上古中国鼎彝一物，动费千百，此岂西人所能梦见哉？

二十九日癸丑(10月15日) 晴

鸟约古董店有磁画人物数幅，铜质加绘，以磁粉抹之，使光泽可鉴，云来自巴黎，似矣，然不平坦，亦非磁质拚就者，每幅索价百金。续往他店，得一旧帧，纯以石质凑成，而边际镶碎石，即摩西掖也。图为狮子得鹿，大漠荒凉，有野花一丛，并生活可喜，质殊厚重，特忒旧耳。横直约六寸，索价八十金。楼上储吾华磁器数种，绝非佳品，有蓝花磁坛一枚，仅值千百钱者，索价四十五金，有雕花玉版两片，系三镶如意不全之物，奉为奇宝，不便询其直矣。其西产雕磁茶瓯颇工细，拟购二枚，索值各二十金，另一枚索五十金，异地购物，价值不侔如此。

晚观水法、英剧，情文并美，后场映画纯作水村景色，已无俗气，台上注水，赛三板船，又有小轮舶游驶其间，水藻凫鹭之属出没浮沉，无异海汊岛屿。曩在巴黎观切貌子戏，为神仙幻境，密树上垂缨络，有妖姝趺坐，下为游船斗捷，不若此剧轮舶之奇。至其剧本则英人名那顿占士，早鳏，有小女年十四，名妞妮，极钟爱，有养女曰米锥士，稍长而心外视之，念年老多病，尽以资产俾少女，而遗属乃弟糟匿士照管,视如手足,谆诫少女事之如父,二十一岁乃准分居。当日遗属则律师铄文为之,铄文则米锥士之师也,产业标注清晰,糟匿士只能代管不能盘踞。糟匿士之子曰士玷焚,极无赖,及占士病居别业,弱女相依,遗书票据并储于匣,以钥付女,属以听糟匿士主持,女唯唯。各就枕歇息,女萦系父病不能成眠,旋从房内出视,俄闻楼梯步响,疑贼潜伏帐后,侦之,见一中年妇持烛蚁步至书匣处,展匣急搜得遗书而大乐,亟检欲遁,女随手夺回,肘父起视,则此妇为法兰西人,糟匿士荐以伴教少女者也,占士信之甚笃,方怼女不受此妇管束,至是乃悟,逐之。病益剧,绵惙之,顷邻人士谙来,言铄文被刺死,遗刀枕旁装点为自缢状,占士闻而气绝。糟匿士偕其亲串并来,米锥士哭昏于案,醒而大讶,以铄文为糟匿士所害,直讦之,糟惭缩,米锥士毅以报仇雪恨为己任,殊有侠气。时越五年,妞妮属遵治命,与糟同居,米锥士来访,密订书函往来暗记,谆语而去。糟匿士之子士玷焚妄欲娶女为室,当占士未死时曾托法兰西妇诱至其居,妞妮不肯入,士玷焚强牵之,苦不得脱,适勇士卜碌行经其地,挈女归。占士既死,士玷焚又百计诳诱,女詈之,正缠纠时糟匿士遽来,得免污。邻人士谙曾睹占士遗书者,间至其园亭,林木多伐,责糟匿士无义,互詈不辍,俄而有赛船之会,士玷焚纠合亡命,意在得采,而惟卜碌是忌,欲于会前闭置之,米锥士伪为阅新闻也者,默坐酒肆,潜得其谋,士谙适来,即令伪作卜碌鼾睡于内,诸亡命以被蒙之拥入别室,士玷焚窃谓得计矣,不知卜碌乃自门外入,众惊愕,即将所闭置者纵之,殆士谙也。先是米锥士矢志报仇,频年密访,踪迹不可得,忽一日士玷焚与卜碌博斗于途,遗袖口金扣,米锥士间行得之,识为被戕律师铄文之故物,恍然此案之得白矣。当赛船时举以诘士玷焚,几为所攘夺,方喧嚷时,卜碌右臂为诸亡命所伤,不克自驾船,转倩一美国人代斗而胜,士玷焚爽然若失矣。糟匿士总思图占士之产,计惟赚妞妮配其子,则全产可得,而妞妮不允,因设谋置之死地,述以近为债家所迫,日坐愁城,尔可往巴黎一游,无为楚囚相对,妞妮言如需钱,故父财产大可供用,我断不计较,糟言恐外人议论,不作此想尔,但往巴黎去,不宜与我同忧,惟须为一书贻尔姊,俾知尔行止。妞妮唯唯,书竟回房理装待发,厨妪壁写,忠实人也,潜告妞妮以糟匿士之谋,属密达乃姊,女大惊,欲另缮一书,糟不允,将前书索回,仍不允,乃婉告糟曰前书函有墨点,须刮去,糟曰我为尔刮,遂用小刀连划,此殆女与姊之暗记,姊得此知女有急难也。文章天成,妙手偶得,女乃跪祷以为得上帝之助云,其姊寻思报仇,非卜碌为助不可与终,会河涯商订,卜碌先期至,河岸一灯,夜色寥阒,徙倚埔头,拾地上残纸就灯取火吸烟,遗烬以足踏之,旋闻歌声自烟波出,游船容与,邀与共载,讲以十五分钟可返,卜碌以期约尚早,乘兴登舟。河堧益寂寂矣,士玷焚斗船既败,无俚之甚,曳履间行,一步十计,欲得米锥士金扣以掩谋杀之罪,偶于埔头见烬纸馀片,微有字迹,细视则妞妮寄米锥士函套也,遥见米锥士来,即匿于灯壁后,米锥士寻卜碌不可得,见巡役询之,亦不知踪迹,徘徊迟望,忽小轮船泊岸,卒睹厨妪壁写,讶其匆遽,厨妪述妞妮往游巴黎之伪,糟匿士谋毒之工,且言妞妮有书相告,米锥士忆前书无暗记,厨妪谓暗记在封筒上,米锥士悟前此急阅函内事理,遗筒于地,遍觅不见,殆即此函亦即卜碌与无赖子所检拾者也。遂告厨妪以金扣已得,将使无赖子拟抵,絮语而别,悉入士玷焚耳中,乘夜静无人,与米锥士强索,米坚持不可,遂推坠于河,米方灭顶呼救,卜碌游船回,闻号叫声,猛跃水中抱持而起,水深七尺,得庆更生,观者咸鼓掌称快。其时妞妮方为法兰西妇所诳,车行旋绕,仍至占士别业,妞妮卸装谛认,惊讶而号,妇又闭重门,妞妮凭窗外望妇狞视而掎拄之,妞妮至是愤不可遏,撤几击妇,妇乃回嗔软语,述以入厨热架啡解渴。厨妪璧写知其谋,乘间携筐储水瓶诸物悄至床后,即数年前妞妮瞷法兰西妇窃遗书地也。妇既去乃出,语妞妮勿饮妇架啡,渴则探床下筐取水,妞妮惊喜遇救,挽与图脱,言未竟妇擎架啡出,潜置毒于碗,起劝妞妮,璧写急从床后为之互易,自返厨内,妞妮与妇均不知也。妇挟妞妮就馀,妞妮靳之,妇曰尔虑此中有毒乎,我且先饮。遂取璧写所易茶碗吸少半,妞妮娇弱,犹啼哭乞其放归,妇且笞且弄,续饮其半而汗发矣,昏晕斜行,倒椅上旋扑于地,面色渐变,若笑若狂,就枕而颠殒矣。妞妮旁皇不知所措,疾视窗外,闻穴地作坎声,又叩门声甚急,乃避蹲椅背,冀暂免,瞬而无赖子持灯跨窗户入室,开门导其父同至榻沿,见一女尸以为妞妮中毒死矣,极欣快,细认乃法兰西妇,父子哗然,觅妞妮,务置之死,势凶甚。忽男女数人排闼入,则米锥士、卜碌、士谙及两巡差也,系糟匿士、士玷焚,声罪而囚之,观止矣。戏识其略,有能为传奇手笔点缀成文,为义侠者劝,此西剧之可观者也。剧散后园主人导观后场储水处,试演轮舶一周,为酒相饷。

三十日甲寅(10月16日) 晴

乌约华人近逾五千,设中华会馆,公延董事,遇华人争论,董事为之排解。比因一华店倒盘,尽以货物匀摊债家,董事既调处矣。有四家债项颇巨,欲尽踞之,董事以为不公,于是此四家乃不诘董事于领事,而讼于洋官,几于对簿。此真愚妄无识,领事谕诫不听,乃告洋官销案。即此一事,则领事之难处已见一斑,而乌约为尤甚。秘署书言秘埠近尚绥静,林莫查寮未返,然不致大棘手。又言秘税厂比因查验鱼雷,开灯太猛,药随之发,烧三十四人,毙者十四馀,亦大烦医治云。

九 月

初一日乙卯(10月17日) 晴

复希九书,论小吕宋华人医药及日馆新延洋员并催询小吕宋设官事。晚赴杨约翰之会,坐客六人均不熟识,专车迎送,主人之意甚殷。总署旧交在美者,只此君及何天爵而已。

初二日丙辰(10月18日) 晴

返华盛顿已八点钟矣,与参赞各员谈至十一点钟睡,幸能成眠。

初三日丁巳(10月19日) 晴

拨还美廷洛款重所之项,科律师谓细阅洋文册,绝无重报,余谓中西文字互异之故,近已查确,总应拨还,以昭大信,科乃亟称中国办事公道。又云下礼拜一赴墨西哥,约一月可返,托以代查华人在墨情形,并墨求与中国通商损益之道,科唯唯。倭使约晚餐,既诺之矣,以病未能赴,为书谢之。

初四日戊午(10月20日) 阴,雾,雨

西人食器,一瓶值百数十金,磁质既薄,绘画亦工,背面映照须眉活现,索价故昂。忆前游沵上,见八骏杯两枚,蓝花白磁,质亦极薄,而色微烘散,为朱竹垞旧物。近睹洋磁之薄者,恍惚似之,然色白而润,洋磁究不逮也。磁本华产,惜无整顿之者,遂不能畅行海外。倭人工于谋利,日本磁器均能曲体西俗心意为之,销流甚广。

初五日己未(10月21日)　晴

外部谟烈托日使致送一函,言小吕宋设官事渠始终一致,特藩部及该岛总督咸谓有碍,欲此事有成,须除此龂龁乃定,此函系八月初六日发,而其面告希九以藩部曾经说妥系在八月十五日,或其发函时藩部仍游移也。应将希九所呈问答之语促之,此书可不答,但复日使数行,收到而已。饭后访外部,催办未结各案,并告以洛款散竣,查有重报者六人,该款应还美廷,叭夏面谀办事精到,余答以此为中朝例意也,叭夏肃然起敬,仍允速结各案。又言美总统明晚可返,此行经历数省,极劳顿,幸精力能支,人心爱戴,异党之人亦无疵议。询以驻日美使哈特,已返日都,假期既届,留则扣俸云。随赴倭使馆送行,不晤,答拜墨使,久谈。天气尚佳。

初六日庚申(10月22日)　晴

晚九点钟赴科士达公会,晤倭使,云后日遄发,并询余归期,意以得归为乐,又期后会于春明,或将使华耶?晤威地、布勒持佛、梅拉诸察院,各道费城百年会之盛。客散后与谭臣重啖茶饼,谭臣夏间同舟西渡,近始遄归。

初七日辛酉(10月23日)　晴

科士达赴墨西哥,午间来别,并商经手各事,明日三点钟起程。西初葡使来谈逾刻,或者中葡之约果成,此老特来周旋也。

初八日壬戌(10月24日)　霜降,晴

洛款重报六人,共银四百八十元七角五仙,照会外部察收李格士银行单。得粤局包封。王、余两员查岛将竣。七月四日差旋省门、西贡、暹罗诸埠,未往英属般乌岛,前禀请不往者,近为英督所约,亦欲一行,经费已竭,粤督必有以处之也,所请以兵船护送赛会什物,则驳之矣。所查英属各岛,大抵华人初至之地,辄厚遇之,以

广招徕,及开辟有基,生意渐繁,则苛例起矣。观于澳士地利、新金山诸埠,如纽所威露省之雪梨埠、域多利亚省之美利滨埠、南澳士地利亚都律省衮司伦省之衮当埠,所收华人身税,多寡不一,只打市妈利岛砵打稳埠,刻未起征,久当不免。华人海外谋生之难,大可慨矣。寄英馆腌菜两坛,刘芝使淡泊明志,不耐腥膻,英伦又乏蔬菜,余许以在美购赠。华人侨鸟约者闲种菜为业,因属鸟署庖丁腌此白菜寄去。华人繁盛之区,穷于保护,惟此乡味聊供朵颐,分饷良友,殊自笑也。并托查新架坡设领事案。

初九日癸亥(10月25日) 雨

登高之游不果,客中意兴索然。子豫书,言古巴照费近益拮据,旋办旋止,尚不及去年勇跃,购得龙眼如豆大,不堪寄赠。延希九、庆蔼堂公函求为德馆赓音泰说项,赓音泰本同文馆学生,近以登车折足成废,若不联差,自难为活,当贻书洪文卿酌之。

初十日甲子(10月26日) 雨

华城赛马,循例往观,微雨凉飔,阅赛两周而返。檀使照复收到庆邸答该国王书并即代寄。

十一日乙丑(10月27日) 阴

周三溎捕获后,有劣绅赴广州府具保,孙稼航批斥之。周三溎拐贩至六千人,已往者五百六十一人,瘴殁逾半,其情罪即置重典不足蔽辜,不知具保者果何心哉!近有哥士打叻架国招工一事,水土既恶,所订合同尤苛虐,蓬云函致东华医院与英官筹禁,或中辍矣。华佣食力殊方,绝无佳况,大半出于拐诱。香港、澳门、汕头实为祸阶,香帅极力查禁,或能渐戢凶焰乎?灯后缕复北洋书,为银行结束,从此不愿再言矣。

十二日丙寅(10月28日) 阴

爱立谟之弟近充外部。秘自嘉西勒士接任总统后已六易部臣,交涉之事益难贯串。

十三日丁卯(10月29日) 阴

连日湿雾迷漫,昨夜又不能睡,惝彷迷离。左臂搁衾外,曙寒惊醒,臂冷如冰,不克自举,急以右臂提入衾内,如提极软重之物,左臂几非己有,肱以上血脉不贯矣。入衾暖暄之,渐乃复元,殊方夜气中人如是。如是此间日报咸称颂拨还洛案重报之款,以为中朝办事荣耀有馀。

十四日戊辰(10月30日) 晴

此次美都赛马旋泞而不止,有一马两分钟十四昔近行一迈路,合之中里约一点钟可行七十里,有西人以万七千金购之。前日有西人赛马跳沟折其一足。小吕宋华人医药事,其总督得外部电,仅展三月期。香帅两次电商为华人谋,用心良切。

十五日己巳(10月31日) 晴

饭后观赛马,假野外山光以挹清气,翻译忘携请帖,进门签子主者一例欢迎,并不如众人之索费风大,凭轼以观,归途答拜葡使。

十六日庚午(11月1日) 晴

科医生来为诊脉,云心气已平可不药,脾胃不适但食蒲芦便佳,此果略如吾华黑枣,以糖蒸食,颇滑大肠。饭后访察院梅拉久谈,又晤瑞使,询俄使消息,仍无定,俄使之妇曾嗤外部居室陋劣,言貌失欢,又与布连善,此时南党司令屡有不复来美之说。

十七日辛未(11月2日) 晴

昨为法俗上冢之期,插花供墓,今日则祷于教堂,犹不忘所生之意。美俗上冢则在五月,美洲惟纽阿连一省自循法俗,美亦不禁也。正盼洪文卿放洋之信,适得手书,言七月出都,九月放洋,十月抵法,避红海之热云。总署咨会游历人员分历各国名单,附录训政事宜,又洋药膏倍抽税厘事。北洋咨会朝鲜国王文,以该国分遣驻使也。粤报言朝鲜派驻美国之使曰朴定扬,冬春之交可到。又御史刘博泉属查美属米西斯比河情形,与黄河相若否。此事光绪九年郑光禄承总署函查,已详询美绅专那士,略得梗概,函复总署,并录问答甚清楚,其时亦刘侍御片奏条议者。两河水性形势迥异,治法固不同也。黄河自铜瓦厢决口后,水由大清河北流入海,语曰:"清济贯浊河",盖清水在下,黄水在上,清负黄以行,泥沙尚不全淤,否则济河形狭屈曲,加以黄流之浊,积淤殆不可问矣。米西斯比河来源非如黄河之浩瀚,本系清水,迨汇美苏黎河水乃混浊,此与河济同流似矣。要其挟泥无几并不挟沙,其泥性胶黏,干后即坚实,与黄河之泥沙并挟,泥质纯胶而不实者异矣。又以米西斯比河全河之清水刷美苏黎河灌入之浮泥,犹无强宾夺主之势,办法与黄河判然,黄水势大,济水力微,若能以清刷浊,水患尚不致今日之亟。申初访美绅挨林士,询法国磁画,云系铜铁之质,然则鸟约所见殆法产也。挨林士近习中文,出观中国舆图系东三省及直隶、河南、山东、山西各省,极工致,云系德人所绘,其南省各图俟续出。云西人留意舆地考究精细,近日中国派游外国之员能为地图以归则尤善,否则就外国通行之图加以考索亦甚有益。旋访议绅多福,询中美交涉各案已悉送外部否?余曰久已照会,亦时晤叭夏促之,议院将开,议绅之识理者尚拟速结也。

十八日壬申(11月3日) 晴

小吕宋事函属希九催询谟烈,复陈敬如,托拓车弩士机铜器文字。墨使来,言移居粗毕。得科律师电,已安抵墨都。今日赛马,跳沟者仍折足,何技之不良耶?

十九日癸酉(11月4日)　晴

旧年诗家谷工党戕毙巡役一案,论抵七人,昨始定狱,总察院威地自署返寓,晚餐后有人投一木匣,即就餐桌展视,殆炸药也,幸未暴燃,即置之前厅,家人妇子亦不知为何事,其新闻馆访事人哈文亲到威地寓询访炸药之事,谓工党挟恨报复,其不遽燃者则封寄时书信馆加盖印烙用力捶打,内火线搭引遂紊,否则威地一家皆焰矣。工党罢市索加工价,巡役弹压乃为枪毙,此而不论抵,是谓无政刑,威地判决尚为明允,而工党竟为恶报,甚矣,民政之难齐壹也。午后候之,晤其比邻,谓此事威地不芥蒂,而其家内咸惊恐云。随观墨使新居,顺访叭夏,约十月初九日晚餐。

二十日甲戌(11月5日)　晴

昨兵部宅又有投以木匣炸药者,均不燃,前晚总察院之药匣经巡捕检交化学人化炼,并非真炸药,穷究来历,即报馆访事人哈文之所为,诘之而信,即行收禁,哈文非工党,不过假此一段新奇以售日报,亦黠而愚矣。智使来晤,英语仍不甚流丽。

二十一日乙亥(11月6日)　晴

西例属使至友邦,应由所属之国驻使挈晤外部,比阅北洋咨朝鲜文无此说,非争虚文,虑为黠者诱导则大损矣。北洋应否补咨预杜要结,并饬具报职名,即电署酌行,计五十字。午后英使来晤,询以印度王子前此来美仪节,果系英使带见总统及外部,是则朝使之来,不得不预为之地。

二十二日丙子(11月7日)　晴

曩闻美书肆有绘画南北花旗鸟兽图,著色甚精,每函索价二十五金,顷取观,则索价倍之,云只两本,原板已失,共十一函,须五百馀金，不数月而价值陡昂，书贾伎俩，中外一辙。前日往候总察院威地，震东因其犹子患喉症，虑传染不敢造门，今日闻竟病殁，喉症难痊，西医亦束手矣。威地当炸药虚惊后，既有人琴之悼，复深小阮之伤，七十老翁，何以堪也。

二十三日丁丑(11月8日) 立冬，阴

英廷为鸟蚡伦捕鱼案特派三人来美商办，此事两国鱼利所争，各不相让，徒烦唇舌而已。美俗勤俭，惟务藏富，华盛顿都城简朴，曾不如欧洲有名之小县，戏园只两间，且时开时闭。今夏有意大里人巴地来此演剧一夕，工价五千元，观者如堵，墀子散座亦费十二金，绝无仅有，然一宿即行矣。美驻津领事巴拉密留任不果，李傅相于其返也，予一书令来谒，年逾七十矣，絮言北洋优待，曾赴总署春酒，又在津沽幸迎谒醇亲王，颇有依恋之诚。北洋来函嘉其年老心慈，办事和睦，惜美廷南北分党，遂以石米德代之。申初檀使来，言檀岛至旧金山一路，拟设水电，须费二百万金，拟与美国合力，由电线公司出资，两国岁认利息五厘，美总统、外部均以为然，虑为异说腹诽，未能即决，若由此而日本，而中国，声息大通，更拓至新金山，亦于商务有益。余答以太平洋海电，军国重事，诚有裨商务，究恐无济，数十年后或见效耳。檀使又诋日报误述其断卖一岛与美，谓该国一小岛，美欲假以起卸煤斤，伊外部曾与美订明暂假为用，无论何时均可取回。希九书言续晤谟烈小吕宋设官事，语较切实，寄到问答略节，谓致藩部文已属以必须照办，藩部亮不固执，然事属政务，恐须政府会议，是于藩部之外又添一政府作宕局。

二十四日戊寅(11月9日) 阴

格总统长公子近经公推鸟约巡抚，此为南北党举总统之先声，格若得此席，则下次总统即属北党，故同党者辄为跂眄，事决于昨

日。今晨阅报乃为南党所得,多二万馀筹云。蔼亭申呈各埠商董员名清摺,近日古巴公牍文理格式均有进境。灯后谈臣来晤,备述巴黎别后所历罗马诸境,及火山已陷复现之状,曾至架露城,为意大里属土而归法兰西保护,其地专以赌博为业,无昼夜悉役志于斗牌、打波诸戏,比屋皆然,漠不为怪,亦无喧哗争闹之事,博场宽广,过客往观,随意进出。举俗若是,良可诧矣,不知地方官亦索陋规否。

二十五日己卯(11月10日)　阴雨

李玉衡函谢新式玻璃灯,并述香港近状。酉初晴,亥正大风,窗户震撼。

二十六日庚辰(11月11日)　晴

接北洋电,朝鲜遣使事已恪遵电谕办理,并求遇事指教,视同一家,当电复毋蹈前此拜跪之误,举印度王子来美仪节证之,又该使过倭有无停顿,电北洋询示。该使来时又增一番周旋也。德破法后合普鲁士诸国隆以帝号,其君相尚持戒惧,而分驻各国使臣似不免骄矜。日斯巴弥亚倚法为援,彼此各派头等公使,日欲遣头等公使至德,而德拒之,德王今年九十一岁,精力尚健,近病经旬,其子年五十六岁,亦患喉症甚剧,国人以为忧。诗家谷抵罪六犯今日临刑,美籍一,馀皆挨利士及俄、德两国种类,内一犯昨用炸药从牙缝自炸,冀免缳首,乃炸烈腮颊头面而不死,罪恶贯盈,难逃显戮也。减死而监禁终身者二,判非有心作恶,亦曲为之解耳。美廷内治之政,经年乃定狱,总察院威地犹吃虚惊,宜其戕害华人之案,但任赔偿,终无办凶之日。

二十七日辛巳(11月12日)　晴

美廷各部似乏上下相维之义,叭夏既因副外部波打意见不洽,自求解职，总统乃撤退波打以安之，近日内部又以总文案官压搁公事，有烟甸人田土一案搁至年馀，遂为书申饬，亦有请总统易一茸阘之部臣与共事，否则易一勤能之文案以执公，大约总统亦须善为之地，内部事繁，书纪约二千馀人，亦不易约束也。灯后挨林士偕矿师谷士来晤，云自华回美，曾于光绪八年往阅直隶、山西诸矿，盛称山西煤铁之佳，强于倭产，五金之矿亦富，叩以但阅矿苗能定此矿衰旺否？答曰无论如何矿师无此识力，惟视开矿者运气而已。挨林士近习中学，求荐一人指导，余询之进斋，亦虑中西文字融会为难。

二十八日壬午（11月13日） 晴

曩闻马蕴邪术之说流传香港，渐至上海，究是疑信参半，何绯联久住香港，亦谓聊存其说耳。但光绪三年以乌石山案寓福州招商局某董事处，其榻侧有小玻璃瓶，属勿误动，每礼拜某董事必破指出血滴入瓶内，云此中有物，须以己血养之，可就瓶口与语，所谋无不如意，欲罢则书一符与饮，便自漠然，此瓶购之新架坡云，似马蕴邪说非尽无因也。未初赴律师哈伦乡居，中饭回镳访教士卜士，年八十一，豢蜜百十窝，悉在树阴地上，冬雪若积恐冻僵。途经西人丛冢，见有军兵帐棚为劳近浮厝处，美廷恩礼勋旧，殊非意想所及。地近苏遮士龛，林木亦幽翳。

二十九日癸未（11月14日） 晴

溪理察宝星之案，顷刘芝使咨，据英外部复文，谓与英例不符，不能代达君主。译抄英例一纸附寄，所谓不符者，殆邀赏二年内即须具报，迟则违例云。此系英国自治之政，若英人而邀他国赏赐者，似不在此例，而英于此等事似若慎重名器不肯苟且迁就者，此后英员例赏置之可耳，何必烦此笔墨哉？曩闻芝使言有英员某在中国机器局出力,得二等宝星,英廷谓既有薪水,不合邀赏,至其效力皆中英两国睦谊,与该员无干,令将宝星缴还,此次溪理察宝星但云不合伊例不便代达,已觉措词圆活耳。英都近收禁一挨伦议绅,挨党麇集二万馀人,于纪功碑下将与政府辨论,巡捕弹压之兵四千馀,始以吃苹果掷詈,继而斗殴,英廷复调多兵,始弭其乱,受伤忒多,医牢几无隙地云。

十　月

初一日甲申(11月15日)　晴

希九钞呈照催外部医药事,文理明敏。又新订洋员已于前月二十一日接办。近闻外洋亦有算命之说,间有精者,中西殊历,司马季主之奇固非西人所能推测。进斋谓西术但论年月日,不问时,仍类中土查星盘之意。德王自筮命长于子,而冢孙则寿命功业皆隆,将传位于孙。

初二日乙酉(11月16日)　晴

香帅电约陈敬如赴粤,即转电许竹筼,属以自酌,如不留法馆,宜即往,又询减薪事署咨定否?午饭时何天爵来,阍者却之,复来,饭后遂接晤,自言甲申经手拟借美款一事,曾两次赴华,未得谒总署,盖因美使馆先贻书署中,谓使馆不与往还,故总署不赐见,随将美馆汉文函稿出观,此为美馆拒斥何天爵之函,伊从何处钞得?甚可诧。前此总署与订合同,何天爵仍存箧中,近且欲续前议,且谓昔之不获报命,殆因粤闽假英款利息九厘,视原订五厘之约相去太远,故美商不愿,现则四厘亦可办到,乞代商总署云。余令将前订合同交还,再为转达,现计中国无急用,或不需此。第前年濒行,总署曾属取回此约,此时机局尤宜急索之,否则播之新闻,招摇可虑。

初三日丙戌(11月17日) 晴

水师部汨尼因病乞假就医鸟约,初九日之会亦以病辞,顷美都论者谓非真病,但假此赴鸟约密结党与为总统谋再举耳。汨尼为南党富室,意或然欤?湾克近举鸟约议绅,却系北党,鸟署向与交好,亦遇事相助,因为书贺之。

初四日丁亥(11月18日) 晴

日报言俄王赴伯灵,为德王禅代之事,德王老病欲以国事禅于冢孙,俄德交厚,或相赞助耶?前日何天爵言中国现在外交之事以保高丽为亟,日本亦然,高丽苟为俄袭,则倭亦有不利,斯论不自何天爵始也。或谓能联各大国共保之,如欧洲字小办法似可久长。

初五日戊子(11月19日) 雨

咨总署洛案册结并外部往还照会。陈敬如已留法馆,不能赴粤,即转电香帅。晡时草疏奏奖接留差满各员。夜雨。

初六日己丑(11月20日) 晴

晨起见微雪,气候略清。檀岛董事程汝楫从子程祖乐欲投效天津武备学堂,嘉其久客异域不忘根本,为咨北洋核收,即将咨文交程祖乐自行投递。金山学堂岁筹专款,得千三百金,约可敷用,惟教习修脯尚缺其半,须续商也。金山华商最盛之地,而窘涩乃尔,华人争讼斗杀,醵金助虐,顷刻可数万。此等培植人才之事,乃如蚁穿九曲,良可慨叹。

初七日庚寅(11月21日) 晴

昨晚班林马戏失慎,狮象各兽纷突场外,伤数十人,环球马戏以此为最,往多演于鸟约,此次乃在干邦。衡以日国之例,豢猛兽逸伤他人者论死,则此戏班不能不赔偿,美律宽纵,或遂置之耳。

外部来文,新派副外部富利司即补波打之缺,系鸟约律师云。英国专使詹卜纶副男爵塔罢、外部司员阿船来访,未接晤。

初八日辛卯(11月22日)　小雪,晴

华佣来美,自蒲安臣居闲后,轮帆益密,美复设例限制,立论既苛,增修无已,似将杜绝华佣足迹也者。而金山税关司巡乃潜发华佣护照,于其登岸又曲为掩著,即映相亦可更易,此项私照发去盈万,无非贿结而得,近为合众国衙门攻讦,税司黑假亦难委为不知也。美屡思限制而自治不严,岂合归怨华佣哉?午后答拜比利时驻使法兰西参赞,前秘使、英专使及议绅。灯后爱立谟来,言秘国各部现已派定,询其屡易之故,爱言秘政略殊美,其部臣若经议院疵论,辄不愿供职,咸相引去;询以巴拿马河工竣否,爱云无期,近有人集资六千万创设公司,另开一河,在中阿墨利加洲赖驾露亚骄亚地方,其地距美稍近,从墨西哥过去。

初九日壬辰(11月23日)　晴

美各部及各大书院予人公函不黏士担,别制函筒式,署明查系私事,罚锾三百元。邮递即无远弗届,士担之权为国家独擅,特设邮政部以专之,然公函犹可免黏,此中煞有斟酌。中国电报局略同邮政,该局借资公帑,递年就各署官报扣抵帑本,开办至今抵偿未了,明年电局新政乃并官电亦收半费,提镇司道且不许用官电,同为官事,中西命意固殊。戌初宴外部叭夏、户部钗鸦飞劳、内部林麻、邮政部威露士、陆路大将军佘利钝、总察院梅拉马调、合众国委员威露臣、前驻华公使杨约翰、英使、葡使、日使、法使、丹使、瑞使、日本代办十六人,叭夏起为颂词,余令震东译答。亥正散,主客皆欢。

初十日癸巳(11月24日)　晴

寅初率参赞各官恭祝皇太后万寿。今日为美俗举国祀天之

日,各署并放假,适与华例偶合。午后科士达自墨西哥回,述墨国近状并华佣情形。曩闻金山华商言,墨西哥都城屋房有类华式者,似华人之经商于墨,古亦有之。海外经营载籍盖缺,非如今日之声息遐通也。杨约翰偕弟来访,云就夏庐报馆之席,仍理故业,当可资生耳。晚观西剧。

十一日甲午(11 月 25 日) 大雾

晨起窗外树林濛濛不辨,但闻车声,巳初始霁,仍暄暖。金山新换三邑,宁阳会馆绅董,已照章咨粤矣,顷复照会叭夏转告户部檄饬,税关如礼相待,易一绅董而多如许笔墨,近事之繁猥者也。曩寓金山九层楼,江藻亭不谙煤气灯消息,遽以口气灭之,煤气四溢,几濒于危,何绯联隔壁寓,急闭其管乃免,华人初历外洋情状如是。昨有南省议绅乍来美都,亦如藻亭之鲁,遇救而苏。煤气灯始于乾隆五十七年,此时美国全境尚非尽用煤气。

十二日乙未(11 月 26 日) 晴

沪局递到总署咨复上年销册,北洋咨会复奏华美银行事、南洋咨会卸任日期。阅邸报,八月十三日郑州河决,夺溜南趋,水至邳阳,江淮之北被灾既重,若泛滥及于洪泽湖、里下河,则为害烈矣。皇太后轸念灾黎,颁内帑十万金饬发豫抚急赈。慈恩广沛,小民当免流离荡析之苦。河既南行,或从此导之入海,不假泄水三分之说,齐鲁之患稍纾,而南河故道已湮,云梯关海门高淤,岂易卒办?禹圭纳锡,果何时也。

十三日丙申(11 月 27 日) 晴热,寒暑表八十五度,气候殊不正

昨晚英使约与专使詹卜纶会,似三十岁人,询之则五十二岁矣。英使谓向不认识,闻将为宰相云。座客如叭夏、佘利钝诸人皆美之当道,驻使却寥寥也。久谈已苦热,尚不及今日之甚。近有诋

法人长技惟歌舞庖厨,他无足观者,有人起而辨之,谓法经德败犹能收拾馀烬改为民主,十六年中仅三易总统,而养兵仍四十馀万,岁饷七千馀万,虽国库岁乏储积,然已极难能矣。间与美兵官哈麻龄论及,哈谓即此便觉法廷养士之薄,美合众国额兵仅二万六千馀人,而岁饷三千九百馀万,伤病羸老之俸饷不预焉,若徒恃多兵而饷如是之涩,安足示武哉?

十四日丁酉(11月28日)　雨

近闻法总统有退位之说,因其婿招摇纳贿,国人哗之,法总统惭而引退。德王近已大愈,其子喉症亦少差。

十五日戊戌(11月29日)　晴

前月剔还美廷之款,美都有人电致金山,谓此等款项华人出名代领,殊不为贪,而中国如数送还,核实办理,光明正大,视我美前收英国阿罗巴磨赔款一案,竟将溢银吞入囊中,其相去为何如云。金山又有诱拐迫娼之事,为番禺陈氏妇,陈姓之寓金者禀乞查理,已批交领事,本日得领事申详全案并录供词,文内有"贞妇之节愈苦,拐匪之罪愈浮"之语,当咨香帅按名拿究,幸此妇业经提送回粤,并分致东华医院、爱育善堂矣。秉彝之良,有生同具,当能妥交妇族也。金山此等事无岁无之,华人行径如是,愧愤而已。傍晚赴外部律司黄吞公会,为詹卜纶而设,诸客毕集而詹未来,仅与主人周旋而出,各使亦陆续散矣。遇土尔其使,已改易该国服色,意甚诩诩。许竹筼书述九月二十八日署电减速薪仍从元旦始,追缴坐扣照章办理。

十六日己亥(11月30日)　晴

晚宴美总察院威地、布勒持、佛格腊,上议院掌院佘文,议绅多福、歇地、巴拿蛮、升高顿,律师科士达,美总统中军官威露深,丹使、墨使、智使、比使，前秘使爱立谟，美绅谈臣，本署洋员柏立等，酒半，威地起为颂词，余仍令震东代答如礼，十点钟散。柏立以公宴分两日，后请者不怿，未请之公使亦不怿，殆不亮客多不能并坐，而各国驻使无甚往还，又岂能遍约之乎？今春德使以德王生日宴客，亦未遍邀驻使，是岂余独矫异哉？叩以不怿者为谁，柏立又不能指出，是其师心自用，总以不预陪外部，为此妄言耳。洋员难共处，不悟前任何以耐之也。

十七日庚子（12 月 1 日） 晴

议院将开，午后往观览，规模宏敞，强于日都议事，墀子却逊之也。上下议院并相通，亦均有驻使公座，中为总察院谳案亭平之所。曩以洛案未结，不愿往，顷洛款已偿，无烦争辨，乘其洒扫陈设时一观，他日开议则随意以听，尤便也。大门内油画多华盛顿战绩，院内油画则与英墨接仗及南北花旗铁甲船图，下议院主席之旁一为华盛顿画像，一为法将军驾拉飞拿画像，当日助美叛英者也。另一院则历任总统石像，制作颇精，满铺云石，中空如磬，立近当门处，相距盈丈，设为细语，其应甚洪，又如声从地发者，却非遍室具此妙趣，想建院时中空之处亦有分寸，电气从门洞周通，故宜振响也。院建已九十三年，费一千一百馀万，工程尚不为侈。院藏有木杵长约二尺馀，上缀银鹰，蟠以银绦，每总统新任，则诸议绅捧以进谒，此美之掌故，究不知何所本。议事墀上嵌玻璃，中画各省印信，微寓版图富有之意，美立国仅百一十年而能恪守创国成规，骎骎富盛，视欧洲日以攻战为事者，诚有过之。本日为法总统去住定议之期，国人欲举茹费礼以代，而异议者尚多，法总统不欲再辞矣。茹费礼系谋越之人，削民财而博不毛之地，法人滋恶之，其物望又逊于美之布连。

十八日辛丑(12月2日)　晴,微雪

昨法议院以总统初言去位曾下明谕,现在果否坚退,仍须再给一谕,乃定从违,总统以议员持论如是,知民心之非终附也,亦将毅然舍去。晡时赴谈臣晚餐,观罗马伯灵油画、水画、磁画,并有佳趣,谈臣赠密蜡烟管一枚。子初归,气候由寒而暖。

十九日壬寅(12月3日)　晴

奖摺核缮既妥,附片为董事何丹桂、谭玉书改奖,此前任未及核办之事,随案附陈,不没若辈前劳云尔。法总统果不安于位,置君如奕,信然。

二十日癸卯(12月4日)　晴

美兵部署中有大木一枚,质极坚实而四围皆孔,南北花旗争战时此树在威毡拿省,两兵交接,树当其冲,受枪弹密如蜂房,停战后乃伐,置于兵部署以示血战之苦,此时南北混一,亦习而忘之耳。南北分党,只教堂不分,耶稣神道莫或使之欤?法总统已举定嘉劳,不知能终任否?

二十一日甲辰(12月5日)　晴

美国开议院之期,外部例请公使往观,巳初往上议院,俄使、檀使先在座。议绅渐集于墀,至十二点钟时掌院升座,诵耶稣经一遍,自费城移都于此恰百年矣。诵毕即举案上函牍交书记朗诵,皆新举议绅之事,有南党一人为马韩作替者,或诋其所举非实,将大烦辩论,日报纷言之,至是而迄无异同,尚顾议院体面,墀内议绅咸集,各据一案,间陈设鲜花,美以开院为巨典也。返寓后震东复往下议院,观者尤杂,有老者当掌院诵经后号召于众与共唱一歌,座无应者,此老乃自高唱,绅恶其失礼,执之。大约每年开议院时必有此种笑柄,且多出于下议院。

二十二日乙巳(12月6日) 晴

外部请示使馆从官勋衔补刊缙绅。今日美总统颁谕议院之期,窃谓内治外交必能兼顾,乃只言库储大充,急宜减税便民,絮絮至六千字,而绝无各国交涉之案,现最切近之鸟蚡伦争渔一起,英专使尚会议于外部,且无一言提及,可诧也。灯后访科律师,亦谓向无此式,日墨各使曾来致询,若有同情。总统能否联任仍未定云。随赴前邮政部阿亭公会,热甚,不耐久坐,主人殷留茶酒,啜一瓯。

二十三日丙午(12月7日) 大雪,晴

西报言汉口蛟灾甚烈,但愿传闻之讹耳。致李仲约书,述外洋使规及美、日、秘三馆现办各事,覼缕二十二纸。

二十四日丁未(12月8日) 晴

金山华人自相讼争,被系三百馀人。曾令蓬云商诸嘉厘福尼省总督,分别摘释二百人,拘回原籍,由华商筹给船脚七千馀金。华商能为此举,良可嘉尚。顷据来函,仍虑若辈出狱寻仇。余谓随释随登舟,不能在金山复滋事。回籍后则长吏执法足以惩之矣。即详复蓬云具报,以便咨粤。

二十五日戊申(12月9日) 晴

美总统颁示议院之谕,英廷大为嘉美,以减税便商,则英之贸易于美者益可获利,特美国制造各公司颇深觖望,南省之种烟制糖者亦然,亦有幸有不幸而已。然美以库藏充盈为此盛举,亦自可嘉。申正酬应公会两处。夜雨竟夕,奇寒。沪局代购茶叶、绸缎始寄到。

二十六日己酉(12月10日) 雨

墨使又函请立约,近日华人潜赴墨境者,领事穷于禁遏,如能

善为保护,未尝不可与商。查墨国记载:明万历三年即西历一千五百七十五年曾通中国,岁有帆船数艘,贩运中国丝绸、磁、漆等物至太平洋之亚冀巴路高埠,分运西班牙各岛。其时墨隶西班牙,中国概名之曰大西洋。我朝乾隆五十年,西班牙伐英而败,太平洋商船虑为英虏,墨遂叛之,刻乃自主。

二十七日庚戌(12月11日)　晴

法前外部茹费礼不得举总统而得为部臣,国人恶之,联合死党二十人击于议院,已被三枪洞中要害,初尚能支,越宿则创甚,可见人心不附也。顷阅邸报,郑州决口,截留江北、江苏光绪十四年河运全漕备赈,想被灾极重矣。又户部拨帑二百万为堵口之需,不足仍续拨,复准豫省截留京饷三十万放赈,缅怀高厚,食毛践土之氓当知感激,年内合龙尚不致重费。

二十八日辛亥(12月12日)　晴

外部约游观华盛顿坟茔园榭,英、俄、檀及南墨洲诸驻使,邮政部、兵部、前水师提督波打、下议院专司外交议员、外部司员布郎等,男女约百人。巳初登舟,微雨,少顷而霁,乘兵轮行游,另用小火轮、舢板泊岸,客皆徐步,寒林晴旭,随意流览。叭夏约共映一相,又偕游华盛顿故居,守冢吏导观如去年,并为英专使叙述一遍,余与布郎先返,叭夏诸人陆续回船。未正中餐,申正回棹矣。叭夏谓今日以美国船载英国专使游华盛顿坟,皆百年前逆料不到者也。叩以华盛顿之裔,叭夏谓华盛顿无子,既创宏业而乏嗣绝,似天之报施不厚,不知此中冥冥之意,特使其无子女,则美国民人皆其子女也。叭夏之论甚通,又言华盛顿并非奇才异能,只是办事存心悉归忠实,故能成此大功,不知忠实之为用广矣。叭夏又言承任外部三年,始得此一日之暇,其劳亦可悯矣。立谈良久,不觉抵岸,握手为别。英使之车为女公子先驰去，附余车同行，使馆相距甚近也。英使为言茹费礼为法之乱党，曾因事系狱，往曾相识，人亦似能干，然则法人欲举为总统，殆忘其缧囚之迹欤？今日舟中闲坐时，叭夏甫出户，波打问俄使叭夏年已六十否，俄使云不知，转问英使，亦不知，波打徐与俄使耳语余年岁，俄使潜告波打以余近能领会，波打遂不再言。余徐用英语告以不谙，俄使面为之赧，其实余究未了了。

二十九日壬子（12月13日） 晴

英署寄到新架坡设领事案。郭筠仙给英外部照会，谓中国遣使与设领事亦条约所不载，既能遣使，即能派设领事。英外部回文，乃援据条约以答。及胡璇泽病殁，曾劼侯派苏桂清代办领事，英辅政司不认，几烦辩论而定。至英属各岛，则并不允派矣。昨日希九函，言日藩部已于西十一月十四号会议小吕宋领事及医药事，寄到与外部谟烈问答，恐亦未易就范。

三十日癸丑（12月14日） 晴

美总统谕议院文译寄总署。

十一月

初一日甲寅（12月15日） 雨

北洋咨会黏钞朝鲜表文。午初科律师来，言新蕾案两造，现仍调处，又请将钱范拓本发还黄吞。申正答拜墨使，并赴科律师公会，有墨外部之女，新嫁后偕婿来游，其婿扁鼻，面色类华种，携示华装映相，乍看几以为华人。科曾使墨，与外部有旧，特为遍延美都知好为此盛会。

初二日乙卯(12月16日)　晴

美绅烈而特,初与中国立约之公使也,家在波度摩西,正月为善会,其子妇特来美都请总统往赴,又托人介绍来见,备述倾慕中国之诚,请余赴会。

初三日丙辰(12月17日)　阴,雾,午后雪

美都近多喉症,雪则杂病可免,美将改岁,雪乃应时,不识吾华得雪否。直东水灾孔亟,今秋复有郑州之决,黄患及于江淮,现筹堵筑卫薪,虽属冬日柏矣。

初四日丁巳(12月18日)　晴

雪后骋车,西人以为乐事,晨起时闻车铃,雪已霁矣。墨使新居落成,特约晚餐,座皆熟客,只可仑比亚公使系初交。

初五日戊午(12月19日)　晴

开平人张进良旅居美之阿利简,以医为业,有西人倩其治病而效,租与金矿一区,价二万金,以九十九年为期,亦如西人在华租地之说。自五月施工至今,水坑存水,淘洗甚便。下游一坑忌之,遂串合原租之西人强迫夺回。张进良佯以合同钞本付火,而潜遁他埠,函托鸟署供事张丁盛为之设措。顷复托该省绅士之任议员者,具启求查理,钞呈所致张丁盛函及矿图,又洋文合同一纸,阅其文理,殊费寻究,略会其意以矿坑为西人夺去,而仍迫以西正月一号将馀银交讫,情却可悯,因将洋文合同交科律师酌办。俄王近复被刺于都城,误中副车。

初六日己未(12月20日)　雨

古巴总督新政,华人赴医院治理者,岁索领事补给药费八千金或六千金。蔼亭驳以华人承招而来,佣工劳苦因而致病,当日古巴约许与至优之国一体相待,华人应与日人同此权利。且领事岁收

华人牌照费,均用之于华人身上,国家并无丝毫报解,领事亦无馀资,安能岁筹医院巨款？立言得体,此皆日国横征苛敛之政,宜烦辨论也。午间科律师将张进良合同携回,谓据此合同,华人应得矿坑利益,然亦不解其来意,姑先托议绅,请仍查询该华人是何主见,即函查鸟署。申正答拜俄使。

初七日庚申(12月21日) 晴

近以郑州决口,黄患及于江淮,欲博访米西斯比河情形。访议绅升高顿,河堧人也,为言益参将从前议收束河身,使河流迅捷不停淤,未始非善,惟河流太急则商舶不便往来,诚于商务有碍,又需款太巨,仅试办而未竟全功。此河情形绝类黄河,湾曲亦多,水极混浊,特沿河多旷土,非如中华之繁庶,年或决口,亦不要经理,然附河居人则甚惴惴,每当秋获将登,遽付波臣,灶蜗槛鱼,数见不奇矣。郑光禄前复总署谓益参将之议已行,犹非今日情形也。

初八日辛酉(12月22日) 晴

长至节,寅初率参赞从官望阙朝贺,循例放假一天,亦为酒礼宴饮,杜门竟日。致豫东抚藩书,去国两年,朋旧音问阔远,弭管辄怅。

初九日壬戌(12月23日) 晴

美俗将庆耶稣生日,知交馈遗络绎,西历将改岁矣。墨西哥求通商事,咨商总署,恐须明春始能见复。华人佣趁异域日益繁杂,既难禁遏应思所以调护之,然亦甚不易。张进良金坑之事,美绅电复令在该省衙门控告立案。梁勤自哈佛来,所习英国语言文字大有进境。晚与赴货郎肆中购买什物,可以代言。

初十日癸亥(12月24日) 晴

西人度节之期,后邻户部总司员郁文合家人妇子作杂剧。灯后往观,座客百十。所演北冰洋雪景,郁文自蒙皮鞾为白熊,与小儿女跳跃,别一老者混身雪点,状如货郎,分给诸孩嬉具,西谚所谓山特呵罗士也。中置一树满缀友朋赠遗之物,或谓西人实解寻乐,然客中寓目,徒深异乡之感耳。夜雪。

十一日甲子(12月25日)　晴,积雪不厚,天气却寒

前户部珉玲病殁,鸟约医者言其心思太过,脑髓枯竭以致不治。美总统亲往吊唁,国旗半下以志哀,户部署蒙黑布十日。

十二日乙丑(12月26日)　阴

小吕宋华人医药事,藩部议准一遵华法,由日廷给凭,按各国一律,迟日即有复文,领事尚未定议云。华人医药照华法办理,此极公平之事,绝非格外要求,惟由日廷给凭一层,似未尽妥。华医应由华官给凭,与日何与?寓美华医已久照此办理。所谓按各国一律者,犹以西医视华医也。或者华人药店须由该国给照,此理尚通,然已乖报施之义耳。日商在华所收吕宋票,亦须华官给照乎?俟接来文,再与辨之。适科律师来,与询及此。科谓日廷给照之意,无非藉此敛钱,然各国既一律办理,华人亦难独异。

十三日丙寅(12月27日)　晴

唁许竹篔函轴,托沪局致送。竹篔本月初四日附法公司船内渡,行次无译官,不得已,觅一吴人学英语者同伴。

十四日丁卯(12月28日)　雾,午晴

叭夏函知美总统西历改岁后一日见客,叭夏亦于是日为公会,妇服既除,照常酬酢矣。科律师之亲眷璧近,操医为业,移居使馆之前,灯后访之。寒月满阶,夜色闲旷。

十五日戊辰(12月29日)　晴

顾敬之新制铁箫,洞中音节,为《铁箫歌》赠之。蓬云欲面禀

要公,复以自审诸岛情形能暂交副领事经理,则来此一晤。希九寄到催外部文,又法国磁画映本,每帧有索至八百金者,然皆非意中之物,宜不购也。外部司员布郎送阅古文摹本三十八字,请考证,似篆似梵叶,当系埃及文。

十六日己巳(12月30日) 晴

自日返美,照会叭夏,条约文久不见答。比因华妇来金山较多,悉援光绪八年美例,金山地方官无如之何,其实皆税关串通也。叭夏来文,欲速订限制,而于保护一层不叙,亦不照复前文。今年粤中岁熟,华人来金谋工者少,其华妇之被拐诱者,已次第截回。并托东华医院分别饬属认领,又遣送华犯一事,嘉督矜慎,须十阅月乃竣。

十七日庚午(12月31日) 阴

韩使十五日抵金山,参赞从官共六人。始乘美国兵船至横滨,随附柯顺匿船来美。电询蓬云察其形迹,如不来谒,幸勿先施。正发电,适一香山石岐乡人张姓来谒,询其何言,乃请屏退左右,可讶也。自言三岁时乡野闲游,一白衣老人摄至深山密室,教以兵法、行军、调将诸事,十三岁时予以盘川,令至金山,且告以此数年间有张姓人出使美国,可往依之。又言中国近与外国通商,应修武备,水师虽有新船,究不敌外洋之精熟,宜以陆师为主,能合精锐,保全高丽,规复缅甸、越南,再以偏师临印度,使之慑服纳贡,功成不受赏。又言白衣老人即留侯云。叩其年,仅十九岁,所言似狂非狂,华人寓美类此当不少,续乃索盘川,求栖止。大雪寒甚,不耐其缠扰,许以明日来领。

十八日辛未(1888年1月1日) 阴,雨

七点钟赴后邻汨鹘晚餐,马行旋泞。衣履沾濡,明日天气仍

尔,则拜客殊不便。

十九日壬申(1月2日)　晴,甚出意外

洪文卿咨会十月十七日抵伯灵,廿一日接篆,又手书一函,述德国新政,民人年三十九至四十五岁均调充守兵,顿增十万兵,数十年之内欧洲必有变局,德将为戎首云。今日为西历正月一号,美总统延接各使及美国官绅之期。十一点钟往,各使先后至,按到国次序与总统握手为礼,及其夫人外部旁侍,亦与周旋,随至外部寓宅小饮,返寓中饭,进斋仲兰皆托病,不能同拜客,此等周旋,固非人情所乐。彼都新岁,各部及九察院、上下院掌院、总律政司、水陆大将军,均须往拜。前使面交一单,又自行结识最熟者,亦到门,计二十六处,终岁酬应,以此为甚。穷一日之力,须遍及,惟倭馆投刺之说,则不能遵前任之教耳。

二十日癸酉(1月3日)　晴

曩过伦敦,薄访交际情形,英国乃无新年酬应,只朝眷会须周旋数时许,不识德、俄何如,然美则即此一事已远逊欧洲之省事耳。午后答拜下议院诸绅及田使之兄,又赴公会四处。电蓬云韩使来美事。

二十一日甲戌(1月4日)　晴

查询外部,如韩使之来美国,有无榜样,总办布郎谓德未合并以前间或见之,近则绝无仅有耳。午后酬应各部公会。夜十一点钟赴英馆观乐舞,偶感风寒,少坐即返,连夜咳嗽甚苦。

二十二日乙亥(1月5日)　阴

新蕾案犯六人已尽释。此案聚讼三年,前任深以为忧。前领事黄钧选则不即不离,欲为和解而无济。春初托科律师力为斡旋,幸活数命,天道犹昭昭也。彭禹廷在金山,不耐寂寞,放言高论,条

列中美交际事，而文义甚劣。子刚《古巴杂记》刊成，见寄三本。今日寒病殊惫，迄不思食，与客谈，辄沉沉欲睡。

二十三日丙子(1月6日)　小寒，阴雨

鸟约美商欲乞中国量减出品茶税，公禀外部转告田使达之总署，谐否未可知也。中国理财宜于中外交关处著意，司农新政，加重茶厘，茶商益窘矣。印度、日本茶叶方兴，岂能不预为之计哉？美商此举虽曰舍己芸人，然立意尚不伪。

二十四日丁丑(1月7日)　雾，寒病少痊，仍避风

蓬云电言韩使廿一日起程来美都，其在金山时仅与倭领事一见，其于蓬云则名刺往来而已。适得北洋咨会与朝鲜往返文牍。本日得恭振夔书，钞寄漠河采金、呼兰垦种奏咨各稿，又略述俄界情形，前任所立犁头尚须查理，现派李金镛踏看漠河金矿，遂及界务，又黑龙江电线已成，惟商电绝少，只官电往来，恐不敷经费，又欲余代觅矿师洋匠，一俟北洋商定，即便电达云。

二十五日戊寅(1月8日)　阴，雾

华人来金日稀，不及初定限制时十分之四，以工艺为业，咸不赋闲。又日报述韩使之言甚谬，必有潜为蛊惑者。粤人甘霖顷来谒，云将返里谋开二银矿，在香山县境探取矿质，运美融化，换易硬木，以支矿穴，乞咨粤中。如此采运恐与洋商合股，令陈弁详诘之，未据切实回答，或者不出所料。

二十六日己卯(1月9日)　阴，雾

昨服止咳药水，稍适，晨起微眩耳。韩使来美事备文照会叭夏。巳初封发，续阅波士日报韩使昨抵鸟约，何其速也。该使如能恪遵该国王教旨与北洋所录奏咨事理不背，自当慎循字小之义，知无不言，如其自外生成，恐非该国之福。函布总署北洋薄陈其略。

午后大雪。晚饭后医生来诊脉,仍劝杜门数日以避寒气。

二十七日庚辰(1月10日)　阴

昨晚波度摩善会,不能往,进斋、震东、祝彭赴之,连夜遄返,以韩使已抵客寓,恐有询商也。古巴学堂岁终考课,中西学各取四名,两学并习,皆首取者。河源县童吴金秀,年十三岁,性甚聪顼,慰情聊胜。新蕾案结后,粤人关德偕该城律师方德栽来见,余深嘉律师办结此案,声名必大起,律师谦言名愈高则毁愈重,可谓见道之论。叩以问官如何判结,律师谓此案供只一面,已不足成信谳,其人且患疯疾,全案皆虚,无须判决。

二十八日辛巳(1月11日)　晴

韩使来美事,外部照复礼拜五日十二点钟接见,并代达总统接受国书,造词得体,因属参赞诘问韩使何以不遵九月二十六日津电三端办法,该使谓韩廷并未行知起程在九月二十七日,或海道迢远,未能速达之故,濒行时知有津电而韩政府尚须与袁总理更议,但进谒用衔版、公牍用呈文、华使行文用朱笔照会则已奉政府明文云。其词恭,其意狡,大约外撑门面而又不忍尽昧天良,特于两国交际之间,克循侯度,而于他国属耳目之地,则俨然自肆,故如是龋龁也。进斋相与问答数百言,亦可谓善存字小之义矣。即将问答大意电津。午间酬应各部,已极疲劳,比邻公会遂不果赴,美医北贾,年九十矣,病殁于家,以其游最久,唁以鲜花。

二十九日壬午(1月12日)　晴

外部已订期会晤,而韩使不遵津约办理,势成骑虎,只可先期晤叭夏为韩使先容,叭夏谓韩为中属,美与立约,中朝之意务推爱相待,行告田使转达总署云。叭夏既如是周到,韩使往晤及商递国书诸免枘凿矣。即令参赞函告该使毋为拜跪之仪。又电津八十六字。今日酬应上议院议绅公会二处。晚赴总统会,仍公服,会中遇俄使,云俄历今日为岁首,俄之星度见日较早于美八点钟,彼都此刻正贺岁,不无乡思云。土尔其使久易美国冠服,迨公会时仍循本国制度,戴冠如药臼,上缀小绦缨,此会周旋逾两点钟,甫出宫而英使至,其时尚有陆续至者。天寒雪霰,宫门内外,凉澳顿殊。

十二月

初一日癸未(1 月 13 日) 阴,寒

复刘芝田、洪文卿书,述朝鲜遣使来美情形。午后该使馆参赞官奎章阁检校待教李完用、翻译官行电报总局事李采渊来投衔版。午后酬应公会五处。晚赴水师部之会,子正返寓。

初二日甲申(1 月 14 日) 晴

午后酬应公会五处,晚观西剧。粤人赵咏梅以新蕾案结,赋诗为颂,几于城者之讴。

初三日乙酉(1 月 15 日) 阴,雾

近阅金山日报,檀岛复乱,其岛主及首领诸臣均被囚系,横征暴敛所致云。程汝楫、古今辉来禀,但言立例苛虐,尚未及此。晡时赴后邻公会,雾雨溟濛,气候甚恶。

初四日丙戌(1 月 16 日) 晴

秘鲁近以税关不收烂银纸,兑换铺商不肯出现钱交易,市面鼓噪,时虞争闹,使馆亦急储粮食,以备祸生,仓卒无从购买,且为杜门避乱计。秘总统与英商假四十万元,英商要殷户四十家作保,不要诸部画押,故未定议。秘政如是,何以为国,近又欲投雅片烟税,大约亦如檀岛所为,意粤人必有受其矇惑者,或烟税重则山内华佣

不禁自戒,恐未必然也。午后沪局包封递到,恭报自日返美摺子朱批,钦遵,咨行总署奏派游历司员傅楙元、顾少逸已抵日本。余昨已照会外部并分行日、秘两署一体照会矣,惟巴西一国虽有约而从未遣使,尚须晤巴使,再令贻书彼国也。晡时酬应诸察院及上院掌院公会七处,返寓得保定电,复朝鲜遣使事,静候钞咨到日再酌也。此间只能办到认明属国及杜他人诱导,至该使果否未奉政府明文,殊难武断。夜雪。

初五日丁亥(1月17日) 雪

檀岛浮收华人入口费,又闭置病房诸虐政,昨准香帅咨复,已派翻译辜汤生亲往香港询明英官并檀领事,每船载二十五人之例,檀已删除,转行程、古两商董。申初朝使具衔版修谒,版署朝鲜嘉善大夫、协办内务院事驻美全权大臣朴定阳,来意甚倨,却之。昨夜腹泻,精神委顿。晡时赴下院议绅公会六处,冒雪归寓晚饭。

谈臣约观杂剧,亦犹去秋之技,特影戏绝佳。其一帧状海上之景,一轮舶低昂于波涛汹涌中,有数帆船往来行驶,观者几忘为画,其一帧荒冢垒垒,无数骷髅跳跃隐现,又一古柩,骷髅自掀其盖,随电光开阖,谁谓西人不谈鬼也。此外楼台村墅、牛马凫雏,千变万状,均能逼真。台中变幻之戏则割取美人首旋复合之,颇奇。演时墀子上下灯光尽灭,只台沿列煤气灯台中满缀黑幔,术人从幔出,美人随之,又一红衣赪面人持剑出,索取美人首,术人相与诘辨,肘美人坐于小木几上,高约二尺许,俄而台中突出一木础,高与人身等,术人先作以药迷矇美人状,徐假红衣人剑剜其首置于木础,眉目宛如死人,少顷瞪视转眄,且为清歌,声咽如丝,术人乃提其首复合于顶,旋合旋起,幻矣。其端坐木几时,自系另为躯壳,特假美人真面目以接之,及移首于础,实与身俱移,黑幔掩映难遽辨耳。躯壳则机括内撑使如活人之稳坐,此无足异者。但身首乍合,猝能立起,殊莫名其妙。

初六日戊子(1 月 18 日) 晴

桐城张藻卿寄贶《郭有道碑拓》一本。碑久佚,前年济宁东关外有田舍翁况氏建屋,从土壁中掘出,以为柳下乘凉石几,嫌其多字,凿之,续有人言之州牧,遂移置济宁州学。曩曾观潍县陈氏藏本,极完好,诧如星凤,今得此本,虽漫漶,犹可宝也。碑十六行,行三十二字,有额篆"汉郭有道先生之碑"八字,与潍县本同,与王兰泉所收如皋姜任修摹本则并无额,又姜本"以谋不朽",此本作"以图不朽"与传合,姜本"翔区外以舒翼"句书作"鴹",此本"翔"字从"羽"均与姜本异。此本纵极漫漶,亦非傅山郑簠所补作,碑佚于南渡前,石墨镌"华言闻之晋人旧石曾在,一秀才日摩娑碑下,久而将碑盗去,介休令重摹一本,以应人之求,后又磨去,王巳正再刻之。"此本凿痕宛然,其为秀才盗没而复出者乎?抑介休令之重摹者乎?盖不可考。惟碑中互异之字,略识于前,其"徲""俠""亨""随""殷""蔷"诸字则不辨矣。殊域寂处,营兹古欢,殊意外也。申初瓜拉乖国公使来晤,自言舟中相见后一病至今,否则早来矣。该国在南墨利加洲,代办无人之缺,殆四等公使也,能为英语。本日赴户部、水师部、外部公会。晚约察院威地、墨使、科律师、谭臣、医生壁写来署小叙,薄答诸君子之招也。

初七日己丑(1 月 19 日) 晴

内部林麻果得察院,北党惟士丹佛、士刁鹘主之掌院,英哥深不愿而莫如何。内部遗席乃属邮政部威呀士,此则询谋佥同南北党皆洽矣。林麻本极干练,诋之者谓行年七十二,照例不得为察院,此西人贵少贱老之故智,毋亦党祸中之欤?韩使朴定阳复来求见，絮絮逾两点钟，以笔代舌，其于津约三端仍矫饰，谆以专权全权为问，意谓与余敌体也。具衔版而不公服，津电所谓荒忽自大者已。泰西各国互相遣使已历千百年，亚洲遣使西来仅二十年，动形生涩，加以言语不通，耆欲不同，欲联邦交殊未易易。朴定阳不谙此中肯要，妄思表异，恐徒费经营，无裨使事也。韩究系属国，谈次婉讽之，亦正告以奉使之宜，俾自愧悟，问答数十纸，朴交参赞什袭，居心猥琐，可笑。朴行后随复酬应上院议绅公会六处，返寓七点钟，赴美总统公宴，同席五十人，余偕英使、法使、瑞典使与总统一行坐，新客则英专使詹卜纶，又上院议绅佘文、下院议绅巴拿蛮，皆专司外交者也。总统夫妇、外部叭夏主席，略如去年风景。韩使前日既递国书，此会乃不得与，自主之谓何也。或曰因余在坐而然，则恐不确。七点半钟入座，十点钟散，酒食丰腆，音乐喧阗，席散后徘徊正殿，重入筵宴处，饮八角酒、佛兰地酒，吸烟，詹卜纶就谈甚久，曾识曾侯者也。总统与各使互致殷勤而别，出宫门已十一点钟矣。

初八日庚寅(1月20日)　大寒，晴

为腊八粥以饷同人，乡思弥动。复傅楙元、顾少逸书，属抵金山时即寓领署以节旅费。午后循例至美宫投刺道谢，答拜瓜拉乖国公使，承款架啡，云在巴西之上，余究非知味者，其情殷殷，殊可感，智使亦在坐，少谈各散。访格总统夫人不值，赴威露臣、毕顿两会，灯时返署。

初九日辛卯(1月21日)　晴

外部照复傅、顾两员游历来美，已咨户部转行税关照料，登岸免验行李云。晡时赴后邻公会，适遇田使之兄，为述田使近状，又导见田使侄女。李学庵到美两年，从未一赴美宫，今日总统夫人见客，与

之偕往,宫外寒气扑人,入门热甚,人极挤壅。晚十点半钟赴劳令公会,主人方病足,拄拐棍以延宾,苦矣。英使、瑞使、英专使均在座。

初十日壬辰(1月22日) 晴,寒甚

韩使函送前日答,而将遣官来谒一段删去,殊有心计。复令补录,并寄与驻使名单。晡时赴山后公会,又赴后邻益鹊晚餐,盖屡扰之矣。此君并非富人,而好客甚挚。

十一日癸巳(1月23日) 阴

今年水患不独郑州决口,闻漳水亦涨,大名城垣为之冲塌,久不得大名守国孔安消息,为书询之。韩使送还问答钞稿,仍将遣官来谒一段改作面商之词,抑何闪烁,此自无关紧要而掩著如是。申初酬应公会十二处。晚饭后十点半钟赴外部之会,屋小人多,挤拥之甚。叭夏曩为议绅,即僦居于此,不因外部而别拓新居,视布连一绾外部即营华屋者,异矣。

十二日甲午(1月24日) 晴

外部总司员布郎竟辞职,另派李某,不知品诣何如。布郎在外部十八年,别无过误,只耆酒成癖,终日醺醺,始以酒治病,续乃不能禁制,郑光禄当日深倚之,余却无甚往还。午后赴墨使馆,闻葡使病殁,墨使遂不见客。外部今晚之会亦贻书改订,此两日间各使馆均不出门酬应,殊有古风。葡使驻美最久,年六十馀,十月间赴余之招,谈谐甚畅,月来公会多,不相值,始悉其病,不悟遽尔不起,闻其家贫甚,薄有所积亦为其子浪用而尽,可悯也。今日肆上倒闭木器杂货四店,美都生意似变非佳,窃讶物价如是之昂,而买卖却无利,毋亦税重所致乎?宜美总统有减税之谕。

十三日乙未(1月25日) 晴

叭夏以洋枪一枝馈岁,枪极精美,修理器具均备,西人游猎之

需也,出自美厂。希特公使函知明日十一点钟为葡使送殡,函笺均用黑边,西人持服之式。子刚自粤来函,述十月二十八日金山华人以洛案索偿清楚,备牌伞为颂,大都溢美之词,地方文武亦道贺,则尤愧歉。午后大雪。

十四日丙申(1月26日)　晴

雪厚四寸,雪车游骋,络绎于途。午初往送葡使殡,就其使馆步行至教堂,雪后幸免倾踬。殡入教堂,教士念经数遍,又以炉香净水喷洒其柩,意谓导升天堂也。送殡者,各使咸集,外部叭夏亦至,水陆军提督并在坐。约一时许,殡出教堂,有兵队十名,音乐数名为之前导,迤逦至天主教茔浮厝。各使均亲送,俟厝毕乃行。返寓将申初矣。余本有寒疾,扶病致敬,天气极寒,弥形困饿。今晚总统公会,决意不赴,同使诸君意亦云然。科士达自墨西哥回,赠翎毛画数种。

十五日丁酉(1月27日)　早阴,午晴

昨格总统之子、可仑比亚公使并来访,适余送殡未还,遂未接晤。惟今日始见名刺,翻译委为阍者之误,其实均难辞咎也。朝鲜书记李商在求见,徐进斋、彭小圃、李学庵即就客厅接晤,阅其问答,无甚要言,惟津约三端果有明文,朴定阳亦于初四日接到韩电,而顾不遵,可愤。当令呈报到美日期,及使馆职名。

十六日戊戌(1月28日)　晴

英专使詹卜纶约二十五晚餐。今日美都月蚀,六点钟尽,七点钟复圆。

十七日己亥(1月29日)　晴

曩阅《四库提要》,永乐间张洪使缅甸,著《使规》一卷,有录无书,亦未详其爵里。顷偶检《列朝诗集》,张洪字宗海,常熟人,洪

武中坐累谪戍云南，帅臣延教子弟，荐为靖江王府教授，永乐初授行人奉使日本，洮岷赍，诏谕缅甸那罗塔，六往始听命，守使职越二十年，仁宗始召入翰林，改修撰，年七十馀致仕，修撰，国初老儒，贯穿宋人经学，归田之后，乡邦制作咸出其手，歌诗非其所长，诗一章出沐氏《沧海遗珠》集，盖其戍滇所作云。《使规》一书，绛云楼亦未存目，他日归国晤常熟故家，一叩之。

十八日庚子（1月30日） 晴

照复外部修约事。韩使抵美后，金山、华盛顿各日报皆言朝鲜近系自主遣使于外，无须请命中国，絮絮言之，莫非韩使所授意？识者为之不平，昨科律师劝将津咨各件付日报刊刻以驳之。顷阅伦敦报，已将朝鲜国王请旨遣使之疏及津约三端并登日报，实获我心矣。天下事虚虚实实，岂能纯作呓语诳人？韩使不智，可笑亦可怜也。今日仍避风。谈臣来候，并言樟脑油擦胸膈治寒疾之法。

十九日辛丑（1月31日） 雨，阴

今日寒疾渐解。申正答拜韩使，告以奉使之宜，及亚洲遣使凡百，生疏较泰西各国互相通使，难易判若霄壤，朴似极感谢，然笔端总涉机锋，貌似和平，心实狡狯，以其藩属而推诚指导，然其不足与为善，则已见一斑矣。款客茶酒一循西俗，所居又极寒俭，殊无谓矣。晚饭后答拜谈臣，并赴阿希之会，观乐舞，子初返寓。

二十日壬寅（2月1日） 早阴，午晴

今日各部公会之期。晡后仍往酬应，新邮政初接部事，居极宏敞，水师汨尼而外，此其亚也。检《万国公法》、《星轺指掌》两书赠韩使。

二十一日癸卯（2月2日） 晴

朝鲜使者朴定阳呈报，本年十一月二十六日来，抵美国华盛

顿,十二月初五日递呈国书,随率人员左幅开列,为此理合备文,申呈赐鉴。后开全权大臣朴定阳,参赞官李完用、书记官李夏荣、李商在,翻译官李采渊,随员姜进熙、李宪用各职名,文尾署"光绪十三年十二月日",钤用"朝鲜国特派全权大臣"印,篆文,当即照咨总署、南北洋、粤督部。英、俄、倭三使馆另为朱笔照会,发给该使光绪十四年时宪书。今日酬应上议院公会十一处,每与一瞎翁相值,主人多尊礼之,毕顿特为介绍,叩其素诣,殆在下议院每日开议时捧经求耶稣保佑之人,顾不自保其目,亦殊可惜。

二十二日甲辰(2月3日)　晴

邻人欲假使馆作跳舞会,公凑会资,领袖者随会择地,每夕四十金,欲省租钱,故欲假馆,然闻之房主人,跳舞多则房屋易损,遂却之。科律师自鸟约回,晤谕前复外部修约之文,殊精细。午后答拜义大利可仑比亚、希特、檀香山、智利各公使,檀、智两馆少坐,馀不相值,随赴公会五处,最后谈臣一处,徘徊最久,返寓晚饭。日本参赞鹤川贻进斋饯岁诗而求余改正,因次和而嘉奖之。晚十点钟赴水师部公会,嘉客毕集,十二点钟归。

二十三日乙巳(2月4日)　立春,雨

参赞从官具版贺春。光绪六年陈副宪惩办檀香山拐贩之案,粤人谭风仪房产久已查封,顷招商局禀诉北洋以为冤抑,承咨查理,即属参赞检卷核办,或照行檀岛程、古两董转饬陈国芬禀复,程、古两董适禀陈散布巴路船自金山载回华妓,途经该岛,有歹人李福勾通鸨妇,欲留居于此,极力禁遏,尚有三人被其朦混登岸,现须讼理,禀乞惩治。外洋拐贩之风随地皆有,当因港澳出口时难于稽察,流毒至今。曾劼侯香港设官之事果有成议,或能维系之也。蓬云适自金山来,询及此事,云已与檀领事辨论数次,该领事已电

致该国政府云。晡时赴毕顿公会，刘芝使函，言自俄都言旋，即在巴黎度岁，又询韩使到美领谒外部有违言否？欧洲无属国遣使之例，亦无公使带见之仪云。即缕复之，此中琐屑，业详于腊朔一函，要之欧墨情形互异，未可一概论也。

二十四日丙午（2月5日） 晴

夏间天津托雇铁路华工，务选好手，领事竭力劝导，华佣乃舍其现成工业，承召回华，所订合同，月三十金。现闻抵津后为洋匠所忌，总办竟减华工半价，诸华工乃进退维谷。余于此事甚愿赞成，实欲华佣知中国可以谋生，不致久留异域。当时川资一切均系垫给，不晤此辈回华后，津局顿忘招置之初意耳。东矿招雇三人，闻尚得力，且不为洋匠所抑，只机器力小，尚未大有所获，然矿则良佳也。金山义学、医院各事渐有头绪。华商年来生意仍窒，华工则各有起色，游手之徒近皆执业。

二十五日丁未（2月6日） 晴

小吕宋医药一事，日藩部新定四款：一，华人开设药店，或东主或管理人须有凭照。此项凭照为担保其合宜之用，送吕督参赞查验。如无凭照，自该督刊示后，限六个月举出管理之人，其人须由中国制药学堂出身，有凭照者将凭照呈日国驻华公使或领事官、代理领事官签字，方为合宜。如此办法，只作暂准开设。一，华人药店只准售与华人，至卫生例暨制药章程，凡有与华法相宜者，务须遵守。一，此项议定条规至限满之期，查有不遵行者，照章议罚。一，将来国家如有应行暂停此项利益之时，先期六个月周知。以上四款殊含混，希九与藩部辨论甚详，又拟由驻日使署给照，藩部以为非与各国一律。希九照会外部拟改由中国地方官给照，送日国驻粤领事签字，并拟照式送去，不知外部如何答复也。吕岛设官之议,外部仍极口应允,但疲缓耳。今日酬应诸察院公会五处,林麻新得察院,并往贺之,晚赴詹使之约,同坐皆美北党,及英使、土耳其使,饮宴逾时。詹言中国铁路断不宜假手他国,自隳利权,曾为说帖致驻华公使转达总署云。詹极干练,英使谓英廷将任以相臣。詹使席散后赴外部公会。子正归寓。

二十六日戊申(2月7日)　雨,雪

函达总署韩使来美情形,并附外部照复,及朱笔照会稿。鸟约领事函言,张进良金矿地价迄未照交,只言矿主有十八个月之限,而合同乃无此说,殊棘手。墨西哥新建使馆完美,今日之会有乐舞。晚饭后十一点钟赴察院希力尼公会,昨晚方在詹使寓与同席,故益周旋。此会乃与韩使值见,余拱手为礼,略谈即去,余一点钟乃行。

二十七日己酉(2月8日)　雨,未正忽晴霁

晡后酬应五部公会,又下议院掌院、右邻卜拉润,共七处,返寓而子豫驺选自古巴来,述古巴近政及别后各事。

二十八日庚戌(2月9日)　微雪

金山各会馆乡人以新会橙、沙田柚馈岁,分饷西友,俾知中华风味。午初晴。

科律师来,言议院欲申限禁华人之说。议绅巴拿蛮答以外部方与华使订约,已有照会,宜稍俟之。因举浊水坑之案告科,科谓可为保护之一助。申初酬应上院议绅公会七处,马邦议绅抛麻留听琴歌三叠,对尽一酌。返寓晚饭后八点半钟赴总统之会,诸参赞均以为苦。蓬云、子豫适来,遂偕往周旋至十点半钟,英、法、德、俄、义五使均未到,韩使公服纱帽圆领,各使之公服者惟韩与檀香山鸦毡天而已,此会向不公服,外部已贻函知会,何足恭也,韩使今日来辞岁,晚会于美宫,韩使后至,人太挤,无暇与语。

二十九日辛亥(2月10日)　大雪

寄北洋书,论朝鲜遣使事,韩使初次通谒,具衔版而不公服,方谓官卑无此制耳,昨遇于美宫,则该使与参赞翻译并纱帽宽袍缀补子,略如前在津门接晤该国太公之式。因令彭小圃往诘问,小圃乃为公函,与进斋、仲兰联衔给之,或虑失欢韩使耶?韩使种种谬妄,不能不与一棒喝。午后拟偕子豫乘雪车,乃为公会所累,酬应檀、智两使馆及议绅壁近、合众国委员戍路臣,灯时始暇。檀使深以昨夜美宫之会误穿公服为懊悔,殆未细阅外部函耳。檀使久于美,尚有此误,宜韩使之足恭,然余已详告之,韩使之误又甚于檀也。晚十点钟赴上院议绅抛麻、水师部汨尼公会,观乐舞,均与叭夏相值。叭夏今年屡作主人,又频出酬应,寒天雪雨,老健不疲。

三十日壬子(2月11日)　雨

批复金山医院事,改正金山学堂章程。酉初赴毕顿公会,归阅韩使复参赞书,自辨冠服如礼,且怪余不免其礼服,又以元日贺年,冠服未定,候示趋赴。其词狡辩,令参赞驳复之。戌初赴外部晚餐,同席德、俄、法、日和比、倭及南墨洲各使,韩使亦与席,带翻译而不入座,甚离奇。德使先为余贺岁,席散又重申颂祝,叭夏及有约各国皆起立称贺。子初席散返寓,又赴户部之约,遇俄使,言此间酬应,劳不可言,本国政府不知我辈境况,方以为客中佚乐耳。此语甚有阅历。少顷叭夏亦至,西俗纯以酬应为事,非此则耳目闭塞,一事不能办,各使之劳劳殆非得已。柏立以英制磁瓶馈岁,取华语平安之意。威露健臣画牡丹馈岁,且作华文"花王"二字,谈臣以墨西哥云石几馈岁,均雅制也。

任青 马忠文 整理

张荫桓日记

王贵忱谨题

下册

中国近代人物日记丛书

中华书局

光绪十四年戊子(1888年)

正　月

初一日癸丑(1888年2月12日)　雪

寅正二刻率参赞领事各官望阙朝贺毕,相与团拜,客中两度岁华,涓尘乏报,弥深愧歉。韩使来贺,猥以冠服之制琐琐致辨。昨夜子正犹贻书参赞以夹袖为礼服,曩晤该国大员,无非纱帽宽袍,国太公亦复如此,岂朴定阳官阀较尊耶?于其来也,预告阍人却之,令李学庵往代答拜。

初二日甲寅(2月13日)　晴

小吕宋商董禀呈吕督滥征华人身路税之据及官报数种,又言吕督以医药之禁为华商所控,大加仇视,多方刻制,即传电他处,须先呈电底,真无理苛虐矣。华商求设领事之情弥急,何日慰之也。今晚使馆公会,铺陈布置颇烦琐,既就绪,五点钟赴察院飞罗之约。日本参赞鹤川又有诗来,无暇次和矣。晚九点钟诸客陆续至,外部、户部、兵部、水师部、邮政部、总察院、大将军佘利钝、上下议院掌院、议绅多福等,各国驻使希特、英、俄、德、法、瑞典、日斯巴弥亚、土尔其、墨西哥、南墨洲诸国、朝鲜使均到会,约八百人,三点钟散,分饬仆从检拾灯火,四点钟睡。叭夏常言公会不乐,客散后乃乐,此言殊隽。

初三日乙卯(2月14日) 晴

湘浦禀言秘属嘉士马岛华商渐集,权派西人河西嘉黎庐为代理领事,华人自行集费,上年十一月初十日已准秘外部给照云。午后赴议绅钟士、威露健臣公会,顺道至外部投刺,谢除夕之宴。返寓晚饭,十点钟往观乐舞,人数众多,楼窗为之震撼,扮演诸色人,甚奇。

初四日丙辰(2月15日) 晴

耶稣斋期,新教之徒若无其事,旧教则持奉唯谨,侵晨即诣礼拜堂,求掌教以灰笔点额,佛氏受戒之意也。旧教于礼拜日期剧舞宴饮如平时,独于斋期不苟,新教异是,门户之见所由分也。今日余生日,韩使率从官来贺,皆衣红袍,意在修好乎?令震东谢之,约其晚饮。俄、法、日、智、檀、土、墨各使均于九点钟到,往还最熟者也。英使受新教而诸女故崇旧教,不果来。法、日、墨三使仍旧教,却不拘泥。俄使与余同岁,法、日两使长余五岁,面貌尚不老,特须发白耳。西人多有中年须发纯白者,禀赋异也。

初五日丁巳(2月16日) 晴

照会外部浊水坑命案。三点钟至察院波文士、议绅抛麻处投刺谢宴会。此间使规惟大宴会必谢,馀则否。又答拜韩使谢寿,劝以采访外国日需之物,以较本国土产能合外国销场者,设法以拓商务,因举直东草帽辫一物告之,冀其隅反,韩有蚕丝布帛之利宜可展拓,复举日本比年商务以歆动之。韩使乃志在制造军器,叩其铁矿如何,则云有矿而昧开采之法,是制造仍暗耗也。属以试携矿质送此间铁厂化学家试验,因成色以定采矿之法,韩使唯唯,云日内来晤,余告以明日往鸟约,归日再谈。韩使问他出应否派代办?余告以不出美国境不派代办,亦无须知会外部。韩使请明日派李采渊至车头相送,余坚却之。韩使前倨后恭,余每与笔谈皆推诚相与,我尽我道而已。英美渔约已成,詹使将返,又将订婚兵部。晚赴兵部公会,叭夏在坐,英、俄、檀、意各驻使均到,詹使适至,相与立谈,不便询其婚事也。

初六日戊午(2月17日)　晴

九点钟赴鸟约,天气寒甚,车中遇水师部汩尼,独行萧然,无违官气。进斋谓中国水师提镇出入尚不知如许赫赫,况部臣乎?美政之简如此。晤议绅巴拿蛮,密言限制华人事议院方聚论,甚棘手。余告以中国非不准美限制,特保护亦条约所载,其不在限制之列者,美能不为之保护乎?巴默然,谓力所能办者无不相助。鸟约各华商迓于车房,复到领署求见,询以商务,云有起色。鸟约贸迁以来,以旧年为最美云。美政近虑喧宾夺主,故于欧洲工人亦加禁制,若擅立合同者概不准登岸,去年有女工到岸亦被阻。

初七日己未(2月18日)　晴

鸟约积雪未销,寒甚。领署炉管窒滞,则尤寒。哈佛学堂案,北洋咨请查理,即约容莼浦来询。

初八日庚申(2月19日)　雨水,晴

美国各省各例,鸟约所购中华会馆近将交割,鸟约省例:不准他国人购业,惟公所不在此例。诸华人乃求领事函致总督交议,上院既议准,下院尚迟疑。上院绅湾克告领事予以一书,俾传示于众,声明华人会馆之地断不致潜为博局,希梁诺之。湾克复约余至鸟约城中一游,并与总督相见,许以雪晴得暇便往。教堂函请往观宣讲,却不愿赴,然前此西省虐待华佣,诸耶稣教堂均为不平,亦非佛口蛇心者。

初九日辛酉(2月20日)　雨

王荣和、余瓗查岛之役未竣,复为北般鸟之行。香港无径达该

岛之船,须绕越新架波附轮前往。客冬十月初五日自粤起程,十一日由港搭船,十七日至新架波小住,二十八日附丰安轮船,十一月初二日抵般鸟所属拉浦湾埠,初三日午后展轮,初五日抵山打根埠,该省总督燃炮示敬。又华人甲必丹冯明珊及华商金永发等二十馀人皆接晤。该岛华人不过数百,散处山内,佣工者千馀,土产如坚木、冰片、沙藤、树胶,觅得金矿,惜未广开榛芜,矿业不畅。该岛之政,则设立赌税、进口盐税,每担二元,自来火柴每箱二十八元。又香港无船往来,均与华人不便。然山打根岛通商仅六年,且有瘴气,入山华人多脚患,又为工头苛虐,病亦不准出山医调,良可悯恻。其拉浦湾埠则华人与土人互市已五十馀年。道光二十八年英人得此地于文莱,岛主遂将拉浦湾内外三十迈全割隶英属,英设官经理。该埠有华人五六百名,华商南发祥等数家生意未甚兴盛。土产西谷米、冰片、树胶、煤炭尤盛。华人居此尚无苛刻情形。王荣和、余瓗遂将山打根敝政告之,英督允为删除,不悉言行果符否?其所立授地新章,刊刻告示者已见于港报。又查得前年华人公司购地一千五百希罗,每希罗约地五亩,纸规三元,共规费四千馀元,仅付三分之一,函请英督展缓,并恳专设轮船至港。英督已知照轮船公司二处,允以越年举办,惟每船须华人认定载货水脚津贴若干,刻未定议云。王、余会禀之词如此,所谓华人购地公司或即沙峇公司否?王荣和、余瓗查竣后,复至新架坡,前往暹罗,冬令风严,候船待发,应有续报。惟英属岛除新架坡外,不能设领事,徒知民艰,无缘保护,殊增焦烦。晡时何天爵来晤,约明日两点钟往观制银票士担厂。

初十日壬戌(2月21日) 晴

刘芝使咨会客腊十五日赴比国。又英、法、俄各使馆并为笺贺年,虽酬应虚文,犹有故园风味。未初赴制票纸局,略如美都规模,特多制士担、车船票、股分券及各国托制诸式,日本有汉字尚可辨认,馀但视图刻精工而已。岑楼九层,局面甚阔。

十一日癸亥(2月22日) 晴

街衢积雪,日有凿之者,消乃速,每月工役银三元。今日华盛顿生日,美例放假一天。午后访巴庐,知窗外有官兵鼓乐行队,所以志国庆也。巴庐笑谓余曰使华盛顿生时见此等兵队,必不以为喜,美之兵气亦有今昔之别耳。重观所藏霁红瓶,的是佳品,惟瓶口有补裂痕,否则伍氏未必肯以此赠旗昌也。总统往南省游览,约一礼拜始返。途经园道,湖冰尚坚,无数童稚怡然冰嬉,游人亦甚盛。余将赴秘鲁博访,巴拿马瘴气之害,脚肿为最,不善治则不救,乡人关越以黑芝麻蒸食,脚肿遂消,极平淡而神奇者也。龙冈公所订元夜春酌,昨已却中华会馆之局,不便赴之。龙冈公所者,合刘、关、张、赵四姓为“名义堂”,金山大埠建楼塑像,规模肃然,旁列诸葛武侯画像。熟读《三国演义》者,为之益信此书沾溉之广。灯后观杂剧,美俗凡假期墀子坐客皆满,极鱼龙曼衍、花团锦簇之妙。有两女郎缘绳至巅,上悬两铁架可以并坐并跃。一女郎反身俯瞰,以齿缒其偶,盘转如旋,观者目眩,徐缘别绳跃渡。前檐铁架则如天平之式,两人分缀其端,或一手或一足反跨倒接,无不如意,既而两面环转,略如秋千之戏。又以小铁锥挂于架,以齿接之,悬空直立,仍能环转,少顷乃徐徐缒绳交互攀答而下,其一别挽一绳钩,升至绝顶,一小铁架高绝险绝,仰睇如小婴儿,略翻身即曳一手帕冉冉自半空下,自乃跃跳而坠,旋坠旋起,若无事然。每演此种杂剧,必先置网以防颠陨,仍有险处求安之意,大致与法国同,惟一跛者为铜架于剧台跳跃转侧,飞动离奇,此为仅见。或曰此非真跛,特屈一足以神其技耳。天下人之矫揉造作以自炫鬻者,可类推也。《易》曰"跛能履",信然。

十二日甲子(2月23日) 晴

古巴总督拟收华人入医院调治药食诸费,陈蔼亭一再驳斥,刻经该岛议院公议,以中国领事所驳,援据条约公法有关邦交应即照行,否则须达日廷定夺,于是该督乃照会各巡抚一律出示,一如蔼亭之说。又该岛近许美国商民利益,各国领事方欲置词,顷阅官报,日廷已准各国商民一体均沾矣,蔼亭可以少节笔舌之劳也。午后赴博琅宅听琴歌。

十三日乙丑(2月24日) 晴

香港何崑山函恳酌派何启为小吕宋领事,同举不避亲,崑山有焉。特该岛领事前准粤督电派余瓗,续又改派王荣和,均在未定之天,须候日部复文乃符公法。何启在港为律师,岁获逾于吕岛领事之俸,且英日殊例,吕岛日文日语,恐非何启可办。蔼亭禀古巴华人出口新章免纳岛官照费四元,该岛仅收二角五仙,宜将此费加纳领署二元,以补街纸之绌,自本年正月始。事属可行,即批令照办。晚九点钟赴窝顿晚餐,主人殷勤备至,酒馔皆慕华风,坐客多旧识。席散后为琴歌茗饮,客来更多。一点钟返寓,莼浦坐候已久,与谈数刻,约明日未初再晤。

十四日丙寅(2月25日) 雨

莼浦负沪商陈善昌一项,该商乃控诸哈富,洋官尽封莼浦产业,并及中国学堂,荒谬之甚。中国债务不于中国讼理,而假洋官权焰,擅封公产,情殊可恶。即电南洋转饬沪关勒饬陈善昌缴还学堂建造经费,否则查封产业备抵。今日北洋咨会韩使来美与约三端,韩王悉遵照,并分行朴、赵两使,朴使犹矫言未奉明文,殊谬。

北洋客腊电属钞咨照会朴使,即指此也。郑光禄久无消息,比得答书,殆有人琴之悼,而足患仍未痊,且言粤中去冬天花盛行,人口损伤不少,粤地冬令不寒,宜有此患。申初格兰忒、杨约翰来访,未晤。

十五日丁卯(2月26日)　晴

日报言朝鲜之于中国年例贡献而中国报之加厚,非如欧洲属国之谓。有驳之者曰,朝鲜国臣服中国历数百年,非属国而何?美医阿连为韩使作参赞,茫然不知体要云。何天爵前日告余以德太子病将不起,弥留在此,一二日间殊不确,德殇一次孙,德廷持服两礼拜以志哀,尚非德王前拟禅位之孙也。德太子喉患数月,医以刀割烂喉数寸,易以新喉,此极难忍之事,而不假迷药,论者方佩其勇。

十六日戊辰(2月27日)　晴

叭夏函约后日十二点钟议约槐花园损失各案,允就外部会商,不交议院,请将各案细数携示,而于保护一事迄不言及,仍难妥惬也。因定明晚九点钟车回署。沪关税司侯立威来谒,跛一足,扶杖而行,叩其致病之由,因打地波失足,右腿骨不能屈伸,医将为之割补,或不成废,华语则较精进矣。巴庐适来答拜,并订夏间赴伊乡园消夏,又言叭夏来此一宿,约余回华城,当告以明晚即返,或亦叭夏遣探行止乎?何天爵明晚之会不克赴,又不知其住址,特托莼浦代达,以其乡居相近也。

十七日己巳(2月28日)　晴

鸟约银行主人杜益士庐专为余设会,申正赴之,坐客皆来见,应接不暇。房屋既华赡,别一室满壁油画,皆精品,帘幔琴奁有中华顾绣之物,此不多见。灯后返寓,途经戏园,失火刚灭,水车犹未停。何天爵尚来纠缠晚餐，刘宝森婉谢之而去。十一点钟渡海登车，望海上渡船灯光辉映，略如粤中，横楼石人像亦遥遥可辨。夏庐报馆多惰甫适同车，为述科律师抱孙之喜，又约夏间访其乡居。是夜寒甚，车中又忘却闭风窗，遂不成寐。

十八日庚午(2月29日) 阴

辰正抵署，午初至外部，叭夏手携各案，先述美国律纲，总统权力微弱，絜论一遍，随将约款请酌。一为保护寓美华人，就光绪六年续约而引伸之，已非前此之龉龁矣。一为积案赔款，请撮示总数，欲将欠项推归华人自向债户索追，意仍脱卸。余要以兼赔命案，叭夏以难色。余谓苟办凶则无此事耳，既不办凶则不能不赔，援美国前索西班牙成案比照办理。叭夏不能辨。余复要以交犯一条，叭夏力请从缓。问答甚长，震东译记。韩使求见，无暇接晤。

十九日辛未(3月1日) 晴

叭夏缮述条款，以英属哥林秘亚近日多招华工，请与英立约，勿令至美。余昨径驳以中美立约，无预英事，且此事美可自谋，何须烦我。叭夏曾谓此款无关紧要，聊偿西省美民之愿而已，乃来文仍有此说，殊误。其第二款税司立例一语，命意甚巧，包涵甚多，余业告以立例须与此约不悖，已烛其隐，叭夏不得已添注送来，今日拟再与面论，以电筒询之。叭夏四点钟始暇，余不往矣。今日为总统与各部会商之期，詹使来告别，晡后往送，已首途。

二十日壬申(3月2日) 晴

约稿改正，午初持示叭夏，将哥林秘亚一款删去，叭夏无词。保护一款，叭夏加增按照续约第三款尽力保护与待最优之国同，但添不入美籍数字。赔偿一款，余加增中国亦不愿有此等案件，索此赔款数字。复要以交犯，叭夏谓方与英国定此约，议院搁置之，且前次原议亦有专条之说。余谓审若是则定约后仍加一照会,因去年承许之言,业达政府,刻又翻悔,政府将疑为诳说也,叭夏唯唯,而又举议院近日聚讼限制华工之言,缕述一遍,意以此约不就,则议院之苛例起矣。返寓,重检舍路的钦巴各案,陈宜禧原报房产八万馀元,借给土人修路三万馀元,此时产业具在,借项有著,不应索偿,应剔出。惟舍路扰攘时,陈宜禧之妾方有身,适乱党惊扰,自二层楼跳坠,逾三日而小产,前文均未叙,特为叭夏重言之。德使归国辞行,英国新添参赞来拜,均未晤。

二十一日癸酉(3月3日) 晴

照复外部。午后至德馆送行,答拜英参赞,倭代办赤羽四郎函送横滨日报一纸,皆歌颂徐孙麒之词。适孙麒咨会受代日期,此时当已归国矣。南洋电据沪关禀复,陈善昌并未控告,莼浦更未请封产业,呈出致美翻译函,实无其事,容电询情弊再禀。当复以公产被封案,昨从洋署钞得,容咨请究诘,并电询莼浦该商已否销案,又别托律师密查莼浦建造学堂时在哈富洋署立案之据。

二十二日甲戌(3月4日) 晴

晨起草疏,请自光绪十五年始颁发时宪书六十本,附陈朝鲜遣使至美业与美外部认明属国一片,交幕府誊清。粤地天花盛行,族人多传染,最奇者骆文忠公之夫人年逾六十亦患此,幸均平复。因重举外洋七年一种痘之说,函属家中预为之防。午后访察院梅拉久谈,又至毕顿家小坐,毕顿煮茗款客,云系姚祝彭所赠,绝无茶味,而茶色却佳,殊不可解,岂西俗还魂茶之说耶?

二十三日乙亥(3月5日)

惊蛰,雪积厚逾寸,甚不料昨日晴暄,今晨有此琼瑶世界也。午后草疏保奖差满各员。此案徐进斋首列,本拟送部引见,而进斋力辞，仅请换给顶戴，并随带级，殊不足酬其劳也。钞咨照会朴定阳，诘以津约三端果于何月日奉到外署明文，并将客岁津咨一并钞发。

二十四日丙子(3月6日) 晴

莼浦电复，陈善昌并未销案，审期展缓一月，当咨请南北洋饬沪关究诘。署中自梁蓬云往金山，案牍凌杂积压，不一而足，特派李学庵清厘，冀得周妥。寄北洋书，论朝鲜遣使未尽事宜。又印花四纸，奏事处咨文四套，备今年贺摺之用。龙冈公所求书楹联无现成语，因撰联曰："庙貌峙花旗，阏宫同享，异姓联欢，神弦犹按巴渝舞；宗盟扶葛本，珠水晨征，墨洲云集，华胄遥稽季汉书。"

二十五日丁丑(3月7日) 晴

外部照复，约稿照办，惟洛士丙冷案彼此均已办结，且凶手亦非美国人，他日或能缉获，请明日两点钟往谈。当约科律师来商，科以删去洛案，美尚应赔二十七万馀元，始念亦不及此。外部照会又欲订定华工自美回华、自华返美之期，余亦重有论说，当与叭夏一角辨明。美都以前任总统加非之逝，孤惸无恃，为善会以赡之。良家子女登场演剧，无说白歌唱但举手比拟而衣饰甚华。所演多罗马旧事，随意牵合，略如京戏之十八扯，戏竟跳舞而散。观者房位、坐位均倍常值，所以资善举也。

二十六日戊寅(3月8日) 晴

莼浦钞送光绪十二年正月在洋署报明哈富学堂系中国公产之据，当译送南北洋备案。午初科律师来观约款，叩以现订第二款华人有产业千金及有父母妻子准复来美之说，美国究以何为凭信。科谓大约华人回华时自报税关，于其行后，税关照查一遍，若所报不实，则不能享此约利益。复叩以不入限制之华人原可任便往来，然每为税关所阻,所谓任便其实不便,拟由华官给照,税关凭照准令登岸,不复留难。科谓光绪十年美议院所议限制例第六款原有此说,特载之约内转失任便之权利。余谓与其徒赘虚文,何如实事求是。未初往晤叭夏,详与辨说,叭夏亦不愿载于约内。余以既限制华工,则此不入限制之人应还其实在利益,俾免疑虑。叭夏遂允添注。旋以华工回华复来美拟定一年为期。余谓设一年届满而实有要事不果来,则在美之产业眷口将何所依托?因与订展一年,报由中国领事转移税关存案。余谓未立约以前回籍之华工,设有眷产在美,新约既行,将何以处之?叭夏谓换约需时,此项华工总能先期返美,无庸添叙。两事定后,叭夏举陈宜禧专案照会为言,盖虑多索也。余晓以并非多索,应给该商赔款,已载在总册内。此次照会特申说该商受害之酷耳。叭夏色乃定,美共应赔银二十七万六千馀元,叭夏自为笔记,大致粗定。叭夏出观约式系两种文字并写,余谓:"中国自有成式,盍检阅?"叭夏约明日检出,请派员往观。余谓此重大之事,仍须亲来。

二十七日己卯(3月9日)　晴

昨晡欧洲电报,德王卒于位,言之凿凿。今晨又谓不确,或谣言欤?日报又言,德王老病颇剧,昨偶不知人事,遂谓已死,苏后仍能进食,皆不足据也。未初往外部检阅中美旧约式,光绪六年续约订于总署,中西文各为篇幅,同治七年之约订于美都,有中西文字合篇者,亦有各为篇幅者。又调阅咸丰八年津约,仍系中西文分缮,中文用素绢楷书。其道光二十四年粤约,总署所不载,叭夏亦未检阅,可置之矣。叭夏将不入限制华人来美护照一层,删却"议院前议第六款"字样,意谓此例太烦碎,援之适形美国之丑,他无甚折驳。蓬云拟候此约大定乃行,晡时电约希梁并来共商,此华工来美一大关键也。

晚赴谈臣宅观杂耍戏法。术者一人,携六男四女环坐,又令两男人为儿女,私语切切,其为女人者已醒,其男仍缠绕不休,犹是前年科医生所言幻技,当其人迷罔时,术者以指敕之,又手拍其巅即醒,醒后必惝恍倒行数步,大约摄其魂则其人之躯壳一无所知,供其驱使,或以口咬臂,其而刀剜仍不知痛,此非有他术能使之然也。子豫、震东同观,震东以为真,子豫却茫然。

二十八日庚辰(3月10日) 晴

德王凶问果确,仍传子而毕斯默受顾命,日报所述如此。德使已行,德馆什物定期拍卖,盖代办者另居也。义当往唁,进斋谓往遇此等事该国驻使必赴礼拜堂唪经,届时致意不迟也。晚赴户部律师摄厘、察院梅拉公会,逾时而返,出门,御者远去,立候又甚冷,假别车归。

二十九日辛巳(3月11日) 雨

电总署以美案统结,善后约成,美共赔银二十七万六千馀元,准二月朔与外部画押并催拨经费。竟夜风雪,希梁自鸟约来,车行迟一时许。

三十日壬午(3月12日) 晴

风犹未息,电杆均断,幸昨致总署电已先发耳。科律师来,谈改正约本,适外部司员传电筒与翻译询余官阀,太仆之官岂西族所有?两翻译检查字典,又与科律师斟订,成文复之。即回询叭夏官阀,又恭录奏报议约朱批照会叭夏。

二　月

初一日癸未(3 月 13 日)　阴寒,微雪

发沪局包封。鸟约人秘拾,布郎之友也,托科律师介绍来见,自言藏玉器二百五十馀种,内多中国款识,曾自著论一篇,乞余为之叙。余许以得暇往观。连日大风,鸟约文报不通,此风自西而北,为时既久,为地甚远,不知海上何如耳? 申初往外部与叭夏较明约本,订明画押,存中国之本余列衔在前,存美国之本叭夏列衔在前。先由叭夏与翻译对读一遍,英文无讹。画押后,其外部书记为之订缀,合两本为一册,叭夏复加火漆印,彼此各存一册。

初二日甲申(3 月 14 日)　雪,晴,风已渐息

前两日此间风大而雪不盈寸,惟美之北境大雪积至二十五尺,或二十尺,即鸟约本埠亦雪深五六尺,火车抵埠为雪所阻,停滞于途,或相距数武而不能达,车中人沿路觅食,美洲故老谓创国以来仅见之事。德馆讣告,德王之丧定初四日在德国教堂唪经,德王出殡亦在此日。英、俄均派王子往吊,婚姻舅甥之国,情谊较亲也。科律师来观约本,并告以如附邮船寄华,须先将约匣大小厚薄示邮馆,与商价值,庶免延误。

初三日乙酉(3 月 15 日)　晴

拜发美约定议摺,致总署咨函,寄呈约本。邮局以分量重逾四十八两,不合局例,改托火车公司,又以哈富学堂事分咨南北洋查理。修约事定,蓬云辞回金山,即属开导会馆绅董转谕华人。

初四日丙戌(3 月 16 日)　阴

辰初偕进斋、震东赴德国教堂,局面不甚宏敞,德人寓美所建,

仍持耶稣教，特语音异耳。希特使函约穿公服，不以素服为礼，各使先后至，均戎装佩宝星，余穿行装。总统、外部、户部、内部、邮政部、水师部、总律政司同时并至，列坐于前。民政之国一是黑衣，无所谓公服也。教士登台宣讲，音乐节奏皆德国文调，讲至德王徂殁，声音甚悲，总统起，坐客皆起，或系送登天堂之意。讲毕乐止，总统行，各部随之。德代办公使送于门，与握手慰唁而出，约周旋一点钟。美外部司员贻震东书，言槐花园五案损失数目均有两本，特阿露美、澳路非奴两案只有一本，请补送。余以此案郑任刊本订缀一册，既有两本，则各案一律，何独缺阿露美、澳路非奴两案？因检刊本全分与之。

初五日丁亥（3月17日） 晴

午后答拜丹使士雕鹘、壁近、谈臣、科士达、意云士。知鸟约积雪未消，自华城前往须三四日乃达，又波士顿电鸟约须由英伦转电，向只五点钟，车路忽迢递转折，绕越大西洋海道，奇闻也。鸟约第五街亦积雪二丈馀，高至二层窗户，居人不能出门，买食则从雪中穴洞而出，其途次火车之无食者，该公司急派火食车前往接济，用两车头套一轻车，亦不能冲雪而过，车中人饥寒致毙者不少。意云士言美国限制华人例殊不公平，顷在议院，士雕鹘以华人来美每岁增多，曾与折驳。士雕鹘调取税关报册以为证，乞查示数目确据，俾为议院辨论张本。又言行将游历中国，检地图出观，复与论中美邦交及华人来美缘起，苟无蒲安臣之约，华人之来，何至如是之众？

初六日戊子（3月18日） 晴

奖摺缮正，核封无讹，惟欧阳庚捐职在差满之后，虑有折驳，馀均合例。昨香帅咨复寓秘华人前捐粤赈，拳念宗国，深堪嘉尚，惟劝捐官未与闻,发款官未经手,以致无从给奖,现饬局详定扁式撰拟字句,详请抚院核给云。此项赈捐,使署亦无案,郑光禄当日未咨粤,只电东华医院,余札查秘鲁领事乃得捐项数目,香帅嘉侨氓之好义而一扁额矜重如此,若援请虚衔加级,更烦周折矣。当咨复只给通惠公所一扁,且可由秘署摹制,不费粤省一钱。乌约日来车路已通,积雪亦化,天桥火车为雪滑,跌毙数人,电杆渐次修复,经此奇境,或将改用暗电,并作地底火车,如伦敦之式。

初七日己丑(3月19日)　晴

洋员柏立患病经旬,曾托科律师代述病状,虑旷工贻责,又欲扶病来见。此间实无须洋员,前任所延留,骤难遽谢,岁糜经费,殊无谓也。午后赴绅士阿希、察院梅拉公会,遇相识者,并言金山为余画油相,殊不类,信然。

初八日庚寅(3月20日)　春分,雨

布郎寄到秘鲁船期。晚晴良佳,赴上院议绅呵利之约,晤美北省小说家部厘问、士窝拿两人,莼浦旧识也。所著多脍炙人口,其貌亦不类粗人。随赴下院议绅格罗化公会,遇号利士三等公使,罗马之邻国也,初通使于美,而人甚明慧,当不辱命。坐客有言近日朝鲜举其国土质一兵船,或亦传闻之误,以其贫弱而诋之欤?

初九日辛卯(3月21日)　晴

昨日春分,桃汛已届,不知郑州合龙否?久不得钞报,天津既开冻,或有佳消息也。午饭适大雷电,窗棂震撼,半天黑云,颇类粤中春夏之景。西士格物谓雷无殛人之理,人自触雷火致毙耳。雷出地之义,西士亦不信,然吾华则确有其事。余远祖坟墓在鹤山小范村之右,嘉庆年间雷从墓碣而起,嗣此数十年来,渐致中落,或曰地气已泻,使然。风水之道固不必泥,会逢其适,聊为易纬之证。

初十日壬辰(3月22日) 晴

小吕宋设领事案,日藩部近始集议,见诸古巴官报。昨日风雷之烈,议院塔顶为雷火所伤,当雷火闪烁时,诸议绅窘急骇惊,各避伏案下,诸察院乃跪祷上帝,喃喃念经,院门东适一马车经行,马为电毙,车夫幸免。电气猛迅若是,使馆电器惟德律风筒激射有光而已。科律师来,谈中美新约,议绅但以华人产业眷属之款为未洽,馀无疵论。科又劝速了哈富学堂事,否则莼浦殁后,此业无可追究。谭子刚已到金山,因同船有人出痘,不能登岸。前日拟改油相,画工以此帧业既有油,不能著笔,只索寄还金山,无烦修饰也。

十一日癸巳(3月23日) 晴

沪关电,金磅太贱,先票汇五万以应急需,馀电汇。茶市将开,金磅之价如是,足见商务之疲。顷闻威地病殁,为之太息。威地年逾七十,为美察院首席最久,人极公正,往来最熟,不悟遽作古人。美总统颁谕国中持服一月,美宫都察院、五部衙门、上下议院均蒙黑布致哀。威地之妇以病就医金山,不及与诀,只子女在侧,闻将归葬于乡。

十二日甲午(3月24日) 晴

沪局包封,上年奏报洛款散竣摺奉到,朱批钦遵咨行。津关书言,都中客腊十二月大雪,郊原溥遍,惟郑州工程料物不凑手,合龙无期。

十三日乙未(3月25日) 阴,雨,雪

议院以威地之逝停议三日,察院则停讯十日,可谓笃念勋旧,美政亦寂然。德国政事,王孙主持,毕斯默辅翼之而已。德王孙人极英武,性类乃祖。

十四日丙申(3月26日)　雨

西人喜食糖,甘蔗而外萝卜为之,消流甚广,近年美国驻华公使觅得中土甜秫种,携植于美,亦可作糖,味在萝卜之上。西人格物之功,即谋利之用。

十五日丁酉(3月27日)　雨

华人到美数目,自壬午至丁亥,傅领事钞送洋文,不识与税关所报相符否?希九寄到丁亥岁与日外部往来文函钞稿。又小吕宋华人药店执照式,详请咨粤办给,粤中能否照办,岛酋有无异词,殆不可知。希九已先函告华商陈谦善,并寄照式于蔡毅约,只候余咨商粤督而已。吕岛闽人较多,应兼咨闽。

十六日戊戌(3月28日)　阴

晨起偕进斋、震东赴议院送威地殡,各国公使咸集,先登楼易衣,旋至议事堂列坐以待,总统率各部大臣、总律政司同至。俄而上院议绅佘文等导威地之殡停于总统之前,有教士六人登台论说,前檐楼沿有数人唱诗,和以音乐,殆薤歌之遗。坐有泣下者。诸察院咸常服外罩黑褶衣,或曰察院之礼服也。佘文诸绅则左肩缀白布,行于灵柩前,意若执绋,仍古礼也。威地子女两人紧随殡后,其子并不变服,女则黑纱蒙头,彼族以为重孝。殡停约一点钟,教士下台,殡遂出,诸客皆散。院门内外观者如堵,总统颁谕国中给假一天,是日各驻使皆常服,余仍行装。西人以免冠为敬,中国以衣冠为礼,未有为人送丧但免冠而以便衣从事者,此西俗之简也。前数年日都有类此一事,日署翻译廷铎具衣冠往,俄使郭而特,恰果洛侯爵也,少年气盛,谓廷铎曰合座皆免冠,而子独否,殊不相宜。廷铎答之曰:我之不能不冠,犹尔之不能冠也。中西殊制,岂能强同,俄使曰:我甚不愿在此见顶冠之人。廷铎答之曰:尔之不能令我不来,犹我之不能令尔不见也。辨论既久,声气稍粗,英使喀而列起而和解,遂为相好如初。日都论者皆多,廷铎理足,越日,俄使乃亲到日署与廷铎为礼。

十七日己亥(3月29日) 晴

谭子刚滞于金山舟次,先将家书及乡中父老昆从亲戚各函寄来。垲徵禀呈两诗,其《送庶常朱益斋》一首,情文兼备,应有尽有,若未经人改削得此,尚可嘉也。中美新约,议绅以第二款华人有正妻及经手帐项一千金,准复来美一层,以为太泛。经手帐项甚无凭据,且华人闻此约款,纷纷娶妇云。

十八日庚子(3月30日) 晴

昨晚寻绎家书,展转不成寐。午后天气尚暄,拟访总统别业不果,沿美宫至华盛顿纪功碑而返,途经博物院,亦蒙黑绸,为威地志哀。至画院观威地油像,殊不似日报言。威地灵柩安抵乡中,各处赙赠鲜花极夥,惟中国使馆与美总统所赠为最。

十九日辛丑(3月31日) 晴

金山领事来书,子刚仍无登岸之信。西例船从有病之埠来,虽船无病人亦须停泊海口外两礼拜,以防传染。柏立次子近得奇病,晨起眉骨作痛,不能仰视,至日午即愈,逐日皆然。西医见所未见,此又从何传染也。本日前邮政部阿倾之会,坐客不多,有中年妇口讲指画,略如柳敬亭之说书,特无鼓板耳,盖欲集赀为善举者也。

二十日壬寅(4月1日) 晴

蔼亭寄回代译约本,大致不失,与美署原译微有异同。今日为耶稣复生之日,西俗斋期满矣。

二十一日癸卯(4月2日) 晴

金山绅董、生监数人转瞬秋闱,赴试与否应遵部章咨会。即饬蓬云册报,适得来函,金山华人初闻自禁之说,彷徨无措,及经传谕亦遂帖然,不识确否?华商广绍纶三家倒塌,华洋帐项十馀万,或谓并非真倒塌,借此赚人财物云。

二十二日甲辰(4月3日)　晴

美都新换光学画,谈臣为园主人,折柬约观。所绘南北花旗沙罗之战,两军相持于山沟,南花旗以丛薄为障,北花旗倚矮坡为负,枪炮如雨,死伤枕藉。格总统怒马麾军,衣靴凋弊,鏖战数昼夜矣。后队接应,隔坡火焚房屋,不仅绘影绘声。西俗每大都会,辄有此等图画,多从巴黎绘来,游客有曾与斯役者,指陈缕缕。墨使亦在坐,因赴士丹佛之会,先后下楼登车去。西俗重女,而美又民政之国,人得自主,但每届举总统议绅,皆各省士庶而不及妇人,于是乃为一会,以争权利。士丹佛,美之富人,遂公推其妇为首,广延宾客以鸣其盛,行当列条款示议院云。

二十三日乙巳(4月4日)　清明,晴

蓬云初四返金山,幸迟一日,否则车行失险矣。途经覆车之地,惨不可言,大雪迷濛,两车相撞云。

二十四日丙午(4月5日)　阴晦,雷雨

前晤墨使,言鸟约近有西人作华剧,衣貌宛肖,且能华语,其剧本曰《北京珍珠》,羌无故实,尤可笑。日来游骑渐多,有西妇控马于总统别业前坡,马逸不可制,几濒于危。总统适与户部大臣并辔行,急下马掣之,力不敌,户部亦下马同掣,始脱此妇于险。总统以己马与妇骑归,妇谓君马虽佳,而我马善跃,必制使如意,不虞坠也。握手各西东。观者咸嘉总统仁慈,尤佩此妇憨毅。

二十五日丁未(4月6日)　晴

美都光学画所绘沙罗战状,距今仅二十二年,不悟科律师亦预

于是役，为千夫长。为述当日交绥之境，最难堪者，北军初为南军击败，营帐尽踞。是夕适大雨，北军两立达旦，南军好整以暇，气焰方盛。若非格总统生力军来，断难转败为胜，科部死伤犹过半也，谈次不胜凄怆。蜎蒸桑野之情，马革国殇之感，中西一致也。金山医院之议仍甚勇跃，认捐扁额者至十二家。

二十六日戊申（4月7日） 晴

莼浦寄到古玉图谱，江款长康山草堂本也，纸墨甚精。午后访都察院布拉持佛、梅拉，询威地身后境况。谭子刚灯时到，与谈乡事，不觉失眠，且喜粤中盗风稍戢，年岁尚丰，特天花传染，患者十损其三四，亦奇灾矣。子刚过日本时，曾晤傅楙元、顾少逸，须三月乃能抵美。

二十七日己酉（4月8日） 晴

去冬粤中寄靴帽一箱，至今未到，幸提单犹存，尚可寻究。墨使赠烟卷四匣，即令子刚为日文谢之。

二十八日庚戌（4月9日） 晴

午后晤察院梅拉，知九鬼不再来美，现在倭京管书局云。

二十九日辛亥（4月10日） 雨

欧洲近传将有战事，几于老生常谈，惟波利牙国已出之王现赘于德，英后力赞其事，为外孙女谋婚也。毕斯默滋不悦，不愿失欢于俄，以波利牙王为俄所逐，而德王则以系出一支，不妨赘之为婿，命意各有在。德之兵权久属毕斯默，国中新旧党人并附戴之，毕之势力几于震主，犹矢鞠躬尽瘁之志，国人并贤之。

三　月

初一日壬子(4月11日)　晴

沪关电复"票汇五万,馀五万可否电汇,乞示"。前电已云电汇,尚何请示为哉?票汇无期,亦殊泛泛,月内须为秘鲁之行,急须部署,沪关殊不亮海外之窘也。英使次女订婚法参赞,行将结缡于巴黎,贻书相告,午间赴外部后即往贺之。西俗女子订婚类皆自择,佳耦既偕,喜形于色。

初二日癸丑(4月12日)　晴

李贻选为余以炭笔写照,神理宛肖,题识数语,付匠装池。复希九书,附寄给日外部索偿照会。华人寓居小吕宋自前明至今曾遭土人虐害者,《瀛寰志略》仅记明万历三十一年一案。顷查日人孖田尼士臣尼高拿嘉庆八年在小吕宋岛所著《小吕宋记》,尚有康熙四十八年一案,乾隆二十二年一案,均极惨酷。日人敦拿士近佐嘉庆二十五年在马得力所著《小吕宋记》亦及其事,皆足补《瀛寰志略》之遗,亦即为现与日国辨论张本。现拟取道纽阿连赴秘鲁,水程稍近,令震东往询墨使、智使水陆程途,并托科律师添叙给日外部第二照会。

初三日甲寅(4月13日)　晴

约同人鸦灵顿祓禊。新桥落成,游车颇盛,万木既拆,草花如锦,玉兰一株,缀花尤繁,沿坡桃李,映衬成趣。鸦灵顿为华盛顿女婿,李将军之故居,北党战胜遂改为兵庐,后门内檐有李将军之子画鹿数头,守者指为华盛顿之孙,西人无内外孙之别也。门外有亭,则格总统纪功之地,萝径数弓,花时当更有佳境。鸦灵顿桥向为一人捐建,以专利每车收银半元,近乃属之公家,往来不费一钱。

初四日乙卯(4月14日)　晴

右邻前任按察司某拥资巨万,有女曰美丽牙,自择谷其利为配,美都窭人子也。父母耻之,讼于议院,律师议绅咸集,不能断离。女偕婿僦居客寓,不两旬归省,父母乃留之室中,不令与婿通问,日招女伴为之娱乐,并欲同往巴黎以畅其胸臆。女郁郁不聊生,遂于前夕服药自裁,不殊死,父母大惊,医士束手,属召婿来,冀暂免其头脑之苦,婿至,女不能语,呆坐榻沿一昼夜,女竟不起矣。西俗自为婚配流弊至此。晚赴议绅摩露之会,结缡五十年,西俗所谓金婚,夫妇健在,因而宴客。

初五日丙辰(4月15日)　晴

晨起草疏一摺两片,恭报起程赴秘日期。学生顾士款、李之骐、张佐兴免其学习,分别拔充翻译随员,新宁县举人陈莵拔充金山领署随员。脱稿后并即批复金山总领事禀。南洋电复经费拨汇,而以余不答沪关电,以致迟迟,殆据沪关一面之词也。此间待款以行,岂有求人拨款而靳不答复者乎?中外隔涉,言行若复不符,更难措手。

初六日丁巳(4月16日)　阴

略似吾华清明前后天气。金山西报刊华人往来数目,视税关所记为少,税关殆并过路不登岸分赴檀香山、域多利、秘鲁、巴拿马之华人而统计之,未免含混。西报所刊尚确,因持示议绅。秘鲁新政,酌收侨人身税,领事与辨,年在六十者免纳,由领事给票。

初七日戊午(4月17日)　晴

秘鲁船期四月初十日,船名鸟波,智使以为稳妥,即与订舱位。午后访厄瓜尔多国公使高士,坐客十馀,皆操西班牙音,恍如马得力城风味。晚赴博物院公会，外部叭夏、总察院梅拉、檀使、瑞威使、荷兰使多惰甫均在坐，熟人甚多，疲于酬接。院中陈设吾华雕镂楠木器，尚精巧。

初八日己未(4月18日)　晴

新宁生员邝清照请咨回籍录遗。科律师来言中美新约北党无异词，近惟南党之议未定，宜告叭夏速之。又前使中国之士蔑，谓此约远逊光绪六年续约，函告议院搁置不行。又墨使已得本国约稿，若欲取阅，可以交来，余未奉总署回文，刻难置论。墨使原有立约照巴西，招工照古巴，似亦有所依据，无须先送约稿，且余尚未订稿，墨更不合先施，即婉却之。午后赴威地寓，慰唁其家属，遂赴外部公会，遇日使、法使、土尔其使，方出门，立谈逾刻，咸以余将赴秘鲁，各有惜别意。叭夏谓此行有可著力者，当效劳。各日报亦以余暂离美境为怅，人情如是，真耶？假耶？洪文卿书言驻洋四月，周历四国，现拟赴俄久驻，虑韩使至俄潜结为祟，先往制之云。余奉使三国，三年不及遍历，文卿则四月之间，四国均到，殊愧之矣。

初九日庚申(4月19日)　谷雨，晴

复洪文卿书，论韩俄交际事，属觅韩俄约本见寄，并询波利牙是否赘婚于德。比阅日报，德嗣王喉患又剧，颇有危在旦夕之谣。午后赴按察司梅阿礼之会，又赴法人阿坚寓听琴歌，法使之友也。

初十日辛酉(4月20日)　晴

朝鲜参赞李完用、翻译李采渊投刺辞行，进斋亦不知其何往。参赞、翻译等官，余固不必往送也。李完用楷书不俗。今晚拟至天文台观星，守者约以月圆之夕。

十一日壬戌(4月21日)　晴

北洋咨复，使馆电华之件，电局不扣半费，已饬局不准含混，从

善如流,可为钦佩。特使费拨充,电局仍虑穷于挹注,将有虚囷徒指之虞。

十二日癸亥(4月22日) 晴

阅邸钞今年考绩枢辅而外,南北洋大臣、陕甘、两广、新疆、闽台四帅并邀上考,三品以上京官,照旧供职,并无年老休致之人。邓铁香引疾开缺。晡雨,复为龙冈公所书楹联,中华、三邑两会馆书扁额。

十三日甲子(4月23日) 晴

管子为政,种树亦其一事。西人与古暗合,街衢市集,种植且繁,大泽坡陀,绿阴四币,屡以此说贡于中国,意亦良善。李傅相近饬畿辅一带广种橡、柳、榆、枣、桑、柘之属,条为八法十益,以导乡氓责州县,岁终册报,而严杜苛扰,由直隶而推行各省,山高乘马之勋,可基之矣。忆丙子春,丁文诚抚东,檄沿海州县种柳,意为防海设屏蔽,各属奉令惟谨,登莱种柳易生,不一月已蔚然矣。烟台滨海有西人赛马打球场,福山令宋松友植柳于场壖,英领事言于监督,请移植,否则另给一地。场中种草曾费百金,求县令给还,监督饬县照办,县不允,监督属与英领事会晤,县尤不屈。英领事不得已,乞别派一人,偕至海滩易地,宋松友自愿同往,指泥淖不毛之地假之,并相诟谇。英领事乃回诉于关署,监督檄县拔树,县以西人球场系权假中国之地,却非永租,种树奉抚军檄,不能遽拔。监督谓通商为监督专政,不受制于抚台。松友谓地方为县令专政,亦不受制于监督,堂属遂几决裂。松友年已六十,鬓发萧骚,结一小辫,凭枕阅监督札,一怒而起,并小辫而断之,竟成秃翁。余时在烟台筑通伸冈炮台,屡为排解。顷因北洋种树之政,不禁回溯及之。晚饮酒肆,啖鲜蚬,略如蚶。

十四日乙丑(4月24日)　晴

英使来谢伊女添妆之物,并询朝鲜遣使津约三端,手挟钞本印证所译,无讹。余具告之,英使言闻韩使到俄,俄愿如津约办法。余复将韩使抵美时余与叭夏往复照会及与叭夏问答之词缕述一切。英使谓审若是,则韩使撒谎,殊无状矣。余因询英美渔约,设议院议驳,此约将何如,英使谓若驳煞则须另议,此约作废矣。余语以中美新约议院仍无确耗,英使谓此事政府正欲致询,自禁华佣来美,是否中国本意?余答以前年华佣在美种种凌虐,各国皆知,中国不愿百姓在外洋受苦,特禁以不准赴美,而现在寓美工商,则须美廷保护也。自禁之意,总理衙门曾照会驻华英使转达英廷,饬下港官帮同查禁矣。英使谓此事前已得悉,此殆中国毅然示禁,非美国所请也。譬如英国属岛亦禁否?余谓英无虐政,固自不禁,且南洋各岛,华人贸迁垂数百年,亦非美国比,英岛固无虑中国之自禁也。英使唯唯,语及美约未经议院议定,则谓中英事同一辙,西谚所谓同舟也。握手别去。晚赴总察院布拉持佛之席,亦与相遇,首坐叭夏及总察院马调林麻布力尼,议绅衣云士、意里云,坐客十七人,多识面而忘其姓名。七点半钟入座,十点半钟散,主人敬客甚周,饷以六十年车利酒,肴馔丰美,又多吾华磁器。余与衣云士并坐,承语余以前当外部时正陈副宪奉使之日,乃知颠花之案,即其手驳者,及洛案定议,则此老不主派查之说,前后若出两人。叭夏每于席间睨视之,似甚惮其议论。

十五日丙寅(4月25日)　晴

小吕宋设领事之举,日廷迟迟不决,已设法商催,顷阅时报,刊香帅奏稿,已派定王荣和为总领事,经费请拨给一年,以后则就地自筹,仍采余前咨领事收费以出入港照费牌费为名正言顺,奉旨交总理衙门议奏,久当接到咨文也。此案先准香帅电派余瓗,当即照会日外部。六月返旆美洲,途次巴黎,得香帅电,改派王荣和,余以日廷未定议而我遽改派,譬之寿春得废玺,两妇预争册后,又先示人以举棋未定之势。因函告文报委员蔡毅约转达香帅,不悟遽以上陈耳。今日为外部公会之末,晡时赴之,晤叭夏并美国驻英公使辉立士,伦敦旧识也。叭夏壁悬榻本酷似埃及文字,询之却否,不过二百馀年物耳。金山寄到学堂启馆日期,及医院事定,请示期兴工,即批复。晚赴麦基连之会,新居落成,广延宾客,布置房室、陈设玩物皆极华赡,跳舞房顶上为承尘木,雕连锁纹,透电灯光气,下注音乐,亦在楼治,美都新式也。麦基连曩为报馆主笔,年仅四十,暴富若是。

十六日丁卯(4月26日) 晴

早起草疏筹设金山学堂一片,筹设金山医院一片。格总统墓祭之期,却系西五月杪。明日鸟约之行可缓,电莼浦,免其往候。

十七日戊辰(4月27日) 晴

复蓬云医院兴工四月朔吉,并询地价若干,此段地亩非现购也。客腊十六夜月蚀,美都在戌亥之间,中国在卯辰之间,地球掩月之说,西士谈天者当必有词。

十八日己巳(4月28日) 晴

秘鲁四月初十日船期抵巴拿马,须候十一日乃有船往利马,程期既促,又当赶紧料量。午得刘芝使书,正初赴罗马,二月初回次巴黎,二月十四日回驻伦敦,泄泻数十次,寒热交作,病卧旬馀。又言韩使尚未抵英,闻由陆路径至俄都云。

十九日庚午(4月29日) 晴

郑州决口,北洋派法人赴豫测量口门,宽五百五十丈二尺,新河底较旧河底低一丈二尺，拟以洋法用大石、大桩杜筑旧河，以挖泥机器船十五只挖深一丈五尺，宽二丈，长百六十里，再用小火轮船二十只造活铁路行铁车，水陆运料以图迅速，如机器运到，三月可以竣工。河豫两帅均以为缓，属电询法国如有现成机器，事半功倍，便可议定，若制造需时，不如只用挖泥船只云。此丁亥十月十八日郑工来信也。用大石、大桩杜筑旧河，黄性湍悍，恐难猛压。泰西水性如黄者，只美之希西比河，法无此水也。法人工于开河，恐不工于堵口，所拟挖深挖宽办法以便小轮运料，亦无起止地名，来函或略之耳。然小火轮行于浊河，甚非易易，至用活铁路行铁车运料，此尚可行，然铁轨仍须运自外洋，至速亦非两月不克到工。来函又言山东百姓情愿不费国帑，自开铜瓦厢南河故道，亦意中事耳。此时桃汛既届，仍无合龙消息，江南引河曾否疏通，皖北积水恐未消退，伏秋大汛可为隐忧，里下农田，淮扬盐筴，均为财赋之大宗，何堪设想也。

二十日辛未(4月30日)　晴

奴辈检拾行李已妥，只待谭子刚回，便可遄发。晚赴墨使公会，新居宴客，特辟房门，登后楼绕至前楼而下，乃晤主人，楼房几遍历矣。各使咸集，外部亦至，天气陡热至九十三度，不耐久坐，跳舞之客当更不适。余方欲行，遇韩使，絮絮求示期接见，随答以明日下午。

二十一日壬申(5月1日)　早雨稍凉，午霁，天气尚好

叭夏照会以余将赴秘鲁，特先函告美国驻秘公使及哥浪、巴拿马两领事代为招呼，可云周到，即答复之。三点钟韩使来晤，其参赞能为英语，无须笔谈，该使自言病，观其神色，殊瘦损矣。晚赴邮政部公会，坐有琴歌，而人声喧杂，未两叠歌者行去。

二十二日癸酉(5月2日) 晴

子刚自鸟约回,言晦日之船至巴拿马仍须坐候七日,且船身舱位小于前定之船,姑与订定,因此船须二十四日始抵埠也。待渡之期仅差四日,船亦忒小,不如仍附四月十日之船。近因南墨洲轮帆希少,往系每礼拜一船,近则两礼拜一船,势不能不少停顿于巴拿马,虽有瘴气,义无可避也。议绅多福函言寓居阿利根之华人前年被逐损失之事,已否索偿,请查示,或华人之所托。顷科律师来,亦述其语。余以索偿之案,悉据金山领事具报,如领事无公牍,此间无从办理。科谓多福系上议院专司外交之人,宜善答其意。助前总统加非善会五十金,会设欧波戏台之下,何绯联谓四面不透风,其地热甚,因衣单纱,衣外护洋灰鼠斗蓬,排闼后凉气袭人,窗户不开,犹有寒气,若无斗蓬,则冷不可耐矣。语云目击耳闻,犹恐未真。

二十三日甲戌(5月3日) 晴

蓬云书言,各埠华人知积案均赔,纷纷禀索,领署无案,乞钞示。此种赔款领署既无存牍,使署何从钞寄,只架罅士加冯亚瑞一案,尚有照会外部底稿,当属翻译钞示之。

二十四日乙亥(5月4日) 晴

午初赴外部,托叭夏代达总统兼使秘鲁程期。叭夏告以中美新约,议绅欲于第一、二款加增数语,其实本义已明,徒形蛇足,诸绅直与我为难,无预中国事也。余答以起程后所议如何,告代办转电秘署可耳。科律师来,言诸绅拟加之语却不因南北党门户之见。叭夏怨北党故违其意,殆误会。诸绅之议,未定约以前回华之工人,须急回美领新照。若以旧照相混则界限不清。诸绅故欲缀此数语。余请其游说北党,以免抵牾。科诺之。仍属秘密,美国党人诚难齐一,总统亦莫如何,况外部哉?

二十五日丙子(5月5日) 立夏,晴

发沪粤包封,后旋接两局包封,参赞各员请奖摺钦奉批旨照准改奖董事片,奉批旨交部议奏,即钦遵分行。又总署咨会复奏南洋各岛领事摺,以小吕宋之议发自余,外部慨允,藩部齮龁,诘以苛虐华人各端,外部允为革除,而设官一事,绝不松口。余知其难,不为固执。驻京日使无遥制外部之权,即署中日与磋磨,于事无济,仍应责余与外部商办,俟有把握,再行酌定。英、荷、各属岛,宜就该岛华人公所会馆董事酌派,以资料理。其于领事就地筹费之说,虑所派非人,事事索之华商,征求无厌,微特无益于华人,且为国家敛怨。其于领事收费抵支公帑之议,则援古巴之入不敷出、新架坡之帑巨费微以为证,而归宿于外洋领事权利甚微。各国既不愿,即使勉强办成,亦必妒忌掣肘,在他国荒僻之地,治为人服役之民。又缅、暹、南掌、西贡腹内之地,已虞鼾睡,我更经营腹外零星小岛,徒启猜嫌云。适香帅咨奏亦到,两疏参观,总署意在持重,粤督意在远拓,而均责难于余,以小吕宋为嚆引。余屡属希九与外部往返商榷,犹是遥遥无期。近有日人贻外部书,中夹线绳一段,略言中国公使因此事大为政府诘责,愈掣愈紧,若掣绳,然设非外部面许在前,中国公使不致受此窘迫,兹以绳一端,请外部代中国公使分忧云。外部以此绳示希九,许以六礼拜内妥定,外部似有愧心之萌。北洋咨会诘问朝鲜事,又函复询美总统客岁谕议院文内事理,并及暹罗自主其国遣使分赴各国,履霜致警云。晚赴善会观剧,总统、外部、诸察院、议绅咸集。

二十六日丁丑(5月6日) 晴

昨北洋咨会袁世凯与朝鲜政府诘问之词,该政府理屈词穷,而

以撤回朴定阳为解。又于朴定阳电言冒罪违章之后,欲请中国变通前议办理,殊欠斟酌。因咨复北洋照会该国。

二十七日戊寅(5月7日) 晴

朴使既自认冒罪违章,又于呈文言津约三端系光绪十三年十二月初四日亥时奉到,自相矛盾。其于客冬二十八日与进斋笔谈,竟谓未奉政府明文,"待船便探询备告矣"、"少俟焉"等语,前后离奇。昨既咨北洋,今日复为照会诘之,该使以余将赴秘鲁,特馈参纸团扇、折扇、崔光允残碑,酌收残碑一种,馀概退还。

二十八日己卯(5月8日) 晴

午后至外部、邮政部。察院梅拉、议绅钟士、右邻毕顿寓投刺辞行。晚约外部叭夏、察院梅拉、布勒持佛、布力尼,上院议绅莺哥儿、衣云士、亿文士,下院议绅巴拿蛮、夏庐,报馆多惰甫,提督劳力治士,律师科士达,绅士阿希、挨林士,希特使、英使、法使、墨使、了毡颠使、智使大餐,俄使坠马伤臂,不果来。七点半钟入席,九点半钟散,茗谈至十一点钟,次第辞去。适大雨,天气闷热。

二十九日庚辰(5月9日) 晴

外部照会,中美新约议院拟于第一款添缀"现经回籍华工,虽领有旧照,新约既行,亦在禁例",第二款添缀"华工无论水路陆路回美,须有新章护照,否则不准入境",照请核定,即请总统批示作为现行之约。科律师阅谓与正文不背,因令进斋、震东往询叭夏,添缀之语作何办法,叭夏谓另缮两分,作为互换已定之约。进斋驳以非明奉谕旨批准不能即换,若求简便办法,只有彼此加照会附于约末。至此项华工若有经手帐目及眷属财产者概入限禁,与原议不符。叭夏沉吟久之,谓审若是,则换约必须数月,有此挪展则此项华工亦已陆续回美矣,且闻多无眷属者。进斋令将蒲安臣约本取阅,亦系定议后复加一条,却另缮一本。进斋回述回答,余即电署候复,并饬领事查明此项华工究有几人。

三十日辛巳(5月10日)　阴

金山电复,此项领照回籍之华工约一万五千人,六个月内可以全行回美。明日无暇赴鸟约,因电约莼浦来署。

四　月

初一日壬午(5月11日)　雨

饭后往访叭夏,商另缮约本,叭夏乃以重画押为虑,忘却前日答进斋之言也,仍如余意,彼此附加照会,待换约之日另文声叙。询以议院定议后总统应否签字?叭夏谓议院定议,合国便无更张,总统但于换约时颁谕照行而已。华文约本所谓伯理玺天德批准者,殆虚隆总统之权,实则议院主之,总统奉行,无能准驳也。

初二日癸未(5月12日)　晴

外部将增句约本照缮一分,当并案咨送总署核奏,并电署四十七字核政咨稿。金山电询有照华工回美期限,即电复之。又照复外部,并饬谭子刚预译秘鲁颂词。近日欧洲诸国或颂或否,考其掌故,当原于佛教,证之鸠摩罗什答慧壑书云。天竺国使甚重文制,其宫商体裁以入弦为义,凡觐国王,必有赞德,见佛之仪,以歌叹为贵,经中偈颂皆其式也。西教根诸佛国,不一而足,非如中土聘问歌诗赠答之谓。

初三日甲申(5月13日)　晴

午后赴苏遮士毿看牡丹,美俗指为中国玫瑰者,已退粉矣。隔畦有花一丛,绝类杜鹃,而一苞数花,叶长如芍药,却系木本,所谓绝域异花也。访医生哈仑村墅，留款午餐，坐谈逾时，循别道归，浓阴夹路，大有春夏气，亦颇类日都车路。今日朴定阳呈复津约三端系上年十二月初四日亥时奉到，而将该国政府饬遵于未起程之前，狡辨不遗馀力。诘以查探物情之语，更含糊答复，不知该使自认冒罪违章之谓何也。夜雨。

初四日乙酉(5月14日) 晴

朴使呈文照咨北洋，复为手书寄呈美约钞本及小吕宋设官事，又为书致总署，缕述美约增缀字句之意，并催询墨西哥订约。午后晤英使，询英美渔约，谓茫无端绪，墨西哥、西班牙两约亦然，殆援以解嘲也。叭夏今日出埠，余遂不往外部，仅到其寓投刺为别，顺访梅拉，托以附致米西斯比河堧官绅接待傅楙元、顾少逸。梅拉，米西斯比河堧人也。又至其对门阿京处阅楼房，盖欲中国售买索价四万金，惜卧房不多，不敷随使各员寄榻，若沿西例，公使一人驻公馆，则绰有馀地矣。去年赴欧洲，与谈臣同舟，甚适，今此秘鲁之役，安得复有谈臣者相与偕也？今日希九寄到谟烈照复吕岛事，仍浮泛。

初五日丙戌(5月15日) 晴

晨起清理案卷，应函询各署补钞者补之，应倩翻译校汉文者校之，并将枢寄两道交李学庵编卷，属翻译房沪粤包封送代办代拆，择要寄秘。午初登车，遇一美国水师官，甫自华返美，曾为巴拿马之行，为语该岛风土甚悉，且欲贻书该岛美总领事为之招呼，余告以外部已先谕知矣。四点半钟抵鸟约领事署，天气尚寒，衢树始坼，未若华城新绿夹道也。蓬云商派学堂监督及陈芷泉月薪数目，又言金山画报以新约之订，美总统、外部为余所压，一手掩其目，一手扼其吭，绘为画报以供谐谑。

初六日丁亥(5月16日)　阴雨

领署后院有树一株,叶初萌,如椿,西人目曰中国树,其实不香不臭,似是而非。华人近充巴拿马鸦片公司,订约五年,垄断全岛,且有西商为之运销旧金山、鸟约各埠,而生意不盛,窃忖其烟土购自印度运至巴拿马,出入口均无税,应大得便宜,惟就巴拿马煎熬,必无佳水,即雨水亦积气而成,不能别有清气,色味必不如香港、域多利等处,恐获利无几也。晚观西剧,情文甚佳,演救火水车灵捷之甚,两马尤驯。

初七日戊子(5月17日)　晴

金山学堂监督,即派程鞴堂。又批复域多利华商禀驻美领事兼管英属,格于公法,即咨达刘芝使,徒令作难,此禀批发蓬云传谕之。蓬云欲往山多些为华商作茶会主人,此为美属,殆无不可,域多利则不应往也。午后至格总统家言别,格总统长公子必欲一作主人,辞以行期匆遽,回帆再叙。顺道答拜议绅湾克、律师巴庐、银行布琅。

初八日己丑(5月18日)　阴雨

函布叭夏言别,并属转托米西斯比河坝官绅领导傅楙元、顾少逸两员寻究河源治法。又函告科律师登舟之期。议绅巴拿蛮赠映相为别。西人近演华剧,购得行头一副,旗伞均备,台上陈设有螺钿几桌,务求肖似。又供一木像,所演中国新昏庙见,令人绝倒。西人好奇,观者如堵,要之声音笑貌,茫无影响,是尤优孟不若矣。园主人频请观,聊慰其意。

初九日庚寅(5月19日)　晴

至仙打园观槛兽,三狮一虎,方熟睡,有海豚两头,一浴于方池,一困于木栅,有三象游戏漫坡,尚无拘束,其他犀牛、弥猴、狐之属,不一而足。海外所见狮子,视吾华所绘,相去甚远。禅宗语录有“野干终日随狮子,不得成狮”之语意者,其野干乎?安得金天尊者指证之也。复至博物院观无翼鸟不可得,院中新制花树小景,缀小鸟于上,或巢或卵,飞鸣哺食,生动可喜,枝叶则荣瘁一致,巧夺天工矣。楼上旧有中国乐器及诸玩物,与烟甸杂物并陈,刻已藏弆矣。蓬云电金山医院甫动工,土人立例抗阻,愤与构讼,期于必成。华人自建医院何害于美,有与公法报施之义不悖。总是金山土人充厌恶华人之心,无所不至,所立新例,恐不仅为医院计也。领署应速钞寄。

初十日辛卯(5月20日)　晴,小满

外部照会:“浊水坑案获犯六人,但得确实证人,便可定罪。”不图美政果能捕犯,即复以转行金山领事助地方官办理。西例公使未出境,公牍仍须署名。日议院订议吕岛设官事,是日谟烈未到,因而罢议。前拟索偿及拟派他国领事照料之稿,希九商缓缮送,即函复以相机办去,若六礼拜后无消息,不能不发矣。华商陈赞善等赴日赛会,携货物值五万馀金,日税关索税过重,希九为照会外部,又不知作何答复。

十一日壬辰(5月21日)　晴

晨发行李,巳初登舟。桅顶悬国旗,船身高而狭,恐不耐风。一点钟展轮,同舟有中墨洲蒿士他路栎架国驻美公使丕利,又美国派驻可仑比亚公使谟利,馀皆商旅于南墨洲或绕道至旧金山者,以巴拿马至旧金山船价廉于车价,又可多历一洲,西人好游,比比然矣。出口后假寐片时,起视海波澄澈,风日晴美,辄忆左文襄“舟行镜里,对此每饭加餐”之句,顿生中外之感。晚饭后柁楼凭眺,月色尤佳。

十二日癸巳(5月22日) 雨,风浪大作

晨起微眩,如厕至船尾,衣履沾濡,盥沐后仍睡,风雨益甚,不愿早餐。仲兰、震东眩吐殊惫,涵生略能支,子刚携铁盂至余卧内作吐,劝以少睡亦即免矣。午后略觉饿,侍者将肴馔赍至榻前,既逼窄而加以腥膻之气,不能下咽,胃逆不适,出至厅事少坐,眩不可解。戏如西人之术,呼三宾酒以止眩,讵眩不能止,而果吐矣。吐后安睡静摄,俄而风雨愈急,几榻皆漏,舟人为加矾布,移榻对面房略憩,晚餐更不能食,竟夕颠簸,旋睡旋醒,不饥而渴。从者三人,惟陈胜不吐,阿角初尚健,晚饭后亦吐矣,仍能任支使,吉祥则委顿不可。思拟此船上下层皆大窗户,略如游船,窃谓此水必无风浪,否则此船不作如是装式,岂悟经大西洋海角遇此大风,而船又漏,子刚谓此船落水仅六年,记初次启轮于古巴宴客,曾预于会,不应遽凋敝乃尔。同舟之客是日不吐而能食者七人。

十三日甲午(5月23日) 阴

风浪少息,早餐会食,仍不耐,仅啖两橙。自前日开船至今日午正,共行三百八十二迈。中饭后隐几厅事观书,同行眩者渐能起,仲兰仍惫。晚饭后与西人作叶子戏。今日开大舱,可检取什物,过此则抵岸始开。

十四日乙未(5月24日) 晴

西人因风筝而悟电线之制,因沸水而悟士颠气之制,可云善悟。近日德律风传音尤灵捷,顷阅《敬业堂随辇集》“赐观侍卫射虎恭记”一诗,在“忽闻响应彻山颠,天语遥传顺风耳”之句,下注“西洋人所制”五字,意其时南怀仁、汤若望辈已解此法。今日风浪既平,眠食如故。午正阅牌,行二百六十一迈。薄暮过西印度岛,遥见来帆一叶,夜月甚圆。德律风之器,西俗盛行,美都则各部院衙门及大小行户皆租赁一器悬于公事房,旁置各街拱号数牌,欲与何处问答,即就筒口说明号数,远近不爽,租银不一,美使馆岁需八十金,日使馆岁需六十金。家居而设此器者,必富商大贾,或新闻馆访事人通声气也。类皆自用,惟药房之德律风,人人可借,中国则惟津沪之地行之,然亦不甚广。此视贸易之多寡耳。为用较电报为捷,然不如电报之密,且其施功之处,必藉电杆,不能独树一帜,然美都之德律风公司近乃大获利。

十五日丙申(5月25日) 晴

晨起观日出,霞光微绚,云气翳之,天色亦靡定矣。早饭后齿痛不适,西医为敷药,亦谓略愈片时,究无把握,若期大效,须觅专门名家。法国谚谑其人若云能治齿痛即为荒诞之人,知此技之无真诣矣。吾乡有冼氏以治齿长,子孙不仅三世,俗目为冼分家,以其得效索谢,几与人半分家产也。咸丰之季,粤海榷使齿痛甚剧,倩冼笑山治之,应手而愈,冼仅求赏一监生,其后酬资亦为介绍者赚去强半,冼分家之名确而不确也。西医研精医理,似专于华,然能如冼氏者,环球无两也。今日舟行二百七十七迈。晡后断虹东澈,舟人竞观,若甚诧异,回眺西偏,金碧层层,云水光中烂若锦绮,日已落矣。夜雨幸不漏。

十六日丁酉(5月26日) 阴

晨窗睡觉,闻停轮声,起视已抵英属哈士度路岛,来往轮帆例泊片刻以候邮筒。遥望一塔孤峙,下环矮屋数间,盖荒岛也。中饭后船忽钟鸣,各水手纷纷沿桅引水,医生亦然,殆操练救火之技。舟行逢礼拜六必演习一遍,安不忘危意也。然虽曰试演,不知者不无虚惊。忆丙子秋烟台之役,随李傅相登德国兵轮,船主宽们士,提督而伯爵者也。亦令军兵操救火之式,傅相自船舱出观,余从柁楼下行,方与徐传宗、唐沅浦避让,忽绳索一盘从头上掷下,幸戴羽缨帽溜滑,得免压,仅伤手指,船主令医生敷药,是夕辄能屈伸。追忆前事,忽忽十三年矣。晡时过夏湾拿口,天气郁热。舟行二百七十二迈。

十七日戊戌(5月27日)　晴

晨起倚窗凭眺,船主忽来就谈,两翻译均未起,余自与问答,咸能领会,所谓强不知以为知,固非能人所不能也。午后风雨,幸不颠簸。同舟有美国火车总管,现赴智利承工者,往来海面最熟,问询以此水所经最险为何状,此老谓记一次遇大风,舟中满载架啡米纷纷倒乱,船主亦无把握,只逆风以行,十数日乃达哥浪,此在西五月间。其一次则同舟有马戏诸兽,及风浪掀播时,其马自相碰撞,四十匹无一存者,此在西十一月间。或曰南墨洲海道较稳于欧洲,殊不然也。今日舟行二百七十六迈。

十八日己亥(5月28日)　阴

晨起船主属各检行李,统交货舱,各客随身自带之皮袋亦欲并交,殊不便。彼意以皮袋小物亦已收载费,固宜付之代运,不悟各客随身皮袋要件为多,岂肯遽付他人之手,此船主不近人情之一端。晚饭后热不可耐,东偏电光白闪。与子刚对座船舷,谈乡园风景。是日舟行二百九十二迈。

十九日庚子(5月29日)　晴

晨窗微赪,急登柁楼,旭日初起,光景奇丽,舟将入口矣。东面诸山蓊蓊出云,有隙皆补,绝好画稿也。早餐后行李均检齐,令翻译为洋文电鸟约,即交英国驻哥浪领事阿厘代发。此君同舟数日,颇相得,昨互以映相赠遗,极纯正人也。九点钟后遥见哥浪埠头,楼阁隐见,椰子巴且棕榈之属错杂相间。沙际一楼,即建议开河法人篱石之居也，楼前一铜像曰哥浪，为当时开埠之人，此像由法国制送，工作却不甚精。沙觜四周悉环碎石，仿佛黄河挑水石坝之式，颇动郑工之思。今日舟行一百七十六迈。自鸟约展轮至此，共一千九百三十六迈，合中里六千三百八十九里。

十点钟船泊定，有华商五人来谒，衣履济楚，时适美领事士他地偕该岛知府巴索来见，询商登车时刻，因火车公司已备专车伺应，又巴拿马今日有船开往利马，美总领事已留至五点钟云。余答以既有便船，即刻登车赶趁。遂将行李并载专车，有西客四人来共载，诺之。途经哥浪埠中，仰望龙旗招展，则华人酒楼也。车经开河之地，畚锸未辍，华人沿路列肆卖食物不一而足。美领事及火车公司总管路厘辅送过哥浪而返。十一点钟开车，十二点半钟抵巴拿马。美领事柯林臣备马车来迓，同乘至客寓，始知今日之船非往利马者，士他地之言谬矣。华商十数人来见，略寒暄而去，余乃栉沐。华安公司馈茶点、酒筵，皆华制，仲兰、涵生大嚼，余戏谓之曰：若无此种食物，吾辈不至涉此殊域，直非蒟酱比也，相与一笑。余亦薄啜两瓯，假寐片刻。晚饭后至永和昌一谈，美总领事亦至。余谢其频年照拂华商之谊。渠谓中国不与可仑比亚立约，华商究不免吃亏，余以墨约未定答之。该领事与诸华商甚融洽，而颇厌此缺劳苦，美事既繁，又兼顾瑞士、义大里诸国交涉，微特华商累之。谈次又以可仑比亚国政以贿成，茫无纲纪，甚欲赴华，求余商诸叭夏。此老公正耐劳，若到中国，必能与地方长吏相得也。柯领事行后，乃询众华商贸迁情形，盖入口无税，又为南北花旗孔道，过往之客多购华物。近以浚河之役，工商稍集，故哥浪至巴拿马沿车铁路，华人列肆，皆恃此营生。每逢发饷之期，内埠华人小酒店有日售千金者。惟半年一结帐，以水土恶劣，支持不易之故。永和昌开庄最早，生意最大，其总管曹兆宾，番禺李村人，寓此十馀年，为言初到时草深没胫，街市泥淖，并乏马车，尚不及现在光景。华人谋利无远弗届，由旧金山而秘鲁而巴拿马，愈拓愈广，亦不惮劳苦，其志可矜。特不甚联络，终不足以敌西商耳。十二点钟返寓，睡不能酣，雨声彻枕，天将曙矣。

二十日辛丑(5月30日)　晴

旅店主人为美籍，初就海岸搭板屋以宿过客，渐而大拓，致富巨万。楼房三层，亦宽敞矣。视美洲客寓则天渊，所谓无佛处称尊也。对门为天主教堂，左右微露小山一角，前有小园，列几以备游憩，具体而微。南为浚河公司，北则教士施惠病人之居。诸楼屋瓦有筒，略如吾华之制，惟无瓦当。数年前该国王曾以地一区送华商建医院，厚意以广招徕，华商于此贸易，却无厌贱之者。此岛仍有城内外之分，实则荒沙一片，临海一面隍墉之迹略存，三十年前曾毁于火，断垣废础，凋零之甚。日前有兵头逝世，众兵官晨列队伍赴教堂顶礼，兵既瘦弱，枪械亦甚不精良。中饭后答拜美总领事，出观外部属为余照料之函，甚切实，亦自曝彼国联络邦交之意。即在永和昌购磁瓶一对赠之，薄申缟纻之义。并购齿痛药，归寓疗治，仍无效。差弁陈胜赴唐人街，回忽大吐不止，服午时茶、姜葱得汗而解。此间日烈风毒，雾淫雨湿，均能伤人，宜西人以为戒也。

二十一日壬寅(5月31日)　晴

教堂钟声喧扰，起视则一教士拥众至教堂前，后数十男女，中簇一白幔，旁支四柱，教士处其中，前系一圆瓶，制作怪异，为兵头求登天堂云。柯领事来，少坐而去。华商馈华馔，有豆腐，软滑强于岛约，齿痛尤宜。午睡起，"永利成"公司叶蔺来见，从一西装人，名关兴，郑光禄所谓习气最深者，谈秘鲁情形尚悉。

二十二日癸卯(6月1日)　阴

此岛叛乱靡常,诚非善地,瘴气其一端耳。此店旧为郑光禄之居,曾受奇险,炮子打至卧房,竟日不得食。盖因土人任总督者,党与数千,请假赴美以兄为代,不称职,国王别派一人承乏。前督自美言旋,心滋不服,纠众为乱,从哥浪揭竿,尽烧行铺,拆断车路,来往不通,遂与新督斗于客寓之前,宜郑光禄之被吓也。中西商皆闭户屏息,正无可解纷处,美总领事柯林臣贻乱党书,讽以斗于郊外,毋于市肆间放枪,乱党阳诺而阴违之,柯林臣电调美船弁兵登岸保护,仅置格林炮一尊于领事署,党魁过而颠踬,及美兵四集,乱党益不敢逞,拥党魁于客寓立约不斗,乃释之,越日而定。柯林臣平时既能保卫诸商,临变又能镇定,诚可嘉矣。乱党既散,铁路复修,郑光禄乃成行。海外之事类此殊数数。曹兆宾谓贸迁此岛已四见车路毁拆云。午后黎汝政来,劝早起时饮佛兰地酒一小杯可以御瘴,理或然欤?海堧旧垣塌处有兵房一所、监狱一区,遥见浚河船只两面操工,期获一旦贯通之妙。沿海多鳄鱼,西人相戒不澡浴,山林多瘴气,西人相戒不啖水果,此两事皆西人酷嗜者,顾以为戒,知此岛之难久憩矣。晚饭后电光西闪,似有雨意。

二十三日甲辰(6月2日)　晴

此间铺户虽不繁,乃时虞火患,该岛只得一水龙,呆钝不适用,华商乃公制新式一乘赠其国家,略答送地建医院之意,诚两善也。华商有时集资购物赠其总督,故耦俱无猜云。

二十四日乙巳(6月3日)　晴

昨睡中闻钟声甚喧,意谓袄寺礼拜。晨起吉祥言街前失慎,火光烛天,逾时乃灭,教堂鸣钟拯救。阿角往看,为洋兵挟之助水龙引水,深以为苦。盖此水龙为华人所赠,故遇华人即须助力,无客主之别,亦见华人之义也。美总领事三点钟约游海口,遍阅官署、兵房、牢狱及昨夜被火之区,又经各国坟冢,内有华安义庄一所,郑光禄题识署联,地约十亩,外环石栏,为华人旅葬处。又至新开河口,机器堆积。沿山多法人楼屋,建造糜巨万,然不耐久住,其最完美之屋已舍作医院矣。开河之役可仑比亚国订约十年而成,否则机器楼房尽属可仑比亚,现已六年矣。工程不及十分之一,不知法人何以处之?沿途车路尚平坦,此亦近年所筑也。天气太热,灯后微雨。

二十五日丙午(6月4日)　晴

同县关绪自利马来,述驻秘使馆情况颇详。湘浦虑秘鲁水土忒寒,日食人参,而不免于病,似人参亦有效有不效。按《春秋》"纬瑶光星散而为人参",《礼》"纬下有人参,上有紫气",人参之禀赋诚厚矣。海外风土异宜,余自抵美后不常服,间遇节气一服之,亦平平无效,且引动浮火。中外服食未能强同。诸华商备公宴于华安楼旁酒肆,肴馔丰美,饶有乡味。各会馆龙旗高扯以志庆,五点钟入席,八点钟散,天气忒热,久坐为苦,返寓洗浴,急雨旋晴,少憩辄睡。

二十六日丁未(6月5日)　芒种,雨

利马船昨仍未到,殊闷。前夕火灾系土人某衔恨潮人讼争房产而直,遂起意放火报复。以火油潜置楼梯,一爇而焚,延烧极速,华人铺店被焚三间,土人被焚十数间。时当深夜,幼稚子女不能下楼者毙其五,又两西妇不知下落,或亦死于火矣。惨哉!虽放火之人已获,即治以缳首之罪,亦奚及耶?此间并时花不可得,寓楼所植多奇怪无香之品,其一种挺生如芦,著土处微露根节,高不逾尺,叶长乃四五寸,四面蓬生,里青外赭,叶缝有苞如豌豆,拆则含白花

一朵，似曾见于鸟约，特叶则纯青不若此之异色。前日房东馈一花略如白菡萏，其梗亦通，惟花瓣外多白须，花中无蕊无莲蓬，晡开至曙而合，合则不复开矣。采之者亦其矜重，寓客多索观，似不易得也。午霁，晚色稍凉。

二十七日戊申（6月6日） 雨

淫气郁蒸，衣物多潮腻，绝似江南黄梅天气。陈勤自利马来，知伊露船已抵埠，属翻译往看舱位。巴拿马、哥浪两埠相接，华人营生于此者垂五千人，商多工少，故不为彼族所轻。郑光禄曩倩美总领事为照料，尚能顾全生意。余以该国通商之请，骤难办到，仍应于华商中择殷实公正者，设正副商董两人为众商领袖，略如檀香山之式。晡时赴永和昌晚饭，因属曹兆宾，令自择其副，给予专札，以昭郑重。曹兆宾固谦谦，然外此能求如其人，亦不易也。

二十八日己酉（6月7日） 晴

午间美总领事何林臣来，言有华商欲赴金山，求护照，与新约合否？余告以新约只限华工，其贸易游学诸人不在限内，且新约亦须彼此互换乃能举行，至换约后不在限内之诸色人等，由华官给照，或由他国出口处地方官给照，然均须美国领事官签字。柯林臣唯唯。粤中指甲花见于南方，草木状，红、白两种，夏日蔓生水涯，白者较香，此间亦有白色一种，香味略同。晚饭后答拜秘鲁总领事璧写，秘之故家也，其祖父曾为总统，出观宫殿园亭映本甚多，惜付智人一炬耳。饮秘产白酒，纯是葡萄制酿，略如佛兰地而微涩。又谓秘鲁现复遣使赴美，与余途次相左云。旋往美总领事处言别。十一点钟返寓。

二十九日庚戌（6月8日） 晴

美国将易总统，南党仍举企俚扶轮，不知北党举何人，或遂安之也？此间二十三晚火毙之人,昨岛官欲令华商捐赈,众商以焚毙者非贫贱之家,且系土人放火,此时亦无可赈济,岛官唯唯。今日仍会议,不识融洽否也？钱涵生患腰痛身热,陈弁黑仆亦患腿软,不能行,无非夜睡开窗纳凉所致。要之此岛风色,诚不易调摄,幸明日可成行。

三十日辛亥(6月9日)　晴

此岛商董已专派曹兆宾,番禺人;曾桂鹏,顺德人,皆殷商之诚实者。余悯此间火灾,赠百金为救火被伤及焚毙之家属抚恤,交美总领事转送,此与华商无预也。两点半钟众华商均来送行,美秘两总领事并到,偕登马车至埔头下小轮舶。美总领事有事先返,秘领事候至小轮舶展轮乃别。涵生扶病而行,在小轮舶坐候太久,又值骤雨,五点钟至大轮船,即卧憩,六点钟晚餐,不能食,只索汤。是夕舟中上下货物,十点钟乃得安睡。偶为数诗写怀,非劳歌也。

五　月

初一日壬子(6月10日)　晴

早起舟人仍上货,喧聒不堪。钱涵生病似略减,起坐如常,但言心乱作渴,然眼眶红紫外溢,始而左眼,继而右眼,日夕数泻,心窃忧之。天气奇热,是日晚餐后八点钟开船,有两客自鸟约赶来,余益悔不在鸟约多住一旬,候搭此船也。

初二日癸丑(6月11日)　阴

晚饭后船主往视涵生病,谓宜以热粥发汗,汗透则病除,窃喜其与张仲景医法暗合。及吸粥时船主亲为料量,粥热不能入口,和以佛兰地酒,连啜两瓯,汗矣。船主令先解衣裤,汗则以毡裹之。

此船无医生,船主粗知医理,且非药物,窃谓无碍。少顷仲兰述涵生言,亟呼子刚,情状可骇,趋视之,适船主大副从柁楼持灯疾行而下,惊问何事,盖大舱一义大里国人自用手枪击毙,连发两枪,惟求必死,诚莫名其故矣。入视涵生,但言易衣,别无急需。至两点钟船人睡静,子刚复往问之,云汗后病已清爽,问何时刻,答以两点钟,握其手已不热,旋各睡去。

初三日甲寅(6月12日) 雨

仲兰五点钟起如厕,见涵生独坐船旁衣纱衣纳凉,汗后甚非宜也。八点钟侍者打扫房榻,涵生复出坐房外,亟令阿角为披半蓬。两次冒风,受害已迫矣。船主以其无溺,重往视之,涵生沉沉睡去,咸谓汗后惫倦也。船上有天主教士知医者,船主约往诊视,谓脉象甚微,姑吸生菜油,或可以溺。徐以鸡粥为之养胃津。至一点钟时,阿角饮以鸡粥,则神气顿变,教士视之,谓无脉,船主大诧,询知晨间冒风复感,乃顿足,急以高丽姜汤救之,益以蛇姜,皆不及,船主令灌佛兰地酒,略咽一口,即回首向里,泪微下而逝矣。手指甲青黑,诚不解受病如是之剧,痛悔无极。今早始将枪毙之人水葬,行船通例,不能停尸,因与船主婉商用酒泡诸木器可免腐败,俟抵惠爱矶再谋旅殡,情形殊惨,子刚为之经纪,阿角尤得力。

初四日乙卯(6月13日) 阴雨

差弁陈胜患腰痛,自咽苏合丸已解,又复冒风增剧,急令静憩,幸大小解尚通。此行瘴疠之地,动不如志。同舟有美国机器师、法国机器师,住房相近,时为余排闷,特言语不甚通,翻译又不暇,仍闷而已。

初五日丙辰(6月14日) 晴

晨抵惠爱矶,该岛医生循例登舟,船主告以涵生旅殡之意,医生初有难色,徐告以中国官员,医生乃无词。入口后另一医生来,船主与教士仍如前告之,遂令子刚登岸,约华商来。有宝安号司事潘节之,南海西樵人,甚稳练,即以托之,随与该岛将军提督商妥,又托将军觅官医生为之装殓,乃移柩至医院,另为洗沐,阿角回取衣帽袍靴为之装裹,以金钱为唅。医生从喉管灌以药水,俾免发变,棺内用铅,匣外用木,亦甚严整。事竟医生索二千元,然既免于水葬,又得借地殡厝,虽重费不惜也,即诺之。而行箧无此数,船主乃函托该公司代垫,时已深夜,公司例不出银,于是美领事毅然担认,该岛属厄瓜尔多国,久为美所控制,故美领事得行其志也。至此乃稍安,俟抵利马为筹起运而已。旅厝医院,众华商晨夕为之焚香,晚十点钟乃蒇事。今日端午节,震东尚为贺,弥触殊方之感。

初六日丁巳(6月15日)　晴

六点钟出口,遥望该岛楼房一派,中有街车马车,生意似强于巴拿马,然风色仍不佳。昨入口时仰视平林数十里,上凝黑气,即瘴疠也。早起易衣,船舷少坐,即感冒腹痛,似将作利,流汗不止。今日出口遂高卧避风,然为时忒久,舟度平林后不得不起矣。西人有携镜具映照者。午后两点钟抵通茈士岛,秘鲁境也,少泊。有小帆船来驳货并售鸡鹿之属,为购甘蔗一枚,质极粗,味尚不薄。晚饭后南风殊竞,眉月苍凉。自巴拿马至惠爱矶,共行八百三十五迈。

初七日戊午(6月16日)　晴

晨起大风。八点钟舟泊派伊大岛,有秘国知府哩希士来谒,请登岸游览,婉谢之。此岛约三千人,极荒瘠,六年一雨,无种植,日用所需取给五千里外。有房屋而无瓦,纯用竹木片遮盖。岛内有两湖储雨水,足资六年之用云。此可补山海荒经之一也。轮舶往往泊此加煤,英公司有趸船于此,又加载牛百馀头,改大舱客位作牛栏，移搭客于船艄，篷面几于露宿，恃矾布为遮障耳。总署奏定新章，游历之员只准搭二等舱位，即此情境也。船泊至四点钟启碇，岛民有以鱼牙雕画人物求售者，颇工细，又有陶尊捏成山水人物之式，古朴类武梁祠堂画像，因各购数枚，价亦甚廉。寄进斋书，述涵生死事。今日欧洲电报，德嗣王崩于位。晚饭月色殊清，睡至中夜，闻牛鸣，亦将曙矣。

初八日己未(6月17日)　晴

晨起南风，船极摇荡。九点钟泊暟定岛，寸草不生，潮落微露绿苔，岛人支铁桥作埔头以上下货物。大船不能泊，用小船过载，仍加载牛只、架非之类。两船相近，以绳钩挽，客欲登岸则缒绳而下。水底多礁，暗涌靡定也。过至半载，忽逸一牛，浮游水面，子刚甚窘急，此岂人力所能挽回，然此牛可免刀宰，犹为之幸也。四点钟起碇，有搭客番禺陈氏，久于外者，为言墨西哥属内阿柯波古入口极险，口门如五指山，船须绕山而入，海岛石华盈丈，海底有柏树，长不逾尺，五色皆备，得此足疗心气病，其产橙子香味均在新会甜橙之上云。晚八点钟泊百嘉米岛，有华商五人来谒，持中华联惠总局大柬。领袖者为靳炳昭，番禺市桥人，商此四年矣，语无端绪，问非所答。出观湘浦三函，皆去年华人王照被迫作工事，湘浦已为了之矣。靳炳昭又言，合延律师以备辨讼，月修五十金，律师之贱工也。此岛华人千馀，若非晚泊则来谒者尤众。舟人起卸货物，又添载牛百头，喧扰不堪。有罪犯四名，秘兵押之登舟，反接而无镣铐，与大舱之客并处，舵工许以彻夜不睡巡逻之云。十二点钟船仍未开，疲倦辄睡。

初九日庚申(6月18日)　晴

九点钟泊杜希猷岛，仍是荒沙一片，山无寸草。沿沙岸有人家，山麓架铁桥以上下货物，暗涌甚急，小船不能紧靠大船，仍用木桶坐人，以铁钩绳缒而上下，一桶容两人，一坐一立，瞬息而过，有以黑纱蒙眼者，欲自忘其险也。曩在鸟钵船，同来之美国人先于巴拿马分手，附便船径到此岛，以乃兄任此岛领事，别十二年，特来趋候。今日偕其兄来谒，赠陶器二，绝类古铜，他日携回吾华，供好古者考据，亦南墨洲之雅器也。此岛船头官来谒，询登岸否，婉却之。一点钟船复开行，途经一石山，绵亘约里许，左右两小山，若断若续，即鸟粪山也。乍视但见飞鸟十数旋绕于空，窃讶积粪有限，徐以千里镜视之，则山脊黑点如豆者，皆鸟也，状如蚁聚，不知此山何以能致群鸟，亦理之不可解者。数年前智秘之战，此山已为智有矣。晚六点钟泊潜钵地岛。将入口时风浪极雄，舟中摇荡，入口乃定，然暗涌又不适，此水殆无畅快时。

初十日辛酉(6月19日)　　晴

昨夜船泊至旦，候船头官到乃驳货也。晨起有华商四人来见。其一高要人，王姓，已娶西妇，育子女五人，亦携一子一女来谒，云将回华而子女皆不谙华语。又云此岛糖寮颇大，近日倒闭一家，生意顿减。又尽废银纸而用白银，有富人立成穷汉者。此岛形势颇类威海卫，口门亦绝类刘公岛。秘鲁在南墨洲，版图不小，惜政治人才皆不振，遂至贫弱。十二点钟泊萨盟哥岛，地势不如潜钵地，而沿山见青草矣。海口多鸟粪山，其麓则海狗出没甚繁，同舟西人于此映照图画。出口行两点钟，遥见海心一石突出，类海珠石，而波涛洪涌过之，此石孤生，不知托根几许。六点钟泊虾事麻岛，居然有树，尤出意表。沿岛房屋皆木片作瓦，犹是终岁无雨之地。晚饭后登柁楼看月，舟缘山行，无浪而涌，入夜风稍雄，遂摇簸。十二点钟睡。

十一日壬戌(6月20日) 晴

早六点钟泊苏比岛,有华商来谒。云秘署诸官候于华造岛,意今日抵秘都矣。饬家人检拾衣簏。十一点钟泊华造,沿岛渐青,亦有树木,领事刘伟臣、翻译莫力侯来谒,盖在此岛相候六日矣。舟旋开驶,仍沿山东南行,暗涌极大,颇类都化海口。力侯大吐,余安睡获免。五点半钟抵嘉里约,遥望埔头,似强于哥浪、巴拿马诸岛。少顷医生登舟询验搭客有无病人,始准全船人登岸,公使免验,随使各员仍须到餐房问话。余驳以随使各员非他项搭客之比,医生不应过问,医生唯唯。西例船有病人则同舟人亦不能登岸,秘例尤严。前此美使至秘,舟中有一人病足,医生即禁止该船不得入口,美使且携眷属,美署诸参赞极力设法,商之外部不可得,适美兵船泊此,欲令兵船先渡眷属,格于秘例,仍不果行。秘久为美控制,美使且耐此通例屈滞舟次两礼拜乃得诞登。余此来不致此窘,幸矣。俄而船头官来谒,参赞刘湘浦并来,秘总统以三板小舟并小轮舶来迓,一武弁驾驶,即乘此三板登岸。留子刚、陈胜、阿角、黑奴在大船照料行李。登岸时有兵官在埔头候接,诸华商分列岸坝候接。乘马车绕至火车房,约半里遂登火车。七点钟抵利马使馆。八点钟后行李亦到,暂储税关,秘例黑夜不搬运也。饭后与湘浦谈,一点钟睡。

十二日癸亥(6月21日) 夏至,晴

美署包封递到,北洋书述倭人近游欧墨者上书政府,谓数年前西人重日而轻中,近则反是,北洋乃归美于使者,而于余尤极奖勖。欧洲风气,余却不了了,以美洲论,则中美邦交较前略洽耳。进斋书,言美都使馆房东不加租,可免移寓之烦。午后秘总统遣官来拜,令湘浦接晤。

十三日甲子(6月22日) 晴

午后三点钟往访外部,询商接受国书之期,外部阿君,年不满四十,顶已秃矣。秘自嘉西勒士任总统,不满两年而外部将十易,秘政之纷略见一斑。湘浦谓办事极难,信然也。晚得来文,准十八日三点钟总统接晤,或亦谅余跋涉,须少憩也。外部署中有院,各部即列屋而居。外国房屋有院者甚少,西班牙王宫有大院,教王使馆亦然,要非如此式。此间使馆亦有院,楼房一层,重门有洞,中有石磴十数级,双分东西两路石磴乃至房沿,极宽敞宏赡,秘都之爽垲也。

十四日乙丑(6月23日) 晴

午饭后美使偕水师官来访,以余为美都驻使,不能拘常格,必俟见总统乃相晤,且亦承叭夏之托云。承约观美国兵轮,诺之。此间终岁无雨无雷,而时有地震,震亦甚微。

十五日丙寅(6月24日) 晴

参赞、领事各员具版贺望。晨起闲步至领事署,颇雅洁,楼下房五楹,右为公事房,另辟一门临街,出入甚便。署中有小院落,三面碧栏,杂莳草花,中凿小池养鸭。檐沿小坐,饶有乡园之思。使、领两署合并,声气较联,微特省费而已。夜月甚明,湘浦谓秘鲁以此时为冬,类多阴晦之气,比者连夕清辉,未易多觏。

十六日丁卯(6月25日) 晴

连日客来不速,均以未见总统却之。此次所附伊露船仅二千顿,船又忒旧,落水已十六年矣。逐日行船不报水程,厕无纸,房无火柴,海船仅见之事。唯船主却极周到。

十七日戊辰(6月26日) 晴

秘使馆与外部来往文函,综丁亥一年共十六件,钞送总署备案。顷领事来，言昨晚秘监越狱两犯，持刀与狱兵斗，不胜，为兵枪击毙。秘政无论如何重囚，均可贿释，此两犯当系无力行贿，出此下策。

十八日己巳（6月27日） 晴

午初秘廷派音乐一部来署伺应，兵官两员，戎服，领导乐奏于廷，当令翻译接待兵官，犒以酒。申初秘廷总兵官、外部参赞驾宫车来迎，余与参赞同车，随使各员及领事等分乘三车，同抵秘宫。兵队鼓乐，分别绕至正殿，秘总统免冠立候，余趋前宣颂词，总统即朗诵敬答，乃接受国书，此与美国先接国书后答颂者少异。总统旋约至后殿，指晤诸部臣，复导见其夫人，于后宫置酒称贺而出。外部送至殿门，即有马步军兵拥护回署。观者如堵。秘廷总兵官、外部参赞仍伴送，少顷外部亲来，代总统答拜，款以酒，徐往外部署一周旋，兼拜吏、刑、兵、户各部。外、吏、刑、兵、户四部同一院落，望衡对宇，户部则与总统宫门同一院落，吏兼工，刑兼礼，仍以吏部为领袖，外部参赞导余往拜酬应既毕，即拜各驻使，计十二处，英、法、日、德、美、巴西、义大里皆有约之国也，智利、厄瓜尔多、鸦毡颠、播里牙、罗马教使皆无约之国也。驻秘使规，穷两时之力，均须遍拜，仅晤美、法、智、波四使，馀皆不值。德使他往，代办者系为公使代庖，非为国家代办，遂无庸往拜。总领事代办公使者亦不往拜，此间驻使颇联络，情谊略优。返寓已张灯矣。音乐、宫车分别犒赏。

十九日庚午（6月28日） 晴

晨起电北洋抵秘递国书日期，求转电总署代奏。此间电费每字十二元，价亦昂矣。太平洋无水电，须绕英伦，故多转折。午后义使来，言现将归国，留参赞代办，又谓驻秘客民华人以外义为最多云。利马惟义使馆系自建，义商醵金为之，华商生意果佳，或不难俪美乎？日使来晤，自言曾到中国代办使事，在同治六七年间，恭邸、文文忠、恒子久、崇佩如均认识，而尤佩李傅相，津津道旧。其人年仅四十，计其使华时尚未逾冠，日人之翘楚耶？又言驻美日使手枪最精，好勇斗狠，曾手毙两人云。此却非可以貌取人也。

申正至公家花园，结构不俗，歌台舞榭，酒楼球场，林下秋千，曲池游桨，布置闲雅。高树极多，奇卉殊茂，有两树偃盖，类龙爪槐，远望红紫灿烂，簇艳如蹢躅，近观则红紫瓣皆有根如叶，每三瓣中含两蕊，是叶是花，莫名其妙。如能移植吾华，可为群芳谱补缀。有小鸟如蝶，翠羽蹁跹，日啄花蕊为活，竟有小于蜻蜓者，从此不诋陈副宪日记之夸矣。惟不能捕养，欲觅一二以供近玩，不可得也。园角方池，畜鹅鸭鸳鸯无数，有水鸟高约八尺，长喙黑睛，鸭掌兽毛，两肋横出两翅，而非翼也，恃以拨水，游行极速，登岸则如人立，土人呼为孩子鸟。视鸟约博物院之无翼鸟又别一种，无翼者，义命自安，不作奋飞之想，此则似翼非翼，甚于赘疣，徒多此一事。后圃有兽，鹿头羊尾驼足，毛短色赪，土人名曰秘公耶，秘之土产也，皮可御潮湿，一褥值四十金。园旧有自鸣钟楼一座，每一鸣则有人物故事隐见一遍，然照料之费岁糜公帑千金，比以国用绌，遂裁之。钟主人愤甚，自毁其钟，只馀断础。西人负气类然矣。园中另有总统游憩楼屋，外观甚华饰。秘鲁本南墨洲富国，即此一园已有今昔之感，当日国中异兽多为智利牵去，智、秘之役无殊德、法，而德人并未攫取巴黎珍玩，其器识相去远矣。

二十日辛未(6月29日)　　晴

厄瓜尔多使来晤，云将携眷小住惠爱矶三两月。比者钱涵生旅殡，该岛承地方官照料，因并谢之。巴西代办来晤，匆匆无多谈。申初出门答拜前总统霸拉度、前驻华公使爱立谟之母、本城知府、街道厅、房东五家。前总统门前适有医生出殡，车马阗隘，不果往，馀皆到门。秘都风俗有公使到国，其故家巨室多来拜，先之以妇人名刺，他国所无也。然其接客之期则礼拜日或礼拜四，今日为该国神诞假期，亦有接客者，因择要答之。致叭夏书，谢沿途照应。晚八点钟观西人戏法，奏技者为义大里人，自称伯爵，或曰伪托也。技殊灵快，然亦数见矣。末一出尽掩灯光，深屋中术人与魑魅斗，或遇牛鬼蛇神，或遇簪花美女，跳跃欢笑，栩栩欲生，术士扑之，旋扑旋灭，最后一骷髅，白衣裹体，始而牵挽，继而缠绕，术士手枪击之不去，术士技穷，昏扑于榻，骷髅亦灭。此殆镜光倒影，人立镜中，影澈于下，返镜则诸态寂灭，徒骇观听而已。

二十一日壬申(6月30日) 晴

略考秘鲁形胜，南连智利，北接厄瓜尔多，东北近巴西，东南为播里牙。计地丁方一百一十二万蔑度，每蔑度，即中尺二尺四寸八分。地形三角，西则太平洋也。都城海口曰嘉里约，轮船公司均集于此，地势稍低，由火车至利马，地高五百一十英尺，约行半点钟，该国向隶西班牙，风俗口音至今不改，西历一千八百二十一年七月二十八号与西班牙构战而胜，遂自立民政之国，总统四年一易，类多争立，兵祸叠见。民性懦弱，不善操作，家常日用之物悉从他国运来，民俗由富而贫，国势日蹙。出产鸟粪而外，糖为大宗，各岛田寮又多，为他国豪商开设，半为义大里人，土著者十不一二。国内铁路两条，一为英商，一为美商，而秘人不预。轮船公司英最老，近则智利起而分其利，秘人亦不预也。秘政纷纷，各部既尸位，总统亦如系匏。阖国有兵七千，分隶八营，营各五百，内四千名有坐粮月饷，凡有调遣悉资之，馀三千则另招募以备巡街守夜，无坐粮，可以随时告退，兵气极孱，军械且劣。西历一千八百八十三年智利乘机窃发,兼弱攻昧,遂尔亡国。各驻使为之议和,割去大罅罢家一省,其地四万一千二百二十三蔑度,居民四万二千零二口,已去三分之一矣。又割登拿埠、亚里架埠,暂交智利管辖,从此鸟粪之利尽失,国帑益窘,前年两总统争立,都城纷扰,枪炮及于使馆,亦由各驻使解纷。旧总统意沙里阿逊让而去,嘉西勒士所欲得遂,宜可即真,乃屯兵都城,因让部臣摄政,必候各省公议无哗乃应乐推之。运从容就理,似极沉毅有为者,然不两年部臣几十易,朝令暮改,亦难久谋,固圉计也。现尚有省一十八,曰利马、曰亚骂嵩拿士、曰莺架即士、曰亚布廉嘛、曰亚利兼巴、曰亚夜沽租、曰架监麻儿架、曰沽士个、曰汪架未列架、曰湾奴过、曰衣架、曰富宁、曰滥话益记、曰利温地厘、曰罗列度、曰标罅、曰殷奴、曰登拿,各省均无口岸,惟嘉里约、打罅罗、家磨娇华三埠不成省分而有口岸,现有府九十五、州六十六、县七百六十五、镇六十八、乡七千四百八十五。统计秘鲁人数约二百六十九万九千九百四十五名口。华人来秘始于道光二十八年,即西历一千八百四十七年,散处各埠,亦将六万人矣。秘都吏、户、外、兵、刑五部外有按察司十员,分管命案、钱债、水道、商务、田寮、矿务、漏税、监狱、戎政、庙宇各事,略如美国规模。此官不随总统为转移,例由律师举充,设不愿就,罚银百元补充之,权操自各部,此与美政异。该司所管皆地方庶政,而各国领事又不能以公文径达,遇有交涉之事,仍由公使照会外部,咨吏部转行,动形窒滞,该司若自犯奸赃,总统亦有权以易之也。外此则正、副知府两员管理地方庶务,略如堂属。又街道厅员八名,内一员领袖,馀则有事会议,如遇起造修改房屋,必须该厅给准照方能兴役。每以清查街道,剔除污秽,讹罚华人店铺,然通衢粪草悉由该厅清厘。晚十点钟后即有夫役扫街,尚不失其本职也。月捐诸费不菲,秘库贫而街政富。又上下议院，上院约数十员，下院约百员，选举之法亦略如美，惟每年开议之期总在西历七月二十八号，盖其自立为国之日也。散院则无准期，视事之繁简，遇大政事并请各国公使、领事会议，亦敬客之意。郑光禄抵秘时，有秘人而充义国领事者，当新旧总统兵争之顷，曾返戈利马，事平应定其罪，议者纷然，各公使亦有左袒之者，得郑光禄一言而决，遂科以罪，秘人韪之。刻将开议之时能免此等牵率为幸，不与于会，亦无懵焉。

晡后英、法两使同时来访，法使曾在埃及读书，询以埃及出土石幢，其参赞略能记忆，英系三等使，有勋爵，而颇类商贾。

二十二日癸酉(7月1日)　　晴

西人礼拜之日，循俗拜客，顺道公家花园重观花叶不分之树，实系藤本，特蔓生不远耳。园中博物院极宏丽，重门深闭，从窗隙窥之，桌架徒存，院中器物悉为智利辇去。秘之近状宜卧薪尝胆，而乃上下晏安，徒树私党，恐将为智并也。今日园亭有音乐，游人颇盛。

二十三日甲戌(7月2日)　　晴

使馆楼上有高窗透光气，然须自开阖，屋老则机棙不灵。午后义使来告别，未请见，但属林和叔转致耳。日参赞来，久谈而去。晚八点钟赴房东觥筵，子初返署。

二十四日乙亥(7月3日)　　晴

嘉士马代理领事河西嘉厘庐遥上颂词，令和叔为书答之。此间来客太多，只可随时答拜，我用我法而已。午后赴义使署送行，便道至总按察宅，此老既先施，又扶病出迓，所居极宏赡，秘之富人也。琴师嘉士弥士打见赠银饼一枚，不方不圆，两面花纹不整，云系西班牙初入秘鲁时所制，并无机器，以锤凿为之，历年甚古；又见赠法蓝花篮、花瓶各一,纤小如豆,云系智利女尼手捏者。西人尚机器,然手制不假机器之物,则尤矜重。厄瓜尔多代办公使来访,未晤。晚十点钟赴秘绅茶会,座有厄瓜尔多国故总统之女,中年已寡,侨居于秘,闻在本国时曾统兵战陈,枪林炮雨之下驰骤如飞,亦奇女子也。

二十五日丙子(7 月 4 日)　　阴,雾

今日为美利坚开国之日,即西历七月四号也。美使贻各使馆书,升旗为庆,美兵船亦为公会请客,只是昏雾沾濡,上下三板船梯均不便,但赴美使馆致贺,而令领事翻译赴兵船一酬应之,殊歉然也。美馆遇英使,略与寒暄,领事在兵船亦遇之。此为美叛英之始,美之利英之害也,而英美于此等往还绝无痕迹,盖两忘之矣。今日风浪大甚,美兵船倾侧不定,舞者多倒。

二十六日丁丑(7 月 5 日)　　阴

南墨洲诸国兵孱民惰,宜为西班牙所踞。西班牙又横征暴敛,不恤民艰,徒以威力吓人。及国势一弱,则诸国皆叛,无能遥制矣。以形胜衡之,自华盛顿创国后,隐为南墨洲屏蔽,欧洲兵舶不能飞度乌约,亚洲兵舶不能绕越旧金山,南墨洲首尾悉为美包裹中,惟古巴一岛可以轮帆横抵哥浪,不与美相涉,然美之兵力犹能控制及之。故巴拿马一岛,水土极恶而美总领事必派干员,美于此席固宜重视,现虽南党司令,此缺却属北党,不能不为地择人。古巴当衰弱之馀,土人不安于日政,时思叛乱,日其能藉古巴一隅规复南墨洲诸国哉?然南墨洲久隶于日,渐染风气,疲软亦略相似。他日能自振者,当为智利,充其量不难蚕食,即观其驻使气宇,亦为南墨洲之冠。晚赴善会听琴歌,秘总统、美公使均预会,总统旁侍戎装军校一人,体制较美为隆。夜雾如雨。

二十七日戊寅(7月6日) 阴雾

小吕宋设官事,外部无可推展,特贻书驻华公使代达总署,申明藩部专政,而于外部叠次允诺之言抹煞不提,意以总署催余速办,故为此釜底抽薪之计。前此总署复奏,方谓与日使蹉磨无济,兹日廷乃令日使面达总署。有此宕笔,数年心血均付子虚矣。

二十八日己卯(7月7日) 小雪,阴

外部送到秘总统答书一封,外粘国印,另译照会,无非仰慕中朝之意。此为前使所无,当复外部一笺,允以咨送总署代呈御览。秘能慎顾邦交,良可嘉也。即草疏具陈抵秘情形。

二十九日庚寅(7月8日) 晴

秘鲁沿西班牙风俗,每于礼拜日斗牛,惟其天气则以夏为冬,然不甚寒,略如都门初秋时耳。斗牛之会以此而停,亦甚善也。午后拜客十一家,得晤者九。曾至义使馆,极华瞻高爽,义使已举其半售诸义商,分东西石梯出入,坐中帘幔枕函诸物悉缀义国徽帜,西例公使不能售卖,不解义使何以至此?义商则糖寮主也,久来修谒,适遇诸义代办坐中,遂并访之。华商备公宴于永安昌,坐有黎亮甫,番禺人,年仅三十,中西文并精,曾乘帆船归粤,途经马殱国境,日晡下碇,遥见隔浦灯光楼阁,隐然一都会,船主视船图无此画境,上下桅楼三遍三次检图皆不能举其名,翌晨视之则荒岛一片,同舟诧为奇事,或亦海市蜃楼之说欤?秘鲁永安昌为华商之冠,南墨洲诸国如巴拿马、智利都城,皆有字号分托商伙经营,而受成于香港总核之人,层叠约束,条理精密,数万里外不能欺饰,故能持久。

六　月

初一日辛巳(7月9日)　晴

署中循例贺朔升旗。今日为雅毡颠国开国之日,西历七月九号,各使皆往该国使馆致贺,余昨甫与周旋,因令林和叔代往致意,驻美则无此种应酬也。美总领事柯林臣来书,附日报一纸,岛酋谢余抚恤火灾事。

初二日壬午(7月10日)　阴

西例各国银钱铸造皆属国家权利,惟秘鲁则人人可铸,但将银两送局,请模纳税便可通行。近见秘鲁银式多异制,询其官局,情形如此。客夏道出英伦,刘芝使为言香帅托制银模,彼国靳之。

初三日癸未(7月11日)　晴

乡人言粤中积雨,长官求晴。

断屠逾月,督抚亲验各属围堤,当兹江流汤汤,风雨交集,断非民船能占利涉,即勉强行之,亦非计日可达,若无轮舶则两帅旌旄岂能分历哉?西法之贡效于中国者,此其一,然有轮舶而长吏无恤灾之心,高坐堂皇,貌为镇静,亦莫如之何也。

初四日甲申(7月12日)　晴

金山华人月为联社,措语间有可观。利马踵而行之,阛阓中不忘文字,且在利马尤难得,聊予评阅以遣客愁。夜露如雨,阶沿沾湿。

初五日乙酉(7月13日)　阴

去年查寮之役,游、莫两翻译会同秘国武员爱斯哥霸同赴各岛,不惮烦劳,顷爱斯哥霸求见,因接晤而慰劳之。晚十点钟得总署电，美约本及增句均到，惟须美廷决无更改，始能奏请批准用宝，候复等因。当电进斋转询外部。

初六日丙戌（7月14日） 晴

西历七月十四号法国复立民主之日，法使假公家花园设乐以迓游人，并招朋好，午后循例至法馆致贺，饮酒一卮，各使陆续至，略周旋即赴公家花园，较寻常礼拜日游客稍多，亦有执微物求售以凑善举者。秘总统到，在余之前，少坐即返，晤其宫内军官。又至旧博物院一览，空无所有，黍离之慨，宜总统之不耐坐也。

初七日丁亥（7月15日） 晴

午后答拜俄、葡两总领事之代办公使者，又答拜巴西代办公使，并到美日两使馆，晤日使，云上礼拜晚日国爵绅为公会，候余不至，甚以为怅，因许以今晚往赴。葡总领事缕言此间未有华官以前华人吃亏实甚，伊屡与地方官争辩，颇效勤劳，亦见事理不平难为袖手。今者使、领两署并设，华人蒙庇实多。余婉谢之，并告以中葡近已立约。

初八日戊子（7月16日） 阴

北洋密电，韩以津约三端为辱，托美使转乞美廷为之设法生光，美使答以美为民主之国，向不干预人事云。余意中韩交际美廷不合议，即论情势，美岂肯附韩而抑华？设竟出意外，余必与驳难。上年照会叭夏之文，叭夏照复并无异词，曾几何时，言犹在耳，美其肯二三其德乎？即电复北洋。晚访秘前总统霸拉度，逊国之君，居处服用仍较他人有别，以貌取人，亦自魁伟。

初九日己丑（7月17日） 晴

进斋电，述外部云约款决无更改，蒲约在京都换，即电复总署。此间竟有枇杷，固不足以拟洞庭佳品，亦复清腴可味，不知从何移植,或曰移自东洋,恐未必然。

初十日庚寅(7月18日)　晴

秘刑部顷又更换,投刺告别,云将养疴海滨。秘政纷纭,部臣屡易,殊有举棋不定之势。秘都无甚火灾而水车会则英、法、义三国皆有,秘亦自设一会,至其街车公司仍系英商办理,太阿倒持,固宜贫弱。西班牙设有援救会,不设水车,但遇失火则纷往援救,冲冒烟焰,拯人热火之中,甚善举也。秘不自倡而让美他国,亦殊可惜。

十一日辛卯(7月19日)　晴

秘鲁旧都曰般奴,距利马三百馀里,然迁移亦二百馀年矣。其地去海远非如此时之利便也。秘民素惰弱,近以蔗园生意日减,遂亦种稻,赖华工为之,岁仅一获,米却不恶。蔗园糖业煮糖、管机重要之工亦华人也。大约华人心智较灵,每习一艺,容易见长,但使工价稍优,决不避就。嗜好较西人为多而不饮酒,故西商每喜招置之。此间无争工者,故相安也。

查岛委员王荣和、余瓗会禀客腊初六日自新架坡附太古轮船,初十日行抵暹罗。该国王派副外部刘乾兴率闽粤商人到船迎迓,且备客馆,刘乾兴为潮州大埔人,生长于暹,女选为妃,得补今职,专管华商事务。越日刘乾兴偕晤国王胞弟,现作宰相总理事务大臣,暹语称为琴麻二王底华王司罗布斡,曩闻暹王深居重闭,不轻见人,故以王弟代面耶?刘乾兴述王意,告王、余以向来修贡取道云南,跋涉诚苦。往以滇中用兵,贡典久阙,可否量为变通,由海道抵津云云。此事关系旧制,该国既思改道修贡,应备文商榷,即由刘乾兴代达亦应予王荣和、余瓗文牍,若泛泛一言,颇难措手。王、余禀末亦谓副外部一己之私,言非出自国王之口,未足执为实据,而请余察核变通，又不向该国索一文书以备核奏，为此神山缥缈之词，增闷而已。又请援照高丽办法量为变通，一则准由水路入贡；二则派立办事公使，兼设通商领事；三则设立公使之后，相机联约友邦维持保护。所陈不为无见，但该国副外部有请由海道复贡之言，该员既不令具牍且禀末又谓未足执为实据，而条论暹事，猥欲中国准之，究凭何核准也？据查暹地北通云南，西连缅甸，东接金边、安南，南至于海，东北距西贡英里八百三十迈，西南距新架坡英里亦如此数，间于英法之间，不受制于英，即受制于法，现允法国设副领事官。于郎百蛮地方与云南毗近，又允英筑铁路，由滨角直通缅甸，至嘉厘加打省，皆足为我边患。特该员条议三端，不先与该国略示之意，且索取改道修贡实据，徒深南顾之忧耳。今春李傅相函言暹罗自帝其国，履霜致警，而该员禀内尚不知其窃号自娱，又不及见国王之面，然该国假馆相迓，似仍不失藩属之礼。该员有此一行，庶他国之耽耽虎视者，不敢谓中国置之度外，未始无益。一切办法当与津粤统筹之也。该员又查暹罗国王百年前系潮州郑氏，在位十数年，为妻兄弟所篡，传四代五王，以迄于今。以滨角城为国都，合土客之民不过百万，华人居其大半，其入山种植之华人亦三十馀万，暹于闰年人抽身税四铢，伸洋银二元四角，他国商民则不抽，华人遂纷冒他籍以图免。英、美、德、法、荷、丹、葡七国均设总领事于暹都，兼办使事。德英有巨商三两，法有巨商一，美商民寥寥。该国岁入之款仅一千五百万元，官俸甚薄，非剥民不能自给。国俗淫惰，以同胞姊妹为妃，以后族诸弟为相。寓暹华民，潮为最，闽次之，广肇、海南次之，惠州、嘉应又其次也。华民生计大率开垦田园，其富商大贾或设机器米廍，或置轮船航海，岁输暹税数百万，他事之不便者，亦自不免，既求设官保护，殊难恝置。

王荣和、余瓗遑事查讫，即于本年正月八日赴西贡，十一日晚抵岸，王荣和在船得瘫痪病，乞假回粤就医，未了之事，悉属余瓗。与西贡将军沙纳同船，抵岸后粤商张沛霖、闽商吴翼谨均来导引，觅得法文翻译梁福庆，偕晤法官沙内哪威士。游历西贡、提岸两埠，为华人商免枯骸出口税。又乘轮船至海防，经内埠五。正月二十一日过平定省之新洲，停泊八点钟。该埠华民二千馀人，生意以出口豆油为大宗，以经广南省之会安。二十四日抵海防，该埠通市仅十三年，郑德、陆建勋到船迎接。华商约五千馀人，附近之河内、南定亦有数千。二十七晚乘浅水轮船至河内。二十八早抵岸，此为安南黎王旧都，华人商旅于此，已逾百年，地经法据，新设陆军总统，管辖安南、西贡、金边三处军务，驻兵老城内，又设全权大臣，管理十三省通商事务。余瓗曾往晤之，据查西贡、提岸、海防、河内各埠，法人征税增减无常，身税专征华人，尤不公道。拟请西贡设华官以保护商民，至于海防则津约具在，将来应可相机派设云。据查西贡、提岸两埠毗连，属安南国嘉定省，法人在此开埠二十八年。又西贡附连六省之地，平阳千里，岁产米稻，运粤销售约八九百万石。西贡立埠在内河，距海口一百三十里，两埠生意大半属华商，统计华民六万馀。出口以米为大宗，鱼干、豆蔻、燕窝次之，入口以中国食物杂货为大宗，绸匹、药材次之，洋货进口以洋纱为大宗，香港白糖次之。开埠之始，湿热薰蒸。旅人多病，渐乃疏通衢道，广植树木，气候渐佳，洋楼大厦纵横十里，大都法人官舍、兵庐、教堂、医院、酒肆及各国领事之居。西商行店除法国轮船公司、银行外，殊寥寥，其馀洋货店及华人杂货行、木作店合有数百家。提岸铺屋二千馀纯是华式，皆华人产业。法人苛政，视西贡稍减，即西贡设关亦自前四年始，每年递增，各国商民均以为苦。据查海防属东京，距西贡合中里二千三百六十馀里。先是华人与越南立埠通商约十三年，近则法人鹊巢而鸠居矣。地在红河之内，距海口四十馀里，华人铺屋约五百家，工商约五千人，公推一人为帮长。该埠别无西商，亦无领事，其附近之河内、南定，约华人二千馀。内埠如广安、北宁、莽街，皆有华人，未悉其数。海防河内各埠毗连桂滇，法人屯军储粮，时存枕戈待旦之想。又明年准开铁路，一通谅山，近接镇南关，一通老挝，接近滇界。海防出产以黄丝、薯莨为大宗，次则东京粉、玉桂，近日清花桂不易得矣。此因兵后岁歉，米之出口固稀，且须运米入口为食，进口货物略如西贡。华人帮长权利略如副领事，尚能办事。西贡华人分作五帮，曰广肇、曰潮、曰漳泉、曰客家、曰海南，五帮之中各有正副帮长，正帮长岁薪一千二百元，由本帮取给。本帮每人身税外加抽洋银五角，法官倚以办事，帮长往往藉端肥己。西每月一号帮长将华人姓名、出入口数目具报公堂，提岸情形亦相似云。其他征税款目、承充烟税新章，亦经查悉，尚为详尽，当并咨粤督。

十二日壬辰（7月20日）　晴

游历司员已抵金山，暂寓领署，意必略停征旆，以便流览。外部已致书米西斯比河坝官绅，他日途经其地，可资引导矣。林和叔工映相，午后天气暄和，与同人共照一帧，又独照一帧。今日为可仑比亚开国之日，循例为之升旗致庆，并差贺。

十三日癸巳（7月21日）　阴

金山同文社联会间关送阅，媵以六金。巴西代办来访，云将请假归国。叩以程期，自秘至智利十二日，自智利至巴西二十日，若从美国鸟约起程循西洋以行，亦须三十日，可云远矣。巴西王年逾六旬，因病就医法之波都，几旅殁，近始有生机云。利马花园之胜，咸谓不止一处。午后乘车北行,过石桥至伞波德萨,山麓有铁栏,环绕花木石人像数枚,栏形如椭,四围皆可骋车,栏外有音乐一部,不得谓之花园。大约利马热天,西人于此跑车为乐。旁有酒肆,亦殊浅狭,荒陋无趣,远望诸山,上凝云气,石势奇古,却有可观。桥跨沙河,此间终岁无雨,河水则山瀑所流积也。

十四日甲午(7月22日)　大暑,阴

总署电,约本大致妥叶,惟未立约以前回华者,若有眷产在美,仍应准其回美料理,不得拘泥新章,应与外部商添此节。即电复,正草电稿,窗外鼓乐嗔阗,香烟缭绕,四红衣老脚夫扛一土偶,满缀鲜花,又四人以手挽铜炉烧香引导,男女百十簇拥而行,略如吾华赛神之状。其土像白面长髯,衣白缎绣衣冠如行脚僧,手持一物如红橙,询之和叔,谓此神像为保护地方无地震之神,所持之物则耶稣心也。西人崇奉若别有说,秘沿西班牙俗例,男女生时每祀一神,以神诞为生日,亦或有生符神诞者,称觥之日,非尽弧帨之辰。

十五日乙未(7月23日)　晴

英伦西七月二号得雪,西人诧甚,援以中法则为灾异也。钱涵生旅榇将归,近与英美公司船商载运,颇烦唇舌,中西殊例,然不能不强人就我。

十六日丙申(7月24日)　晴

进斋电,美廷已另备洋文约一本,总统盖印候换。

十七日丁酉(7月25日)　阴

定派杨建勋运送钱涵生旅榇回苏,并檄沪局料理。午后,总署电,新约限禁二十年,与庚辰约并非禁止前往者迥殊,各口怨谤沸腾,布为说帖,本署暂不能具奏,等因。自禁之议倡于郑光禄,其致总署函云:此举虽我自弃约,然我不禁而人禁之,不如自禁之为愈。

郑光禄当日未尝不知自禁与庚辰续约有异。余初抵美时,美议院议例限禁华人,原有二十年之说,余力驳之。钞稿寄总署,自禁云者,有激而为。譬之邻里之间,比邻以我家童骒往扰为嫌,至于挥斥而棰楚之,我乃愤不令往,其势不能告邻人曰我暂禁一半日,过此仍相扰也。此理可以相喻。旬日之间,三接署电,固非电复能详。

十八日戊戌(7月26日) 晴

北洋函论韩事,因缕复并述美约近耗,沪关函送。陈善昌禀讦莼浦案,语极矛盾。子豫四月二十八日抵古巴。

十九日己亥(7月27日) 晴

明日船期不果,前致京津两函须二十四日乃能寄也。涵生旅榇回华已极费力,因并买保险万金,较稳妥。晚十点钟街道厅约观烟火,具体而微,在秘则为佳玩。

二十日庚子(7月28日) 阴

秘鲁开国之期,向以本日开议院,距今六十七年矣。外部备文请赴。余早起嚼枇杷过多,遂致腹痛,以高丽姜解之而止。两点半钟偕和叔赴议院,美使、义大里、巴西两代办先在坐,馀亦陆续至,副外部手持坐位单相告,余位次在日使之后,英使之前,英使到国虽久,然系三等使,故先之也。美都公会亦与日使联接,可谓凑巧。巴西代办告余以数年前各驻使为秘定乱,咸集于此,复述当日情状,犹有德色。届三点钟副外部导入议堂,极狭隘,堂中平列两坐,上悬红幔略如暖阁,则总统与掌院坐也。正中一案置笔墨,前供耶稣被刑十字架,左右列坐,则上下院议绅也,各部暨水陆提镇东西分列在议绅之前。堂之四角分建四楼,驻使为右客,左则按察司也。其前两角楼司记载之人,楼浅仅容一行坐。参赞从官不能容,则移坐左角楼。气象尚静穆,少顷总统戎装入,掌院同行,总统坐定,旁有军官。初递眼镜,续递谕文刊本,总统起立宣读。约一点半钟掌院者接论一遍,阑外前楼拍掌赞美,总统遂返。各驻使咸往贺,先集于外部署,旋由外部署廊绕至秘宫,按次与总统握手,并及诸部臣。总统约至后阁观兵,又导见其妇子,徘徊数刻,仍至外部一周旋而散。秘崇旧教,遂以教使领袖,其实则同是二等使,到国亦不久也。外部署中陈设小铜像一区,云石为座,四角为铜人,著翼吹乐。中一铜像手举大旗,五铜人戴之,制作工巧。举旗之人即波里瓦尔,首倡自主者,合五国以叛西班牙,卒行其志。至今五国人不忘所自,故于开国之日特陈于外部,犹有饮水寻源之意。五国者,秘鲁、智利、威厘苏威拉、鸦鹳颠、可仑比亚也。返寓五点半钟,腹痛虽止,极疲惫。

二十一日辛丑(7月29日)　阴

秘人为赛马会,马却不多,天气暧晦,拟不往。今日公家花园较前热闹,两承邀约,亦不愿往,意兴萧然,腹痛愈而齿痛增。

二十二日壬寅(7月30日)　阴

秘国以开国前后之期给假四日,昨礼拜,今日仍补假,不办事。秘国服色,总统与提镇均戎装,各部臣则民装,内缀两黄绦露于袪外,按察司则以红绸作搭领,馀皆民装,与美俗无异。前日议院之会,一色白手套,亦甚新鲜。秘都东西南北各设乡约局,管理钱债,细故不决,则转送副知府,按例只羁留被告二十四点钟,过此则无如之何矣。钱债不系狱,其狱囚大都命盗重案,每礼拜有省狱官就讯于狱,转报按察司,似甚有层次,然皆可贿弄而释。总统今日率诸部院至公家花园,散给各堂学生奖赏,花园今日不收入门票钱。午后至外部家,晤其母,兼拜数客,多得晤,客来投刺,每日至少亦八九人，此种酬应，只可以不了了之。

二十三日癸卯（7月31日） 晴

秘总统阅武围场，兵只数百，亦复疲惰。马队炮位极精者，格林小炮，前在秘宫略见一斑。各驻使多不往，刘伟臣赠美使古巴烟卷一匣，美使乃函谢余，岂误会耶，抑以领事官不足与投赠也。晚为杨建勋饯行。

二十四日甲辰（8月1日） 阴

秘俗亦喜豢狗，然遇野狗辄击毙于路，又不检拾，夜则有鸟群啄静尽。此鸟夜集昼散，遇街衢屋瓦有秽必啄之使尽，工于逐臭者也。华人目为红头鸟，秘人则曰神鸟，谓上帝使之临凡净秽者，异哉，然云来无踪，亦别一种类。

二十五日乙巳（8月2日） 晴

美使日在醉乡，比乘酒殴妇，其妇控诉于秘都，副知府为之劝息，盖交失之纵酒任性，固极卤莽，为之妇者乃控诸奉使之国，亦殊无谓。酒德之不佳，盍明日戒之也。西人曲生之好、季常之惧，往往兼之，美使乃独有轻重于其间，禀赋异矣。前日秘总统阅武于郊，马枪内夹沙石，随弹子而出，误伤二十馀人，领队官不能辞咎，和叔以余未往为幸。利马学堂请听琴歌，晚八点半钟入坐，每歌一阕，别一人讲论一遍，余不谙西语，既不能为周郎顾误，亦难为顽石点头，不待江上峰青，索然思返。

二十六日丙午（8月3日） 晴

恭逢皇上万寿，率参赞领事各官望阙叩祝。午后秘总统遣侍卫官来称祝，先致总统之意，然后自申嵩祝之私，可云得体。少顷外部来贺，为言秘例向送音乐，今年因他处使馆以为烦扰，遂不敢送。各使馆循例升旗，各驻使暨按察司并诸秘绅杂遝满坐，款以酒面。最后则秘前总统霸拉度,曾游历京师者,久谈而去。竟日款接,尚不觉疲,使馆既升旗,今日诸华商行栈亦升旗,放假一日,由领事官先期晓谕志庆也。晚赴前总统宅谢步,繁星丽天,秘都仅见。

二十七日丁未(8月4日) 晴

巴西公使归国,三点钟赴车房送行,各使咸集,外部亦至,各握手为别,交厚者送至嘉里约,昨来函告别并声明代办某人复偕来相见,巴西用葡文字母,无异其串字,亦略如日文。晡后往秘宫,晤秘总统称谢,宫内外均有军官守卫,视美为肃,见总统后,其军官导至外部少坐,即赴各使馆谢步。

二十八日戊申(8月5日) 晴

傅楙元、顾少逸抵旧金山,各有著作。顾撰《日本新政考》二卷,为部九:曰洋务,曰财用,曰陆军,曰海军,曰考工,曰治法,曰纪年,曰爵禄,曰舆地,九部之中分目七十三。傅撰《游历日本图经》二十六卷,为类十:曰天文,曰地理,曰风俗,曰食货,曰考工,曰兵制,曰职官,曰外交,曰政事,曰文学,为子目一百七十,有图。黎莼斋序言,顾详于近事,傅兼考古。

二十九日己酉(8月6日) 阴

播里华公使移居后,有书相告,今日值其开国之喜,亲往贺之,便道拜客。晚赴前总统霸拉度寓茶话。

三十日庚戌(8月7日) 立秋,晴

杨建勋昨抵惠爱矶,今早电言,各事办妥,暹罗拟请改由水道修贡一事,备文咨商津粤酌办,并批复查岛委员。又致北洋书,缕述其事。

七 月

初一日辛亥(8 月 8 日) 晴

秘鲁杂花,最重山茶、栀子,非如美洲知有玫瑰而已。贵无常品,南北花旗易地不皆然也。昨在秘绅家见一五采宣窑磁坛,上大下杀,其盖上连一碗,储水以验蒸气者。疑为前明卤水坛,不角何时流至外国,惜坛口补绽,非完物。

初二日壬子(8 月 9 日) 阴

仲兰归思甚切,南墨洲风土殊非所堪。

初三日癸丑(8 月 10 日) 阴

秘鲁铁路本不甚广,近日英商为之订办推拓,已有成议。智利起而阻之,谓秘负其国债。英言铁路广开,秘容有偿债之日。智或绌于英,而不强梗也。此路开妥,华人商务当有起色。今日厄瓜尔多开国之期,晡后往贺,坐中一教士,年未四十,曾任刑部大臣,充慈悲之念,作理刑之官,宜无枉决。

初四日甲寅(8 月 11 日) 晴

秘廷新例,纯用银钱,前发银纸概行收回燔毁,昨经秘宫,西人簇绕于丛火中,殆烧银纸也。秘人往挟藏以称富者,近乃付之一炬,略如淮商之根窝,一纸之贵贱,殊无定程。秘馆华仆汪九,安徽泾县人,其父汪朝选,曾为粤东三水令,卒于官。汪九为人诱导至此,人颇伶俐,久已忘却本来面目,近忽有归志,因给以盘川。

初五日乙卯(8 月 12 日) 晴

西人礼拜之期,午后客来甚烦。晚复金山领事长笺,述美约为难情形,并令转语华人将眷属财产报明合众国衙门立案,以为换约前回华,换约后来美之据,庶免他日折辨。

初六日丙辰(8月13日)　晴

将美约筹议始末缕致总署一函。春间乌约日报刊总署致英美两使照会,秘都僻陋,无从复按。中西文义,虑有舛误,仍属美署详查。

初七日丁巳(8月14日)　晴

嘉里约税关向有经纪代众商完税领票,却非包揽以多报少也,日前华商和昌有货到关,纳科千金,经纪人已收银,税关亦给票矣,乃经纪人亏空潜遁,该关仍向和昌追索,真无理之甚,穷斯滥秘关之谓乎?华人寓秘老疾瞽目无依者,通惠公所为设养济院于嘉里约,以资栖止,近将三百人资遣回籍,无此巨款,此辈亦不愿言旋。公所既乏恒产,月捐众商又不勇跃,窃虞善举中辍,因为月给三十金,自本年正月始,以期持久。晚八点钟发沪粤包封,近因轮船改为上午开行,预于前一日收书信,英、智两公司斗捷,限八日到巴拿马。旅中七夕,曝衣乞巧之事,非殊域所谙。

初八日戊午(8月15日)　晴

耶稣母马利亚逝日,秘俗放假一天。秘有叶子戏曰洛鉴波,四人合局,举国嗜之,几于朝朝寒食,夜夜元宵。西人以为极钩心斗角之技,著为成书,亦犹吾华马吊谱也。其类有四:曰金钱、曰酒杯、曰剑、曰杵,共十四叶。四者之中弁之以剑,而助剑为用者,杵也。钱、杯两种若此次举似,则第七者移作第二,剑第一,杵第三,若剑、杵本门,则二者仍二,无升降也。钱、杯小加大,剑、杵大加小,此其梗概,大约此戏倡于无火器以前,意以钱、酒为人人所喜,而无剑之威力以持之,则钱酒不能久享,且无剑之勇决以节之,则钱酒流弊无穷,杵殆助剑施功,因人成事,而其器量亦用武者所不废,故四类之内,常居第三。秘人此戏由来久矣,时至今日,纯以枪炮之事,固非剑杵可以自雄。

初九日己未(8月16日) 阴,雾

秘者连日暄暖,中午夹衣,早晡犹重棉,而秘俗以为反常,虑有疾疹,惟阴寒则喜,华人固安之也。华人散处各埠五处,前秘总统争立新党,招募华人当兵。旧总统言于郑光禄,设法遣散,令翻译游德隆往瘠既拉柔埠,传谕华人,或曰改易西装以便行路。游言:兵荒之际,此去生死莫卜,若华装以去,即遇险亦知为华官,设易西服,死则死矣,渺无知者,易装决非宜。及抵新党营屯,即为逻者导见,兵官盖已预揣其来意,兵官诘游曰:"华人健者我可雇,旧党亦可雇,何独责我为哉?"游徐徐言曰:"华人寓此,遇有战事,均应守局外之规,新、旧党咸不趋附,庶为合理。"兵官无辞,徐询游曰:"欲观华队乎?"游曰:"然。"订三点钟列队与观,且款以馇酒游辞不就食,及三点钟再往,则兵官匿不面,而令麾下人告游以华队应调他处矣。遂反秘都,幸免于难,同人咸为之庆更生。本日嘉士马埠代理领事电称地方官禁卖鸦片烟,华人窘迫,人情汹汹,恐致生事。湘浦复令将实在情形函禀,再为设法。

初十日庚申(8月17日) 阴

通惠公所代杜希猷埠诸华工求设领事,并呈送杜拉备、简答备、直金烈打三田寮华工禀词,大致以寮主虐待,而其潜自卖身供役以偿博债者,则略之矣。杜希猷华工最盛,然寮主多非秘人,秘廷威力不能及,即设领事而地方官无权助理,亦非领事一手一足能使寮主俯首听命也。固是经费绌支,而事势亦有轩轾,只可详筹良法,然后发手。已初美署包封,摺子朱批三件,又总署公函一件,论请发时宪书及韩使至美事,津门新设博文书院,拟聘莼浦掌教,而

虑修脯不丰,属余转询。

十一日辛酉(8月18日)　阴

奥国王生日,循例升旗,并差片贺其总领事。奥无公使,总领事代办。晡后美使来谈,询以美都议院散否?美使茫然,但劝余西九月底返美,可避巴拿马瘴气云。晚赴琴师家茶话,出门登车,两马如黑甜初醒,惝恍迷离,御者屡促辔,而寸步不移,又不敢加鞭虑其惊痛而逸,马劣恐不任重,同乘四人并下车,俟其拉动再登,而马之朦胧如故。安步当车,幸不甚远。

十二日壬戌(8月19日)　阴

刘伟臣、陆寿峰奖摺已回,各换顶戴。昨梁蓬云书言,金山华商公函诋邝其照,又频询墨西哥通商事,有欲先往购地者,不识确否也。

十三日癸亥(8月20日)　阴

晡后外部来访,阍者误以出门,却之,殊谬。晚赴前总统霸拉度宅,晤副外部,托之道歉。

十四日甲子(8月21日)　阴

前日总署公函,拳拳于朝鲜遣使一事,春暮余咨请北洋诘问韩廷,此文当达署也。韩为中属,其与美立约时已备照会声明,其词曰:大朝鲜君主为照会事,窃照朝鲜素为中国属邦,而内治外交向来均由大朝鲜国君主自主,今大朝鲜、大美国彼此立约,俱属平行相待,大朝鲜国君主明允将约内各款必按自主公例认真照办,至大朝鲜国为中国属邦,其分内一切应行各节,均与大美国毫无干涉,除派员议立条约外,相应备文照会,须至照会者,右照会大美国伯理玺天德,大朝鲜国开国四百九十一年(即光绪八年)三月二十八日。录之,以免遗忘。昨阅中葡约本,却无中国设领事于葡属之条,将来有须设官之处,恐蹈小吕宋窠臼耳。海外屡拟斫鲙,而味鱼不易,料物尤难,徒萦秋风之思。此间华人最多,且能种蔬果,万物咸备,但久鞠华耳。晚令庖人切之,腹腴香饭,各极其妙。

十五日乙丑(8月22日) 晴

粤俗盂兰盆会,风尚已久,犹是佛氏轮回之说,水陆道场,縻费不惜,金山华人时复为之,秘寓尚无此举。近日英、智轮船公司斗捷,各减水脚,华人归里颇多。晚与秘前总统会于法商家,老屋垂五百年,无风雨飘摇,故能耐久。楼中陈设华丽,有蓝缎白花绣幕长幅,雅饬可观,云自吾华定造,有目共赏之作也。华商若能多办此种丝绣运销欧洲,商务应日拓矣。

十六日丙寅(8月23日) 处暑,阴

美署随员许静山与钱涵生同里闬,函述涵生生平甚详,并欲余函托北洋为之表章。余昨已具疏矣。语曰"一死一生,乃见交情"。

十七日丁卯(8月24日) 晴

市买出售人鱼干,头、面、眼、耳、鼻、口、齿、发皆具,两臂屈伏,十指有甲,胸前肋骨棱棱,宛如骷髅,下半则鳞甲尾翅,依然鱼也。索五十金,湘浦疑为伪造,吉祥谓曾见诸沪上茶馆,似吾华亦自有之,价昂可不购矣。古巴领事署五月二十一日移寓,租钱岁省三四百金,湘浦以旧署为最吉受代日,谆属毋迁移,顷函止之,已无及矣。

十八日戊辰(8月25日) 晴

乌拉乖开国之日,循例升旗,由领事差贺,该国向无使馆,只设领事于嘉里约,伟臣尚有往还。南墨洲民政,总统率四年一易,且有未及瓜期而先谋争夺者,咸存五日京兆之见,绝不为公家筹久

远,但使私橐既充,则去住自如,退位后辄携家作欧洲之游。阖洲风气略相似,然视秘鲁犹小巫之仰大巫。

十九日己巳(8月26日) 晴

有美国人假公家花园演气球,观者人各半元,订三点钟往观,音乐喧阗,男女杂遝,因登博物院楼以便凭眺,美使夫妇子女已先踞一窗,正与气球相对。将五点钟气球始动,离地不逾丈,左右旋转,略如醉汉行路,倏而欹倒,观者大哗。遥视美使,遁矣。演球人谓煤气不足,故不能升,球下所置铁管入地当不甚深,意必与他处机器炉附引煤气,何至如是窒滞,或曰另日再演多收入门票钱,此说近之。问询林和叔敢搭坐否?林言往在巴黎屡屡乘坐,不觉其险。记一次气球既升,有女客忽然生子,咸仓猝无措,球又不克遽落,适同坐有医士,为之接生,坐客各以手帕赠之拭秽,此子生于空际,五行不知何属,日者推星命,何处著用神?西俗奇事直多意想之外。此间气球咸不敢坐,演球者亦不肯搭坐。

二十日庚午(8月27日) 阴

昨登博物院楼,空诸所有,窗槅承尘,类多塌陷,秘廷亦无意收拾也。法经德破后,即重建一大戏园,穷极奢靡,以维系人心。此种举动固非秘鲁所能望其肩背。美些岛华人禀诉:元日升旗为地保所扯,乞诘问秘廷。询之湘浦,谓秘外部已将地保斥革,另备鼓乐为之升旗,而诸华人谓秘国曾因误拉法国旗,罚赔五十万金,欲援以为说。西例国旗甚重,然有官商之别,秘政如是,犹能为之索赔耶?既经参赞办竣,自不便再给外部照会。

二十一日辛未(8月28日) 晴

吏部文:各口董事,三年准照寻常劳绩列保,庶与随使各员有区别,仍须先行咨部立案,因日馆保案吏部复奏应准应驳各员而伸明其说。

二十二日壬申(8月29日) 晴

陈蔼亭禀:古巴旧署渗漏,壁已裂缝,房东不肯收拾,不得已而迁居,又代译巴西旧约本。嘉士马两案,秘外部复文照办。

二十三日癸酉(8月30日) 晴

秘俗汕打罗刹神诞,放假一天,神为秘国女尼,距今三百六十年矣。举国奉事惟谨,秘总统率诸部臣赴教堂顶礼,独示优异。美国人今日三点钟复放气球,不收钱,且先质千金于街道厅,又将前次所收之二千馀金并以为质,若放不起,则以此示罚。两点半钟往观,行不半里,沿路延颈以望,已口讲指画,即停车仰视,球果升矣。球旁字母隐约可辨,又时放碎纸,大约弄球人自志所升度数也。风定球行甚缓,旋至公家花园,犹见之。五点钟回寓,遥瞻天际,则不知何往矣。园中遇华商王运,佛山福禄里人;余任,西樵人,自言屡欲来谒,恐为阍者所阻,因前数日有习西教之华人馈竹笋至署不纳云。晚赴秘绅霸沙葛烈地公会,总统在坐。

二十四日甲戌(8月31日) 晴

昨日气球三十里而坠,弄球人甫至地,忘记撤气管,球仍上升,追挽不及,至于巅蹶自伤头颅。球之工本须三千馀金,局外方为之叹惜,旋知为山诞罗萨糖寮所得,仍还之弄球人,尚不致得不偿失。要之此人此技总未精熟。洋员杜嘉兼使领两署之差,已月加四十金,顷参赞又为请益。洋员不减薪已虑署驳,若请加则尤违署章。

二十五日乙亥(9月1日) 晴

陆寿峰以鸳鸯宜福馆吹月词为赠,陈文述之裔,宜有雅音。琴师嘉士丹耶特曾游吾粤四年,学为粤语,及其返也,聘粤人教习来秘,可谓专矣。阅二十年犹未尽忘,一齐众楚,原非易易。

二十六日丙子(9月2日)　晴

米些埠华人升旗之事,湘浦初甚愤其贪妄,续念其专足来署须四日火车程,为途甚远,因为书促该埠代理领事麦克拿而堆转促福宁知府查照外部前文办理,此函即交来人带去。伟臣今日赴嘉里约阅视养济院诸瞽废华人,不失仁人之心。午后王运、余任来谈甚久,询其来秘之初,王舟行三阅月,余舟行五阅月,同事九人死其七,大都患脚气,余任抵岸时亦脚肿至脐,幸年齿尚幼,得以医痊。远役异国,夫岂浮梁茶贾比哉?

二十七日丁丑(9月3日)　阴

秘鲁代理领事三处:嘉士马埠为秘人嘉黎卢,米些埠为美人麦克拿而堆,介益地埠为江苏上海人徐云高,由来久矣,华人散处各埠,既不能随地设官,只可派人代理,亦省节经费之一道。

二十八日戊寅(9月4日)　晴

香港包揽华人出洋之局,包至檀香山者每名九十元,檀岛关吏作伪,先将假照售于驻檀华商,寄回香港售卖,华人不知底里,误买此等伪照。及抵檀岛,不得登岸,其愚可悯。现经董事程汝楫驳辨,关吏已革,此种影射之技亦穷。程汝楫禀请札饬金山领事转告东华医院,遍贴长红,知会华人,毋蹈前辙,自贻伊戚。包揽局之害,流弊不仅旧金山。

二十九日己卯(9月5日)　晴

寓秘同邑人拟建南海会馆,工商各捐一月薪工,余亦捐俸一月,闻前数年曾集得七千馀金购一地段,此时兴造不易,出脱又太吃亏,只可作为会馆公产,不致湮没可也。同邑翰林谭叔裕,扬马渊云之流,屡掌文柄,忽得京察,遂郁郁。曾榜其门曰“未知肝胆向谁是”,自坐迂拙,非人挤。逾年擢云南粮道,益非其志,过津门时留书告别,余叠为书譬慰之。顷得粤书竟旅殁南宁,可惜也。宦海升沉,原无定程,牢愁抑塞,徒自损耳。孔北海谓若使忧能伤人,此子不复永年矣。西俗食水每从湖河引至都会市镇之区,建屋蓄之,其法用砂隔去渣滓,水味自清。居人用铁管分引,楼高数层亦能汲到,庖厨盥浴皆取给焉。间为皮管套搭以灌溉花木,室中秽物别有管流送于河,不相杂也。水质清浊视其地气,秘都虽陋,而水则胜于美都。

八　月

初一日庚辰(9月6日)　晴

初拟取道旧金山回美,以避巴拿马瘴气,而船小,又多礁石,只可重寻旧路,已定船期。午访美使,告以本月二十一日返美,仍取道鸟约,请函达叭夏行知税关。

初二日辛巳(9月7日)　白露,阴

进斋电,美议院未散,惑于英国新闻,议绅聚讼立例,凡华工回华者不准再来,即电署一百一十七字,美政决于议院,间年为长议,八月未散,则罕见也。

初三日壬午(9月8日)　晴

今日耶稣母马利亚生日,秘都放假一天,郊原赛马,具柬相招,日晡途远,不愿往也。晚至琴师寓茶话,琴师以琴为业,弟子数百人,但与指拨,秘不一弹。今晚特为余奏技,且能为华调,或以听者非能审音,不妨示人以璞。

初四日癸未(9月9日)　晴

秘都街道纯是碎石砌成,车行甚喧,妇女亦可溺于通衢,尤环

球所独。乡约局收马车税每月十金,索及坐车,译官诘辨乃免。往在日都下车之始,日廷即以车牌为赠,虽极喧杂之地,举牌示之无不避让,持较秘鲁,优劣为何如也。晡时拜客,至一律师家,新居华焕,结构甚佳,询为暴富者。去年为人包一田园案,得三十万金,遂大兴土木,不图秘鲁有此巨案。

初五日甲申(9月10日)　阴

进斋电复以美总统虑拂众议,议院新例画诺无疑,外部无能为力云。新约本为遏议院苛例而立,外部初意亦欲力顾邦交,而不洽美西各省之心,受谤不少。今者议院不候此约消息而自立例,外部乘机脱卸,稍纵即逝矣。善后无期,可胜愤懑,即电谕金山华商。

初六日乙酉(9月11日)　晴

刘湘浦等保案,吏兵两部均核准,绝不驳改一字,部章吻合,历案所无。总署寄到中葡新约刊本、堂司住址单。

初七日丙戌(9月12日)　晴

秘都极陋,而水质却佳,磁碗泡茶,隔宿无水渍,物价不昂,鱼尤肥美。本日照会秘外部以回美之期,湘浦同行,留和叔代办。日使西移,同舟共发。

初八日丁亥(9月13日)　晴

粤人所制月饼,乡味不改,然过食总非宜也。南海会馆供奉南海神,为撰一联曰"星气绛霄澄,抗古衣冠光四裔;乡心明月共,赛神箫鼓似波罗"。此种酬应,近复不免。日晡至公家花园,乘小舠荡桨于岩石曲池,遇义大里新公使。复登茅亭远眺,山翠凝几,云气霞光相间。下视英人球场,方角逐斗胜,杂以胡乐,缭绕花间。

初九日戊子(9月14日)　阴

秘外部照复余起程后认林和叔为代办,且以余此来,彼国君臣未尽东道之谊为歉，措词甚圆到。金山电复，美例前月二十七日已刊布，讼棍谓必不行，行亦可驳，民信讼棍，商助官，故求准新约。晚得署电，新约不过暂缓批准，彼遽另立例，违约背好，应与力辨，并询目下情形，即电美署查复。此时准则众论纷纭，驳则自禁矛盾，宕则美自立例，总署亦颇难决。

初十日己丑(9月15日) 阴

瓜搭梅拉国，中墨洲境也，领署所延律师，即该国领事。今日开国之期，差片贺之，日使递国书，前使量移希腊矣。邑人罗杰自智利回，述智利风气略如欧洲，南墨利加目之为小巴黎，华商却无甚利益。该号售丝绣、茶叶。英商亦有运华物往售如该号者，争利之心，英最擅矣。西商近多狡猾，豫制数簿，真伪两本，以备倒盘，类此者，数数见之。关税略轻于秘，外埠五六处，华商皆无分庄，无业华民聚于该国约五百人，所业极不堪而获利颇易，且无故乡之思。推此观之，若无限禁华人之令，越数十年，恐华人之流徙外国者，不知凡几云。罗杰此论闻所未闻，要之华佣在外国有无形之利，亦有无形之害，此又非罗杰所知也。

十一日庚寅(9月16日) 阴

进斋电，美自立例，议绅索雷尔力争，以为太遽，仍应由外部电田使问耗，候新约消息，佘文、摩根助之，准十二日复议。晡后答拜新日使，并观斗牛，局面自逊日国，而人与牛斗，非身被重甲持利枪跨瘦马与牛作恶徒残马命者，惟操剑杀牛之技却不逮日人。略坐数刻，往访前日使，已移居俄人宅矣，院宇雅洁，且多华器，铜、磁、雕、漆数种，皆不伪。磁为万历窑，雕漆小屏甚工致，背嵌螺钿，山水人物亦极巧，前明物也，铜鼎无盖而腹有识“子孙永宝用”五字甚清晰，馀亦可辨，此鼎的是周器，俄人谓得之日本。其阶下莳花，有高耳铜盘,旁镌"松翠馆"三篆字,则倭物也。俄人往贾于倭,得倭器尤夥。

十二日辛卯(9月17日) 晴

粤人多以香港不守为惜,而深怨叶崑臣,当其事败之日,有乐府三章,首曰"叶中堂告官吏,十五日必无事,十三夷炮打城惊,十四城破无炮声,十五无事灵不灵,乩仙耶,点卦耶,签诗耶,择日耶。"次曰"夷船夷炮环珠江,绅衿翰林谒中堂。中堂口不道时事,但讲算术声琅琅。四元玉鉴精妙极,近来此秘无人识。中堂本有学问人,不作学政真可惜。"三曰"鬼炮打城破,中堂书院坐。忽然双泪垂,广东人误我。广东人误诚有之,中堂此语本无疑。试问广东之人千百万,贻误中堂是阿谁?"三诗音节绝佳,乡人至今犹能记忆,其时崑臣方信神仙,群情惊扰时犹差弁安慰城绅,谓十五日无事,属勿迁移,而自海口炮台城内楼堞概不准备。又有童谣云"不战不和,不守不死,不降不走,二十四史翻完,求如此人没有。"亦极切当。今晚与乡人会饮南海馆,感述乡事,因并记之。

十三日壬辰(9月18日) 晴

进斋电,议院昨又会议,主不候新约消息而自立例者人数较多,已定议云,即电复总署酌度。义使递国书后来拜,未接晤,适往智利使馆贺其开国期也。智利产铜甚佳,然国令不愿穷采,与欧洲争利,恐致暗损。前中国需铜暴长高价,中国有铜矿而不自谋,以致岁流金钱于外,良可惜耳。智利近营织纴,特雇倭工二十四人往指导,可云专矣。智利妇女操工无所不有,街车马车多女工执御,环球所无。

十四日癸巳(9月19日) 晴

三点钟往秘廷辞行,先至外部小坐。适智使为铁路事与秘纠缠,稍待片刻,秘总统殊有惜别意,外部亦然。旋至吏、刑、兵、户各部一谈,户部赴议院未返,馀均得晤。又答拜义使。

十五日甲午(9月20日) 晴

署中升旗贺节,与同人周旋。午后书楹联十数。今日为西历九月二十号,义大里开国之期,义为君主,只生日知会友邦,开国之期不贺也。义商寓秘者实繁有徒,假公家花园为会,制小银钱分赠会中人,花纹甚新,闻甚热闹。

十六日乙未(9月21日) 阴

秘鲁铁路事,英外部专员来秘营办,愿代秘偿国债。铁路所入,英七秘三,而虑秘翻覆,索税关为质,秘廷欣然,而议绅未尽允。智使又以鸟粪山事与英秘有纠葛,此山秘久质于英,及智破秘鲁则又攫去,智非不知此山已质,秘则以已出之物听客所为。今以铁路之役英允代秘偿债,不免重理棼丝矣。然英非真为秘偿债也,但所有欠主均将欠项附入铁路作股,铁路果畅,强于了无归结之期,设不畅则两失之。欠主以英为最,秘假此事清宿逋,计亦良得。议院之意,盖虑英人尽夺其国权,害大利少,自不得不踌躇也。今晚林和叔假法酒馆饯别,法庖环球所推,可喜者,烧蘑菇一种而已。席散至房东处话别,问询铁路成否?房东亦以不成为幸。曩因梗议,遂罢吏部之职,故矢志不移,秘鲁国债已积至英磅三千馀万,实难支拄,房东不主铁路之谋,殊有债多不愁之概。子初地震,不甚剧。

十七日丙申(9月22日) 秋分,阴

香帅疏禁美商火油入口,否则另立专条加重税厘,请总署与田使订议,并饬驻美使臣与外部商禁总署函属相机办理。惟查火油贩运,中国似宜由署檄行。总税务司查明,每年入口火油几何,某关经税最多,再与该国商办,较有把握。火油为祸最烈,既伤生命

又损生计,能杜绝则大幸事。甲申在都曾与步军统领、顺天府尹言之,自禁民间不用,彼族故无可置词也。江、皖、湘、粤行用已久,穷乡僻壤,肩挑负贩亦购以代菜、豆等油,流毒何有极也。京城内外尚无此风,预为厉禁或可消患未萌。美为民政之国,总统暨诸部殆无钤制商民之权,极顾邦交,不过将来文送议院一议而已。美税华物值十税六,极无理,只茶叶无税,当时印度、日本均未产茶,非免税无以广招徕。然有此大宗货物免税,美遂有所藉口,事非统筹不能透辟,既涉外交,尤当妥为收纵。洪文卿函送疏稿,大都抵任递书及保奖旧员新调翻译之件,原无碍于示人,惟以初抵俄时曾上密摺,遂并秘之,不咨会,而钞稿不愿自乱其例云。晡后至玻利非亚馆言别,玻使言此数日间该国总统争立,干戈从事,不知机局如何,甚有忧色。南墨洲诸国类此,殊不奇。旋晤智使,知中美新约龋龁,代为焦灼。秘都驻使尚有气味,今日拜客十九处,甚疲苶。秘绅有新婚者,请往观礼。晚八点钟偕林和叔至教堂,坐客已满,少顷男妇两人,吾华所谓全福者,导新郎新妇至神堂前,跪聆教士说法,教士赠新妇约指一枚,为值甚微。新郎举聘钱为礼,新妇接受,即以予教士,视其家之贫富无定数,亦视教士运气焉已。教士宣讲毕,新妇起立,新郎掖之出,无假他人牵挽也。新妇白衣白纱蒙头至足,从两小鬟,衣亦纯白,西俗以为吉也。客至其家,始与握手致贺。此间教堂偶像甚多,西人亦不尽识,大都耶稣故事。

十八日丁酉(9月23日)　阴

秘外部照转吏部文,嘉士马埠讹禁鸦片之案,实有不合,已令弛禁,妥立章程,通饬各省云。前日外部闲谈,谓秘人近多嗜此,于关税入口征之,然彼族不禁也。午后到外部宅辞行,晤其母。又访前驻华公使爱立谟家,母病渐愈,乃姊属回美时告爱立谟以一家平安,所以慰游子者,意良切也。随至诸按察司家,皆得晤别。

十九日戊戌(9月24日) 晴

中西殊制,每事相戾,惟伦常则父母称谓,物性则松柏后凋,杂器则博局骰子,中西一致,莫之为而为者欤?秘都之东有高山,曰马杜千那,计高英尺七千七百八十八尺,再东曰志葛拉,计高英尺一万三千二百二十尺,绝无风景,陡峻而已。郑光禄曩驻秘都,登山未半而神色顿变,汗出如浆,病憩山店。进斋尚能凭眺,陆寿峰则委顿矣。以山太高耸,氧气不足故也。郑光禄坐是得瘫痪之证。容莼浦曩登兹山,口鼻出血而返,华人禀赋固与西人异也。仲兰日虑不永年,求归甚切,猥欲往游两山,诚奇想矣。连日送行之客络绎,均谢却。晚饮法国酒馆,晤意使、巴西代办、美参赞之数君,皆不自爨,在此搭食,撙节极矣,甚非华官所能也。今日蔑薛叠士神诞,秘国放假一日,秘总统率诸部到教堂顶礼。相传神为处女,素佩耶稣,又与耶稣之母善,卒登天堂云。

二十日己亥(9月25日) 晴

中国士大夫留碑识于泰西,古未曾有,光绪六年黎莼斋在英为卜来敦记曰:"卜来敦者,英国之海滨,欧洲胜境也。距伦敦南一百六十馀里,轮车可两点钟而至,为国人游息之所。后带冈岭,前则石岸崭然,好事者凿岸为巨厦,养鱼其间,注以源泉,涵以玻璃,四洲之物,奇奇怪怪,无不毕致。又架木为长桥斗,入海中数百丈,使游者得以攀援。眺桥尽处,有作乐亭。馀则浅草平沙,绿窗华屋,与水光掩映,迤逦一碧而已。人民十万,栉比而居,阛市纵横,日辟益广。其地固无波涛汹涌之观,估客帆樯之集,无机匠厂师之兴,作杂然而尘鄙也。盖独以静洁胜,每岁会堂散后,游人率休憩于此。方其风日晴和,天水相际,邦人士女联袂嬉游,衣裙杂袭,都丽如云。时或一二小艇掉漾于空碧之中,而豪华巨家则又鲜车怒马,并辔争驰以相遨放。迨夫暮色苍然,灯火灿列,音乐作于水上,与风潮相吞吐,夷犹要眇,飘飘乎有遗世之意矣。庶昌至伦敦之次月,富绅阿什伯里导往游焉,即叹为绝特殊胜,自是屡游不厌。再逾年而之他邦,多涉名迹,而卜来敦未尝一日去诸怀,其移人若此。英之为国号为盛强杰大,议者徒知其船坚炮巨,逐利若驰,故尝得志海内,而不知其国中之优游暇豫,乃有如是之一境也。荀卿有言树国惟坚凝之难,若卜来敦者,可以觇人国已。黎庶昌记,凤仪译文,光绪六年七月勒石。"巳初得署电,田使来询约款准否,答以三端:一年期减少,二约前回籍之工,三千金以下之财产。田以电外部未复云。晡后答拜英国铁路委员,晚赴永安昌与诸华商别,又至前总统霸拉度家茶话。子初返寓。

二十一日庚子(9月26日)　晴

晨起早饭。十点钟登车,华商送者数十人,李杰代检行李最得力。总统派军官到舟中送行。智使、巴西代办、法随员两人均到。日使柯希特先登舟,安顿既妥,往与周旋。三点钟展轮,国旗高悬,风浪平稳。

二十二日辛丑(9月27日)　晴

早饭后泊萨罅猾儿地岛,即杜希猷之海口也。华人两名来递呈,一东莞,一新安,询其呈禀之意,乃茫然。呈内有近扣工资每元五毫之说,应予查理,馀皆老生常谈也。船头官来送,婉谢之,并托代达外部。晚与日国水师兵官卡多那手谈。十一点钟睡。

二十三日壬寅(9月28日)　晴

检绣画缕丝银蓝赠日使,志同使同舟之雅。午泊派伊特,前寄徐进斋书之地也。船泊中流,为时不久,售物者不获来,此出秘鲁境矣。

二十四日癸卯(9月29日) 早阴,午晴

泊惠爱矶,钱涵生旅殡处,感悼何极。乡人潘节之来,言钱柩回华时所需各费已由杨建勋开发清楚,讵此五十四日,犹在途中也。潘又言前晚地震约十分钟,室中簏橱锁钥自开,屋亦摇摇欲堕,为时既久,势亦甚烈,每年一度,但难定准某季,无缘移避。南墨洲人尚以惠爱矶为极乐世界,果何所见耶?中华分馆馈波罗、椰子,纳之。

二十五日甲辰(9月30日) 晴

西人礼拜仍上下货物,此间西例不严也。跟役阿发购得海蟹数枚,两螯八爪,无异华产,惟壳如霜柿,爪如胭脂,未熟而本色如此,视鸟约之软壳者,又别有致。有鱼盈尺,跃入舟中,汪九得之,欣然以献,略如卫河之回网,头扁须长,无鳞而力甚猛。今日为刘湘浦生日,因令放之中流。饭后为日使画山水册一帧。船将启碇,子刚在窗外絮聒,因黑仆登岸未返也。平生不耐者,闻俗人谈雅事,闻贪吏述政绩,闻村夫作省会音。入夜北风颇摇。

二十六日乙巳(10月1日) 晴

晨起风渐小,中饭后仍能手谈。有英人作贾于惠爱矶者,昨美领事黎士璧介绍来谒,该商现办厄瓜尔多国铁路,自惠爱矶至该国都城仅三百馀迈,而山路崎岖,若无火车,只能马渡,向须八日程,有铁路则两点半钟可达,出观各图尚精细。晚餐后船主述英国近行火葬之法,省却身后无数烦恼,此法本于佛国,近日枯僧荼毗欲求舍利,徒存其说而已。秘鲁则穴墙而厝,不知马鬣为何状?殆终岁无雨,故能久支,亦各国风气之别。舟中饭罢,就饭桌吸烟,妇女不避者,亦惟秘鲁至巴拿马船能之,他处几如厉禁。

二十七日丙午(10月2日)　阴雨

刘湘浦谓寓秘三年,久无此境。午后风甚紧,舟行颠簸,天气渐热。有黄雀一枚飞集船樯,大海汪洋,船主亦不解从何而至,鄙意衡之,或是化生之物。

二十八日丁未(10月3日)　晴

未申之交,抵巴拿马岛,泊定乃大雨,旋辍旋作,入夜不止,热不可耐。日使谓往在中国曾阅六经,惟《易》最难谙。余谓不外理、数、象三者,理则随人学识而悟浅深,数却实有可征,精之可以前知,即射覆藏钩之征,亦皆有验,象则圣人因之以画卦,亦确乎不拔者也。日使谓飞龙潜龙之义,西人实难索解,殆亦略闻中学而未得门径者欤?

二十九日戊申(10月4日)　晴,热甚

巳初美领事来,促趁潮登岸,否则踩行泥淖甚不便。纽阿连船期无定,仍附哥浪船至鸟约,明日即开行云。当与同舟人言别,饬仆从检拾各物,犒赏船上侍者、水手,正欲起行,日使为公函赠船主,述其好处,属署名,又复少留。船主自驾小轮亲送登岸,美领事导至永和昌,子刚押行李先赴哥浪,本拟即晚乘车去,火车公司已备专车相候矣。因巴拿马诸华商谒留一宿,亦须回拜美领事,遂仍寄拓蒨客寓。夜雨连宵,气候益坏,客寓奇热,劳顿之后,幸能成眠。或言此水逐日见山,虽失事亦有可依傍。不知有山之处,暗礁林立,每出入口则暗涌不止,航海条规,出入口系船主专责,船主以此水为最难云。

九 月

初一日己酉(10月5日)　雨

晨起八点钟美领事来寓,同赴火车,因头眩不获远送,令伊子代行。途次停车十七次,又分车头牵过高山,遂多走一点钟。抵哥浪,方下行李未半,而风雨暴至,衣篚不免沾濡矣。哥浪华商李乾初,鹤山人,远贾南花旗逾十年矣。其居在佛山,殆近邻也。鸟约莲芳公司陈伯旒已写定船票,船公司以美例近禁华人入口,遂将船价还之,不肯搭载。陈窘甚,余令译官与船主辨论,以此等华商原有任便往来利益,岂能不载,船主谓作为公使跟役则无不可。既缮票矣,余终以华商本可任便往来,不应改易名目,隐似公使庇一私人,复令译官重与申说乃就范。而此华商其形状衣履又绝类华工,美例因不情,而华人在美工商无别,亦难为之设处。三点半钟展轮,五点半钟晚饭,睡至九点半钟起而觉饿,嚼红绫饼一枚。

初二日庚戌(10月6日)　晴

广东生齿日繁,产米不敷民食,间遇偏灾即告籴。广西又苦,滩河难运。阮文达督粤时,弛洋米入口之禁,乡人赖之,又建学海堂,课士经术词章,咸有成就,遗泽孔长,其时学海堂上梁文为谭玉笙手笔,以"梁卵梯黄"对"虹扮藻棁","梁"从木,"梯"从木,当系传写之误,"梁卵烧黄"出《龟策传》,岂谭玉笙未之见耶?今日风浪平稳,舟行七百九十八里。

初三日辛亥(10月7日)　晴,热甚

晚饭后眉月初上,银云欲凉,来船鼓浪而过,亦美公司船也,彼此放气筒相应。今日舟行八百七十七里。

初四日壬子(10月8日)　寒露,晴

晨度古巴诸山。晚六点钟至例泊寄书处,塔灯远澈,船仍驶,遥见船桅一灯,不辨为何船也。船主放号火三次三色,此船亦回放一次。海风浪浪,气筒不相闻者,则各燃号火,航海恒规也。十一点钟又遥见一灯,疑为来船,子刚以火有明晦,决为塔灯,若船灯则一光而已。船行近果为钵洛岛,译言鸟巢。

初五日癸丑(10月9日)　晴,热甚

竟日不见山。湘浦述其家藏端砚一枚,琢为琴式,砚材绝美,有冰纹七条,鸜眼十三,恰符徽轸之数,先世当乾隆时开坑所得,子孙永宝,载诸县志。湘浦之族逾二万人,已极蕃衍,又藏兹佳器,宜榜曰琴砚刘家。

初六日甲寅(10月10日)　阴雨

晨起雷声甚烈,舟行入热线度,虽雨犹酷。灯后大风,船极颠簸,莫力侯呕吐狼藉。夜雨不辍,房舱亦漏,然视鸟钵船差胜矣。屡闻船篷放气筒,昏雾四塞也。风雨交至,又值大雾,行船极难,全恃船主稳练耳。此船主由水手递升,垂三十年,来往此水一百八十三次,船小且旧,而坐客安之。

初七日乙卯(10月11日)　阴雨

风浪极大,早饭懒起,中饭两餐犹强食,颠簸之甚,刀匕杯盘皆倾倒。饭后闲谈,胡床亦倒。船主言六点钟必有北风相激,浪益豪,宜戒备。届时忽见星月雾雨并散,偕湘浦登柁楼看月,则西南风也。船且张帆,哥浪美领事曰再阅三点钟则热线过尽,可以出险,明当陡寒,盖抵美境也。舟有嫠妇,十指只存其三,贫甚,诸客悯之,为集票分掣,得采者取回十金,余概予之,余适获隽,尽举以赠,合之得百馀金。

初八日丙辰(10月12日) 晴

西北风略如吾华高秋天气,船亦稍定矣。舟中一缧绁者,系义大里人,手刃别船大副,因执解回美定罪,以船为美船,然大副亦美籍,哥浪领事押解以行,舟中供顿而防闲之。闻海船行凶,按美律尚可减,较陆地为轻云。今日两点钟船主尽将行客衣箎放入大船,用药薰透,乃准起运登岸,虑巴拿马瘴气传染也。夜月半规,海色苍凉,带水人来导引入口,每费百金,以柁付之,如瞽者之相。

初九日丁巳(10月13日) 晴

乘曙光起,日将升矣,景象奇丽。五点钟小食后,医生登舟验视无一病者,遂无留滞。忽烟雾迷蒙,对面不辨,船主频放气筒,不敢急驶,至九点钟时乃见石人像,过此则天气开霁矣。税关来查,颇于华商陈伯旐有难色,译官详与言之,乃无异词。船即抵岸,计程六千五百二十四里半。徐进斋等自华城来接,傅楙元、顾少逸并在马头相迓,同至领事署少谈而散。进斋留述别后各事,曾照会外部,以余将返美重订前约。外部照复,但将总统批例录送,祝余平安,他无一言。随阅美例,较前约加厉矣。可愤。又闻初三日张东岩病殁,古巴此行仅五月而失两人,可胜痛惜。幸杨建勋已于本月初四抵沪,钱涵生旅榇安归矣。进斋为傅、顾两员借支薪资,征帆甫驻,即须会计,自乏肆应才,奈何?电北洋达署代奏自秘返美日期,并差期将满,求署先期奏换。

初十日戊午(10月14日) 雨

晨起电金、日两署。旋阅总署函,新约正在具疏,因北洋电阻,又资送商禀,属以妥筹。此时美例自行,前议民谣均成画饼。

十一日己未(10月15日) 晴

刘芝使函,商请代之事作何辨法,当电复以业电北洋达署先期请派云。梁蓬云电,商新到华工登岸讯未批,乞催外部。又华工四名自金山绕道英属坚弥地省来鸟约,为税关扣留,欲回则英属索人税各五十金,进退维谷。此项华工本有美关护照,且在美境,不应阻拦,惟绕越英属,则美有词。该工禀求领事,当为设法。

十二日庚申(10月16日)　晴

照会美外部返美之期。蓬云电,言美例决难驳,曩谓例必不行,行亦可驳,系藉讼图利辈惑民之语云。仲兰先返使馆,当检日来文牍,令带回分别办理。沪局包封递回摺子,朱批钦遵恭录咨行。仲兰返美后归思顿窒,总是客心未定耳。刘芝使电,已咨署请代,或可同行。

十三日辛酉(10月17日)　晴

画园主人约观新画,耶稣钉十字架之景,纡绝阴天,极愁云惨黯之状,架旁跪一少年妇,云系娼妓,佩服耶稣,因而改行,故于耶稣被刑时哭泣而送之,此妇续亦为神云。此画工本十万金,观者人各一金。早八点钟至夜一点钟至夜一点钟,岁获亦复不少。议绅湾克约乘船游观海口,不果往。

十四日壬戌(10月18日)　雨

容莼浦来谈,允就博文书院席而不愿教读,但愿总其大成,专力技艺一事,欲兼带两学生而此学生又须津门领给一年薪水,俾在美卒业乃行。

十五日癸亥(10月19日)　晴

张东岩柩如何运送,取道巴拿马,径由水路,抑运至鸟约附火车,至金山附船,电陈霭亭妥商办理,身后一切,均准作正开销。梁蓬云电:海上华工案提讯不直,拟上控美都。又寄到《商务刍言》,力沮新约不遗馀力,特废约后如何补救,迄未思之耳。又缕言华工在外洋佣力,较中国获利数倍,会计而衡量之,合一年运回中国银一千馀万。又言出洋华工多不逞,聚则为盗,发捻之前车可鉴云。展转传播,惟恐其说不行。设西人译作洋文,流布各国,则益坚其拒我之志。华工获利之厚,西人久已妒之,何可复为表曝?即无赖之徒,谋食海外,若尽数归国,则为地方之累。余初抵美时,曾密疏言之矣,然此岂宜布诸新闻,授人以柄耶?他日英国挟此为言,恐总署亦无以自解,盖未有广驱丑类入他人之国,而自谋利益者,迹近壑邻,虽强贪之国,亦难自圆其说。

十六日甲子(10月20日) 晴

新约既废,署禁亦可不算,宜乘机结束,因电署一百四十七字。并请拨经费,若署章收回此间诘驳,更无挂碍。外部前月接田贝电,述署意添商三端,叭夏只复以来电收到,未赞一词。美廷已决意行例,姑令田贝一询总署,以自文饰焉已。鸟希渍律师阿卢来谒,为陈善昌求情,呈出陈善昌所致华洋文书函。

十七日乙丑(10月21日) 晴

昨夜霜重,天气稍寒。午后湾克约仙打园嚼鲜蚬,味逊鲜蚝,较难消化。莼浦将代拟新闻稿寄回,博文之席,又不愿就。

十八日丙寅(10月22日) 晴

郑光禄照会美外部,请以巴拿马美领事代理华人事,系光绪十一年七月二十三日行文,美部复准系九月十七日,巴拿马文武官复准系八月初八日,惟美外部文内援美例,美籍官不准兼充别国职任,亦不能收受薪俸,既为美领事即不能盼哥仑比亚国复给文凭认为中国领事,不过中国现未设官,暂借美领事转达之力,遇有华人呈请之件代为出力而已。至于哥浪华商损失索赔之事,即援美例亦不以领事为索赔之官。美遇此等案皆专员办理,美领事只能代讨别国人同有之利益,不能代肩索赔之任,亦不能指实失数云。至巴岛总督复美使文,有美领事代为照料,华人甚为欣悦之语,其如何权利,亦未详言也。子豫函述东岩弥留时,属将积存薪俸交其母妻,慎勿交其昆仲。

十九日丁卯(10月23日)　霜降,雨

沪局包封,总署函件,署意亦虑此约不行,或别出事故,属俟英国禁议之请果能,再行函知,有所依傍,刻晤外部,宜设词缓之云。署意极慎,无如美竟废约行例,何哉?署函八月初三日发,朝邑不列衔,想已开去一切差使矣。邸钞朝邑摺子有"在告日久,本可有可无之菲材"数语,证诸年来际遇,似非然也。

二十日戊辰(10月24日)　晴

古巴、巴拿马有华人二十名回籍,道出金山,税司不准过船,蓬云电控户部得直。推此以驳新例,或有转圜时也。前滞留英美界上之华人四名,易希梁准税关复电,系由波士顿、虾味河、诗家谷三埠首途,均绕英界而抵美境。美例以为出境矣,领事料理,殊费唇舌。外部照复回驻美国之文,又请核收赔款。

二十一日己巳(10月25日)　晴

总署电询美废新约,不允再商,有无明文,速复,以便具牍等因。当缕复之。明晨译发。

二十二日庚午(10月26日)　晴

科律师来晤,与论美廷废新约行新例,未免太不顾邦交。科言总统批例之期只十日,过此不批,议院作为已准,不候之矣。否则批驳。然当总统更替时,其肯拂众心耶?议院之意则疑总署与余串宕久候,则华人乘隙纷来,因毅然自为厉禁。叩以美廷此次立例究以某年约本为凭?立例而不根诸约本,则何事不可?设自立一

例,尽杀华人无噍类,总统亦将准之乎?科谓此皆远道迢递之误。余言总署亦谓略有斟酌,暂缓奏请,并非驳煞也。迨院例已呈总统,田贝复询总署准驳消息,总署即与添商三端,并无非此则新约不准之语。乃田贝电美后,总统即就此三端层层披剥,遽废此约,不允再商,岂人情乎?若虑华人乘隙纷来,盍传语公司船,俟定约乃载华人,固非难事,何必作此拂理之举也。科谓总统若透悉此中底蕴,决不速批。现在赔款照缴,似仍顾睦谊,宜即核收。余谓美廷近状如是,区区赔款尚岌岌收受乎?迟日当拟一照会请代订政,诘问叭夏,科唯唯,为言英使威士贻书寓美之英人助南党,此书漏于外,北党固愤愤,南党亦不怿,意谓南人归南无假他国助力,威士恐不能久于美云。晚赴格总统夫人之会,子妇四人,杨约翰、士丹佛夫妇均在坐。余偕子刚往赴,席间杨约翰潜言美约中辍、美例自行各事,已频为中国助力。现当美廷易统时,无从著手,总统位定,必有自行悔悟时刻,宜勿露声色,照常办事,照常酬酢为是,斯言近理。因询士丹佛近日仍用华工否?答言现尚三千馀人,此中为难处,骤难剖说,总是士雕鹘作祟,致此抵牾。席散后谈至十一点钟,各别去。

二十三日辛未(10月27日) 阴

英使威士函护南党之事,北党持以为今总统附英之证。否则英使不如是拥戴也。今总统无以自明。叭夏函询威士此函确否?威士答曰:有。美即诘问英廷,又电请英廷易使,无非南北争立之见。本日总统在鸟约登台讲说亦及其事。且谓三十六点钟后英使去留便见分晓,又言北党喜华人,南党不喜,如附北党即不能拒华人云。华人寓美十馀万,竟不能自成风气,徒为南北党争立时作一关键,可慨也。

二十四日壬申(10月28日)　阴

午间草疏一摺两片,恭报自秘返美情形,为张泰请恤典,巴拿马岛酌派董事各一片。

二十五日癸酉(10月29日)　晴

闷雨两日,忽逢霁色。午后度铁线桥答拜提督阿倾,便道钵仑园,临水静坐,林木将赭,凫鹥出没凉波,天气甚清,树后一方亭,中藏酒家,巡捕导往薄酌御寒。连日气滞胃痛,肝气复发,医生屡劝游行,强于服药,惜鸟约可游之地不多。

二十六日甲戌(10月30日)　晴

蔼亭电东岩运柩事,美医局已准入口,惟火船公司近不发华人票,无论官商,须与再酌云。当复以查取不发照凭据,以便诘问外部。晡后往唁湾克丁艰,湾克他出,乃郎亲到车前道谢。西人无苫块之礼,母丧未殡,照常奉公。湾克为北党有力人,此数日间纠合争锋,一息不懈。

二十七日乙亥(10月31日)　晴

英使之事,英竟俯就美国,另派使者来替,已足以谢美矣。美外部昨又致英使一函,附以护照,所以逐客者诚亟。美于此事愈著力,愈以明其不附英,以免北党藉口也。英使极稳练,使馆相近,往来最密,有此意外,深为惜之。晚九点钟南北党各列队游行,和以军乐,相值于途,因而互斗,伤二十五人。

二十八日丙子(11月1日)　晴

寓美华人各联宗盟以结党与,咸谓前总领事愤三合会之狂妄,而权力莫压,遂语乡人自立堂名,毋蹈覆辙,微寓合纵连衡之意。于是刘、关、张、赵四姓援三国演义而自为龙冈公所,榜曰"名义堂",已觉遥遥华胄矣。有高姓者约百馀人,自为一堂,供奉高柴。

苏姓一堂约百十人，供奉苏轼。曹姓百十人，供奉曹植。真可发噱。

二十九日丁丑(11月2日)　　晴

金山臬司批海上华工不准登岸，案判甚长。本月十四日北京船来，续到华工百人，税关仍嗔令回华。香港包揽局只知人取百七十金，及不克诞登而回，索押头钱则又支吾不予，乡愚无知，被害殊惨。此船经领事与臬司辨论，得上岸者五十六人。美廷废约行例之始，自必加酷，无论如何讼争，恐骤难取赢。连日气滞不舒，美廷易统之际，是非甚多，总宜退避，因如医生之言，薄游哈佛，访容莼浦。四点钟登车，适与布琅值，车中可免寂寞。六点钟经鸟希潰就后车晚饭，饭罢即抵哈佛矣。乘马车至莼浦寓楼下榻。

三十日戊寅(11月3日)

早起，凭窗遐瞩，风景清凉，无城市气，无车马声，大可习静。早饭后阴雨至晡。北党拟今日合队，因雨而止。检金山臬司判牍及陈善昌控案洋文，属莼浦译说。晚晴甚佳，夜大风，林木振响，星斗澈霄，明日意必无雨，可跨游车。莼浦为购销滞药水，饭后吸半匙，仍和水加糖，颇有效。

十　月

初一日己卯(11月4日)　　晴

都中颁朔之期，春间疏请宪书六十本，已蒙俞允，道远不知何时奉到。早饭后偕莼浦、湘浦赴花门顿就客寓午饭，前年柏立避暑处也。沿路所经山湖三叠，澄泫鉴人，长林已霜，孤松特翠，回镳暮矣。散步园外，殊有桑者闲闲之致。莼浦尚于灯下课子，以英文译腊丁文,两子极俊且勤,以貌取人,当系华产。

初二日庚辰(11月5日)　晴

莼浦偕访其邻人看菊,几二百种,主人只一子,夏间乘独轮车颠陨,西俗每令童稚习劳,而往往有惨事。今日北党出队,观者甚众。此数日间南北党争立,稍有关涉者,即招口舌,英使误涉其事,至为美逐,墨使亦有类此一事,乃直答以公使不应干预,而将来往书函并送外部,论者嘉其有识,余谓此等书函驳斥之可耳,必送外部,未免过于见好。

初三日辛巳(11月6日)　阴

假莼浦《骈字类编》一部,聊供獭祭,哈佛藏有此书,已出意外。莼浦谓天一阁书籍间存伦敦书院,索还则难,若假以翻刻,则无不可云。十二点钟附车回鸟约,莼浦相送至车头,匆匆即返,盖南北党投筹之日也。北党人众,何差莼浦一筹?承检池州铅矿质交余融化,不知成色何如?三点半钟抵鸟约,天气晴煦,各党投筹,电报络绎,又于五大街设高台,用电光映照各路筹数,卖新闻者纷扰于途。富家巨室,大为酒宴,广邀同党,以听消息。

初四日壬午(11月7日)　立冬,晴

梁蓬云来,言华人乐美新例,意谓总统苟易北党,则新例必不行,殆非真乐之,但冀其不行耳。顷美总统已举定哈利顺,北党也,或当别开生面。午后徇北党之约,为钵仑铁桥之行,北党得意时,所遇皆北。

初五日癸未(11月8日)　雨

游员请借薪水。经费自本年二月起至明年二月未抵美以前,既离美以后,均由美署应付,核与署奏"暂在各使馆借支"之意微有未符,因电署请示,且及美廷举代事,共四十四字。

初六日甲申(11月9日) 雨

美廷易统之际,两党门户之见益牢。各省投筹均以该省人民之数以定投筹之数,惟华盛顿都城不在邦属之列,故居民不预投筹,定例然也。前晚企俚扶轮约各部眷属在美宫候信,子丑之交,知北党多六十七筹,索然而散。

初七日乙酉(11月10日) 雨

总署拨汇使费二万两,并属将游员借款扣定,应支之数,随时酌给。此间使费既绌,游员舍此又别无移借处,查照署奏,只合笼统借支,无缘扣定。款目借过若干,应由总署扣算。

初八日丙戌(11月11日) 晴

使费支绌,合之存项,不满三万金,距差满之期尚有五月,岂能无米为炊?假之银行,却非所愿,然门面又不得不支持,所有六署房租、洋员、洋仆薪工,设靳予势必播诸日报,贻笑外人,故当先其所急。至参领各员冬俸,只可暂停,俟差满回华,总署当必补领。然此数月间总署若无续拨之款,则各员归装无著,其将餐毡殊域乎?抑株待后任乎?去国数万里,颇费踌躇。年来磅价腾贵,每库平银一百两,仅易美银一百零九元或一百十一元,外洋日用、饮食无一不昂,随使各员俸薪减成,已有捉襟见肘之势,当纷求奏带时,更不料有今日之境。又况涉历风涛,蒙犯瘴疠,鉴于钱涵生、张东岩前辙,何堪设想也?陈副宪任内磅价每库平银一百两能易美银一百三四十元,郑光禄任内磅价渐高,始则有陈副宪移交之项,续则商亏赔款抵拨之项,银价均不吃亏,然则随使风味,亦有幸有不幸,视乎其时而已。此中情形,当详为总署言之。

初九日丁亥(11月12日) 晴

鸟约菊花会,主人合十二种为一盆以赠,大者如盆盂,佳色可爱,拟携回华城,火车无安顿处,遂转以赠人。午饭后正拟登车,格总统之子来别,旋即就道。九点十二分钟抵署,此行逾半年矣。

初十日戊子(11月13日)　晴

率从官恭祝皇太后万寿,游历两员随班行礼。早晚为酒醴相庆,殊方食品无以娱客,宜灌夫之数数也。邻人知余返署,频来问候,且有馈遗,因答拜之。谭臣来,订后日五点钟观传话机器。

十一日己丑(11月14日)　晴

傅楙元所示《米西斯比河考》,河源甚详,治法稍略。顾少逸《日本新政考》二卷,所述日本有海电,通至香港、上海、新架坡、旧金山、琉球,殆夸诞之词。日本水电接至香港,皆他国商人营办,更无水线达旧金山,此时金山传电仍由旱线至鸟约,渡水总汇于英国伦敦,与日本无预也。去年檀使方欲联中、美、日本、檀香山制一太平洋水电,费巨无成,乃谓日本有海线至旧金山,抑何可笑。海外记载,宜折其浮夸,考其利病,庶不致以耳为目。午后访科律师家,前察院威地家,谭臣、柏力、英使,均久谈,墨馆投刺而已。英使行色匆匆,拍卖什物,即便起程,述美廷不情之举,并未与叭夏相见,日报之言不确也。墨使馆剪寄新闻纸,言美告墨廷不准华人假道,墨不允云。

十二日庚寅(11月15日)　雨

外部文,言米苏利省坚沙士官医赞费函称,有华人永利患疯,其产业约值四五百金,别有数华人拟为承领,恐不殷实,请酌复。当照行鸟约领事查明办理。今日两点钟英前专使詹卜纶娶兵部女恩梯特为室,美总统往贺,英使却未往,两家均不发帖,余更省此酬应耳。谭子刚电本日登舟往古巴,须五日始达。本谓纽阿连取道较近,仍须五日,则不如鸟约尚省两日车行之烦。科律师由墨回美,假道古巴。因电属蔼亭为之照料。五点钟谭臣偕友携传话机器来署,试验以足蹩机,以皮管附于小柱,就管发言,下有纸筒,别贯一铜管,其纸筒以药水炼成,质薄而轻,上边铜管动则纸筒擦出黑粉无算,所传之话即在纸筒内,取筒寄远则声音宛如,然必两家均有此器,始能相应,每器只索百金,拟购两架,骤不能得。此种新法,亦从德律风悟来,其为用似逊电线,而强于德律风。曩闻陈副宪谓美有此器,今始见之,犹是不全不备。

十三日辛卯(11月16日) 晴

朝鲜朴使奉撤归国,托病遣书记官李商在持手版告别,馈红白参各一匣,清心丸一包,朴使在美却无跋扈气,特矫诈误国耳。韩廷以撤回为解,然往返浪费不赀,殊无谓也。正与李商在笔谈,适两英人持曾劼侯荐书访参赞随员,欲考中国语言文字及西人不能道之字,有心求学,然非英人也。饭后往外部,诘问叭夏议院新例凭何约而立,叭夏托言事前从未寓目,而检总署前年致美、英两使照会刊本相示,谓议院此例系仰体总署之意,必以为然云。

十四日壬辰(11月17日) 晴

朴使屡馈红参,于其行也,酬以江绸一匹,为书送之,并电署。午后拜察院梅拉、布勒持佛,又访倭使一谈,返署则传话机器人复来,因荐之北洋。

十五日癸巳(11月18日) 阴

中饭毕,为苏遮士龛之游,寒林黄落,颇有萧森之致。访律师哈伦乡居,遇现举总统哈利顺之妻父,年八十九矣,尚强健。坐客皆北党,有询余曰美国总统愿北党乎?南党乎?余答曰此非使者所应干预。然鄙意极欲恭惟今总统企哩扶轮,但虑如英使之被逐耳,坐客皆胡卢。主人留款午饭,又赠菊花归。

十六日甲午(11月19日)　雨

前日朴使函报归国及留驻衔名,当令参赞将光绪八年三月二十八日韩王致美廷照会申明藩服中国之说钞与阅看,朴复参赞书,言到美既呈报,归国亦应照办,但津约前后三端,却无归国呈报之条,故应函呈,庶无碍于事理。朴之狡辨,层出不穷,津约各款,朴岂概遵乎?其言尚顺,姑予照咨。昨托参赞寄与金银五枚,属购竹沥姜二斤、干姜三斤寄来美署,朴允代购,而不肯领价,其复书曰:设有奉求中国药饵,其能收此价乎?造词甚婉。朴使行矣,乘兴而来,兴尽而返,徒费一番笔舌。日使函送游历护照各一纸,即转送傅、顾,又杨约翰赴欧洲,贻书言别,当缕答之。

十七日乙未(11月20日)　晴

秘使送到游历护照,两员合一纸。本日发傅楙元、顾少逸借款,供其游历。法使自欧洲回,晤谈皆如常,惟以英使补逐,不无怏怏,询余在华城过冬否?意亦虑有芥蒂于美也。朝鲜代办李夏荣求谒,未晤。

十八日丙申(11月21日)　晴

外部照复米苏利省之案,候鸟约领事查理。旋得希梁书,言遍询寓鸟华人,不知永利之事,贻书米苏利省查明再复。美国境内各口船期,邮政部每月刊送一单,金山船期别刊一单,以便使署邮书也。游员访古巴,船期即以此单付之选订。晡时倭使陆奥宗光来谈,因约其二十一日七点钟饫华馔,补予一柬。

十九日丁酉(11月22日)　小雪,晴

各埠华董之得力者,例奖以功牌,不逾六品,因刊刷式样,以备差满时酌给之。波斯初次遣使来美,而其通中国则最久。波使来访,屡屡皆值他出,参赞彭小圃曾于朴使处晤之,为述殷勤,当往答

拜,不遇。瑞、法两使亦不遇。至智使署一谈,智使初到,英语尚聱牙也。比邻毕顿客夏避暑,浴于海堧,几淹毙,阅两时乃苏,今夏竟死矣。顺道存问其家,英使拍卖什物已竣,贻书来别。

二十日戊戌(11月23日) 阴

英使去非其罪,深为叹惜,今晨特赴车头相送,法使、日使暨余三人而已。美部则水师大臣汨尼之妻,馀却漠然。美俗向无迎送之礼,各驻使亦各不相送,英使此去为美迫逐,固非寻常归国比也。詹使挈妇同车,避人先发,燕尔言旋,意味迥殊矣。未正访叭夏,商禁火油。叭夏问中国欲禁民间不用,抑禁洋商不运,余答以禁民间不用,此其末也,必须洋商无此油入口,民间乃不禁而自绝。叭夏谓火油贩运中国,俄商亦有,不独美商。余答以俄商路远不如美商之近,然销广东者大约纯是美商,此时商禁亦自广东始,因频遭火患,光绪八年连烧数街,损失赀财千百万,上年烧一火船,毙命七百馀,广东遂奏请禁止,总理衙门令我来商。叭夏谓此事煞有关系。余答以即备照会候复。叭夏唯唯。又询其考究行船防险会各国已否派人来美,叭夏谓届时当必专员来此,亦极要紧事,中国专员来则更佳,否则请公使赴会,余答以咨商总署酌夺。

二十一日己亥(11月24日) 阴

莼浦函商美国人威露健臣在美都综领技艺牌照事,垂二十五年,欲与偕赴中国天津技艺院添设领牌照局一事,就各国办法,折衷一是,必可取信天下,使领牌照者源源而来,不特拓华民识见,且使环球奇巧之物踊跃运华,不费丝毫之赀,每年且得牌照费甚巨,一举两善云。莼浦饶有思致,惟于中西情形尚隔膜,往往能言不能行,此其一也。今午秘使前邮部亚倾先后来谈。晚七点钟倭使陆奥来,会与傅、顾两员同为右客,席间问答,进斋代为英语,时或笔谈,倭使以前赠徐孙麒诗见示,依韵答之。又絮絮述长崎械斗事,诿为小民无知,无预邦交之要,力求联络,意亦良善。傅、顾盛言倭为天堂,美为地狱,故特延倭使共食。且以余初抵美时倭前使九鬼曾为余设馔,故酬之也。傅、顾与倭使曾识面,而绝不交谈。

二十二日庚子(11月25日)　阴

答拜秘使,又赴察院梅拉处谈天,梅拉亦以美廷近逐英使,禁华工为不合,两事既行而总统乃属北党,徒供笑柄云。叭夏全眷将回住乡中,殆与总统为去留者,民政之国,一解政柄,便如平民,总统亦何莫不然。夜大风。

二十三日辛丑(11月26日)　雪

照会叭夏禁贩火油入中国。电询傅烈秘,美例行后,来美华工提质公堂,能否准其入境,抑准其假道檀香山、域多利等处谋生,抑必须全载回华。刘伟臣函言,秘外部又有招华工之请,已婉却,以杜希猷埠办理尚多轇轕,刻无可商。

二十四日壬寅(11月27日)　阴

朴定阳行抵金山病甚,或曰朴因中国撤黜,德尼断其通美之线,以致愤恚成疾,其臆度之词乎?英使去美后,英议院询宰相何日派员接替,宰相答以从缓或俟美廷禅代后再派耶。然美之轻薄者乃播为日报,谓今总统必将驻英美使撤回,盖激之也。美英虽有违言,尚不致交绝使命。顷傅烈秘电复,新例行后,华工到金藉提票登岸者一百十九人,不准假道,载回中国三十八人,续经户部准往别埠者八十二人。

二十五日癸卯(11月28日)　阴晴不定

巴西代办送到游员护照。外国旗式最为郑重,颜色绘画咸有等差,亦有官商之别。美则有总统旗识,水师部旗识,水师提督及部下各官旗识，商旗则一律也。英官书局温士德送阅现刊各式，请余鉴定，所刊龙旗绘画未精，缺去红珠，其兵衣所缀之方块，则绘一猕猴，尤误也。因属参赞检查会典，别绘一纸示之。又诸国皆无朝鲜，亦并告官书局补刊。晚至邻人亿鹘处闲谈，偶及英伦孕妇近多被人剖胎致毙，凶手迄不获案，或曰医者欲得胎以配药，进斋谓此即吾华采生折割之害，此邪祟也，例所必惩。姚祝彭已附西医之林，叩以医者取胎配何药，姚力言医者断不为此，指天誓日，词色悻悻，坐客咸揶揄之。

二十六日甲辰(11月29日) 晴

美欲酬神之日，洋员放假一天。后邻皮槎约晚餐。皮槎，南党也，谓南北花旗战事后乃有酬神之典，南党人不应欢乐。续询柏立，谓此风由来久矣。但始自三两省，近则举国皆然，亦必于西十一月末之礼拜四，总统循例宣谕，实有常期也。科律师自墨西哥取道古巴回美，顷来晤，述古巴领署东道之厚，代携子豫一函，两领事并于本月二十五日交接篆务，科劝早收赔款，否则议绅之无理者或竟改议，恐未必然也。

二十七日乙巳(11月30日) 晴

谭子刚十七日抵古巴，途经纽阿连，船小如鸟约之摆渡，本三日可到，延至五日，沿途泊岸两次，水程不及覃坝之速，惟覃坝近有黄疫，禁止车船云。游员已自订覃坝船票。即令参赞转告之，听其自酌。中饭后复蔡毅约长笺，又致香帅书，论新约始末。晚赴科律师之约，家人妇子言笑自若，科力劝无因废约而闷。曩出使西班牙，亦有此窘，意外之事，度外置之，忧愤无济也。又述墨使询中墨立约事，余曰美约悉有所本，尚如是沓拖，何可更订墨约，且俟诸后来者。

二十八日丙午(12 月 1 日)　晴

美总领事何林臣,诚悫有用之才,任巴拿马六年,行年六十矣,美廷南北分党,不惜以此才置之瘴乡,虽哥琅、巴拿马两岛亦美之近邻要地,然劳逸宜均也。科律师与新总统厚,昨曾托之代言,柯林臣或能量移乎?布连前任外部时,不准英兵船泊哥浪,英廷答之曰:该口泊英船系在美国未开创之前,布连语塞,比者纷传外部仍属布连,恐各国口舌,不仅英船一事。

二十九日丁未(12 月 2 日)　晴

傅、顾取道覃坝赴古巴,海道甚近,巳初起行,进斋、静山送至火车头,余送至门,仍令差弁至火车房照料。

十一月

初一日戊申(12 月 3 日)　晴

议院开议之日,向例外部贻书知会各使,随意往观。今年余决意不往,各使亦无一往者,外部漏未函告也。总统谕文甚冗,愤闷之气溢于行间,其言中美新约废自中国,尤谬。然韩事究未论及,六月津电所虑已免矣。

初二日己酉(12 月 4 日)　晴

科律师来,谈总统谕文,余叩以中国废约之说,总署已给田使照会乎?抑余曾予外部照会乎?美廷并未得中国明文,而谓中国废约,其理安在,科言中国不准即是废约。余言总署系添商,并非不准,当时议院可添,总署独不可添乎?科言议院系核准此约而添,总署系未核准而添,情事自异,此时新约无可再商,新例亦难驳改,只有照收赔款,尚不致被害之华人吃亏,此次赔款与洛案一例,无所用其踌躇。余谓无论美例如何,总须请旨定夺,科以为然。又携交鸟约富人秘什所赠玉器图映本,计百十种,半多华器。

初三日庚戌(12月5日) 晴

华人永利一案,金山副领事傅烈秘已为办妥,送之回华,外部将来文请余署名,亦通例也。午后答拜新任大将军士哥飞儿、绅士挨林士,阿希及坚弥地眷属,水师部、户部。

初四日辛亥(12月6日) 大雪,晴

金山领署查复旧年自中国口岸来美税货:白米共税银八十四万零三百六十一元三角二仙,丝绸共税银十四万九千八百四十一元、鸦片烟税银七十五万四千零六十元。《中美续约》华人不能运鸦片入美境,此项或系过境之税,非入口税,否则华人托名洋商者也,他项货物却甚寥寥。晚访科律师、倭使,均不遇。

初五日壬子(12月7日) 晴

议绅多福为巴士函求赔款成头,持示科律师,言例所应得,然数目不应如是之巨,拟代告巴士,而为余复多福一书。午后拜客之便,顺访多福,亦言及此,多福为巴士稔交也。又至前邮部阿京洋员柏立处一谈,柏立感风寒颇重,劝以暂憩数日,不必来署。晚访科医生,又至士蔑处茶话,士蔑曾渡北冰洋,留滞两年而归。坐有北冰洋弩矢,又踏冰鞋一双,长约二尺馀,状类小艇,头圆尾尖,以兽筋为之,其图绘冰山之状,则坊刻可购也。

初六日癸丑(12月8日) 晴

湘浦、蔼亭自鸟约来,询张东岩身后及运柩各事,均妥。东岩有仆鲍升,涞水人,随同回华。晡后拜客八处,晤议院莺歌。

初七日甲寅(12月9日) 阴,雾

希特国,古巴之近邻,比日奸民为乱,逐其总统出居于外,乱党

购军器于美洲,美船运送,希特执之,美不允,调水师三船前往勒还,聚讼数日,希使与外部订以三十万金作质,限日交还,美诚恃强凌弱矣。船为乱党运送军器,希特拘留不背公法,乃如是狂横,颇不可解。此中或别有故,晤希使当询之。

初八日乙卯(12月10日)　　雾

为张东岩运送事赴乌约,为筹拔赀装,进斋、湘浦、蔼亭同行。酉初抵领事署,途次大雾。

初九日丙辰(12月11日)　　雨

沪局包封,总署准礼部文行封开印信日期,余今春奏请也。即分行各署。北洋函复,美约之事以发自郑光禄,定于总署,余蒙不白之冤,拟以韩平原忠于谋国,谬于谋身,又为余转电总署求代,而于美约已废美例自行并不提及,或不愿尽言之也。许竹筼函言粤游主于香帅,曾为余缓颊,而欲余将现在寓美人数与之订限,新来者必俟有缺,旧在者听其往来,不必再定年数,命意甚善,无如美自庚辰续约后,即断新来之路,现所往来者,皆恃美例关照为凭,若果人照相符,尚不致如是龃龉。且此中数目,领事署向无册档,又安得而核其实数哉?此中难处,竹筼亦未身历,然其谊可感,暇当详告之。午后赴格总统家茶话,格总统之子有驻华公使之信,灯时银行布琅、秘什来访,约明晚观剧。

初十日丁巳(12月12日)　　晴

曩阅申报,刊黎莼斋疏请建复少时文社会课摺子,顷准,钞咨谢疏有"轻议祠祀,镌秩三级"之语,或即此事,部章綦严,可畏也。沪关拨解总署垫款,所扣汇费现准将希九养赡一款解回,谓可作正开销。芜关一款,谓由道赔缴,余不愿累之,俟其解到仍即寄还。湘浦为蔼亭作生日,不果,今晚适有秘什观剧之约,遂偕往以补其意。

十一日戊午（12月13日） 晴

芝使函，以美约垂成而废为惜，而未及英廷援照请禁之说，即复询之，寄去腌菜两坛。芝使现赴巴黎，仍返伦敦度岁。

十二日己未（12月14日） 阴寒

鸟约制造鼻烟甚得法，而味总不佳，检自用鼻烟付之照制，色味亦逊。午后蜡偶院观蜡偶奕，进斋初与对局而负，景卿继之，亦负，续一西人与奕，构思甚专，为时甚久，而仍败去，难测其妙。蜡偶为埃及装束，蟠坐一桌，棋枰置于膝，左手持印度烟袋，右手举棋，每有妙著辄自点头，若甚得意，间遇难应之子，亦点头，若甚费踌躇者，沉吟半晌而下，既下则神理舒徐，隐自立于不败之地也。客或误下一子，则摇头，俟客复下子乃应，客或悔著亦然。所奕两种：一为黄黑圆子，不类吾华之奕，一为两军对垒，有王有后有相有炮马，略如吾华象戏，蜡偶随手运动，棋路固无参差，即遇国手亦无能取胜，诚莫名其妙。奕毕视观胸次机杼，密如蜂房，座下亦皆机器手持之，烟袋则电筒也。此种奇巧固非电机不可，然何以能肆应不穷，殊难悬揣。或曰楼下另一活人秋储之亚，楼上下一子，则电气通于下，客行何度，楼下即掣机应之，故鲜不如意，然观蜡偶之坐，可以前后挪移，桌下又垫一毡，似无从透电于楼下。或曰蜡偶腹中别藏一人，则尤不然，微论蜡人胸次纯是机杼，即此五尺之身，亦难孕裹一人在内，设有国手每局必胜者，亦不肯埋头床下为蜡偶捉刀矣。展转思之，不能得其要领，蜡偶院中新绘铁线桥油画，亦佳。

十三日庚申（12月15日） 阴

湘浦自秘署请假回籍补制，相将来美，适蔼亭亦有回华之行，结伴同去。鲍升护送张东岩旅榇回旗,例给盘川外另赏五十金,别予廿金,属到京后为东岩设供。

十四日辛酉(12月16日)　阴寒

访秘什,观玉器至数十种,非极精美,内白玉雕瓶三器尚佳,青玉笔筒雕镂甚工,质本不良,似无足贵,如意三柄亦不佳,翡翠六七种,皆小品,仅白菜小瓶一器尚相类,其质究粗,移制他器,则不合耳。西人搜罗如此之富,亦殊不易。又铜器数十,大都无款识,然不伪也。法蓝诸器却多前明之物。秘什室庐宏敞,近挈眷寓巴黎,久将旧藏诸器什袭,顷以余索观,重烦检拾,又导登楼房阅日本刀百馀种,装饰极华赡,刀有波纹者只一耳,尤物本难数观也。返寓少憩,赴巴庐晚餐。何天爵方自吾华回,适与共饮,为述李傅相夏间卧病逾三月,谈者颇以为忧,近已霍然,去来均未得晤,惟于都下数与曾劼侯往还,又言今夏京城甚热,不知夏雨应时否,近阅邸报,永定河工则已告竣。何天爵撤差后三次赴华,所谋迄不就,却自忘其劳也。

十五日壬戌(12月17日)　雨

译就总统谕文寄总署。今年此谕多及外交,猥以废约一事,强词文饰,欲盖弥彰矣。

十六日癸亥(12月18日)　晴

博物院添建层楼落成之日,折柬相招,因乘格总统家午会之便,顺道往观。陈设古器甚夥,古玻璃器千百种,多有可观。时日已晡,不及遍览,甫出门遇和兰使,略寒暄而散。归途寒甚。至巴庐寓投刺,不及访之也。

十七日甲子(12月19日)　晴

巴拿马浚河之役功未及半,曩闻法廷有拨款照办之说。前晚晤何天爵，言此役已停，法廷不能助，盖篱石兴役时，美曾询法以官办商办，法答以商办，官不预闻，故刻难前后异议也。若当时法廷欲办，则美不允之耳，此为南北花旗关键，美固不愿榻侧有人鼾睡也。今日天气甚寒，晚十一点钟车回华城。

十八日乙丑(12月20日) 晴

卯初起，寒林凉月，晾色萧寂。美署幸无事。晚赴叭夏之会，与德使、瑞典、瑞威两使同席，酒馔并美，子初散。

十九日丙寅(12月21日) 晴

长至节，率属官望阙朝贺，早晚并为酒宴，与同僚共饮。又往西人货郎店随意购一二玩物。

二十日丁卯(12月22日) 晴

槐花园五案赔款，九月间外部照会代收，猥以美约中辍，亦遂置之，然究非使者所得专也。美将改岁，顷电署代奏请旨饬遵，并一面照复外部了此葛藤。晡后答拜中墨洲粳稻拉士国公使、倭参赞。

二十一日戊辰(12月23日) 晴

秘鲁之役，往返几半年，检视书画簏尚无恙。晡后至佐知探，便道后山茶话。晚饭后赴外部宅听琴歌并谢酒宴。

二十二日己巳(12月24日) 晴

有客馈花树一株，叶如桂而厚，花则密缀有珠，云自英伦来，戏名之曰"珠树"，客窗清供，慰情聊胜。格长公子、科律师先后来谈，曩闻蓬云言华人乐美新例，因令湘浦便道采访。

二十三日庚午(12月25日) 晴

耶稣生日，西俗以为佳节，距吾华冬至后四日，以西俗今年闰日也。美当南北授受之际，人情散涣，美都岁事亦自萧条，朋旧馈遗依然络绎，俗尚然也。北党已举定哈利顺，近有讹其被刺者，总是异党之所为耳。署电复询新约未批准,美廷何以请收赔款等因。总署似未见总统批谕议院报章也。窃意田贝必已送阅,故二十日去电未详言。

二十四日辛未(12 月 26 日) 晴

复署电,以新约无可再商,各案赔款二十七万馀,美究难赖,新约废后,议院另案议准,午后译发。希九书言日廷各部又将更换,谟烈近已投闲,日政又一变也。绪芝山患疟,归思甚切,因法馆有伴回华,急欲起程,距差满不逾三月,甚不解其如是之急。

二十五日壬申(12 月 27 日) 早雨

昨夜补睡尚酣,特咳嗽发热,感冒仍未退,晨起延医诊视,留方而去。南党有为善会者,户部总办郁文董其事,良家子女登场演剧,有一女孩仅五龄,跳舞应节,欧洲能手无以过之。今日阴晴无定,虹见,尤怪。

二十六日癸酉(12 月 28 日) 晴

科医来诊,谓感冒已退,可勿药,然神理究疲苶。舍路华商电催收发赔款。

二十七日甲戌(12 月 29 日) 晴

午后赴鸦灵顿客寓,答拜副提督科露臣,少坐仍乏,叭夏赠远镜一枚,为书谢之。

二十八日乙亥(12 月 30 日) 阴

昨复咳嗽,似复感矣。杜门静憩,或当渐痊。

二十九日丙子(12 月 31 日) 阴雾

寒疾未除,托进斋别倩一医,宜有速效。

三十日丁丑(1889 年 1 月 1 日) 晴

美洲日食,太平洋滨皆见,美都却不见也。西历岁旦总统仍接见宾客,十一点钟扶病赴之,至外部宅略坐片刻,返寓中饭,少憩仍赴各部及诸察院上下院掌院议绅水师提督处计二十二家,陆师大将军适鼓哀弦,不见客,馀亦间有杜门者。周旋尚遍,初念不及此也。

十二月

初一日戊寅(1月2日) 晴

美约中辍,久拟疏陈,属稿未妥,晨起复详订之。寒疾未瘳,弥形委顿。湘浦已抵金山,吕洁卿为之医调颇效,下一水船始返。

初二日己卯(1月3日) 晴

晨得署电:"奉旨张荫桓电已悉,美缴赔款,著照所请行。钦此。冬。"当付参赞恭录,照会外部。新约已废,赔款仍缴,亦足以间执谗慝之口。

初三日庚辰(1月4日) 晴

华人乐美新例之说,蓬云言之凿凿,昨电催补具公牍,以便奏咨。蓬云复电乃谓所述狂言,不足芥意,以极关键语而欲妄言妄听乎?给外部文钤印送去洛案成式也。

初四日辛巳(1月5日) 雨

沪关电解经费,当即电复。晚接外部文,订交收赔款之期。

初五日壬午(1月6日) 阴

昨夜大风,似欲酿雪,晨起乃无雪意。咳嗽渐痊,拟勿药,只杜门静摄而已。陈善昌控封容莼浦产业一案,沪关并未详诘,但因美翻译易孟士言欲托美使转达总署核办之语,乃密禀达余,几于谈虎色变。此案华人自相构讼,与美官何干,美使岂能干预?凡事在成见,便多轩轾。语曰"公生明",信然。

初六日癸未(1月7日) 晴

杜门数日,今午强起,酬应诸察院公会,又答拜波斯公使,久谈,略答其造访五次之勤也。波斯初遣使至美,而其参赞能为英语,无须雇倩美人,诚为难事,询其通好之国,则英、法、俄、德、义、美均有驻使矣。其意甚欲与中国通好,亦以同在亚洲,自汉即有往来,自较欧墨诸洲声气为近。

初七日甲申(1月8日) 晴

刘芝使函复英属澳大利亚之美利滨、雪黎等埠,收华人入境身税人各十磅,曾于客冬驳令革除。今春阿富汗轮船由港载运华工,至埠不得登岸,又经照会外部速除此禁,外部均已照办。惟澳属议院不允,并欲援美约禁止二十年,坚请英廷与中国立约议禁。当驳以中英条约并无此例。争论数月,英亦自知理屈,然不能檄令澳属遵办。忽于七月停议,潜告驻华公使与总署商请立约,署允立章未允议禁。现在澳洲如何议复,未知其详。因英部久不与议,未便通问。又游历英法四员、义日葡瑞两员薪资均已借支,游员孔昭乾触发疯病,旅殁英伦云。本日西班牙电报王宫炸药窃发,幸君后冲主均无恙,亦未伤及宫人,惟窗户玻璃尽碎,此乱党之所为,欲改民政乎?西班牙部臣屡易,此中必有甚不得已者耳。晡时酬应公会六处。

初八日乙酉(1月9日) 雨

晨起啜腊八粥。午后拜发摺子,交李学庵包封附递。复为各部公会牵缀,自晡至灯时而了。日署随员绪芝山患病思归,延希九代请销差公文,去志已坚,不解何故,姑为文寄交希九,仍属以留,俟差满乃行。

初九日丙戌(1月10日) 晴

昨发包封,漏却总署公函,早起忆及,令李学庵补缮,函告沪局并递。美国亦有拐人勒赎之案,多系妇女假占算售零物为名,入人室庐,见人家幼稚即设法拐诱至荒僻之境,勒赀收赎,可骇也。今日酬应上议院公会十五处,晚赴科律师寓长谈。

初十日丁亥(1月11日) 晴

午正赴外部,照收赔款二十七万六千六百一十九元七角五仙。签字四纸,一付外部、一存户部、一寄田使、一自存。去年收洛案赔款却无与田使事,此次添田使一纸,或美廷属达总署,亦以当日索赔时总署曾给田贝照会耶?然收文迄无只字牵涉废约,所谓另案赔偿,无关约款也。收讫即电署代奏。晡时复赴公会七处,晚赴水师部,子正返寓。

十一日戊子(1月12日) 晴

本日总统夫人见客,循例往见,顺道答拜一水师官,曾游吾华者。晚赴户部公宴,进斋同席,英法参赞暨主人亲串共十六人。

十二日己丑(1月13日) 晴

美都冬行春令,今晨闻有在礼拜堂无故眩倒者,大约士颠气之害也。初八日晡时忽起旋风,自边施云弥亚省至英属界大瀑止,伤三百馀人,毙百人,沥定埠织机厂四层楼尽倒,大瀑桥亦毁其一。美都是日只乍雨乍晴,不觉有风,而该省乃有此奇灾。风行极速,幸只一线,不致横扫耳。后邻郁文约听乐,有吹气为歌,洞中音节之人,深檐文厦,其声较远,亦奇技也。晚赴外部宅一周旋。

十三日庚寅(1月14日) 晴

粤人李云台控何子刚之案,曩交湘浦查理,此次赴秘,诸同乡复为何子刚辨白,通惠公所递有公禀,大约此案何子刚经手帐目容有轇輵,至黎氏之死无踪迹,却非何子刚谋害,公禀亦言之详矣。以钱债而牵及人命,粤中坐此讼累者茫无了期,为据公禀咨粤督行县立案,或免滋讼也。英人代秘鲁建铁路开矿山之事,聚讼经年,秘总统与各部均署押转发议院,诸议绅不置一词,原件奉还,各部不安于位,纷纷求退,总统不准,复檄议院。西历正月一号再集议,民情不悦,群哗秘宫之前,又欲毁拆英人住房,军兵弹压而止。此议中辍,则秘廷永无清偿国债时,而民志不齐,亦有难乎强办者,殊乏两全之策。酬应诸察院公会七处。华民上控新例不准关照之案,美察院已批准西三月十一号提审,布勒持佛特相告语。

十四日辛卯(1月15日)　阴

巴拿马浚河之役既辍,工人无所归,肆为抢掠,美领事柯林臣属华商勿多存银物,幸诸华商尚未被抢。昨询可仑比亚公使,乃谓此役暂停,仍须续办,篱石已返法都重集股份云。

十五日壬辰(1月16日)　雨

科律师钞送美例四款:第一款,不准美国人招徕他国人订立合同来美佣工,并不准设法协助来美,违者照犯法论;第二款,声明此项合同一切视为废纸;第三款,凡立此项合同者,罚银一千元;第四款,禁船户运载此项工人来美,违者按所载名数,每名罚银五百元。此例系西历一千八百八十五年二月二十六号立,载在美国律书第二十三卷三百八十二页、三百八十三页。申初答拜科律师,补交赔款酬劳诸费,顺道赴各部公会。

十六日癸巳(1月17日)　雨

美国航海会,英嗤其所议未备,不允赴,或遂中止矣。然美犹展至明年九月,已分致各国驻使云。午后酬应上议院公会十二处,九点钟赴总统会,力侯、祝彭相从,十点钟先返,客仍拥挤。

十七日甲午(1月18日) 晴

美例行后,古巴华人假道回华者,轮船不敢装载,拟稿与外部辨论。午后科律师来面订,并代查户部,知税关别无专札,但奉部行新例而已。火车公司亦以此事禀商户部,顷予外部照会,实维其时。晚赴科律师寓,省视其母,甫从乡中来也。

十八日乙未(1月19日) 晴

随员许静山忽动春闱之兴,距差期不三月,前劳可念,因给札回华,购买中西学堂书籍,可免扣资俸,如其获售固所欣慰,否亦不碍保举章程,并为专咨礼部海外公车罕见之事,然水程计之仅一月馀,视边省尤捷耳。晚七点半钟赴议绅抛麻晚餐,同席十八人,墨使首坐,余次之,多上院北党人,十一点钟散。本日得沪粤包封。

十九日丙申(1月20日) 雪

美都冬燠久矣,得雪可免一切杂病,旅中幸事也。昨给外部华人假道照会,声明新例违约,尚须辨论。正在拟稿,适金山馆董公禀:以约废例行,乞设法挽救。本日循例封篆。午后倭使来,述西报言李傅相病重,证以津幕来函,请假二十日,照常办事,拟续假,不赴保定度岁,西报特为骇人之笔,可恶。

二十日丁酉(1月21日) 晴

沪关来电,郑工十九合龙,水东趋闻之喜慰,了兹重役,普天同庆也。沪电不及北洋病状,自系洋报讹误耳。附近新金山之萨摩夏岛,美始与立约,英德继之,三国相为保护。近日德国兵轮欲专踞其地,与美构衅,炮伤美商船主父子,美船与斗,又伤德兵十人,德遂将岛内美民住居村庄炮毁,并及国旗。德美又有违言矣。今日酬应诸察院公会五处,又答谢议绅抛麻。

二十一日戊戌(1月22日)　晴

津关电复李傅相病痊,足见洋报之谬,致总署书,附收到赔款与外部往还照会。晡后酬应公会十二处。

二十二日己亥(1月23日)　晴

日本将沿西俗设议院,拟仿英国君民共主之意,倭使前日曾言之,倭政屡改,或亦嘉其善变。午后酬应公会九处。许静山商购学堂书籍,照来单外属以添购《二十一史弹词》、《人寿金鉴》两种。

二十三日庚子(1月24日)　微雨

订定科律师明年修脯,专办美国徇金山华商之请也。午后酬应公会七处,晤议绅漫迪臣,赠阿米河酒两瓶,系其乡间所产,余亦酬以佳茗。希梁自鸟约来,知鸟约中华会馆已落成矣。有华人刘焕文者,不知何许人,愤广报诋讪无理,遂为长篇驳之,词非雅驯,却无丝毫粉饰,华商中乃有此人,部娄之松柏耶?晚赴总统宴,同席五十二人,七点半钟入坐,十一点散,客皆便衣,惟高丽代办李夏荣公服。

二十四日辛丑(1月25日)　晴

静山辰初首途,昨晚已与详论中美交际事,早起不及面别。午后往外部催询华人假道事,并告以新例应驳,叭夏唯唯,又为余电致古巴美领事代为招呼。前日金山华商以约废例行禀求挽救,即批复之,该商及今而知美例之不便,抑何见之晚也。

二十五日壬寅(1月26日)　雨

给外部照会,援据条约及美国外交案牍,美廷固难强辨耳。晡后科律师、议绅多福来别,少谈而去。余循例至美宫谢酒宴,随赴倭使公会,又至科律师寓,告以别后有事,与进斋商办。美绅埃林臣函约今晚饯饮,猥以事杂却之,仍赴其宅一谈,以慰其意。

二十六日癸卯(1月27日) 雨

晨起,偕莫力侯、姚祝彭、罗佐臣、差弁陈吉胜、刘吉祥起程南发,午正开车,就车中午饭,沿途多松林,每株削皮尺许,云以制油,地多斥卤,松毛遍生,美洲新辟之境也。灯后抵威明玉埠,下车就食。

二十七日甲辰(1月28日) 早晴

车行甚驶,十点钟至萨湾拿岛。早餐后换车,但就后车一移行李而已,仍就车中午饭。晚抵三佛岛,下车就食。微雨,天气甚寒,十一点钟抵覃坝登舟。埔头作板桥四千尺,火车缓行,尽外即见船桅,相距约半里。时适大风,登舟辄眩,有两西人惧风折回。是夜舟中簸荡,似有台飓意,船主稳慎,不敢启碇。

二十八日乙巳(1月29日) 晴

六点钟展轮,仍颠簸,早午餐不能食,船主来谒,略与寒暄。晚十点钟泊奇威士特岛,客有登岸者。此岛约万八千人,风气尚朴,华人于此卷烟、洗衣者,佥云土人相待甚好。夜凭柁楼遥望,灯光隐现。风浪已平,薄饮三宾酒一杯,略纾胃气,仍不觉饿。两点钟船复开行,望古巴蓦渡,舟行最险,无风亦眩,略如英法都化海口。

二十九日丙午(1月30日) 晴

六点钟抵古巴。子豫、子刚、藻亭、慎仪来迓,云此两日大风,海中电线亦断,乃知前两日所历之境,幸新船机器足,船主亦不孟浪耳。登车至领事署,早餐毕,栉沐少憩,行李遗却一件,属火车公司电促之,约五六日可到美。总领事来谈甚久,此间剃匠仅两人,传呼半日而至,年逾半百,且戴眼镜,倩之奏技,不无戒心。晚饫乡馔。今日殆岁除也,偶为一诗。

光绪十五年己丑(1889年)

正 月

初一日丁未(1889年1月31日) 晴

寅初率属望阙朝贺毕,爆竹竞放,声闻数里,绝域而有中华风气。同人团拜后,诸华商来贺,并接见久谈。学堂华童来见,薄赏之。日岛总督遣参赞官来,美总领事威林士差贺,循华例也。

初二日戊申(2月1日) 晴

晨起致美署书,属催叭夏速定华人假道事。晚访美洲故人,询此中风土,途经衢道园林,灯光如昼。

初三日己酉(2月2日) 晴

火车公司寄回衣簏,饭后栉沐易单夹。适水师提督意那士架来访,不及接见,两领事代应酬。

初四日庚戌(2月3日) 晴,立春

领署各员、各埠商董及同福堂、结义堂诸商来贺,差片答之。晚观大功园法人新剧《古巴杂记》,指为环球戏园五名以里,犹是溢美词。

初五日辛亥(2月4日) 晴

早饭后往拜日岛总督马连、知府意班耶、巡抚伯白的士打、陆师将军美拉、水师提督意那士架、粮台乾丹拿、美总领事威林士,均

晤。意班耶随来回拜,约观粮寮,诺之。意班耶管理本岛地方公事,领事署常与交涉,其室庐宏富,多储华器。总督各官所居皆崇楼广厦,足征日国昔时之强。巡抚伯的士打云于日都曾相晤,余却忘之耳,渠为古巴土人,八岁即赴日都,近乃回莅此岛。日廷迁除罕见之事,新政且风烈,不名一钱。总督为言华民于此甚相安,特花会则禁之耳。余答以吾华亦禁,以其类于吕宋票,贻累穷民。总督语塞。此外各官文仪甚优美,总领事尤融洽。途经古庙,即可仑比亚葬处,以从日国扬帆,初寻得此岛,继及南北花旗诸洲,及其殁也,远瘗遗蜕于此,以志前劳,此庙盖数百年矣。

初六日壬子(2月5日) 早晴,午雨

旋风骤起,气候陡凉。粮台乾丹拿来晤,缕述奥国形胜,以为胜于法都。又言奥世子近忽枪毙于房,其为人谋害抑自击,莫知其详。日后为持服三月,日后盖奥之郡主也。昨拜客之便,薄览兹岛形势,仍有城内外之别,以傍海为城内,近陆为城外,当日西班牙初踞此岛,土人不服,因就海堧筑城以护舟师与土人敌。此时城迹已湮,徒存其名。

初七日癸丑(2月6日) 阴寒

总署修辑电信新法,咨送两本,微有增易,属以密存,又寄回秘鲁摺片,代奏秘总统复书,钦奉批旨,钦遵分行。客腊二十七日,香帅电:郑议自禁,未晓工商维系关键,谬极。今日事甚难处,执事本三端立说,具见调剂苦心,鄙奏为粤民生计起见,虽未悉底蕴。亦只就事论事,非敢苛责阁下,当邀亮鉴。美不应创例废约,拒绝商改。我趁此撤去自禁章程,便可与其另议,是禁似宜另筹抵制之法,稍示报复。我声言禁内地传教、游历,彼必悚动,特不知署意肯否,裁酌示复,等因。蔡毅约电,尊府经帅饬卫护,帅奏不因广报而

起云。即电复以署意难遥度,且先驳美例以尽使职,济否再布。晚六点钟总督马连来拜,未接晤。

初八日甲寅(2月7日)　晴

粤东陈独漉《邺中怀古》诗结句"七十二坟秋草遍,更无人表汉将军",此诗脍炙人口,同时申凫盟《铜雀台怀古》诗结句"七十二陵空感慨,至今谁说汉将军",两诗运用无殊,独漉似较隽永。国初有骨董以申诗讹为米南宫,书末缀虞伯生、吴匏庵、沈石田跋,以重值售于朝贵,为识者觑破,设移书独漉之作,转不便于伪售也。谚曰:"画鬼易,画虎难"。昨与杨慎仪论书画,因并识之。

初九日乙卯(2月8日)　晴

古巴移署既定,或拘泥日干,先往下榻,厨灶未备,仍是东食西宿。晚赴洋员溪理察乡居,距此十馀里,中经石桥,风景不恶,但途道多确荦耳。各国领事眷属多寓此,而于贸易繁盛处别赁一写字楼,既省费亦舒畅。溪寓高悬光绪十一年总署给与宝星札子,装潢甚珍重,英人固知宝贵也。旋赴知府意班耶公会,水师提督在坐,意班耶将交替,糖寮之约须改期。

初十日丙辰(2月9日)　晴

昨晚就枕,热甚,须摇扇,将曙则重衾不温,气候怪异如此。饭后移寓新领署,房闼较适,楼地皆文石骈凑如茵锦,古巴俗尚也。楼三层,有机器升梯,上下却便,但非数日不能安顿妥当。李骀选为子豫绘一小照,神理逼肖,利马窦所谓二我也,进乎技矣。东莞、新安、增城三县,就西人市集之上,联一公所,旁为剧场,局面不宏而甚整洁,晚徇乡人之约,一往观故乡声乐,聊摅旅怀。

十一日丁巳(2月10日)　晴

古巴岛人肄刀剑会,率礼拜日比试,大都贵游子弟藉此为乐。

两人对舞，护头目以铁丝面具，护手以革，互有胜负，可免损伤，不失古来肄武本旨。比者枪炮火器盛行，虽公孙大娘无所施其技矣。便道观奕，有奥人炽铃涅士，俄人痴哥连拿，国手也，两人于房内对局，旁置双表如天平式，甲下一子则表缀一边以验下子之分数，乙亦如之。所以表用天平式也，微细极矣。又旁坐两人为证，别一人为之传报，外间高悬棋局，每行一度，则传报者就外间之局为之照摆，列坐五六局，亦照摆。以意揣测之，新闻馆人执管以待，橘游之别调也。终局则俄胜而奥败，奥本老国手，每局主人悬采三十金，胜者得二十金，败者得十金，胜固欣然，败亦可喜，坐客欲与博，则万金之采，国手亦不吝，盖已遍历欧美诸洲，无与为敌，乌约蜡偶曾为所窘云。棋如象戏，英语曰车士特。两国手终日对局分先，奥人多胜，今日其偶然耳。观者甚众，总督在坐，略与寒暄，主人坚乞留题，并赠天平表一枚。

十二日戊午（2月11日） 阴

黎莼斋丁亥入都日，记川陕道里形胜甚详，丁文诚政绩时有访录，尤勤勤于贵阳专祠尚须集赀营建，山东专祠则戊子十月初二日落成矣。古巴学堂今日启馆，即在领署之内，便于照料，充十年树木之意，或当有成。

十三日己未（2月12日） 晴

中西殊制，或曰西俗妇女以约指为饰，已字者约于中指，未字者约于食指、名指、枝指，既嫁则随意为之，附会之徒乃证以《五经要义》银环金环进退之说，枘凿之甚矣。西人父子无亲，其略知慈孝者，难求什一于千百，因悟西人鞠育之道太简，欲报之德昊天罔极，此中似微寓感应之理。西俗生子无乳哺之恩，但饮以牛羊酪，别制小儿榻以栖息之，未周晬辄令学步，所谓子生三年，然后免于父母之怀者，诧为奇事，故人子之报也亦薄。晨起赴学堂观课读，类能成诵而文义懵如。诸童皆生长于此，父则华人，母则西产也，而其口音尚如中土，水源木本，固有得于天者。惜其父母皆贫窭，略有进境，辄欲其舍学而营生矣。若为兼筹衣食，庶免歧向，特公家乏此巨资，即捐集亦虑难持久。

十四日庚申(2月13日)　晴

总署电，大婚自正月二十日起至二月初九日，除忌辰外均蟒服，等因。谨分电日、秘两署，特告日、秘两国如期称贺，函致进斋告美廷电贺。午后答拜领署律师，便道映相，相馆以油画求售。丛芦白鹭，远水平沙一幅，颇饶风致，索价五百金，又水画两帧，绘粤中附省海汊佳胜，各式船艇悉备，拟购之，别一帧为园亭景，俗不可耐，虽工不取也。晚赴同乡公所春酒，十点钟返寓。

十五日辛酉(2月14日)　晴

上元节，升旗庆贺。美署译寄美外部照复，于前文要义靳不能答，惟力辩。前此所云议院设有苛例总统必加驳改之说，以为误听翻译之言，殊矫强。前言凿凿，柏立犹能复述，岁底检点尘牍亦记存此说，当缕驳之。陈蔼亭电正月六日抵沪，诸事办妥云。西人好善者合唐茂枝等设局上海，集捐以赈沿河灾民，贻书相告，当与参赞各员商之也。电气传话公司函述此器之妙，愿分寄吾华官署，以求品题。洪文卿函论美约始末，以使事棘手，辄叹归欤，且言四度俄都，水土极劣，阴寒锢沉，非善地云。

十六日壬戌(2月15日)　晴

领署左邻有德商北士，向与领署交厚，承邀晚餐。席间出鹅脯，云伊母自德国寄来，意甚珍重，味亦甘旨，他物称是。食竟，观主人打球。趁月色归，气候不寒不热。

十七日癸亥(2月16日) 晴

希九函商大婚公宴日国各部院,即电复照办,并告以二十二日返美。午派姚祝彭赴医院阅视华人病者,量加周恤,宣布皇仁。古巴诸华人既驰官工所之禁,又设官以保护之,苦乐迥异,陈副宪查办之功,诚未可泯,华人至今尸祝之,不忘本也。华人假道事,叭夏初云候户部定夺,近须取决律政司,总是虚宕而已。赴城内酒肆,美总领事之约,酒馔极丰,咸以此君素俭啬,诧为创局。

十八日甲子(2月17日) 晴

昨睡颇酣,梦至一客肆,售中西什物,有晶章两枚,一刊"石函"二字,一刊"剑潭"二字,又田黄石章一枚,刊"佛即是心,心即是佛,是佛是心,是心是佛"十六字,均朱文。又李文贞行书未竟之屏轴,有名无姓。醒而异之,梦境原无足凭,然此印章字画清楚可纪也,东坡春婆之喻,亦于海外得之耳。古巴初设领署时有华人报一重案,牵拉多人,情节杂遝,翻译随问随录,汗流浃背,极半日乃了,录竟复述之,其人曰此昨夜梦中所见耳,翻译愤甚,其人已去如黄鹤,古巴至今传为笑柄。此辈既被鬻,又历种种苦役,心智迷罔,类此者何足怪也。领署今夜公宴岛中官绅各国领事,丑正始散,此中风尚犹以为早。

十九日乙丑(2月18日) 雨,午晴

乡人李朴存谙风鉴,与谈畴昔,坎坷尚能印证,特谓此三月内必有佳兆于耳色,卜之恐未确也。同福公司假领署为饯,就中主人及司庖者悉被拐至此,万不料有今日之会也。同福公司创首者,南海九江人区某,久乃自堕其规,潜减货价,以累同业,卒至疽发胸背死,当时对神盟誓之言,乡人犹能述之。

二十日丙寅(2月19日)　明

宋张择端《清明上河图》,南渡后代有临本,图中汴京景物纤悉靡遗,宜动偏安君相,北人归北之想。明时图藏太仓王氏,后归严世蕃,钤山籍没乃入御府,有亲藩以十万金赂阉寺窃出,深夜不能越宫门,潜置御沟,翌晨乃取,是夕沟水忽涨,此卷竟为龙伯攫去。盐官王笈甫为言《一捧雪传奇》,即指此事,所谓紫霞杯者,《清明上河图》也,莫怀古即王龙池,汤勤即唐荆川,莫成即王成,至今王氏祠祀及之,笈甫即其苗裔,真定王午桥亦云然。顷阅《在园杂志》,"一捧雪"确有是器,有人持此求售,玉情果美,水色亦佳,漫应之曰,不知是莫太常家藏抑莫成伪造者。后据杨次也太守云,乃祖雍建为少司马时曾见之,气魄甚大,情色俱美,持向墀下映日细看,杯内雪片纷纷如飘拂状,以是知真赝有别,命名不虚云。此与以画为杯者别有说,或当时严之豪夺有类此之事,而附会之也。前晚观剧,偶忆及之。

晡时赴美总领事威林士乡居,洋员溪理察寓言别威林士后圃有架非树,高六七尺,方结实,然则华医谓架非即巴豆,误矣。其对门亦有花叶不分之树,如秘都所见者,炎荒之地随在可种耳。复派祝彭至老人院察看,华人共九十六名,多患瞎,分别周恤之。该院饮食床褥尚洁云。晚饭后赴水师提督意那士架之约,主人甚殷勤,总督、巡抚、陆将军、粮台均在坐,就地为别,不亲拜也。归寓与领事论学堂事,寅初睡。

二十一日丁卯(2月20日)　晴

早饭毕,学堂诸童来见,切实勖勉。又酌助医院经费。十一点钟起程至马头,水师提督差官驾小轮舶候送,领署先已备雇,遂婉谢之,领署各员及众华商并相送。登舟后美总领事、美副领事、德商北士陆续来别。一点钟展轮，风日晴美，仍觉微晕，盖古巴至覃坝系对渡大西洋，水直冲而下，渡口极险恶，喜其大程稍捷耳。若取道鸟约则系绕越旁渡。风静舟行尚稳，仍经行覃坝之嘴，舟人亦有戒心，去年往返南墨洲并经此水，西人谓无风亦浪者也。晚八点钟抵崎威士特少泊，登岸游眺，直一荒岛，黑人纷邀乘车，粗野之甚。回船时有土人售蚌壳花、海桔诸物，戏购数种。十点钟船复行，搁于沙碛，极费力乃脱，已渡大西洋海矣。

二十二日戊辰（2月21日） 晴

会稽诗人施山姜《露庵笔记》，楚人汤云山年一百三十九岁，沈归愚叩以养生之道，曰健饭多睡，次及方药，曰平生无病，不知药也。舟中人言一法国人年一百四十岁，叩其术，曰眠食有时，亦无所谓方药也。以意测之，眠食有时，养生之正，健饭多睡，亦非有时不可，然此可语于家居无事之人耳，若碌碌行役及于海外，几不知眠食为何事。晚三点半钟抵岸，税关盘查甚严，余行李概不验，随登车。六点钟起行，至覃坝岛一小饭店，不敷诸客传餐，仍就车上小吃。关吏来，言户部电谕刻始奉到。

二十三日己巳（2月22日） 晴

凭窗晨眺，沿途桃李已花，美国南境气候殊暖。十二点钟抵萨湾拿尖，有黑侍者，能为粤语，颇解颐，伺应亦周到。晚八点钟抵威明顿尖，火车公司之饭店也，肴馔不恶。十点钟睡。

二十四日庚午（2月23日） 晴

早八点钟抵威路顿尖。十一点二十分钟至华盛顿，天气奇寒，衢树甲坼之象，相距一日程，而凉燠殊趣若此。参赞各员来迓，同抵使馆，即电总署自古巴返美之期。古巴出口货物以烟卷为大宗，环球称最，蔗糖亦极销流，若无萝卜糖，则生意尤盛。然现在货车挽运仍昼夜不停,意其土人必富,而乃穷困不堪,且多盗贼,推原其故,则日廷横征暴敛害之也。古巴土人仇视日官,时思叛乱。

二十五日辛未(2月24日)　晴

皖中故人郑雪湖,年七十九矣,寄赠山水一帧,仿董北苑而深得神韵,绝无枯索气,老笔如是,宜为寿征发春,得此心目为快。拟驳外部稿,交翻译分缮。朝鲜使员李夏荣、李采渊来谒,未接晤。

二十六日壬申(2月25日)　晴

给外部照会。午后赴总察院勒福、哈伦、梅拉、布勒持佛四处公会。总统夫人饬宫官贻书告别,晚九点钟偕参赞同赴,各使先后到,咸有惜别意,而无可置词,徘徊逾时,啜茗一瓯,听歌一阕。遇外部叭夏,言华人假道事,本无窒碍,前已照复徐代办,余答以既无窒碍,宜转行税关。叭夏请给予一函即照转,或讶叭夏于公会中谈公事,盖不亮其日内交替也。

二十七日癸酉(2月26日)　晴

皇上大婚,寅正二刻率属望阙朝贺,并为酒礼志庆,专延科律师、柏立两家,以其受我薪修也。朝鲜使员李夏荣、李采渊来贺,仍守属藩之礼,美廷电告驻华公使,诣总署称贺,现当新旧总统交替之顷,犹不失礼,尚非尽昧邦交者。今日恭逢庆典,而朝鲜馆适为公会,李夏荣殷勤请赴,亦乘此答拜之,朴定阳行后令李夏荣代办,其来文曰临时代办,意其照会外部亦如是云云。盖本派李完用而令李夏荣暂代,其曰临时者暂代之谓。余却能会其意,而美外部则未必了了。及李完用到谒,外部即不认为代办,李完用乃自贬称游历官,而与书记李采渊并挟眷而作久住计,另侨新居大为宴会,殆为洋员阿连所愚,以美俗重女,且非宴会不能联络。朝鲜近状犹不惜此费。昨晚遇李夏荣于美宫,见其携两妇,装饰甚陋,宜西人指摘耳。到会之客咸就余为礼，疲于酬接，其从乡落来者，且谓藉此瞻仰，措词弥圆妙。七点钟返署，自为宴乐，似较慷他人之慨者尤能尽欢。

二十八日甲戌(2月27日) 雪雨，奇寒

美商丰泰兼充朝鲜驻鸟约领事，午正来谒，藉筹赈豫皖饥民之事以见好，却欲专售传话筒，特携此器来，较客冬谈臣导见之人操术尤捷，用湿电搭线，无须以足运机，邮筒则以蜡代纸，声音较亮，其公司在鸟约，主者曼迪臣曾有书求荐，今此丰泰之来，是否该公司代理，无从悬揣，不便滥许之也。丰泰极苍鹘，希梁曾与同车，昨又遇诸朝鲜馆，不得已一接晤。今日各部公会之末，冒雨周旋，遇日使，询以美廷易统，伊国致贺否？日使谓驻日美使若奉告于日廷，外部有电来即照办，否则听之。饭后往观墨西哥小女人，年二十五岁，身长一尺八寸，五官四肢皆小，鼻特高耸，臂长腕短，手如周晬婴儿，操英语，如蝇声，善笑，旁立一人，自认小人父，观者各予半元，合前游欧洲所得，已二十万元云。

二十九日乙亥(2月28日) 阴

昨观英剧，情节甚佳。一老妇乡居，有客访其仲子，适他出，长子游猎回，客以其面貌相似，询之，乃其兄卢意士也，与客对谈，自述孪生，同气异体，两人如一人，弟往巴黎五日无耗，今晨出猎，忽心痛，窃虑乃弟为人谋害，展转不释，其母屏后窃听，卢意士乃设词宕之。饭毕各睡，卢意士忆弟心切，伏案作书，乃弟忽从台底突出，欠身急行，呆立案侧，瞪目不言，闪烁自灭，其母则梦见其子惨死状。后场以纱幔蒙罩，西剧梦境之式也。卢意士因往巴黎迹之。伊弟恋一妇，与土人拾逋吝士争锋赌剑而毙，拾逋吝士既得意，偕友间行，途经冈岭，车轴忽折，倩樵者另觅一车，憩山麓以待，即前日斗剑地也。俄而卢意士踵至，拾逋吝士蓦讶为鬼，卢意士曰：“我

非鬼,乃鬼兄耳,今日相遇,此仇必报。”拾逋吝士之友曰:“此五日间事,何得信之速?”卢意士曰:“吾弟鬼魂相告,鬼行较人行速耳。”拾逋吝士不得已以身后事托友人,乃与之斗,其气已馁。卢意士许其少憩,而剑忽折断,其友解之曰:“如此,可不再斗矣。”卢意士乃自断其剑相比拟,以帛缠于手若匕首然,复相搏。拾逋吝士不敌,遂为刺倒,观者拍掌大快。卢意士至是乃大哭,谓冤仇既报,将从弟于地下,其弟复现形,若相引导者,卢意士归而病,日夕寻死,其母训谕之,而死志甚坚,其弟又现形于病榻,卢意士卒援同生同死之义,溘然逝矣。观此足动友于之情,惟知有弟,不知有母,所见犹偏也。华人之谈西学者,每谓西俗无鬼,然此剧则鬼形三现,虽坡老观此,亦难靳于说矣。西俗伦常之道漠然,此剧殆仅见者,因撮记之。午后赴议绅公会十三家。

三十日丙子(3月1日)　　晴

叭夏照称航海会期改订九月十六日,胪列各国愿赴而有回文者,亦行洋之要事也。午后正拟出门,波斯公使来絮谈,以同在亚洲,与中国往来最古,刻拟立约通商,其词甚恭,不便直却,当答以代询总署。旋赴柰其拉瓜国使馆,室狭人稠,偶触炭气,面赤头眩。晚饭后应善会三处,强撑而已。接家书,塾师黄孔芬公车北发,代者未定人,殊系念。希九电催游员借款,不谅此间经费之绌,且游员曾假诸法馆,何必舍近图远?即电复之。

二　月

初一日丁丑(3月2日)　　雨

外部照复,造词尚圆活,前文所引该国外交文卷、议院报章,有以杜其口也。外部又钞录乌约、纽阿连税关回电,假道旧例照旧可行云。且看下次古巴船来再酌。即函达总署,附钞往来文件。

初二日戊寅(3月3日) 雨

外部函约明日新旧总统交替赴议院观礼,又约明晚赴外部观烟火,遍及随使各员。晡后答拜格兰忒。

初三日己卯(3月4日) 雨

恭逢归政大典,寅正二刻率参赞从官望阙朝贺,礼成宴饮,巳初偕进斋、力侯、祝彭赴议院,各使咸集,列坐上议院墀子,九察院并至。十二点钟下院议绅二员、上院议绅二员,分起往迎,总统逾刻不来,议绅将檐沿时表倒拔者再,俄而旧总统率六部同至,坐于掌院案前,察院左右三面相对,不交谈。俄而新总统至,与旧总统并坐耳语,若甚亲密。俄而副总统至,径登掌院台级,旧掌院莺哥起立,举右掌与语,副总统亦举右掌应之,语毕握手,副总统即履其席,旋有一人登台,张手闭目喃喃,总统以次皆立听,惟叭夏垂头默坐,亦若心领神会者。颂毕书记者唱诸议绅名,分起趋见掌院,大率新任及留任诸绅,亦各举右掌相语。窃讶其状,进斋谓即佛氏偏袒右肩之义,似也。诸绅归座后,楼上喧声如雷,则各散矣。余亦至更衣房取回斗篷,往下车处招御者,车马拥挤,新总统方于议院正门宣谕。雨重,采棚已撤,不能往观,亦不能至美宫观兵矣。询之法、日各使,皆不往,愁霖败兴,客主一致。正在觅车时,有素不谋面之议绅的备士邀至公事房坐候,若无此居停,则门洞柴立耳。两点钟人马略疏通,乃冒雨登车,从兵队中绕至大街楼房,解衣纵目,新旧总统同乘游行,诸兵队前后簇拥。雨迄不断,两总统敞车帷而张盖,兵士之沾濡尤可悯也。五点钟余亦归寓。外部烟火因雨而辍。

十点钟赴养济院观乐舞,各使先后至。崇楼三层,中一大墀子,音乐亭峙于墀中,正面高悬新总统像。正副总统相偕到会,少立辄行,会者几三万人,公使例请,馀俱买票,人各六金,酒食在内,有屯票居奇卖至十金者,乡间来会之人,远道迟到,而又以预会为荣,遂不惜重赀,此数日间华城多聚二十馀万人,客寓饭馆均获利。四年一遇,今昔差同,乐舞必达旦。余略观场面即返,实亦无可留览。此会南党寥寥,门户之见如此。议绅休士介绍一烟甸人,衣冠整齐,与余为礼,美之土著云。

初四日庚辰(3月5日)　惊蛰,晴

朝鲜代办李完用,美外部摈而不认,凡百酬应,李夏荣任之。客腊美宫公宴,各使皆便衣,李夏荣独纱帽补服。昨美总统新任之各使皆公服,李夏荣乃衣所谓夹袖者,谓此亦公服也。昨晚遇于乐舞会,仍此装束,岂公服亦用于舞场乎?今日久雨忽晴,发沪粤包封,后复洪文卿笺述美约事,不禁言之冗长。晚八点钟往外部观烟火,至则展期明日,观者陆续散。便道画园重观墨西哥小人,其声音之略可辨者,又语无伦次,类于疯魔。循大街归,游人如蚁,间有兵队鼓吹。

初五日辛巳(3月6日)　晴

美廷新派外部布连、户部永顿、兵部普乐他、水师部图礼时、内部奴布卢、邮部汪拿美驾、农部夫拉时其、律政味拉。农部盖新设,或位置得力而才庸者,虚予高位以酬之也。墨使亲串来晤,索映相去,晚复遇于外部署。外部新旧交替,遂无主人,客自来去,迹如梁燕。外部与水师部、兵部相连而各分门户,余就外部议事堂坐,檀使亦避寒于此,凭窗对望,则烟火堆也,其放至半空爆散作杂色珠者,外洋常技,瞬而幻出正副总统像,瞬而美宫,瞬而议院,末则无

数喷花，煞尾五色同绘，略如吾华之花筒。民主践祚，作此志庆，然诸像与宫院转瞬同付一炬，娱目片刻，虽工巧而乏意味。

初六日壬午(3月7日)　　晴

布连照会接任外部之期，循例复贺。格兰忒使华之行未果，士域枯得起而争之，金山律师。光绪六年赴华订约之人，若使华则甚不妥。记前总统时金山各省公推一人使华，企俚扶轮以西省最怨华工，果派该省人。必生无限枝节，似非亲睦中国之意，因改派田贝，企俚扶轮此论甚当，不图北党嗣立，转逊之也。举以讽喻新总统，会当领晤。

初七日癸未(3月8日)　　早晴，微见雪花

午后往外部，布连尚在美宫，总统初政，凡百助理，布连虽任外部，隐若一总统耳。哈利顺感其拥戴，畏其党与，每事取决略如权臣枋国，再阅四年，布连得位，无异联任总统也。此时北党气焰方盛，前水师部汨尼之居售于新邮部汪拿美驾，价八万金，各部皆如新燕衔泥，亟营华庑，颇有物换星移之景。

初八日甲申(3月9日)　　晴

布连新居即二十年前已故外部西华之屋，其时总统灵谨被刺，乱党欲并刺西华，适西华病卧，其子侍疾，乱党误戕之。此屋美俗以为凶宅，而布连特购以居，喜与美宫毗近也。修理半年乃能入处，布连前综外部，总统加非被刺，今复旅居西华旧庑，西人究无忌讳耶？晚十点钟容莼浦来晤，留宿不可，寓于旧同学威路健臣之家。云金山电：本月二十日发头起赔款。

初九日乙酉(3月10日)　　晴

奉署电传旨谢美总统致贺大婚，等因。即照会美外部，此为前总统任内事，然但论邦交，不问总统新旧，只与外部公文而已。莼

浦拟办电灯公司,纯用药水发电,无须机器,价廉无流弊,施之吾华,似亦可行。

初十日丙戌(3月11日)　晴

古巴领事电,华商彭大苏等附船假道美国,当告鸟署照料。午后署电,归政大婚庆典,奉懿旨宴各使,并给如意缎匹针黹,以示睦邻旷典,各使领赐,而田贝拘泥国律,将物缴回,此次圣恩因其国非因其人,该使即不敢受,美廷何妨收置博物院中,请询外部,如何变通不负中国好意,即电田遵行等因。美例原不准各使在他国受人财物,然非庆典赐物之谓也。署电"因其国不因其人",诚为笃论,直可将各物寄美署转发博物院,仍予外部照会,详述其事,俾美洲存一掌故,未始不可。既属询外部,姑与布连订晤,再复也。土域枯特已派驻倭,余谈言微中。水师提督波打五十年齐眉夫妇,西俗以为金婚,其请帖皆作金字,客亦以金为贺,余赠以金绣两幅。晚偕参赞赴会,正副总统暨诸部臣均预,总统谓曾遇余于佘文家,余未能识英雄于未达时,殊愧之也。佘文馈火油桌灯一枝,以余将回华,对此若常相见云。

十一日丁亥(3月12日)　晴

沪局包封递回摺片,钦奉朱批钦遵咨行,又吏部文,钱广涛加赠知府衔,荫子入监读书,六月期满,以州判注选,又李傅相咨会北洋海军章程,内多酌用英国法,仍以宪庙军规为依归,旅顺、大沽两船澳次第工竣,威海卫为提督驻扎之地,规模井然,国旗长方式,尤壮观,海外旗式亦拟奏明仿制也。提督旗本画锚形,刻乃绘龙,其与外洋使领各署有关涉处,摘录分行备案,中国海军之权舆从此加拓,武备日彰,足以威强邻甸藩服,诚当今之要也。近闻西藏事,升竹珊客冬十八九日到纳东,与印度官会晤,惟如何息兵停战、勘定界址，尚未定耳。晡后答拜波斯使，承惠石印文一纸，其他石刻云已函致本国寄来，大约仍是镜照本，而此石印却系拓本也。波使出观该国刺绣桌幔诸物，不甚精致，又出观烟管，以椰壳镌镂，六角镶银，如圆碗而底特锐，中储水，上接银管二，以火引之，旁一管就以呼吸，此波斯吸鸦片之器，拙笨可嗤，且必以手按之，否则倾矣。承赠漆盒棉纱袜，皆其土产，又映相一帧，纳交之诚甚切。波斯立国在夏初，迄春秋时而国势大盛，后与希腊构兵而弱，罗马暴兴，尽得犹太以西之地，波斯巍然独存，初唐麦罕摩特兴，波斯乃不自保，唐宋两朝屡贡方物，元驸马帖木儿且遣子沙鲁哈据其地，曰哈烈国，明初尝入贡，后为土尔其所夺，寻为阿富汗所并，我朝康熙三十三年乃复故土，传国至今。波斯王居鲁士诞生之奇，武功之著，波使犹能言之。

十二日戊子(3月13日) 晴

午初晤外部布连，述总署来电，布连以田使拘泥，微有愧色，徐言美国此例光绪六年始定，欲以钤制各使，然中国旷典非可同年语矣。余言此次赐物凡驻华各使一视同仁，非专给美使也。布连唯唯。云即日电田领寄美廷，或珍储博物院，或径准田使祗领，仍候议院公定，续询中国丝茶近状，并述中美历年交谊，又属遇事随时相商，不必拘定见客之期，深情厚貌，若顿改前习者。返寓电复总署。科律师来，商华人假道事，将叭夏两次照会携示火船公司。外部照会新总统明日十二点钟接见，各使先赴外部同往，均公服。近日美都来一肥妇，黄黑臃肿，面貌犹人而两膀围圆一尺六寸，腹背称是重八百七十五磅，合华称六百五十六斤零四两，新总统同里人也，如此肥硕，能生子女七人。又旁有小女，豢四蛇玩弄如绳。又一男子能嚼玻璃片，嚼烂以水咽之。又一极瘦男子六十磅，合华称四十五斤,娶妇生二子。美都集此怪物,聚于一园,观者人各十仙士。

十三日己丑(3月14日)　　晴

十一点钟往外部,各使以到国年月为叙,向遇公会均无陵躐,波斯使到国甚新,乃矫然独立。外部与各使代办随员、暹罗领事之代办公使者周旋毕,乃及波斯,殊觉表异之无谓也。闻其正月赴外部春酒时座次在下院议绅之下,辄托病起,独徘徊于厅事,叭夏起而周旋,饮以佛兰地酒、柠檬水治病之物,波使仍云不适,遽呼御者归,叭夏以为真病也。越日外部总办遇诸倭署,方询其痊否,波使谓我昨非病,特坐次不合耳。由此推之则今日之不肯与哙等伍,犹故智也。其性似非受忠告之人,不便晓之耳。十二点钟至美宫晤新总统及其眷属,次第握手,间有留立寒暄者。余昨感微寒,且未中饭,亦径归矣。

饭毕至博物院观所赠埃及石碑,高三尺四寸,为埃及文,另二石则希腊文,大与碑同,特无额,小则长方形,同治五年出土也。埃及文类鸟篆,不易识,即希腊释文亦极古奥。碑额中画圆珠约二尺,两旁若缀绦,而左右小异,绦下横列两长柄刀,圆珠之上遍画鸟翼,圆珠之下有三字形,碑额之奇者。院主人释此圆珠为地球,旁则两毒蛇也,左为上埃及,右为下埃及,三字形者三才之意,两刀则不知何指,此必意为之解耳,然碑制甚古,喜出望外。院主人求搢绅录,诺之。续观贺璧理寄储华器,类多新磁,又格总统前游吾华所得馈赠之物,亦专储一龛以志中美之交也。

十四日庚寅(3月15日)　　晴

外部照复传旨致谢之文,而有此后中国庆典美总统无不称贺之语,甚得体。昨布连于各使杂遝中犹告以田贝电已发,亦甚周到。布连之子初闻充副外部，近则别派有人，而以其子为外部状师，薪俸较优也，或言何天爵使华不确。昨晚格兰忒复来，美都或即遣之，余谓新总统既有此意，盍早决以免干求，凡事皆然，不独遣使。

十五日辛卯（3月16日） 晴

北洋形胜，威海卫岛屿环拱，天然一水寨也。乙亥筹防之初，东抚丁文诚欲就此为水师之基，饬余赴津商李傅相，以山东独力难支，俟北洋饷力既裕乃办，山东自为计，宜先在烟台筑炮垒，所以有通伸冈之役，兹北洋海军以威海卫为提督驻处，仍前议也。又大连湾为奉天口岸，利泊铁甲大船，庚辰夏，俄事龃龉，赫德告总署以俄船悉泊于此，语甚紧迫，时枢廷欲得大连湾所在，亟询山东，余告东抚周福帅，曰此奉境也。福帅疑焉，检洋图质之，乃信，此皆北洋要区，近已次第经略矣。昨回赠波斯公使雕漆合、绣囊、映相各一，揆诸古人缟带之义，殊自笑也。沪局包封，总署咨会皇上亲政后摺式，又咨会崇上皇太后徽号日期，钦遵分行，今日奉到明文，海外犹及庆贺，总署又咨会议复洪文卿洋务储才一摺，庶常出洋准免散馆一条，毋庸议；总署章京已未传到者准奏带，各使馆人员明定限制准设参赞二员，翻译二三员，随员二三员，供事二员，武弁医生各一员，其兼摄他国设有使馆，准添参赞、翻译、随员、供事各一员，作为定额，不得再过此数；又游历经费并入度支一条，署奏以游员尚未期满回京，是否实有制器，通算测地知兵之选，难以悬揣，俟期满再酌云。文卿向不咨奏，想原摺必可观，近日使事之难，却在此数端之外。晚赴科律师宅，观墨西哥金石文字，多象形为之，科允赠一石，又摩啰告国文字，其国在阿非利加之北，地中海堧，昔强今弱，别一种文体。

十六日壬辰(3月17日)　晴

波斯印文上下九字,自右而左,上四字一曰"哈支"彼国称谓之词,二曰"贺仙"其名也,三曰"孤列"姓也。四曰"干有"勋爵或特派大员之称,下五字即波斯国公使之文,此虽小品,亦可备一格。

十七日癸巳(3月18日)　晴

晨起率属望阙朝贺毕,草疏一摺两片,属参赞往博物院就掌院所赠埃及石碑题识五十四字。金山领事电,言华商以西人为吾华捐赈,特先集万金,请示分拨。当复以皖苏灾重,皖四千、苏、豫各三千,径汇沪上赈局分拨,仍禀候分咨。金山华商此举,诚可嘉慰。鸟约华人亦捐千馀金,可汇志也。今日电汇金山赔款二万元。

十八日甲午(3月19日)　雨

午后循例拜副总统、户、兵、邮、农、水师各部,及律政司。英人兰多欲为余画油相,而索价五百金,忒昂,便道往访并面却之,免其呆候。

十九日乙未(3月20日)　春分,阴

外部照会,每礼拜四在署候晤,略改前规矣。格兰忒竟使奥,则华席当属何天爵,闻美之富商咸拥戴使华,冀谋银行铁路,为之说项者实繁有徒,总统恐不能不俯徇众情也。士丹佛、谭臣先后来访,适理文牍,未暇接晤。

二十日丙申(3月21日)　雨

发沪粤包封。波斯岁旦,波使以交往稍洽,恳电告中国一贺之,美廷亦贺云。无约之国,安有如许周旋。美廷贺之者,以新总统接任时,波斯曾电贺,美故答之耳。余告以前驻日秘各国遇此等事,各使必盛集,无论有约与否,美则不然,若电达我国,更无其理,既承相告,届时我自来贺。曩既许之,因冒雨往。波斯服回教,而

岁旦却不与土尔其同日，且该国一岁两旦，一为官年，今日是也，一为教年，讵今一千三百六十年矣。官年则二千七百年矣。大约自开国起算，教年则从麦罕摩特起算。询其国中今日如何热闹，波使谓国王大会，朝臣各吸淡巴菰，散则各赠以金银之器，国俗之奇如此，便道答拜士丹佛。晚赴谭臣公会，布连、摩近均在座，大都北党人，询悉何天爵使华之说，未定。

二十一日丁酉(3月22日) 晴

美廷近因镇江闹领署之事，拟留田贝数月，镇江事已见《申报》，此缘英领事巡捕踢死华民而起，美领署无大损也。申初赴博物院，所刊碑侧之字仅得其一，尚须数日乃竣。

二十二日戊戌(3月23日) 晴

昨经议院，下半旗为察院马调志哀，马调病已半年，竟不起矣。其同官哈伦久鳏不娶，近因频视马调疾，遂与其女订婚，马调勋望远殊威地，美廷饰终之典，自当有间。晚至谭臣处，重观墨西哥小人，坐有医士，亦疑非天地生成者，余举聊斋小人之说告之，坐客愕然，王莽时池阳县有小人，景长尺馀，或乘车马，或步行，据持万物小大各相称，又非墨西哥小人之谓也。

二十三日己亥(3月24日) 晴

津商王世英、杨思铎贩运古磁诸器来鸟约售卖，驻津美副领事毕德格所怂恿也，托一美商经手，不由津商主持，亏本三万馀金，令翻译索阅货价单，美商秘之，云已统寄毕德格，盖托词矣。津商被其牵率赴欧洲，王世英且扶病以行，即到英法，亦未必能获利。托人不慎，每致吃亏。前准北洋咨会转行各口，日前并欲亲到鸟约观其拍卖，适美廷易统，交际甚繁，未暇遽往，比电询之，则三日内已卖竣，甚不料折阅如是。中西人合股生意多类此，当在华订办时，西人巧为迎合,方深信之,及抵外洋,言语不通则事事受其挟制,其不致亏本者,几希矣。上年华商杨兴等携什物赴日国赛会,亦为西人所挟,邓琴斋往与料理,始得清厘。此皆不谙西语之亏也。今晚延朝鲜使员李夏荣、李采渊、李完用晚酌,答其正月二十七日公会之意,三君餍饫华馔,欣跃而去。

二十四日庚子(3月25日)　微雨

古巴领事电,华人昨附可伦比亚船至鸟约,假道回华,即属科律师往料理。余十一点钟附车,四点四十分钟亦抵鸟约。

二十五日辛丑(3月26日)　晴

晨起敦医生来诊视,谓心脉较上年稍定。午后署电,闻美派德尼为驻华公使,此人前在朝鲜煽惑簸弄,中国甚不愿意,属告外部。余因美派华使一事已大费经营,曾于四十号公函略陈梗概,今署电亦筹虑及此,然此间未闻德尼之说,当密查明确再与外部言之也。公法不能指明要某人,然能指明不要某人,权在总署耳。申初往格总统家,询其何以改使奥国之故。

二十六日壬寅(3月27日)　晴

沪局包封,北洋咨会海军旗,四图一式,大小各异。正月二十七日庆典,秘使署及诸华商通惠公所并放烟火花灯,公所门联"四海咸和,资六宫而佐治;一人有庆,合万国以胪欢",领事刘伟臣手笔。林和叔是日宴各部及各使,主客四十六人,盛会也。得家书,塾师聘定冯澄江,又今年立春后连日得雪,地气自北而南,其土宇日拓之兆乎?酌定华人假道护照式。前日有一华人舟行遇风飘至美境,税关不准登岸。当托律师与户部言之,户部亦以格于前例为难。律师驳以华人遭风系出意外,税关不令登岸,将长养活之,抑令重回遭风之地,投之水中乎?户部不能答。即檄税关照准矣。

德尼使华之说不确，即电复总署一百三十九字。晚约科律师观马戏，大都数见不鲜，惟一妇郎右手持伞，足穿缎袜，踏行一钢线，其细如发，去地逾二丈，游行自在，复能转身，旋系两草篓作鞋，往还摇曳，俄而掷其一，俄并掷之，而无碍其珊珊之步，视吾华绳伎殆又过之。

二十七日癸卯(3月28日) 雨

美派英、墨两使已定，日报言华使必属何天爵，盖何为前使中国议约之率拉士特至好，率又布连旧雨，日为布连掌书记，高桥船案，何率之利云。闻法国公家银行倒盘，前年过法都，许竹筼深信其可靠，外洋银行类此甚多，大都股票受累耳。古巴华人假道事，今日科律师与希梁同至税关商订清楚，从此永无窒滞。

二十八日甲辰(3月29日) 晴

昨晚鸟约公所得华盛顿电音，美派华使为柯士迪，系日报馆主笔之人，今早日报则议院恶其曾于南党阿编举议绅时扬言北党受贿，于是南北党交攻之，本派往德国，拟改调赴华，近恐两失之矣。余文为其同里，现与调停，柏立往查外部，仍是暂留田贝。午后重观蜡偶奕，进斋已两败矣，而不佩其技，谓潜心三月，足以胜之，其气殊壮。蜡偶者，英西省不离士顿人嗑婆所造，名曰亚摺，同治元年学制未妥，同治六年往法国赛会博观机器，然后制成，始陈设于伦顿，继至巴黎，观者无不诧异，腹中藏人之说，余既辨之矣，或曰楼上楼下有人运机使动，而此蜡偶随地可动，所坐之方桌亦四面可移，虽楼上楼下有人，亦难代为指拨，或曰子落棋枰，电气可达，若电报然，惟此棋枰系木质，非若五金可以通电，展转推测，莫名其理。有登之日报者，索嗑婆七千金，否则揭其术，嗑婆置之不理，要之此人实无真知确见，徒为大言吓之耳。楼上有人，其说近是。

二十九日乙巳(3 月 30 日)　　晴

法国银行倒盘之说,询之汇丰,云系暂停,非倒也,或亦同业相顾之言。鸟约电传津沽火车碰撞,伤四十馀人,但愿传闻不确耳。近得墨西哥测日表,略如吾华罗盘,西俗拜日拜火,宜有斯制也。墨人昔设时历两种,一以定月行轨度并祀事之期,一以定日行轨度并民事之期,以十八月为一岁,二十日为一月,岁三百六十日,岁尽之月特加五日“废日”,按日行之。度每岁三百六十五日零六点钟,每四年减一日,以五十二年为一周花甲,每花甲计减十三日,辄于一周之期补之,乃复从新起计。此十八月均有名目,或以时令,或以禽鸟、树木、花果得名,即以为字,每日亦仿,每册设立名号,月分四期,期各五日,日分八候,以太阳东升始算,如罗马诸国算法。墨都祆祠向有数塔,此石乾隆五十五年出土,即嵌置塔壁,名以墨王之名,曰“文地时马表”。此石围径英尺十一尺八寸,周七尺,亦有雕刻,纯系一石凿成。就西人地金麻尼卑两博士所著录,此石当中吐舌人首系表太阳,其三角形,编以 R 字,又别形,编以 L 字,系表太阳大小射光,以烟甸人制太阳之象,每用此作射光也,环当中太阳方形,四编以 ABCD 四字,又太阳顶三角形,编 I 字,两帝有圆形,编 E 字,舌下编 H 字,皆表太阳行度,或表每月所分之四期,所有形象号一至二十,皆表各日名号,至绕此各日形象系表河汉,其波纹编 U 字,则表天云,墨人崇奉为神,号曰“阿路默祈”,其小方形,编以七字,表山岳云屯之处,石上诸也编 X Ⅱ aqxu,系放日圭之处。其石竖立,东西一线之平石面朝南,线自顶垂下,按石上之影以定节期时日,豪厘不爽,云中国造字之本——象形、象意、谐声、转注、假借,小学家言之详矣。墨之造字,命意或同,方言难别耳。又西俗古时置闰多在岁末,与秦历同,无非归馀于终之意。

三　月

初一日丙午(3月31日)　　雨雪,寒甚

巳初赴丹拿宅观所藏吾华古磁数百种,光怪陆离,弆藏富矣。用心十五年,耗费垂二十万,乃搜罗如许。间有宋磁,若前明佳器,国初官窑,美不胜纪,赝物不及三成,惟近与津商所购蓝花磁瓶黑色白花磁瓶价昂而非旧物。返寓仍雨,牙医哈文中饭之约,又负之矣。进斋亦患喉痛,骨痛,艰于渡海,遂函谢之。

初二日丁未(4月1日)　　雨

巳初附车,申正抵华城。哈富律师所抄陈善昌切结,由参赞署名,交科士达寄去,容莼浦催审屡屡,明日可到堂矣。晚至科寓,谢其往返鸟约、哈富之劳。

初三日戊申(4月2日)　　晴

沪局包封,总署咨奏复御史赵增荣条陈慎选使才摺。午后雨雹,雷鸣即霁。晚七点半钟赴希特公使大餐,同席德使、荷使、檀使,英吉利、巴西各代办,因有总统之约,九点钟席散,各回易公服赴美宫。美总统以日本王子来游,特兼请各使为此会。王子年仅逾冠,短小而文,携妇游历。倭使陆奥宗光为之介绍,吾辈见总统后与之握手,随意游行。十一点钟返寓。

初四日己酉(4月3日)　　晴

午后赴新邮部、户部公会,议院已散矣。驻华之使未定。本日电汇金山赔款十万元。

初五日庚戌(4月4日)　　清明,晴

去国三年,不无松楸之思,同人求归者多,弥增客感。巴拿马

总督新政,不准华人小铺零卖,货物均归街市发沽,否则重罚虐流,哥琅华店须关闭者数百家,正苦无设措,美总领事柯林臣力为驳除,华商永兴利等公禀来谢。

初六日辛亥(4月5日)　晴

总署电,初一日奉旨陈钦铭派充出使英法义比国大臣,崔国因派充出使美日秘国大臣,钦此。当即分电各署,归国有期,自应共慰,行簏久经检拾,交替便行。

初七日壬子(4月6日)　风雪,奇寒,隐隐有雷声

三月得雪,吾华常有,雷雪并下,美俗亦不多见,德律风线为雪压,雪花如掌。志五行者以为灾异矣。

初八日癸丑(4月7日)　晴

究是春令,积雪一夕悉消矣。致总署公函译送美总统新任谕文。本日电汇金山赔款九万元。

初九日甲寅(4月8日)　晴

发沪局包封,中国海军旗式照会外部。晚赴希特使馆谢酒宴。

初十日乙卯(4月9日)　晴

午后鸦令顿踏青,汲新泉一酌,游人颇盛,卉木皆坼,李花尤繁,山竹数丛,不知从何移植。法使书言丁内艰,即答唁,询其何时返巴黎。

十一日丙辰(4月10日)　晴

萨摩一岛,德美交争保护,各屯兵舰,未及交绥已为风损,两国各坏四船,各殁百十人,颇烦唇舌。美都画报绘一大象,其面目如今总统,豢象者为外部布连,以鞭蹙之,象若不堪,当献技时,忽踢以后足,情状可笑,民主之国,不以为毁谤也,拟为《豢象图歌》。

十二日丁巳(4月11日) 晴

叭夏偕巴卢来约晚饭,诺之。卓忌华人禀言,领事示颁赔款,遗却该埠,卷查该埠,惊扰而无损失,郑光禄已函达总署,不向美廷索追也。七点半钟偕莫力侯赴叭夏之约,坐无杂宾,只巴卢一客,酒馔却极精美,又约访其乡居。巴卢约赴鸟约观百年大会,代觅楼房,大约一窗户之地,每日租银三百金。

十三日戊午(4月12日) 阴

秘鲁糖寮又欲招工,送阅章程,寮东先给川赀,立限造工四年扣还,有此机杼,则华工或先期续借,或期未满而他适,均难逃该糖寮掌握,即非卖身仍多轇轕。即函复林和叔止之,别筹善法。谭臣约观剧,墨使在坐,知余将归,咸恋恋。

十四日己未(4月13日) 雨

夭厘架岛华人又以赔偿不及禀求,似此当复不少。卷查此案华人初不愿与地方为仇,冀免后患,续乃自雇状师讼理而负,既负又无一字达使领两署,此时见猎心喜,纷纷禀求,此华人故智耳。冈州董事李子轩月内返里,留俟四月初三日与李骀选偕行。晚赴议绅马罗七十生日会,坐多熟识,闻俄王近复被刺,仍中副车。

十五日庚申(4月14日) 晴

今总统之子好为议论,诬及致仕巡抚阿罗比士曾赚妇人约指,其人辨属更政,总统之子置不理,卒至兴讼,臬司票传,以五千金保单保出候讯,民主之政,直不足讶。绪芝山自日署来。

十六日辛酉(4月15日) 晴

晨起率属望阙朝贺毕。展阅陈敬如函,寄巴黎富人车奴士机铜器拓本八纸,宰辟父敦、召公尊两器,考之薛氏钟鼎,款识以为真品,齐侯鎛钟一器,铭识数十字,敬如谓割裂凑杂而成,馀五拓,敬如皆以为赝,且言此老藏器虽富,证以博古图诸书,知多赝物,又吝不予人拓拓,虑墨污其器,今此八纸以铅笔为之,或以淡紫色,均与此器无碍,又购赠埃及石印八纸,即为书谢之,并约秋间会于法都。今年屡逢庆典,今晚特为公宴音乐,约外部、邮部、水师部、农部及总察院梅拉、哈伦、布勒持佛、布力尼、议绅多福等共五十二人为大会,余主席,外部布连首坐,馀则以次排定。八点钟入席,十点钟散,复小坐吸茶烟,布连谓此种宴会美都仅见,足征中美邦交,备极周旋,俟诸客将散尽乃去。抛麻奉使日国,复与日使及漫迪臣诸君谈至十二点钟别。

十七日壬戌(4月16日)　雨

沪关电,磅价四一二五,较前月汇到者每百两亏两圆零,沪关若一次汇寄,何致如是损耗。今日为美国释奴之期,诸黑人结队出游,戎装奏乐,经佐知探以至美宫,候总统阅看,亦不忘本之意也。

十八日癸亥(4月17日)　雨

博物院所赠埃及石三块,装固送来,即转托乌约旗昌附船寄沪,并买保险。本日电汇金山赔款八千金。前夕之客纷遝投刺道谢。

十九日甲子(4月18日)　早雨,晚晴

香港华文政务司骆檄,乙酉、丙戌余出入香港迎送甚周,顷取道美境回英,途经乌约贻书相候,情意殷殷,令翻译答之。乌约电杆遍植街衢,省例所禁,然亦习焉不察耳,新任知府乃一概斫断,不知各商有后言否?晚赴博物院,会室内陈设吾华古琴一张,壁悬《朝贡图》八帧,无款识,颇类仇实父,图绘王者冕旒端坐,旁侍绛衣辅相,左右卤簿森严华贵,阶陛之下,万国诸侯载宝以朝,气象又极肃穆,西人睹此益知中国之尊。

二十日乙丑(4月19日)　晴

李骀选、赵福八点钟起程后,得鸟署电,傅、顾两员已自巴西回,明日再晤,若早到一日,可与骀选同行。

二十一日丙寅(4月20日)　谷雨,早晴,晡雨

傅、顾昨附夜车,侵晨至此,预令莫力侯迓之车头,为觅雅令顿寓。使署近无下榻处,只小房两间,殊不足以崇体统。午饭后仲兰至客邸候之,傅楙元与同来,述智利、巴西风俗及该国君相款接之谊,此行不虚,然劳甚矣。顾少逸且患病甫痊,途经瘴乡,水程几两月,游历极远者也。即函告蓬云,俟其到金山时为之照料。申初答拜多惰甫,久谈,适雷雨,遂返。本日照会外部,为游员索美洲银票诸式。又照会绪芝山自日署来美。夜雨陡热。

二十二日丁卯(4月21日)　晴

埃及石碑从英文译出,该国祠官颂国王多尼微第三及王后毗连力奇功德而立,大致以王崇信神道,祀事丰洁,此西俗信教之常,然其颂王克服波斯迎回神像,荒年购粮食赈济,此则武功仁术有可嘉者。又王之少女奄逝,铸像于一等神坛,亦感念王仁而充拓之,犹见民俗之厚。按同治五年,德国考古之士立而雅司在埃及苏彝士河坝地名汕得一石碑于土中,高英尺七尺五寸,宽二尺五寸,上段象形字,下段希腊字,续又得小碑,一为通用破体字,悉储埃及波勒博物院,碑纪多尼微王第三之九年太皮月十七日,即西历耶稣降生以前二百三十八年三月七号也。象形字三十七行,希腊字七十六行,破体字七十三行,均纪多尼微王第三及王后毗边力奇加惠及神庙之事,征服波斯夺回神像之功,举国升平,有庆祠,祭司感戴德威,崇上王与后神号,增设慈悲神祠,祭司班秩。又每年三百六十日加增五日以符日行轨度,永为庆祝慈悲圣神之期,所定新历以卑

尼月初一日，即西历七月十八号，天狼星见之日起算，足见闰年始于埃及，为耶稣未降生二百三十八年之前，象形字即埃及古字，别为破体字，以便于俗，溯耶稣未降生三百年之前，罗马克踞埃及，越五百年又为土尔其所踞，罗马用希腊字，故此碑亦有希腊体也。午后赴老兵园看牡丹。晚约傅、顾饮饯，十点钟散。

二十三日戊辰(4月22日)　晴

参赞各员约傅楙元、顾少逸访华盛顿坟墓，美游应有之义也。今日为耶稣复生之日，美都童孩咸集美宫之前，扑鸡卵为戏。

二十四日己巳(4月23日)　晴

游员经费各借一千两，代买车票，电定舱位，顷又决意分镳，进斋遂不复言，又须为之退车票船舱，极烦闷。晚顾少逸来别，求派顾敬之伴送至诗家谷，诺之。敬之本与同宗，且通英语。

二十五日庚午(4月24日)　晴

发沪粤包封。午后外部照复已将中国海军旗式通行美国水师一体知照，应咨复北洋也。灯时赴谭臣晚餐。十一点钟返寓，震东自秘鲁回。

二十六日辛未(4月25日)　雨

谭臣鳏居华屋，子女相依，绰有馀地，子既纳妇，即令赁庑于外，西俗之不可解者。今午赴医院善会，剧止客散，阻雨，车挤于门，女孩约六龄，甫跨车而轴折，急跃下，无损伤，旁立一中年妇忽惊叫昏绝于地，余已行数武，闻而驻车遣御者回视，众方为之扶救，询为母女同行，乍睹折轴之险，以为不救，因而骇晕，属毛离裹之情，发于不自觉。否则当局履险如夷，旁观惊叫，无是理也。

二十七日壬申(4月26日)　雨

屡欲将美国舆图译汉文，苦无暇晷，顷震东回美，即令专力成之。行将推及诸国，务使山川厄塞一目了然，谈时务者所愿先睹也。竟日雨意不断，赛马场既辍，后山之会，御者亦以马行旋泞为难。

二十八日癸酉(4月27日) 阴

格总统生日，鸟约有公宴，墨使先往，余拟昨日往，续以事牵，遂辞之，亦幸未往，昨日火车碰撞，伤四人，副总统摩近、大将军士哥非儿均吃惊。连日装固行李十六件，合之马宏、刘吉祥、蒋得胜共二十六件，初拟附慢车寄金山，而慢车无保险，遂改寄鸟约，托旗昌经理。

二十九日甲戌(4月28日) 晴

华童步兰敦耳患未痊，伊母又函求使馆赀助，彭小圃颇厌之，此童不忘所生，根性自厚，当能永其天年。闷雨初霁，饭后徐步士蔑、蛤麻舲两处，复往农部园，牡丹一丛，鲜绿可爱，沿路丁香尚繁。

三十日乙亥(4月29日) 晴

郊原观赛马，遇议绅多福，云将回乡避暑，佘文已赴欧洲矣。美总统往鸟约赴华盛顿百年会，绕越纽折尔士乘舟，盖步华盛顿后尘云。会堂绘像则俨然与华盛顿并列，亦幸际其时而已。

四　月

初一日丙子(4月30日) 雨

二月二十六日电请署示美派华使一事，今晨起得复电，但拒德尼，相距月馀，署中何以忽忆及此。旧年南墨洲舟次所为百韵排律有“荒经笺璞象，异派补桑郦”一联，偶检《汉书》“析郦”注，苏林曰：“郦，音蹢躅之蹢”；如淳曰：“音持益反”；师古曰：“析、郦，二县名”。苏、如两音并同。刘攽曰:“析郦之郦,师古于高纪则从苏音蹢,如音持益反,于吴芮传则音郎益反,于樊哙传则音直益反,郦商传则音历,不晓所以。”一音数义,古人已聚讼不置矣,考之《广韵·吕支切》、《集韵·邻知切》并音“丽”,《韵府补遗》照《广韵》增入,以《史记·建元以来侯者年表》有“下郦侯黄同以故瓯骆左将斩西于王功侯”,则郦字收入平韵,未始无所本也。《后汉书·郦邑公主》注“郦县属南阳郡,音掷亦反。”

初二日丁丑(5月1日)　早雨,晚晴

昨日鸟约作华盛顿百年会,合九百人共为大餐,各城乡观者七十馀万人,极一时之盛也。华盛顿拔出英籍后,林居十数年,众乃推为民主,时只十三省,近则版图日拓,党祸日深,创国成规亦不甚遵守,识者虑其久合必分也。比以美俗假期郊原赛马,不因阴雨而辍,闻跳沟者多倾跌,徒快博进之意耳。

初三日戊寅(5月2日)　晴

西人碎石具有思致,其制法直如无缝天衣,又能别浓淡浅深,与水绘无异,曩观于日都旧画院壁,乍觏不知为石制也。近从鸟约得两帧,一《狮子得鹿图》,狮子蒙茸之象,栩栩欲活,目眶髭须,其细如发,皆碎石为之,鹿血点滴,亦碎石为之,野地草花红萼绿茎,无非碎石;一《文豹攫犬图》,大致相仿佛,惟豹身斑驳陆离,与狮异,又野蔬一丛,苍翠焦枯,各叶皆备,平沙远树,层叠不穷,即名画家不过尔尔,况碎石所成乎?考之西人记载,此法始于埃及,名曰“摩西奕”,译言“镶嵌”也。阿非利加洲之北境曰嘉蝶池产碎石,具五色,埃及人初取以制环珥之物,渐而宫殿补壁,君主胡床,奇巧莫可名状,罗马、希腊踵而效之,亦能肖似。自威苏味亚士火山陷没,英人近于埃及南之梯亚也、罗马西南之膀髀崖土中掘出此种石

画甚多,皆二千三百馀年之物,西俗以为奇宝,近则义大里人犹能为之,然工巧逊前矣。此帧却于无意中得之,初疑其镶嵌后著色,以显微镜细视,则原石本色跃现,证以西人古记,知此制尚非夸大之词,所购埃及全文亦有印存之本,固知彼族极古之物。

午后柯林臣来,述巴拿马河工中辍,华商生计益难,曹兆宾亦将归里。询其浚河工程,仅得四分之一,费却工本二万万元。法人篱石无力再集,近发狂病,虱处法都,然当日工钱每百扣十五元,篱石与诸管事人均获重利,附股者吃亏,曩曾讼诸巴黎,当道袒之,篱石免罚而工无成,现在藕断丝连者,则以可仑比亚约有"停工六月,则机器房产尽属可仑比亚"之条,故仍雇百十人从事敷衍而已。柯林臣问何天爵使华确否,前四年派可仑比亚参赞而不纳人言,亦不壹云。晚饭后傅梂元来别,留秘鲁小本书托翻译。

初四日己卯(5月3日) 晴

比日布连患病,日报言其瘫痪,有驳之者,曰腰软不能挺立而已,大约病势不轻。英新使到已浃旬,今午递国书谒总统,始与布连相见,布连不赴公事房久矣。其形似丰,其神实涣。此十年间两举总统不谐,仅两任外部,此中要结未始不费经营,宜心血之日耗,往还公牍较叭夏为缓,顷接其来文,述哥琅华商店铺美领事代为料量免于苛政,亦思见好,余已接华商来禀,当复谢之也。晡后令莫力侯为柯林臣介绍与科士达相见,柯林臣资劳极深,人极质直,特气类甚孤,遂尔久于烟瘴,窃盼其量移善地,然美廷积习固非人事不为功。

初五日庚辰(5月4日) 晴

外部送到美国票式两巨册,强半烟酒税,条分缕晰,其银票则自一元至五万元,存卷自百元至五万元,精微不混,每票加制送中国字样,亦殊细密,当寄与游员,并咨达总署。驻秘参赞林和叔寄到秘总统敬贺大婚书,该国现无公使驻华,故由使者代转,若美日两国早经电贺矣。秘署上年与外部往来文牍亦寄到,即并美日两署抄件统送总署。秘国各部又已更换,嘉西任总统以来,凡八易部臣。

初六日辛巳(5月5日) 立夏,晴

子豫寄到古巴橙子一篓,尚清美。闻叭夏自鸟约会场回,晚间访之,承以华盛顿造像钱见赠,又检示日本宫殿印章刀剑图册,绘画精工,首篇一叙仍汉文也。

初七日壬午(5月6日) 晴

金山广联兴伙伴余顺,客冬附火车至钵伦,车行碰撞而殒,索火车公司赔偿不允,禀求伸理。禀内有年月而无日期,须饬查乃能著手。小吕宋设官一案,日廷会议三次,以为窒碍难行。顷希九抄送外部复文,此案窃虑日廷久宕,前数日已函属希九将索偿该岛滥征之稿译送外部。希九迟疑审慎,此稿搁置三年,现在情形如是,若并此不发,更无以对华民。

初八日癸未(5月7日) 晴

西人辨钻石之法,点墨于纸,石蒙纸上,以显微镜视之,墨点散漫则赝矣,吾华但以能刻划磁器者为真,殊未尽致,赝石亦能划磁,曾试验之矣。西俗相传牙医以美为最良,然其技只刮垢以固齿,或齿根腐露则以金银补之,俾勿增剧,齿脱则别制以镶,徒美外观,无裨功用,若治齿痛尚逊华医,特华俗每以牙垢为护齿之要,此则西医所不解者也。偶访牙医刮治。归寓英使庞而修偕参赞汨鹘来访,深情厚貌,谓曾游历中华,其在英伦则与曾劼侯善,此即李傅相所言庞侍郎,亦即巴夏礼之亲串也,使美甫递国书,仍须回英接眷,

初冬复至云。

初九日甲申(5月8日) 晴

顾少逸呈报离美日期,蓬云函述金山华人彷徨追悔之状,毋亦见之晚乎?昨《申报》述津沽火车碰撞事,来车逾时未至,去车在军粮城交衢之轨久候无消息,司车人孟浪直前,及来车举旗示之,已两避不及,遂俱伤也。火车所经行断无不设电线之理,两车相候既逾时,自应电询,岂有径行直达者,此司车之谬也。比日谈时务者,每欲仿西法而不肯鞭辟入里,睹胪濛之妍,捻缨求似,可为慨叹。午后柯林臣偕其子来谒,谓明早乃得见外部,如不量移,仍返巴拿马。

初十日乙酉(5月9日) 晴

和兰有属岛曰苏里那么,在南墨洲境,向有华人佣工,和使近商总署,拟订章程,声明与苏门答腊、哈拉巴两岛不相涉。总署函询应准应宕,属派员查复等因。当检舆图,苏里那么洋语作苏里南,其地毗连英法属岛,咸丰、同治之间,有人在粤招工,指为西印度,其招致情形略如古巴。该岛亦与古巴相近,版图尚宽。此时华人侨寓情形自应详查,始能咨复。当檄古巴总领事就近派员前往。美有领事在彼,并托外部转询之。特往来该岛船只甚稀,恐须三两月乃得回信。

十一日丙戌(5月10日) 晴

署章减俸,自前年正月元日起,久已遵办,客腊署奏奉使准随带子弟,略仿汉制自辟僚吏之意,甚盛典也。汉武时用度不足,奉使求不受俸禄,自省其徒众以取其廪所得多于本禄,汉时流弊,不复见于今矣。西例公使包费,尚非无所本。申正至科律师、谈臣处,忽旋风振撼,尘沙蔽天,热气陡退。晚至后山,林月相映,夜色良佳,访叭夏不值。

十二日丁亥(5月11日) 晴

巳正得津电:"二月十九日函悉华工驳议甚好,崔惠人秋初起程,何天爵不使华为佳,定否。"当将四月朔日总署复电大致电达,五十七字。念六月不能交卸,十月不克抵京,仍应敬递贺摺,特备印花两纸,奏事处咨文两件,函托北洋照常转饬缮递,电音未详者并赘此函。料量妥定,附车至波渡磨少憩,旅寓薄游,园林天然,结构中有方亭售酒水架非。晚饭毕趁船往文劳炮台,船极华丽,一色电灯,游客亦盛。晡后展轮,雾重而星月不为掩,途中所见石炮台,半已倾圮,大都南北花旗战事定后未经修葺者也。

十三日戊子(5月12日) 晴

将曙大雷雨,船幸不颠簸。辰初抵岸,旭曦莹然,徐步旅寓,总统亦泊舟于此,各以避暑来,不相闻问也。旅寓临海,木楼四层横阔,檐前一亭,纳凉尤宜。美俗患病辄于此将养勿药,有喜天气佳也。偶为一诗。

十四日己丑(5月13日) 晴

文劳炮台总兵官差弁来,言昨日礼拜,未能为礼,今日十点钟放炮十五门致敬,并请示期进谒,余许以两点钟,此行本拟避嚣,仍难免酬应。傍晚大雾,对面不见,隐隐有雷,方食而阴霾散尽,夜月弥清,甚出意外。西人踏歌跳舞,半夜始散。

十五日庚寅(5月14日) 晴

萨摩岛事,德美似有违言,美近专使赴德会订,当免于战,布连候此事大定,即出外避暑矣。巳正答拜文劳炮台总兵官,略览形胜,台中林木甚繁,守台陆兵三百,皆有楼房栖止,并可携眷。台既临海,后路亦引水为沟,建桥出入,药房在女墙之下,大小二所,极严密，石台之完整者也。此为大西洋海汊，固宜严备，台炮却旧式，沿路堆废弹无数，南北花旗争战之馀，台中储英国炮一，墨西哥炮三，云皆战胜而得。前年外部请译之，炮系子母铜炮，当时疑为元代物，亦类朝鲜，颇难武断，对峙一台，则废圮久矣。总兵官殷勤款接，导至其家，饮酒而别，总兵官月俸极优，终岁无战事，即弁兵执枪列队迎送，客亦岁不数见。风景既佳，且复闲暇，诚美差也。晡后雾雨，晚饭后听乐片时，欠伸鱼睨，亦寻睡矣。移榻于楼，较酣适。

十六日辛卯（5 月 15 日） 晴

华人提控美都之案，总察院判以议院既定例，则从前税关照皆作废纸，华工须遵例行，与金山臬判无异。余每谓总察院与各省臬司同操此术，断不能自相矛盾，华人客秋不候余返美一商，遽控诸金山，此次专雇两律师提控美都，亦未来谒。金山贪劣，律师每訹华人以例必不行，行亦可驳，今果何如哉？科士达贻书相告，甚惜华人不明利害也。今日天气清朗，午不思睡，函询刘芝使交替日期，乃郎春闱消息。

十七日壬辰（5 月 16 日） 晴

《汉书·律历志》制礼上物不过十二天之大数也。然则西俗器物每以十二件为一他辰，亦有所本乎，特以十二两作一磅，此则昧于二十四铢而成两法二十四气，十六两成斤法四时乘四方之象，失权衡之正矣。午后总署电何天爵狡猾，设法阻之，当电复以“美廷暂留田贝”数字，署纳北洋之说，故下此断语。

十八日癸巳（5 月 17 日） 晴

外部函约今日游华盛顿坟，为英使也，美例初通好之国，必延其使为此会，英美非初交，或因去年逐威士，特优待新使以修好乎？

否则附英之意不合独责之前总统耳。余方避热,不能赴,为电谢之。晚八点钟附船回波渡磨,船馔不恶,竟有鲫鱼。夜雾,一点钟始见月。

十九日甲午(5月18日)　晴

晨起七点钟已抵岸矣。趁火车至鸟约领署,气候殊热。金山冈州会馆有林姓人,二月间昏夜被刺,曾于正月与丹桂戏园收票人张姓角口,遂指张为凶手,讼系之,张姓人公函求援,当将原函寄吕洁卿调处,以均为冈州人也。金山命案类此者甚繁。

二十日乙未(5月19日)　阴雨

鸟约人秘十能说神鬼怪异,恒一睡数昼夜,吾华所谓走无常者也。即藏钩射覆诸戏,莫不奇中,富商巨室每招之作剧。一日偶于西商家演技毕,昏昏睡去,仅六点钟而气绝,医士决其已死,且讶其心思灵巧,脑髓必异于常人,遂剖割以验视,其妻得信自乡落赶至,已无及矣。缕述其夫平昔起居,又检遗蜕,果有书一纸,略言昏睡非死,幸勿惊误,其妻痛医士之孟浪也,讼之官,不知若何判结。西俗医生权甚重,然如秘十者,亦以怪诞而自杀耳。医非诧其脑髓,何至汲汲剖视,苟推神仙不死之说,或指为尸解也。

二十一日丙申(5月20日)　阴雨

傅楙元函报离美赴倭之期,属觅书本。湘浦书言粤中沿海筑堤岸,自天字马头兴役,官为之倡,馀则督商经理,将来有成,可夺香港之利云。不知香港能聚如许华商,以出入口无税厘之故,中国内地岂能虚与委蛇哉?是在招来有道周官保富之条,亦粤政所当急者,否则商人逐末,未有不营营于香港间也。外部前约华盛顿茔园会,以现派俄使病殁而罢,来筒书笺均黑缘,西俗丧礼之式也。莼浦来,言美商新制炸药,炮子能洞穿十寸铁板,曾与土尔其试验,现义大里国以五百万金磅与该公司订立合同，设欧洲各国拟购此炸弹，须由义国主持，莼浦亦欲中国仿行，以专亚洲之局，而未深计中国岁销几何。莼浦见解往往如是。

二十二日丁酉(5月21日) 小满，晴

西俗地舆之学，童而习之，自本国以迄环球，往见西童能言中国口岸厄塞，甚奇之，问俗略久，乃悉所学之有自也。其以本省地图作嬉具，如吾华西湖图者，以骰子掷点计数记里，稍能行步即知各省方向，犬牙相错情形，此西学之浅近而有用者。《汉书·食货志》"八岁入小学，学六甲、五方、书计之事"，苏林注曰"五方之异书"。如今秘书，外国书也，汉承周秦之后，学务赅博，白登之围，嫚书之耻，朝野均不平，专意积精，冀湔涤之以纾边患，方小学之初，辄及外国书计，用志良切矣。汉时沿边诸国文字略同，考索尚易，自有轮帆而海外四洲几无隔阂，及今而不明五方书计，尤无所措手，京师同文馆、津粤沪之西学堂，其可缓乎？苏里南岛事，访之希特公使，但知岛有华佣，仍未悉岛酋虐待与否，叭夏解任后，昨始回威明顿乡居，六十老翁，行将纳妇。

二十三日戊戌(5月22日) 晴

巴拿马浚河之役中辍，法国银行多为牵倒。顷美国加非儿银行总办施利又集资本，谋浚尼加拉瓜国河道以通大西洋太平洋之路，地在墨西哥之南，可仑比亚之西，北内有大湖二，较巴拿马易为力。本月二十六日载运机器工人前往，函请观其展轮，爱立谟前云集款六千万者，或指此耶？此为南北花旗关键，美固不愿榻侧有人，而此海路能通商务，未始无益，美人自为营办，美廷之愿也。金山领事申复夭李架各案，或疏缓自误，或虚伪无凭，华民见猎心喜，局中幸得之心，局外垂涎之意，均所不免，索款难，散款尤难。

二十四日己亥(5月23日)　晴

美洲阿挨贺人李来新制一器如棋枰,横直各六度,弧斜各十一度,其三十六孔,以铜铁点插,每度横直、弧斜须不连碰,遍索解人,不可得,美廷遂给牌照,准其专售,价值却廉。领署各员寻绎数月,莫名其妙,函询售者寄来一图,仍闷葫芦也。今晨饭后无俚,试以象棋马行之度插之,北偏东第三度起,南偏西第三度起居然巧合,似亦无甚奇难。夜观蜡偶奕,遇劲敌,摇头伸颈,几败矣,各存一子,终成和局。蜡院中储一玻璃罩,观者各五仙士,乍见不过一陈设之物,状如轮舶之天平架式,投钱则电灯自燃,音奏自作,且必限以此数,过不及皆窒,制器者预蓄其机以图利。美俗心计纤巧,一物之微,无非算学。

二十五日庚子(5月24日)　晴

舍路华商陈宜禧等公禀:收到赔款并馈牌伞扁额。禀内有"拨水难全,收桑少慰"之句,措语尚雅洁。近美绅建议,拟以银元一万万购古巴全岛,年交五百万,以二十年为期,美廷交议而未定也。前月十六之会,日使于余坐中曾告抛麻,美得此岛不合算,岛人强悍,岁须重兵镇压,阖岛所入不敷兵费,抛麻笑谓任其扰乱,不设一兵,似美洲蓄谋已久。惟闻日都官绅多不愿,日国仅存小吕宋、古巴两岛,果以古巴售美,不难以小吕宋售英,回思嘉路第一时何以仰酬先烈?

二十六日辛丑(5月25日)　晴

美近以电击易环首之刑,只鸟约一省刑律且难齐一,所以为合众国也。外部复约游华盛顿墓,仍辞之。

二十七日壬寅(5月26日)　阴寒

朝鲜代办李夏荣函订五月朔日晚餐,既辞外部,遂并辞之也。

鸟约湾克近充鸟约邮政总办,晡后偕按察司摩根来晤,云户部行知税关不拒华童游学,且言美禁为不公。

二十八日癸卯(5月27日) 雨,寒如初冬

檀岛董事程汝楫、古金辉禀复照常任事。两董本郑光禄选派,余援案加札,比该岛华人恨其攻讦会党,衔怨甚深,两董遂辞差,余不愿太阿倒持,仍加委任,人言庞杂,领袖之难也。近秘鲁有华人故倒洋债十四万金,密延律师报穷,债家格于秘例,莫可如何,领事甚愧愤。

二十九日甲辰(5月28日) 晴

得日都博物院造像映本,此像得自阿拉卑亚之尼嘉塞木城,明嘉靖元年,即西历一千五百二十一年日君主阿尔方疏第一初会埃及王阿思满于此城中,相传为埃王贽物,初藏格兰那达宫,我朝乾隆十八年移置日都博物院,文字甚奇,颇类石鼓。午后答拜湾克于邮政局,规模极宏赡,楼高五层,建费九百万金,落成已十六年矣。邮政工役二千五百,其有昼夜不断者,则分作三班,轮流更替,买保险之信件,每日六点钟时即停代人寄物,无轻重均任之簿记,层叠即失误,亦能追查,立法甚善。楼内兼本埠理刑司、合众国委员两署,鸟约地价极昂,有方平一尺价值三百金者,故美俗多建高楼。谚云“占天不占地”也。鸟约之凌空火车,命意亦然,惟车经重楼窗户,可以窥见室家,亦诸多不便。

三十日乙巳(5月29日) 晴

朝鲜朴使二月二十七日函述别后病滞东洋江户县,缀之甚近,渐痊可来,初准拟回国寄到代购竹沥姜三斤、干姜二斤半,所言“来初”或即下月初旬之谓,朝鲜文字固如是也。

五　月

初一日丙午(5月30日)　晴

格总统墓祭之期,今总统亦至,水陆军兵列队游行,此坟已属之美廷,略如中国置官守冢之意。日报盛述赙花之典,以中国公使为最,足征邦交云。子豫函言苏里南之路,自古巴起程,四日抵波多利哥换船,一日抵散多马士换船,三日抵散多路施亚换船抵千里达,四百迈抵地美拉笠,三百迈抵苏里南,由散多路施亚起计六日,合计十四日,二千四百八十迈。船不常有,屡烦守候,往返约须三月。当查鸟约有直抵苏里南之船,水程却须二十三日,即电复并将船图寄去。

初二日丁未(5月31日)　晴

总署咨回,客腊摺子奉批旨钦遵咨行,又咨送正月二十七日、二月初三日恩诏誊黄两道,又咨抄更换使臣摺,并拨经费数目,分别存复。今日美西省大风,金山火车不克来。

初三日戊申(6月1日)　雨

顷询梁蓬云火车消息,在撇士泊之西,前路风断两桥,后路山石崩,欹压阻车滞于中,进退维谷,幸司车人有电来,车尚无恙。行路之难,车船一辙也。子豫电复苏里南之行由古巴起程为近。

初四日己酉(6月2日)　晴

美西风灾,山湖泛滥,淹没赞士汤一埠,死万人以外,湖中木排飘失,值三百馀万金,美土人谓创国以来无此奇灾也。日报又言停车之地,水亦淹及,车中人各逃生命,有误坠于水者十馀人,车上储有石灰水,激而热气发,车旋烧灭。闻之焦灼,电线又断续不通,晨令张丁盛至火车房专电司车人,展转绕越六点钟乃有回信,言前停撇士泊之车现已移至阿拉蒿打埠,蓬云当能履险如夷。鸟约银行富商挨士藏古磁甚多,中有郎窑瓶洗六器甚佳,又印合四枚苹果色,甚可爱,外一紫檀匣雕刻"乾嘉巨公",题识几满,又黑磁瓶一枚,中画五采麻姑,上绕一蝙蝠,瓶底有"正德年制"篆字印章。挨士云得之英伦,曾劼侯为之辨政曰"明武宗年号正德"楷书七字,复署英字押,主人并此纸而宝藏之。端医生往游欧洲,求书谒刘芝使、陈敬如。

初五日庚戌(6月3日) 晴

重午节,同人照常为贺,刘宝森晨往火车公司询明金山来车实停阿拉蒿打埠,已脱赞士汤之险,现拟修复桥路,或雇马车载客至哈庐士报埠换车绕至鸟约,初七八可到云。日报所述及他公司猜度之词,徒乱人意。澳路非奴、亚罅近拿、槐花园、亚罅市架四埠华民冯胜瑞等共为牌伞称颂,各埠赔款想已发竣。

初六日辛亥(6月4日) 晴

游历义、日、葡、瑞司员、户部主事洪勋、户部员外郎徐宗培公函借拨各九百金,以英法使署不能再借,远道函商而不言住趾,电汇固茫然,回函亦难寄,殊费踌躇。美都博物院函谢所赠汉玉璧。

初七日壬子(6月5日) 芒种,晴

美西水灾,各省捐赈,五日之间已集百馀万金,足见美洲之富,此次山水暴发,湖河并涨,美都华盛顿纪功碑博物院一带水深数尺,市肆间可以渔钓,把菟麦河堧大桥冲坏,桥侧煤栈冲去,损失垂百万,水漫至火车头,竟须小船渡送,文报不通者数日。

初八日癸丑(6月6日) 晴

何天爵来访,未接晤。客冬希特内乱逐其国主,交恶逾年,国

主集兵复战,亦不利,乱党竟自称摄位,坐候国人公推,前派各国驻使行将撤换。希使驻美十九年,资望最深,与交甚洽,深为其惜之。

初九日甲寅(6月7日)　晴

郑光禄乡居患盗,函托鸟署购李枪二十根,大盗固不畏枪,以御偷儿,譬以狼捕鼠。阅邸报潘峄琴近转庶子,同邑多一京堂。南海自吴荷屋后无开府,罗萝村后阅卅馀年,至峄琴乃复开坊邑,运殊弱。

初十日乙卯(6月8日)　晴

鸟约电传香港飓风三日,在晦朔之交,念李骀选方于此时舟出日本,辄深系虑,顷金山电复骀选所附之船已平安抵港。春闱榜发,李木斋榜眼及第,李玉帅有子矣。眷念旧交,为之快慰。

十一日丙辰(6月9日)　晴

秘鲁学堂经费既竭,参赞禀商月拨公帑百七十金,否则中辍。余以华童生长秘鲁,习染甚深,若不导以诗书,久将尽忘本来面目,视储材之意尤亟。因为切要办法辞却洋教习、帮教习两员,专习汉学,先激其水源木本之思,苟有进境,再拓以西学。前日已准张丕勋假,派教习刘恩荣代之,即令仍兼学堂,兼差向不支薪水,外此月租纸笔之费,余捐俸给之,可不动帑。客岁开办之初,湘浦、伟臣倡率诸华商捐办,规模初立,湘浦乞暂缓奏报,亦虑捐款难持久也。美日秘学堂据历年奏案,本可动帑,余虑成就之难,涩于虚掷,古巴、金山两学悉由领事设法捐办,岂能独厚于秘鲁哉?秘鲁华商生计逊前,通惠局且拖沓未就,语以作育华童之意犹北辙而南辕耳。梁蓬云、陈芷泉、杨建勋晡后到鸟约,车行脱险,如庆更生,然此数日间旅止仓皇,亦备尝行路之苦矣。

十二日丁巳(6月10日) 晴,热甚

德商北士来访,叩以苏里南情形,生意以架非为大,糖烟次之,华人旅居数目却不甚详,今年古巴糖务亦大有起色云。天热,蜡偶棋枰暂辍,仅有音乐。

十三日戊午(6月11日) 晴

蓬云此来本买定三点钟车,因病困少憩诗家谷,遂改附五点钟车,而行疾乃越前车,及山水暴发,司车人又急驶山巅,得免于难,前车忽焉在后,竟尔淹没,此中殆有数焉,两车生死只差十五分钟。蓬云既幸脱险,候车修复乃行,暂寓撇士泊埠,有华人三百馀,该埠知府馈问周至,并代查所失行李,云已觅得一皮箱,或不至尽没也。行李应随客车并发,该公司乃别附前车,恰为之淹,公司未始无过,然即此九日滞留诸客移寓埠中,一切房饭公司任之,而生意损耗,铁路修理共耗一千四百万金,该公司讼之于官,以此次遇险系山湖倒泻,而山湖之水则土人储以渔钓者也,索土人赔偿,此为有数之款,若赞士汤全埠被淹死者逾万,其他机房物产亦能尽数赔偿否?天气既热,虑蒸疫气,有建议一炬焚之者,同时舍路亦有水灾,未据华商禀报,能免波及为幸。

十四日己未(6月12日) 阴雨

沪上赈局以东赈孔亟,公函劝捐。二月金山华商已捐解苏皖豫三万金,分拨散放,其时未悉山东情形,业承南北洋谕饬沪关,移豫款解东矣。此时东灾未淡,海外商务势成弩末,集款甚难,惟当尽心力劝之而已。金山华人近以讼争关照一事,美察院尚未批复,辄潜购新照数万,又在香港搜罗旧照不少,误听讼棍之言,以讼必获胜,遂争占先机以图垄断,不悟金山臬司已驳之案,美都不能两歧也。利令智昏,徒丧巨赀,卒掷虚牝,何如捐赈之为愈乎?古巴

电报,萱舫苏里南之役,今日起程。

十五日庚申(6月13日)　晴

梁、陈各员所失行李,律师谓天灾所损火车公司例不赔偿,然该公司则已索赔于土人矣。云须取决于费城。晚饮北士寓楼,在新造园之北,坐有贾于法者,谓中国前年假德商之款,月息七厘太昂。续有假贷,可毋须此。余辨无其事,其人云有亲串在华,买得此项股票。

十六日辛酉(6月14日)　晴

莫力侯母病乞归,今日成行。美西风灾,金山华商亦捐千金,薄酬西人前捐苏、皖之赈,天灾流行,何国蔑有?自应各推好善之诚。

十七日壬戌(6月15日)　晴

萨摩岛之约前日在伯灵签押,美专使将归矣。申正大雷雨,晚霁,郁热顿减。

十八日癸亥(6月16日)　晴

美都有人上书兵部,谓昨日至明日都城大风灾,居民疑信参半,天文台亦诋上书人虚妄。昨乌约却大雷雨,然非灾也。近因赞士汤之变,论者每讹言美洲有灾,微飓辄指为飓。前日子豫惑于日报,亦为电询,市虎之骇,远近一致。忆乙酉春过日本,方竞传东京西二月十五号陆沉,怯者或谋迁避,亦竟无验。

十九日甲子(6月17日)　晴

金山华商黎强等集赀赴山东营办栖霞金矿,四月十日自香港起程,此时当有头绪。近又有建议在九龙开铁路至省城,冀夺香港生意,计程六百馀里,或承工、或集赀均可,未审地方长吏俯准否耳?津通铁路时议时辍,他省自难发端。

二十日乙丑(6月18日) 晴

的钦巴埠赔款,郑光禄候查未办,及余照会外部,就领事册报最多之数索偿,美廷照允,并未派查,窃谓可以对华人矣。乃外部刊本并该省巡抚士圭也原报亦附刊于册,美廷每办结一案,必将此案文牍一概发刊,向例皆然。册载华人林威报失一万五千元,林威以洋册有此巨数,频来禀渎,不悟此为地方官据失主所报,非美廷核准允赔之数也。叠经领事开导,犹不释然。且林威已入英籍,失事之初曾禀复欧阳领事,云自向英领事报案,无待华官办理,自请剔除,续以姚、郑两员往查案乃改报三千元,已照索给之。今挟外部蛇足之册,遂专人来谒,将命者以苏张之舌取盈。

二十一日丙寅(6月19日) 晴

博物院缩制墨西哥石表一枚见赠。间询陈敬如埃及石幢,顷得复书谓:埃及石幢有数十种,一种之中又有前后左右之文,散见于群书中,颇难枚举,亦难收聚。其文销沉数千百年,无人能知,无人能读,不过西人好古者得之为奇异。言人人殊都无可辨,亦绝无所谓拓本者,郭、刘二星使所存向未之见,不敢妄拟,惟忆《使西纪程》有言至埃及得石碑文,并举数字以证上古制字象形之意,并言刘使君得有大拓本云。季同乘槎三次尝过埃及,颇留意求之,迄不可得,惟照相本或大或小数十百种。刘、郭二星使所得恐即此也,否则即如前月所奉八纸之石印本,指此为拓,亦未可定。西人不知拓法,石幢临空矗立,尤不易拓,良如钧论,不必更赘。按西人咸谓埃及开国更古于中国,此不可信者。考其制字之始,则在纪元前二千一百年,一书又谓在纪元前一千九百年,即如二说亦尚在六书后,是窃苍颉遗意无疑。且埃及之音与汉安息同条枝,即犹太莎车即波斯,古今异名,语音具在,是皆臣仆于中国者,独惜其为摩哈麦特一炬后虐比祖龙,存者惟此残碑断简而已,文虽断烂而光怪陆离,牛鬼蛇神之迹,破碑碎碣,种种皆佳,不仅石幢已也。此处有博物院专售此文,西人游埃及归来,出照本用显微镜摹绘于石印上,尺寸虽大小不同而点画形体实无差讹,比之照本尤为清晓,所奉八纸即此也。查该院所编出售之号,已过五千,价值昂贵,随印随售,售毕不复印,欲求其全数亦难,且今日有之,明日无之,亦不能按图索骥,殊可惜矣。前往购时见其现有者不过五六十种,除大小雷同及破碎笨劣外,尤佳者惟此八种耳。八种中最佳者乃一人侧立,点滴而下作一小人,屈足而坠,方围许多小人环绕之,似即子孙世守之意。西人谓系三尖古冢中所得,殆矿铭欤,因其状近亵,前书故不敢言及。此冢乃在夏周之世,为其文治正隆之候,留之以见大端,幸勿以中国礼范之严律,榛莽无知之俗焉可。其次即石幢也,石幢之设在婆罗门教盛行时,自埃及至印度皆有之,而埃及犹夥。此幢断作两段,西人言为最古者,是诸幢中特最,文字点画亦简,似为象形初亦为指事者。再次则有鬼神之状,满身皆文字,西人以为古佛,误也。殆当时火葬,储死灰之瓮,按其字体似为埃及中古之文,六书备后所作,然亦二千馀年物,似在说文汉隶之前,惜无人能识之耳。八纸中即此三者可见埃及古文大略,其他不过备数而已。近德人著有《埃及古文解释》一书,穿凿附会,尽削象形、指事、会意、转注、假借等法,但以谐音为主,叩之埃及土著,亦茫然不知,犹法人收墨西哥古字数十种为书释之,携示墨使,则曰:非特我不知,即我举国皆不知,敬谢不敏焉。呜呼,越明诚之金石录,欧阳公之考古图,号为作者足寿千古,其中亦有牵强间断之处,况德之于埃及、法之于墨西哥?地之相去千有馀里,世之相后千有馀岁耶?夫德人所著亦非无所本也,因二十馀年前英人于西腊地得古断碑,上分三层，首为埃及上古文，中为埃及中古文，下为希腊古文，希腊之文西人知之者众，委同亦谙之，碑辞乃作赞扬埃及王敬天爱民之语，德人用此求其中古以及上古，然中古文谓之谐音可也，至上层分明象形指事，六法皆有，断非谐音一道可了，且希腊字母仅三十二，埃及字母有三百馀部，多寡之数不相侔，是不待攻而破矣。碑上上半两角皆缺折不全，所缺者不知几何，字并作何写法。是碑今存英国，不甚传，而德则因此人而传，故有印本，曾得二纸，今以奉献云。

陈敬如在洋十馀年，怪怪奇奇，是是非非，颇能言其一二，以文人而就武职，用违其才。

二十二日丁卯(6月20日)　　晴

叭夏函谢喜物，婚期尚须数月，约余访其乡居。午间令蓬云检的钦巴卷，内林威两次声明已入英籍，自求英领事索追，并外部驳复英使代索之案。示林威递呈人潘明昌，始俯首无言。散款之难，可愤。

二十三日戊辰(6月21日)　　夏至，晴

波都沥古岛尚羁禁未释之华人，当令萱舫往苏里南便道查理，并咨总署。天气愈热，晡后循质成河至吉士寄庐避暑，舟行所经两岸人家，林木相间，略如江南风景。

二十四日己巳(6月22日)　　晴

卯初泊船，乘马车至山庄板屋，层楼在诸山之坂，四围茂树，门对青螺，去市甚远，只后圃有农人一家，散牧牛羊，杂莳花要，芍药数丛未败，蔷薇施高树，掩映生姿，惟松鼠甚多，见人不避，然不入屋。每日午卖鱼人来询盘飧之用，不致绝无兼味，惜书邮稍远耳。比屡病失眠，恐成怔忡，至此可图静憩。寓中百物皆备，陈设不侈

而洁,初念不及此。

二十五日庚午(6月23日)　晴

埃及古有勇士,在耶稣未生之前数百年,名曰三蜃,力能拔柱,崇楼广殿随手可倒,勇冠于国,亦颇为邻里妒,时有美女曰杜丽牙,擅倾城之誉,愿与荐枕,三蜃惑之,女伺其酣睡,潜翦其发,嗣是力不能胜一雏,力系于发,理颇难喻,西人著述娓娓言之。陈敬如谓埃及与安息同音,即汉之安息,埃及有大小之分,安息亦然,不识确否。惟《魏略》载大秦国以水精为殿柱,迄今考之,殆虚语耳。大秦,今之罗马,宫殿宏丽,柱础多文石,非水精也。

二十六日辛未(6月24日)　晴

西人向以六月二十二号为轨度最长之日,即今年夏至后一日也,远考中西历,当不相远,吾华亦以夏至之日为最长,谙历算之学者当能融洽分明。是日美洲试炸弹于诗家谷,美廷派员往观,若甚矜重。美署寄到例奖清单,日署两员漏叙年岁,尚须复核。晚饭后徐步三四里,遥见树罅白光,疑为屋壁,行近则野草繁花如一片素锦,过此乃有人家三两,幽寂极矣。北行五六里,则高树连衢,华屋鳞比,富人别业也。

二十七日壬申(6月25日)　晴

顾少逸四月二十五日抵倭,有书来。房东士雕鹘充上院议绅,叠与华人作难,近因其妻弟亚狒为卓忌华人作律师,欲索未经报案之损失银物,乃函荐亚狒,诚翻覆无耻之人矣。夜雨。

二十八日癸酉(6月26日)　雨

西俗喜驼鸟,妇女至以片羽为首饰,诸博物院亦时见之。汉永元十三年安息国遣使献大爵,《汉书》注引广志曰:"大爵,颈及身膺蹄都似橐,驼举颈高八九尺,张翅丈馀,食大麦,其卵如瓮。"即今驼鸟也。此鸟之入中国由来久矣。晡后雨重，殷殷有雷声，对门诸山云雾蓊翳，略似米家图画。

二十九日甲戌(6 月 27 日) 晴

观农人刈草，其器著地如犁，而密排锯齿，旁缀镰刀，一马牵曳，一人立犁上执鞭，以机运之，随行随刈，顷刻间可数亩，门外蓬蒿遂无障翳。晡后蓬云、芷泉来别。

六 月

初一日乙亥(6 月 28 日) 晴

总署寄到二月十六日、三月十七日钦颁誊黄二道，蒙恩荫一子入监读书，幸邀异数，庆流子孙，犬马之报，益当感奋。新使崔惠人函留进斋，原函寄请自酌，并将为司圭也。报文事特给外部照会，署押送去。

初二日丙子(6 月 29 日) 晴

义、日、葡、瑞游员洪勋、徐宗培两电拨借，言定十一日船期，而不言住址，从何电汇？英、法馆既不借，此间本甚支绌，若竟置之，虑难成行。

初三日丁丑(6 月 30 日) 晴

蒿呢埃伦今年烟火为罗马火山焚烈故事，烟焰沉黑，殊逊昔观。鸟约新来粤剧一部，西人极讪笑，而访事者乃复络绎，均不耐久坐，以非知音也。其一人坐至两点钟，咸嘉其有听功，越日视之，已头闷不能起矣。西报弦外之音，大可喷饭。

初四日戊寅(7 月 1 日) 晴

电汇洪、徐两游员库平银各九百两，由鸟约汇丰至日都，并咨总署近以山东济、武、青三府灾赈孔亟，旧游之地，甚难恝置，勉凑使俸千金，电汇沪局王松森转解山东分赈，并咨东抚军。续得檀岛程、古两董事禀，言今春皖、苏、豫赈，各华人捐银一千四百馀元，上年郑州水灾，自正月至九月捐银三千八百馀元，均寄广东爱育堂转解灾区济用。檀岛商务远逊金山，而能如是勇跃，何可略其向善之美，当据禀咨粤，索扁额以彰善举。

初五日己卯(7月2日)　雨

阅邸抄，登莱青道电禀总署，濮州北岸河决一百三十丈，东抚复奏濮州南岸辛寨新生沙嘴逼溜北趋，幸未漫溢，现在加厢料土，加筑套堤，似此当可稍纾宵旰矣。山东灾况，宫廷廑念，慈圣又发内帑十万金施赈，何可更有决河之报哉？默维濮州北岸近倚金堤，地势又北高南下，往决每在南，殊域数万里，究难遥忖，徒闷而已。晡后复进斋书，附咨稿三件，批一件。

初六日庚辰(7月3日)　阴

环球之民佣趁他国，咸谓华人最盛，近奉使海外，始知德国无业之民散处觅活者亦复不少。甲申法越之役，驻德使者聘德国二十五人，抵津时和局复议矣，仍略任以教习等事，乃纵酒任性，至于讹赖，及遣撤且大费力，固知徒采虚声之无益，且选募不问贤否，不旬日而德人可千万也。

初七日辛巳(7月4日)　雨

美州创国之期，各使向不修贺，总统且移幕千捏底吉省作庆，或曰该省多南党，总统欲保位，特俯就之。然比日画报则谓总统已调服布连矣，特绘卧虎于几，总统豢养而呵叱之，局外间观北党气象尚逊南党之固。布连为政，树党之机深，谋国之心怠，近复多病，宜可少息也。萨摩之盟，德得赔款，英得设公堂，如上海故事，美则虚有外观而已。上海会审局当日地方官厌理洋事,假权西人,方谓摆脱得计,不图彼族已援为成案。中外交涉,喜事固易召侮,过于畏避,流毒亦复无穷,不特上海公党一事。希特内乱经年,逐其国主,论者惜之,美廷近派黑人充使,谕以但有总统即递国书,不问乱党与否。美于叛逆之事,视若罔然,即黑人充使,亦骇人听闻。

初八日壬午(7月5日) 晴

古巴近捕一巨盗,专以掳人勒赎为业,积案累累,越狱而重获之,随身尚有银票十五万元,金钱三千五百元,入狱则乃弟已变易姓名,缧系矣,越日即决。既决,有为之辨白者,谓此盗向不戕害人命,掳勒不应手,则潜纵之,今总督处以极刑,未免过重,然则盗亦有道欤?积赀如此之巨,大可骇诧。盗订婚而未娶,临刑之先,总督特准同赴袄祠成礼,俾其妇得领遗赀,亦西俗法外之仁也。

初九日癸未(7月6日) 晴

金山华商黄秉常等拟集赀四十万回粤营办电灯公司,以杜火油之害,命意良佳,所呈清摺,尚无讹谬,当为咨商粤督。又檀岛华人古玉芳、张文廷前年经商董禀讦,咨查众华人,又叠禀辨冤,远道颇难武断,细核此案,因会馆被毁,商董集众捐赀重建,古、张两人梗议,商董遂并讦其平日劣迹。人情谁乐捐钱?故于集捐者则怨之,梗议者则德之,古、张被讦后,辨讼结保者不休,职是故也。然会馆究不为异议所阻,商董有志竟成矣。古、张两人又以咨查原籍为惧,犹知有中国法律,设亡命凶徒则并此不知畏也。原其畏法之意,量予自新,因并咨粤督销案。此间后山有高松千章,沿山坂曲折而上,浓绿夹道,松下多秋千、胡床,旁即质成河也,临河有小酒肆,极幽闲,再西行十二里,翠嶂高叠,山店宏敞,西人多于此间买夏。

初十日甲申(7月7日) 小暑,晴

美总统有谕饬议院先期集院之说,盖积压多矣。诸绅方循例避暑,客游于外,恐难如命。外部总办司员布郎从事十八年,百凡熟谙,往者南党司令以其嗜酒而去之,顷闻总统谕令回部当差,果尔则大可为布连之助。

十一日乙酉(7月8日) 晴

美例苛虐,腊正之间叠与前外部叭夏辨论,叭夏以英伦日报为解,诚遁词矣。兹者布连当国,又性喜展才,无巨细辄援美例,因为文予之。

十二日丙戌(7月9日) 晴

进斋期约不至,山居甚静,早晚间有贫人乞食,或废疾,乞医药钱,均酌予之,门前自燃路灯,此皆小惠,无足言者,而该乡乃合百十人为鼓乐相谢,薄犒以酒,使之尽欢。

十三日丁亥(7月10日) 阴

陈善昌控容莼浦私债而将公家学堂查封,叠经咨会南北洋,饬下沪关查办,沪关叠次来禀,将并公产而湮之,以宽该商控封之咎,余再三辨驳,近始将学堂撤封。此案沪关于商禀绝不批斥一言,甚不可解。

十四日戊子(7月11日) 晴

费城教士威林匹特函言华人之至费城者,多就其读书,并习工艺,否则流入烟赌局矣。现欲集赀建一公所,苦无公费,拟西十一月作一会场,专陈设中华家常器用,冀收观者之利,以为鸠工之赀,乞届时假以什物衣具尤佳云。此君用心良善,惜余已将行李各物寄华,现只使馆所用紫榆木器、镶嵌玉石画屏、象牙、雕漆、绣屏诸物。当转语后任届时移借,并为函复之。

十五日己丑(7月12日) 晴

昨得金山电,李伯行、陈蔼亭附卑路积船来美,已电外部转电税关,震东误译跟役九人,复函告之。昨外部照复巡抚司圭也报章,并非核准之数,已详第六十九页刊本云。即批示华人,当了然矣。

十六日庚寅(7月13日) 初伏,晴

今日美洲创国之期,新总统赴千捏底吉省作庆,乃纷传英使同往,此美叛英之日,岂合约英使乎?明系美族得意之词,实则皆知其夸,英宜以大度置之,讵英使亦播于日报,证无其事,未免徒费笔墨。近日英议院以英后用款太多,私积巨而公帑绌,欲与清算,英后近臣乃贡议尽将私财物产撕示于众。英为君民共主之国,议院故有此权。

十七日辛卯(7月14日) 晴

波斯使者果不安于美,美俗嗤之,波使辨之,愈辨愈不休,遂于今日附船至法谒护其国主以归,波斯王方在巴黎观会也。朝鲜李夏荣亦归国,此时李完用果充代办矣。朝鲜极贫弱,而各使员于美俗交际,视日本则逊之,较波斯则远胜。

十八日壬辰(7月15日) 雨

田使所荐鸟约律师巴卢,南党也,与之往还,间有得力处。今春共饮于外部宅,自言向豢一马,珍爱垂三十年,比仍无病而毙,叹惜不置,讵巴卢昨亦没于乡居,闲行失足即已不起,岂马为之兆乎?此老忒肥,重至三百斤,痰病暴卒耳。然以窭人子操笔起家,拥赀数百万,山乡有林圃,都会有华屋,亦不易矣。既与交游,因函慰其眷属。昨秘前总统霸拉度偕爱立谟来访,不相值,拟为书谢之而不得其踪迹。客冬法国决一重囚,临刑时自认为霸拉度之子,恐未

必然。

十九日癸巳(7月16日)　晴

《东观记》"羌胡见客,炙肉未熟,人人长跪前割之,血流指间,进于窦固,固辄为啖,不秽贱之,是以爱之如父母也。"此诚古人欺人之语,窦固恩信结于羌胡,盖别有在,岂徒啖炙一事哉?今者西俗款客以牛羊未熟带血者为敬,苟无德意相孚,虽甘之如饴,未见其加爱也。

二十日甲午(7月17日)　晴

布连避暑乡居,近乃纷传其谢病辞职,乃郎力为剖辨,事在疑似之间。秘都新建南海会馆,在活地时街,地价七千金。秘鲁铁路之议未成,各部刻复更换,今年又届总统更代之期,能否不事干戈,未可知也。秘署供事张丕勋,性嗜酒,忽得痰病,林和叔、刘伟臣酌雇粤人送之回华。忆乙酉出都,候潮大沽口,张丕勋船舷夜溺,宿梦未醒,蹒跚堕水中,同舟持衰而免,甚不欲相携远役,无如苦求不已,今竟以病归,殊无谓也。今日观乡兵操水车会,甚整齐。房主人寓居质成河西,承约晚饭,晡后驾车来迓,将渡,御者下车取火,以辔授宝森试牵之,两马遽后退,按纳不住,横斜及于河堧,幸车轮为树阻,否则坠矣。野马不驯,未易驾驭。房主人与姊婿同居,亦有园林之趣,此屋已二百馀年,美之旧家也。有方铁几两张甚古,询其产自何处,则祖遗之物,不能指说也。饭毕驾小轮舶渡送归寓,乡操之后,醉汉塞途。

二十一日乙未(7月18日)　晴

粤中潮桥盐务不属运同,另派专员经理,略如蜀中办法,铁炉无官私,概不收税,期以三年,收效可补盐铁之缺。果能便民,变法何害也。澳门近状尚安靖,只界务未清耳。忆道光之季,澳门有邱氏兄弟富于财，以祖墓为洋人驰马践毁，遂募力士狙击其酋，毙于墓道，葡人索凶手甚急，兵舶集省河，大府谋之香山山长，訹邱赴省领赏，到案即拟以抵命，邱兄弟无馁色，各争就刑，大府始嘉其孝，旋勖其忠，竟刑一人以弭事，山长得开复部员进京，行次南雄而殁，或曰冤魂索命也。设事在今日，当不致如是含糊。

二十二日丙申(7月19日) 晴

鸟约铁线桥初造时，欧洲论者辄嗤其必不能成，成亦不能持久，然即今将十年矣。铁线以纯钢制炼，合五千四百三十四交合而成，径十尺有半，重力能胜一万二千吨，沿桥用大铁线四根交相牵挽，飘飘有凌云之致。桥长五千九百八十八尺，宽八十五尺，自桥头至桥柱两边各长五百三十尺，此犹在陆地也。桥柱之中则凌空驾海矣，高处出水一百三十五尺，桥分五巷，中走火车，旁徒行，再旁则马车，路不相凌杂，乘马车者不得步行，犹徒行之不能临流眺望也。每车出进给以两角子，徒步五仙士，火车公司则岁输有常，不系乎搭客多寡也。昼夜不舍，获利颇厚。或谓以兵队一千同时并行，重足匀力，则桥可立坠，亦算学家言。戌初抵领署，纽阿连华人假道事未了，即电促外部。夜雨甚热。

二十三日丁酉(7月20日) 早雨午晴，仍热

李荣邦自金山来，述上年阻约之徒，近以美例讼不能胜，俯首无词，要其所以误会者，皆傅烈秘利亚顿害之云。外部电复纽阿连事已转咨户部，又照复驳例文收到，容详细登复。此文援据颇多，固知外部未易遽答，且布连养病在乡，现系副外部华顿办事。

二十四日戊戌(7月21日) 晴

沪上治装时，邵筱村屡言奉使绝域，不挈眷则举目无亲，情状甚可怜。余以美、日、秘三国相距忒远，挈眷诚不便，且随使济济，

晨夕相对,休戚相关,何致举目无亲如筱村所云?迨经事既久,而筱村之言益信。晚九点钟返署。

二十五日己亥(7月22日)　晴

总署咨回二月摺片,钦奉朱批钦遵咨行。又美都集议航海会,总署照赫德禀呈,即派理船厅美民毕士璧赴会,闽厂学生附焉,招商局建议以航海章程本极齐备,只增舵尾汽筒,便较周密,口号则仍旧,强于翻新,援德船近事,两船相对,口号新旧不同,遂致碰撞为证,不为无见也。毕士璧请假回美,迄未来谒,既不悉其住址,又不知洋字姓名,须接晤乃能照会外部。借才他国,实事求是而已。

二十六日庚子(7月23日)　大暑,中伏,晴

寅正率属望阙朝贺毕,与同人宴饮。午译西报,英都讽议英后私积一事,英后既宣示于众,议者犹谓损公帑而肥子孙,或解之曰:后初摄政时,曾以田地巨产归诸公家,岂营私计乎?议者曰:此产原为公家物,前王以权力夺据耳,今者内库如是丰盈,莫非民膏民脂,自宜酌减赋税,庶得其平。连日聚讼未决,英太子与人曰:众情若此,再越二十五年,恐王族无啖饭地矣。此英之新政也。英使馆见赠坚弥地邦图籍二十三本:曰外务、曰律政、曰报销工款、曰邮政、曰勇丁、曰英国准销例、曰野人、曰山内巡捕数目、曰内务、曰工部、曰内地税饷、曰农部、曰水师部、曰铁路河工、曰商务、曰渔务,另图两纸,可云备矣。游员争译坚弥地税卡一书,几于决裂,因为觅此数册遗之,足资采摭,宜泯前鱼之憾。

二十七日辛丑(7月24日)　晴

明年十月即届俄人修约之期,积岁机谋,或将一发,俄志不在通商,前此界务已否清厘妥善,此杞忧之大者,视美约有泰山鸿毛之别。洪文卿书言其略,即缕复之,彻夜不成寐。

二十八日壬寅(7月25日) 早雨,午晴

美俗建屋大率四层或五六层,客寓则或至十层以上,无方向吉凶,整齐尖角之别,无虑高楼广厦,概无梁柱,特先安墙角,四壁坚稳,然后逐层支架,交互错纵,逐层以细条木板钉盖,而不虞颠坠,或曰横木交答,其力较牢,砖用镂空新式,云可通气,且避火患,但偶有失慎辄透顶,其或延烧者火从窗户入,墙壁不倒也。英使馆对面新建白石教堂,未结顶而坠,不数日而英使被逐,风水之说或有征欤? 进斋归心甚切,不就新任之招,陈情恳挚,禀乞转咨并达总署,又将三次驳美例文寄署,别函寄津粤,或谅此中抵撑补苴之难。

二十九日癸卯(7月26日) 雨

美民坎丕耶就气球之法以制气船,自诩能操纵如意,不致如气球之一发难收制,既成,其友柯近于十九日午乘之以登,渺如黄鹤,越二日有见此船坠于河者,柯近已不知死所。坎丕耶语人曰柯近性太急,规模粗具,辄即试演,宜其殁也。术之不善,因而误人,尚复自信如是,直以人命为戏耳。或言此气船有铁四十镑,断难轻举,创制之人其肯自试否乎? 华商照式外部文称户部遵行,此可无烦多论矣。午后往外部询纽阿连华人假道事,华顿云已照办,户部并行文税关。又催复驳例文,华顿谓来文词意精当,无可强辨,然亦难仓卒答复。布连避暑乡居,十月一号乃返。

三十日甲辰(7月27日) 阴

英人这知可伦自金山贻书,略言近日本埠华人会党,有遂胜堂、睦亲堂、秉公堂、协英堂、瑞端堂等,纷纷恃众行凶,在戏园公众之地打死人命,又于本月十四五号连日打死一人,十七号又打伤一人。虽所死伤皆华人,惟恐万一伤及他国人,则土匪不难由此而起,与华人为难,或逐出埠,其时虽衙门亦无权保护。今请照会外

部行文本埠衙门,将凶手不问曲直即行吊死,又将各堂号拆清,堂号匪类拘载回华,可免匪徒猖狂,可保合埠华人身命,不然一旦有事,玉石俱焚。某在中国十馀年,深蒙中国保护之恩,他日有事,某无权相报,不忍不明白奉告,等语。此亦有心人也。华人私斗,叠经谕诫,此风不息。美俗不禁私会,冀其出力助散各党,断难办到。上年交犯之约未成,除暴安良均棘手。惟饬领事与会馆绅董随时留心,相机妥办而已。华人自伤其类,此召侮之尤者,平日不受教令,及变生不测,又归咎领事不能保护,匿名揭帖蜂起矣。

七　月

初一日乙巳(7月28日)　　晴

晨起谨拟保奖差满各员摺、参赞徐进斋改奖片、各口商董附奖片、游历司员出入美境片。差期已逾,迟至此时具疏,因候各员详细履历。

初二日丙午(7月29日)　　晴

随使各员酌减俸薪,益形艰窘,客冬咨署请援一减不再减之例,于差旋之日补还二成,窃盼咨复。今午接署电,令自行具奏,前咨未奉驳,亦未阁置,可感也,当复以差旋奉商再奏。

初三日丁未(7月30日)　　晴

马邦有老鳏曰毕钝,年九十,饶于财,一子四女,已赘婿矣。此老忽思续弦,密从邻境士丙连非地方订婚一妇,年逾五十矣。届日此老自驾马车超乘委禽,仍告其女,疑信参半,语婿,尾之,及于卑治当车房,婿劝之返,此老潸然,愿竟其志,婿强与同车归,其子女终虑翁有妇则产分薄,因禀官权理其业,并照料此老行止。枯杨之占乃在期颐之岁，诚异闻也。本日总署咨送新电书六本，备分拨各署之用。晡雨，仍热。

初四日戊申(7月31日) 雨

阅钞报，京师五月二十一、二、三等日已得透雨，邯郸铁牌灵贶也，天津亦于五月十六、二十两日得雨，畿辅当无旱患矣。绍勤侄新进邑庠，自奉使以来，吾家岁科两试均有幸获，客怀可慰者也。奉总署电传旨致谢日斯巴弥亚国主贺大婚归政庆典等因。即转电希九遵行。李伯行、陈蔼亭晚九点钟到，询悉傅相起居如常。

初五日己酉(8月1日) 雨

昨复失眠，委顿之甚，晚假鸦令顿酒楼为客洗尘，并约参赞各员共饮。

初六日庚戌(8月2日) 晴

午后伯行、蔼亭赴老兵院游观，甚嘉美廷待士之厚，美都佳境亦止此耳。

初七日辛亥(8月3日) 晴

金山电，供事张丕勋初五日抵岸换船，病已愈，饭后就寝，越早视之，死，医云痰厥。该供事扶病起程，不死于舟次，亦不幸之幸也。即电复金山领事妥为料理。午后送伯行、蔼亭赴鸟约，倭使陆奥宗光适在后车，特来寒暄，伯行兼善倭语，遂同往答晤。倭使持扇为赠，余亦以扇答之。

初八日壬子(8月4日) 晴

鸟约气候较清爽，渡铁线桥，回辔新造园，游人甚盛，徐步萝径，荡桨湖中，一船可坐四五人，人各五角子，沿途荷花渐多。

初九日癸丑(8月5日) 晴

晨起附片为张丕勋请恤典。访格总统家，已全赴奥国矣。答谢德商北士之招,又至蜡偶院观奕,蜡偶棋枰自英伦赁来,伯行却未寓目。

初十日甲寅(8月6日)　晴

检高丽姜赠伯行,疗寒疾腹痛,甚效。申正附船至蒿坭挨伦海墺客寓晚饭,伯行诧为英属所无,以英国海汊不如美之多也。饭罢观烟火,亦胜英伦,水晶宫所演仍罗马故事。烟焰既熄,有煤气。火象一头,能自行走,摇尾卷鼻,运掉如生,仅见也。渡海归寓,已十点钟。

十一日乙卯(8月7日)　立秋,晴

伯行留赠洞庭山碧萝春茶,甚美。以饷西人,加牛酪、白糖、柠檬,则明珠暗投耳。午初送之登舟,即电达北洋,并询崔惠人程期。

十二日丙辰(8月8日)　晴

回吉士寄庐避暑,仍由水道。蔼亭拟差旋回粤经营省港轮船,此种船式美制为良,观此可悟矣。晡后抵山居,所植草花均活。

十三日丁巳(8月9日)　晴

古巴供事张萱舫、洋员拉鸟,自苏里南回,查得该岛华人自咸丰三年起至同治九年止,共到二千一百一十七名,美利坚埠来华人三百馀名,大埠、二埠糖寮大小一百一十五间,内二埠华人糖寮一间。华人执业掘金者不一,其在各店佣工者二百馀人,开荒耕种二十馀人,大埠、二埠田工四百馀人,在各埠烟馆游闲三百馀人,穷老院二十人,广义堂赡养男妇二十人,馀或回华,或旅殁,不得其详。现存九百馀人,多惠州籍,建有广义堂会馆,而不能置义冢。馆董冯官祥禀求查理。此岛气候略如古巴,瘴厉甚重。华人佣值银每日一钱五分,亦忒微薄。近以金矿渐旺,因与英立约招印度人往,以瘴盛不安于役,所以转而求招华佣,此荷使商请总署之意也。萱

舫到时,该岛总督请宴,备极周洽,其土产税货兵额情形,拉乌以英文记之,译出补记。萱舫此行往返两月馀,盛夏冒瘴,局蹐舟中四十馀日,项后生疮,当令暂寓鸟约医调。拉乌则先返古巴矣。

十四日戊午(8月10日) 晴

英法海底铁路议而未成,中国之谈铁路者已洒洒千言,记其行度,夸其制作,以自矜博洽矣。年来中国取则西法,十掷未必得犍,而假西法以愚中国者,又类市人骇虎。

十五日己未(8月11日) 晴

美属亚拉是架岛,西华当国时以七百万金买自俄国。其地产海虎,专有公司承捕,美廷限以岁捕十万头,不准捕雌,恐绝其类也。岁缴美饷十万,又每头纳五元,此公司大获利。邻近有卑劳海汊,该公司亦欲兼营,放船往捕,为英所执,美外部不为申理,或质于日使,曰论公法,海面距本境四迈路以外即属公共地,不能专属美云。夜月甚明,山楼朗澈,惟气候忒寒。

十六日庚申(8月12日) 晴

德人瑞乃尔曩在烟台教习水师,甚得力,东抚为请三等宝星,旋往旅顺口炮台,仍当教习差,近日请假回国,并携学生数人前往德营配练,当更有进。德法之隙终有报复时,德人备之甚周,且虑法与俄合,因与意、奥联盟,近又兼约西班牙,无非厚结声援之意。

十七日辛酉(8月13日) 雨

蔼亭辞回,古巴日署之代骤未能决,希九函电两歧,颇难设筹。

十八日壬戌(8月14日) 雨

南洋咨为张祥和附奖照寻常劳绩,八品虚衔,保以实在官阶。张祥和在秘当差已逾两年,丁忧回籍,本在应奖之例,惟署章只能给予优叙,似无奖以实官之条,当查案咨复,并咨取履历。午得京电,振夔将军初八日捐馆,惊骇痛怆。即日返署,料量仲兰回京。

十九日癸亥(8月15日)　晴

昨附夜车,卯初抵署,仲兰即日起程,函咭景苏昆从,又筹还振夔千金,甲申出都时借用也。电金山领事为仲兰定舱位,绪芝山结伴同去,并为分咨总署、正黄旗、正红旗都统。

二十日甲子(8月16日)　晴

拜发奖摺,九月初可到京也。金山华人捐助苏、皖、东、豫赈款银二万九千四百八十五元。顷据领事详为宁阳、阳和两会馆请御赏匾额,援冈州捐直赈之例。冈州之请,余自捐六百金,凑成二千两数,非元数也。又陈姓八人合捐三千馀金,移奖陈芷泉花翎。当照咨南洋核办。宁阳供奉关帝、阳和供奉韩蕲王,因曰侯王庙。金山华人当商务疲敝,犹能为此义举,诚不易易。

二十一日乙丑(8月17日)　晴

西人谈中学者每询长城形制,朔方备乘图说北徼图自汉始,秦祚短蹙,又当焚书坑儒之后,固无可铺叙,然秦所以筑长城,亦为边事计耳,其时沿边诸国西人载籍未尽略之也。何愿船以波斯为安息,与陈敬如以安息为埃及互异,稽其时地,何为近之。刘芝使电伯行今日抵伦敦,伯行踽踽独行,深佩其勇,然亦不能不为之驰念。

二十二日丙寅(8月18日)　晴

美例每年避暑时,九察院分巡各省,就地判案,略如吾华巡按之意,法甚善也。察院霏庐巡阅至金山,几为仇家所刺,幸巡差将凶手当场枪毙而免。凶手之妻讼之该省理刑衙门,霏庐竟须到堂,以五千元保出候断。九察院为美国尊官,美例尚难宽其质讯,民主之政或以示大公耶?闻此仇家为金山妓者,有富人眷之而死,妓遂自认正妻,承此家业,而虑无以压众纷也,因择一曾任臬司之梯利赘之,梯利亦利其赀,遂同诣公堂,援例领富人遗物,臬司苏耶判不准领,上年霏庐巡按判亦如之。梯利曾于堂上拔刀相向,今年狭路重遇,又复寻仇。从前驻美肄业学生多无成就,近闻香山郑兰生苦心孤诣学机器制造,技已进于图绘,特令刘宝森偕来奖勖之。

二十三日丁卯(8月19日) 晴

香帅电:华商来粤试办电灯便民,甚好。已咨复请饬该商速来粤。之洞现调湖广,如在汉口、武昌设办亦佳。当复以遵电转饬移办武汉,容筹复。

二十四日戊辰(8月20日) 晴

萱舫从苏里南携来蓝鹦鹉一头,毛羽甚佳,惜不能言,且生长炎荒,又难携回中国。连日热甚,晚六点钟附船赴山居,船岸之侧。围活水成方塘,四周板屋,群儿澡浴其中,人各五仙士,既习泅水,亦除杂病。

二十五日己巳(8月21日) 晴

晨抵吉士寄庐,天气甚清爽。西人近制电扇,中一小轮,翼以四铜片,阔寸许,长约四寸,电机一运,凉风自生,声如山瀑,凡热皆祛矣。每一分钟能运二万二千度,价只三十金,然无电机则无缘激发,仅购此扇无当也。

二十六日庚午(8月22日) 晴

仲兰途遇李荣邦结伴,昨抵金山,今日登舟,银票交妥。蓬云电复及之。

二十七日辛未(8月23日) 处暑,晴

金山领事禀:电灯公司现举李荣邦八月初六日回粤投文,择地设厂,黄秉常购机器须十月乃行,并请续办武汉,乞迅给咨,等语。李荣邦即李箬云,八月回华,其意早定,不因电灯而去,即复以务求

实际,毋蹈东矿窠臼。

二十八日壬申(8月24日)　晴

美洲气炮前日在费城海壖威苏利亚兵船试演,每两分钟能放一响,能及一迈路,运风机器修理较灵,能连运十五响。美廷派员往观,极赞赏,许为制敌利器。外部照复中国所定官商旗式,美国一体遵行。

二十九日癸酉(8月25日)　晴

金山华商捐赈一案,领事查据光绪四年日本华商捐晋赈一万二千馀元,光绪八年金山华商捐直、顺赈银三万馀元,均蒙李傅相奏请传旨嘉奖,乞酌办。当函商南洋并入前咨核奏,以昭激劝。

八　月

初一日甲戌(8月26日)　晴

西人斗胜愈出愈奇,近有总统同里人名臻,年八十六岁,与人赌饿五十五日不食,但饮勺水而不死,赤松辟谷之方,非无据也。

初二日乙亥(8月27日)　晴

四月托旗昌所寄衣物二十六件,已于六月十三日到沪,暂储金利源栈。埃石即由沪局转寄津局运京,此时亦必运到,有无损裂,须候都中来信。沪局改派徐建寅。

初三日丙子(8月28日)　晴

西俗有流民三五结伴共驾一车沿乡落售卖家常零用什物,日则就食车中,夜则露宿车上,牛马散牧于野,时作鼠窃,乡人戒备之,间有妇女则兼作拐贩矣,西俗名曰褶谢,或曰另一种类也。昨有一车憩此山坡两夕,告巡捕房斥之去。

初四日丁丑(8月29日)　晴

科律师自金山回,述金山情形,近尚安谧,华人多悔阻约之误。近日办妥华人假道一事,往来略免窒滞。

初五日戊寅(8月30日)　晴

去山居数武,有画家高雨已谢世,其子倩户部总办郁文介绍来见,昨晚眉月初弦,林木送爽,徐步访之,阅所藏画稿,有数名家,夜坐赌画,人间极苦之事。一夕而成,各具意味。其一海船失事,坐桅木以招电光;其一狱中与妻孥别;其一拿破伦被困荒岛;其一驾小舶逆溜上滩,所绘景物均妥贴,然犹乎人意也。其一有人齿患方亟,皱眉忍痛,旁立牙医为之拯治;其一画工为小孩写照,此孩四顾靡定,画工举笔辄辍,焦闷之状可掬,两帧殊解颐,略如晋人斗险,盲人瞎马,同一风趣。本日拨解山东赈捐一千二百元,金山所集也。

初六日己卯(8月31日)　晴

船政派定第三届出洋肄业学生五品顶戴千总陈恩焘、五品顶戴生员贾凝厘来美会议航海章程,不知赫德派员何时到耳。金山华人张连珍,制革屦为业,光绪五年八月与售屦西人口角,判罚终身造砖,或曰强攫西人时表,黄公度任领事时曾为料理,而判罚如故。张姓公禀求雪,而使署无案,当函查领署中西文牍核办。

初七日庚辰(9月1日)　晴

金山车路土山崩,压货车十四辆,距仲兰车仅五分钟,险哉。改乘马车至屋仑,幸与李荣邦同道,尚能料理。

初八日辛巳(9月2日)　晴

崔惠人电:初十日附加力船,共三十人,乞咨外部。当转电布连,并电金山领署预备伺应。惠人囊函言不赴香港,此行乃附加力船,或径渡横滨就之也。

初九日壬午(9月3日) 晴

近日中国多信西医。记新莽时使太医与巧屠共刳剥王孙庆,量度五脏,以竹筳导其脉,知所终始,云可以治病,此则西医之权舆。

初十日癸未(9月4日) 晴

惠人程期已电外部,仍属参赞往询行文税关之期,免如前此相左。美国水师学堂在质成河坝,而不愿他国人就学,或曰美水师无长技,不愿显曝于人,或曰美有专门秘法,不肯金针轻度。

十一日甲申(9月5日) 晴

总署公函催查苏里南事,并抄寄洪文卿函稿,请准和国招工,官为经理。并言苏里南现查有华人七万三千八百六十馀人,署意不禁招工,而以官办为窒碍。前已据陈蔼亭译寄该岛节略,现存华人八百馀,却无七万之说,该岛万难容如许华人。文卿所言或译语之讹,当缕复之。总署欲为华人谋生计,盍准墨西哥议约,较有实益也。午后赴谷当县观农人会场,皆土菜蔬果及土人制造衿褥革履之属。会首赠桃三枚,色香俱备,味如杏,非佳种也。场外赛车马,极热闹,会首复备鼓乐迎送,颇尽地主之雅,为之流连半日。返寓得津电,嘉驳例稿详确遒劲,崔惠人九月到美,务属照此辨论,徐冀转圜云。自美约掀翻后,北洋久无书来,但遇要事仍电寄数语。

十二日乙酉(9月6日) 晴

曩在都中所拟照会类多悬空,说理究无实际,今年驳例三稿,北洋以为详确遒劲,因并汇呈醇邸。此皆抉其文籍,援据故实,相与瑳磨,济否虽未可知,苟非奉使于此,亦无缘博访周咨也。电古巴将查过苏里南一切文牍交子刚带阅。入夜风雨，林屋震撼。

十三日丙戌（9月7日） 白露，雨

秘鲁铁路议成，需工孔亟，近有华人周福、汤傅与洋人合雇帆船载送华人回粤，领事虑其贩载回秘，严谕禁止，并函致东华医院查验该船进出，亦应有之义也。傅烈秘以惠使到时税关要验行李，特电商重托外部，即为书致布连。

十四日丁亥（9月8日） 晴

得布连复文，却无验行李之说，傅烈秘殊谬。惠使远来，当函告以新旧交替之宜，寄金山领事面呈。檀岛乱党啡厘确曾承该岛派往义大里国学习战事，归而投闲，慨时政之无利于己也，遂于七月初三晚纠党百馀为乱，入踞宫府，岛主潜遁民居，号召兵官，鏖战两日，乱党不支，啡厘确面缚归，罪当肇乱。时人心汹汹，董事程汝楫、古金辉惧华人或误罹斯祸，遂先集会馆约束，晚复派人巡夜守街，又备水车以防火患，故经此危难，华人不致波及，董事未为无功。事定后仅一新闻馆访事人何宽被获，以四千金保单保出，报馆每遇此等事，必派人往观，然究系局外人，不合执之也。程、古两董竟能随机应变，因批奖之。

十五日戊子（9月9日） 晴

拟定交卸起程摺稿，付幕府誊清。山乡农人以余将行，群集寓斋，琴歌展别。三五月圆之夕，弥动乡思。

十六日己丑（9月10日） 雨

午后附船至乌约，内河行驶亦有风浪，岸堧水涨数尺，海帆益颠簸矣。念子豫、子刚方从古巴来，不无悬系。进斋已自盘谷回，述勃耳哈画海口之胜，强于岛钵。近海诸山云气氤氲，竟日不散，乘马车登陟，为云所阻，甚惜斯游不豫也。

十七日庚寅(9月11日)　雨

周子玉禀报学生陈恩焘、贾凝厘来美之期,前日已接来电,当照会外部可耳,即分别批答。子豫今日不能到,询诸轮船公司,先两日开行之船亦未到。

十八日辛卯(9月12日)　雨

费城有善会曰"隅内威所比事",会首罗付,次曰威路格士、曰俪士,共万人。以美禁华佣为不公,联集众善士,俟议院开议时,力争先于九月七号即本月十三日在干捏底吉省聚论,以书来告。足见美廷此举,未能尽洽民心,然公道究难湮没也。洋员柏立病滞花门顿,虑新使不予蝉联,来函求荐,委婉之甚。

十九日壬辰(9月13日)　阴

早饭顷,子豫到,舟行无恙,可喜。晡时草疏一摺三片。莼浦来夜话,拟今年回华,恐未确也。

二十日癸巳(9月14日)　晴

未初赴威明顿访前外部叭夏,承立候车房,同乘至其乡居。楼房朴雅,卉树盈砌,楼外遥见长河,风景豁朗。室内藏书甚富,以槅扇作书厨,转侧向背甚便。伊祖曾游历吾华,叭夏能述中美初通好旧事,其妹婿方自法国赴会回,不甚铺扬会景,但言盗骗极多,法若无此会,必致内乱,盖此会赚他国金银不少云。叭夏款接甚殷,但不言官事,亦有角巾私第之概。

二十一日甲午(9月15日)　早晴

中饭后,叭夏自握辔同往特尔拉华河口,观河流入海处。沿路浅草平沙,小黄蝶无数。经多发县境,瑞典人多发初至美洲登岸之地,即以其人名之,地以人重也。有学堂数间,其人所至必兴学,宜美俗之感纫矣。河口有石台三,以备隆冬取冰及泊船之用,往来游船甚多，岸侧有华人衣馆。归途大雨，晚饭后与叭夏别询商谒辞总统仪节，叭夏详细相告，并属预备颂词，略宣己意，设总统避暑在外，不必往谒，留书为别可耳。叭夏语竟，又复坚留，告以返署即受代，不得不行，遂订明日四点钟去。

二十二日乙未（9 月 16 日） 晴

叭夏译述鸟约所得埃及石幢，富人湾得标捐七万金，访碑人士蔑，自往埃及雇船。幢高寻丈，凿船一孔，始能运，经营半年，著为图说，美俗顾诋其好事，访碑人愤闷而死，此图说不可多得矣。埃及译文尚须重订。午饭后叭夏驾车送至车头，适后数刻遂坐候第二车，晚九点钟抵署。

二十三日丙申（9 月 17 日） 雨

料量交替随使各员，各商去留，又不尽由衷之言，殊难代决。

二十四日丁酉（9 月 18 日） 晴

提督魏礼森，津门旧识，近著一书，述中国掌故，西人多购之。中西文理断难吻合，拟购一本，交译官暇时译看。

二十五日戊戌（9 月 19 日） 晴

叭夏寄赠陶尊，为英国提督戈登纪功之器，以其曾仕吾华，因以为赠。金山电：新使昨晚登岸，携眷驻义学，随员十三人，仆从十二人，二十六晚起程来。

二十六日己亥（9 月 20 日） 晴

票汇东赈银一千一百五十三元，子豫所劝募也。又金山捐簿统发，沪文报局王松森转解刊布。晚至科律师寓手谈，留赠法蓝嵌五彩宣方盘、雕漆百寿图合各一。

二十七日庚子（9 月 21 日） 晴

电拨东赈一万一千元，此与零捐有别，当转咨东抚并檄王松森收解。晚至后山茶话。

二十八日辛丑(9月22日)　晴

金山、古巴、鸟约乡人求书屏联,积至数束,濒行自了之,初念不及此。

二十九日壬寅(9月23日)　秋分,晴

检拾随身行李,以《四库提要》与参赞易《前汉书》,为舟中下酒之助。

三十日癸卯(9月24日)　雨

美都诸部院避暑未返,威路健臣自法国监督会场回美,知余将行,特来别,并惠寒暑表一枚。午后访议绅佘文、多福,久谈。又至威路健臣寓观法国赛会图。

九　月

初一日甲辰(9月25日)　阴

总署咨美国舫海会。南洋据沪关禀,虑中国商渔各船不谙外国口号灯旗诸色,又时有洋船碰撞民船之事,恐一经入会定议,便须一律照办,宜豫为之地,毋碍中国自主之权。所虑极周到,当查外部原议,各国赴会之员各将会中所议具报本国候批,又无论赴会若干员,其所可否只算一国之可否等语。赫德请派理船厅毕士壁赴会,申文末云,议成后华船能否照办,系总署自订行止之事,无庸该员作允。合两说以观,又推求美国设会本意,似赴会之员无应允一体照办之权,毫无疑义。当咨复总署,俟各该员到日,由使署检卷示之,俾有依据。又总署咨录皇上答秘鲁国主书,属妥酌送去,当恭录照行驻秘参赞译交外部转呈也。新使今晚可到,原可移交

办理，特虑下车之始，无暇及此，因亟了之。起草之顷，佘文、科士达先后来，烦杂之甚。晚八点钟往迓新使，跪请圣安，并将代译各件面交，又复长谈，十一点钟返署，新使携眷，参赞亦携眷，馀十二员多携仆役，同憩鸦令顿客寓。新使以洋馔不便，属腾使署内两房以使移眷，仓卒颇难就绪，余欲概行腾让，新使又不愿。惜前此来书绝不言及，抵金山后亦无一电来，若非豫托火车公司打听，则并不得消息。

初二日乙巳（9 月 26 日） 阴

晨起新使随员来谒，皆非素识，只左庚为同文馆学生，又张觐卿，嘉应州人。新使旋到，携赠骈金补服、荷包、佩带各二，墨合四枚，都中嘉制，直如身在长安矣。适何天爵同时来，缴回甲申总署拟借洋款未成之合约，余屡催而得者也，立谈数语送之出。旋与惠使论新旧交接事，订四点钟移寓。三点钟令子刚备车往迎，甫接辔而新使偕夫人并至矣。晚间备馔为新使洗尘，并约随使诸君。外部照复总统准初六日十一点四十分钟晤别。

初三日丙午（9 月 27 日） 晴

科律师来，约明晚小饮，因令与新使一晤，今年修脯已送竣，使署公事可与商也。此间酬应多在冬春，西人房屋必有暖气，门外则重裘不温，入室则夹衣且汗，非大毛斗蓬不为功，以易披易脱也，检元狐一袭，留赠新使，媵以东洋画屏、钟表、金山毡各一。

初四日丁未（9 月 28 日） 晴

拜发摺子，新使已刻接篆，承将署颁木质关防移送收用。午后往各驻使处投刺辞行，答拜田贝之兄，谈甚久，皆为乃弟报平安也。晚偕进斋、子豫、震东赴科律师之会，墨使夫妇甫自欧洲回，馀皆往来最熟者，十一点钟散。

初五日戊申(9月29日)　　晴

美使馆饭食自陈副宪至今,历任均按照俸薪匀派,早晚共食,有事便于商办。新使既移署,爨具未备,当谕庖人供张。随使各员陆续来,又无准数,厨馔无从丰备,取足一饱而已。新使仍犒以廿金,明当自起炉灶云。闻布连今晚回,连日促新使照会外部,订期接晤,并豫为译定国书颂词,因布连乡居娶妇极费力,牵率之返,新使照会不宜缓。

初六日己酉(9月30日)　　晴

彭小圃以留差来告。午妆偕进斋、震东至外部,布连立候于公事房,询新使何日抵美,告以新使已备文奉请订递国书之期,布连仰视,若有所思。新使朔夕下车,新闻纸已遍播,时越六日,布连岂不阅新闻者乎？特西例接待公使送旧迎新同在一日,新使照会外部之文,不悟今日仍未达也。周旋毕,布连扶掖余自公事房至外部大门,豫备坐车同乘至美宫,复扶掖至内殿,少顷,总统出,布连亦趋迎肘掖,一如扶掖余之仪。余见总统,自致告别之词,微讽以顾邦交删苛例,总统致答如礼,立谈片刻,布连送总统回内宫,复扶掖余至宫门登车。余属将总统答词抄寄,布连亦属将别词另致外部存档,彼此握手散。余返署与惠使别,惠使询厨房煤炭是否公家钱,余告以冬春各屋煤炉乃公款耳,惠使笔之輶轩录,加圈以识不忘。届三点钟起行,惠使寄请圣安,送余至车头立候展轮,余坚辞之,乃解衣小憩。科律师来别,匆匆数语,车即开行。晚九点钟抵客寓,料量行李,适船政学生陈恩焘、贾凝厘甫到,即接晤,将总署来咨详与言之,并属到美都使馆将文卷抄存,以备开会时论说,并为存书,令访美都当道。

初七日庚戌(10月1日) 晴

龙冈公所乡人移席领署饯饮,午初赴席,后往拜端医生、绅士湾克,久谈。返寓晚饭,适美提督魏礼森在坐,就论华事,谆属代候李傅相,又前户部飞呀斋儿亦来展别。杨慎初、龚仙舟派往日署,惠使属与偕行,遂同旅寓。

初八日辛亥(10月2日) 晴

早饭毕,十点钟登舟。易希梁、宝森、寿峰、绯联、篯侄、马宏、蒋得胜、亚角、张五,龙冈公所、中华会馆绅商,又张丁盛携其眷属子女杂遝相送,咸各别去。十一点半钟船起碇。出山丹曲,余语杨、龚登舵楼眺览形势,并观新制长方式国旗,此余奏定者也。

初九日壬子(10月3日) 晴

客秋九日自秘返美,今年九日自美返华,应为诗纪行,乃乏兴致。舟行大西洋,总较南墨洲为适也。船名薜地巴黎斯,容万五百吨,昼夜不闻机器声,船主来谒,云有美派驻希腊公使同舟,拟偕来相见,诺之。龚仙舟曾习英文,新闻纸之浅近者可以阅悉。

初十日癸丑(10月4日) 阴雾

舟经鸟蚡伦,遥见渔船出没。同舟有美兵官莫理笨,旧识也,此行赴英谋办德律风公司,纯用新法,能达万数千里,曾由美都传音至旧金山,已有成效,询以不假电报之线否,却非然也。夜雨,雾散。

十一日甲寅(10月5日) 晴

有英人好古之士,宝藏埃及绿石一枚,如鸟啄而无首,云系二千馀年物;又黑石一枚,状如刚卯而无字,绝类吾华旧玉,斑驳可爱;又埃及印章一枚,字三行,皆不易识,印背刻蝉,浅绛色,类桃花石,西俗均难能可贵。以余询埃及古迹,特举以相质。

十二日乙卯(10月6日)　晴

杨慎初亦有失眠之患,为言福建延平府有草曰羊不吃,土人以之治腰痛者,服之却能安睡,允为留记地名药性,以便回华物色,斯言果效,大可高枕矣。今日舟行甚速,浪亦较猛。早晚餐须紧按桌子,否则食器尽倾。

十三日丙辰(10月7日)　晴

早起,舟极颠簸。下等舱一客自投于海,浪打船梢,有西妇抱子立船舷,为浪卷去,水手均无从救援。美有木商名确士,经行此水一百二十二次,云此等风浪直不足讶。大海无顺流逆流之说,亦不言潮信,海中潮汐视双丸吸气,如日月正中,则水气上吸,此内河港汊退潮时也;日月行度既偏,则吸力亦散,此内河港汊长潮时也。大海浑茫,无关消长。

十四日丁巳(10月8日)　寒露,晴

舟中人为善会,刊布说帖,推余领袖,聊赠两磅金钱。中饭后微见岛屿,晡时抵坤士汤,有登岸者,有搭船者,舟停一点钟,然已稳定矣。阅日报,知昨日有英公司船过此,大风刮去舵楼,搭客伤者数十,此舟迟发一日,否亦罹此惊险。

十五日戊午(10月9日)　晴

早八点钟舟泊荔华浦。方洗沐,李伯行已来料量,登岸附小轮驳,载诸客急欲诞登,挤壅之甚,从舵楼回至烟室,奇冷。少顷,船内驶,仍附驳船,稍疏通矣。关吏来询行李数目,伯行详语之。余与进斋、子豫先投客邸,关吏不启箧,惠及杨、龚两员,伯行之力也。此英美船入口处,关章最严。

十六日己未(10月10日)　晴

舟行八日,殊委顿,旅憩一日,寒疾遽起,自系昨晨感冒所致。

邓琴斋因照料华商赛会,寓法都,遂随伯行来迓。

十七日庚申(10 月 11 日) 阴

早饭后附车往伦顿,火车公司特备专车相送。十一点钟抵英都,刘芝使率从官来迓,同至使署晚餐。前驻美都英使威士知余来,贻书招饮,答以二十日趋赴。晚饭后与芝使谈别况,及美国使事,返寓已一点钟矣。蓝甘客馆,前年曾寄榻者也。

十八日辛酉(10 月 12 日) 阴

晨起,芝使、英员马格里及前驻华使杨约翰先后来,周旋毕,起英馆午饭,访伯行乡居,坐谈至晚,附地窖火车回寓,两岸灯光朗澈,几忘为地窖,特煤气烟熅,虽闭门窗,衣袂仍污渍。

十九日壬戌(10 月 13 日) 阴

晨起惫甚。莫理笨来订大餐,诺之,而难定期。晚赴芝使华馔之约,进斋、子豫、震东同席,久坐,几不支。洪文卿电询余果到欧洲否,大约阅新闻纸而知也。

二十日癸亥(10 月 14 日) 晴

早饭后一点钟四十分乘火车访英使乡居,译言七橡树,英使备车来迓。从园道绕至石室,周遭约十里,园中豢鹿八百头,山鸡、孔雀之属游行自在,极苑囿之大观,石屋外式如炮垒,中为重门,头门立铜石诸像,二门则其住宅,门洞内有石院子,略如日国王宫之式。楼上四围可通,满壁油画,及极古几榻,有英君主临幸之室,陈设皆银器,桌亦雕银为之,卧榻帐幔刻金线织成,费英金二千磅。有雕镂木橱一架,珊瑚作柱,可云奢矣。楼上最古之物则未制钟表以前测日之器,又吾华五采磁瓶一,口径五尺,亦非近代物也,其他磁器多可观。所悬油画皆西俗有名望人,中有少年华人一轴,戴无顶帏帽,短衣马褂,赤脚曳番鞋,款署黄亚东,不知何许人,彼族如是隆重耳。英爵男女并袭,英使新袭伯爵,系母氏所遗,园地广五千亩,石屋广二十亩,自建造至今六百六十九年,世代勋旧。其祖俺麻士得曾派使华,而未竟其役者,现外部沙侯,其亲串也。穷半日之力,不能遍览室庐,晚饭后仍备车相送返寓。约记其居石院八、楼屋一百五十、楼窗三百六十六、楼梯七十五,英都极古极阔之居,每礼拜五日准游人往观,如博物院之例。

二十一日甲子(10月15日) 阴

午饭后偕子豫、震东往观万牲园,数见不鲜矣。至蜡偶院,亦无新制,伍怡和蜡像犹存,指与子豫、震东一览。复观拿破仑病没之像,其所陈设皆拿破仑旧用之物,傍立黑女仆,拿破仑生时所溺者。晡后赴芝使西馔之约,席间询马格里俺麻士得使华之事,马格里谓嘉庆初年,俺麻士得奉使抵通州,和世泰往晤,许免拜跪,随即入京。俺麻士得适患头疼,和世泰回京后知拜跪之礼不能免,遂请旨连夜宣召,俺麻士得既患病,且朝服未至,仓卒不克应召,于是和世泰乃传旨不准觐见,俺麻士得所带方物,和世泰代呈云。此马格里之说也。考之吾华掌故,微有参差,西人谓中英之交自此而暌。

二十二日乙丑(10月16日) 阴

鸟约登舟时,容莼浦以哈富学堂变价银四千元寄,请代带回华归款,骊驹在门,直无署名收银之隙,将原票交刘宝森代呈新使,票银系署余名,即令告莼浦,而莼浦已否换票交新使,来电未详,仍是不了之局。四点钟伯行约至乡居便饭,冒雨往返,并观杂剧,叠遇同舟之客,酬酢为烦。

二十三日丙寅(10月17日) 晴

吾华刺绣,西俗盛称之,今日重访水晶宫,购得机器绣画数种,楼阁花木类革丝,人马船车则各色绒线,面目虽不真,却无滞相,其法从吾华织阑干花边悟出，每运机一转，得画若干幅，灵快异常，买画即可观其运机也。西人心思无微不至，有瑞典人山达哥专以验铁路为业，结庐水晶宫畔，垂三十年，楼屋宽广，园中葡萄最佳，伯行向与交往，设席水晶宫肆观剧宴饮。饭罢复邀至其家啜茗，摘园中葡萄为赠，极甜，每磅值六金云。子初归。

二十四日丁卯（10月18日）　阴雾

晨望街衢，朦胧不辨，托法馆代定马赛舱位，即芝使放洋之船，闻甚妥当，因就询之，并索食灌汤包子。饭后偕震东乘车观夜市，已散矣。返寓即睡，琴斋来，不及接晤，杨、龚来别，均不获谈，甚怅。

二十五日戊辰（10月19日）　阴

许静山应领归装，合美银四百零五元，检付伯行，俟其抵英时交与，又购小表两枚，印度王定造而未取者也，价尚公平，另经度表一枚，行船必需之物，测算极准。子豫欲购而未成。

二十六日己巳（10月20日）　雨

午初赴湿罢亭英兵官谟士顿之约，莫理笨之婿也，园亭雅洁。中饭后乘小轮船泛添士河，两岸楼台林木相间，清溪碧色，游鳞可鉴，沿河船舶极新奇精巧，有类吾华满江红及粤中横楼者，有如方亭上下两层者，故非轮船拖带不能行也。避暑时游人每于此水寻乐，今则秋林已霜，钓船三五而已。途经英君后行宫数处，风景尚佳。展轮时既雨而晴，且无烟雾。竟日游驶，历三石闸，略如运河设闸蓄水之法。岸侧亦有涵洞。舟将抵闸，先放气筒，闸门遂启，入闸即闭，静候长水，船抵岸数尺乃开第二闸，凡启闭均用机器，甚便捷，三闸既尽，即距伦顿不远矣。

二十七日庚午（10月21日）　阴雾

前年观博物院蜡偶，毡帐橐驼似吾华边外风景，而未得其详，顷重观之,不知移置何处矣。有象牙雕镂楼台人物,两座山石则沉香、松绿石为之,又孔翠楼台一座,上缀珍珠为脊,备极工巧,款识嘉庆七年中国赠法国那破仑之物,英既败法,英兵船途中截取送还,中国不收,因置博物院云。英都记载如此。晚饭后观杂剧,有倭人踩行钢线,悬空往来,行立坐卧皆如意,行步至极险处,故作摇曳,所习已熟矣,然手必持伞,否亦颠坠。又一倭人仰卧于案,以足承七尺径木盘,运掉如风,脚力已甚健,俄两小儿登盘偶坐,其小者更扒越盘边旋转而下。少顷其人缘绳至棚顶,倒挂一铁架,手挽三绳,有倭童三,分缀而登,就绳上作耍,偃仰蟠跳,挽绳之手力亦强,倭技之良也。晚复周子玉书。

二十八日辛未(10月22日)　阴雾

陈、贾二生抵美都,而使馆不能寄榻,权住鸦令顿客寓,旅费不赀,禀求监督拨济,并为书相告,殊愧无能为力。午后购千里镜一枚,可及二十迈,别购影画一套。访马格里宅不遇,晚就英馆饯饮。

二十九日壬申(10月23日)　霜降,晴

诣芝使别,遂同赴伯行酒楼之约,席散,芝使偕至余寓,谈至十二点钟,承赠金表、千里镜。此行厚烦东道,重辱佳贶,感篆何已。

十　月

初一日癸酉(10月24日)　阴

先发行李。十点半钟正欲起程,适前任香港巡抚马士来送,自言年老辞职,家居尚好,询骆檄,则住近温则行宫云,略与周旋而去。抵车头,伯行暨使署诸君、英员马格里已先在此候送,火车公司特为余备专车,少顷,刘芝使来,即就车中坐谈,美兵官莫理笨自

乡来送，芝使立候开车而别。一点钟至都化登车，晴曦和熙，水波不兴，仍赁一房以便坐卧。两点五分钟即诞登矣，从者皆不眩，诚意外也。附火车八点钟至巴黎，陈敬如、周子玉、梅雪樵、吴翊清、洋监督恭斯塞来迓，同至使署晚餐，车中自买面包、油鸡、火腿，饱吃一顿，到此仍不觉饿。饭后倩雪樵起六壬课，谓此行皆吉。谈至三点钟睡，天气较英伦寒。

初二日甲戌（10月25日） 阴

瑞典国人山达哥来见，留赠铁路图说。午后函谢芝使、伯行，又留别洪文卿书。昨晚感冒，不觉委顿，敬如约酒肆公宴、大戏园观剧，猥以寒疾，莫能尽欢。

初三日乙亥（10月26日） 阴

美署函言，容莼浦缴款，惠使以无申文不肯收，寄还莼浦，并将回书送阅。莼浦有年内回华自行清理之说。今日寒疾未愈，差弁陈胜感冒尤重，延西医治之。

初四日丙子（10月27日） 午晴

敬如以天晴，门外较室中和暖，不宜恋病榻，强起偕往通衢，就酒肆晚饭，寒嗽渐蠲，特疲惫耳。西医谓华人啖米饭有流弊，米质积久不化，须药以解。余告以中国数千年皆啖米饭，寿人甚多，彭篯固无论矣，近日百岁以上之人不少，其积滞为何如也？医不能驳。

初五日丁丑（10月28日） 阴

梅雪樵每诧豢蛇人能将毒蛇旋绕于身，无所顾忌，闲饮以水而已，陈敬如曰此鸦片水也，渴则饮之，使必如醉如痴乃能玩弄，即豢狮者亦以此水药之成瘾，故能驯其猛性甘受操纵。今日始观会场及机器厂制器之巧，莫可名状，查货杂陈，目迷五色，徐步华商厂肆,极逼窄,货物无由显晾,甚可惜也。法国设会之始,曾询留华商厂地与否,法馆以华商无消息却之,及华商杨兴自日国来,陈敬如急切为觅地基,遂落人后,华人作事往往如是。然会场考较,则中国茶叶第一,华商博得银牌。晚观马剧,适得狮戏,足证敬如之言。

初六日戊寅(10月29日)　晴

法会场所制铁塔,纯用铁片订缀成之,玲珑工巧。下跨四足,上分三层;第一层用溜梯,上下宽广,可容六千人会食;二层稍杀;三层则及巅矣。高八十四丈,雷轰地震均豫计避之。制造经年而就。有售塔形银钱小塔式及寄信纸片上印塔模,游人多于此寄语亲知,以识游踪。别缘螺旋小梯盘绕而上,有斗室,为会首聚议处,再上为塔尖,电灯逐层,环以铁阑,便凭眺。终日游人不断,甚或侵晨立候开门,务以得登为快。此塔工本糜百万,近收游人买票钱,获利倍蓰矣。今日九点钟偕子玉、敬如、雪樵、翊清、进斋、立斋、震东、子豫同至塔,沿会首处从间路以登,略免挤壅,直至塔顶斗室乃憩,亦属震东为书寄科士达,并购银钱小塔,回至第一层午饭,会首亦来食,坐中执役、女仆皆作了露锡省、罗连省装束,此两省已为德有,愈以激励众心,法不忘国雠也。此会各国商货辐辏,而德独无。饭罢会首导游阑外一周,购塔影图画,回镳凝望,周子玉讶此塔动摇,殆云移耳。子玉有诗,敬如和之,余亦为长歌纪事。重访旧花园,顺道中国公所啜茗,房屋尚完赡。今晚子玉移席使馆相饷,敬如又约观溜冰杂剧,仿俄俗为之,以木作桥,忽高忽低,用四轮车载人以度,车乘桥势,自能上下,车中人故为惊叫,其实非险也。此戏美洲有之。

初七日己卯(10月30日)　晴

午后至会场,奥国玻璃器精巧绝伦,惟不便携带,仅购方合数枚,或如织锦,或如云石,乍见不知为玻璃也。洋监督斯恭塞约晚饭,所居四层楼,登陟甚劳,座多华器。高悬中国武功图三帧:其一帧和琳奏报剿捕秀山苗匪,至湖南界分设卡隘,肃清后路,克期会福康安进讨,乾隆乙卯仲春,上浣纯庙御制五古诗二十韵;其一帧福康安、和琳奏攻克高多寨,生擒逆首吴半生,大功告成,乾隆乙卯孟冬,上浣纯庙御制七律诗一首;其一帧署将军明亮奏官兵攻克平陇贼巢,乾隆丙辰孟冬,下浣纯庙御七律诗一首。西人考古者咸仰圣朝徽烈,期恭塞谓乾隆时中国觅西人绘此,法国亦有记载云。西俗重图画,若将内府所储战图概仿乾隆时成式,觅西国画工照绘,亦广拓声教之一端。

初八日庚辰(10月31日) 晴

午后至俄商会场,皮革颇盛,兼售吾华线毛羊皮,价昂数倍。观各国珠宝,真赝不一,极脍炙人口者,钻石一枚,大如栗子,法国王宫之物,独置一桌,下以机器运之,便人观看,面面俱到,虽重价不售也。归途乘火车,拟观炮厂,已晚矣。所过南墨洲诸国,厂屋皆自建造,均华赡,如墨西哥丫毡颠,亦极奢靡极阔大,智利亦然。此皆民政之国,以类相从,为法都助兴,美亦民政,然不自造屋,美商货物均置大厂中,美善谋国,断不肯糜重资建屋,会散而屋亦拆平,只炫耀数月,甚非谓也。前月伦敦所寄木箱九件,已取提单来,可免转折。

初九日辛巳(11月1日) 阴雨

晚至会场观五色水法及铁塔红光,此戏遇雨则停,会首以曾请余往观,遂冒雨为之,不愿失信。会场纵横三十里,今晚楼阁、园地、陂池灯光一片。此种水法曩曾观诸鸟约,从地窖用五色玻璃映照成色,其喷水则机器为之也。铁塔夜间不能辨,因逐层以红光药透发,鸣炮为号,炮响则全塔皆红。

初十日壬午(11月2日)　晴

恭逢皇太后万寿,假法馆朝贺,徐寿朋、梁诚、张桐华、徐学伊、周楙琦、陈季同、梅寿祺、吴宗濂随班礼毕,检拾行李。晡后就陈敬如晚饭,随附夜车,周子玉等、华商杨兴、洋教习斯恭塞均在车头相送。车无卧具,伸几为榻,别赁一毡,幸自携衣物尚足御寒,车中不成寐,口占一诗留别敬如,此行牵率敬如至于马赛,深累之也。

十一日癸未(11月3日)　晴

十点钟抵马赛,希九来迓,同至客寓午餐,并为希九补买上下两舱位。日署使事云已交代清楚。三点钟登舟,船主来谒,乃谓法国海部新例,不为公使悬旗,即法使在船,亦不悬,盖虑沿海炮台放炮,设一船而有两公使,则先后次序必致招怪,皆饰词耳。当告以搭法公司船不止一次,从无不悬国旗之理,前年自鸟约赴哈画,距时不远,尔之公司何以别有章程?与辨数刻,船主乃遵办,殊狡猾。四点半钟展轮,两岸观者如堵,敬如料量妥当,偕轮船公司总办同返,余登舵楼,握手为别。

十二日甲申(11月4日)　晴

风日暄美,约无风浪,午后过一山峡,义大里、法兰西境也,似亦地中海一门户。旧有炮垒,两岸民居甚朴,沿山多帆船,或曰此以捕鱼为业者,山外有道可通,此峡仍非要地。

十三日乙酉(11月5日)　晴

法都会场刚散,此船搭客搭货几满。自马赛至上海,水脚银五万馀元而不敷用,法廷仍须津贴,推此则招商局船出洋恐亦无利。德国派驻小吕宋领事阿苓谒,瑞乃尔之旧交,询瑞乃尔踪迹,四月前已回华供差,并携眷去。又法国新派署上海总领事柏士,其父为算学翰林,敬如与有旧,托余照拂。

十四日丙戌(11月6日) 晴

法美同为民主而制度各殊。法有内、外、商、藩、户、兵、海、学、教、农、刑、工十二部,就中商兼藩,学兼教。近以赛会,商部遂兼宰相,大约宰相之任,视时政缓急某部兼摄,则知现营某事也,岁俸一万二千,各部亦然。议院权亦隆重,上院议绅三百五十六员,下院议绅五百八十六员,每员日俸五元,微薄之甚。陆兵口粮每月十五佛郎、水兵四十佛郎,持较美国已大相径庭矣。法国向以卖酒获利,近则法之佳酒,各国皆能为之,岁入略减,而犹以纷华奢丽著名欧洲。

十五日丁亥(11月7日) 立冬,晴

有英商以贩丝为业者,贾于沪二十馀年,为言华丝极佳,而出茧不得法,焙茧太老,伤其外,蚕蛹不洁,污其内,一茧仅中间一层可用,耗损太过,又缫丝粗细不匀,此弊皆易整理,且丝质最良,各国皆逊,稍求精进,获利倍蓰,何可坐失商利。询其岁购华丝运销何国,渠谓瑞士十之四五,法十之二三,馀则运英耳。中国山蚕黄丝,西人初不适用,近亦纷纷购求,以制回绒甚光滑,且能药之使白也。明早此船少泊,同舟人咸贻书亲旧,余亦寄敬如一笺。

十六日戊子(11月8日) 晴

早六点钟船泊亚罅山打地,为阿罗泊国,土尔其属也,希九登岸迷路,雇一土人导之回船,讹索六金。自马赛至此四千五百八十七里,沿岸白屋类炮台者,土酋之居也,街市甚长,人则白布缠头而跣足。携物登舟售卖,舟中侍役呵斥之,虑其窃物云。吉祥与购镜照片二十幅,略识此中形胜,埃及古迹。早饭后移寓船面,房稍宽敞,能安笔砚。十点钟船起碇,两点钟行,经耐宜河口,此水发源亚

非利加洲,北流入地中海。水色微黄,西人谓河水之极远大者也。晚十一点钟泊波西岛,多酒家,灯光甚盛,亦有戏园博局,舟中人辄登岸游,震东托病,力言不往,旋亦潜去。舟人上煤,小船争渡,喧嚷之甚。

十七日己丑(11月9日)　晴

越南北宁省大壮社同人寺僧阮清高,自法回越,以玉桂三枚求售,又出观赠行诗札一束,约百数十首,择其尤雅者录之,如五言律诗云:"已学无生谛,何心斗巧场。风尘犹扰扰,天海正茫茫。放棹开新眼,浮杯问上方。须弥亲到处,好载入诗囊。北江山农杨立名奉饯同人上人西行,成泰元年二月下浣"。七言律诗云:"东来冠赐过重洋,杯渡相寻古佛场。四大云烟双眼阔,三千世界一莲藏。禅心久悟虚空旨,世事难为应赴忙。回首故山栖息稳,松枝挂搭卧藤床。同庆四月望前一日,原北宁总督院玉班奉次大壮,同人寺上人留柬元韵,并以为饯。"又七言律诗云:"斗巧无端盛此行,住持悟道独驰名。波涛赤海千难重,弧矢初心一举轻。舍卫真传能目睹,玻璃胜景入心经。藩方游子如相遇,为整归装共一程。侍读学士东防副使叶扶阮文玢比玉恭和皇南,成泰元年春三月望前二日。"七言绝诗云:"沧海春潮万里槎,天风飞赐到欧巴。即看马祖西来意,奇语何妨粲舌花。心比莲花不受尘,飘然瓶钵老吟身。潮州衣衲东城带,且自逢场结胜因。不甘拙我守蓬枢,会览瀛寰五大洲。想得拈花天女笑,老禅放胆续西游。铜墙铁壁簇玻璃,星塔天船擅巧奇。何似空王三昧乘,拚将芥子纳须弥。长风吹送火轮船,直到西方极乐天。从古焚书龙象法,凭君妙笔补新编。昨得留柬二章,知上人有万里之行,西望沧溟,不觉悠然意远,小诗五绝句庶当《渭城三叠》,尚希郢裁,己丑正月中浣,周原阮启疆。"又集唐二律云:“浮杯万里过沧溟刘禹锡,异国光阴老客情刘沧。关塞极天惟鸟渡杜甫,风波终日看人争陆龟蒙。尊中美酒常须满朱庆馀,世上愁痕滴太平陆龟蒙。乘兴轻舟无远近贾至,愿君到处自题名张籍。”“风随蕉叶下泷船陆龟蒙,何处春光不眼前王表。桂岭瘴来云似墨柳子厚,蓝田日暖玉生烟李商隐。孤帆远影碧空尽李白,星汉通霄向水连李频。愿得远公知姓字卢纶,故园归去及新年李频。同庆戊子一阳月杜环友。”又尺牍云:“善以会试届期,即日就省领凭,不能就候拜饯,敬将乌龙茶二包聊以写诚,希惟笑纳,初年怡胜,远祷平安,同庆己丑春多牛,阮惟善。”

今日舟行苏彝士河,两岸沙碛,微有草树。河狭,两舟并行须善避就。西例每点钟只行六迈。午窗萧寂,记兹诗翰以识同文之雅,亦以见越南近状,犹纪元设科未改步也。间询阮思僩,仍健在,越南诗人之翘楚,同治己巳纳贡来京,曾于李仲约斋中相与倡和,回首前尘,不无今昔之感耳。晡夕经两盐湖,水面颇阔,两旁浮标灯塔甚密,能容轮艘之地,亦无几。夜十二点钟泊苏彝士岛,停顿三点钟,有小轮船驳载税关亦来查船,犹土尔其装束也。遥见楼屋林木,当日浚河人所营,至此而新开河尽矣。计长七百二十六里,旧例商轮不得夜行,近则船嘴设大电灯,光及十六里,无碰撞搁浅之虑,此法仅行之两年。

十八日庚寅(11月10日) 晴

舟经红海,两岸皆山,水黝黑,译言红海不知何所取义,惟晚云郁蒸,绛色而已。气候渐热,犹可御棉夹,此为阿非利加洲迤北之境。

十九日辛卯(11月11日) 晴

热,寒暑表八十二度。日轨稍长,六点钟始悬灯,法船饭菜逐日变换,已较英船远胜,惟西馔究难适口。午后别煮鸡粥,晚啜西谷米以清热。

二十日壬辰(11月12日)　晴

热,寒暑表八十八度至九十一度,单衣且汗。船上华佣二十人,领袖者月得工钱二十元,馀则六元且扣饭食,惟许出入带货,略可弥补,间令拉风扇,薄赏一金,喜不可支。希九以房舱太热,每夕襆被船面,未尝不快,久恐生病耳。

二十一日癸巳(11月13日)　晴

寒暑表八十八度至九十三度,连日吃西瓜,颇讶非时热甚,则甘之如饴耳。希九言日都亦于此时以西瓜为上品,一枚值价六金,豪家宴客非此不欢。日都冬令非热,殊不解也。又日国宫宴由宫官承办,每一客开销四十五金,烟酒在内,亦浮糜矣。

二十二日甲午(11月14日)　晴

寒暑表八十二度。午正泊伊定,又曰亚丁英之属土,盖攘诸依拉卑亚,亦土尔其旧部也。地居亚细亚洲,陆路可通中国,由印度而西藏,不隔海也。土人多黑,又善泅水,投一钱则入水争取,出没灵捷。有售驼鸟羽者,白色佳,灰色次之,可以制扇,索价颇昂,只购石华二枚,镜片十八纸,聊志此间景物。其地六年一雨,居人即储以为食,得水甚难,岛上遂无草树。英人近作水池以饰观,为功不易。沿岛有楼房客寓,亦有车马。希九、子豫、立斋并登岸游眺,此岛四面皆山,口门不狭,而法公司船于夏间与本公司两船碰撞,遂没其一,虽未伤人而货物至今乃起讫,所损已百万金矣。此船犹在山侧,桅上仍有灯。刘长卿诗"沉舟侧畔千帆过,病木前头万树春。"此之谓乎？自红海至此四千五百二十一里。今日因增煤,泊至夜半乃发。

二十三日乙未(11月15日) 晴

船行至十二点钟忽停轮，拆换龙骨一节，诸黑人在机器房同力合作，却不忙乱。对海为亚非利加洲。两点钟复行。

二十四日丙申(11月16日) 晴

东北风，船颇动荡，晡时见岛屿，夜浪愈豪。已入印度洋，南行偏东。

二十五日丁酉(11月17日) 晴

西俗贵少贱老，而未始不以高寿为难得。日国每年初夏有濯足会，令都城老人六十以上者十数人至宫内教堂，并约各公使观礼，且须步行。人众齐集，日君后戴法冠从宫眷出，诸老人鞠躬致敬，教士导至浴房，各予一盆濯足，教士洗洒以水，日君后亦手擎杯水分洒之，濯毕各有赏赐。日国大典也。君主之国而信教者行之，或曰此援马利亚故事，却无可考，或曰日君后亲为濯足，亦传闻之讹。要之敬老之意，则大可嘉。

二十六日戊戌(11月18日) 晴

同舟有倭兵官善奕，偶与对局，不觉三胜之。曩在美都，倭使九鬼屡欲对奕而无暇，不悟舟次有此闲缘。

二十七日己亥(11月19日) 晴

法俗不厌白发，且有染以饰观者，相传百年前法后霜鬓皤然，自伤衰老，其宰相乃集廷臣尽染白发，使之晨夕相见者皆此类，俾自忘其老，可谓想入非非矣。然染发之风至今未改，明镜憎白发，未可律诸殊域也。法俗又有为人涂粉可以返老还少，每年一涂，费数百金，然不能盥沐，汗则以绢拭之，亦苦人之具。夜十二点钟有黑气横空际，初疑轮船之烟，细视之，云也。轮旁波澜白亮，有无数金点，如万星之攒，或曰此水近赤道，中有琉璜，轮铁激水而光焰出，他水则无之，然非天阴则不显，二丈外亦无所见。

二十八日庚子(11月20日)　晴

船主欲得中国带扣以为式，检一枚赠之，乃坚辞。今日寒暑表八十六度，亦不亚于红海。四点钟行经蚊弥哥士岛，树林颇密，中有塔灯。

二十九日辛丑(11月21日)　晴

鲁代伦国，土尔其属也，自为书通于中国，托芝使代进，译其文义，无非仰慕结好之词。土且无约，况其属乎？晚九点钟泊哥龙罢，印度境也。舟人纷纷登岸，英人视印度人如狗马，动加鞭扑，遥望岛内灯光甚密，岛南新筑石堤以杀水势，舟泊堤内殊稳，水中似多礁石，船主谓系沙底，其暗涌则来源使然云。

三十日壬寅(11月22日)　小雪，晴

晨起印度人之售钻石、玳瑁、银器者罗列船面，索价十金，一金可买，亦颇厌其浮伪。进斋、子豫登岸观卧佛像，希九购得贝叶经一张、印度钱十枚相赠。欲往锡兰，须两点钟火车，游客不果往也。相传唐僧取经即此地，其佛像与中土禅院无殊。十二点钟起碇，四点钟经锡兰山，山势蜿蜒，颇秀致。夜色纯黑，十点钟后乃见星。

十一月

初一日癸卯(11月23日)　晴寒暑表八十六度，午啖西瓜

都中今日始貂褂矣，气候相悬若此。倭人步趋英法，改易西装，衣履固极趋时，即行动、坐立、语默、神理无不曲肖。乃船主每于灯后辄曳倭服，一英商亦然，将以相形乎？抑各适其适乎？

初二日甲辰(11月24日) 晴

粤中新制银钱,其文曰"光绪元宝",中为满文,背镌盘龙,文曰"广东省造",库平重七钱三分,边阑西文,译如此语,若能通流,足塞洋银漏卮,且可获利。又新制铜钱文曰"光绪通宝"库平重一钱,均精致,此则成本颇重,每铸一钱须加六工本。囊中各得一枚,周子玉、延希九欲之,不能分赠。

初三日乙巳(11月25日) 晴

自伊定至此,仅遇一轮船。四点钟经嘉利坝岛,地势绵延,荷兰曾欲攘夺,而为岛人所败,岛俗强悍,能食人,无教化之俗也,出产亦不甚繁。遥望林木郁翠,油然作云。至此而印度洋尽矣。

初四日丙午(11月26日) 雨

舟行马离港,水势较平。西曰谛离岛,荷兰属;东则暹罗与,英属也,地出锡甚佳,华人营生于此颇众,气候殊恶,易生疟疾。

初五日丁未(11月27日) 晴

未正入星驾坡口,两岸极狭而不能自守,可惜也。英人所置暗炮台,若无所见,曾为俄人图其要妙,至今遂不准外人往观,备敌之意深矣。船主为悬国旗,其岸上公司望楼亦悬旗相答,尖角旧式。三点钟登岸,车行里许,遇衣冠来迓者,知为领事左子兴,闻刘芝使先已函告矣。热甚,偕参赞各员同至华人酒肆小憩,电达广东省城。毕即访领事署,胡璇泽之子心泉导往,遂同游胡氏园,结构平平,惟池荷叶圆,径五六尺,又并头猪,皆异种也。荷叶软浮水面,花则重台高瓣,亦不见茎。主人以莲米赠子豫回粤试种,不知迁地能良否?并头猪略如小兔,用药水浸灌,以玻璃瓶储之。灯后子兴约饮酒肆,复回领事署,子兴谈曾劼侯前办俄约,劾者纷然,其棘手甚于余之办美约,劼侯深谋远虑,尚复如是,诚出意外。一点钟子兴送余回船,又赠干荔枝、吕宋烟卷。星驾坡终岁衣葛,灯后疾风暴雨,几以为例,雨后仍闷热,奉使各国无冬夏均暖帽,边沿或呢或羽纱,略如行营式,惟星驾坡则葛纱袍褂万丝冠。

初六日戊申(11月28日)　晴

自渡星驾坡口,西人名为中国海,意必曾属中国外洋岛屿,记载逸之耳。泰西船主以能走此水者为好手,风雾靡常,又多礁石也。早六点钟启碇,船略北行,气候仍热,多见小岛,均不知名。华人旅居星驾坡约六七十万,皆闽粤籍,会馆颇多,坟墓碑识却不忘本,惟人品不一,地方官幸禁赌,而售鸦片者月饷仍十一万金。本巫来由土地亦有回回教堂,其岛主极能和众,厚结英廷,岁往伦敦一次,英不夺其自主之权,而要以若与他国立约,须先关白。

初七日己酉(11月29日)　晴

午后暴雨,虹见。为函谢左子兴,并寄一诗。夜两点钟入西贡口,有山踞口门,颇奇耸。

初八日庚戌(11月30日)　晴

六点钟起,船行,两岸曲折而狭,口门之山可守,越乃不善经度,深可痛惜。曩在巴黎有新会人李林,游学法都书院,习语言文字,知余抵巴黎,特来见,自言乃父李佑宗,贾于西贡,求寄语平安,托带一书。顷八点钟抵岸,饬陈胜送去,李佑宗即驾车来迓,至其家,楼房宽敞。希九适患足疾,又为求医药,备极殷勤,与询越南情形,甚熟悉。现在越南自治者,顺化十二省,法人攫去者,东京十三省,嘉定等六省。西贡提岸,嘉定属也。越之精华在东京,刻仍无甚生发,法廷岁输东京银五百万元、西贡银二百四十万元,如获石田耳。法近拟开建铁路,自河内而谅山,意不可测也。西贡一隅极力经营,如花园、戏馆、架非馆皆备,其为地方谋者,则建桥梁疏沟渠两事,育婴堂、学堂亦具体而微,教堂则入者主之而已。越南人进教,东京为盛,以进教则教堂之利益视平民远胜也。东京十三省土著约千万,顺化十二省六百馀万,嘉定等六省仅百馀万,徒有省名,生齿不繁。法人全力注于东京、西贡,则现兵不满千,时有三兵船自卫,实不足以固圉。西贡出口无他物,只米为大宗,又非外国畅销之货,此地商务决无起色,口岸决难增胜,以法国割付德国两省,衡之损益,不可以道里计。土产有盐,价甚贱,将谋运销星驾坡,久恐充入中国境,是当预为之防。李佑宗又导游园亭及法兵官署,观飞走之属,有熊、象,极驯,可喝令跪拜转侧,但予之食,辄随人指使矣。法兵官署外越人古冢,法并不毁,留以饰观,林树茂密,花卉却鲜,孔雀甚贱,一头只值两金。晚饮佑宗楼,有星驾坡华商陈某来,述星驾坡拐贩人口及舟中谋财害命各事,为之愤懑。子兴曾为言之,特不如是之详。归日当与粤督筹商办法。饭罢陈某别去,余亦回舟中睡,希九不良于行,寄榻佑宗寓。

初九日辛亥(12 月 1 日) 晴

九点钟起,李佑宗已来约往提岸。李朴山来见,金山旧识也,其居在提岸,即先返以待。余偕李佑宗乘马车往,途经广肇、福建会馆、义祠,尚冠冕。随至南隆楼小憩,主人刘姓,款洽殷拳,族侄佳植、振锡来询,始知族人贾于越南者,多在提岸。纷邀往访,遂至济昌、隆昌、南隆三处。天气且热,颇难遍及也。老友何竹年亦于提岸作帮长,即商董之别名,别已三十年,不图于此作数刻谈。提岸皆华商,有曰广东街者,粤人尤夥。甚惜为时太迫,并李朴山之约亦不果往。三点钟仍返,李佑宗许饭毕回船,佑宗厚为盘飧,又见赠黄油伽南一枝,余别购黑油一枚,松皮玉桂半段。伽楠附木而生,白油最佳,甚不易得,沉香结尤难。佑宗送至舟次为别,即将陈敬如衔名书予之,俾令通信照料其子,敬如本以李林少年游学,无人约束为言,余稍暇亦为书代托之也。族人赶来送,时已七点钟,船刚启碇,遂于船舷为语。

初十日壬子(12月2日)　晴

越南马极小,《汉书》言"乌秅出小步马"。孟康曰种小能步也。颜师古曰:细步能蹀足,所谓百步十迹者也。持较越马,功用略同。西贡四时皆热,异种良马仅能早晚行,若在午未申之交,则非此小马不能耐热,然而车如鸡栖马如狗,移赠恰当。曩在日都博物院见有嘉定提督关防铜炮旗帜之属,知越南曾被日人寇侵,昨询李佑宗,谓法、日同谋,日受法人之嗤,日兵任攻,会安土人从山上灌毒于河,日兵饮之多死,法人攻西贡,应响而得,日兵回泊西贡,法乃怼其失机,西贡之地日国无与焉。南墨洲诸国日且无力制其叛,而顾听法率牵从事越南,舍己芸人,得失究何如也。

十一日癸丑(12月3日)　阴晴无定

船出西贡后,船针向北,正迎北风,不免颠簸。又小吕宋昨方发飓,船主谓风线属东京,然飓尾总不能不波及,昨夜复大雨,华人搭坐篷面约四百人,风雨交侵,情状可悯。有高要人已从悦生号交船价而不谙换船票,船主查对以为伪也,欲苦之,陈弁为说情,并乞余给八金脱其窘。今日船行二百零五迈,以风浪故慢耳。傍晚见星月,船主谓明日必晴,不甚戒备,讵半夜狂飙作恶,大副急呼之起,同在柁楼守更,达旦乃睡,此为七洲洋,船行极险,一月前法公司船自香港过此遇风,船面房屋、船旁铁柱均扫去。

十二日甲寅(12月4日)　晴

西贡亦有闱姓,岁投十二万金,承充者闻尚有利,此风由近及远,粤中若不自谋,则利源外溢,更无底止。西贡鸦片烟向亦华商承税，岁百十五万元，酒税在内，近则法人自办，而查私较严。

十三日乙卯（12月5日） 晴

晨起绝无风浪，申初抵香港，诸父昆从亲串多来迓，香港巡抚遣中军官驾小轮船来迓，应接不暇，匆匆诞登，偕震东宿西人客寓，进斋、希九、立斋、子豫住名利栈。自马赛开船至香港，共行三十二日，计程三万六百零七里半。港官系巡抚，新架坡乃总督耳，而华人每误以港官为总督，未深考也。英自得占不那惰山，已握地中海之要，过此为苏彝士河，本法人凿石所凿，法国股子较多，英相威令士潜向土人搜罗股票，至令英国股多于法。西例此等公司股多者当事，则苏彝士河之利英亦垄断矣。格兰忒谓环球三宰相，曰李鸿章、曰毕斯默、曰威令士，即指此也。过红海即为亚丁，英之属土，英船屯煤之地，各国公司亦有煤栈，然英实主之，此地六年不雨，寸草不生，英船入印度洋、中国海，恃此为中站，不惜百计经营，特人力不能回天暵耳。过此而印度而新架坡而香港，英船游驶无可阻碍之者，中英不同洲而海道若联接，以形势论之，尤不可忽，海外来帆，自以香港为归宿，次则澳门，近日两岛情形从何设措。此行历东、西大洋，环地球一周，甚欲觅一海门能副闭关绝市之论，竟不可得，若是则海军之设，其可缓乎？南洋之吴淞口，专山关，宁波、定海故有备，北洋则兼营威海、旅顺，为津沽北塘添一重屏障，南北一气，足资控制，更于台湾外海设重镇屯大枝水师，敌船往来当不能无所顾忌。若夫高谈制梃，捻缨求妍，徒滋惑耳。荫桓蠡测管窥，无当万一，综计使槎，所历美为民政之国，出产日富，课税日增，鸟约一关，日收银至八十万元，通年匀计不爽，此外坡士顿、旧金山各口收数亦巨，而通国额兵只二万六千馀人，此保富之道也。又地僻在一洲，其于欧罗巴则隔大西洋，而鸟约入口之地又极险隘，其于亚细亚则隔太平洋,浑浑无际中,无屯煤取水之地,自旧金山至日本横滨,始有埔头,折而西北为中国境,中日亮无侵美之意,故旧金山一路,美直可偃然不设备,则其岁省边防之费为不少矣。所以藏富于民,渐臻强盛,南则墨西哥,再南则可仑比亚诸国,美之势力足以控制之,又巴拿马河道未通,此为南北阿美利加洲天然界限。所虑南北党门户大严,终恐久合必分耳。日斯巴弥亚国自失地中海之险,国势顿异,南墨洲诸国纷然背叛,各自立为民主,日之属土只古巴、小吕宋两处,入不敷出,国债日丛,而君主体制独尊,积威有渐乎?秘鲁本南美洲富饶之国,而民性偷惰,居处饮食之物多从他国运来,本国金钱日流于外而不自觉。本日抵香港,即丙戌放洋之地,日记从此结束,亦默符总署奏案。

光绪乙酉六月奉命出使美利加、日斯巴弥亚、秘鲁三国,十月陛辞南下,丙戌二月自香港展轮,历北美洲、欧罗巴洲、南美洲诸岛,山川政俗,义应咨访,而各国交际为尤要。总署奏案责使者以日记见闻所及,援笔辄书,又去国既远,邸报流传,亲旧函牍,即至家书琐屑,有触斯会,既存汉腊,且志游迹。庚寅二月回京复命,仰聆圣训,凡美洲南北分党及华商丝茶滞销之故,指示靡遗,有非华士所及知者,因得详晰奏对。上垂询记载,谨奏言署章须为日记,但芜杂过甚,须大收拾。上谕以收拾完备即行进呈,谨承旨而出。越日,枢中复述旨相促,其时抄稿在粤,行箧仅存草本,遂芟删以付抄胥,五月杪,疏呈奉旨留览,嗣是署中同僚、京外朋好咸属付梓以便传观,此数年间春明尘鞅,伏案鲜暇,甲午岁暮复有岭川之役,往来沪上,假寓同文书局,就草本中重为缀拾,拟付石印,讵展转抄誊,脱漏殊甚,因复重写一遍,就厂肆刊之。安攘之术,本非所谙,言之无文，行之不远，且亦有不愿示人者。比日西士好博，每于华文字句锐意讲求，若但挟持使者笔记，犹其浅焉者也，至事或纤猥，迹近怪异，有累进呈体例，前既删除，兹复补辑，此中撰说惟舌人是赖，殊悔不谙语言文字，滋愧焉尔。南海张荫桓。

附：

黄良辉序

夫玉帛之仪，娴则干戈戢矣；词令之文，赡则猜嫌泯矣。春秋列国，盟会实繁，或陈书以修睦，或赋诗以见志，揖让而造宗社之福，谈笑而拯生灵之命。肸婴侨札，麟经韪焉。然而承学之士局步乡曲，墨守训诂，无裨巨艰。琴书偃仰，止于一亩之宫；弋钓栖迟，尽于三宿之恋。求其建旗大瀛，秣驷绝域，妙达时务，动协机宜，盱衡当代，胜任者鲜。

我朝洋禁宏开，圣怀柔远。鹣落鳛部，视道若咫。关津财赋之薮，水陆绾毂之区，蛎舍蜗房，楼居相望，由是皇华之选，特重邦交。南海樵老尚书含秀河纬，作世霖楫，括地绘象，磨崖勒铭。聚米而如对狼胥，奇情飚翥；辟牖而欲窥乌弋，壮志虹骞。九边吹笳，负越石之伟略；万里跛浪，乘宗悫之长风。乙酉六月，奉命出使美利加、日斯巴弥亚、秘鲁三国，丙戌二月展轮西行，遂历欧洲亚墨诸岛。羊胛夜熟，禹迹未至之墟；鸟羽山齐，周辙罕经之所。敦槃和会，冠佩雍容。誉洽邻封，辉增华夏。交际之暇，涉笔成录。天时寒燠，山川夷险，民俗雕朴，物产盈耗，以及中朝亲故，时寄笺缯。异地官僚不乏谈论，凡有所触，例得备书。庚寅节旋，上适咨询，公因奏对详晰称旨。仲夏五月始将日记编纂进呈,有诏留览,都中人士咸欲快睹,爰取是帙,检付剞劂。燃脂暝写,宜贵洛阳五色之笺;枕秘遐探,何减方朔十洲之记?以视凫旌阴羽,爻间但列其名;露犬纨牛,王会未述其状。奇肱之车,因风偶至;长臂之服,沿流得珍。天马蒲萄,搜牢于荒裔;邛竹蒟酱,殚物色于殊方。转觉前贤输兹闳览。然则登常山而获宝符,屯祈连而断右臂。强弱翕张之数,虚实避就之形,是在读者善会焉尔。岁在旃蒙协洽陬月,汉川黄良辉谨序。

屠寄序

盖闻黄帝省方,营卫周于万国;赤县徧壤,神皋外有九州。然前史目不睹昆仑,妄辨河源之误;长老足不出安息,谬云日入匪遥。博望凿空,财通大夏;甘英临海,未达黎鞬。况乎穹员不补之区,大矩绝维之地,昼夜相反,人鬼乍分。若士瞢其东西,竖亥眯其南朔。酋豪争长,建国蕲过乎百年;琛赆相望,慕义能通乎九译。我圣清化覃幽显,政在怀柔。王会之廷,缋衣冠而数贡;光国之使,犯星宿而浮查。光绪十有一年,南海张樵野尚书奉命出使美利加、日斯巴弥亚、秘鲁三国。宣德化,固邦交,近代故事也。公量隘区中,智周象外,练习边事,通三十六国之情;广览地形,明八十一分之数。是以张旃出境,有专对之才;杖节殊庭,称朕使之选。契丹骑屋,观许将之威仪;郭震立谈,得赞普之要领。

自谓此段使事厥难有三。约法平等,损益在权。外情向背,伺我虚实。黄龙清酒,秦昭念功之词;天马蒲陶,大宛畏威之贡。汉家内治,乃班建始四条之书;唐业中衰,别立彝泰七年之策。今杖国威信,宾是遐荒,颇无缯絮之赍,饶有波涛之险。留犁挠血,未寒白水之盟;赤岭树碑,尚守神龙之誓。然言语约束,谊属羁縻。支拄岁月，讵堪长久？此一难也。

交广市舶，前代已通。江汉榷场，今日殆遍。呈表怪丽，诲诱奇淫。玉卮无当，金货外泄。帝女堙海，木石有时而穷；愚公移山，畚锸仍世而具。犹以西域本贪汉缯，北人兼嗜酪奴，交易有无，盈绌等比。近者永徽蚕种赐入吐蕃，顾渚茗芽移栽捐笃。资我丝荈，日月浸微。必令彼族自拔已植之根株，而训齐人不贵难得之货用。此二难也。

李斯入秦，虑见斥逐；张仪在楚，辱及捶笞。况乃边鄙流庸，依托绝域，龙支遗户，岁时私具。唐衣马流，种人子孙，自别汉姓。主既畏其喧夺，客又不能取容。朝野同心议下，一切之令载书将改，空以百口相争。此三难也。

因是三难，乃求五益。自昔闻喜制图，旁探商胡之口；炫之作记，杂采道俗之书。山川险易，经途曲折，迹匪躬履，语焉不详。海中思土，舟子之言本诬；国旧无人，鬼市之名定误。而羊胛候日，穷北有不夜之天；驼鸣知风，极西有流沙之壤。平子铜龙，远知地动之向；武乡流马，近省粮运之劳。圣贤制器利人，势非得已。不若偃师胶偶，止导荒淫；公输木鸢，自尝机巧者也。彼宛渠造舰，绝海沉行；奇肱作车，陵飙飞驾。亦思马之新炮，权舆火攻；泥盘罗之激泉，滥觞水法。匠心争巧，后出愈奇。取彼所长，致我有用，是可考工。

火浣入贡，笑魏文之失言；楛矢集庭，病陈人之寡识。河南舞马，拜伏应声；海西幻人，支解自属。袖长三丈，沃沮浮至之衣；食受五升，毗骞赠遗之器。至乃儿总树上，羔生土中。象齿若门，鸟卵如瓮。沉沙栖陆之宝，隐海藏山之琛。方国以之炫奇，君子因而多识。是可辨物。

公以侨札之才,当骞超之地,浮大瀛者九万里,周广轮者十二分。方朔滑稽,颇传神异;司空博物,能数家珍。举牍上陈,经留乙览。十洲三岛,咫尺聚米之中;五饵九攻,施设借箸之表,岂第备周官之外史,通别国之方言?夫首足易位,贾生谓之倒悬;骨髓有疾,越人望而却走。今之安攘,理无他术。但使尊贤上能以平吾政,强本节用以振吾财。农战并修,而赏罚之出必信;水陆虽远,而舟车之道速通。条支陆道,新通一脉之河;大秦飞桥,曾跨卅里之海。史文违合,目验能详。职方所遗,箸为外纪。是可释地。

广谷大川,异制民居,其间异俗。况乎政教不及,风气固殊?彼千祀无元,不置闰月;七日参礼,共事祆神。部族显立朋党之名,婚姻靡待媒妁之约。举国逐末,工数金银之钱;生民大本,翻后耒耜之教。此其所蔽也。若乃假立名王,得共和之政体;议事自下,沿樊尼之旧风。陈若鱼鳞,加有节制;法如乌杖,不立杀刑。至于绵蕞之间,亦复略可观采。宫廷赞谒,鞠躬而不顿颡;道路逢迎,免冠而行握手。出则杖策,居不裸裎。食舍箸而持割刀,衣裼裘而短右袂。此皆礼失在野,习用近华。不特五帝名官,宜访于郯子;六条作教,不绝于朝鲜而已。是可通俗。

胡墓铜棺,篆盖多象形之体;裨海石柱,遗铭近鸟迹之书。知画革旁行,亦彼中之隶变;字母反纽,实后起之梵音。论者谓汩鸿以前,同文盖远。是以粼粼冰海,崖泐幽门;杳杳澳洲,山镌画象。今拂菻古字,犹传景教流行之碑;盟古篆文,新得钦察亲军之印。印得于呼伦贝尔蒙古,篆背镌大德三年,楷书。是可征文。

翠妫法天,在璇玑而齐政;炎姬行地,滕越介以司南。饬工商之艺,使器不外求;发山泽之藏,使货不自弃。然后荐绅之儒议和亲,介胄之士厉武备。外重番舶,下碇之税以塞其流;内驰汉物,阑出之征以广其利。就款则珠槃玉敦,而正互市之约;梗化则飙驰电掣,而奋薄伐之师。何难回驾甘泉,受呼韩之伏谒;假馆太仆,待颉利之羁降。乃若从衡连解之谋,阴阳捭阖之数,行人受命不受辞,公固未愿一一箸之也。

光绪二十有二年二月武进屠寄序于齐齐哈尔城西使馆。

阎迺竹序

南海尚书张公,尝奉使美利加、日斯巴弥亚、秘鲁三国,舟车之所经,耳目之所及,逐日笔记,始于光绪丙戌二月,迄于己丑十一月,为书八卷。既奏御矣,命迺竹雠校付刊,且敦序。谨缀言曰:昔日春秋时列侯争雄长,会盟聘頫,行李往来为命,有辞见称宣圣,盖一言之得失,而国之荣辱系焉。方今海禁宏开,合环球诸邦为一大战国,通商互市,内地杂居,华人之谋生异域亦无虑数十万。朝廷轸念遐氓,重联与国,妙选使臣,其难其慎,顾世之猥琐者,恒昧于大体,或稍通外洋语言文字,遽翘然以为奇材,而惟其儒术者,则又一切鄙夷不屑,徒为放言高论,于险阻艰难情伪概未究心,二者之蔽,盖交讥焉。尚书负闳通之材,膺专对之任,莅事伊始,即值美国驱逐华工,苛禁虐例,层见叠出,公反复辨论,破其谋而折其气,卒至洛士丙冷诸案,收赔款钜万,为历来办洋务之所无。盖公之信义素著,而导窾批隙,洞烛机要,其操纵缓急运用之妙,岂猥琐执固之徒之所能及哉?韩子曰“学有经法,通知时事”,公当之矣。今观此书,于三国之山川物产政令风谣以及交际之宜,有触必录,不特后之往者,流鉴是编得所凭依,即未曾游历者,亦不啻问禁问俗,盖殚见洽闻之一也。然公之所尤措意者,则在乎日用伦常之道,故于谆谕华人申动其忠爱任恤之心,而于西俗之有近似于吾道者,亦亟书之。德义礼教,固难概之彼族,而忠信笃敬,蛮貊可行。公之运量于斯为大,此又岂庸俗人之见之所及哉?至于偶然涉笔皆有妙趣,公之馀事不足为公重也。光绪丙申夏五,朝邑阎迺竹谨序。

甲午日记

光绪二十年甲午(1894年)

正　月

初一日己卯(1894年2月6日)　晴

寅初诣慈宁门行表,卯初朝贺,卯正二刻上御太和殿,朝贺礼成。户部兼军机章京者抄送上谕:奉懿旨赏赉在廷臣工。余蒙恩交部从优议叙,高阳赏戴双眼花翎,因约至黄酒馆商办谢摺,言者所谓东华门外酒家也。既自拟稿,又为高阳商订两稿,筠丈亦至,皆谋订谢摺也。高阳既完稿,专足持回室中照缮,余一稿封交鹿培照缮,留有太后谢摺一分,各得其半,时已午初,太和殿筵宴矣,遂分趋往。余仍带领朝鲜使臣,高阳带庆隆舞,均换蟒袍补褂,管筵大臣亦然,其预宴诸臣则皆朝衣冠也。都察院预设一桌在殿西檐下,与理藩院桌相对。蓉浦以一桌只应一人,遂去之,其实兰台五堂均同此桌也。有桌无坐褥,颂阁大怒,谓须弹礼部,余告礼部只管桌数摆设方位,坐褥则内府事也,颂阁默然。随告豫甫为移两褥,颂阁可以安坐矣。午正上升殿,一切如仪。余带朝鲜使臣跪领赐酒毕,余先归矣。急草谢疏付鹿培缮交总署章京呈递。晚震东来,共饭。戌正睡。

初二日庚辰(2月7日)　晴

寅正递谢摺。旋诣西华门祗候乘舆,道旁泥首谢恩。同官到者济济,诚盛事也。旋往礼邸、庆邸道贺,返寓巳初,少憩,即赴总署。顺道拜客,晚约山舅来寓谈宴。丑正睡。

初三日辛巳(2月8日) 晴

连日早起,复有酬应,今日决意杜门。乡人陈香轮、梁莘农、凌润台为余豫祝,席间放烟火花筒,亦足点缀春景。

初四日壬午(2月9日) 晴

余生日,朋旧向有往还者并来贺,令阍者谢之,徒增一番酬应而已。午初赴户部,同人并到,各司上堂贺年,判稿,画诺,阅摺,申初乃毕。旋往礼部,各堂均散矣。南四司印稿未散,循例上堂贺年,随阅精膳司奏稿三件,皆廿五日慈宁宫筵宴事也。礼部今日加班,复准军机处交片亦既慎重矣。主客司掌印来言,初十日紫光阁筵宴蒙古王公,请余带领朝鲜使臣赐酒,余诺之。告以奉旨改为初九日筵宴,该司唯唯。旋持总署咨文来言初十日总署接晤西使,既有紫光阁之役便可注差,余重晓之曰紫光阁因初十日斋戒,奉旨改初九日筵宴,总署接晤西使系初十日,两不相绊,该司又唯唯而退,可谓颟顸极矣。堂事毕,诣韩文公祠行礼,归途便道拜客,返寓已晡。山舅、香轮、润台、莘农、傅少泉、邹小亭在寓谈宴,希九亦来。竟夕闷闷,颇有一人向隅之慨,殊无谓耳。

初五日癸未(2月10日) 晴

午后往西城为醇邸寿,出入宣武门,酬应贺年,抵暮归。山舅、香轮、润台、小亭、少泉在寓饮。礼部当月官禀单初九日紫光阁筵宴,仍循旧,稿作初十日。行文遣奴子询之,北司印稿来言其误,已更正云。礼部近日典礼繁重,司中如此糊涂,诚可虑也。

初六日甲申(2月11日) 晴

理藩院今日奏事,一尚书两侍郎均不递膳牌,庆侍郎召见不到,均奉旨议处。蒙古年班,来者甚盛。理藩院向系逐日进内,俟正月十九日蒙古王公请回安乃无事云。午后往东北城拜客,诣山舅贤良寺,晚饭长谈。

初七日乙酉(2月12日)　晴

叔平大农约同僚春酌。原订午刻,福箴相申刻始到,灯后散。重观石谷《长江万里图》卷,假《遂园禊饮图》归,细阅。图为徐健庵尚书、尤西堂、钱湘灵、盛符升诸老所作,禹鸿胪所绘,共十二人题跋可考也。叔平大农题词于后,足征掌故。画亦淡雅,可喜!廉生近为迟庵《题南皮相国画册》作长歌一首,见示,为酌数语,还之。正欲就枕,库官禀,请明日赴库。同事并推委,余若从回库,事将谁属也?明日户部加班,本有可说,强诺之而已。

初八日丙戌(2月13日)　晴

孟春时享,寅正上诣太庙行礼。户部奏事,虽非直日,亦应站班。丑正诣直庐祇候,卯初班退,大农约往大金吾公所商派庆典司员,同堂均到,只立豫甫未来。翁大农又须往会典馆开馆祀神,辰正始集,豫甫已遣人邀箴相去矣。同堂各派八员,余有赴库之役,草拟一单交叔翁汇封送箴相。如有重派,便可剔出也。此差议派逾两年,今日始定,且费无限转折,箴相可云慎矣。午后赴库,收银五万两,未刻出城应壶巢京兆之约,山东团拜公会。抵暮归,途往火神庙,车马寥寥。

初九日丁亥(2月14日)　晴

上御紫光阁筵宴,蒙古王公活佛喇嘛视保和殿典礼,有别向例。正月初十日以大祀祈谷坛斋戒,奉旨改定今日午正。侵晨绕景山至福华门,本拟顺道拜客,又恐误差。巳正祇候,与麟芝相同到班,访豫甫假坐祇候。谟贝子有管宴差,已先到矣。礼部帐房已支盖，朝鲜正副使臣、从官等均到，而主客司、会同四译馆卿阅其无人。少顷，豫甫来言，皇上改定巳正二刻赐宴，于是急觅司员，仍无消息，随询通官，尚有至者。正焦急而内侍传宣上将御殿矣，与麟芝相亟趋登紫光阁丹陛，询谟贝子站立之处。站定而上自后扇槅升御座，较昨日所传改早六刻。执事百官多误，入宴之蒙古王公亦误，有匍伏入座者一人。管宴大臣未到者睿王，前行后扈大臣未到者将十人，崑筱翁管宴，幸赶及。余带朝鲜使臣领赐酒，向听殿上国语传呼，届时六通官导两使臣丹陛立候，余幸无误。司员仍无一人到也。赐酒既毕，始见帮办馆卿多符请余带领使臣跪送。将下丹陛，主客司簿掌印龚镇湘始到，若辈真不成事体矣。及带领该使臣跪送时，多符谓礼部堂官亦跪，余初承此差，一切听之而已。差竣拜西城之客，在延希九宅少憩，闻其度岁拮据，后日为母寿，恐菽水亦不备，因留予百金。绕前门至礼部，高阳、密老、石农将散，余询主客司印稿，无人，随告仪制司以今日紫光阁该司误差情形。仪制司言带朝鲜使臣跪送，礼部堂官例系肃立，不跪。当令传语主客司将例本明日带内一览。随往唁肃邸，复至总署，阅叔耘长电，谈缅界务也。又周视西厅一遍。

初十日戊子（2月15日）　晴

礼部加班。膳牌既下，与同堂诸君同至隆宗门外直房，候内府堂官到齐，同诣慈宁宫恭视筵宴方位，内府并约定十六日先行演礼，当告所司行文。随出返寓。而户部封奏稿来，须核画详阅旧案，历两刻。甫就枕，总署来言南皮相国已到，请往陪堂，匆匆赴署。六部三院堂官陆续至，各国公使午正至，法、俄两使皆有颂词，庆邸分别会之，各使行后总税司、同文教习、法教堂教士先后来贺。申正始毕。乘间与庆邸商定十九日朝鲜使臣例请回安。今年恭遇慈宁宫筵宴,该使在两班之末,若既请安,则不应入宴;否则十九日不请安,俟廿五日筵宴后遇乘舆出宫时道傍成礼。庆邸以为然,先于届日面奏,仍嘱礼部自行摺奏。余诺之。散罢后,便道贡院左近拜客,抵暮归,幸不甚疲寒。

十一日己丑(2月16日)　晴

今日本拟撇却各署公事,为厂肆之游,讵户部有分派笔帖式随办庆典之事,仍赴户部一行。递牌子,笔帖式三人全派,添派景彤、张启芬、恒昌,当不致贻误也。出城至德珍,易便衣,往火神庙。遇廖仲山、李苾园、裕寿田、立豫甫,略与周旋。豫甫述十六演礼之事甚详。旋往茹古、晋古,皆无所得。茹古有石谷两卷,尚不错。

十二日庚寅(2月17日)　晴

辰正诣圜邱站班,午初乘舆至。班退,徐出礼部。小马以泥路冻解,宜绕皇穹宇循石路行,余以泥路能来便能去,斥之。讵高阳行至一小沟,竟踣于地面,为草根所损,至于出血。余深悔之,然已无及。高阳匆匆归寓。急遣人询之,敷药睡矣。桂生约偕豫甫至义胜居午饭,同为厂肆之游。饭毕桂生回宅,余与豫甫同往,仅到德宝,车已塞途。豫甫步行至火神庙,余赴卢邠岐之约,即借榻其家,以便今晚坛差也。

十三日辛卯(2月18日)　雨水,晴

丑初起,饭罢,诣天坛已丑正。始知今日祭祀皇上改早六刻,礼成始寅正,幸未误差。仍回邠岐处补睡。至午又酬应都察院团拜,并为额相补祝。

十四日壬辰(2月19日)　晴

户部加班。寅初诣直庐,上诣奉先殿行礼,各部院奏事者均在九卿朝房门首站班。退值后户部档房司员携稿就判,殊繁。返寓

辰正矣。补睡既足,往总署料量。莱翁索题青老画册,行当有以应之。

十五日癸巳(2月20日) 晴

上御保和殿筵宴内外王公,汉一品大臣、满一品二品大臣,余带朝鲜使臣领赐酒,差竣即退。寒甚,几不支。午后出城至粤东馆,祀乡先达。复至杨莲甫宅春宴,因得假观《论古斋王恽合璧册》,索二千四百金者,赝物也。抵暮归寓,约伍秩庸、杜焕民、山舅来寓看烟火。

十六日甲午(2月21日) 晴

辰刻诣慈宁宫演礼。太后派内监李莲英立宝座旁,礼邸与语甚久。礼节诚繁重也,大农与余认定宴坐,先退。访驾航一谈。旋至总署阅摺,为瑞典领事请宝星一片,叙次不合,语美股抽出。

十七日乙未(2月22日) 晴

总署奏事,寅正到班。膳牌既下,徐步至隆宗门外直庐少憩,以备巳正演礼,仲山先归矣。受之召见后亦来,麟芝相适来。甫卯初三刻,内间传宣演礼改卯正,已进轿矣。芝相、受之与余急趋慈宁门。豫甫茫无所措,各署承应之差多未备,礼部堂官有执事者,均未到。该司请余权代其役,余告以带领朝鲜既已专属,今日朝鲜不赐酒又须兼管别差,无此情理,此次衔名由户部开送,例应入宴,不能代劳也。正纷杂时,旋奉传宣演礼仍巳正。遥望殿门复阖,百官多出,余与受之、豫甫假座祇候,豫甫并为备点心,可感也。巳初二刻,上由启祥门出慈宁宫东阶,上率百官演礼一遍,旋回便殿,召见庆邸,复由东阶升御座,看百官演礼一遍。未正退班,返寓。筠丈来,共饭毕。驾航来谈。今日粤馆团拜,余倦甚,略睡片时,已灯时矣。饮酒观剧,即宿馆中,寒甚。

十八日丙申(2月23日)　晴

巳初起,饭毕,约辉廷来谈。旋赴青相福寿堂之约,抵暮归。

十九日丁酉(2月24日)　雪

午初赴户部开印,礼成后,画稿阅摺。未初赴总署,雪花纷飞,天气骤寒,与仲山、小云共饭。旋至同文馆周旋,汉洋教习例宴,事毕,仲山先行,小云在署堂剃发,署中有官匠也。余赴崑小翁宅为太夫人寿,观演迄晡而归。因约伍秩庸、山舅来寓晚饭,谈至寅初睡。秩庸即寓宅中,后日回津云。夜雪。

二十日戊戌(2月25日)　晴

巳初诣慈宁宫演礼,较前齐整,约记乐曲:太后升殿时中和韶乐奏豫平之章;进茶时丹陛清乐奏海宇升平日之章;进爵时丹陛清乐奏玉殿云开之章;用馔时中和清乐奏万象清平之章;百官谢宴丹陛大乐奏益平之章;太后还宫中和韶乐奏履平之章,计中和乐三遍,丹陛乐三遍。庆隆舞、高丽金斗诸伎,礼部承应;缅甸、回部诸伎,内府承应,名目甚繁,须详考也。申初至筱峰宅观剧,灯后归。今日演礼既晴,退班微见雪点,午后晴矣。入夜北风,地复冻。

二十一日己亥(2月26日)　晴

户部值日,寅正三刻到班,行至东安门桥,苏拉纷言有起,急趋进,与麟芝相、志兴山同日召见,吏部亦为董舒明捐案复奏也。及入见蒙询及此案,当将舒明捐案卯期及户部核准年月详陈一遍,户部捐案八次,均系“舒明”,并无“董”字,与吏部同。上问:内府何以舛错至此?谨奏言:臣部业已详查片复。上颔之。复奏言:永定河工奉旨拨费三十万金,已电直督派员来领,并令附告河督。上颔之。旋问总署近事,谨奏言:日本银婚奉旨后已电汪凤藻预告外部,并令章京酌配如意、陈设、绸缎、绣屏四色,西俗赠遗向只一物,中国厚往之意,如此实为多品。只是前赠英德两国均八色,太少似亦非宜。复奏言:太后万寿庆典已照会各驻使,均有回文,极形舞蹈。上颔之。又奏言俄使请见,与订廿三日申初,该使患耳,近渐愈,可商公事也。遂退,芝相候于刑部直庐,与谈片刻,各述舒明捐案所对。户曹纷来画稿,事毕即行。未正至礼部阅摺。复至总署,受之、仲山在坐。先后散,余以美股一稿详订删改,灯后归。

二十二日庚子(2月27日) 晴

礼部值日,奏派知贡举。圈出仆正常萃、阁学唐景崇。午初至户部。判画毕,赴安徽馆,燮臣、子斋、颂阁、仲山、柳门、子密、桂生、筠丈公宴。竟日昆戏,颇不易凑集也。旋赴额相之约。晤庆邸,商出使大臣报效庆典事,未能遽定。晡后归。

二十三日辛丑(2月28日) 晴

户部加班,三库递月摺,总署、户部会海军衙门复奏湖北铁政事。寅正到班,翁大农约谈片刻,与柳门同散。午后往啃肃邸,送奠敬廿金。旋至总署接晤俄使。莱山、小云、受之同在坐。俄使为租界来商而不能举俄国之意相告,但云中国所拟界俄不能允而已。惟言嘎尔斯已病愈,遂电竹筼与商,较切实,同事先后去,余以墨西哥约事重费斟订,灯后归。微雪。

二十四日壬寅(3月1日) 雪

午初诣西苑门祗俟。至未初皇太后乘舆还宫,跪道谢优议叙恩,时正雪花六出,幸随下随散,不致霑濡。高阳以明日恩赏三品以下由礼部颁发,约询福箴相,遂至南厅。今年京察,理藩院尚书松吟涛、侍郎志馨山、礼部侍郎景弗亭,以才具平庸,原品休致;兵部尚书乌达峰以年第衰病,原品休致;理藩院侍郎庆云亭以才具稍短,年力尚强,以三品京堂降补。松、庆两公尚随班跪道,未见邸抄也。

二十五日癸卯(3月2日)　阴

寅正起,诣慈宁宫,与翁大农同入,筵次露坐。卯初三刻,上自慈宁宫门入,升殿百官甫立,卯正二刻太后由后扇槅登宝座,乐舞宴饮,悉如礼部奏定仪节。辰初二刻,礼成。大农、仲山自携布囊满盛筵宴果饼,余袖苹果两枚归,给琬儿、柏儿。午后赴总署料量,返寓已晡。若农谢摺为增订一分,虞裳饬供事缮交来差呈递。

二十六日甲辰(3月3日)　晴

礼部具奏庆典,寅正到班。膳牌下,返寓少憩。辰正诣慈宁门,长石农、志伯愚先到。余就内府大臣直房祗候。巳初皇太后由扇槅登宝座,皇后率公主、福晋、命妇跪迎入宴。进茶,内监将事;进爵,奉派端郡王福晋。乐舞仪节悉如礼部奏案。礼部堂官分带庆隆舞,石农带司章至殿檐下,余与伯愚带司节东西分立丹陛槛下,俟喜起舞事竣,仍分东西退至慈宁门外,礼成而出,时巳正二刻矣。敬子斋补兵部尚书,崇受之补理藩院尚书,克秀峰调户右,裕寿田补总宪,荣迪甫补兵右,志伯愚补礼右,会东桥、溥玉岑补理藩院侍郎,均于昨日奉旨,诸公纷纷谢恩。受之蒙召见,余诣慈宁宫时相遇于东华门,不及交谈,午后访之,订初五公局。便道为诸君子修贺。又至增知畋、海赞亭处一谈。赞亭方以儿子蒙恩赏俸一年备摺陈谢,仍用寻常白摺且只一分。余告以庆典恩赏应备两分,均黄面红里,举熙溆庄前日得处分之故晓之,赞亭欣然。适该旗章京来,遂面告之。赞亭允赠余鼻烟,经年未暇往试,今日试之尚佳,携去一瓶。赴总署料量,并请总办为缮初五公会请帖,饬马差分送。晡后至贤良寺,邹小亭之约。京察照旧供职谢摺,二品以上由内阁汇办,昨承知会,今日呈递旋改明日,或者堂衔易缮不及也。

二十七日乙巳(3月4日) 晴

前日慈宁宫筵宴蒙太后恩赏福字、白玉如意、铜手炉、磁花瓶、江绸袍褂、帽纬、荷包、漆盘共八色,向系宴毕分给桌上,所谓盘子赏也。诸臣压二金于盘,内监所得,即代捧交门外苏拉转交家丁携归。此次恩赏至三百馀份,内府请旨先欲领出储于太和殿旁库中。昨日始由笔帖式携印文领回。初蒙恩赏,何幸如之!未初至总署,与庆邸、受之接晤德使询庆典受贺仪节,约举告之。

二十八日丙午(3月5日) 惊蛰,晴

大学士九卿团拜,假皖馆布席,演玉成班,□灯与堃子崖、陈桂生、祥仁趾、志伯愚,丑正散。伯愚来寓,假元青褂进内,余以明日库事照例注差。

二十九日丁未(3月6日) 晴

辰刻赴库,共收银十二万两,共放银十二万六千九百馀两。中多蒙古王公俸银,每旗几人分别封包,琐碎之甚。其外蒙古人极诚朴,领俸后向库门叩头而出,可嘉也。申刻封库,仍到前堂判画。翁大农、陈桂生已散。熙溆庄在坐,与谈片刻,事毕余亦行矣。昨日团拜之后诸君子不以为累,仍到署办公,精力有馀矣。

二　月

初一戊申(3月7日) 晴

卯刻上回驻西苑,百官跪道恭送。辰正归寓,午后出城粤东馆,罗小豪之约。晡后便道访迟庵,久谈。

初二日己酉(3月8日) 阴

户部值日,寅初到班。上还宫吃肉。与大农诸君站来回班,巳

初返寓,未正赴庆邸之约,灯后归。

初三日庚戌(3月9日)　晴

礼部值日。蒙召见,询及礼部所办筵宴事,圣意颇以为无成案而不错为难,可胜寅感。午后赴总署〔料〕量。随赴克邸之约,承挽留之再,亥初归。

初四日辛亥(3月10日)　晴

辰初赴库,共收银十八万馀两,共放银十七万馀两,未初封库。往前堂判画毕,出城唁区静轩,以将星奔回里也。旋至财盛馆,直隶团拜。酉初入城,访新吾,少憩。诣迟庵晚饭,丑初归。

初五日壬子(3月11日)　晴

仲山、受之、迟庵、小云与余五人公请庆、礼、端、克、那五邸,额、张、福三相国,内府四堂,在受之宅演剧,甫及灯时,客主星散。只余与受之对坐,殊无意趣,余亦归矣。

初六日癸丑(3月12日)　晴

麟芝相约为公宴,熙淑庄、崑小峰、怀少仙、寿午清、长石农、崇受之与余共八人,合请九卿团拜,三客,麟芝相谆嘱承办,余亦搭桌款,刘毅吉、张子颐、陈哲甫倩震东作陪,葛振卿不辞不到,必相左矣。晡后归,访廉生,贺得京察,承留晚饭,与伯羲纵谈。

初七日甲寅(3月13日)　晴

午后赴总署料量毕,诣山舅贤良寺,傅少泉之约,子正归。

初八日乙卯(3月14日)　晴

午后赴户部、礼部。酉初返寓,约子颐、伯纯、仲莱、新吾、远斋、震东小饮。与远斋对奕,连败之。

初九日丙辰(3月15日)　晴

翁大农昨以蜀中有监生某,癸巳已中顺天乡试举人,礼部要缴销监照，始准会试。该生监照未携行箧，甚以为急。余昨赴礼部询南司，系向有此例，所以杜冒照重应试也。会试后补交亦可。转语大农，甚为喜慰，盖大农门下士也。午后至总署与庆邸、小云接晤美使田贝，因病请假回国，其子田夏礼代办使事，田贝嗜酒，年逾六十，遂患小便频数，美俗患此者甚多，或地土使然乎？申初出城至打磨石厂，商定粤东老馆修建之式，约新吾、罗西林看风水，均谓地运当旺。虽极坍塌，而旺气不衰，看毕饮于天福堂。晡后返寓，垲儿来电，科士达今日自港北来。

初十日丁巳（3月16日） 晴

户部值日，寅初到班。皇上御中和殿看版，乘舆甫出乾清门阶级，忽有一人从豹尾枪内出，跪道旁呼冤。上讶之，侍御即缚交军机处讯问。其人自言宋文刚，河南人，军功都司，因统领郭宝昌保举不公，特来叩阍。诘其何门混进，则云进神武门后见有手提角灯者，尾之，随入隆宗门。诘其身上呈子，则云倩人代写，自己不识字，状类疯魔而头戴翎顶，身穿外褂，颇类诸王随从，故能混入也。其人光绪十八年曾因叩阍逮籍，可谓冥顽不灵矣。照例交刑部，而是日值班前锋护军统领、值班章京已奉旨先行摘顶，交部严议；左右翼总兵亦交议，从此门禁加严矣。是日余偕户部同堂六君同在九卿朝房门站班，八旗都统值日者亦站于此班次，已闻有人叩阍之事，续询军机章京，审其供词大略，是亦妄人也。午后赴总署与庆邸、莱翁、受之、小云往法馆为李梅送行，入门而仲山亦至。李梅不候新使到京带见，遽往沪上交替，使馆又无代办之人，殊违使规。谈次讽之，却不愿留以待新使也。李梅驻此数年要求之切者，天津铁路工程、朝阳教案赔款、濒行求宝星，均驳拒之。此次回国难保不为祟，当函复北洋之使，缕述嘱电薛叔耘。另为书贻叔耘，并及遵义教案先事预防济否,仍不敢必耳。旋赴户部,翁大农已散,随往访之,以早朝时曾相约也。因将沪关具报正月磅价摺、赫德条陈磅价节略付之详阅,大农亦已忘之矣。户部事繁,此其一证。

十一日戊午(3月17日)　晴

丑正诣社稷坛点香,视笾豆侍仪,卯初返寓。午后至总署,小云、仲山在坐。前日复试之周学熙一等,准其会试;汤宝霖三等,罚停会试一科;陈步銮罚停两科。陈尚能文,唯诗题误缮两字,宜罚也。文题:比而得禽兽;诗题:且要长竿钓巨鱼。

十二日己未(3月18日)　晴

总署章京报效庆典二千金,为之代奏。寅初到班,仲山期约不至。直房晤知贡举,长润生言后日复试题目,有须俟阅卷大臣到齐后始收者。余告以上科复试送交知贡举礼部堂官差使便耳,润生言丙子科系俟阅卷到后始收。崑小翁晓之曰:此陈样子,近科皆不如是。余谓:若必俟阅卷到后始收题目,则此钦命题目晾搁于龙门外,殊非慎重之道。与其如此,我当请奏事处缓发,俟知贡举接收时乃送。润生闻之颇窘,徐密语余曰:阁学一缺明日出科,若蒙升补须陈谢,十四日不能早到贡院。余曰:果尔,尚可将就,若必专候阅卷大臣,无其理也。午后赴礼部告所司(别)〔另〕请别堂送题目。旋往西城访丁珮瑜、树人两世兄,贺沈鹿坪补宗丞。出宣武门南海馆,应海峰之约,晡后归。承伯纯、张子颐招饮,与远斋奕,又胜远斋,输绍酒一坛。

十三日庚申(3月19日)　晴

英使约晤,午后赴署,与受之、小云、仲山同接晤,极三时之久,帕界逻事,沪上火油池事,端绪纷如。小云将问答携去阅正,余别有牵缀,灯后始毕。受之坐候久之,先散矣。

十四日辛酉(3月20日) 春分,晴

寅初二刻,诣朝日坛陪祀。甫出东口,乘舆已发,警跸飞传,不能前往,遂返寓。幸是陪祀,若差使则误矣。午后往文贡三、志伯愚、寿午清宅道贺,仅晤午清,久谈。旋赴端邸之约,晡后绕前门归。

十五日壬戌(3月21日) 晴

户部加班,奏还洋债并拨借出使经费。寅初到班,蒙召问磅价及出使经费实存数目暨总署近事,谨条对并将李梅回国情形缕陈之。是日吏部复带京察,又与廉生相遇于德昌门内,与初三日同。退值与豫甫晤谈数语,即返。午后至总署料量毕,诣山舅贤良寺,因有护月伐鼓之役。返寓,候礼部封会不到,单已另请别堂矣。约山舅来寓晚饭,俗言月蚀时饮啖犯噎病,子初复圆乃饭,幸不饥。

十六日癸亥(3月22日) 晴

山舅移寓城外小马神庙,辰刻乔迁,盖吉时也。巳初赴库,收放共七十馀万,内有朝鲜赏、两陵俸饷,繁碎之至,申初乃竣。库官以余不往前堂,坚请留坐以清厘存款备盘查,遂至酉初始归。便道访廉生,遇雨。梁莘农候余于宅,意以晚间仍可出城,谈笑自若,余告门禁加严,非曙不能出,莘农愕然,因留共晚饭,并为解榻。夜雨。

十七日甲子(3月23日) 雨

午后赴总署接晤德使,火油池事也。余坚持不允,徐筱翁虑不能遏。客冬十月廿四日行文南洋,有查明无碍民生便不必拘定前议,又商局可否同办之说。南洋得此意,遂活动德商,油池业既筑成,沪关无一字禀报,及油船到沪乃达于总署,筱翁力言木已成舟,无可追论,德使来询其事,筱翁仍作是言。余语德使曰:前日德领事司艮得面承北洋之谕,计已电达矣,北洋嘱立防险赔偿各节极为

简当,请告领事遵行。德使唯唯。余复诘之曰:此事本署未经商定而德商油池遽筑,油船遽来,中国亦遂通融准办,设德国外部未允之事中国亦欲强办,德国必面照准,庶符报施之谊。德使默然低头久之,徐曰:中国有益之事,我必相助。殆亦良心难昧欤?德使行后,筱翁转以改造工货机器进口为虑,仲山遍觅旧案,嘱余电复北洋,济否仍未可知耳。上年油池行文时,正盛杏荪自津赴沪之顷,商局同办之说所由来也。申正骤雨,先之以雹,入夜始霁。

十八日乙丑(3月24日)　晴

丑正赴厂桥关帝庙,视笾豆侍仪。由禁城外绕行,泥泞之甚,三刻始达,幸已霁矣。圣驾寅正二刻到,礼成则大曙,陪祀王公百官近日较齐整。今日户部值日,福相对引,溆庄备查坛庙,桂生、杏峰陪祀,余承礼部差,值日到班者翁大农、立豫甫两人。午后赴户部,事毕至礼部,伯愚在坐,与调阅周、汤、陈复试卷、朱墨卷。周殆佳士,陈亦可造,惜字画大干枯,恐非远到之器,但罚科而举人无恙,亦可喜也。随出前门循城根至下斜街,为徐季和送行。全浙馆林氏昆仲贺寿。抵暮归,途经护城河,诸童叠石溆水,潺然有声,东风吹波,竟类瀑响,城市而有山林之观。

十九日丙寅(3月25日)　晴

礼部值日,寅正二刻到班。适苏藩邓小赤满俸,来京陛见,文云阁江南典试复命,相与周旋。退值,至静默寺小赤寓斋略谈片刻。志伯愚有主宴之役,须往礼部,遂就余寓小憩,余亦补睡至巳刻。饭罢伯愚赴礼部,余赴总署,旋诣青相宅。青老旧居外观不甚壮丽,而庭院颇佳,间隔亦好。荔生之病,驾航尚不悉也。

二十日丁卯(3月26日)　晴

户部加班带引见,礼部加班奏事,总署例保章京并陈帕界,寅正二刻到班。今日引见者,两部三旗;加班奏事者数处,摺匣辰正始下,其时带领引见已蒇事矣。高阳复试出场,与谈良久。巳初归,午后往西城李木斋寓晚饮,刘静皆同作主人。亥正归,阅抄,那桐补云南司郎中,余兴补贵州司郎中,陈宗妫补广东司郎中。

二十一日戊辰(3月27日) 晴

朝鲜贡使李正鲁等起程回国。复试等第单刊出,四等仅十名,亦盛事也。恭邸赠《萃锦吟》三本,自卷十二起,午后往谢之,因索卷十一以上,即承送来,可窥全豹矣。户右克秀峰假座庆和堂宴客,堤柳将丝,春水渐碧,风日晴美,惜客到无多耳。席散答拜会东桥、增知畋,又为海赞廷贺专操大臣之喜。随往总署,无甚轇轕,抵暮归。今年各省举人复试,扣除一名,明点不到六名,实点到八百四十二名,文题"夫子之设科也往者不追",诗题"风林展书卷得书字"。

二十二日己巳(3月28日) 晴

午初赴户部,事毕出城,至湖广馆,总署团拜。崇受之、徐小云、廖仲山与余同座。晡后各散,诣山舅小马神庙新居晚饭,即假榻一宵,论及孙荔生药误而逝,同深嗟惋。

二十三日庚午(3月29日) 晴

刑部六堂、都察院三堂,合之志伯愚、会东桥共十一人同为春宴,假湖广馆演剧,午初赴之,天气甚热,不耐久坐。便道拜客。归途候孙莱翁,未能见客,登台之伤念之怆然。

二十四日辛未(3月30日) 晴

午初赴总署复北洋一电,旋至户部。叔翁、桂生刚散,钱粮稿上堂矣,独自点数画诺。事毕至礼部,伯愚续到,商派陵工监督,余以刘子云今年办筵宴甚得力,力荐之,伯愚泥于南北司印稿须遍派,竟遗之也。庚辰科假湖广馆团拜,伯愚以既送分子六十金,便不欲往,余以庚辰翰林君官最尊,似不宜省此一行。伯愚未带补褂,余便与之。余亦有湖广馆李新吾之约,匆匆入座。旋答拜高阳,叩以昨日应商何事,高阳以礼部主事梁于渭自致司中,言改官翰林,俸银不领,留作本部办公云云。该员已患疯魔,万一别往,发觉转无以处,或曰令同乡劝之出京,或曰堂官约齐到署传来申饬。余曰两说皆不可行,同乡相劝究非官事,堂官面饬设其恣言转难收束,盍饬印稿传至司中勒令告病似尚得体。高阳然之。美前外部科士达到,寓美使馆,灯后往与一谈。

二十五日壬申(3月31日)　晴

礼部加班,三库递月摺,寅正诣直庐。高阳昨谈之事未提及,余亦不便询之。少顷苏拉传言密老召见,及阅单子则写龙湛霖。是日龙芝生却未到班,苏拉遍觅不可得,随云仍是密老。余俟膳牌下乃行。本日与崑小翁、许筠丈、立豫甫、陈桂生公请廖穀士昆仲,倩密老作陪。午正入座,申初散。余少停顿,赴总署,抵暮归。

二十六日癸酉(4月1日)　晴

户部值日,礼部复试点名,寅正到班。徐寿蘅因工程被议与克秀峰追论,刺刺不休,秀峰殆原估大臣也。余避之兵部所房。卯初膳牌下,余诣中左门点名,壅挤不能前。礼部司员不知何处去,苏拉高呼乃出,始将公案腾空,安设朱墨,诸吏唱名散卷亦为应考者,逼处不能伸手。点至半,那桂、龚镇湘乃来,言护军统领请停点,须驱应考者于阶下,按名听点。考者怒目视之,那桂潜遁。余令堂吏唱名,连点不辍,差免鼓躁。江南举人汪家政、安徽举人储乙然挟卷票请卷,而点名册盖有未投结戳子,讶之!点毕该司李德炳请余给卷,余不能不申饬矣。既未投结安有卷票?既有卷票,岂得无卷?种种谬误,直不以公事为事也。方动气时,有刑部司员领一新举人来言同乡攻其冒籍，应否准令复试，余正愤詈，遂斥以既给卷何以不进场，其人匆匆去，记其名字似系陶钧，未暇重检名册矣。返寓少憩，赴户部，福箴相在座，因廿二日有各部院堂官逐日进署办事之旨，箴相遂增劳矣。判画事竣，就余座长谈，申正各散。余赴畿辅先哲祠刘鸿胪之约，抵暮归。礼部司员延照来言，笔帖式定昌因进保和殿粘桌签，为监试王大臣拘交值班章京，殊不可解。嘱以回明各堂明早值日在直庐再商。

二十七日甲戌（4月2日） 晴

礼部值日，寅初到班。高阳、小翁蒙派阅复试卷，先后往南书房去。少顷，余蒙召见。礼部诸司复以定昌事为言，以监试王大臣于复命摺内陈奏也。余诣直庐，遂告小云兹事底里，以方略馆亦有供事被拘也。及进见时，上未询及，余于应奏各事外并及之，力言无关弊窦，上颔之。定昌或可末减也。上以礼部现奏老生请举人副榜如此之多，年貌恐不尽确。余奏言：诚如圣言，但令虚冒，不过十年八年，已在七十以外，各省有如许寿民，亦国家吉祥盛事，且赏给举人副榜，衣顶荣身而已。上笑颔之。退值，礼部诸司候于景运门，余举顷奏定昌事告之，诸司咸以为慰。返寓补睡片时，赴总署午饭。料量毕，出城于粤东馆宴邓小赤，晡后散。进宣武门，往丁珮瑜老兄宅道喜，抵暮归。季度寄到恽画轴长笺一函，可喜也。晚往受之漪园小酌，锡远斋、那琴轩作主人，十点钟始散。海赞延仍刺刺絮谈，余促之行矣。

二十八日乙亥（4月3日） 晴

侍卫处昨传辰初上御丰泽园演耕。寅正起，趋诣福华门，府尹、府丞先至矣。俄而熙尚书、陈侍郎、翁尚书续至，志侍郎以礼部奏事成差亦至，辰正乘舆从西苑门来，户部堂官站班于铁轨路侧，上入黄幄更衣,庆邸跪叠袍褶,上扶犁,熙尚书进耒耜,府尹进鞭,翁尚书播种,余执匡,府丞捧青箱以随,一周而毕。上由旧路还宫,余从翁尚书渡金鳌玉蝀桥出椒园门乘轿。余轿班未备,翁尚书偕坐神机营堆子相候,余轿既至而饥甚,固请大农先行,余购食乃返。适皇后诣颐和园请安,门外须回避,卖什物者咸他往,极费力乃得油果子两枚。近日胃气不□,易饱易饿,殆无如何矣。返寓少憩,午初赴总署接晤科士达,闲谈而已。丁教习约科至同文馆,诸学生有颂词往还,盖格兰忒旧式也。与小云、仲山商复南洋一电,池油改箱,酌照洋布加染征税,殊不足收之桑榆也。旋偕仲山赴庆邸寿筵,观剧,伯羲同席,颇畅。灯后归,风甚大。

二十九日丙子(4月4日)　晴

午初赴户部,事竣出城,赴高阳之约,申正散。诣筠丈一谈。客春从未看桃花,甚以为憾,西山花繁,又苦无游山之暇,或言法源寺桃花尚盛,凌闰台遂约餐僧饭,至则桃花将尽矣。寺僧领导游观,指院中井水,言此泉本苦,上年大雨后化苦为甘,莫非我佛功德云。座客有康长素,深入法海,谈禅不倦,不图城市中有此清凉世界。晚宿山舅寓庐,长素、闰台夜话将曙。

三十日丁丑(4月5日)　晴

筠丈约陪邓小赤,迄晡而散。往吊孙荔生,晤孟延,云药误,莫非数也。膝前文度,竟不永年。

三　月

初一日戊寅(4月6日)　阴

巳正赴礼部救护日食,未初二刻复圆,浓云密布,并不见日,钦天监以为最吉,不入占验云。天气骤寒,遂雨。礼部事竣,至户部,翁大农在坐,先后散。晚为酒醴款科士达,略修东道之谊,中西殊俗,殊愧对之也。

初二日己卯(4月7日) 晴

巳正诣天坛看牲,总署适有英使之会,小云、仲山、受之接晤,余不克分身矣。省馆公请邓小赤,演《玉虎坠》,剧本羌无故实,情节尚新。抵暮入城,就美署使之约,亥初归。得子豫电,闻日本调兵急赴韩。

初三日庚辰(4月8日) 晴

户部、礼部并带引见,寅正到班,卯正返寓。午初赴库,共收银一千六百馀两,共放银三十三万六千馀两。申正赴美馆,为科士达送别,旋赴【下缺】

初五日壬午(4月10日)

【上缺】奏明咨回吏部归还,此部章也。疏中声叙"兼有心疾"四字,高阳极费踌躇。今日高阳召见,能面陈则更周密。膳牌既下,同事皆散,余不便独候之也。午初孙大空来谢劝募顺振万六千元,此殆杨子通之力,余函托之而已,昨由汇丰汇来,当收交东贵和转换一票,函交燮翁,故重劳枉顾,并约同至翁大农宅午饮,陪邓小赤。席散后,余赴总署,电复子通并电叔耘,告以龚仰蘧初九放洋。旋赴汪柳门之约,新辟庭院甚宽广,酒罢长谈。便道喇嘛寺访周莲舫,不值。

初六日癸未(4月11日) 晴

会总奉派李高阳、徐颂阁、汪柳门、杨蓉浦,署缺则东海相国署礼尚,孙大空署总宪,徐小云署工右,沈鹿坪署副宪。午后赴总署接晤美署使,为沪关扣留轧花机器而来,询以□□近事,该署使藏头露尾，狡甚矣。小云告余以今日御史安维峻攻新疆冒籍举人，痛劾疆抚，语侵礼部，须复奏。余由署赴礼部，崑小峰、志伯愚正商订奏稿，原摺未发下，军机片交钦奉谕旨，遂遵旨复陈。辛卯举人李炳桁，疆抚以上科来京，新疆既无六品以上京官，甘肃京官又不为出结，因请部示以咨抵结，礼部据咨具奏，已奉俞允，该举人亦既复试矣。安维峻不劾于复试之前，而劾于进场之顷，谆言冒籍，例须行查扣卷，既经奉旨在前，部臣亦不敢专。小翁仍拟发请意见佥同，所司拟稿有"疆抚来咨并未声明冒籍"之句，余晓之曰：冒籍尚能声明乎？尚能以咨抵结乎？应改为"该抚来咨内称该举人系镇西厅附生"，即籍此，即不冒籍之根矣。同堂皆谓然，遂照改定，明早呈递。归途访莱翁，阍者以午睡未醒辞，初八准销假云。

初七日甲申(4月12日)　　晴

礼部加班，改派从耕大臣，复奏新疆举人冒籍。寅初到班，东海相国蒙召见，窃虑该举人必扣卷，已而果然。午后赴总署，旋赴那王之约，热甚，青老不耐坐，额相和之，余与受之、小云亦未候布席，出行矣。潘佩如公车来京，携赠清湘山水、麓台山水各一轴，明人扇册一本，高澹游山水册一本，均精品，乃兄仲如寄赠赵子固水仙一帧，风致甚佳，未敢遽定也。

初八日乙酉(4月13日)　　晴

寅初诣乾清门，恭请钦命会试题目，楠木匣封固加锁，其钥匙则考官于初六日从军机处领出矣。余捧题匣送至贡院，暂憩都察院帐棚，专司稽查大臣乃令鼓更击鼓五通，击至三次，龙门开矣，知贡举跪于阈内，余立阈外，举题匣付之，龙门复闭，余差已毕。就近为各亲好送场，均不值，返寓补睡。未初至户部，旋往西城，诣醇邸，为太福晋祝寿。便道访新吾，复绕西北城，至崇峻翁处，累不可言。

初九日丙戌(4月14日) 晴

卯初二刻上御中和殿阅耒耜,户部各堂例往侍班,辰正退值。未初赴总署,偕庆邸、小云、受之、仲山同赴英使之约,莱翁由宅往,路较近便。席散,仲山约观书画,廿馀种,多有是处,目力疲矣。莱翁欲余高澹游册,本不难割爱,近为少岳托售石谷一帧,莱翁酬以大衍,几经函商,顷乃贻余高澹游册,直以册轴为熊鱼乎?

初十日丁亥(4月15日) 晴

上亲耕耤田,寅初二刻伺候,户部各堂均到,福箴相以提督差须跪门耳。礼成后上御观耕台,三王九卿乃耕,牛多不走,耕毕而牛乃大跑,不受羁勒。圣驾稀御聚福殿,未见牛也,大京兆似当预为计者。耕所谷筐几经查传而得,上年驾航作尹尚不如是之疏。便道杨梅竹斜街福星店访徐进斋,少谈,返寓补睡。未初纡道阜城门慧照寺,为崧镇青中丞设奠,挽以联曰:“绝好湖山坐啸难,尽瘁寸心劳,感德尚传祠祀疏;无边雨露归真后,褒忠千古事,拜恩何止黑衣人。”殊乏意味。归途访延希九,不值。访孙驾航少谈,明日无须早起也。

十一日戊子(4月16日) 晴

增知畋约观海棠,兼约李芷陔多携书画来会,甚雅事也。午后赴总署料量毕,即往增宅。芷陔申初始来,携示卷册十种,范华原《秋山萧寺》卷绝佳,惜毁裂过甚,后半尚完善。吾乡冯展云抚军之物,曾于质库被燔,灰烬之馀,究是庐山真面目。又朱泽民一卷,亦佳,纸本,四围界连环,略如朱丝栏,古人操翰随意所适耳。余亦携卷轴十五种与芷陔阅,究不足相抵也。

十二日己丑(4月17日) 阴

户部直日,寅正到班,蒙召问,既奏事件,总署事因举近境,缕晰条奏,金玉均、朴泳孝谋逆在光绪十年十月十七日,上犹记忆也。今日廉生京察伺候召见,直庐对语,幸不寂寞,退值而雨。午后至户部、礼部、总署,抵暮归,夜雨不辍。

十三日庚寅(4月18日)　雨

礼部直日。寅正到班,冠衣沾湿,抵直庐,膳牌已下。东海相国拟坐至辰刻到礼部署任,密老不候之矣,余以同堂伊始,为之周旋。询以会场掌故,承语从前会试题一匣两封,一为直省试题,一为宗室试题,匣不加锁,粘封而已,今上亲政乃有请钥匙之令,益加严矣。穆庙时曾因宗室场误请题目自请处分,题匣经黄澍皆捧出,匣内两封,澍皆固知之也,乃南司知会十六日请题,及职名递进而奏事处口传无题可请,概于初八早发出矣,于是始悉错误,越日具疏请处分云,此皆礼部司员之赠也。今年南司请余赴军机处请题目,余知其误,盖钥匙从军机处请发,题匣则奏事处面交也,礼部曹司漫不经心至此。

十四日辛卯(4月19日)　阴

湘抚吴清卿悯湘中茶市之坏,拟集赀百万,设官运局于汉口,觅茶帮之公正者估定价值,如洋商售买,照值加高,听之;设不如值,则局中代买,运销香港、新嘉坡两埠,责成闽人陈金钟办理,俾免洋商抑勒,具疏陈请,而以公函达译署,请照会英使。又为手书贻余,并令海丞来说,其志可嘉。近日疆臣知有华商盖寥寥也,惜发端已迟,今年茶市将开,恐赶办不足。又香港英人不满二千,消场有限,新嘉坡类皆巫来由族,南洋群岛亦然,其能吸食华茶,亦罕矣。英人之侨于新嘉坡为数无几,且印度船行不过七日,印茶运坡较华茶为近,恐仍不足以敌之也。余意华茶拣制不精,厘税太重,茶商无真赀本,动以重息假诸钱庄,即售价略昂亦不足偿息,稍折阅则一败涂地矣。洋商在中国买茶只一正半税,无所谓厘金,近年闻亦不甚获利,承本究昂于印茶,故销路不畅耳。欲兴中国茶利,尚须统筹中外利弊而折衷之也。进斋见赠宋瓷一器,色类萍果,五足皆紫,形如洗,旁有二十乳,底有“宣和年窑”四字,进斋以为宋瓷,下无断语,即确否未必之辞。

十五日壬辰(4月20日) 谷雨,晴

早起翁大农来谈,嘱询小云今年恩挑果否,并及清卿官茶局事,嘉其命意,虑其赔累,所见略同。又商定十九日带引见,嘱予转语档房,因余告以饭后赴户部也。今日户、礼两部均无甚担搁,旋赴总署,小云、受之在坐,赫德适来,枢堂招之者。余正欲询以新嘉坡岁销华茶之数,小云以清卿所议万难办到,切宜秘之,慎勿明询赫德,余遂不出见。英使到时一周旋而已。莱山亦为湘茶事与赫德详谈,赫德行后乃告余以湘抚所请照会英使,可以不必,译署所主者此耳,至如何动款,户部主之云。拣选下第举人之说,小云以为不确,当函复大农,并将赫德所呈金磅金价清摺送览。又复清卿书。

十六日癸巳(4月21日) 阴

迟庵新得董香光著色山水立轴,红树青山,白云晻暖,佳作也。上有青立居士题七言截诗一首,字亦遒劲。迟庵嘱考青立为谁,无以应之。顷阅姚伯昂《竹叶亭杂记》:“朱昂之者,常州人,字青上,一字青立,善山水,酷近大痴,两目上视,盖观摩古画久而习成也。其姊之夫官锦县,招之,朱前往,道过都中留月馀,落落不与人往来。其同里孟丽堂,名觐乙,善花卉,得恽家三昧,而独以幽胜。时不得馆,余邀之同居。朱与孟少同窗,且相善也,来视孟,余因得识之。朱长余十二岁,而以余生于申,渠亦生于申,又所生月、日、时

皆同,名字又能同其半,又独重余之为人,遂相友善,然每过余,但饮茶耳,若饥则出袖中巾,取数钱令仆人购饼,余欲备则去。一日来别,余言祖道古人不废,为制春菘一器,煮肉二斤,饱食之。及出关至锦,以官署不胜聒聒,亡去。其戚踪迹得之,已逃禅矣。"竹叶亭所记如此,既抄送迟庵,又喜其情趣,爰附录之。

十七日甲午(4月22日)　晴

巳刻赴库,共收银二十万九百馀两,无放款,但清厘存项以备盘查,申刻封库,赴前堂判画、阅摺,酉初始散。当拜翁大农,适莱翁亦到,共谈良久。假大农新购袁重其《扶母采花图》卷归寓,展观,只钱蒙叟一诗尚存,外此有录无诗者甚多,想已散佚耳,卷中多常熟人。

十八日乙未(4月23日)　晴

午初赴总署,军机处交片,御史褚成博条陈上海火油池事以为条约所不准,奉旨交南北洋查奏。昨日崔惠人回京请安,今日仍预备召见,异数也。总署事竣,赴礼部,军机交片,知贡举奏查出誊录书手与弥封书手互换姓名,搜获书信有士子姓名二十六人,调查朱墨却无改动笔,亦请将该书手送交刑部审办,此二十六卷奉旨扣除。今考场规加严,当可厘弊矣。申初出城赴粤馆后园,梁莘农之约,抵暮归。阅邸抄,廿六日大考翰詹。

十九日丙申(4月24日)　晴

户礼两部并加班奏事,户部带引见,寅初到班,与桂笙同坐王公朝房。天既曙,蒙召见,亟趋直庐。小云迎述火油池事,少顷庆邸来言,今早书房承谕及此,宜妥为奏对。及入见,因湘抚办茶事条奏稍繁,油池事但陈利害应由南洋查奏而已。既退出,未下阶复带引见。小云候于阶下,当将奏对大致告之,旋与豫甫立谈,遂出。

福相今日请假,未到班也。返寓少憩,未初赴署接晤法新使施阿兰,仍不肯递国书,又不能说出所以然,但云商之俄使以为不可,与北洋公函迥异。庆邸、小云皆以不递亦可,该使云须再商。余告以法国派尔来,尔愿尽使者之职便递国书,尔不愿尽职,听之而已。仲山谓余此言甚辣。前年俄使不递国书之故,以有雍正五年旧典,尚可勉强援引;法国通使在咸丰十年以后,法非俄属,何必借俄为说哉?如此使才,不直一笑。晚致北洋书。

二十日丁酉(4月25日) 早雨

户部值日,冒雨到班,膳牌下,出遇大农于东华门,立谈匆匆,湘茶事已电复清帅云。清帅发端甚锐,既奉旨交议,未能急切复奏,设湘中已开办则难收束,故宜电之。午正晴,赴总署,料量毕,至受之处观剧。受之承继一孙,今日请亲戚,汉人而朋友者只余耳,抵暮归。

二十一日戊戌(4月26日) 阴

翰詹闻大考之命无不悚然,崔惠人奉使四年,荒落固在意中,只是急来抱佛,亦不能不研习。昨令总办约至署中寄榻,冀可习静写字,午后到署候之,惠人仍出城拜客,抑何仆仆也?既不得晤谈,遂赴户、礼两部,晡后归。

二十二日己亥(4月27日) 晴

筠丈生日,出城叩祝。先至番禺馆,约佩如同去寿筵,小饮,赴南海馆,公车团拜,观剧。灯后山舅来,同访江少泉,补餐晚饭,兼阅所携书画及会试文字,二三场亦极充满。晚宿嘉会堂。

二十三日庚子(4月28日) 晴

今日在粤东馆宴公车,演玉成部《蝴蝶杯》,剧本尚新,共十五席。得鹿培代周旋,否则简略甚矣。青老福寿堂之会,每次亦十数席,青老款客,送茶送酒必躬必亲,殊愧之也。抵暮归寓。

二十四日辛丑(4月29日) 晴

三库递月摺,寅正到班。上诣颐和园请安,膳牌早下,裕寿田召见,匆匆趋直,幸未误耳。今日工部值日,传心殿直庐只余与英菊侪两人。午后赴户部,判画事竣,至总署,申正返寓。康长素、梁少山、梁卓如已来,检埃及各图与观,诧叹欲绝。长素屡言谋国自强,而中外形势惜未透辟,席间不免呶呶,此才竟不易得,宜调护之。

二十五日壬寅(4月30日) 晴

午后到署,与庆邸、福箴相、崇受之、徐小云、廖仲山答拜法使。闻庆邸述合肥师相奏调惠人随阅海军,奉旨大考引见后始行。仲山往西所候之,余亦往,小云乃阻余不往,免扰其写作云。旋至法馆,法使论递国书礼节,仍执前说,且有如蒙恩准在大内觐见,当行拜跪礼,恐非由衷之言。庆邸婉谢之,但索先录国书送署,该使叩余前在美、日、秘国如何情形,余告以但听外部照会递书之期,却无择地之说。该使谓亦与同使诸君商之否?余告以外国通例,未递国书不能拜客,尔尚不知之乎?中国唯尔等不递国书,一样拜客办事,此格外通融,亦不自今日始也。该使唯唯,复询滇越边事,余以为时已久,促庆邸行。余往礼部,福箴相往户部,忘却今日大堂搭天篷也。

二十六日癸卯(5月1日) 晴

今日顺德、番禺两馆公车团拜,午初余赴总署中饭,因仲山谆约商订复奏湘抚筹办湘茶一稿,为将港、坡华洋情形撮要言之,仲山照录,前后大意皆仲山手笔也。未正至户部,福箴相、熙尚书、克侍郎在座,翁、陈两堂先散矣。余判画毕,亦即出城。熙尚书托致津关一书，诺之。旋至顺德馆一周旋，至粤东馆则已暮矣。大风扬尘，汲汲返寓。过廉生，许知大考赋题“水火金木土谷赋”，以“九功之德皆可歌也”为韵。论题“书贞观政要于屏风论”。诗题“赋得‘杨柳共春旗一色’得林字”，七言八韵。廉生尚有馀力，不为所窘。新吾小寓东华门外，因约之晚饭，适黄花农、张小傅馈鲥鱼，尚鲜美。

二十七日甲辰(5月2日)　晴

德使请会，午后赴署，与小云、仲山同接晤，以油池完税事嚣论不已；又及山东邹县民教械斗，借此作波澜而已。大考阅卷崑小峰、孙莱山、孙燮臣、陈桂生、志伯愚、王云舫、李泌园、龙芝生、梁湘南、徐东甫。

二十八日乙巳(5月3日)　晴

户部直日，寅正到班，询桂生阅卷等第数目，桂生言各阅二十本，有两人阅廿一本者。奉旨陈鼎、费念慈、周锡恩、陈光宇、崔国因不准列一等，昨日侍讲学士题本已翻牌子矣。立谈未毕，蒙召见，急趋入，承询法使问答，谨详奏。退直，桂生已去，大考名次未了然也。未正约佩如、少筠叔侄、凌闰台谈宴，及晡而散。进斋来，留共晚饭。

二十九日丙午(5月4日)　晴

辰刻赴库，礼部值日，不克到班。今日共收银二十八万六千馀两，共放银二十二万七千馀两，收放事竣，清厘存款，申正归，殊委顿，昨夜失眠也。库中静坐，为黎台民挽诗五首。台民曩在津关，书问最勤，每资教益，南北分驰，踪迹稍疏，逮余奉使，台民已引疾居乡中，两度回粤均不获相见，遽尔永诀，可胜怆然。

四　月

初一日丁未(5月5日)　立夏,晴

孟夏时享,寅正上诣太庙行礼,丑正余趋左阙门入,视笾豆侍仪,卯初二刻返寓,复北洋书。昨礼部题本,四月初八佛诞,今年轮应赞祀觉罗忠顺之妻浴佛。大同守国孔安断弦,灵柩运寄海会寺,午后出城吊唁。旋至总署,仲山在坐,与谈良久。余阅薛、汪两星使公函未竟,仲山先散。得悉翰詹大考等第,廉生以三等十八,插到一等第六,可喜也。得阅一等六名:文廷式、秦绶章、陆宝忠、戴鸿慈、陈兆文、王懿荣,多旧识。最可喜者,廉生以三等十八插至一等第六,阅卷者不问文理,但挑破体字,内有“揭”字作“揾”,“须”字作“鬚”,遂为粘签,续得南皮相国、汉军协揆、常熟尚书复阅,乃为表白,竟荷圣明拔擢,廉生可从此腾达矣。刘静皆赋中有“金鉴千秋”句,“千秋”二字三抬头,置三等末,亦拔高十数名,崔惠人三等五十一名。昨北洋书言惠人荒落久矣,适遇大考,虑不能完卷,情殊可怜,因为奏调随阅海军,冀免降黜,奉批旨大考后赴津,惠人仍不免于考。是日自总署步行至东华门,乃郎为背考具,及点名接卷,慌乱之际,遗卷于地,践踏几污。前日询之,谓挖补两字,否则可望前列。惠人以俭德自鸣,窃计自总署至东华门,车钱不过两串文,何必撙节至是?比询总办诸君,始知其逐日自安徽馆往还,均步行也。余劝令来署小住,原为习静写字,其如惠人不自惜何?

初二日戊申(5月6日)　晴

晨起,常熟书言武备院奏庆典毡毽需山羊绒八十八万一千二百五十斤,由库领取,库中安有如许羊绒,尽刮都中羊毛亦无此数,

嘱查例价几何，当复以每斤二钱五分。旋晤于户部堂，各有判画，未及闲谈，余遂赴库，收银十万六千馀两，放银十九万五千馀两。常熟催收福建解款，已定初四，库期总收矣。封库后至总署料量，归途为瑞孚侯送行。今日支席篷，换夹袍褂。晚得常熟惠鲥鱼，甚鲜美。廿八日常熟三君复阅大考卷，至于襆被承明之庐，诚不苟矣，亦一段佳话也。

初三日己酉（5月7日） 晴

晨起诣圜邱，乐悬之次祗候皇上视坛位，午初始散。同直徐协揆、钱子密、志伯愚两侍郎暨余，共四人。退直至·店，南斋诸公约午饭，翁大农、孙大空与座，因以总署街衢已通至东口大沟，不能施工，商请设法勘办，大空诺之。饭后至法源看牡丹，尚未全落，其白者尤可爱。寺僧体本甚周，旋假斋厨款公车之客，既晡而勤安行脚自粤来，寄寓寺斋，未暇访之也。归途诣山舅晚饭，重锦不温，甫出巷口则甚热，固知此屋潮湿也，趁夜城归，奴子二饼甫跨鞍而马之后足陷沟内，从人宣嚣，扶挈乃出。

初四日庚戌（5月8日） 晴

寅初，上为大雩之祭，礼成而曙，乘舆还宫办事，旋诣颐和园请太后安，并递如意。是日戈什按班暨带豹尾枪，诸臣随扈往还，直无刻暇，圣躬之劳可想矣。

初五日辛亥（5月9日） 晴

总署接义大里亚新使臣巴尔迪，庆邸、莱山、受之、小云、仲山与余并在坐，巴尔迪请订递书之期，诺之，其翻译达威雷来华一年，能为华语，其他国语言能通八九，谓伶俐矣。

初六日壬子（5月10日） 阴

晨起赴户部、礼部，回至总署午饭。大考诸君自昨日起掌院带领引见,明日可竣矣。南下洼,明之黑龙潭也,近忽有声如吹竹筒,语怪者纷然,观听如堵,翁大农亦就陶然亭以听。前日大金吾往视,了无所异,而寺僧苇田已为游人践踏尽矣。兵弁从苇薄中搜出一人吹竹筒者,宛如水牛之声,执之而谈者息喙。夜雨。

初七日癸丑(5月11日) 雨

户部直日,寅初到班,膳牌既下,冒雨出。午后阅邸抄,仲山有四川之役,与裕寿田同往,仲山今日恐不到署矣。晡后赴署,仲山适至,略谈蜀道之难,随带之员亦费斟酌也。

初八日甲寅(5月12日) 阴

礼部直日,总署奏事,寅正到班。仲山蒙召见,匆匆趋直,俯询余户部山东司得力之员,余荐晏海臣,仲山然之,而海臣愿往与否,余不敢必也。巳正赴户部,晤翁大农,述仲山所商,又详阅四川官盐摺子,中有数目舛误者,语所司改之。旋赴总署午饭,阅明日奏摺毕,往祝崑小翁生日,与志伯愚同坐观剧,途路泥泞,夜行尤难,遂先散。

初九日乙卯(5月13日) 晴

总署奏请钦定义使觐期,卯初,余候膳牌下,出至东华门,遇仲山,言晏海臣之行,翁大农不允,以《两淮盐法志》未勘竣,且与捐纳局差使亦有碍云,仲山遂不强之矣。午后到署,读批摺,本日奉旨:义国使臣著于十五日在承光殿觐见,钦此。即恭录照复之,并约明日答拜。

初十日丙辰(5月14日) 晴

晨起赴库,收银三十二万二千馀两,放银三万一千馀两,收放既多,又须清厘存项,嘱库中因兼请豫甫接班,以庆邸约定两点钟答义使也。及豫甫来而余收放已竣,前堂稿判画亦毕,豫甫只坐待库官搬运而已。义馆周旋毕,余偕受之回宅少憩,同赴文焕如处观剧。杨子通派参赞广英回华,来宅禀到,以冠服未备,遂不请见。海署为崔惠人请旨,应否仍赴津,奉批仍遵前旨赴津,海署抄摺咨会总署转饬遵照,署中送稿来,阅定,还之惠人,原呈有“现既降官,应否前往”之句,初不解其意,续思之,惠人或未见北洋摺子有“随阅海军”字样也。

十一日丁巳(5月15日) 晴

巳初赴总署、礼部,料量毕,出前门玉福堂,承伯纯之约,徐进斋、志伯愚、会东桥、张子颐、李新吾同席,晡后归。

十二日戊午(5月16日) 晴

昨今两日礼部均加班奏事,均到班。会试钤榜奉派长石农,今年知贡举不准跑报,桂南屏中式,直至丑正始有人来报,向来无也。礼部送题名录来,广东中十六名,南海占其五,馀皆广府人。昨日三库奏请钦派王大臣盘库,奉派郑王、庄王、端王、滢贝勒、福箴相、熙淑庄、崑小峰、薛云阶、志伯愚、容泽园。午后总署事毕,出城为戴少怀道喜,并诣高阳久谈。高阳入闱逾月,精神甚健。

十三日己未(5月17日) 晴

礼部下马宴,辰刻总裁四君俱到,房官或到或否,礼成后判画各稿,复至户部,端阳谢进银五万两,内府文领昨日始到,翁大农函商速汇,余拟今日加库,库官有难色,因告以明日王大臣盘库之前,兑放此项,余任其责,库官唯唯。

十四日庚申(5月18日) 晴

辰初赴库,郑王以次均到,只福箴相、容泽园未来。余放端阳谢进之款,既毕,遂盘库。余赴总署中饭,随诣承光殿,阅视陈设,归途访壶巢,久谈,承示董、恽两册,均佳。

十五日辛酉(5月19日)　晴

辰初诣承光殿直庐,福箴相亦至,莱山、小云、受之、仲山陆续至,义使辰正来。少顷,上升殿,箴相与余带领觐见如仪,巳初各散。余返寓中饭,赴库接班,未正封库,旋赴总署。今日户部直日,不克到班。

十六日壬戌(5月20日)　晴

礼部直日,寅正到班,与伯愚久谈。进斋蒙召见,能不失仪为幸耳。新贡士复试,密老点名,有未投结者一人,密老深惜之而无能为力。午后至户部、总署。

十七日癸亥(5月21日)　小满,晴

柳门奉派阅复试卷。查库陪堂,余独任之,自辰至未,封库后仍至总署,幸无大胶葛耳。晡后约进斋、陆寿峰、山舅作渌鉴波之戏,山舅寄榻敝斋。南屏复试一等第六名。

十八日甲子(5月22日)　晴

恭六兄第二女出阁,景苏昆仲来请送妆,景苏新转司业,章疏频上,诚难能矣,惜大考例不得与,升转稍滞。午后往,行至北河沿,微雨,至景山,霁矣。景苏坚留饮酒,晡后散。复至文焕如处观剧,极一日之酬应,殊委顿。寿田、仲山今日请训,怀绍先兼总宪,钱子密兼吏右。

十九日乙丑(5月23日)　晴

柳门奉派阅散馆卷。盘库陪堂仍余一人,辰初赴库,端王、滢贝勒、薛云阶续至,福箴相亦来,盘至巳刻,接班有人,端王诸公行矣。余始早饭,兼画前堂稿。未初封库,复到总署,阅齐齐喀尔副都统增祺电奏,吉林以查办夹荒佃民,将有兵事,闻有旨飞递矣。返寓后长素来谈,山舅在寓,相与抵掌,余得先睡。

二十日丙寅(5月24日) 晴

礼部加班。上有颐和园请安之谕,意今日召见必早,讵寅初二刻始有信,急趋九卿房,子密徘徊门外,少顷起单下,与之偕入。余蒙召问,现奏事件,总署近事奏对毕,上言沈秉成调京矣。谨对言;已见邸抄,又及吉林事而退出,至乾清门,封殿试读卷,张中堂、麟中堂、翁尚书、李尚书、薛尚书、志侍郎、汪侍郎、唐阁学。午间赴总署,申正返寓,山舅令亚吉治西馔宴客,丑初散。李佑三自粤来。

二十一日丁卯(5月25日) 晴

殿试点名,捧题纸。寅正趋保和殿中右门,礼部右侍郎之差也。密老应在左门点名,乃以近摄吏部,须带引见,坚辞,司中遂请余,趋左时已寅正二刻,门扉不启,监试王大臣未到也。新贡士已集,入试早则百凡从容,因告南司,促监试开门,往返至再,始开点,卯初点竣矣。有安徽太湖贡士李英未投结,又无人认识,例不给卷,其人傍徨之甚,屡觅出结官来再商。余遂易朝衣冠,诣殿檐跪捧题纸,置丹陛黄案,行一跪三叩礼。读卷大臣乃率贡士谢恩,礼部司员始散题纸,余与高阳、志伯愚同出。翰编洪思亮引李英于门求补卷,高阳叩余准否?伯愚与洪有旧,且深佩其人,余询出结官到未?俄而光禄寺署正王某人丛中出,因令所司补卷与之,并导见谟贝子补给题纸。事毕至传心殿直庐,易衣画稿,坐至辰初赴库。其时考差引见诸君陆续出,遇廉生、桂溪,立谈数语。密老若先点名亦赶得及也。库中自辰至未,饥肠雷鸣,因令闽司官厨备食,每顿四千文。封库后赴总署,返寓已晡,补睡,不成寐。

二十二日戊辰(5月26日) 晴

晨起,赴总署。饭毕,为仲山展别,遂出城,至粤东馆。同乡及都中朋好醵金为山舅作生日,演《富贵神仙》剧本,趁夜城归。佩如见赠新罗一册,精绝可喜,因质迟庵共欣赏也。

二十三日己巳(5月27日)　晴

户部直日,例往。赴库,豫甫湖差回,分任其事,余于巳正接班,封库后至总署。新吾为进斋展别,约余同饮,晡后赴之。候进斋,至十点钟始到。余返寓已一点钟矣。

二十四日庚午(5月28日)　晴

礼部直日,总署会户部奏事,三库递月摺,寅初到班,睡仅一时,殊惫,小传胪消息不及候之矣。出至传心殿直庐,询怀绍先盘库所馀数目,绍先茫然,因嘱切询台布,余于十一日曾告寿田转达绍先,寿田行色匆匆,遂略谈之也。返寓睡,起知张謇大魁,尹铭章榜眼,郑沅探花。吾乡之列十本头者,李翘芬一人。郑君书法甚工,现佐合肥幕府,进斋屡言此君若中,必得鼎甲,其信然欤?南屏三甲二十八名,恐无词馆之望。午访增芸田,便赴总署,晡后归。

二十五日辛未(5月29日)　晴

卯初,上升殿传胪。徐协揆捧榜授余,置丹陛黄案,胪唱毕,余捧至阶下,交礼部司官捧出,余差已竣。遂至直庐易衣,返寓少憩,往西南城拜客。为山舅补寿,抵暮归。阅邸抄,今早传胪典礼,鸿胪寺、乐部均有处分。

二十六日壬申(5月30日)　晴

礼部加班。寅初进内,俞君实携阅电报,总署今日可不往矣。吕镜宇得常镇道,署中乌布,庆邸点派甚公。巳初赴礼部恩荣宴,读卷大臣先后到,只候麟中堂,午初乃成礼,宴席已抢一空,远逊下马宴之雍容揖让。宴事毕,赴户部,所司禀稿甚繁,遂赴库,今日查竣矣。伯愚、颂阁均未早食,余令闽司官厨为之聊以充饱,豫甫任封库,余先散,出城至皖馆,户部团拜之会,翁大农订定,未正以前到也。骤热，不耐坐，酉初归。

二十七日癸酉(5月31日)　晴

长素因山舅觥筵大醉，逾夕始醒。前日相过，询其拚醉之故，为诗调，昨来寓，夜谈甚畅，酒力微矣。晨起诣午门外，礼部朝房颁发新贡士表里，共二百零三份，未领者尚□。余与子密奉派是差，向例无须复命。表里既散，礼部承办会试之责可告无罪矣。总署有请示之件，嘱令携回，余即到署。事毕小云亦来，久谈，各散。今日太后还西苑，皇上亦移跸瀛台，执事官蟒袍补褂始换实地纱。

二十八日甲戌(6月1日)　晴

封库盘查竣事，王大臣递摺子复命，余辈亦列衔，寅初到班。适散馆庶常引见，六项公所衣冠济济，余往南厅起坐，寿午清正寻睡，遂扰之矣。午后至总署，申正归。新贡士朝考，南屏出场，尚早也。

二十九日乙亥(6月2日)　晴

昨朝考诗题：赋得天禄琳琅，得书字。南屏不谙出处，仍取列一等十七名，昨告以天禄琳琅为圣祖御题，集历代书籍于昭文殿，编唐、宋、元、明各种，以锦函、褐函以分次第，南屏闻之转侧不安，仍得一等，亦可喜也。吾乡散馆陈伯陶、伍铨萃、卢维庆并一等，并留馆；林国赓一等未遂，用部属；周颂艺二等，用知县矣，今日散馆加严也。午初到总署，有英国禁鸦片烟会中人亚力山打求见，意以中国近因榷税之利，不愿禁烟且令华民遍种莺粟，现在印度不能不贩烟来华者，亦以税饷之故，拟请英廷如数津帖之，勿令贩烟贻害中国，但求中国自禁。余告以中英兵事皆缘禁烟而起，此中国痛心疾首之事，英苟能令印度不贩烟来中国，未有不自禁者，窃虑英廷未必俯允善会之请耳。亚力山打唯唯而去。留刊本《禁烟说》为赠,意良善也。未正美署使田夏礼来,面递照会,以美都使馆损失什物索赔二万金元,外部照会杨子通,以未奉总署之令不敢置词,因求设处。与谈逾刻,允令电子通酌办。惠人欲以俭德风示西族,气炉水管岁常搁置,愈搁则愈烦修理,而需费欲多。各寓房衾褥惠人节洋仆浣洗之费而令家人自为之,既不得法,损坏必甚。惠人初到,不准开地窖门,运煤炭亦从大门入,门内地毡岂耐践踏乎?至各厅房陈设,美□之物居多,亦与惠人示俭之意相左,三年之久,散失当意中事耳。房东既索赔偿,必欲清楚数目始收回房子,意若图赖,子通接时别赁新居,而不将此屋说断不租,宜有葛藤也。申初法使施阿兰来,以庆邸不在座,意甚愤愤。翻译微席业助其气焰,情殊可恶。余告以来函请见并非专指邸堂,所以邸堂今日不到,以后若有必见邸堂之事,可以如此办理,各馆皆然。翻译不容不知辨论劳词,该使求了教堂之案,并无要事,必须见邸堂者故为恶态,不值一笑也。谈次指叔耘日记诋及彼教,尚非虚论。余曩阅叔耘日记亦虑及之,不悟叔耘竟尔印行。前晚长素啧啧称道即此书也。今日接见西人三次,阅改问答,返寓将灯时矣。

三十日丙子(6月3日)　　晴

晨起赴户部。桂生言昨阅朝考卷,诗题知出处者抬写或误,不误则高列矣。第二名孙同康是也,名下究无虚矣。户部事竣,出城至皖馆,莱山、小云之约,抵暮归。

五　月

初一日丁丑(6月4日)　　晴

户部直日,寅初二刻趋西苑,曙矣。膳牌旋下,卯初诣醇贤亲王新府贺节,便道答拜吕镜宇,不值,返寓少憩。午初至总署,朝鲜贺上徽号表式,已于四月十六颁由兵部递去,其贺万寿表式须俟内阁撰拟到部始能颁也,礼部片复如此,即电复北洋【下缺】

七 月

初一日乙亥(8月1日) 晴

孟秋时享,上诣太庙,礼成还宫办事,回西苑,天日晴暄。午初往西城酬应,绕赴总署,受之、小云亦到。申刻接晤法使,仍欲为倭求成,因正言拒之。法使行后,电陕甘、北洋,并阅问答,抵暮归。夜大雨达旦。

初二日丙子(8月2日) 雨

户部直日,冒雨到班。膳牌下,复有枢中会议之事,巳正始毕。与庆邸商定海、户两署共拔二百万两定购快船四只,电复北洋,枢中亦有电旨饬办。余拟电有"开工"字样,莱翁谓:"快船现成之物,无须开工,但与订放洋交价日期而已。"大雨竟日,不能到署,函告总办送稿来阅。夜雨。

初三日丁丑(8月3日) 阴

礼部值日,寅正二刻到班,幸雨止。同堂长石农、志伯愚均有封奏。掌院又为两翰编递封奏,刚过花衣期,便无回避字句也。辰初退值,贻伯行书,交全泰盛寄津。未正到署,阅邸抄。本日奉懿旨赏叶军牙山之捷【下缺】

八　月

初三日丁未(9月2日)

【上缺】皇上亲行计,两庑向不叙,太庙亦然。孔庙释奠之典不举行者数十年,故须演习以昭诚敬,益以见皇上尊崇圣学之意。届时乘舆至,天将曙矣。分献诸臣在甬道旁东西站立,户部尚书熙淑庄、礼部尚书李兰荪暨余均在东边;户部尚书翁叔平、理藩院尚书崇受之、户部右侍郎陈桂生在西边,其两庑分献则礼部右侍郎钱子密、兵部右侍郎徐寿蘅在东,工部左侍郎汪柳门、兵部左侍郎王云舫在西。云舫昨因龙芝生放江苏学政,太常奏请补派以代龙芝生者也。卯初一刻礼成,上在大次稍坐还宫,百官陆续散。卯正返寓,仲约适来,谈至巳初去,余亦疲甚,补睡,至未正起,因与驾航有约,遂往访之,兼访柳门,均晤。今年广东遗才不录者一百九十馀人,昨群聚于国子监前乞恩,常熟虑今日或有叩阍情事,豫告箴相弹压,箴相询余如何办法,余言叩阍者须交刑部,尚能补录遗乎?持此开导或当醒悟。少顷左翼总兵寿午清来,箴相嘱以弹压,迨豹尾动移,别无所闻,常熟或过虑耳。

初四日戊申(9月3日)　晴

上诣社稷坛,同官皆有差,户部直日只余到班,六项公所寂然。柳门有道旁磕头之典,寅正到,略谈数语即赴西华门外祗候矣。卯初一刻驾返西苑,例应站班,户部惟余,通政司三人,詹事府一人,少顷膳牌下,余回寓少憩。巳初常熟尚书来谈,午饭后余赴户部,判画将竣,常熟亦来,商定借华债摺片稿,档房司员言明日加班专为粤海金价一事【下缺】

初九日癸丑(9月8日)

【上缺】释奠典礼香、帛、爵皆跪献,系遵纯庙旧典,显庙仍立献,已与礼部则例为优,今上尊师重道尤足为万世法也,遂沿则例,条奏一遍,上颔之。退直,仍雨,就南厅易衣画稿。箴相适来,立谈数语行矣。返寓,补睡至未初。赴总署,与小云接晤德使,皆山东教案,其最离奇者则蒙阴榛子崖一案有德教士两人自沂水至费县,途有蹑之者,惧而折至榛子崖教堂宿。□晚间有贼入室将教士掳去,闭置四日。主教安治泰与地方官寻求踪迹,予贼千二百金,鸦片烟膏四百卅三两,将教士释回,此中疑有教民串谋,否则强盗虽横,不敢掳及洋人,且安知可索巨款,又得如许烟膏,彼族传教只欲广收教民,不悟进教无善类。曩在烟台,教堂窃案类皆进教者所为,可类推矣。此案山左若查有教民串勒确据,以后教案可迎刃而解。

初十日甲寅(9月9日) 晴

枢中有会议,余适赴库,遂辞不预。今日自辰迄申,收放五十二万,余惫甚矣。前堂有事,复往料理,并阅摺子,久坐觉冷,加衣又汗。仍赴总署,发南洋、山东两电。龚仰使电询法教案事,受之候余作答,并拟稿交总办回明邸枢再发,子斋、柳门咸在坐,先后散。归寓,新吾来谈,丑初去。

十一日乙卯(9月10日) 晴

晨起甚倦,竟日杜门。宋豫堂来,询以蒙阴教堂事,略得大概。鹿培、藩侄进二场,今年主司薛云阶大司寇、徐颂阁总宪、长润生阁学、杨蓉浦副宪。头场首题“子夏曰百工居肆”两章,次题“衣锦尚絅”,三题“征者上伐下也”。诗题“五色诒初成得成字”。高阳摄大寇,莱山摄总宪,顾渔溪摄副宪。徐、杨春会秋乡皆主试,诚难能矣。

十二日丙辰(9月11日) 晴

卯刻上库,户部直日,不克到班。库中收放六十五万馀,较前日尤惫。湖南解款十七万九千馀两,内一鞘以黑铅四枚替去元宝三枚,而鞘匣无损动痕迹,自是藩署之弊也。当饬库吏将铅定点明,眼同委员装袋加封,而令委员画押于封面。各省藩库弊端百出,解部之款尚复如是,其他容可问乎?当谕库官拟稿具奏,通行各省,略资整顿,委员面恳至于长跪不起,亦愚甚矣。封库后至总署,阅东电,邹县教案已结,蒙阴失赃已赔,因电复之。今日辰刻圣驾还宫,申刻太后还宫,百官曾承太后恩赏者均于道旁叩谢,翁大农有此礼节,彼此往还,均左也。晚得来书,手答至再。

十三日丁巳(9月12日) 晴

午初至署,料量毕,子斋适来,匆匆数语。余赴崑小峰宅,为太夫人送楼库。怀绍先、崇受之在坐,因以湖南解饷搀杂铅锭事与告绍先,商定具奏。受之约余至寓少坐,具述今日演礼情形,返寓已灯后矣。

十四日戊午(9月13日) 早晴

卯刻上进奏书,无执事者皆不预。晨起接晤余贞祥,自金陵来,以同知保留江苏引见,为述辛卯沿江教案、英人梅生案甚覼缕。既去,姚崧云来,留交百金,谓曩在东时所贷,余忘之矣。穆云阁见赠孙渊如九言篆联,尚真,而欲索三百金过节,余无以应,薄赠卅金,点缀而已。客散,头眩辄睡。总署来章,以英署使请见,甚急,不得已强起赴之。梁莘农、戴少怀、刘静皆同时并集,略与酬接,遂赴署。受之亦至,同晤英署使,后忽雷雨交作,子斋、柳门均在坐,冒雨归。

十五日己未(9月14日)　晴

卯正二刻上进册宝，先往，祗俟诣隆宗门直庐少憩，志伯愚、长石农、傅苕臣、孙燮翁、许筠丈先后至。天将曙，与筠丈诣右翼门，适莱翁、小云在红墙西方略馆直庐，约余共话。遥闻丹陛乐声，即出立道旁，刑尚淞寿泉、刑右龙芝笙、户右陈桂笙与余及傅苕臣、溥小泉两阁学、前广西巡抚马玉山恭俟册宝亭，到时跪迎于右，俄而黄伞高擎，乘舆至矣。鹄立以待，紧随豹尾入永康左门，绕至长信门，銮驾〔末〕九列诸公不为道旁跪迎之礼，已先在此站定矣。余亟入班，行礼如仪。出晤莱翁，谓如此乃心安理得云。莱翁足患后今日趋跄甚捷，诚意外也。退值，过太和殿前，高阳在后，留余立谈，皆礼部事。以明日恩诏广乡试中额，需电达各省，枢中不肯代陈，高阳有愠气。余答以一面具奏，一面发电似不必转托枢廷，高阳深以为然，忘却余已卸署礼部，论毕相与一笑。同至传心殿门，易衣，筠丈絮言仓场复奏御史齐兰摺子，仍请户部主稿云。筠丈既去，百官亦陆续行。汪柳门来，就余谈，辰正始归寓，补睡至午。少筠昆仲来，柳门又来，阍人不善辞谢，只可接晤，晡时乃去。戌亥之交雨电，子初始霁，仍见月。

十六日庚申(9月15日)　晴

辰初上御太和殿颁诏，百官咸集庆贺。余卯正到班，与寿午清、海赞廷、陈桂生傍门楼少憩。鸿胪宣赞，圣驾升殿，入班拜跪如仪。荆州将军祥亨乃在东班，误矣。班退后琴轩就商户部借款事，翁大农促余赴部，并促新驾坡黄公度书，余诺之。午正到部，判画毕，手草致公度函稿付琴轩，遂赴总署。赫德适来，与谈逾时，又复料量文电，灯后始毕。柳门亦自银库来，馀勇可贾也。平壤战事方亟，电线忽断，奈何？昨今两日阅是楼听戏，奉懿旨赏朝鲜使臣李承纯、闵绍镐入座,在祥亨之次,异数也。

十七日辛酉(9月16日)　晴

昨日恩诏百官加级,今日内阁领衔陈谢,仍递膳牌。寅正二刻诣西华门外直庐祇俟,圣驾还西苑,道旁泥首,百官咸集。翁大农在关防衙门阅摺件,余往询商昨订手稿,须添"期以五年归还"六字,大农初谓不必,余持之坚,大农亦以为妥。又有部中自行筹款摺片,并及桂生,汉堂画毕,熙澈庄在北厅,福箴相未来,须候之也。天将曙,闻喧声,以为乘舆将至,急趋往,尚未传筹。晤长石农,云面奉口敕顷巳初回瀛台,遂往南厅小憩。敬子斋为备点心,可以充饱。购《一统舆图》两本,《云谷笔记》一部。少顷驾至,跪道磕头如礼,各散,返寓巳正。补睡至午,接晤两客,饭后未初至崑小翁宅陪客,并为送库,酉正归。晤柳门,知署中今日无要电。

十八日壬戌(9月17日)　晴

户部加班。军机处又有会议,寅正到南厅。膳牌旋下,与受之同至奉宸苑直庐静憩。辰正诣枢廷阅电报。平壤诸军被困,略如牙山。高阳愤甚,谓须予合肥处分并请谕旨明发,诸公咸有辨论,至于军事如何补救盖略略也。高阳谓仍当责之合肥,促令设法,诸公默然。余语庆邸、青相曰:此时机局,平壤得失不可知,须派威望重兵择平壤后路能守之地屯重兵相持,但令能制敌骄,不急进取,略舒兵气乃可从容整顿以图大举,须就陆路设粮台,另设分局转运,不宜太写意矣。邸、相均谓然,能否照行,未可知也。奏片定稿,礼邸奉颐年宣召,匆匆趋赴,时已午正,庆邸以署中有会晤,约余同出就署中饭。未正法使来递国书,庆邸接收后允以代呈御览,法使又絮絮界务及极不要紧事相纠缠,申正始去。余阅问答毕,复仰蘧一电,受之、柳门先散,子斋候余同行,抵寓已暮。新吾来谈,丑初去。余自寅初起至今尚不甚惫,但右腿作疼耳。黄花农、镬侄今日自津起程。

十九日癸亥(9月18日) 晴

晨起皖南镇李占椿来,谈良久。李曾在吾粤供差,历署阳江镇水师提督,初补汀州,再补皖南,老于军旅者也。午初至总署,适北洋电述昨日大东沟海军战状,当令抄送枢中,会议散矣,仍令补送枢堂,因阅筹饷电旨,遂赴户部。途访翁大农,病矣。北洋海军战状抄电交其阍人转呈,未及加封,殊疏略,到户部而濑庄适至,余判画毕,赴西城为新吾别,晚饭乃归。晡后雷雨,幸不久。本日奉旨受之补热河都统,庆兰补福州将军。

二十日甲子(9月19日) 晴

晨起赴总署,北洋续电海军战状甚详。大东沟之役十八日鏖【下缺】运船所载铭军四千遂均登岸,北洋电言仰赖圣主洪福,足见水路运兵原无把握耳。总署事竣,出城为仲约寿,晤谈逾刻,至辉庭宅小饮,梁伯尹之约也。酉正进宣武门,过新吾小园少憩,易衣,即归寓。

二十一日乙丑(9月20日) 晴

枢中有会议,辰刻赴之。庆邸疏请督兵九连城防堵,奏带桂祥、沙克都、怀塔布两都护,不识能邀俞允否?今日颐年有宣召,庆邸先往祗竢,未到枢中,常熟亦因病未至达,枢中今日公阅之件无多,电旨四道早已定稿。青老为言礼邸亦奉颐年之召,内监传谕,礼邸召见后同事始能散,高阳以奏片稿既定,遂行。余与子斋、柳门亦同出。余有大东沟、鸭绿江口筑炮垒之议,告青相,能否施行,未可知也。陈湜、程文炳两军月饷由部供支,即在淮盐豫征厘金项下拨划,久经奏准,行文南洋,未接到,顷复电询。又台抚拟借磅银五十万,磅价长落由商包认,电请部示。余散议后就受之午饭,旋到总署,约那琴轩来查明前奏,即电复南洋,台抚事常熟函示琴轩,就余商榷,余详语之。晡后微雨,仍访常熟一谈。常熟已能起坐,浮热未退耳。

二十二日丙寅(9月21日)　晴

午赴户部,与潄庄尚书相值,判画毕,赴总署料〔量〕,灯后归。

二十三日丁卯(9月22日)　晴

户部直日,总署、三库并奏事。寅正到班,蒙召见,逾二刻。询户部筹饷事甚详,复谕以昨日太后懿旨发内帑银三百万,部库亦可周转。谨奏言:臣等不能妥筹巨款,重累慈圣颁发内帑,臣心诚所不安,他日库储稍裕,总当筹缴如数。奉谕:此时可不汲汲于此。复缕陈平壤军情、海军战状,上颔之。复奏言:十二日银库兑收湖南饷鞘,搀杂铅锭,恐各省效尤,不能不添办上谕,此风万不可长,当通谕各省知儆。总署现奏两摺两片皆各国之书代递答付之件,上未询及,遂略之耳。旋退出,憩奉宸苑直庐片时,巳正至枢中会议,奏片既定,遂行,抵总署已未正矣。料量讫晡而返,邓伯瀛、易希梁乔梓、籛侄自粤来,得垲儿禀。

二十四日戊辰(9月23日)　秋分,晴

曩与赫德商借款事。午后至署,莱山亦奉口敕饬询,因令赫德来,订借一千万两,周息七厘,还本撤利,计每年户部筹银一百四十二万两,十年本利清讫,赫谓此法最善,俟与前涂订实即回复,先将略节开来。夜雨,雷声轰然,类初夏。

二十五日己巳(9月24日)　阴

余定三点钟接晤法使,适两点钟又有德使之约,余却忘之。至署,已两点三刻,电报阅讫,出晤德使,未数语而法使来,遂偕柳门

在东厅接谈,筱云旋入座。法使论界务及叶提督在〔公〕州杀教士案,甚繁,小云持图与辨,总未领悟。公州案须电北洋查复也。今日电旨台抚借款照所请行,部中交片恐未到,明日须复奏,此事小云谓此摺宜撤,因函商常熟,复约琴轩来,前摺已改缮矣,常熟复笺亦云然,返寓灯昏。睡,闻雷雨,天气增凉。

十　月

二十六日己巳(11 月 23 日)　　晴

晨起,赴六项。恭邸不到,枢中以无事可议,嘱勿往。柳门先散,子斋继之。余至都虞司直房与常熟商订借款事,又同约午后到部。余拟复闽、津两电交档房,常熟到后酌定译发,同散。余答拜子密,室中无火,微觉寒冷。旋至总署,事毕返寓。饭罢辄腹疼。铁保函来商库事。

二十七日庚午(11 月 24 日)　　晴

晨起,甚不适,客又纷至。晡后赴总署,适得旅大不守之电,益愤闷。阅稿,判牍,乃行。寄科士达一电,借款事。

二十八日辛未(11 月 25 日)　　晴

户部加班,微感冒。午初大农函商闽款,三百万,拟定议;又及津款、苏款,并复之。科款有电来,译出乃送览。五日前闻倭扣法船,搭客美国三人,法、美与论,不释。比得子通书,美二人与莫镇藩来华投效,九月十六日起程,金山华商为集盘川六千金,如得力须为华商请奖云。姑令震东询田使,倭扣三人为确否,田查电报,即此三人。事机不顺,至此极矣。电子通,设词托美外部商释,济否未可知。若由华与辨,弥坚其扣留之意耳。

二十九日壬申(11月26日)　阴

晨正赴内府,候豫甫来,同往皮库验收黑龙江贡貂。候至午正,豫甫始到,又御史施佛欢,共验得索伦达呼尔鄂伦春貂皮三千四百九十张,极高者三等,仅十二张,馀直四等、五等、不到等而已。户部事毕,余赴都虞司候翁大农,不至。行次东栅栏,专马来言恭邸到督办处,嘱余往晤。余告以总署候见,遂返寓。腹疼微泻,总觉不怿。未正赴署,莱山、子斋、柳门在座,俄而差弁传述恭邸不到,莱山、子斋先后行。余判牍毕,至西所重阅寄英什物,装固嘱总办雇夫运通州,另札津关派船迎迓。夜雪,本日懿旨瑾妃、珍妃降为贵人。

十一月

初一日癸酉(11月27日)　雪,晴

晨起到署午饭,庆邸定本日一点半钟接晤法使,届时法使来而庆邸不至,余独与辨论,半席子斋来。法使所商皆滇越界务,拟在思茅互市,颇费支拄。法使行后柳门亦来,与子斋先散。余判牍未毕,田使约明日十一点钟有要事来晤,即答复之。返寓贻莱山书。

初二日甲戌(11月28日)　晴

晨起到署,两邸、莱山、子斋、柳门并到,田使如期到,持示驻倭美使电,当嘱以少缓再烦布复。田行后余赴库,已未正矣。收十六万七千馀金,放十四万八千馀金,尚未昏黑。莱山函嘱就便往美馆详询田使,归途访莱山,已睡,为书告之。

初三日乙亥(11月29日)　晴

辰初赴枢中,将昨询田使之言缕述一遍。恭邸诣太后宫谢西

苑门内赏乘二人肩舆,太后召见六刻,余等咸候之。莱山乘间商定致美使书,约俞君实到宅内缮写,亲送致美馆。两邸退直,余返寓午饭。大农约至户部商订借款电报,并复科士达洋文电余,电户部,至总署已张灯矣。

初四日丙子(11月30日) 晴

户部直日,丑正二刻起,寅初到班,寅正膳牌下矣。文云阁露章陈谢,王廉生有封事,并在六项共谈。崑小翁百日孝满,销假当差,在宗人府直庐,寿午清今日请训,亦在座,余一往周旋,便至都虞司寓房补睡。此为户曹值班公所,翁大农假一间安憩,那琴轩并为余觅一间,甚清洁,睡至辰初闻恭邸已到,遂与同至枢中。巳初散,余归途访南皮相国,柳门亦然,茶话逾刻。赴署午饭,候恭邸来同接晤意使巴尔迪,该使欲补贺万寿而国书已于前月送交署中代递矣。庆典之期已过,该使国书又经代递,凭何觐见?恭邸允代奏准并贻书使者详达该国政府,该使悻悻而去。两点钟英使来,子斋、柳门先接晤,余因复户部档房禀,稍迟始出,英使已屏左右,所言皆田使前日密语,不悟英使何由得悉也。子斋、柳门先散,余灯后归。贻翁大农书,夜雪。

初五日丁丑(12月1日) 雪

卯正起,至奉宸苑直庐,恭邸已到,将英使昨谈告之,遂同至枢中。大农已将伦道阿借款事面奉圣谕,即拟电旨行北洋转龚使画押,此电小云手稿,倩余加墨。又别饬南洋转浙、闽、台防备一电,均毕,两邸散直,余亦出。豫甫要于奏事处絮话内府拨款,余告以翁大农曾约本日到部妥商,必不落空也。返寓午饭,旋至户部与大农商复津关电及内府拨款。即到总署,柳门刚到,灯后同散。易希梁明日赴鄂,薄为酒醴饯之。

初六日戊寅(12月2日)　晴

希梁午正出京,乃郎仍留余宅。晡时赴署,小云检查新购枪炮电报文册甚忙,云奉旨查核。战事方殷,上考军实,事理与然者也。小云核之,挟文册去,余阅稿至灯后归。各国贺万寿国书定稿当复,此友邦交际之宜,余力言之,恭邸乃办。

初七日己卯(12月3日)　晴

寅正睡醒,闻叩门声匆急,门子传言皇上召见,窃疑传宣不实,俄而奏事处苏拉纷来,遂亟易衣进内,趋直庐询枢廷,均不知何事。卯正三刻入见,承询:"逐日进内否?"奏言:"随恭亲王往军机处会议,逐日须到,惟昨日未到。"上询敌情及汉纳根练兵事,谨奏保山农舅氏,以曾在烟台教练有效,所延教习亦识德国人,问涂已经似非熟手不办,可以力保,但以舅甥之亲不便具指。上言:"此时何可避嫌?尔即与恭亲王商之。"又及户部筹饷事,以借款多就绪而汇路极难,京津之间安能兑汇数千万银子,此事甚费踌躇,上颔之。遂退出,往奉宸苑晤恭邸,未竟其词。内监又传宣太后召见,与恭亲王同入,巳初□候恭邸,遂往军机处。余以步行难艰,先诣德昌门外相候。巳初二刻,恭邸乘二人肩舆来,亦至德昌门外,偕余步行至五间房。恭邸重叩余今日上谕究有何事,余言并无隐瞒之语,顷已详言之矣。候至巳正,太后先召恭邸,约四刻。续召余,均在仪銮殿东里间。内监褰帘,余入,跪安毕,趋跪御案旁地上,太后谆谕赏垫,遂回就垫,叩头谢。太后谕再往天津一行,谨奉旨并将往津应商之语奏陈一遍,太后以为然,并谕以曾商诸皇上,可无须请训,但当轻骑减从速行。跪对二刻,遂退出。遇总署章京,言田贝订两点半钟会晤,余诺之,急赴军机处,将本日两宫召对之事缕述,独□礼邸,言保荐,众谓易事,礼邸唯唯。恭邸邀余至署共饭,少顷莱山、庆邸、柳门、子斋并到,同晤田贝,恭邸嘱余明早仍进内请起,勿遽首途。莱山到余寓,详商因应之法,余就所见告之。莱山行后,那琴轩候商户部借款事,与订一电而去。晚饭后新吾来,留诗二首言别,颇难为怀。

初八日庚辰(12月4日) 晴

辰初往军机处,恭邸、莱山、小云邀余同诣仪銮殿请起,已而太后召见,各有所陈,仍承谕速行,奏对毕,即跪安出,至五间房,军机诸公亦有起。余将部事托翁大农,莱山嘱语礼邸昨保山舅,并托礼邸代于上前奏明起程日期,咸承见诺。恭邸赴署中饭,余不及追陪,返寓检行李,候车辆雇备。未正二刻出朝阳门。晚宿通州江苏运局,张小传、葛振卿来见,各赠盘飧,询小传程田诸防营均安顿云。代理通州牧来见,馈酒席,却之,与假舆夫两班。行李车戌正始到,寒甚。寄傅相电,托小傅交局。

初九日辛巳(12月5日) 晴

寅正起,卯初二刻就道,霜重,幸不甚寒。四十里至马头尖,七十六里蔡村,宿已戌初二刻矣。蔡村行次酬新吾世兄留别诗:

东阁郎君香案吏,往还行迹久相忘。刁家池上清卮美,郭隗台壖别意长。从者鹓鹈偏被吓,蔚天乔木已围苍。宦情却被侏儒笑,典去朝衣始办装。

六朝烟水气常清,浊世何当有盛名。掌上半逢天外使,膝前遥隔塞垣兵。山川莫呈人情险,风雪熟知驿路平。一语赠行应自慰,不曾卖赋缀金籯。

论都旁魄岂冯虚,昏眊惭无谏猎书。地上麒麟西苑马,天边貔虎北门鱼。已着七树能为武,始信长安不易居。闻道成城资众志,风云应为护储胥。

阴阳短景速孤征，霜雪寒宵度野营。泪尽四郊多垒日，愁生下泽故山情。严冬渐觉寒蝉蜕，熟路无虞柝马惊。十万边军辽海外，可能征北是长城。

草枯沙白莽萧萧，铁甲将军夜度辽。幕府旧连箕子碣，女戎兼骋楚人腰。寒砧木叶空追忆，风马云车未易招。秃柳当门生意涩，茫茫昏祲几时销。

初十日壬午(12月6日)　大雪，阴

寅正起，卯正初一刻首途，巳正浦口尖，傅相差官来迓，未正至西沽，假客寓易衣。申初抵津，晤傅相，传述懿旨，傅相为之零涕，复将莱山嘱商之事询明，傅相即电总署。阁抄报恭邸补授军机大臣，从此办事无隔阂矣。旋接科士达电，借款不成。胡云眉书，练军中辍。晚饭后寄户部电，又约汇丰行商并吴楙鼎来谈，拨津五百万，日内交足不误，别托代询借磅代汇伦商之款，汇丰先分别电伦敦云。傅相回签押房，余疲甚，亦睡。

十一日癸未(12月7日)　阴

晨起，黄花农、刘宪夫、罗吉臣、徐雨之、伍秩庸、陈霭亭先后来，花农代理津关，盛杏荪因病乞假也。巳正，傅相约汉纳根、胡云眉来商买枪炮事，满德、代运亦同坐，订定保险费每百二十二分，较前稍省云。傅相留云眉共午饭，旋得户部电，询科借款，昨电未接也，因并将汇丰所商之言缕电之。陈敬如来，言伦商借款必能照交。果尔，尚不贻笑汇丰耳。傅相留敬如，兼约云眉晚饫西馔。席间询傅相汉纳根练兵事，傅相言云眉向不知兵，又升转在迩，岂合以此相累？至汉纳根，虽有才而不易驾驭，不图内间抚番至此。饭后总署电促余回京，当缓，俟明日德璀玲回津询明敌情乃返，又与傅相详论一遍，亥正睡。

十二日甲申(12 月 8 日) 阴

晨起,刘宪夫、徐雨之、罗吉臣来见。吉臣遵傅相谕将德参赞士丹佛所译《日本兵夫图说》送阅,并云傅相已分行各营。余留览一过,尚详细。饭后汉纳根来,面呈所拟练兵办法及上督办军务处章启,内多赘言。余告以练此大军本系创举,中国不能操纵,练之何用?若不予尔兵权,尔亦难教练,此中分际尚费斟酌。汉纳根言现招洋员百人,如其到津可令先练营哨千人,将来分教各营便有武□,余颔之。告以枪炮价回京即拨,汉纳根称谢而去。晡后德璀琳来,傅相与谈良久,邀余共语,德以中道转回为愠,然亦略言大意也。傅相留晚饭,德以急须发电写信辞去。余与傅相对食,华洋酒馔杂陈,转不能饱。饭后傅相手书上恭邸密启,交余带去,津笺三纸,傅相作小行楷甚工,且不错漏,宜享高寿也。写毕缄封,傅相即睡。余阅云眉与汉纳根辨驳各件,复云眉一书,亦即就枕。

十三日乙酉(12 月 9 日) 阴

晨起,傅相来谈回京复命之事,重论德璀琳昨述之言。余叩别出门,已初一刻矣。傅相运使均差送,甫将过桥,有徐邦达营夫挑水阻路,仆从为所殴,且横梗桥路不令行,真可讶也。急觅傅相差弁,已去。仓卒觅得该营大旗手为之弹压乃行。如此队伍,其能制敌乎?子豫自长崎回沪,昨始来津,匆匆一晤,云随余到京。未正杨村尖偏寻不得,晚宿蔡村亦不见,当未起程也。潞河途次偶成一诗:

潞河寒月淡无痕,鼓角声遥暝色昏。岂谓凯歌迟塞上,重烦乘传度津门。时危信触萧朱感,国是频咨岳牧言。漠漠风沙桑野外,渡头灯火自成村。

十四日丙戌(12月10日) 阴

寅正起,卯初就道,风大而不甚寒。河西务换夫,少憩安平尖,晚宿张家湾。通州牧为假旅寓,张小传、葛振卿并来迓,程从周置酒旅中,辞之不获,共话至戌正。行路之间复有酬应,愈疲惫矣。从周派队郊外相迎,余行□□之水,早又欲派队相送,坚辞乃免。

十五日丁亥(12月11日) 晴

卯初起,少食即行。巳正渔家圩尖,葛振卿令梁福携饫相饷,通州牧假客寓亦备一品锅来,饭后起程,未初到寓。苏拉来言恭邸四点钟赴署晤英使,饬往。确询总办,无耗。俄而柳门来,言恭邸今日不进署,余径诣之,将合肥傅相书面呈,复谈良久。归途访莱山,阍人谓莱翁在余寓相候,迨返寓,莱山又不果来,贻书约明早朝直庐相见。

十六日戊子(12月12日) 晴

寅正趋直,蒙召见,亟诣西苑门。奏事处司员犹絮絮,索补膳牌,不解也。及入见,承询赴津情形,北洋手书恭邸已呈览,遂就书中之意敬陈其略。上复询汉纳根练兵事,当就津门所闻以对。上颔之,随谕在外稍候,恐太后要见,又奉谕明早仍进来,谨唯唯。退出枢府,诸公约至枢中订复田贝书,尚未嘱稿,枢中日行之事尚烦,少顷内监传宣太后召见枢臣及余。莱山方起草不休,告恭邸以嘱内监,奏明办事毕即趋召,恭邸摇手曰:"我无此胆量。"遂径诣五间房坐候。余本无枢中事,亦即先往,行至德昌门外师傅直庐,常熟尚书在座,遂就谈借款事。少顷政府诸公亦到,遂同往五间房。巳初太后召余独对,约二刻。旋召枢臣,余仍在五间房候之。同到枢中将复田贝书口授,莱山起草,别缮进呈,余乃归寓。潘辉庭来,共饭毕,余赴户部,常熟之约也。部中相见,别无要言。

十七日己丑(12 月 13 日) 雪

内府会户部复奏验收貂皮,寅正到班,与王廉生同被召。承询昨日奏对太后之言及复田贝事,退直询恭邸今日会议便不赴枢中,恭邸颔之。适莱翁患足,不能趋召,独憩直庐,余往就谈。至曙返寓,补睡。未正出门答拜子斋,不值。往贺赞庭为孙子纳妇,与文贡三长谈,将出门适徐颂阁在帐房候客,亦往与谈,抵暮归。铁保臣、裕朗西、李新吾先后来。

十八日庚寅(12 月 14 日) 阴

晨起腹泻,胃逆作吐,不能出门。那琴轩来商借款事,遂草一电交与转送常熟再寄津门。

十九日辛卯(12 月 15 日) 阴

晨起泻止,胃仍不舒。午后常熟来商借款事,以邸枢均须重托赫德,余自不与争辨也。荣仲华本日奉派总理衙门行走。

二十日壬辰(12 月 16 日) 晴

昨腹泻已止,今日户部直日,寅正到南厅,腹又作泻,急如厕,寒甚,遂尔复感冒。少顷膳牌下,总办送阅电报,未毕,仲华来,当将北洋来电托致恭邸,以仲华今日召见可到枢中也。返寓补睡,不能出门。

二十一日癸巳(12 月 17 日) 晴

晨起不泻,午餐啜粥,复泻。徐孟翔来商改省直隶,又虑倭警日迫,请余代决,余却难为借箸矣。未正东城答拜启颖之、荣仲华,不值。诣恭邸祝寿,亦不值。归途访文贡三一谈,答拜柳门亦相左。

二十二日甲午(12 月 18 日) 阴

腹泻略轻,胃仍尔。午后扶病至总署料量,柳门、子斋同散。

二十三日乙未(12月19日)　晴

未正赴署接晤田使,恭邸以下均在坐,只庆邸、箴相请假,荣仲华未到任而已。散署答拜常熟,以病不获见。

二十四日丙申(12月20日)　晴

午后赴署蒙恩赏加尚书衔,奉派赴倭议款,署湘抚邵小村同役,当嘱顾康民代拟谢摺。旋访莱山,谓出特简非枢中所拟云。颇讶昨日署中会商时绝不询及,遽奉使命,诚非所堪。

二十五日丁酉(12月21日)　晴

寅正诣直庐,蒙上召见,略奏陈力小任重之意,上许以随时电报请旨,并谕诣太后宫听起,遂退出,在散秩大臣朝房稍憩。辰正初刻诣蹈和门,候至午初二刻,太后御养性殿,召对约二刻,承谕款议不谐即返,仍备战。又及美员投效事,奏对毕,遂退,返寓将未初矣。

二十六日戊戌(12月22日)　冬至,晴

午后拟出门,立豫甫、徐小云、翁叔平先后来谈,日晡始暇。新吾来,共晚餐。中夜回辔,极朋侪聚首之雅。

二十七日己亥(12月23日)

辰初朝贺毕,午后谒礼邸,不值。晤庆邸一谈,诣恭邸,适腹泻,亦不值。归途访壶巢。

二十八日庚子(12月24日)　晴

午后赴户部,判画,阅摺,历两时乃毕,拟答拜西城之客,仅到新吾宅已日晡矣。饭罢乃返,新吾赠元狐一袭,改作斗蓬。

二十九日辛丑(12月25日)　晴

户部直日,寅正到班,诣传心殿直庐。桂生、溆庄、子斋在坐,知克秀峰病不起矣,阿允廷拟户右,今日到任,或当拜真也。申初

荣仲华到总署任，例有公膳，余往共食，灯后归。

三十日壬寅（12月26日） 晴，风

料简行李。

十二月

初一日癸卯（12月27日） 晴

仲华循例拜各驻使，邀余同往，自午迄申，晤意、法、德、日、美、英六使。美使以顷得回电，促余回署候晤，此间不便顿陈，遂由英馆返署，各堂并到，晤田使后，莱翁嘱余明早到枢中商复。

初二日甲辰（12月28日） 晴

辰初赴枢中，庆邸在坐。枢中日行公事已办竣，莱山嘱余拟致田使书，既脱稿，庆邸以为可，莱山袭之袖中，与庆邸、小云诣养性殿请起，约礼邸同去，不允，以此为总署事也。余与礼邸、刚子良略谈，遂出。晚阅邸抄，御史安维峻言事谬妄，语侵慈圣，恐开离间之端，奉旨革职发军台，早间枢中绝无消息也。

初三日乙巳（12月29日） 晴

户部加班，带引见，退值少憩。午后至署，与仲华往拜俄使，柳门亦同往，久谈，各散。余答拜子密、仲山，均得晤。新吾来夜谈。

初四日丙午（12月30日） 晴

午后赴署料量毕，访莱翁一谈，仍患寒疾，甚委顿。

初五日丁未（12月31日） 晴

伍秩庸电，求随带，诺之，复令妥订榆关登舟之路。饭后赴署，接晤英使，又酌定顾康民、瑞定臣同行，晚草奏摺两片一单，交少岳、钱侄分缮。润台来谈，夜分去。

初六日戊申(1895年1月1日)　晴

午初出城,晤筠丈,托以出京后照料眷口。访仲约、蓉浦,均不值。晤戴少怀、陈桂溪、潘辉庭,又答拜陈荪石,便道陈桂生,不值,遂进宣武门,至新吾宅久谈,□别而已,抵暮归。

初七日己酉(1月2日)　晴

户部直日,余奏带司员,寅初到班。蒙召询起程日期,复承谕民生涂炭,奉天吃紧,宜速发,当奏言三日内可以请训,容与枢中商定即递牌子,上颔之,遂出。至军机处就商恭邸,嘱以初十日,遂告总署豫备安摺。今日直庐刘博泉鸿胪自四川典试回,力言途次兵差搔扰之状甚于剿捻时。午后刘岘帅来晤。

初八日庚戌(1月3日)　晴

晨起,往晤法、俄、德、英各使,并久谈。随至户部判画毕,往西城答拜衍圣公,不值。晤刚子良、庆邸,绕至恭邸,亦不值。归途访青老、小云长谈,晚九点钟访美使。

初九日辛亥(1月4日)　晴

答拜刘砚帅,各道受任之难。砚帅方隆美誉,殊羡之也。便道督办处,与仲华别,两邸、翁、李并在坐。又晤郎西、木斋。随访柳门、子斋,不值。至增芝田、潘赞庭宅一谈。旋至总署,阅子通电,知科已首途,盘川五千交其眷属。晚赴常熟尚书之约,仲山、柳门共酌,肴馔极丰,惜昨夜感寒不能大嚼,赖佳醸发表,意可祛病。常熟捡还烟客册,并未题笺也。

初十日壬子(1月5日)　晴

寅初起,诣直庐,候召对。上意如前,奉饬跪安,即诣养性殿听起。遂趋蹈和门,至奏事处稍憩。奏事总管为备食,甚丰。食未半,恭邸来,巳初太后召,与恭邸同见。太后谕及安维峻一疏,垂泪不止,恭邸亦哭。而于宗社大计,恭邸未澈陈,余虽言之,然有泰山鸿毛之判矣。太后饬善密旨交余,以备彼族要求持以相示。恭邸承旨办理并奏明,约余至枢中相候。跪对六刻,恭邸无倦容,起跪甚便利,余则两手踞地,犹不能起,就垫旁跪安,徐步出至奏事处,略坐,随往枢中。莱翁拟旨进呈,致小云粘封交余带出,委顿几不可支,返寓补睡。晡后诣恭邸拜辞,不见。往豫甫新居小饮,丑初归。新吾、远斋在坐,新吾为《题运甓斋话别图》三诗,甚壮。

十一日癸丑(1月6日) 小寒,晴

晨起,莱山来别,所论甚切,当谆以奠安宗社为勖,又以余眷属在京允为照料,其情可感。午后答拜仲山并贺兼署余缺,不值。晤莱翁,久谈,犹初意也。

十二日甲寅(1月7日) 晴

寅正起,饭罢出前门,至大德通西号,坐候天曙,不觉睡熟,辰正始醒。郭希曾为备小酌,薄饮而行。途次双桥,晤李华亭军门,东山旧雨,睽别垂廿年矣,所谈多肤词。晡抵通州,葛振卿、李韵湖、州牧张勋和来晤,电恽松云,约黄曜庭至沪。

十三日乙卯(1月8日) 晴

寅正起,饭毕,行李捡备,候舆夫至。辰初始行,风大甚寒,安平尖后趋河西务住宿。

十四日丙辰(1月9日) 晴

辰初起,午正杨村尖,申初宿浦口。伍秩庸来,言大沽仍可出,又促余急行。北洋派弁来导,留与同发。

十五日丁巳(1月10日) 晴

辰初起,午初抵津,李傅相率属在吴楚公所跪请圣安,吴清卿中丞亦到。寒暄毕,余请傅相先归,因至后院与清翁略谈。旋至节

署,清翁续到,共午饭。傅相为定明早乘火车至塘沽,乘炮船出口,驳船二艘,价各三百金,出口后不能复回,由海晏拖至烟台守冻,各予千金,海中设有不测,两船共赔六万五千金,黄花农为立合同,甚清楚,船价一切傅相均代付,可感也。饭后答拜天津司道,不值。晤胡粮台,久谈。清翁适至,余因傅相约晤德璀玲,遂先返。傅相并令满德送余至海晏,又为电沪上商局,为觅寓所,晚饭后共谈,至十点钟睡。中日交际之事,傅相知无不言。总署电述杨子通之言,并田贝所转日本一电,当复之。

十六日戊午(1月11日)　晴

晨起叩辞傅相,并恳勿至车头相送,傅相诺之。七点四十分钟抵火车房,天津司道、德璀玲、汉纳根并候,吴清翁八点半钟始来,遂与同车至军粮城,清翁下车去。余趋塘沽,抵车站,陈霭亭、吴调卿、张诒谋、姚竹朋候送。竹朋索余复唐沅浦书,匆匆口授,钱侄缮之。满德促余登驳船,乘潮冲冰而出,十一点钟启碇,十二点半钟已渡拦江沙,登海晏船矣。船主晏禄弥,甚老练,常熟尚书为书"第一良师"扁额赠之。满德饭罢仍就驳船回,因为手书谢傅相。舟中遥望驳船入口乃发,时已三点钟。今日车中清卿谋战甚勇,嘱余缓俟二月东渡以候捷音。

十七日己未(1月12日)　晴,大风

船颠竟日不能起,向来航海不如是之惫。

十八日庚申(1月13日)　晴

巳初已渡黑水洋,风力少弱。午后起坐,略思食。晚六点钟已泊上海金利源马头,可云神速矣。商局总办郑陶斋、沈子梅来迎,遂搭子梅车至同文书局。聂仲芳来久谈。

十九日辛酉(1月14日) 晴

邵小村来请圣安,毕,约至寓楼共阅密旨、国书、敕书,筹商办法,久谈之下,筱翁午饭乃去。余今日晨起便血复发,委顿之甚。小翁去后接晤署沪道刘康侯,寒暄而已。电总署北洋。

二十日壬戌(1月15日) 晴

昨啜橘酪,今晨便血已止。午后答拜邵小翁、刘康侯,均晤。商局诸君与聂仲芳,均不值。舆夫太钝,迟滞不耐。

二十一日癸亥(1月16日) 晴

法总领事吕班、税司贺壁理来谈。英领事先遣翻绎来,其自待若高于英使也。晡后吴广庵自江宁来。晚饭后聂仲芳来,夜雨。

二十二日甲子(1月17日) 晴

晨起草疏,交少岳誊清,函送邵小翁商订。午后英总领事哲美森来,烟台旧识也,其任之罘领事时,余摄东海关,相与折辩经年,哲屡负,尤要者则烟台租界。哲甘宕让不定,以余不准收马头捐之故,其他讼案余皆以理折之,遂至英商公禀,英使更换领事,哲即调移,余亦解任,回首前尘,垂廿年矣。晡后答拜唐茂枝、韦文甫、梁金池,均不值。至邵小翁处一谈,复感寒。

二十三日乙丑(1月18日) 晴

龙习之、梁小山、陈亮衡、莫子封以余远役,自苏州来送,其意可感。亮衡并为余诊脉订方。晚奉电旨饬即克日起程,无庸另候谕旨,当嘱秋畦查访公司船期。

二十四日丙寅(1月19日) 晴

邵小翁告顾康民以晡后来商,同赴刘康侯、密采黑之约。候至酉正,家丁传言邵小翁不赴刘约矣。及余至,密采黑、小翁已在坐,餐罢同车至余寓,共拟电奏。余口授,小翁书之,脱稿招瑞定臣来译密马即发。余别致朗西电,托询恭邸。

二十五日丁卯(1月20日)　晴

北洋电,海城有收复之说,而未确,倭兵四十船自成山登岸攻威海,后路甚危急,又嘱伯行勿拜客,父母爱子之心无所不至矣。伯行昨专为余来,今日以北洋电示之,伯行本有匿迹消声之意,更坦然也,独是北洋畏祸如是,余又当如何也。

二十六日戊辰(1月21日)　大寒,晴

潘芸荪来言,机器局新制小口径快枪,但无成套机器,每日只出六杆,快炮则久已能制矣。约往一观,诺之矣。因候京电,不及赴局,遂遣李炳往告之。灯后奉电旨,初三日起程,勿迟,当转送小翁,讵法公司船期忽改,因另商订英公司王后船,甚费力。是日并得朗西电,述恭邸意似此行不能缓矣。

二十七日己巳(1月22日)　晴

订定英船,即电总署正月元日起程,乞署代奏,并告田使电日本外部转行。税关另为洋文船名电田使,以免舛误。

二十八日庚午(1月23日)　晴

瑞典领事柏固午初来晤,既去,邵小翁来商派人赴广岛,余诺之。札提沪关公费六万两,又电署以神户登岸之意电北洋。

二十九日辛未(1月24日)　晴

贺税司来,述英船到吴淞时刻,船期决不误也。晡后答拜英芝圃、文焕如,久谈。电张香帅、李筱帅。

三十日壬申(1月25日)　晴

驻倭美使电倭官改于神户候,接晤后仍定赴广岛,行程恰如沁电署,告田贝转达之说即电署谢田,并述英船明午到沪,晚子初开行。昨订定疏稿一摺三片:请饬关内外诸军力筹战备摺具报、正月

初一日放洋、十二月初十日开用关防、有日期又续调各员共三片寄署代递。

附：

康有为跋

呜呼！此吾邑张樵野尚书甲午札记也。尚书既以戊戌党祸抄没戍新疆，庚子以谏用拳匪惨戮。此册经如劫流于外，张君有楣以记中有誉我语，因赠我。中多记□□事，关涉颇大，若朝章国故尤夥，足与常熟日记参考。若夫生死患难文酒过从之感，追思萦欷。天游。

曹菊生跋

张荫桓甲午（清光绪二十年）日记，一九五六年常熟俞君仲久所赠，时在得马建忠《东渡日记》之后数月，而所记事则在马记前数月，二书均为有关中日战争之记载，同时获得，亦巧矣。稿封面题“甲午日记”，但无署款，俞君谓出荫桓手笔，而稿之来源不明，经细审其内容、字迹，确为荫桓遗墨无疑。记始自甲午十月二十六日，时以户部侍郎入直总署，中日战争方殷，颇多与外人交往。及十一月二十四日奉旨与邵友濂赴日议和，则记自京至上海行程，至翌年元旦放洋止，惜以下未再继续。张字樵野，广东南海人，曾出使美、日、秘等国，后因与康有为交，谪戍新疆，未及赐缳，于庚子年论斩戍所。著有《三洲日记》行世。此为未刊稿，虽为断简，然吉光片羽，颇有史料价值，足供史学界参考之用。而俞君化私为公之精神可感，并书此以表谢意。一九六〇年三月，曹菊生记，钱海岳书。

戊戌日记

光绪二十四年戊戌(1898年)

正　月

初一日乙酉(1898年1月22日)　　晴

卯正诣长信门外直庐。辰初二刻,朝服诣慈宁宫,朝贺毕,易蟒袍补褂,诣乾清宫朝贺,礼成,回寓祀祖。少憩,午饭后赴东四牌楼,一路拜客。至署展阅文牍,无办项。未正二刻赴礼部救护日食,到班者六部各一堂。�丈以借英款为亟。酉初二刻日入地平,复行一跪三叩礼,各散。余访赫德商借款事。

初二日丙戌(1月23日)　　晴

出城拜客,仅晤迟公,晡后返寓。润台来谈,寄榻东院。

初三日丁亥(1月24日)　　晴

卯初常熟函约早到署商借款,以两邸十堂并到,宜有确论。及晤,常熟似忘却早间来函,漠无所言。少顷,俄、英两使先后至。余接晤英使,两邸续来晤,并无成说,不欢而去。俄使亦如是云。两使既去,约康长素来见。合肥、常熟、仲山见之,余与荣相续出晤,长素高论。荣相先散,余回西堂料理问答。灯后归。

初四日戊子(1月25日)　　晴

余生日,略为春酒饷客。筠丈来,共午饭。筠丈赴署,余往常熟宅,接晤档房章京,商借款抵质。常熟拟英、俄两国各借一万万两，那琴轩无可否，陈鹿宾、晏海丞皆以为不可抵款，遂未商及。诸司既去，余与常熟久谈。旋赴署，法使将散，合肥送客，亦阿殿归矣。余阅摺片，仲山看法使问答，事毕各散。嘱顾康民代拟明发稿。

初五日己丑（1月26日） 晴

晨起，汪伯棠来商特科明发稿，嘱携回缮正。诣贤良寺，为合肥祝寿，未获登堂，旋至皖馆听剧，颂阁、云眉同坐。申初合肥来，即布席。申正二刻，余访汪伯棠，取回稿子，入城灯时矣。至俄馆一谈。诣常熟详论借款，并将汪稿付之常熟，谓日间已将顾稿交陈邦瑞。

初六日庚寅（1月27日） 晴

即墨县民杀一德兵，德使顿翻前案，叠来照会四纸，昨常熟曾言之。今早总署奏事到班。常熟嘱拟分致许、罗两使电，商分借事，拟稿交总办呈堂，旋准传语七点半钟大公所会议，余与受之同往，子斋、仲山、荣相、合肥先后到，常熟与恭邸同到。邸论借款之难，欲两借，常熟力主分借，邸唯唯而去。商定电竹使赴俄，合肥起草交总办，余与同出。返寓啜粥一瓯，赴户部周旋。祈年，候至。午刻，江南司未到。余诣土地祠，行礼毕，回寓补睡，迄不成眠。申正赴署料理。复海使照会，并电东抚。

初七日辛卯（1月28日） 晴

未初赴署，常熟在坐，合肥书言喉喑不能言，今日不克到署。未正海使来，常熟、子斋、筠丈与余同接晤，迄晡而去。致吕镜宇长电，起草交总办。余遂出城，仲山看问答。晚饮润苔宅，杜奂民、康长素、关咏琴作主人。一点钟返寓。

初八日壬辰（1月29日） 晴

各使来署贺岁，巳初赴署候之。法使屡请恭邸示期会晤，因商两邸,许以今日。客散后,在东院,两邸、常熟接见,皆要挟无理之言。两邸先后去,余与常熟回至西堂商电吕镜宇,荣相亦未去。旋至西所接晤总税司、樊教士。复回西堂,酌定吕电,乃行。诣贤良寺晤合肥,喉病尚轻,仍愿明日赴署晤英使。

初九日癸巳(1月30日) 晴

户部奏事,卯初到班。上看版后,召问德国事、英俄借款、昨日各使到署贺年情形。跪对三刻,尚能起立。退出,兵部报房少憩,返寓补睡。饭罢,至东北城拜客,访受之一谈。旋至署与常熟、仲山、�丈同晤英使,仍为借款事。英言借俄不借英,则索三项利益。余曰英俄皆不借,则英可不索。英使唯唯,仍欲定期谒两邸,许以明日给信。英使行后,即电告竹筼、子通达俄外部,以各国皆不借,前议作罢。即译发。常熟致合肥一笺,告以今日英使会晤大致。合肥病未脱体,不果来也。晚得竹筼庚电,急欲回华,拟将借款事专嘱子通。当函送常熟承复,以竹筼恐滞留云。马眉叔来谈,吕班托言李约德事。

初十日甲午(1月31日) 晴

午后为厂肆之行,了乏佳趣。从永宝登车,遥见薛云阶缓步游览,乍释刑柄,宜有此乐也。风大,游人甚稀。出火神庙,晤孙孟延。旋至火树堂杜奂民处小憩,至德珍吃汤团,购宋光宝花卉、钱东人物两帧。回镳访赫德。三点半钟常熟刚到,共谈逾时,各散。常熟出示明发稿一纸,为酌数语,不识照行否?返寓阅抄。丁介蕃调兖沂曹济道,常熟未言及。

十一日乙未(2月1日) 晴

吏部奏复李秉衡处分,奉旨降二级调,不准抵销。午后访廉生,久谈。旋至署,常熟、仲山在坐。常熟候商速议黄思永集股济用摺,名曰“急公股票”,余易以“昭信”。琴轩携稿请制,遂与常熟订定画奏,还之。常熟、仲山先后散,余理文牍,复吕镜宇、南洋、湘抚三电。又电粤,催办沙迈贤案。电北洋,询制造票式。归途过贤良寺,问傅相病,已痊矣。晚容莼甫、林丽堂、汪伯棠来谈。

十二日丙申(2月2日) 晴

上诣大高殿祈雪。昨常熟谆嘱午正到户部会议股票事。如期赴之,别无可议,但见两正堂耳,语而散。豫甫后至,更若无其事。余由部赴署,顺道拜客。恭、庆两邸已到署,合肥扶病来,遂与同晤英使,言不借款事,嘱电政府。英使唯唯而去。恭邸将散,严嘱总办告各章程慎密,公事无准泄漏。总办拟堂谕稿来,余与仲山酌定之。晚,赫德贻震东书,言已达日本使偿款缓六月。

十三日丁酉(2月3日) 晴

巳正东北城拜客。绕至西城访文仲恭久谈。便道希九宅,少憩,吃元宵。至豫甫处,适演剧,留饮,遂往额相宅一转,回应豫甫之约。与夏叙五同席,不耐其扰。适署中包书来,借此行去,返寓晚饭。

十四日戊戌(2月4日) 立春。晴

昨舆中得诗四首,尚不草率。今日户部加班,具奏昭信股事,卯初到班。无起,与筱云略谈而归。潘峄琴新倡岭学报馆,嘱为骈序,久未报命。顷佩如为寄阅野秋学使一序,不促之促也,援笔成之。午后至署,与傅相同晤法使,毕,常熟来,少坐即去,余亦返寓。云门已来,共啖春饼,下榻东院,夜谈甚畅。

十五日己亥(2月5日) 晴

晨起,云门略谈。偕垲儿同往厂肆,抄留两诗叠和伯羲元旦日食也。未初赴署,与庆邸、傅相、常熟、子斋、筠丈、仲山同晤英使,

毕,各散。余理文牍,抵暮归。昨有旨傅相免带引见,承询明日陈谢礼节,匆匆去。

十六日庚子(2月6日)　晴

辰正诣天坛侍班。旋至粤馆与仲山共饭。复诣迟庵,久谈。日本展偿期之说不果,所谓欲与中国相联,诚虚语耳。日本使订明日到贤良寺,傅相函约同晤。

十七日辛丑(2月7日)　晴

晨起,诣傅相。少顷,日使来言国用孔亟,偿款难展缓。告以展作廿年固不便,但展六月似无不可。日使言均已电商,未谐。告以我与尔系初谈此事,盍再为电达。日使诺之,而请仍电朗使告外部,余亦诺之,遂去。余赴署。饭后,日翻译来言不必电朗使,此事万不行,顷又接外部电,明早再到贤良寺面谈云。傅相讶之,常熟亦甚急。证以朗使昨电,外部闻此信以为诧,则日使之电究不知如何设词耳。今日上祈谷,礼成,回西苑办事。

十八日壬寅(2月8日)　晴

总署奏事,寅正到班。无起,回寓补睡。巳正诣贤良寺,日使已到,力言政府不能展缓偿期之故,而荐荷兰使代商借。傅相即函订荷使明日来。余乘暇赴西城拜客,回至户部判画毕,至署料量。廷臣宴因斋戒移至今日。

十九日癸卯(2月9日)　晴

晨诣贤良寺,荷使已到,只允借四百万镑,又无息扣数目,且不知荷兰银行总管为谁,而请余电吕镜宇赴荷与政府商订。余答以现系拟借商款,与政府无涉。荷使乃允电银行管事赴柏林晤镜宇商定,余诺之。遂赴署,循例开印,至同文馆周旋。饭毕,约赫德至东院商借款。赫以抵款有着,可办到。常熟来,佛然曰:他来揽办么?[①] 昨晤赫,有欲管理中国度支之说,因疑之。旋又欲请给头等宝星。子斋因商常熟,以既有款可借,便将部拟摊派奏稿撤下,相约明日到户部议拨抵款。

二十日甲辰(2月10日) 晴

午后至户部,无所议。将散,常熟袖出两摺手写《松沪厘》、《宜昌盐厘》两款,嘱余往商赫德,谓银贱镑贵恐不敷,然此已大不易云。

二十一日乙巳(2月11日) 晴

户部直日,寅正到班。蒙召问德国亲王来华事,跪对两刻馀,尚能起。昨夜失眠,困顿之甚,返寓补睡。午后至署。

二十二日丙午(2月12日) 晴

云门今日之行不果,遂未往送。承赠诗,和余人日见赠韵,误书除夕。

二十三日丁未(2月13日) 晴

海靖索议山东铁路,自胶澳至济南,又自胶澳往沂州至济南,又中国自造山东铁路,须与德先商,否则,胶、即德兵不撤。真无理之甚!

二十四日戊申(2月14日) 晴

枢中约会议德事,同僚咸集奉宸苑直庐。恭邸询商办法,默无可否。余言先电吕镜使询外部,果能一了百了,即与海使议结。恭邸颔而去,同列陆续散。余就里间起电稿,傅相就观。脱稿后,常熟增订数字,交总办带署译发。余返寓,饭罢赴署。

---

① 原稿此处有涂抹。

二十五日己酉(2月15日)　晴

午初上御文华殿,各使觐见。美使田贝领袖宣颂,上俯答之,礼成而退。金吾与余领班如礼。各使既散,常熟约午饭,同列均往。席散,余与傅相至署,料量明日筵宴座次。夜雨雪,汪伯棠来谈。

二十六日庚戌(2月16日)　阴寒

巳正赴署,玻璃棚雨漏,移席西所。傅相指挥布席,稍有异同,余令仍照各使贺年次序定坐。少顷,恭邸来,手携门文面交户部三堂。子斋亲接,传观至余,系认股三千两、报效二万两,余请将报效之数一并认股。恭邸怫然曰:果尔,则并二万不捐。余不便强也。客到齐,遂入座。前后两席西式西馔,傅相令亨达利承办。酒半,恭邸宣颂,田贝答之,主客尽欢而散。是日不到会者,德、奥、义三使。

二十七日辛亥(2月17日)　阴

常熟约子斋与余同访赫德商借款,遂同赴户部筹拨货厘、盐厘各数,酉初始散。余出城为云门别,伯羲在坐,共谈良久。五桥旋来。余赴省馆春团之会,携经济科复奏稿请筠丈酌订。子初进城,叩关逾刻乃入。得常熟书,虑借款为俄所忌,恐生边衅,须余见复,明早先来晤,再访赫德云。

二十八日壬子(2月18日)　晴

晨起,常熟持片知会不克来,要余十二点钟往晤。昨与赫言定十一点钟将抵款数目送交,兹常熟乃定十二点钟往晤,莫名其妙。入座未久,子斋来言已将抵款交赫,携回草合同稿,常熟留阅,余与子斋遂行,先后到署,各散。

二十九日癸丑(2月19日) 晴

户部直日,寅正到班。昨约子斋在直庐相晤,子斋不来,殊不可解。旋蒙召见,遂趋德昌门。恭邸约至枢中晤语,当将借款事告之,恭邸茫然。常熟乃谓此事昨未谈及,现在有款可借,但要管我们厘金。余言并非银行要管,系我们将厘金拨交赫德代征,以便如期交付本息。恭邸颔之。旋入见,承询德国事。跪对三刻馀,忽眩晕欲倒,两腿几不自持。上温谕:尔头眩么?因奏言:日来本系感冒,因经办皆要差,不敢请假。上谕:尔扶着炕。当即磕头。上复垂问数语,皆各国交际事,尚能奏对。上颔之。遂扶炕起立而退。复至枢中告恭邸,适庆邸亦来,共谈少顷。枢辅进见,庆邸与余同散。返寓静憩,曹医来诊。饭后至署,与傅相接晤海靖,灯后归。

三十日甲寅(2月20日) 晴

午间至豫甫花园,偕受之、子斋、仲山同赴北堂樊国梁之会。金吾续来,蒙古贝勒公亦到,各使云集,午正入席。金吾首座,馀亦依次不紊。酒半,主人宣颂毕,余请金吾答之。少顷,法使亦宣颂,意以教堂归法保护也。席散,樊国梁约观礼拜,余与云眉先行矣。访长石农、孙壶巢久谈。遇雪,气候甚寒。常熟将借款合同稿送来,以赫德"专管"两字为嫌,且虑江苏必有一场厮闹。余复以昨约子斋直庐相晤,子斋不来,无从置词。

二　月

初一日乙卯(2月21日) 晴

近欲作病,仲山谓失眠所致。昨竟酣睡至未初,仍闷闷。

初二日丙辰(2月22日)　晴

巳初赴库,共收银十三万一千馀两,共放银十六万九千馀两,封库。至前堂判画毕,赴署。常熟衡论昭信股章程,不韪筱云之说。余嘱将底稿送余再酌。

初三日丁巳(2月23日)　晴

晨起,常熟将昭信章程送到,遂重订一遍,约筱云来商。筱云之意已申,他却不管。余改正各款,部中自办者并作五款,京外通行者十二款,视原稿已大异。晚间晏海丞就余寓为成叔、震东饯别,当将改稿示之,海丞以为公当。

初四日戊午(2月24日)　晴

巳初赴库,共收银九万六千馀两,共放银二十二万八千馀两,封库。至前堂,常熟、子斋、筱云皆到。余改稿亦誊清,共酌一遍,亦遂定矣。赴署料量毕,至怀绍先宅观剧。绍先奉庶母为继母,侍奉惟谨。兹以母寿六旬,为斑衣之戏,而母病垂危,贺客为之不安。

初五日己未(2月25日)　晴

俄代办巴罗福未正来,询借款妥否?告余以英使愿着力不索利益,盍诧之,且欲以英使之言电达外部。余答以英使前与俄国争借,以致俄款无成,中国又不能济用,故为冠冕之言,岂可据以电外部耶?我现借商款,无烦英使相助。巴乃重申俄国愿与中国结好之意。余举竹篔电述俄君之言答之。巴谓商款如借不成,俄国当为出力,余为称谢而去。旋至署,无甚办项。受之言怀太夫人病有转机,拉往观剧。灯后散归,意兴索然。

初六日庚申(2月26日)　晴

德珍、老赵自归德回,收得王渔洋致宋山言书六函,邮封上粘红签,写"宋衙家报",或"宋二老爷"。内夹红柬,书"年家眷弟王士祯顿首拜”,签柬字劣,皆抄胥为之。言事用副启,则自书也。廉生、海岱、人文无此书式,因为贻一函,并索题耆英图卷。过谈逾刻,至户部会商昭信股事。复至内仓看设局之地,仓门向西,迤北一带多坍塌。常熟意专于此或犹档房,原拟严密之地也。观竟,赴署。傅相以借款有成,甚怒,既嗔子斋,复嗔余。晚赫德送到合同稿。

初七日辛酉(2月27日)　晴

户部直日,将借款合同稿携至直庐与子斋同观,即令总办送呈常熟。少顷,蒙召见,遂趋入。恭邸约至枢中商论德事,因张次山有条奏也。及进见,跪对两刻,未蒙谕及次山之奏。班退,重晤恭邸述之。恭邸即促章京将此摺抄交总署。余出,至直庐。子斋未散,略谈数语,归寓,稍憩。午后至署,与傅相接晤海使,辨论数时,仍未就范。电镜宇、东抚。

初八日壬戌(2月28日)　晴

午初至户部,公核合同。署中送到奏稿,当交档房核对。本约赫德申初到署,常熟谓不如就此往晤,遂同去。既下舆,常熟将合同底稿付余携入。赫德延至斗室,列案围坐,将底稿订明。余为增删,赫将缮正一分请常熟照改,以便分缮。常熟援笔挥洒,余因斟酌奏稿,无暇兼顾。赫订明早十一点钟画押。余携底稿至署发缮,适合肥遣弁促余赴署,咸讶以为借款之故。及抵署,却系德国专条事。徐询余借款定否,余出奏稿示之,且告以迟恐有误。合肥阅稿,以为周妥,便促早日画押,余答以赶办。返寓函商常熟,请合肥同视画押。

初九日癸亥(3月1日)　晴

晨得常熟复笺,遂诣贤良寺告合肥以午初画押,请到署同办。

合肥欣然。少顷,日使来询借款定否,合肥答以已定。日使问是否今日画押?余答以正为此事来约中堂。日使欣然去。余订以四点钟往晤,并访荷兰使,因日使曾荐荷使代借,未成,仍须一周旋。日使请予荷使一书,又请先询荷使或令汇丰匀二千万与荷兰银行,余均却之。午初偕合肥至署。赫德领汇丰、德华两银行、英德两馆翻译至署。余令舒春舫、那琴轩与该行画押。合同共四本,署存一本,两银行及赫德各存一本。常熟欲问赫德索回手改之本,赫已画押盖印,谓自存之本无碍涂改云。画押事竣,各散。余始饭,复赴户部阅股票章程摺单。毕,践荷、日两馆之约,兼访赫德谢劳。灯时归。

初十日甲子(3月2日)　晴

户部、总署奏事,到班。无起。与云眉论铁路事,久谈。返寓,展观《花甲闲谈》数篇,忽觉冷,引衾睡。仍冷,感冒矣。睡起,得常熟书,言明日卢沟之行不果,嘱达云眉;又嘱电苏抚迎德亲王事;又言仲山入政府。余分别办竣。诣庆邸贺其世子弥月,不觉长谈。归途答拜筱云,亦久谈。

十一日乙丑(3月3日)　阴

午正赴署,与邸枢各堂接晤俄代办,系旅大借岛事。俄代办行后,常熟促拟国电电旨及许、杨两使电,共五件。催迫之甚,幸能了之。又令荫五楼持专条往商德使。一时纷集,口授手挥,惜乏肆应才。

十二日丙寅(3月4日)　晴

午后往贺仲山,不值。诣克邸贺寿,久谈。回至户部,子斋、筱云将散。余阅摺毕,至署。合肥、常熟在坐。常熟商户部昭信股事数条,遂去。余理牍,灯后归。

十三日丁卯(3月5日)　惊蛰,晴

卯辰之交,微见雪花,气候甚寒。德珍送阅古香斋《史记》一

函,内有吕绍先手录何义门批注,吕绍先不知何许人也。索值八十金,还三十金当谐矣。未正赴署,与同人接晤英使、义代办。山西矿务事,晋抚迄未奏报。昨山西京官公呈都察院代奏,徐寿蘅又单衔具陈。昨已有严旨饬晋抚,应俟复奏到日再酌办法。德使胶澳专条,余添叙交犯一层,交荫五楼往商德使。返寓,贻书常熟,并将今日陈蔼亭条陈送去。

十四日戊辰(3月6日) 阴

晨起,阿允升来,少谈即去。常熟来言,奉派偕合肥与德使画押,余获免,亦意外之幸,却不悟今日即办。饭罢到署,恭邸已到,催缮条款甚急。摺稿已就,合肥阅定,余略增删。两点钟德使来,恭邸出晤,各堂陪从而出。余顷告恭邸以交犯办法,恭邸未甚俯,但不驳而已。当与德使订明约外加此照会,德使以为应有之义,惟须请示政府云。德使洋文约本,恭邸嘱以携来,惟汉文约本急切难竣。恭邸频催,余令荫五楼与福兰格先对洋文,而自缮之汉文,仍未就。恭邸离座促之,徘徊于对读之案。余语之曰,(纸)〔约〕本既然无更改,又奉派画押有人,宜可先散。恭邸闻之欣然,随与海靖一周旋,遂去。仲华、筠丈先后去。合肥、常熟画押钤印,钉装各持一本。海靖濒行,询余何以不画押,余答以未奉派。海靖唯唯。余复理日行公牍。电镜宇促外部撤胶、即兵,始返寓。饭后,曹医来诊。阎成叔、罗少豪来谈,已亥初矣。荫五楼来商回津,余嘱以明日往辞各堂,后日耑返可也。五楼去后,遂就枕,彻夜不寐。

十五日己巳(3月7日) 晴

昨夜展转不成眠。寅正,李澄回,言无起,始安睡。巳正起,竟日杜门。

十六日庚午(3月8日)　晴

子培来谈,留共午饭。子培促余赴署。户曹多在署相候,判画毕,与常熟论昭信数事。又致竹篔、子通两电。竹篔昨电,十八日赴俄。今日适得客腊七日手书,论款接德藩礼意。阅竟示常熟,以为通论。常熟即将此书携送恭邸去。

十七日辛未(3月9日)　晴

巳正赴署,德译官福兰格携洋文约本请钤署印。随将进呈互换之本亦加钤署印。福携德使书言,得国电即日撤胶、即兵云。福去后,适吕镜使电,与海言同,因电东抚,另电粤督两事。旋赴户部,判画毕,出城至德珍、永宝一憩。访子培,久谈。赴粤馆之约,席散访迟庵。丑正归。

十八日壬申(3月10日)　微雪,晴

午初起,孔季脩来,金鼎庙拟不租矣。汉辅自津来,阎成叔共话,晡后去。常熟虑借款翻覆,函嘱询两赤。

十九日癸酉(3月11日)　晴

巳正赴库,收捐输银一千一百五十两;收广东银元大小三十万两,即放给顺天府二万两,申刻封库。至前堂易衣,出城赴粤馆之约。归途,为震东送行。

二十日甲戌(3月12日)　晴

昨晚曹医来诊,令厚裹佛兰绒,湿樟脑油护咽喉而睡,咳嗽可止。依其法行之,晨起有效,仍畏寒耳。徐梦兰来别,少坐即去。常熟函论俄事,有明日来商之说,即复之。

二十一日乙亥(3月13日)　晴

王子阐寄赠石谷小卷甚精,为电谢之,并及小楼事。合肥约午初来晤,谓常熟顷过访,述口敕奉派与余商论俄事。余以须候竹篔

来电,刻难与俄参赞晤商,且枢中迄无办法,从何说起?合肥出示说帖,谓曾示常熟,不肯担当,须明早至大公所晤恭邸。余以寒疾不能往为辞,合肥不强,遂索纸墨,贻常熟一笺。

二十二日丙子(3月14日) 晴

晨起头眩仍尔,咳嗽略解。饭后常熟来,久谈去。晡后受之来,劝余往金吾宅观剧排闷,不悟余实病,不能出户也。晚,曹医来诊。

二十三日丁丑(3月15日) 晴

户部直日,不克到班。午间常熟、筠丈、仲山先后来谈,商派陈廷威差使。季修来,言赁定莲花寺寓庐,亦良佳也。晚曹医来诊,谓可揭去樟脑油项巾。

二十四日戊寅(3月16日) 晴

三库奏事,不克到班,然寒疾渐祛矣。巳正诣傅相,少谈。赴署料量,就署午饭。旋访海使论款,接德藩事。便道访赫德,知借款事德华屡有电来,均驳以合同画押,无可更正,德华仍嘱函致海使,赫既照办,又请补公文,赫亦诺之。赫谓如此纠缠,皆有人怂恿云。随与论厘厂交接日期。赫谓现派各员须二十日始有回信,不能遽定交接之期。余颔之。往告常熟,并及德亲王事,请代奏。常熟唯唯。曹医来诊,相候太久,婉谢之。

二十五日己卯(3月17日) 晴

饭后诣金吾补祝。答拜受之、子斋、允升,均不值。至署,常熟适来,琴轩来画稿,订定还之,并商留粤中验匠。

二十六日庚辰(3月18日) 晴

午后赴署。吕班来,傅相接晤。少顷,日本参赞来,傅相出见之,仲山亦陪坐。常熟商发朗西一电。返寓得竹篔电:俄派巴代办全权专使;续电言大连开埠事。

二十七日辛巳(3月19日)　阴,微霰,甚寒

晨得常熟书,言英使今日到署,嘱余务在坐,勿作他事酬应。余拟复竹筼电函,请译发。匆匆出城,诣长春寺吊卢仲吉。旋应肇属同乡之约,半席而散,抵署未初。途中答拜陈昆山,略谈数语而已。庆邸、金吾、傅相、受之、常熟、子斋并到。恭邸病,不果来。英使先到,晤谈毕,义代办乃来。山西矿务事,余许以细阅合同再商。俄代办来文述奉派全权之故,复以明日一点钟来晤。

二十八日壬午(3月20日)　晴

上诣朝日坛,礼成,还宫办事,即赴颐和园。常熟、仲山均须随往。晨起,总办送来军机交片。余与傅相奉派与俄使面议,王大臣仍会商妥办。余拆阅,封固,令总办转送傅相去。适得竹筼电,讹一码,即复询之,并及大连开埠事,午间带署排发。常熟来,持示之。常熟以大连事,须切实责成,余以此事责难竹筼无益,且候巴来再酌。一点钟巴来,常熟、受之、�丈与余出晤,傅相亦到。巴出条款一摺,常熟阅竟即离座。仲山来,余嘱以详阅。仲山阅过,亦行。傅相与之辨论。余饥甚,回西堂午食。复出晤,皆无切要语。巴索再会期,订以初二日三点钟,巴遂去。其时,常熟、仲山、筠丈早行矣。受之旋去。傅相亦以仲彭今日到京,回寓料理。余候塔木庵来,嘱以明早往俄馆取图来阅,余亦返寓。

二十九日癸未(3月21日)　阴

军机交片,奉旨明日预备召见。午后诣问恭邸病,并告以即日赴园。恭邸传语偏劳,遂行。抵园,访常熟、合肥,已先到矣。略谈而散。宿善缘庵。

三 月

初一日甲申(3月22日) 阴雨

寅正起,赴总署公所。合肥旋至。余语合肥,以奉派俄事,毁我两人而已,合肥谓同归于尽,何毁之足云。少顷宣召,与合肥同进仁寿殿南里间。余蒙赏垫,跪定。上询合肥:俄事如此,尔去年密约如何立的?合肥奏言:现事不决裂,密约仍有。随请旨作何办法。上谕:尔们打算怎样?合肥奏言:皇上曾商太后否?上谕:尔们都无办法,如何能商量太后。合肥伏喘无言。上询荫桓:有办法么?当奏言:容通筹妥当,请旨遵行。上谕:要请旨么?徐奏言:商量后奏明办理。上词色略霁。垂询合肥:尔正月患喉症么?合肥奏言:已愈。旋询荫桓:闻尔这几日亦有病。当碰头奏言:亦患寒病在喉,数日始解。上颔之。徐徐谕:总理衙门事,责成尔两人。合肥奏言:无日不到署。荫桓奏言:竭心力以图报。近事棘手,亦在圣明鉴中。上颔之,令出。合肥不能起,掖之。上谕:站定乃行,勿急遽出。至军机直庐,庆邸坐候,合肥与谈俄事。未几,枢辅进见。后回论一遍。余以俄情不测,拒之即生变,此在人人意中;允之,而俄交能否永固,实不可必。且各国能无违言亦不可必,以故委决不下。庆邸、仲山韪余言,合肥置不答。返寓补睡。旋访常熟、仲山筹商,子良亦就谈。晚饭后各散。仲山言明早户部直日,可在寓听起矣。余答以有牌子,究不敢不到。

初二日乙酉(3月23日) 阴

寅正到班,果蒙召见。仍赐垫。询俄事及德亲王到京接待之仪。当奏言:已电询许景澄取复。日前海靖约晤,缕及此事,谓两国极重典礼，不愿辨论。曾告翁同龢转奏。上谕且缮略节来。旋将俄事委决不下之故奏陈，上颔之，谕以好好办去。遂出。即进城至景苏宅贺嫁女。适晤豫甫，略谈数语，返寓午饭。旋赴署，接晤俄使巴百诺福，商论条款甚吃力。午后，上还宫办事。

初三日丙戌(3月24日)　阴

总署具奏两摺五片：福建三都、湖南岳州开埠事、内河行轮、英国修约、代递康有为条陈，给容闳关防各事。寅正到班。合肥蒙召见，匆匆赶及，余先返矣。午后至署，与俄使论条约，灯后始散。常熟在坐。旅大船奥局房，合肥欲索价，常熟和之，余与仲山均不谓然，不得已并作租价。再订铁轨支路一层。俄若无定向，极费唇舌，备详署中问答。

初四日丁亥(3月25日)　晴

晨起赴库。收银二万一千馀两，放银十一万八千馀两，封库。至前堂署中，知会一点钟邸堂、枢堂候晤。便道唁肃府。旋至署，金吾、仲山先后到。余意以俄事将定，或须明告各友国，惟条款未画，例不示人。若作此举，颇费斟酌，且画押只差一日，为期太迫。及询仲山，谓常熟约晤，犹是昨晚面谈余摇首不允之事。迨常熟语庆邸、金吾，均与余意同，常熟索然。余徐语常熟曰既系有求皆应，宜还索报施。常熟谓本意如此。晡晤吕班后，余因电庆鸿胪，述吕班要求各款嘱达外部。

初五日戊子(3月26日)　晴

总署具奏俄租旅大摺、北戴河开埠片。寅正到班，无起。午后至署，重核塔木庵与俄翻译校订约款。本日奏派与俄使画押，不专派合肥，余初二日力辞不获。午后，上移跸颐和园。

初六日己丑(3月27日) 晴

午后赴署,同合肥与俄使画押。约本送军机处请宝,包封毕,酌酒而散。访季偹小寓,车马塞途,科场之盛也。

初七日庚寅(3月28日) 晴

昨蒙恩兼署吏右。丑初起,诣颐和园谢恩。溥六兄亦到,盖署户右也。无起,各散。返寓少憩。未正赴署晤英使、义署使,论山西铁路事。

初八日辛卯(3月29日) 晴

会试头场,天日甚佳。汪伯棠寓东院,令垲儿送之入场,兼送季偹。

初九日壬辰(3月30日) 晴

吏部值日。丑初起,诣颐和园。无起。返城途遇庄邸,褰车帘招手而过。返寓补睡毕,答拜贺客。午后,上还宫办事。

初十日癸巳(3月31日) 晴

户部直日。寅正至兵部报房,阅署中电报毕,蒙召见。跪对三刻。溥仲露同被召,候于直庐。出,语余曰:跪对如许之久,真难事。午后出城,至南下洼三胜庵,唁杨蓉浦丧妇。返寓伯棠已出场,略谈数语。

十一日甲午(4月1日) 晴

昨头场。首题"子曰放于利而行多怨。子曰能以礼让为国乎?何有?不能以礼让为国,如礼何"次题"不诚无物",三题"所以动心忍性,曾益其所不能",诗题"赋得'云补苍山缺处齐'得'山'字"。昨常熟来商接待德亲王事。午间金吾来,并告之。午后仲山来。

十二日乙未(4月2日)　晴

常熟谆言,今日呈递德亲王觐见礼节。上办事后,至颐和园驻跸。常熟遂订此摺十六日递。午后至署晤英使。

十三日丙申(4月3日)　晴

巳刻到吏部。署任堂事毕,往贺麟芝相寿,病不能起也。今日,上还宫办事。午初常熟来言,今日上词色甚愠,似承太后申饬。德亲王觐典,定在毓庆宫,特开前星门出入,但此门自嘉庆初年至今不开。余言此却宜慎之,年三煞在南,即舆马纷沓于此,亦非宜。常熟沉思久之,云圣意已决,当访合肥、庆邸言之。余遂赴署接晤法使。

十四日丁酉(4月4日)　晴

吏部带引,到班。上召见,述懿旨仍在园内见德亲王,并未言毓庆宫,且有争小节吃大亏之谕。跪对四刻,起而倾跌,上顾而宽之。出语庆邸,嘱切实请旨。乘间扶石陛少息,仍带引见七十名,殊吃力。出至兵部报房,改定奏稿,仍双请也,交总办送画,遂行。膝腿疼不可耐,左脚根稍屈,幸未肿耳。午后至署接晤法使,仍昨议租广州湾事。晚约阎成叔饮饯。

十五日戊戌(4月5日)清明　晴

卯正诣保和殿侍班,升降之间足疼增剧。上看版后阅耒耜。午正,上御文华殿,俄专使巴百诺福觐见,呈递国电,上亲接受,仍令庆邸宣旨。一切礼节均加优厚。礼成赴署,接晤英使。

十六日己亥(4月6日)　晴

丑正起,诣农坛随侍。上亲耕,循例播种。礼成,赴广东义庄祭袁督师并诸旅冢。就前亭午餐。震东、拱臣方送成叔登车,复来践约。略与凭眺察阅,工程尚不草率,余费六千金成之,不虚也。返寓少憩,绕西城出西直门,至善缘庵宿。

十七日庚子(4月7日) 晴

常熟约为踏青之游。吏部值日,总署奏事。卯初到班,晤受之,言常熟昨得寒疾,噤不能言。余召对毕,往视之,方酣睡。仲山约午饮,余返寓补睡而往,仍常熟庖人治具也。偕仲山往视常熟,谈片刻,已略清爽。韬甫自宅延医来,无碍也。旋就仲山座,与子良、子密同餐。仲山约访德筱峰园亭,煮茗清谈,风景不恶。归途重看视常熟,已睡。因告韬甫,劝以明早仍勿入值。

十八日辛丑(4月8日) 晴

户部值日。到班,蒙召见,跪对三刻,上述太后旨,即日巳初召见。乘间访常熟,病已愈矣。承假银鼠袍褂一套,饱餐一顿。旋诣直庐坐候,案上有《易经》一本,随手捡得需卦。旋由德和园诣乐寿堂,跪对四刻,扶琴桌而起,出殿门几不能下阶,衰颓极矣。重访常熟述懿旨,常熟留午饭。家人已取衣来,易之而行。进城诣庆邸,不值。诣恭邸问病。至裕寿田、那琴轩宅道喜。归寓灯时矣。

十九日壬寅(4月9日) 晴

晨起,胡京兆来谈接待德亲王事,并及电车领款不愿全领银元。午后公车纷来,接晤而去。旋访海使,又至署料量。毕,归途贺铭将军寿。

二十日癸卯(4月10日) 晴

晨起,金吾来,久谈去。倪澹园新选柳州守,豫甫介绍来见,人甚轩爽。午后至署。

二十一日甲辰(4月11日) 晴

午诣庆邸,述十八日所奉懿旨。旋至署接晤英使。

二十二日乙巳(4月12日) 晴

晨起,汤伯述、李振卿来。饭后出城答拜公车。诣筠丈祝寿。

至南海馆团拜。晚访迟庵,小酌畅谈。

二十三日丙午(4月13日)　晴

总署奏事。余赴库,不克到班。本日收银十五万五千馀两,放银二十四万三千馀两。琴轩以会典劳绩,特赏四品京堂。海丞亦保,不论题选咨留,可喜也。封库后至前堂,判画毕赴署。

二十四日丁未(4月14日)　晴

少筠偕荣月帆来见,周旋而去。午后出城,宿善缘庵。

二十五日戊申(4月15日)　晴

吏部值日到班,适虞裳得保陈谢,又商余为龚心湛更正保案。午后访常熟,承留饭,余饱不能食。豫甫适来,大嚼,出示造办处司员处分名单。遂偕常熟与观户部公所,豫甫进城。

二十六日己酉(4月16日)　阴

户部直日。到班,无起。至公所与子斋一谈。天将作雨,匆匆进城。张畹九来,久谈去。午后至署。

二十七日庚戌(4月17日)　晴

徐相国以户曹陈昌圻贿二百金求更正保案,怒而劾之。会典馆保案艳称于时,难能可贵矣。钱密老与荷兰使馆为邻,自障一席篷。荷兰以为碍,且虑引火,函达总署。密老来商,余令震东往解之。

二十八日辛亥(4月18日)　晴

总署奏事。到班,蒙召对,约两刻。出至吏部公所,东海相国在座,司员方以二百银票呈请发落。本日奏派大挑,奉派郑王、怡王、崑中堂、荣中堂、溥颋、唐景崇,均住宿内阁。荣中堂有提督差,面商政府仍回本宅。午后至署接晤法使。

二十九日壬子(4月19日) 晴

陆凤石服阕回京,奉旨仍在南斋行走。沂州守丁叔衡果引疾,遗席放定正平。叔衡所藏书画概运至扬州求售,筱云留得烟客一帧。有旨令张香帅来京。

三十日癸丑(4月20日) 谷雨,晴

陈崑山到京,循例演炮,伤目几殆,近略痊耳。匆匆出京,约来一询九龙形胜。崑山此来兴尽而返,殊惜之也。龙殿扬介陈亮伯来见,江苏巨绅所恶,而子良抚苏时所深赏也。人亦明白,似非寻常武夫,特虑烟霞供养。午后答拜法使毕盛。

闰三月

初一日甲寅(4月21日) 晴

晨起,尹庶常来见,人尚蕴藉。王艺初来,谈良久,里中总角之交也。粤人梁和能自制机器绘图,有志应特科,亦有用之才。午后至户部,常熟在座。署中送阅奏稿,核定还之。出城拜客。至省馆观剧,番禺团拜,少筠主之,剧甚佳。子正返寓。

初二日乙卯(4月22日) 晴

敬大农有看海棠之约,订定巳刻,如期赴之。主人方从园子回,座客亦不时至。余以承约在先,终席而散。至署,晤日本使及德翻译。

初三日丙辰(4月23日) 晴

辰刻赴库,收银十万二千馀两,放银十二万二千馀两,封库,至前堂。复至吏部,判画毕,往吊麟芝相。赐奠,贝子已到,饰终之典甚优也。慰唁一遍。至署料理,改正山西矿务合同,定收地税值百

抽五。义商卢沙第以为太辣,合肥却韪余言。

初四日丁巳(4月24日)　晴

黄幼达来晤,久谈去。午后至户部。判画毕,出城,至南海馆,少憩。访迟庵。又到莲花寺访季脩,吃伊面。旋赴新会馆观剧,天色已晡,入坐即行。进宣武门,无赶城之急,拟便道访张畹九,猛忆明日总署奏事,三摺六片凡交议之件一概奏复,须赴署阅摺。在署料量,灯后归。户部值日,留署,未到班。上还宫办事。

初五日戊午(4月25日)　晴

总署奏事。寅正到班,无起。返寓少憩。午后赴署,接晤俄署使巴百诺福。前任厦门道英鹤皋谋津淮铁路,来见。薛云阶准开宗丞缺。

初六日己未(4月26日)　晴

吏部带引,大挑知县一百二十名。近日带引只准八十名。以大挑人多,熙太宰面奉谕旨,不拘人数,然只吏部带引而已。端午桥补霸昌道。午后至署,接晤法使。

初七日庚申(4月27日)　晴

吏部带引一百二十名,班退返寓。午后至署,约赫德来交派偿还日本款事。上移跸颐和园。

初八日辛酉(4月28日)　晴

晨起,前芜湖令王万牲来见,张汉帅贻函也。高寿农自滇来,腿疾愈矣。午后至署。两点钟德使偕安主教来见。安治泰甫自柏林回京,满面得意之色。山东教祸未已也,告以即墨学宫毁圣像事,安有惭色,并告海使以查确,即备文请办。海亦唯唯。三点钟英使来,又接晤东厅。海订重晤期,约以明日两点半钟。

初九日壬戌(4月29日) 晴

午后赴署,接晤海靖,商论德亲王觐礼,微有异同。合肥谓余有和世泰之愆,为余危。海靖行后,余赴园寓,宿善缘庵。

初十日癸亥(4月30日) 晴

户部加班。蒙召问昨日海靖商论典礼。上以参随同见为省事,并无诘责。徐示以略节,就蜡灯跪阅,与署中呈递一式。上复询南配殿周旋之仪,跪对如旨。旋举嘉庆十二年和世泰之案,述昨日合肥之言,上颔之。遂退至寓所,恭拟上御南配殿口敕一道,封交庆邸代呈。午后诣承泽园,与庆邸晤谈一过。

十一日甲子(5月1日) 晴

吏部直日,总署奏事。卯初到班,无起。归寓补睡。进德胜门,看视恭邸病,取脉案回。春闱放榜,陈霭亭往贡院打听,知好多无售者。

十二日乙丑(5月2日) 晴

吏部加班,带引大挑知县一百二十名,会总明日始陈谢。今日带引,常熟与余均须到班,明日始交替也。甫入直庐,闻今日皇上侍太后往恭王府看视,邸病增重云。

十三日丙寅(5月3日) 晴

上驻跸瀛台,明日仍往恭王府看视,恩礼优渥。昨在署接晤英使,论九龙租地事。荷兰使赴署,亮无他事,余未接晤,尚烦区画。前登州镇章高元昨来见,询及胶澳事,尚能约略,究是失意人,情词可悯。

十四日丁卯(5月4日) 晴

俄文译官萨荫图自大连回,绘呈一图,尚清楚。金州厅城不画入俄租界,极费力而定,然亦孤悬如寄矣。午后至署,晤俄署使。

十五日戊辰(5月5日)立夏　晴

从化举人李宝沅,春生太守子也,馆于公度处,久钦其才,顷来晤。知出景佩珂房而未中,可惜也。午后至署。

十六日己巳(5月6日)　晴

唐翘卿之子虞俊,榜前喧传中式,揭晓乃无其事。挑謄录第四,在吾粤则第一矣。使中额略宽,便不落第,省运限之也。晨起来晤,拟随茶商赴俄学习俄文,亦有志之士也。舒春舫来晤,送阅电报,分别拟办。仍到署晤英参赞,英使赴烟台未返也。

十七日庚午(5月7日)　晴

晨起,至西城拜客。仅晤凤石祭酒,久谈。欲起,孙太宰适至,略周旋而去。回至户部,甫判画,署中马差来请,庆邸候晤,遂赴署。庆邸嘱访海靖,重订德藩觐礼。海靖云不敢专,须赴津接差,回至马家铺乃定,亦狡矣。署中接晤日本使,福建铁路事未竟。余言日本偿款今日午前交讫。

十八日辛未(5月8日)　阴

户部带引,到班。王万甡亦经吏部带引,因询常熟,云系由部拟旨。班退,商熙太宰缎匹库印钥,点荣普。午后,直隶候补道韩锐承夔帅命来,持日本租界图,谓顷谒合肥,法使适至云。余赴署,法使刚登舆。合肥谓悻悻而去,不知贤良寺相见时作何语也。迟庵约廿日小饮,余改订今日。迟庵小不适,此约遂虚。晚瑞老三来,已补缎库员外,名次第七,乃邀特恩,殊为之喜。

十九日壬申(5月9日)　晴

午后诣恭王府问病,受之适晤恭邸而出。详询之,病似略减。旋出城,至庆邸园少坐。晚宿户部公所。常熟刚行,留稿一件嘱订,遂与子斋商定送还。

二十日癸酉(5月10日) 晴

户部直日,无起。补睡,返寓。访日本使,论福建铁路,若由江西、浙江通至福建,则不能专用日本工本。矢野以为然。又谓断不与中国作梗。随出示所购曹知白画,梁航雪所藏,真赝难决。随晤海使,订定德亲王见太后礼节,若须赐坐便不见。海使唯唯。随至赫德处,慰劳借款之勤。赫言英参赞顷得汉口领事电,沙市新关被湖南人焚毁。因至署,未得电报。正询鄂署督,适荆州将军电达大略,亟电询之。上今日侍太后,阅神机、健锐、武胜诸营操练于外火器营校场。

二十一日甲戌(5月11日) 晴

上侍太后阅操。沙市事,有旨敕鄂署速办。午间访金吾,就病榻谈逾刻。至署,得俞君实电,言沙市事因:十八晚湘人在招商局门外遗溺,局丁殴之伤。越日,湘人在税司验货厂溺,扦子手驱之,醉卧不起。驱者愈急,观者愈多,遂鼓躁营兵往弹压。哗者愈甚,哄而纵火,由商局延烧新关署、税司公所、扦子手房、日本领事公寓、怡和行。日领事避于关署,诸洋人均未伤。既得确耗,因录电旨照会英、日两使,并札总税司。日参赞来,并详告之。

二十二日乙亥(5月12日) 晴

上侍太后阅操事竣。庆邸进城,诸将校欣然候赏矣。辰正赴库,共收银三十万馀两,共放银廿万九千馀两。封库后往奠麟文慎相国。午初访金吾,腿病不能步,就榻与谈。旋赴署,鄂督电亦至。与俞电略同。英参赞来,话及宋埠教案,因并电鄂督查理。

二十三日丙子(5月13日) 晴

午初出永定门,至马家铺,火车客座胡京兆所布置也。庆邸、受之、子斋已到。内府大臣世伯轩奉派照料德亲王,左翼总兵英菊侪亲率弁兵保护,筹备颇周。余甫降舆,京兆手示北洋电,述海使得沪领事密电,德亲王来京有会党欲谋害,请北洋电庆邸妥筹保护云,真奇闻也。两点半钟专车到,合肥以泰西通例迎客须登车,约余同登。甫至车头,海使已偕德亲王下车,相就海使介绍,分别握手。庆邸候于台阶,掖入客座小吃,参随、武弁、海使馆中人及子斋、受之、伯轩、菊侪、云眉,遂满座。余招荫五楼至里间,询问登舟往接情形。荫以海使不愿别人与谈,无缘进说,海使许余马家铺回复之说。德亲王登舆时,福兰格始得乘间询之,海笑而不言。德亲王随带小队廿四名,因悟海靖会党谋害之谣所由起也。是日车马塞途,热尘扑面。及抵德馆,已五点钟。合肥已去,庆邸候余共询海靖德亲王觐太后之仪,海靖仍求赐坐,余以坐则不见前已订明。拂袖至里间,与德亲王握手,周旋而出。意以不能融洽矣。荫五楼立于门,庆邸亦登舆去。余返寓易衣,略饱面食,即赴园。甫八点钟,总署具奏法使请觐。寅正到班,寓中送阅日行公事,垲儿禀附荫五楼译福兰格书,似已如我意,深惜五楼昨无一言,余亦以海使矫强,不图其能自转圜。

二十四日丁丑(5月14日)　晴

奏事到班。无起。常熟约至枢中,出荫五楼译函示之,仍是依稀仿佛。常熟进见为言之。上召庆邸,乃得其详。午后仲山来言,有旨令张香涛毋庸来京。常熟现往邸园,少顷便来。俄而常熟至,并未诣邸,系从豫甫寓中来。相约同看天妃庙,以备德亲王停顿者也,铺陈均妥。余自诣庆邸,备悉海靖日作转圜之状。遂与震东周历明日筵宴处。回访豫甫,合肥适至,略谈而散。伦贝子假寓户部公所枉过,畅谈。

二十五日戊寅(5月15日) 阴

三库递月摺。无起。巳初子斋约同诣大宫门。途遇步军统领剑首率马弁数十,簇拥德国步队十馀。余告总办,德步队宜驻行马外。少顷,庆邸从天妃庙来,言海靖欲增求德王后礼物,庆邸虑仓卒难办。余嘱请太后起,均蒙懿旨准行。午初,德亲王到,其小队遽前行入门,咸诧之。德亲王诣南配殿后,告余以列队为皇上示敬。余以先未商定,此时无缘奏闻,颇难设处。德亲王面为之赪。译官葛尔士坚请之,余嘱庆邸乘间奏陈。少顷,庆邸引导德亲王觐太后于乐寿堂。随班四人:一海靖,一中军,一葛尔士,荫昌随庆邸传译。礼毕,庆邸导至德和园少坐。太后赐赠珍珠宝星二枚,玉、磁、铜诸器八色,画扇绵缎各物,德亲王称谢。旋觐上于玉澜堂,合肥与余辈在殿门下侍班。上御玉澜堂,宝座右置小杌子,加绣垫。德亲王入殿门,免冠鞠躬,上立受。德亲王立于暖阁下,先陈来意。旋带见参随,海靖在内共十八人,以次鞠躬旁侍。德亲王复面呈方物紫磁瓶一对。上徐谕庆邸导上暖阁,与之握手,指杌子令坐。上劳问:何时离柏林,经过几国海口,何时入中国境,各省督抚接待何如?德亲王具对称旨。礼成后,上握手送之。世续、荫昌导之出。庆邸乘间奏请上阅德国兵队,遂趋陪德亲王至南配殿膳房。筵席已备,合肥方与并坐。庆邸至,合肥退于旁。海靖诸员并入坐。余与常熟诸公立于仁寿殿阶。是日抄报误刊德国使臣仁寿殿觐见,德翻译絮争,因与庆邸商令报房更正。午正,上御南配殿慰劳德亲王,赠以头等第二宝星。德亲王立于殿阶,自领步兵两排,请上阅视。各兵双手举枪修敬,上笑颔之。庆邸遵懿旨,导德亲王及参赞乘翔云小轮渡昆明湖。至龙王堂,石洞黝甚,德亲王不敢入。仍步石磴,登月波楼眺望。庆邸约余及海靖、葛尔士同舟,馀分坐舢板。

其时合肥、常熟诸公已先往承泽园坐候矣。赐游既毕,回往承泽园饮宴。德亲王告余以曾在伦敦两晤震东,今日必须同座饮。承泽园寓座原定廿四人,筠丈适销假,育周亦愿入座,已商海靖删去一人,尚不敷座,遂商荫五楼另酌。及德亲王宣颂时,乃无德翻译,震东以英语译之,德亲王亦能领受。既酌,庆邸复酌,余引满为欢。三点钟席散。所假赫德音乐节奏并谐,德亲王极口称谢,海靖亦以为意外之喜。主客均欢,就茶座握手为别。庆邸入内。育周导余与常熟登楼一览。各散。德亲王至天妃庙易便衣骑马,震东往照料。余仍至庙周旋,握手而别。从者捡拾衣簏,添雇数车始毕,西人行李此为冗耳。竟日劳顿,不愿进城,晚宿户部公所。

二十六日己卯(5月16日)　　晴

晨起,饱餐入城。途次山东茶棚少憩。仲山肩舆轶尘而奔,不及招手。返寓午食。旋赴署接晤英使,承告以中国优待,德亲王甚感激云。杨子通补工右,电贺之。海使原约今日晚餐,改订为初三。

二十七日庚辰(5月17日)　　晴

总署奏山西铁路矿务事。卯初到班,无起。筠丈至余处补睡,午初同诣传心殿庐。受之来言,早间奉旨张荫桓带班,崇礼押班。届时法使至,余带诣文华殿门。上方垂问庆邸宝星之宜,庆邸请召问合肥相国奏对之。顷余令法使立候,及进见,上缀法国宝星于龙褂,亲答颂词,皆异数也。法使欢欣鼓舞而去。余乘暇访廉生,久谈。返寓静憩。杨虞裳告余,以昨陪德亲王诣天坛,德亲王至坛门即下马,诣坛免冠稽首,过斋宫亦然。今早诣雍和宫,午就东黄寺奥使之约。申初诣景山,皆世伯轩陪导云。震东为言,廿四日德亲王观赛马,赏一银杯,制未就,先给一纸画此杯形,亲署押,得赏者持示,美使醉,语之曰:尔得此纸为用甚广。举座漠然。

二十八日辛巳(5月18日) 晴

户部直日,奏停铺捐、药牙,徐筱翁欲罢昭信股,不停铺捐。常熟意相反。前日进城便道访之,告以左右堂职守之宜,筱翁亦不固执也。今日寅正二刻到班,候至卯正二刻,膳牌与摺片同下,同官各散。午后至署。

二十九日壬午(5月19日) 晴

晨起,常熟来商部务,并言杨虞裳今日召见跪对逾刻,行将上堂办事矣。语曰:虽云"霖雨自天终,待云兴四岳",其信然乎?日本使馆画史铁园欲观余藏画,订一点钟来。余以常熟牵率赴署,不及候之,令垲儿检卷册与看。署中晤英使,催询南宁开埠甚亟。

四　月

初一日癸未(5月20日) 晴

孟夏时享,上诣太庙,礼成还宫。赫德以镑价日昂,各关税司悉照银价给薪水,现实不敷用;华巡亦以钱贵银贱,月薪不给,遂合廿三关请月加十万金。因约令来署。法使亦以永安州教案办凶偿恤,参劾保护不力之地方官,外仍索北海建教堂、筑铁路。午后到署与晤,令将教案先结,不再以铁路混入。法使云即电商外部,余亦电嘱庆鸿胪告哈铎德。法使既去,接晤赫德,论加薪事。赫以为署若不允,恐各国来争,尔时伊亦无权与商加税。赫言各关已将货价比较册寄来,容再呈阅。又询以胶澳征税事。赫谓德亲王曾面询派某税司去,我但唯唯。初三晚之会,庆邸略言:关税事费心,不即不离便有办法。合肥谓:我与言之可乎?赫谓:必须庆邸说。徐语合肥:以借款事中堂总谓不成,现在款已交了,威海日兵已退了,中堂云何?合肥答以“我初总虑不成的”。赫笑而去。

初二日甲申(5月21日)　晴

张子仪擢南韶连道,晨起往贺。答拜高寿农、江建霞,至莲花寺孔季脩寓午饭。携新得宋拓《九成宫》示李芷陔,索所藏本校对。芷陔藏本自跋谓明初拓,而王孟津署检则云宋拓,视余本拓字较多,而神采远逊。余本为荷屋旧物,翁覃溪跋言,移补怡晋斋跋,嘉其老眼无花。今日归余,颇有楚弓楚得之乐。留芷陔处请跋数语。旋访迟庵久谈,七点钟起行,返寓初张灯,日晷加长矣。

初三日乙酉(5月22日)　小满,晴

晨起,筱云来谈。适有售石谷册者,筱云诧为的真,余则谓半真半假。午后至署,德亲王戎服来,海靖、参赞、译官等。庆邸偕余辈接晤,只仲山未到。德亲王以适得国电,嘱诣谢皇上,并述致送黑鹰宝星之诚。庆邸许以请旨,如定初五日则午刻,初六日则辰刻。德亲王复以胶澳中德两国兵船同泊为言,庆邸嘱以税务,德亲王唯唯,坚订今晚之会随庆邸之便。庆邸改定六点钟,以明早须赴园也。届时庆邸、合肥与余同去,常熟面辞,馀未相邀也。至德馆周旋,德亲王导观其卧室,出示其妃照像、两幼子照像,其人似非寡情者。购得蓝纱旧蟒袍,将以携示本国。余指言不佳,德亲王亦莫名其妙。七点钟入座,世伯轩、胡云眉、梁震东、荫五楼、赫德同席,外此皆德国人也。席散,庆邸先去,余与合肥同观杂耍戏乃行。归寓九点半钟。德亲王自二十九日赴昌平州游万里长城、展明陵,今晨始返。此数日饮馔,皆西宾馆沙茂包办。

初四日丙戌(5月23日)　晴

前日晤江建霞,述湘中近竟满城电灯,上年秋闱亦用电灯。湘

中能通电线已不易，复张电灯，抑何开新之速也。午后至户部，山东司以两江来电含混，亟欲驳詈。余嘱候常熟酌定。旋赴署，晤俄署使。

初五日丁亥(5月24日) 晴

巳正至锡蜡铺，枢堂并到，同诣直庐。甫问渡，庆邸一舸拢岸，云相候于门。午正，德亲王到门降舆，并无兵队。随带五人，海靖在内，遂同乘舟至德昌门外。上御勤政殿，传宣入见，庆邸导之。略如二十五日之仪，但面递国电一匣。上接收后，慰劳数语，令出。至戈什按班处小饮，德亲王谢余昨惠烟火，周旋片刻。庆邸导游北海，登陟石磴，诣悦心殿。登楼，余惫甚，不克登。合肥候于磴。庆邸复导游漪兰殿，上下岩石余尤不支，赖苏拉德安兄弟相扶侍，幸免颠坠。至漪兰殿门外小坐啜茗，德亲王劳甚。与辞，谆嘱勿相送，庆邸与握手为别，余送至蕉园门，握手为别。明早车栈已订明不送矣。返寓疲甚，沐浴，擦梁才信药酒，小腿疼略减。英君主今日寿，英使以夫人有母丧，遂不为国称庆。德亲王往贺之。余令震东代余一行。

初六日戊子(5月25日) 晴

晨起，景月汀来别，与谈山西矿路近事。杨虞裳遣马弁先送枢堂手笺，有传旨特派事件。虞裳续来，言常熟谆嘱明日直日到班。余已注留署矣，即遣丁赴档房令无注写，仍递膳牌。遂访金吾，仍就内室相语，足疾未痊也。赴署接晤英使，九龙租地事。旋将枢函与合肥、筠丈同观，余所拟国电稿亦请斟酌。合肥以特派之件询余须缮臣某恭拟否？盖有谓言之也。

初七日己丑(5月26日) 晴

丑初起，至园寅正。受之正白蒙旗值日，同坐谈。无起。常熟嘱勿行,候其退直。余倦卧矣。常熟、仲山同至公所,邀余过寓早餐,商制宝星。子良以粤制为佳。上敕询荫桓、常熟相商。余以沪关蔡钧明白,宜从沪制,以沪有粤匠也,遂定议。余草电稿与蔡,交总办带署。余亦返寓。

初八日庚寅(5 月 27 日)　晴

浴佛日[①]。受之相过,略谈即去,告余以明日长女定婚。

初九日辛卯(5 月 28 日)　晴

午后赴署,接晤日本使,沙市事。旋诣崑相国寿,不值。访受之,久谈。为景月汀送别。

初十日壬辰(5 月 29 日)　晴

辰正赴库,收银十五万馀两,无放款。料理盘库稍费工夫,封库后至前堂。常熟商拨抵七处厘金,纯动昭信股款。余以如此拨抵,不特各省以为儿戏,恐外国亦以为笑,昭信股非岁入之款也。常熟谓将奈何,余告以原定昭信股办法拨出岁增五百万的款,现计昭信股断难足额,暂留百万,馀四百万拨抵七省盐货厘,似尚可行。常熟谕档房酌订,旋与余同散。余至署,适璞科第来见,与合肥同接晤。

十一日癸巳(5 月 30 日)　晴

恭邸昨晚戌刻薨逝。今日太后、皇上亲临奠叕,予谥曰忠。派启颖芝总理丧事,一切所需取给公帑。上辍朝五日,素服十五日,灯后乃见邸抄。合肥来询明日何时前往,是何服式,告以明早九点钟,元青褂,蓝袍,不摘缨。胡京兆来询,亦以是告之。不摘缨之说,函询仲山,亦以为然。仲山函言随驾前往。自七点钟候至四点

---

① 原稿此处有涂抹。

钟,惫不可言。

十二日甲午(5月31日) 晴

晨起,筠丈来询何时往恭王府,亦以昨告合肥者告之。巳初,余往对门齐给谏宅道贺。甫登舆,琴轩趋商明日盘库事,余允以辰刻先到。遂诣恭王府奠酒,滢贝勒见余至即号哭。余念自甲午九月以来,与恭邸共艰难,恭邸遇事俯询,至今思之有馀痛,不禁痛哭。恭邸已矣,全受全归,福命不薄,其如时事何哉?唁慰滢贝勒而出。访受之,面送兰谱。至署午饭。仲山昨函言都察院奏劾刘鹗、方孝杰,有交片到署,嘱余转行顺天府。余至署,交片刚到,奉旨总理衙门查明办理。原奉系请旨饬下步军统领、顺天府五城一体查拿解籍看管,枢中并未请旨饬行,总署非有司衙门,何从着手?因函复仲山。少顷,合肥来,缕告之,合肥亦谓无办法。昨署驳法使请会。今日法使来函自展期,并唁恭邸之丧,又电达本国,尚知邦交之礼。复谢之,并准如期接晤。

十三日乙未(6月1日) 晴

盘库第一日,各堂均到,午正始散。返寓补睡。四点钟刑部主事席庆云来言山西铁路事。六点钟璞科第来,言赴旅顺,恐山西铁路为卢沙第所挤,絮咋而去。道元表弟自济上来。晚赴汇文书院刘海兰之约,与胡京兆略谈而散。

十四日丙申(6月2日) 晴

晨约晏海丞来谈。午赴总署晤法使。返寓晚饭,大雨遽凉。骥儿昨服赵静廉药,渐有转机。

十五日丁酉(6月3日) 晴

辰刻赴库。骥儿因天气遽凉遂抽风,嘱静廉以《福幼篇》之法治之。封库,返寓。受之来送兰谱,久谈而去。旋赴东北城延希

九、瑞景苏、怀少仙、溥仲璐处周旋。便道访廉生。晚约季脩、小山便饭。骥儿得药,风渐解,尚能啼哭。

十六日戊戌(6月4日)　晴

晨起,汪伯棠来谈。饭后赴署,灯后归。瞿赓甫升鄂臬,袁爽秋升秦臬。

十七日己亥(6月5日)　晴

辰刻赴库,事竣诣内阁会议。恭忠亲王配享太庙坐次。画奏毕,适遇云眉,遂同散。今日上办事后至恭王府,祭奠毕还宫。仲山亦回城矣。申初赴署晤仲山,商延儿科医生。仲山云往有古某甚精,今无可荐。返寓,而骥儿风疾大作,静廉固无术,曹医适来,亦不能救,遂殇。

十八日庚子(6月6日)　晴

总署奏事,以库差不到班。函致仲山述哀悼,嘱代达常熟。少顷,仲山来,盖未接余书也,为言河南路矿事有人参劾。晚震东、小山、韵湖、道元在东院剧谈,为余排闷。

十九日辛丑(6月7日)　晴

库班请豫甫代劳。午后季脩、韵湖、震东来共晚饭。灯后晏海丞携稿来商。王廉生来,慰余伤悼,可感也。

二十日壬寅(6月8日)　晴

晨起[1]。李樨农自上来。

二十一日癸卯(6月9日)　晴

辰刻赴库,午后返寓。瑞定臣来谈。

---

① 原稿此处有涂抹。

二十二日甲辰(6月10日) 晴

辰刻赴库,盘查事竣,画稿复奏。共实存银五百七十八万七千八百二十三两七钱九分五厘一。会东桥约余返寓一谈,随留共午饭。东桥以商办银元为说,此非余所能专,须与同堂酌订也。晚震东、小山、卓如、焕民来晤。

二十三日乙巳(6月11日) 晴

昨日邸抄:荣仲华正拜兼总户部,刚子良参知调兵部,崇受之补刑部兼大金吾,政令一新矣。午后访常熟,适自园寓回,疲惫不支。遂答拜子密,久谈。赴署阅邸报:讲求时务,变法自强,有或托于老成忧国,以旧章必应墨守,新法必当摈除,众喙哓哓,空言无补之谕。钦佩圣明。今日常熟所谓跪对数刻者,当系承旨逾时也。

二十四日丙午(6月12日) 晴

三库复奏到班,无起。返寓略憩。常熟来,扶掖乃能行,为言昨日跪对之累,询余议复御史曾宗彦奏妥否?余以改练洋操不应驳,但分别勇营、兵营便有次序。常熟谓然。坚约至户部商订,余诺之。随赴德兴堂吊徐计甫,赙以百金。与崔磬石、李柳溪少谈,即至户部。常熟判画毕遂去,留议奏稿嘱余改订,援笔成之。应准应驳,明白声叙,非若原稿之统候圣裁也。申正乃毕,付档房陈鹿宾封送常熟。余赴署料量。复至增芝田故宅,又到敬子斋宅道谢。

二十五日丁未(6月13日) 晴

辰刻赴缎库,随至总署,知有旨康有为、张元济二十八日预备召见[①]。

---

① 原稿此处有涂抹。

二十六日戊申(6月14日)　晴

晨起,杨宜治来言,奉旨赏李鸿章、张荫桓一等第三宝星。常熟嘱勿摺谢,但递膳牌,随往商傅相。毕,赴署料量,即赴园。傅相同寓户部公所西院,与傅相饭后健谈,子初始睡。夜雨。

二十七日己酉(6月15日)　阴

寅正起,卯初膳牌下矣。傅相冒雨进城,匆匆数语即去。余补睡至辰正。得常熟书,言昨示翁墨山册或系族祖手笔,拟以他物互换。函末言归期甚近,容再趋辞,殊不解也,阅竟仍睡。午初起,饭罢,润台、仲山先后来,乃知常熟有开缺回籍之谕,骇甚。夔石调京,仲华权直督,北洋之局一换也。裕寿帅即来京。仲山往谒庆邸,余亦往晤常熟,并谒庆邸。归而日晡。傅相有明日诣谢太后之事,冒雨回园,索留行厨,余遂留待一宿。傅相、长素、菊生共晚饭毕①,劝以早睡,即返卧房。草奏昨日仲山面交抄片,奉旨交议者也。

二十八日庚戌(6月16日)　晴

晨起进城②,便道往贺荣相,兼访筱云一谈。筱云劝余格外韬晦,可感也。返寓,汪伯棠来,将昨稿示之,承订数语。午后赴署。今日上办事后还宫,常熟道旁叩谢。

二十九日辛亥(6月17日)　晴

晨起往谒傅相,持昨稿请阅,傅相增删数字。旋赴署,料量毕,即赴恭王府公祭。仲山阅朝考卷,期以三点钟,余自备祭品一份先叩奠。傅相来,乃与子斋、受之公祭。礼成后,余诣庆邸,将拟稿留

① 原稿此处有涂抹。

② 原稿此处有涂抹。

交详阅。崑中堂、许筠丈、散馆庶吉士李拔予、李守一、尹祥墀、欧□□均留馆。

三十日壬子(6月18日) 晴

张畹九来谈。高寿农来,共午饭。旋赴署,接晤英使。晚海丞、希九、小山、震东来。震东明日赴津。

五 月

初一日癸丑(6月19日) 晴

户部直日,寅正起,卯初到班。蒙召对三刻,幸能起立。初诣直庐时,庆邸交回摺稿,将傅相所增由“臣衙门”三字删去,馀皆不改。仲山从月华门来,言部议曾宗彦摺如何拟批,余回询之,仲山言当请依议。余谓若无明发,亦无廷寄,恐办不动。仲山转告子良来商,余仍以答仲山者答之。礼邸今日销假,当与一周旋。神理如旧,但略瘦耳。今日跪对,上询曾宗彦摺甚详,幸稍留心,否则无能陈对。又大学堂章程已交枢臣详核,亦奏陈其略。出至传心殿,子斋、筱云未散。徐寿蘅权大农,今日到任,亦未散,共谈片刻。返寓,陆葆之来起课,谓节过芒种,坏事尽去。然乎?否乎?午后赴署,接晤德使海靖。

初二日甲寅(6月20日) 晴

总署奏事到班,无起。返寓补睡。赴署,仲山来言筠丈有明白回奏之事,代求至再不能免。筠丈今日方诣颐和园谢恩,往返六十里,又须草奏,殊累。署中方晤英使,那琴轩来请明日代筠丈赴库,诺之。

初三日乙卯(6月21日)　夏至,晴

晨起赴库,共收银十九万三千馀两,共放银十二万三千馀两,封库后至总署。旋访常熟,适伯羲至,共话至晡而散。王夔翁今日到京,持片告常熟。晚季脩来谈,随笔为绘一扇。

初四日丙辰(6月22日)　阴雨

上办事后诣颐和园。今日三库奏销,卯初到班。筠丈明白回奏,亦到班,膳牌下,云到余宅少憩,再往恭王府公祭,当返寓候之。续遣人来言不来,但假羽毛外套。午后余赴署,仲山亦至。傅相询胡孚宸昨日摺子何事,仲山云劾家兄海宁州事。傅相徐告余以胡参余甚重,余却茫然。凌润台午前来晤,绝不提及,可云机密。

初五日丁巳(6月23日)　晴

夔石在军机处行走,兼总署,寿州协办,仲华补直督,受之补大金吾。午初,顾康民、文云卿自颐和园来,言枢中嘱余明日递牌子。当嘱康民回署预备牌子呈递,并嘱查今日如无要件,便不来署。康民唯唯。随函送一稿来,阅毕即出城,抵公所已暮矣。遣询仲山暇否？仲山旋来晤,缕言近办各事,徐告余以有不测之威怒,今日代剖白再三。两宫同召见,因胡孚宸参摺,太后盛怒,当力为解说。徐承太后谕以“向无大劣迹,明早令递牌子,皇帝训勉之”而退。当叩以刚子良亦为进言否？仲山谓子良亦帮腔,及出殿门,子良以手指天谓:“我所言对得天住。”告余明日或与军机同见,或单见,均未定,但引咎求罢而已。余深感之。仲山既去,余饭毕就枕。

初六日戊午(6月24日)　晴

卯初,起单下,与军机同见,因到军机直庐。礼邸延之入,嘱看参摺,子良手拈胡孚宸摺交阅。馀置匣中,谓可不阅。但记贻谷、

王廷相、徐桐、于荫霖、王鹏运并胡摺而六，真谤书盈匣也。胡摺以胶澳、旅大、威海各事皆余主持，尤甚者借款图私利，不借便宜之债，而借息扣极重之债，与翁同龢朋比，翁既获咎，若不予余重罚，无以对翁。又谓大学堂事余以为无关轻重，闲闲置之，大致如此。及入见，适夔石谢恩，子密、仲山与余候之帘外。内监告余以赐垫在南边，遂就垫，循例叩头。胡摺即陈于御案，其匣则子良手捧也。上询：已阅过否？徐奏言：阅过。总是奉职无状，辜负朝廷，乞恩治罪罢斥。上不答。徐奏言：胶澳事奉派与翁同龢同办，旅大事奉派与李鸿章同办，借款事与敬信、翁同龢同办。奉旨专办只有日本商约一事。上听毕，问廖寿恒：昨日在太后前说是他一人经办，何以今日不说？你们甚么事不管，问起来绝不知道，推给一人捱骂。上词色甚厉，仲山碰头不已。上又诘廖寿恒：昨在太后前说他行踪诡秘，到底如何诡秘？今日为甚么不说？仲山碰头不已。子良解之曰：廖寿恒说话太呆。上又诘廖寿恒：昨言许景澄回来换他，今日何以不说？仲山奏言：昨因太后盛怒，且亦奏明与张荫桓时有意见不投处。上顾礼邸：尔传谕张荫桓不必忧虑。礼邸回述恩旨，跪聆之下，不禁零涕，伏地叩头。子良乃云：皇上有恩典，从此改过自新，报效皇上，争回几处口子来便了。余方蒙温谕，若稍予辨，类于恃恩放恣，默然受之。上徐谕令先出。及抵直庐，候枢臣出，询礼邸有无旨意，礼邸迭言：已了，已了。余欲补具一摺，礼邸以为不可，仲山亦谓不可，但言：须商庆邸，若如今日情形，我便须出军机了。余益愧之。因余被劾，以致仲山受申饬，何以对之也。旋至庆邸园，述今日奏对事，并商引退，庆邸嘱以从缓。遂回城少憩，赴署料量。合肥询及所奏，约与言之，且言圣德如天，总以引退为是。合肥谓余深结主知，日前有欲论列者，我已晓之云。晚季修来谈。

初七日己未(6月25日)　晴

辰正赴同文馆查学,只英文前馆,就署午饭。出城访迟庵、寿农。归寓,晏海丞来,言那琴轩告档房以崇受之面奉谕旨,查抄余家,旋即化了,档房耳语窃听之云,余以受之自前月二十九以后未召见,恐不确也,受之持片来候,遂与订明早往访,受之以明须谢恩,恐赏听戏,回宅不能早。

初八日庚申(6月26日)　晴

晨起,关咏琴来为余慰藉,历言昨崇受之到署,谓初五早英年奏太后懿旨查抄余宅,拿交刑部治罪。与之耳语,仍令候军机处旨意。受之叩节时趋前跪,冀有懿旨,寂然无闻。及军机退直,受之询礼邸有无交派事件,礼邸答以无有。受之又询仲山,亦云无有。受之犹恐不实不尽,复令提督衙门章京赴仲山寓所询之,仍云无有。受之乃返。德和园听戏,仲山问受之所询交派何事,受之具以英年之说告仲山,谓无所闻。豫甫劝受之以若是则不宜喧嚷云。咏琴述毕,为之惊诧。明日户部直日,因到署料量,乃行。傅相在坐,筠丈适来,当告筠丈以受之之说。筠丈谓二十九日南斋阅朝考卷时,颂阁已为言,且及庆邸。真可骇也。独讶初五日仲山述不测威怒时,未及此耳。午间行厨已赴园,上明日回宫办事,遂不果往。乘暇访常熟,告以受之之说。常熟谓不类,但宜确查云。词色间,甚为余焦急。

初九日辛酉(6月27日)　晴

户部直日,卯初到班。与筱云假提督下处坐候,至巳正,上还宫,膳牌下矣。返寓少憩。晡访受之,悉如昨在署中宣布之言,特谓合肥相询故详述云。

初十日壬戌(6月28日) 晴

总署奏事到班。与受之偕访子斋住班处,子斋未起。膳牌下,余先返矣。夔石今日到户部任,旋到总署则不拜印,所保孙宝琦、傅云龙已到。夔石告孙以电调吴懋鼎来京。今早奉旨,垂询云署令梁卓如到晤。余访仲山值大雨,遂久谈。仲山尚不以初六日皇上诘责之言存芥蒂,余笑语之曰:“我不敢以叔向自居,而不能不以祁奚相待。”雨住访常熟,告以受之之说,并询夔石曾询旧尹之政否?常熟谓匆匆未言及。又历溯从前乃翁及倭文端谣言查抄之事,为之下泪。告余以十三日准行。

十一日癸亥(6月29日) 晴

晨起,桂南屏、恩厚臣来谈。午后赴署。晚希九、韵湖来。

十二日甲子(6月30日) 晴

前日大雨沾足,上谢降。晨起,孙寿州来,以新擢参知也。午赴户部,候豫甫一谈,就部午饭。旋至西城访夔石、子良,均不值。暂憩畹九许。往送常熟,未晤。到署料量迄灯时。

十三日乙丑(7月1日) 晴

总署奏事到班。晤蓉浦,言遇常熟于玉河桥。果去矣。受之奉派管理同文馆,谢摺用满文。

十四日丙寅(7月2日) 晴

上赴园驻跸。今日总署甫出西口,筠丈遣骑来言,膳牌下,不必到班。筠丈遂就余寓少憩。劝余自为计,意良厚。夔石来,筠丈出见,遂赴礼部。夔石留谈甚久。今日奉祖先神位移供东院。旋赴署,料量毕,出城访迟庵。赴季脩之约,丑正归。

十五日丁卯(7月3日) 晴

未正起,伯棠来谈。晡后赴署。

十六日戊辰(7月4日)　晴

总署奏事。丑初起,丑正赴园。寅正三刻到,蒙召见。跪对三刻,沥陈近状,仰荷圣慈曲体,捐糜顶踵,不足言报也。今日月蚀,筱云已行衔救护。因吏部初次在颐和园带引见,遂到班。午后睡起,知圣驾明早到恭王园寓,祭奠毕回宫办事。仲山、夔石先后行矣。余访豫甫大有庄,承留晚饭。复遇暴雨,返公所睡。

十七日己巳(7月5日)　阴

卯初赶回城,为直日。无起。回寓补睡。赴署[1]。

十八日庚午(7月6日)　晴

辰刻赴同文馆查学,夔石适来,略谈即去。申初返寓,仲山来,适大雨,久谈去。

十九日辛未(7月7日)　小暑,晴

总署奏事,不克到班。辰刻赴同文馆查学,俄、德两馆多可造就。酉正返寓。

二十日壬申(7月8日)　晴

巳正,带领美旧使田贝、美新使康格及参赞、翻译共六人,诣文华殿觐见。上口敕答颂,德意优厚,两美欢欣鼓舞而去。礼成后,余往拜裕寿帅、张振卿不值。至署享美使。上赠田贝宝星,即并执照面交两使。既散,余至同文馆查学,自未迄申。倭使来,与接晤。子斋以余寻睡,不悟余从同文馆考课来也。

二十一日癸酉(7月9日)　晴

户部加班,无起。返寓少憩,孙协揆、德筱帅先后来。巳正余答拜美使。旋赴署。夜雨。

---

① 原稿此处有涂抹。

二十二日甲戌(7月10日) 晴

同文查学事竣。晚访曹咏归,看金鱼,深蓝色、酱色两种极佳。今日上赴颐和园驻跸。

二十三日乙亥(7月11日) 阴

卯正赴库,收放六十馀万,封库。至前堂,子斋、筱云未散,订正杏荪银行稿。赴署料量,申正归。

二十四日丙子(7月12日) 晴

桂南屏来谋大学堂差,婉却之。申正访豫甫,承谕慈圣保全之意,为之感激。适大雨,候至雨住,酉正始行,出西直门则戌初。一路泥泞,至海甸掌灯,舆夫踏水,亥初乃抵公所,夜雨不辍。袁爽秋擢宁藩,徐进斋擢皖臬。

二十五日丁丑(7月13日) 阴

微闻圣躬违和。户部直日,无外起。该班笔帖式年霖冒雨到班,可嘉之至。午后回城,便道访希九、景苏。

二十六日戊寅(7月14日) 阴

阎梦九侍御来访,必欲一见,殆为乃郎在同文馆肄业也。午后赴署,接晤日本使者。吴季卿补芜湖道。

二十七日己卯(7月15日) 晴

晨起,为日本使矢野送行,承以紫漆砚、银匜为别,意良殷也。出城唁李泌园悼亡,遇胡云眉,略谈各散。至莲花寺季修处少憩,午饭。署中知会仲山约一钟在署相候,不知何事也。便道访筠丈、迟庵,新得石谷小册,迟庵鉴赏以为极佳。回城访仲山,知有交议事,抄摺未到。

二十八日庚辰(7月16日) 阴

卯初赴库,收放六十馀万两,封库。值大雨,急回寓补睡。筱云排闼来,以为亲查太守事相托。申正赴署,交康民办奏。仲山以寒疾不果来。

二十九日辛巳(7月17日)　阴

申正赴署。仲山方与傅相论沙案奏结办法,傅相不固执,因电鄂自行奏办。连日大雨,两粤无电。殊闷。

三十日壬午(7月18日)　雨

晨起,贻仲山销食饼两瓶。仲山函言今日有交议之件。上赴颐和园驻跸。辰巳之间,雨不重也。治格赴胶澳勘界,所携界图竟将胶州画入德界,若不重阅,误莫大焉。甚矣,办事之难也。傅相函言法使□□庙相晤,今日不到署。

六　月

初一日癸未(7月19日)　朝阴,午晴,热甚

沪上四明公所近法租界,法领事屡思并之。同治时曾因是互斗,沪多宁波人,恃众不让,领事亦为之缩颈。客冬今春,频欲争拓。南洋有电来,当为电庆鸿胪达外部,乃前月廿七日法领事竟召炮兵强拆四明坟墙,又集两兵舰于吴淞、黄浦。廿九日南洋急电两至,并已调江南提督带兵船赴沪弹压。又调聂藩司沈道赴沪办理。以聂谙洋务,沈为甬人云。署中接电,带赴园子呈枢堂,今日晨起乃悉其事。以昨接傅相复笺,法使今日三点钟来署,因于午刻赴署料量。电庆使,复南洋,赶备照会与法使。少顷,傅相来,出示贻法使书,较署中照会为详。及法使来晤,直谓无关紧要,当能善了。嘱以迅电领事,勿再生事,勿以兵力相胁。法使慨诺。遂又电告南洋,并将问答录呈御览,或当少慰宵旰也。两重电线初通,广西军

事九日无耗。昨得植帅廿八日电,殆书院事,未及剿匪情形,可讶也。因电询之,并询粤督,亦自前月望后无电来矣。晡后返寓。李拔予、李守一、尹祥墀、钟仲珏移樽晚酌,兼约梁燕荪、孔季脩、凌润台,席散后清谈达旦。四君同往翰林院到任。南洋电言廿九日四明公所事,粤人附和甬人掷石法捕房,为法捕枪伤三十馀人,毙十二人。即电庆使与外部切商定案,并复南洋。

初二日甲申(7月20日) 晴

辰正,南洋又电,言沪事因各领事拟拓租界而起,闻署中已允各使展租界,请仍推归沪办,可以抵制。现沪事已定云。当复以各使久未来商,本署从未答允。但愿地方平安,不愿遥制。续得沪通电,事已绥戢。晡后赴署,合肥未散,阅张香帅议复武试改用枪炮办法,甚精。奉敕交议,当片行兵部主稿。今日植亭沁电,详述剿匪情形,颇有条理,而到迟俭电一日,遂奉电旨诘询此殆电递误之耳。夜暴雨。

初三日乙酉(7月21日) 阴

巳初,上还宫办事。户部直日,余赴库不克到班。库中共收银十七万馀两,共放银十一万馀两。巳初封库。至前堂,毛硕君刚从沪上回,呈阅股票纸式,甚佳。约须半年制成,所费不及万金,亦幸事也。热甚,头眩不堪,返寓少憩。三点钟,德璀琳来久谈。五点钟赴署,日参赞未散,与傅相、仲山同接晤。无他要事,傅相先去,仲山留谈少刻亦去,余理牍并电植帅,八点半钟乃毕。

初四日丙戌(7月22日) 晴

总署奏事,户部加班,带引见,卯正散直。至子斋住班处少憩。返寓补睡。申初赴署,无甚要件,亦电询粤督广西剿匪情形。刘太仆函托同文馆一学生,当令提调传补,仍函复之。张香涛、陈右铭会奏乡会试废八股办法,仍分三场,头场试中国史事、本朝掌故五篇;二场试五洲时务策五道;三场试四书义、五经义两篇。奉旨准行,其章奏当见邸抄。昨伯棠来饭,谈至子初。

初五日丁亥(7月23日)　大暑,晴

晨起颇有凉意。署中原订十点钟晤英使,昨晤庆邸亦言定矣。顷总办知会今日庆邸无暇,改订明日两点钟。垲儿出城赴乡馆新进士之约,令将《洛社耆英图》送迟庵索题,并烦转索李芷老。

初六日戊子(7月24日)　晴

午初赴署,同堂均到,接晤英使,自未正至申正二刻。夔翁终席无一言,养气之功深矣。筠丈谓余有病容。庆邸以余右额生小疮,嘱觅独角莲膏药,意甚关切。傅相谓系脑气筋发病,宜急治。余因先返。晚,曹医来谈。脑气筋之说,曹医大不谓然。令用麸子热熨之,期可速痊。特晕眩时发,衰病不支耳。

初七日己丑(7月25日)　晴

疮患避风,竟日杜门。晚润台、季脩来谈。震东前日自津来,庆邸派办客馆工程。

初八日庚寅(7月26日)　晴

署中送稿来阅,当约总办携电报来。粤督电郁防已解,援军已进郁城,兴业收复,西事稍松矣。当嘱总办为备摺请假五日。晚得粤电,石头村民与法人争闹,被法兵枪毙十馀人,又开炮焚毁村庄,会匪乘间煽乱,已调琼勇五百赶往弹压云。当电庆鸿胪告法外部,又电复粤督询起衅缘由、会匪情形。廉生今日生日,未及往贺,令垲儿代祝,送回《词科掌录》诸书。

初九日辛卯(7月27日)　晴

晨起,仲山来商电沪关购买地图事,旋函来相促,并索梁财信

药酒。当拟致沪关电请酌定，明早呈览①。余假寐少时。署中送阅桂抚电，知此中军事不致为讹言所惑也。仲山又函商沪电，另缮一纸复之。

初十日壬辰（7月28日） 晴

疮未结痂，头眩仍尔，具疏请假五日。广西军事得手，郁防已解，北流、陆川、兴业均复。今日已奉谕旨明发，可靖讹言也。吴承璐擢闽藩，陆鼎芬升苏臬，桐泽升粮运，苏州府缺拣员调补，遗缺简许叶芬。午后豫甫来，久谈去。咏琴、奂民、震东晚饭。

十一日癸巳（7月29日） 晴

德馆仿制黑鹰宝星，镜宇电询办法。仲山承旨询余，因复以只缩制正星，副者不制，拟电送仲山明日呈览，并书仲山一笺。正缄发，仲山又函送庆鸿胪电请复，且虑正星缩制亦非通例，意以鄙人逞臆为之，良可浩叹。推此以及他事，宜枘凿之甚矣。韵湖来谈。

十二日甲午（7月30日） 晴

晨起，曹医来诊。张畹九、瑞定臣来候，王廉生亦贻书来，可感也。银库向存大元宝三十二枚，共重一万八千四百两，内一千六百两四枚，大明嘉靖丁未年沈藩南山主人铸，匠张凤；内五百两二十二枚，万历辛卯年铸，匠萧海，银作局造六枚，万历三十八年铸七枚，御前敬进圣母，万历四十五年铸九枚；三百两二枚，无年号；一百两四枚，无年号。偶检库单，略记于此。孔季脩来谈。族侄华石自乡来京，为余校字诗文稿，甚精细。广西捷报已见邸抄。

十三日乙未（7月31日） 晴

军机处、总署会议，康长素条陈变法，屡奉谕旨严催。昨晡仲

---

① 原稿此处有涂抹。

山将稿交总办送余阅。余于造币交督办官银行大臣盛宣怀,照原拟章程办理一款,又总署曾选派司员游历数语,签商候酌。总办携至枢中,仲山不得见,只夔石出语。总办以此稿只复奏,并不分行,诸可无虑,但将“督办”改作“督率”,余令总办重商仲山。顷康民来述仲山言,此稿已呈览两次,今日改一“率”字已费许多话,不便再商云。果尔则昨日不必将底稿送余也,余别无成见,只以造币之权不宜轻予,且盛宣怀督办官银行大臣并未明奉谕旨。而此银行中外皆不见信,遽令造币,其币必不能流通,其遗累恐甚于咸丰时之五裕。但为盛展拓而不为国家权衡,利害非余所知也。康民为拟续假疏稿,嘱令明晚缮递。徐筱云来言,《校邠庐抗议》吏部已签驳多款,户部便不列衔,恐两岐云。敬子斋来亦为此事,余以所签示之。子斋曾嘱户部公签,筱云既不列衔,并谓夔石有军机差使,亦不列衔,户部只子斋、豫甫、玉岑与余而已。余所签注不识同堂谓然否?设有参差,余自行咨送可耳。子斋另商拨款事。度支日绌,意外之需日繁,奈何?晡后,李傅相来视余病,兼及署中近政。谓容闳假得英商汇丰款,英使有文来;又商假美款,美使有函来至德使,争辩已却之云。晚曹医来,欲以刀破疮取脓,不能破,订明日两点半钟来。今日上赴园驻跸。孙协揆以《时务报》奏交长素督办。长素今日具摺谢恩。

十四日丙申(8月1日)　　阴,微雨

晨检签注《校邠庐》,计八十二条,封送子斋。午后杜奂民来谈。曹医来诊,携药散十服,清水送下,每服不及一毫。关泳琴馈药膏如法敷贴。仲山今日六旬生日,蒙恩赐寿,余病不及往贺,令坮儿代周旋。夜雨。

十五日丁酉(8月2日) 晴

具疏续假五日。总办松健乔来，言昨拟复沪道电，呈览后已照发，枢译会奏摺今日呈递，余与夔石奉派管理铁路矿务局云。午后润台抄送六行，并谓夔石疏谢。少顷，夔石来函知会，因草疏，令垲儿缮交总署总办代递。夜雨。

十六日戊戌(8月3日) 晴

今早，上还宫办事，总办代递谢摺。奉旨"知道了。"沪道所制宝星金色嵌珠，分量制法无一不佳，惟背镌制匠字号及廿二换金等字市井恒情，不合友邦投赠。晡后仲山来商，余以必须寄还磨擦，因拟一电请仲山呈览后排发。签注《校邠庐抗议》，溥玉岑另签十三条，意主于驳，与余见异，只可各行其是而已。灯后敬子斋来，必欲作为公签，余不便拒之。豫甫又要阅稿，子斋嘱余将真草两本明早送与，殊无谓也。廉生过谈，深夜始散。

十七日己亥(8月4日) 晴

辰刻，王夔翁来访，起与接谈，将路矿局务略与商榷，即派定提调四员、管股四员。夔翁见示沪电，应添语句，即照办，交瑞定臣带署排发。未正，曹医来为疗疮，已出脓，仍未平复也。晚，马眉叔来共饭，久谈去。英伦购到金表，价七十镑。夜大雨。

十八日庚子(8月5日) 晴

晨起甚不适。定臣、康民期约不至。垲儿得家书，香山乱党揭竿未成，佛山机房工人数千忽然罢市，频有抢掠，家人娘子骇惧，欲移避而难定所往。六月初二日信也。经旬无电来，或遂销弭乎？倦甚就枕，未正起。午餐毕，曹医来疗治而去。仲山来述恩旨，令勿具摺续假。何日病痊何日销假，幸邀异数，益深感悚。续假摺，明日遂不缮递矣。仲山又商朝鲜遣使事,为拟一电嘱明日请旨再发[①]。香帅《劝学篇》精美无伦,救时良药也。只述西俗婚配数语为误,当倩伯棠转告黄仲弢,函令删削。

十九日辛丑(8月6日)　晴

昨睡尚酣,晨起稍适。辰正仲山来传旨,令拟朝鲜国书,当查照廿一年中日马关约第一款准朝鲜自主立论。甫脱稿,马眉叔来,订加公义数语,较圆洽。令垲儿誊白摺子,封交仲山。承回函嘉美,谓必称旨。晚,关咏琴与商整顿同文馆汉学公课。驾航病殂,可惜。

二十日壬寅(8月7日)　晴

晨起,仲山令总办将昨稿封交,拆阅奉硃笔易四字,弥仰圣度恢宏,莫名感悚。宝星发下,当另易内匣寄沪关,留木匣在舍,较准尺寸制衬匣,以成美观。午后伯棠来晤,以现草路矿疏稿示之,谓余将开罪于现办铁路之人,余亦不暇计也。晡后大雨,仲山函询制匣,已复之。仲山复函来商,又再复之。迟庵生日,令垲儿往贺。

二十一日癸卯(8月8日)　雨

辰刻,王夔翁冒雨来传旨,交阅芦汉铁路借款合同,计一摺两片一清,又合同借款廿九款、行车十款,荷温谕两日为期。阅竣缴还。夔翁以爵秩红绫匣藏夹携来,又将路矿总局摺片画诺后交余画,极嘉此稿之佳。余仍订易数字,并将误誊之字改正。夔翁冒雨去。今日太后还海,百官皆蟒袍,夔翁寓西城,轿在西华门外,不便转绕,特假仲山轿来传旨,毕,仍诣东华门换腰舆而西,劳甚矣。促余销假,余默计疮口明日可合,二十四可销假。仲山函询,亦以是

---

① 原稿此处有涂抹。

告之。曹医来,换药去。王理卿南还来别。区静轩来晤。竟日雨。详阅芦汉合同,略记于纸。震东来,又与核算一遍。

二十二日甲辰(8月9日) 晴

晨起,邓用甫来别,嘱到皖转候乃翁,并与谈徐进斋宦况。用甫去,重核芦汉合同,其第二十九款有总公司只认比公司,照武昌合同第十四款云云。因调查武昌合同,就详阅各款说帖,令垲儿缮白摺,并原交摺件包封夹爵秩函内送总办,明早面呈夔翁。另与夔翁一函,嘱以呈览。此中曲折太多,夔翁口奏不能尽也。

润台、稚云先后来谈杨虞裳以蛊终,曹医怼其不能深信故然。甲午之春,虞裳扣传御史之奏,筱云以非总办章京,遂将奏稿销去。余问询许筠丈吏部成案,筠丈谓有差使便可扣,大通桥监督亦能扣云。越日,庆邸约观剧,因与商之。庆邸嘱余设法玉成,余当告吕镜宇。查案时,志伯愚在座。谓余曰:虞裳御史日间带引,既有此机会,我当函令请假数日。余颔之。随晤莱山,告以四川省运甚坏,现无能递摺子。京官虞裳现有庆典差使,若驻销御史,可望庆典告成之日保举京堂。是栽培虞裳一人,即系栽培四川一省,此等事宜乐为之。莱山概诺。及镜宇查得不由总办,而扣传御史有邵筱村一案,遂与虞裳偕诣莱山商明办法。莱山告虞裳以此事余甚着力,令来谒余,并为书筱云。其实筱云不固执前议,殊不在此。及秋间恭邸复出,初到总署之日,拜印后到西堂易衣,总办递名单毕。恭邸辄询余曰:章京杨宜治其人大要不得。余叩以何由得知,恭邸谓志伯愚所说。余答以:伯愚本与稔交,不图何以遽裂。要之,该章京当差尚勤奋。恭邸默然。冬初。随王爵棠使俄,留别余五十金。余以本署章京奉差,不应为此馈赠,当峻却之,虞裳之嫌缘是而起。及其自俄回,赠外洋器物,余未却也。庆邸念其远役,拟保以京堂。俞君实为拟奏稿，送余核定，并言该章京伺候十馀年，务乞栽植。余遂阅改此稿，令封交枢堂。叔平不以为然，此稿遂亦销去。俞君实，叔平姻亲，素所信重，虞裳托君实为之道地，叔平护前，不愿署奏，允令王爵堂代请，即求特旨准之，于是虞裳之京堂成矣。是年之冬，杨星伯劾其在洋借债无状各事，交署查奏。当电询庆蔼堂，谓无其事。余复令总办以下为具公结，为之复奏了事。逾年，杨星伯又劾方长孺在津招摇，奉旨交查。是日督办处会议他事，恭邸遂宣交查之旨，嘱回署办奏。余回叩以何作办理，恭邸言请旨交部严加议处。荣仲相适从津回，历述方长孺在津招摇之事，恭邸嘱余先电询北洋。余徐语叔平：方长孺要毁了。叔平谓此亦无法。方为叔平得意门生也。及北洋回电，署中已办奏。虞裳持言禀上堂，历辨并未到津。余曰：北洋之电，荣中堂之口，皆不足靠耶？此奏若入收项，适为方加罪，堂上决不能收，且亦不应呈堂。不过尔与方同为杨星伯所劾，以类相从，故怜之耳。虞裳不怿。此余二次结怨虞裳之故。未几奏上，谕旨明发有“显有谋利情事”之谕，此为署奏所无，而更议只降五级，可云宽典，而方却怨余办理太速，可慨也。旧年各使岁觐文华殿，法使出由甬道行，德使随之，子斋揪扭不令往。余在后押班无缘得见。各使既去，恭邸先散，余与庆邸、叔平诸公在传心殿直庐。虞裳入言：今日法使竟行甬路，宜备文诘之。义形于色。余晓之曰：既法使认错，亦不能拉来再走一遍，总是明年春觐之事，届时为文戒约不迟也。我辈宜为公家了事，不宜生事。尔所说无非欲见好南城诸公，明知事不能行，不过备此一说，以为总办见得到堂不上愿办，最不愿是余，如是而已。且尔现为京堂，能自具摺，能请将法使交吏部议处否？虞裳不欢而去。是余结怨虞裳之最。各堂散后，余到总署。德使已遣参赞持书来诘难子斋,总办无策。沈子培正拟稿致美使,余另拟驳复德使稿。几费调停,始了子斋之事。若徇虞裳言贻文法使,直如乱丝之纷矣。二月,余奉使欧洲,司业贻谷劾余跋扈,买船中饱,时论诧之。贻谷在聚宝堂饮酒语人曰,此疏得自杨某。及余回京,虞裳豫寄津局陈梦陶函,辨无其事,且以星伯之劾感余瓦全,而不言扣传御史之故。余一笑置之而已。今年徐桐、王鹏运、胡孚宸之劾,或谓悉出虞裳所为。徐性最刻,会典保案虞裳保三品京堂花翎,以此相形,无足怪耳。虞裳既没,不可不详记之。叔平曾言虞裳就要上堂办事,又屡漂通副、常正、宗丞(四)〔三?〕缺,其病愈不能解。身后萧索,亦殊可怜。

二十三日乙巳(8月10日) 晴

晨起,春舫来,言枢堂传旨,赏假十日,令具摺。当函询仲山,承复言今早因芦汉事,上询病状,当奏言:拟明日销假。夔老又奏言:疮患已平,尚未收口,拟明日销假。上谕:索性叫他续假十日,花衣后再出,明日递摺。仲山奏言:明日即是花衣期,恐不便具摺。上不顾,复谕令总理衙门传旨。

二十四日丙午(8月11日) 晴

具摺续假十日。摺内但言优容,逾格未言。军机传旨,仲山来函言之也。本日呈递路矿大略情形并开办日期摺,遂于摺尾声叙:"假中不能呈递膳牌,此成式也。"夔翁函言,昨将说帖呈览,仍饬交署中细细商量,赏假出自特恩云。本日奉旨,公度使倭,以三品京堂候补,可喜也[1]。

---

① 原稿此处有涂抹。

二十五日丁未(8月12日)　晴

张亨嘉奉使使韩,今日未奏谢,上询仲山促之。

二十六日戊申(8月13日)　晴

万寿圣节,适在假中,不及随班朝贺,辰初谨在前院望阙叩祝。久不拜跪,渐觉吃力,老境益迫矣。朝鲜使者奉旨改派进斋,亦以三品京堂候补。进斋以候补道未两月而补授芜湖,升皖臬,擢钦差,际遇真不次矣。张亨嘉以母老辞,今日具摺见邸抄。夜雨。

二十七日己酉(8月14日)　晴

昨筠丈饬家丁携衣包来,云假榻余宅。续不果来,以阅是楼散戏尚早,无碍出城也。刘问刍自沪来,谈商务甚透辟,深以芦汉假比款为误。夜雨。

二十八日庚戌(8月15日)　晴

连日曹医来诊,均谓疮患已平,敷橄榄油可速之结痂,无须服药。为书致子通,不禁长言。托咏琴带署附公牍寄俄。

二十九日辛亥(8月16日)　晴

晨起,调阅初设同文馆档袁爽秋、吕镜宇条陈。润台来,筠丈适至[1]。余询筠丈近日圣躬不适之信。筠丈谓有馀之症。余不知医,唯唯而已。

---

① 此处"润台来,筠丈适至"一句,系作者涂改原稿后所存者。据王贵忱先生辨识:原稿"台"后涂去"长素先后"四字,"来"后涂去"长素健谈不辍"六字,"至"后涂去"规避不及颇难"六字。前后贯通起来,据以恢复原文当为:"润台、长素先后来。长素健谈不辍。筠丈适至,规避不及,颇难。"康有为(长素)与礼部尚书许应骙(号筠庵)为同乡,戊戌年五月曾策动御史杨深秀、宋伯鲁严参许氏"守旧迂谬,阻挠新政",许奉旨明白回奏。在复奏中又抨击康"终日联络台谏,夤缘要津","摇惑人心,混淆国事",其"夤缘要津"即指张荫桓而言。故张氏政变后涂改日记以遮掩真情。

七　月

初一日壬子[①]**（8 月 17 日）**　　晴

康民得总办，深佩。上孟秋时享，礼成，诣颐和园请安，驻跸。庆邸之公，今午约季卿叔带便饭，兼约定臣、康民、咏琴，午后散。康民谦逊降挹，以越过星阶为歉，可谓有道之士。

初二日癸丑[②]**（8 月 18 日）**　　晴

晨起，客来纷沓。瑞定臣来商矿务。徐筱云、高寿农先后来，咸有所商。晡后约李木斋、刘问刍晚饭，藉可畅谈。夜大雷雨。

初三日甲寅[③]**（8 月 19 日）**　　晴

上还宫办事。午后润台自湖上来，余方调阅倭文端奏驳同文馆疏、总署复奏疏，持示润台，诧为奇文。

初四日乙卯[④]**（8 月 20 日）**　　晴

晨起，夔老来订定明日同访德使，又及路矿局事。余举总局、总署各有责成告之，夔老了然矣。志仲鲁适来，因有奉旨致询之件，夔老与谈片刻而去，仲鲁留谈良久。今日客仍纷沓，殊惫。曹医来诊，谓明日销假无碍。

初五日丙辰[⑤]**（8 月 21 日）**　　晴

寅初起。早饭毕，苏拉来言有起，遂趋诣景运门外兵部报房，

---

① 原稿误作“丙子”。
② 原稿误作“丁丑”。
③ 原稿误作“戊寅”。
④ 原稿误作“己卯”。
⑤ 原稿误作“庚辰”。

阅总办所携电报。少顷,筠丈来,共谈片刻,候孙寿州未至。起单已下,即诣乾清直庐,闻续传庆邸一起。筠丈今日递封奏,询仲山,谓未发下。顷误传筠丈起,殆孙寿州也。少憩,寿州来,庆邸亦来。寿州进见后,上阅电报毕,庆邸乃进见。直庐清肃,子良、仲山并来谈。子良谓黄和亭到京,当系子良汲引也。少顷,内监导余进见,立候片刻,进殿跪安免冠。陈谢毕,趋御案,承询病状,谨具陈。上复询朝鲜国书称谓,谨对言:"日前拟稿系照马关约,因中国准朝鲜自主自此约始也。朝鲜改号大韩,自帝其国,并无明文达中国,只可就马关约立说。"上颔之。复奏陈矿路局事及比利时借款合同,此中钩心斗角,匣剑帷灯,各款并详陈之。又及鄂督《劝学篇·明纲篇》中述西俗婚配一段,若删去则成善本,请颁行天下,俾得家喻户晓,裨益良多。上颔之。旋退出,已三刻矣,能起立而跬步殊艰。出,访子斋于内大臣驻班处,少谈,返寓。睡起,仲山来传旨,饬观《劝学篇》,所删大小字用红签粘出。上诚精细矣,钦佩无量。又传询拟另制国书式,发下一册饬阅后,具说帖明早呈递。仲山略商数语而去。余饭毕诣傅相。旋至署,偕夔石访海靖,为津镇铁路事。四点钟访仲山,已赴署。遂仍到署拟说帖,与仲山订定。傅相阅之,频言佩服,或雅谑乎?旋诣裕寿帅,久谈,抵暮归。

初六日丁巳[①](8月22日)　　晴

辰正起,德小峰来,以开复顶翎,加布政使衔,谢恩后来晤。云将趋辽东与贵振之办矿,其西山煤矿不愿办也。盛杏荪来,劝余乞外,余岂无意哉?巳正赴署,总办将发下册式捧回,仲山传旨,令照昨递说帖速办进。当令瑞定臣谕纸匠觅纸作绘,但恐不能速耳。

① 原稿误作"辛巳"。

乞假将一月，署牍须翻阅，又矿路局事半日不了，傅相来亦无暇清谈。日本译官郑永邦叩余伊藤来京作何接待？余详告之，已记问答。仲山函询宝星匣，因交总办童瑶甫今晚携交仲山呈进。余料量毕，阅本日来电，署川督恭问松初五日病故。昨方电劾任逢辛甚力，不图遽淹逝也。昨电恐是幕中所为。蜀藩王爵棠未到任，恭已是将军署总督，代者颇费踌躇。笔香来电，密码不能识，当为量移事。因电和甫代达两帅。阎六兄以余续假贻电致询，恐余负气，可感也，因详复之。

附：

驿舍探幽录

王庆保　曹景郕

光绪二十四年八月十五日，接奉藩宪裕、臬宪觉罗廷会札候补知县王庆保、曹景郕知悉：八月十五日奉督宪电开，本日奉上谕，已革户部左侍郎张荫桓，居心巧诈，行踪诡秘，趋炎附势，反复无常，着发往新疆，交该巡抚严加管束。沿途经过地方，著各该督抚等遴派妥员押解，毋稍疏虞，钦此。查该革员起解日期，应在不远，请就近遴委文武妥员各一名，酌派兵弁，按站接解，并先将遴委两员衔名电知，其入境出境，随时详报等因，奉此。查此项差使，由京前往新疆，应由良乡县入境，至井陉县出境，除飞檄传知各州县一体护解，并详请咨明山西抚院委员接护外，合行札委札到该员立即束装，协同武员督带兵弁，前往良乡县迎护。沿途小心管解，逐程递至井陉县出境，交平定州文武地方官，并山西省委员接收护解前进。仍将入境出境各日期禀报查核,毋违,此札。

是日午后廷宪传见庆保、景郕面商一切,并谈及已移请中衡张协镇遴委妥实武员,拣派弁兵,会同前往接解。保等请曰:究竟不知何日起解?似须电询京兆,某等当束装以待,廷宪允如所请。十六日辰刻庆保、景郕赴薇柏垣禀见请示,适张协镇亦移委尽先参戎苗丽堂、印开泰率领马队哨官赵步队哨长王至,遂进见藩臬宪,谕已电知京、津,询起解确信,一有复电,当即知会起程。并云:已传知沿途地方官,预备兵役夫马矣,某等遂禀辞回寓候信。

十七日巳初,廷宪传谕,适得复电,犯官张已于十五日出京,今即星夜驰赴良乡首站。当即会同苗参戎督率弁兵起程,至安肃尖,晚宿定兴县。藩臬宪继遣戈什四名追至,云奉派服侍犯官,藉可就近防范。意深哉。

十八日,松林店尖至涿州宿,沿途探询由京来者,均称犯官张寄住天宁寺,尚未动身。是晚与苗参戎会议接见差使后,弁兵勇役,须有一定次序,即某等亦须各有专司,方免紊乱。遂商定苗参戎率马队四人,在车前里许巡哨,保车在前,郕车在后,步队廿人,分三班,擎枪翼车而行,两哨官率马队在后拥护,戈什四人,分班输值,夜间三人轮替,率兵勇值宿,自始至终,不得松懈。当即开单分派,各专责成,故自良乡入境至山西平定州出境,十五昼夜,均各谨守不渝,幸免陨越。

十九日至窦店尖,下午两点钟,抵良乡南关,店中更衣,往拜良乡王子明大令印汝廉。询知犯官张亦于前一刻到县,自借城隍庙居住。甫遣人将兵部牌票送来,牌内有随带家丁五名,二李姓,一田姓,一孟姓,一马姓,随与王大令往见犯官于城隍庙,犯官住客厅三间,送行者六七人,皆不知姓名,车十馀辆,某等与地方官皆用衔名手版,衣常服,长揖不拜,盖体制宜然也。谈次略询其被逮梗概。张云:本月初六日缇骑数十人来我宅封巷东西口,我以为查抄也,不敢出。有戚某奔避被擒,至官厅,群呼为康有为,戚遣人到我宅送信,始知缇骑为搜康而来。我复至户部办事,晚间赴京朝官筵宴,坐有庆邸暨廖寿恒大司寇,庆邸拍我胸曰:汝放心,与汝无干,汝勿畏。廖亦以寻常语相慰藉。我怒曰:汝亦无良,事不涉汝,自不畏,参我者众,我能勿畏乎?遂各散。

初七日,仍随班朝见,太后在帘内,皇上在炕侧坐,太后令廖寿恒拟拿办康有为党羽谕旨。廖拟就,呈与皇上,皇上转呈太后阅毕,仍递交皇上。皇上持此旨目视军机诸臣,踌躇久之,始发下。是日并无他耗。初八日辰刻,提督崇礼遣翼尉率缇骑至我宅,邀我赴提督衙门接旨。我知有变,因尚未用饭,令其稍待,饭毕濒行。翼尉忽谓我曰:请赴内与夫人诀,我始悟获罪,将赴西市,负气行,竟不入内。抵提督署,各官均未至,坐数时,天已暝,仍无确耗,遂令人取行李住一宿。次日有旨拿交刑部审讯,入监住,与叶曙卿军门邻,然不敢聚语,狱卒代备酒食被褥甚丰洁。又次日,狱卒叩喜,谓奉旨出狱看管,须臾司官至,遂带赴看管所。在狱门西屋三间,住二日,并未提讯。十三日闻备车出决,我问卒曰:能留一二人否?卒对曰:留二人。问为谁?曰:杨深秀、康广仁,及闻套车六车,惧我亦不免矣。盖同拿问者连我共八人。我即闭门静待,未一刻,监中提杨深秀、杨锐、林旭、谭嗣同、刘光第、康广仁六人出,有肆口骂詈者,谭嗣同语尤悖戾;六人遂骈首西市矣,我始稍为放心。翌日,奉旨发往新疆,交巡抚管束。

某等因问以何日出京,迄今始到途中,有人护送否?张答曰:十五日四点钟出京,至天宁寺小住二日,同朝祖饯慰候者数十百人,实属应接不暇。十八日,住常新店,送眷口上火车,匆匆赴沪。十九日午刻,始抵此。因事起仓猝,行李均未齐备,尚须留此数日,方能启行。某等因谓奉有公文前来迎护,尚须禀报入境起程日期,且此间离京甚近,耳目众多,在此迟留,实恐不便。张讶曰:此非顺天境耶?记定兴方系直境,何以诸公远来至此?某等答曰:此虽顺属,然驿传实直隶入境首站,因取札文令阅,变色不语者久之,乃自语曰:京友劝我在部请假,我何不听。因向某等曰:如今晚京中车来,明早再定可否?某等遂辞出。同至厢房稍坐,暗遣人查视车从,闻有朝贵改装远送者,因私议曰:当朝廷盛怒不测之时,仍敢招摇逗遛如此,真等法令于弁髦矣。我等惟有加意防范,不即不离,再向婉催可也。

是夜应保值宿,遂移住庙内,派戈什二名,马队四名,步队六名,庙外王子明大令派四班巡更,又知会武营协防,可无他虑。遂公拟一会禀入境日期,稿交王子明大令发缮,惟空起程日期,俟议定填写。禀云:敬禀者,窃卑职等接奉宪札,委赴良乡县首站,护解已革户部左侍郎张荫桓,卑职等遵即于八月十七日束装起程,于十九日驰抵良乡县城,会同卑职汝谦,查得该犯官亦于十九日抵良乡,兹于八月二十日由良起行,会同护解,按站前进,并由卑职汝廉另备公牍,移知下站涿州多派兵役小心护送外,所有卑职等自良乡县首站护解该犯官入境日期,理合会禀大人查核。

某等另发单禀云:敬禀者,窃卑职等禀辞后,于十七日巳刻督带马步弁兵起程,十九日未刻驰抵良乡县城,适犯官张亦先一刻到县,卑职等会同该县王令往见。据云:行李未齐,尚须耽搁一日,因系入境首站,未便恶颜相向,约须念一日起行,卑职等惟有加意防护,不即不离,上慰宪廑。再询悉该犯官,实于十五日自携兵部牌票出京，已在天宁寺等处小住三日，顺属并无委员护送，亦未见有地方官递解印文，仅有练军四名，沿途递送至县，随行十馀人，轿车七八辆，传牌填有跟丁五名，馀俟上路后再行细查，随时驰禀。除入境日期，会同良乡县王令，由五百里具报外，先肃寸禀，恭慰驰系。拟定后各散，王子明大令送张全席一桌，未收，言此行不扰地方丝毫也。是夜三鼓，都中行李车至，押车者二人，带来信函多件，张一一阅讫，与其戚友梁姓、晏姓密语半夜，皆粤乡谈，多不解。但闻某处若干万，某处若干万，约计近七八十万。至四鼓后，张遣仆来告曰：行李已到，明日可成行。

二十日五鼓，郦偕苗参戎由店入城，张尚未起，屋内灯尚明，保因以夜间闻见相告，环坐待旦。黎明王子明大令亦来。日出后，张始起，大众整装，至辰初三刻始起行。苗参戎带队先行，距里许，作侦探，防意外变，保带护勇家丁车前行，郦带勇丁车后行，马步队哨官傍车行。帮车步队二，车前步队四，马队六，张两翼，戈什随其后，按部不乱，议先定也。张坐驼轿，轿元色呢，围四垂须络，中设垫两层，上盖以气垫。带坐车一乘，坐家人，其管事家人李姓，闻系供事议叙离职，坐自养轿车。外送行轿车三乘，行李车三乘，驮骡三匹，跟马三骑，仆从均骄纵异常，若忘其主为获罪发遣者。

午后至窦店尖，晚住涿州连升店，供张甚具，有轿车一辆卸其中，询悉由京来送者，出入丛杂，莫可究诘。涿州荣刺史未来见，稍定送张全席，竟收讫，与前不扰地方语不符。夜二鼓有贸贸然来者，径入张室，某等因门管不阻，大加申斥，查系顺属幕友李姓字润甫，密谈达旦，去复来，音低小，不知作何语商何事也。只闻其初进门时一语曰：如许车马何为者？张答曰：是直隶押解官防我逃去者，语气甚不平。某等系奉两宪札委，转奉电饬，非故与为难，而时作不平语,是尚知有法度耶?是日,因张与追送诸人密语,某等皆未与接谈,惟暗中监查巡防耳。

二十一日张因彻宵不寐,倦甚,时交辰初犹未起。某等束装俟于庭,兵弁据鞍俟于门,迟之又久,闻呼面水曰起矣。涿吏房张姓持名帖送张品锅点心,食讫命驾。其戚梁某等咸叩颡作别,各抆泪去。是午高牌店尖,接清苑县陈瑞伯大令信复讫,某等方食,张仆遽呼套车,张已乘,保止之曰:请大人停车少俟,各役均未食,住白河,道不远,何为亟亟?张仆不应,竟驰去。郧以不饮,先食讫,因遂赶去,于张车后,厉声呵止。保于店中,向其家人大言曰:我等系奉公事押解犯官,非来接待钦差者,何不守法度,自大乃尔!亦遂匆匆行。行不二十里,张憩柳阴中,请某等同坐,向郧曰:闻叶军门拿问,系君解送入都耶?郧应曰:然,乃问叶事甚悉。叶进刑部时,实需费八千金,张诘郧曰:何以曙卿告我仅费六千四百金?郧对曰:惟无二八扣头耳。张色变久之。复曰:余坐一日监,费一万一千有奇,可谓贵矣。某等应曰:大人有钱,彼小人惟利是图,若不满其欲壑,何能将六月飞霜面孔,易作春风和煦耶?相与粲然。晚住白河,定兴供张,一如涿州,钱大令未亲来。九点钟有陈善言者,由唐山来,询知系候选道,欲谒张,某等令戈什导之见,语皆粤音,不知作何语,谈时许去。

张随至某等住房周旋,某等慰劳毕,闲谈近事。因询康有为以一介草茅,何遽进用,敢肆猖獗,某等实系解不得。张答曰:兹祸之起,康有为固非罪魁,实翁常熟酿成之,康应乙未会试,本未入彀,常熟搜于落卷中得中式,有知己感。时欲上书,央我介绍,常熟允见,及康往而辞焉。余讶以问翁,翁应曰:此天下奇才也,吾无以位置之,是以不敢见。后竟奏荐朝廷,拟召见。恭邸建议曰:额外主事保举召见,非例也,不可无已,先传至总理衙门一谈,果其言可用,破例亦可,否则作罢论。众曰:诺,此年前冬间事也。年节伊迩,各署多冗,无暇及此,今年正月初三日,庆邸率合肥、翁常熟及余,公见康于总署,语未终,余以有事去,不知作何究竟。

未几,康上条陈,朝廷发交总署核议,仅议可行者两事,曰矿务,曰商务。常熟见之讶曰:洋洋数千言,条陈十数事,仅此两条可行乎?众不得已,奏请军机处会议。军机大臣惧担不是,拟旨会同王大臣议,皇上朱笔改交军机处议,议行过半,而康自此获上矣。积渐相乘,此后凡有条奏,迳交军机处,命廖大司寇专司其事,大司寇夙知康之荒谬,谓常熟多事,而亦无法辞卸。康本叛贼孙文党,挈多金走京师,密结京僚图不轨。康实寒素,所有皆孙文资。侍读学士徐致靖摺保酬四千金,宋伯鲁、杨深秀等月资以三百金。日本致仕相伊藤来华,李端棻保康为迎送使,实康摺稿,奏入留中,由是康颇惊皇。

某等因问曰:闻伊藤久已罢相,此次来华,系伊藤自来游历乎?抑中朝召来议事乎?张答曰:噫!我之祸亦由于此,此次伊藤系自来游历,我因与彼有旧,至京时来见我,我遂款以酒筵。伊藤觐见,又系我带领,时太后在帘内,到班时,我向伊藤拉手,乃外国礼,而太后不知。上殿时挽伊之袖,对答词毕,又挽伊袖令出,就赐坐,太后皆见之,遂疑我与彼有私。及后有康结日本谋劫太后之说,太后愈疑我矣,夫复何言?张又曰:谭嗣同入狱狂呼,出言无状,馀众闻之骇甚,知皆不免矣。又云:杨锐入狱,谓众曰:我当差方五日,而又未上一摺,同遭祸,岂非冤孽乎?张言罢,某等遂各就宿,私语曰:张锋棱顿减,或因日间发话之故,我等正可藉与攀谈,不难推见至隐矣。

二十二日晨七点钟,由定兴行,故城尖,张坐车行十馀里茶尖,邀某等同憩,谈及八月初八日伊拿问之前一日,伊藤已觐见皇上,拟赐以宝星等物,以示优待。是日太后召皇上,问伊藤觐见赏赐何物?皇上以所拟对,太后曰:所赏宝星等物,务须选上等极华美贵重者,着张荫桓加意办理,不料次日即有此祸。张又云:康有为暨其弟广仁等三四人,每日私入大内,与皇上坐论新政,并拟开懋勤殿列十坐,以李端棻、徐致靖、宋伯鲁等为十友,而康有为尚不在此内。某等问康有为究竟现逃何处?张答曰:闻伊藤向中国政府言,我知康有为现在我国某处,我不能不告知中国,中国却不能往彼查拿。张又叹曰:我三至保定,一随李中堂,一赴大顺广道任,此次最无味。某等因向慰藉数语遂行,晚住安肃北关庆丰店。

先是良乡起行后,某等或尖或宿,均往张处坐谈刻许,张从未一来。二十一日尖后不待而行,某等皆不能忍,且惧愈忍愈肆,不可收拾,不得已,出硬语折之,渠果稍敛,且频来敷衍矣。晚间复至保室起课,得紫微龙德坐当头一签,色似喜,既与某等畅谈从前中日和约筹借洋款及召见各得意语。某等因问曰:夏间翁常熟罢官,外间谣传颇有波及,确否?张答曰:今年五月初五有查抄虚警。先是太后密召英年,令传谕崇礼,谓张荫桓有应查办事件,着其预备。是日,太后在颐和园召见庆邸、廖寿恒、刚毅,问近日张荫桓遇事颇为专擅,参奏甚多,尔等有所闻见否?廖寿恒对以总理衙门所称能办事者,惟张荫桓一人,实亦非伊不可。太后闻之怒甚,因云:似尔所言,若张荫桓死了,则将如何?当下诸臣俱碰头莫敢一言。移时,太后复云:我亦知张荫桓颇能办事,究竟有无专擅之迹?廖寿恒等见太后盛怒,因奏对曰:张荫桓在总理衙门遇有事件,有与同官商议者,亦有一人专主者,缘张荫桓所识洋人颇多,凡交涉密议,行踪诡密,旁人不得闻知。时皇上亦侍侧,太后因言张荫桓遇事专擅,皇帝明日叫起入见,可以严加申饬,使知警戒。是日廖仲山以事过寓,初谈闲话,语次因言及今日在颐和园召对如此如此,太后颇怒,甚代惊恐,余遂向询刚子良曾代我说话否?廖云:伊亦颇为力言,余意甚不平,因谓本衙门明日亦有事,当递膳牌,俟觐见看皇上若何?

廖仲山辞去,余因出城拜客,次早入朝至军机处,遇庆邸,告以昨日之事甚险,并将奏参专擅营私各摺令看。余见谤书盈箧,不胜气愤,意谓圣怒万一难回,惟有请皇上罢斥查办,容当上摺申辩。看完,当即叫起,同起者首庆邸,次廖寿恒,次刚毅。时王文韶初入军机,班在第四,连余五人同入。当闻太监传语,张大人垫子在南边,余跪聆皇上谕云:奏参各摺,尔看见否?余奏对云:臣已看过,臣在总理衙门,某事系与某人商议,某事系同某人会办,均可查考。惟某条约,系臣一人专主,然亦众所共知,并未专擅。皇上因向廖寿恒云:尔昨日对太后所言,今日何不陈说?廖寿恒奏对云:昨日太后询问臣等,对以张荫桓在衙门办事,有与同官商议者,亦有一人专主者,系属实在,臣不敢欺。

皇上又向刚毅等问尔有何言?刚毅等惟只碰头,皇上略谕庆邸云:传知张荫桓,不必忧虑着急,仍令好好办事。刚毅因接口传谕云:有恩旨,令张荫桓改过自新。余闻之心中愈觉愤懑,意谓本自无过,何云自新?故当时并未碰头谢恩。皇上旋谕云:尔先下去。余即下来。须臾皆出,我复对庆邸等云:余意仍欲上摺申辨,经众相劝,谓一天风雨已散,何必再行多事?因而中止。当至户部,有某司员向说,外间有查办抄没风声,未知确否?余告以今早奏对云,并无此事。旋至总理衙门,敬信亦告语如前。余因谓皇上并无此旨,外间何以纷纷若是？敬信因将太后传谕英年，令崇礼预备等节，一一告知，余始恍然得其详细，至今回想前事，言之犹觉闷闷也。

二十三日七点钟，自安肃起行，至漕河庙茶尖，坐谈未竟，省中某大令便衣入谈时许。某系张门下，甚代不平，谓十六字罪案，空无所指，殆如"莫须有"三字狱，不足服天下后世。且谓省友聚谈，以王照参摺系老师授意，冀泯交通，迹悠悠之口，实属深文周内云云。张笑颔之。未正入省城，两市观者万数，咸呼曰：看大奸臣，或有甚其词者，曰此老如此形容，富贵已极，犹不知足，尚妄思作皇帝耶？何如杀却，岂不省事？舆论纷纭，异口同声。张卧车中颇闻之，住院前恒祥店，首县陈大令来见送张席。是日张睡卧半日，某等与苗参戎分赴各宪署而禀大概情形，仍回店值宿，至晚某大令复来。张留饭夜谈。

二十四日，张因添置行装并买书二簏，欲留住一日，某等回明各宪许之。某大令代张料理，是日某等轮换回寓一走，晚仍住宿店中。

二十五日自省动身，由二道口出西门夹道，观者仍如堵墙，啧有烦言，张坐车中如不闻。至大汲店茶尖小坐，谈京朝事。张又云：常熟被逐时，谣诼余者不已，立豫甫告余曰：顷内侍传谕，有交派事件，着于军机处候旨，恐于君不利，谓将抄没余家，余时亦有所闻，翌日竟无事。后余见皇太后蒙谕曰：汝无大劣迹，可好好当差，余碰头谢恩云云。

晚住满城县属之方顺桥，往张室坐谈，因问中东议和，日人未允接待，似与大人不谐，何以后来议订商约，又与大人开议？张答曰：当初议停战时，本议令我偕德璀琳往，太后、皇上召见我时，甚蒙温谕。美使代拟国书漆书，系译署所拟，内云：有关重大事件，须电请谕旨，我奏对时，曾言偿兵费改约章均可许，如割地等事，万不能允，太后、皇上甚为嘉许。及衔命出洋，在长崎与东使会晤，问我诸事能专主否？我对曰：可以专主，惟须电奏定议，东使即谓权力不全，不允开议。我辩论再三，东使不听，即送我回华，可恶之至。后又遣李相前往马关议和，李皆奉有太后、皇上密旨，定约还朝，至商约一节，因李合肥与东使聚议多日，未能删改一字，势不相下，且不能再迟，因借贺俄皇加冕事，将李合肥遣赴外洋，我始接议，遂删除十一条，改订九条，议始定。我议此约，费无数唇舌，事后有谓我专擅者，有谓我揽权者，更有谓我得贿甚巨者，殊令人寒心。谈至此，有该处驻防哨官来见，遂各散。

二十六日至望都县尖，李星野大令来拜，未见。晚渡唐河，至定州宿，署州王敬舆太守来拜，未见张。饭毕，张来谈，某等因问筹借洋款原委。张叹曰：此亦我之罪案也。初日本二批偿款届期，常熟为大司农，仰屋无策，与恭邸合肥议，合肥遂向俄使订密约，许借二千馀万。我建议曰：二千馀万，只敷目前用，若得五千万，可并三批作一次偿，既省偿息，又可省日军驻华旅费，合肥难之。合肥口不谨，又于总署将密约之言泄于英使。英忌中、俄联和，乃昌言曰：中国需款宜向各友邦公借，何独与俄约？此约果行，我英须与中朝要盟，一中朝铁路均归英办，一另开数处轮船码头。而俄使又以漏泄密约，致滋他议相诘责，总署各堂窘甚，因请我赴各使处调停议两国分借，迄无成说。

斯时又有盛宣怀在上海与洋商立草约云：可借五千万，由上海中国官银行担保，电致常熟、合肥，二人得电喜甚，谓可有着。我笑谓曰：此必无之事也。盛所开之官银行成本只数百万，尚不敷借款一年息，何能担保五千万巨款，此必无之事也。同人竟不深信，后果子虚乌有。时又有各国图利商人纷纷向合肥等处承揽,均无实际,而期限更迫,同人又倩我向日使议缓期。日使初许电商政府,后因借款无着,顿反前言,事更急,我不得已,始创议倩总税务司赫德筹借商款,以应急需。议定,以盐货各厘作抵,当将户部暨总署各案查交赫税司收执,议始定。此事虽我一人主持,然在危急,谓人无策,我不能再不出头,乃事后谤讟纷兴,咸谓我专擅营私,我何辩哉?

张又云:日本初次偿款,太后因户部款项不足,特发宫内积蓄银二百万两,我于领出后面奏皇上云:臣身任户部,奉职无状,致累太后,倘将来库款稍裕,谨当先将此项筹还。皇上变色谕云:此时需款甚急,不必预筹及此。我因皇上从未向我如此厉言,窥测言色,似有不满太后意,故于次日召对时,又奏曰:臣昨日面奏筹还太后款项一事,不过因太后既为外廷如此用心,部臣不得不仰体慈意,倘将来库款周转不开,仍可请皇上向太后商借,皇上无言,令退。张又云:皇太后私蓄有二三千万金,半在南苑,半在大内,皆用红头绳束之,万一播迁,恐此物累坠,辇运不及耳。张言罢大笑,某等愕然久之,不敢再问,遂散去。

二十七日早行,王太守特派州佐王义阶护送至新乐,午刻清风店尖饭毕,待各役午餐,某等至张室坐谈,问合肥近状。张云:李相近来精神甚健,仍好强,惟颇俭啬。某等卒问曰:闻合肥前因惜一金钢钻戒指,失恭邸欢,有诸?张答曰:此姑勿论,余去岁奉命出洋时,内大臣某语余曰:归时须以外洋新奇宝物献太后,余记之不敢忘。差竣,遂备钻石串镯一副,配以祖母绿帽花一颗,装潢献太后,此帽花系余前在法京拍买法总统御用之物,色极葱蒨,复恐皇上见怪,亦备金刚钻镯一副,红宝石帽花一颗,先献皇上。上谕曰:太后处有否？余对曰：有。皇上曰：汝将此并呈太后，朕自可得。余遂其摺托立豫甫呈进，豫甫告之李总管，即李联英，外人所称“皮小李”者也。时总管方沐发，急竣事，易衣入奏，奉懿旨着抬进去，蒙太后赏饭，饭毕谢恩，见皇上在太后侧，捧一盒走而去，知系所献物也。余献此，两宫甚喜，且常服御，后伺探近臣云：太皇尝言红帽花较佳耳。当余出宫时，有内臣谓余曰：李总管亦须送物，事始周到，余仓卒无以应，拟俟补送，后竟忘记，遂开罪于彼。此次之祸，未必疏忽之咎也。

晚住新乐县，时福星斋大令初接篆视事，即来拜，未见张，惟其酒食奉饷。夜三鼓有两人坐单套车自省至，云由广东来，一张弟行八，名朝藻，号潜伯，湖北候补知府，未到省；一张侄，名应鸿，号建侯，广西未到省知县。谈一夕，次晨张谓某等曰：弟侄由粤东追来，弟拟送至正定府，侄愿伴送至配所，某等诺之。

二十八日次正定县属之伏城驿，日方午，张不愿行。张见壁间有保六月由赞皇差旋途中感赋诗，甚称赏，因和韵并序曰：“戊戌八月奉戍新疆，直藩檄王棣山、曹东屏两大令，苗丽堂都督押解，适甘军移屯京、津，尖宿为窘，二十八次伏城驿，壁上有棣山诗，依韵奉呈。　柴车西发曙烟消，得憩津亭可避敲。旅夜更筹鱼不寐，道旁飞字马遗膘。四郊多垒金仓瘦，万里投荒塞草骄。馑顿浃辰劳护惜，赠行犹属慎风飚。”张携诗过某等室，方欣谈，苗之差弁尹姓者，突持省中文书呈其主，苗遂偕保趋旁舍拆阅，张遽色变曰：其杀我旨意乎？郕方解说，保与苗已出，慨然出文令阅，盖省宪奉二十六日催进旨也。

札开：“候补知县王庆保、曹景郕知悉：光绪二十四年八月二十六日，奉督宪电开：奉旨张荫桓发往新疆，现已起解，不准沿途逗留,所有经过地方,着各该省督抚随时电奏,钦此。查该犯前已饬司派员押解,究竟何日到省?何日出境?望即查明电覆,仍严饬解员及沿途地方官催□前进,勿任逗留为要,等因,奉此。除电复并移苗参将暨飞檄传知遵照外,合亟札饬该员等立即遵照,沿途催□前进,勿任逗留。切切此札。"张阅毕,讶曰:并未逗遛,曷犹严催?辞色甚怆,多方慰藉,终不怿,默坐片刻,起而去。

某等心怦怦然,谓若畏惧,遽萌短志,某等微名不足惜,奈负上宪任使何?然亦不能见辞色,张既谈诗,惟有藉诗以溷之,张未晚飧,某等亦夜不成寐。郕和原韵云:"征途残暑未全消,十丈红尘敢压敲。鸟尽倦飞犹爱羽,骏(谁)〔骓〕市骨不论膘。明珠终白将军谤,墨绶休嗤狱吏骄。毕竟此行能远祸,觚棱回首尚风飚。"保壁间原唱云:"久客惊扪髀肉消,征车早发避炎敲。山村雨过云犹湿,驿路泥深马不膘。人事变迁苍狗幻,庙谟宽大夜郎骄。殷忧激似滹沱水,十丈飞湍挟怒飚。"保叠韵慰张曰:"轮铁磨砻壮志消,驰驱敢道厌尘敲。臣心可白天应恕,塞草初黄马渐膘。梦近九阍鸡唱乱,月临孤馆雁声骄。晓来驿使殷勤说,云敛长空息怒飚。"

二十九日渡沙河抵正定府,住大佛寺,即唐之龙藏寺,今名龙树寺也。保于车中漫成一律,投张曰:"使星初下紫微垣,垂老长征指玉门。卅载荣名尘梦断,两朝知遇旧恩存。前车奔马冲泥出,野渡争船隔岸喧。客里忽惊秋信早,雁声嘹唳月黄昏。"是晚偕张散步寺内,观隋碑暨各碑砣,张谒铜像大佛,见栋宇倾圮,笑对寺僧曰:他日蒙恩赐环,当首布施为倡。至方丈憩片时,与僧谈京中各寺功德,并及某粤僧取藏经事。适正定戴冠英大令,并各营官陆续来拜,遂各归室。晚餐毕,张和原韵云:"画对台荒剩废垣,使寻龙树叩山门。急程不惮危途险,多难方知古道存。对酒每疑弓影误,荷戈无解吠声喧。年来暇日惟征戎,按站停车夜未昏。”郕和韵云:“半黄杨柳覆颓垣,驿路迢迢入市门。一抹斜阳荒垒峙,数行断字旧题存。浇愁绿蚁难同醉,扰睡青蝇亦觉喧。自笑年来诗思苦,吟髭拈到夜黄昏。”

九月初一日辰刻,渡滹沱,人舟马涉,至萧家营尖。此地一小村落,店主人以众至店,食物奇昂贵,青菜一器,索京蚨三百翼,旅行之苦,千古同慨。谚云“鱼龙鸭凤菜灵芝”,信不诬也。食毕,张出其龙树寺赠郕诗云:“西行计日渡滹沱,云栈崎岖叱驭过。三宿浮图仍旅客,卅年尘海醒春婆。燕山漫说乌头白,官道无端鹤唳多。已荷护持犹慰藉,几时花雨散维摩。”张笑云:棣山原唱,膘韵甚险,不能再叠,故易韵奉赠。某等答曰:婆韵亦颇难稳,眼前有景道不得,让君比美崔灏矣。各大笑登车。晚住获鹿县东关,见有绿呢银顶大轿一乘,询知乃晋中某监司,夙为张所荐,特派太原镇标平垣营千总刘政威带舆夫十名来迎,已候数日。某等讶之,而无以阻也,苗丽堂曰:张若有识,必不坐,君等曷伺之。

晚至张处坐谈,问夏五月德国亲王觐见,特闻朝廷接待礼仪,颇极优异,德藩意气骄纵,居之不疑,外间传说异辞,究竟若何情形,当时均由总理衙门核议,事皆目睹,其详可得闻否?张长吁一声,不禁拍案而言曰:我所以受谤之原,半由于此,说起令人可叹。初德藩有游历中国之信,我与同官商议,外国章程有出使游历各国者,各国接待与否,均听其便,此事亦当请旨定夺。嗣奉谕旨接待,着会议,我即向德使商量,据云:此系我国亲王,与寻常使臣不同,中国既允接待,一切礼仪,当从优异。我旋即奏明皇上,彼时闻德王至闽、粤等省,乘坐黄轿,此节是我主议不行,旋议定用绿轿黄绊,临时庆邸、礼邸迎至城外,一面电知北洋大臣迎送如仪。旋又奏明太后，太后闻奏，因欲先见德藩，我奏以外国使臣入觐，理宜先见皇上，太后谕谓德藩此来，并无国书，与使臣不同，皇上亦可在我处同见，见时令走廊子，不赐坐。当时将此谕奏知皇上。

先是皇上欲在偏殿接见，经我奏陈，平日使臣觐见，尚升正殿，此次尤当优待，皇上允奏。至是闻太后欲与同见，意颇不怿，我下来后向德使通知，惟不赐坐一节，再三为难，我告以皇上在太后侧，亦系侍立，尔国亲王不尊似我国皇上，议至此，未定而散。嗣闻有某翻译向德使陈说，便亦应允，于是传集工匠，收拾乐寿堂，殿坐备极华丽，共费银七万馀两，陈设宝玩时，有古窑瓶一个，内府当差者不慎，落地跌碎，太后动怒，将内府各官降调有差，因此咸怨我迎合圣意，使伊等受累，太后怒我，未必非伊等浸润所致也。

及德藩觐见，太后赏赐甚厚，并有御制宝星，辉煌灿烂。至皇上答礼一节，我等以中国体制与外洋不同，议赐德藩游园，皇上亦即前往，藉示答礼之意。越日德藩欲游天坛，廷臣均议阻止。我即说外国游历章程所到之处，例许往观，且在京洋人，何人不游天坛，何独于德藩不允？多费唇舌，致生枝节，由是廷臣不悦者甚众。屡有传闻，谓我见好外国，藉为要重之地，并有谓我窥测意旨，离间两宫者，冤哉。

某等勉慰之曰：大人圣眷优隆，虽一时逢怒，风波已定，且朝贵皆旧交，不难代为挽回，指日谅可赐环，勿过虑也。张答曰：先前太后待我恩遇甚隆，自我为道员至卿贰，太后每次召见，皆卷帘见，必赏饭，前赴日本议和，屡蒙温谕，并云：尔办事勤能，未免遭忌，国家赖尔等辅佐，决不为浮言所动，前赏朝马，亦特恩也。自我议日本商约，及去岁出洋回朝，今岁德藩入觐，太后、皇上，各有意见，渐疑我从中离间，初不料太后一翻脸，竟如此利害，尚不知得保首领否？

又云:某中堂未达时,我曾向恭邸为伊说项,彼时因朝阳失守,热河都统缺员,我复向恭邸力保,后伊由道员擢京卿,某道曾有联戏之云:道不远人人远道,卿须怜我我怜卿。某由此骎骎响用,我与某交谊颇厚,此次获谴,某亦曾力保。太后曰:此人我将来必用,但业定罪,暂时不能赦免。张又云:余之被谴,外洋驻京各钦使,实为余不平,至外间谣传有洋人随行,为余保险,甚有谓洋人欲于途中要劫者,岂不可笑。又笑谓某等曰:诸君带兵勇多人,日夜防护,或亦为此否?复改颜曰:我之此行,固无可怨,诸君长途辛苦,皆我所累,心实不安。某等答曰:风尘奔走,乃分内事,彼此奉公守法,亦各行其是耳。言罢,遂各归寝。

初二日行不数里,即入山,张坐绿呢大轿,前有排军,后有护勇,刘政成冠晶顶蓝翎前导,以驼轿饬其侄乘坐,煊赫堂皇,较其出使时,殆有过之。彼迎者固不知避嫌,受者亦俨若固有,是可异也。某等三人俱座席棚大车,行石经磷磷中,头涔涔汗下,两手牢握坐板,犹动摇不能暂息,益以秋阳栗烈,晒面欲焦。午刻,过东天门至潍水满面春风,相传韩淮阴设背水阵处也。食毕与张坐憩,问张曰:昨闻调董军赴京,驻南苑,不知何意?张曰:现在各国因中朝政令屡次变更,皆思干预,且群议征调军队入都保护使馆,中朝只宜听其所为,镇静待之,一经拦阻,必滋衅端,似此纷纷调兵征将,藉词以挟我矣。某等曰:若果如此,总理衙门必甚为难,当何以弭之?张叹曰:先前总署遇交涉交议事件,或外国使臣有照会须复者,各堂均无主见,群推我主稿,我因众人不谙外交肯綮,又不与诸使臣相洽,我不得已出头代办,及至事后,又群忌我擅专,我既被谴,总理衙门更无人了事矣,言之恨恨。

张又曰:议某约时,系我主稿,议定复因约内尚有遗漏,我不及与各堂会议,即在约内增减数句,后与各堂言及,翁常熟欲将改本撤回,乃外国使臣利害异常,已将删定处盖用印信,不容撤出,于是群以我为专擅。某等复问曰:清风岛一带屡有外洋兵船来往,其意何居?总署亦知之否?张答曰:此岛外国垂涎已久,势不能不开公共码头,我在总署前已许之矣。晚住井陉县书院中,冬大令之阳来拜,公议报出境会禀云:敬禀者,窃卑职等前奉宪札委赴良乡县首站护解已革户部左侍郎张荫桓,至井陉县出境交收,仍将入境出境各日期,禀报查核,等因奉此。卑职等遵于八月十七日束装起程,于十九日驰抵良乡县,会同逐程接站护解前进,业将护解入境暨到省日期即经禀报在案。兹于九月初二日押解至井陉县,与卑职之阳晤面,当即饬派妥役移营拨兵,于初三日随同卑职等护送前进,即于是日至井陉县属之核桃园出境,交投山西平定州文武官员接收,护解前进。所有入境出境日期,理合会同驰禀大人查核。再卑职等于发禀后,仍遵札前赴山西平定州取有印收即回省销差,合并声明。

上灯后,张来坐谈京朝事,琐琐不复记。记张云:七月间,皇上有朱笔谕条,令我向日使言中国拟派头等钦差驻日本。又拟派康有为赴日坐探变法事宜,我恐日廷不允接待,即至总署与廖仲山言谕。正谈叙间,又奉皇上墨谕,内言告知日本,此后往来公牍,可将日皇徽号全行书宾。我即往拜日本使臣,将先奉朱谕隐起,仅将墨笔谕宣示,因向该使臣谈及中朝欲遣头等钦使之意,日使喜甚,允电日廷政府,念馀日并未见有回电,竟作罢论。

某等因早间于途中,见数洋人带华工数人,在万山之中测看形势,询知系山西开办铁路者,乃诘张曰:如此层峦叠巘,怪石纵横,窃恐铁路工不易施。张答曰:洋人自有妙法,或用炸药轰击,或空山腹而行,外国铁路多有如此办成者。因又曰:山西铁路本由某革员纠合洋商创议,怂恿山西巡抚开办,巡抚允之,电商总署各堂,均欲议驳,我遂查阅档案,乃知山西巡抚先曾奏明,奉有谕旨,同官见之,各无言,始得议准。

某等又问曰:闻皇上圣躬欠安,所服何药?大人日在上侧,当知详细?张答曰:病势渐成虚损,已入膏肓,服药无效,惟贴庆邸所进膏药稍可,庆邸已将呈进情节奏知太后。张又曰:皇上、皇后事太后皆甚勤,又甚苦,每见皆战栗。侍立时,或太后赐食,即甚饱亦必勉强食尽。近年来以皇上故,皇后朝觐多不允见,见亦无多问答语,自古君后之苦,未有如皇上皇后之甚者也。某等听之悚然。

初三日易坐芦席夹窝,窄小不容身,骡行左右动摇,实闷损,然路较获鹿尤险,非此不可。行二十五里至核桃园,出直境入晋境,尚未有来接护者。某等以既出境,尤须慎重,遂皆乘马紧随,经甘桃驿出固关,守关张参戎世达鸣炮送迎。至淮水铺尖,晚至柏井驿宿,驿路经西北两天门,险与东天门同。张作诗留别曰:"迤逦天门山已深,漫漫东王几知音。重怜逆旅论诗夜,虚费材官用武心。去国适逢风日美,望乡遥祝岁星临。但言后会难为别,传语平安抵万金。"保倒用原韵漫和云:"好句频投贵比金,追随千里共登临。清泉在涧饶甘味,老柏凌霜抱苦心。身历险巇精世路,强分燕晋变方音。前途万里劳珍重,待唱刀环庆更深。"郦漫和云:"市月萍踪意已深,论诗笙磬订同音。刀环其识经年别,锦字先传万里心。邸舍倾谈知略分,山城有约许重临。计程三晋作重九,满地黄花已散金。"夜二鼓各欲归寝,张坚留话别,复谈及受祸事甚悉。因一路谣传,张颇有戒心,虽勉强欢笑,时一露畏诛意。每聚谈必先问曰:"余得保首领否?"并手向项作势,保因诵谕旨云:"居心巧诈,趋炎附势，反覆无常”，此三句或有所指，公为京朝官，日近君侧，何云“行踪诡密”，窃所不解。张应曰：是即廖仲山大司寇奏皇太后语也，前已与君详言之。�因解之曰：以谕旨十六字分四句，句解一字，不过曰阴险小人，罢斥尽足蔽辜，发遣已属从重，必无杀罪，勿过虑。张笑作谑辞曰：小人无罪，怀璧其罪。某等哂之。

间时复问曰：谕旨谓大人尚非康有为之党，康与大人同县同乡，康入总署，想常进见，康之逆谋，亦曾微露其机否？张曰：康有为何足齿数，如此妄作，何异疯痰？谕旨谓我尚非康党，我罪爰从末减，其实我岂悄党彼哉？既云我非康党，何以仍有此严谴，殊不可解，言罢长叹。某等亦叹说曰：康有为真有神通，奉拿时竟先得消息，被其逃去。张曰：闻其逃至吴淞，几被拿获，天津得电旨后，即查彼日间往各埠轮船，均未开行，惟太古重庆开往沪口，遂电知上海道，俟重庆进口，令往查拿，蔡道密向英领事说知，英领事言：此何难事，惟须照会叙明缘由，我即可会同往拿。蔡道谓照会猝办不及，英领事遂允先到船上查看，及上船用小照查对，康果在内。卒向问曰：尔非康有为乎？康应之，神色惊变，英领事慰之曰：尔勿畏，我特来保护尔也。时傍有小兵轮，遂趣康速登，开往香港。回语蔡道曰：康已载往香港，置彼监中矣，俟有照会再说，后又闻逃往东洋云。

初四日，至洗脚铺尖，午刻抵平定州城，晋省大宪派委尽先游戎徐保恒、号月如，河南人，曾在新疆多年。大挑知县梁佐基、号星房，广东人到州接解。初徐与梁议，见张不行礼，梁以乡后辈自居，执意行礼，徐不能异，遂入见行礼。州刺史浙江蔡君辅辰印世佐，颇不以梁为然，不与同见。某等抵州，蔡先来拜询一路事甚悉，知某等初见张时未行礼，颇谓是。遂易公服而常服进见，谈少许辞出归署。

某等往答拜,询意间颇不俗,甚敬异之。回店后,张遣仆送来银百两,称言备赏仆从,某等屡辞不获,见其签书备赏字样,其仆亦坚以为言,某等遂议分赏弁兵丁役,令众往彼面谢。张初出都甚杰骜,某等刚柔互用,张顿改,张仆亦敛迹,以故畿辅半月程,无少放纵。初入晋即恣肆,责地方官席不丰,仆哓哓不已,意有所恃也,鄙哉。

某等既将差使交收接替,发会禀讫,次早即率兵弁言旋,保《过东西天门感事》诗云:"漫恃重关险,华夷竟一家。层峦通轨辙,掣电走龙蛇。身败投荒戍,天倾仗女娲。凭高瞻帝阙,风定尚飞沙。"郧和云:"重险界燕晋,大臣谋国家。穴教同鸟鼠,孽听孕虺蛇。星陨悲公旦,天倾赖帝娲。挥鞭临绝顶,四望叹虫沙。"保《井陉道中早发》诗云:"风劲透征衣,马鸣人迹稀。残星随月堕,老雁挟霜飞。仆病装亲理,心坚道不违。奋身登绝顶,前岭更崔巍。"郧和云:"风紧未添衣,月明星已稀。马蹄空径滑,鸦车破林飞。绿酒前宵醉,黄花旧约违。与君作重九,莫漫怯崔巍。"途中唱和颇多,不备录。九月初十日抵省,赴各辕销差毕,平安回寓,互相庆幸云。

附　录

清史稿·张荫桓传

张荫桓，字樵野，广东南海人。性通侻。纳赀为知县，铨山东。巡抚阎敬铭、丁宝桢先后器异之，数荐至道员。光绪二年，权登莱青道。时英国请辟烟台租界，议倡马头捐以敛厚赀，荫桓持不可。又义冢一区为人盗售，有司已钤契矣；复与力争，卒返其地。七年，授安徽徽宁池太广道。抉芜湖关痼弊，税骤进。会久霪雨，江流衍溢，州邑吁灾，出俸钱赈之。明年，迁按察使。征还，赏三品京堂，命直总理各国事务衙门。十年，除太常寺少卿。

荫桓精敏，号知外务。骤跻巍官，务揽权，为同列所忌。给事中孔宪瑴摭其致苏松太道邵友濂私函为泄朝旨，劾之，诏出总署。又以语连同官，并罢周家楣等，朝列益衔之。左迁直隶大顺广道。

十一年，命充出使美日秘三国大臣，逾岁赴美，舟抵金山，税司黑假索观国书，荫桓谓非关吏所得预，峻拒之。电诘美外部，黑假踧踖惭谢。至伊士顿，地近洛士丙冷，华民箪食相迎。初，华民之佣其地也，为美工燔杀，数至二百馀人。前使郑藻如索偿所毁财产，久不得直，至是皆待命荫桓。荫桓既达美都，即与其外部辨论，凡偿墨西哥银十四万七千有奇。金山华民故好械斗，尝为文讽谕之。未几，美设苛例，欲禁遏华工。荫桓曰：“与其系命它族，毋宁靳勿与通也。"于是倡自禁华工议。继乃徇众请,不果行。其它乌卢公司槐花园、澳路非奴、姑力、阿路美、的钦巴新蕾诸案,亦多所斡旋。又与日廷争论小吕宋设官事,卒如所议。是岁,除太常寺卿,转通政司副使。十三年,奏设古巴学堂,并筹建金山学堂、医院。后三年还国,仍直总署。历迁户部左侍郎。

二十年,中日议和,命偕友濂为全权大臣,东渡,日人弗纳。次年,复命与日使林董赓议商约,荫桓力争优待利益、征收税则二事,成通商行船二十九款,语具《邦交志》。二十三年,奉使贺英,上以其领度支熟知外情,命就彼国兼议加税,坚拒免厘。荫桓历英、美、法、德、俄而还,条具闻见,累疏以陈。大旨谓宜屏外援,筹固圉,为箴膏起废策。二十四年,京师设矿务铁路总局,被命主其事。数言修内政以戢民志,治团练以裕兵力,敕并依行。

先是变法议起,主事康有为与往还甚密。有为获谴,遂褫荫桓职,谪戍新疆。越二年,拳乱作,用事者矫诏僇异己,荫桓论斩戍所。二十七年,复故官。

(录自《清史稿》卷四四二)

故光禄大夫尚书衔户部左侍郎南海张公事状

蔡乃煌

公讳荫桓,字皓峦,号樵野。祖籍鹤山,至公高祖始徙居南海佛山镇,遂为南海县人。曾祖瑶圃,祖鼎臣,父淇,皆赠光禄大夫;曾祖妣叶,祖妣吕,妣李,皆赠一品夫人。

公少负奇禀,倜傥有大志,博涉经史,聪敏过人,下笔数千言立就。每一篇出,虽当世耆宿皆击节叹诧,以为弗及。而于中外大势，经远应变之方熟考详稽，尤能得其要领。视彼章句俗学则弃若土苴，夷然不屑也。应有司试不售，遂舍去。同治二年，橐笔游齐鲁，援例纳粟，以知县选用。时山东巡抚为阎文介公敬铭，藩司则丁文诚公宝桢也。二公负海内人伦鉴，一见奇之，檄办湘军济安营营务处。三年，以克复淄川白莲池出力加同知衔。五年，指分湖北，仍留东办营务处文案，以攻剿股匪出力，赏戴花翎。六年，丁公擢巡抚，奏派赴东三省召募西丹。七年，剿办直枭、防守黄河出力，以同知补用，加知府衔。既而克复饶阳，以知府补用，继又肃清全捻，擢道员，加按察使衔。八年，入都引见，赴鄂需次。鄂督李勤恪公瀚章知其才，委办湖广营务处。光绪元年，丁公奏调回东，差遣委办贾庄河工，旋以河工合龙，赏加二品顶戴。二年，署登莱青道。五年，周中丞恒祺抚东，委办营务处，兼洋务总文案。七年，权运司篆。

公以布衣踔起，未及十稔由知县洊保监司，声誉隆然，为历任上游倚重，自文介、文诚两公后，如文中丞格、周中丞恒祺、任中丞道镕，每遇艰巨，悉以埤公，公亦毣毣竭诚，规画及远，成迹具在，笔不胜书。谨举其荦荦大者。

公之奉调回东也，丁公委赴贾庄河工抢险，旋饬诣烟台督造通伸冈炮台，凡历二年而工竣，计筑台九座，圩墙二百九十五丈，又建石望楼一座，大小营房二十一座，用款六万八千有奇，动支关库银六万两，馀则公所筹垫，工巨而费省，丁公大称之。

文中丞时有献议者，请改筑戴村坝以顺溜势，檄公诣东平履勘，归言戴村为全运关键，前人相度适宜，改筑非便，遂寝其议。当时微公言，骤兴大役，虚牝掷金，而前功且尽弃矣。公喜言兴利，尝以川潍县煤铁并饶，言于周中丞，请与北洋集赀开采，中丞从之。

李文忠公鸿章派员来东相视，拟从淄川发端。公言齐鲁风气未开，巨室往往阻挠，潍绅差明达，请先潍后淄，遂置冶场于潍，凿山开洞，居民安堵，贫者且麇集就工，其章程皆公手定也。

五年冬，中俄衅起，沿海戒严，讹言满道路，公奉檄赴登州烟台巡视，扶病登车，驰驱海隅，周览形势，部署严备，民赖以安。至于事关大利害，他人呶呶聚讼或畏避不敢前，公挺身任之，片言解纷，皆中机要。丁文诚公尝语人曰："馀子录录，能办事者，惟张某耳。"公之受知大府皆此类也。

公饶于胆略，尤善外交。在登莱青道时，英使威妥马以滇约为言，索立租界，前政许以有洋房之地三百馀亩，英领事要求在界内开马头捐，公不允，英使哄于总署，北洋大臣驰书诘问，戒以勿坚执，公屹不为动，卒以力争寝其事。烟台向有义冢，为闽浙旅葬之地，英人以诡谋串夺，福山令印契与之，旅民诉诸公。公与英领事往返驳诘，卒使返地销券，三省旅民至今德之。潍县煤矿久为外夷垂涎，邑绅陈介福购机开采，招引异类，日腰剑怒马驰逐于途，蹴践婴孩，一乡哗噪。外人旋以索直滋扰，思乘间攫其矿利，众益汹汹，执且激变。公适经潍县，召陈绅至，切责之，陈诿以力不能阻，公代觅殷商垫还欠款，先杜绝外人往来，徐与潍民兴煤井之利，仓卒定变，消患无形，公之力也。美教士莫约翰在泺源书院旁购民房改建教堂，士民大哄。莫诣抚署请谒，周中丞偕公出见，莫出券请验，公阅券署嘉庆年号，且无地方官印，语之曰："此未税之契，例不得管业，汝来何意？"莫言愿退还此房，请以他处互易，公曰退还则可，互易则不可。时中丞方升漕督，虑事纠葛，属觅官地相易，公以条约所无，不可许，此端一开，后难应付。及任中丞来，公力请坚持，莫诡造诬词，激公使达总署，公曰："鼫鼠技穷矣。"拒之益力，莫竟无如之何。

七年九月，简授安徽徽宁池太广道，兼榷芜湖关。关设自前明成化时，积弊且数百岁，层牵互缀，不可爬梳。公履任尽蠲烦苛，剔蠹除奸，商旅交抃，税入亦骤增云。江督左文襄公宗棠闻而贤之。十年署按察使，未一月，奉诏入都。是时法越事棘，暴师南服，朝廷用大臣荐选洞达时务者入备顾问，海内被征者三人，公其一焉。奏对称旨，开缺留京，赏三品卿衔，命在总理衙门大臣上行走，旋补太常少卿。公进阶不由科第，骤跻卿贰荷殊眷，为众所嫉，群起劾之，遂龋然不安于位，出为直隶大顺广道。召对时孝钦显皇后卷帘赐垫，谕曰："汝办事认真，今予汝外官，当能为国家出力。"

逾年，以四品京堂奉出使美、日、秘国之命。航海抵美邦三藩悉士姑，关吏黑贾索阅国书，公拒之，黑贾不服，公厉声曰："汝何人？敢阅国书乎？汝能予我可阅凭证，当示汝。"黑贾惭退。顷之，其总税司偕黑贾伏谢前过。华侨闻之，气为之壮。美邦独踞一洲，与中国相偝，此昼则彼夜，华民久旅，几忘汉腊，公为请于朝，颁发时宪书，俾奉中朝正朔，疏入，报可。洛士丙冷一案，美工党焚杀华人二百馀命，前使索偿久不得直，公至，先慰谕华侨，徐与美廷提议，反复辩论，美廷折服，允偿墨西哥银十四万七千有奇，外国之偿款于我实自此始。是时美方虐待华侨，公思革彼苛例，钩距捭阖，方就范围，乃众论纷纭，垂成竟辍。公常引以为恨焉。

公出持英簜，遍历三洲，尊俎折冲，均不辱命，朝廷嘉之。历阶由太常寺少卿迁通政副使，转太仆寺卿，使事毕，仍命在总理衙门行走，补大理寺卿，旋授右副都御史兼署礼部右侍郎，又补户部右侍郎，转左侍郎兼署吏部右侍郎，赏加尚书衔，赐紫禁城内骑马，统辖路矿事务。

公再入译署，益摅忠说，知无不言，外使要求多挟执恫喝，公与为迎拒，据理直折，霆摧弦绝，同僚相顾，眙眙其间。如更商约，借外债，疑谤之地，黠者避焉，公密勿从事，不敢告劳。德宗鉴其忠勤，频蒙召对，恩遇之隆，视枢臣有过之。

二十三年复奉使贺英，英君主临御六十年，前后接见各国使臣不可数，计独于公深致褒美，赍予有加，此可想见公专对之能矣。英轺东返，归途经涉法兰西、德意志、俄罗斯诸邦，考察宪法、学校、商业、军制诸大政，归而具疏上陈，备蒙采择。

丁酉、戊戌间，朝廷惩旧政之积弊，励精图治，屡诏求才，新进之士多言变法。公素性恢宏，又志在延揽，跅弛之士不为峻拒。会时局中变，忌者腾谤于朝，因是下狱，续奉诏辨明，仍遣戍新疆。到配后，北望觚棱，忧心君国，时托讴咏以见意，怀人感事，略无小雅怨诽之思。庚子夏，拳匪乱作，政出多门，七月初六日，公遂与许、袁诸公异地同时皆及于难，天下冤之。

辛丑冬，回銮反正，英美驻使奉其国命，以公昔年奉使两国，和辑邦交，声施烂然，代求昭雪，诏许开复原官，恩逮九原，闾党感泣。

嗟乎！自古魁垒英特之才，天若靳以康强孝终之福。其生也，劳瘁百倍于庸人；其死也，惨酷亦百倍于庸人。论者求其故而不得，则谓天地犹果蓏，元气犹痈痔，赏功罚罪，特偶然耳。巧为之辟者，又谓旃檀之香，非爇则芳馨不烈。其说果孰是与？前代赍志之臣，志虑忠纯如于忠肃，才略恢廓如熊襄愍，皆功在宗社，名垂天壤，卒以奸人构陷，身膺斧锧，其后虽蒙昭雪，犹俟诸子孙之朝迟之数十年之后，赖台谏讼冤，阁臣陈请，而后得复官予谥，而逝者魂魄固久已化为槁壤，荡为清风，不识其尚能有知否也？

公殁时年六十有四，配林夫人先卒。子垲征、琬征、纪征、更生。公所著书有《三洲日记》八卷、《英轺日记》二卷、《铁画楼文钞》二卷、《诗钞》五卷、《荷戈集》二卷,皆先后刊行云云。

头品顶戴江苏苏松太兵备道乡世愚侄蔡乃煌顿首谨状

二品顶戴山东兖沂曹济兵备道受业吴永顿首拜书

(录自国家图书馆分馆编《中华历史人物别传集》,线装书局二〇〇三年版)

户部侍郎张公神道碑铭

张祖廉

光绪二十四年夏,天子数下诏书,兴革大政,咨于群谋以奠国维。其秋八月党祸卒兴,洒血都市,朋诅辈疑,凡自卿贰以至庶士,其有负材望收时誉者,悉以是贬黜窜谪。而户部侍郎南海张公樵野亦与焉。

公讳荫桓,先世自新会小范里徙居佛山镇,遂为南海人。曾祖某,祖某,父某,皆赠光禄大夫;曾祖妣某氏,祖妣某氏,妣某氏,皆赠一品夫人。公幼而奇特,博究书传,锲意于学,无所不窥,性故通侻。尝一应有司试,不遇,遂弃科举,入粟以知县注选。时阎文介公巡抚山东,继之者为丁文诚公,先后器异,辟为军咨,洊保至道员加按察使衔,寻晋二品服,历署登莱青道、山东盐运使,未几简授安徽徽宁池太道。

公之在山东也,英吉利既定滇约,请辟租界于烟台,其酋议创马头捐以敛厚赀,公持不可。又义冢一区为人盗售,县官已钤契矣,公与力争,卒返其地,其他措施皆程護周密,所裨补者甚众。及官皖中,皖之芜湖关沿袭旧规,层牵互缀,吏胥侵渔,率因缘以为奸欺,公至,首抉其弊,蠲苛息烦,税既骤进,民以大和。会久霪雨,江流暴涨，州邑告灾，即出俸钱以振饥困，复躬履属竟，董诫吅吏，卵翼备至，岁财再周，孅政粲然毕举。明年署按察使，有诏入都。方是时，法夷祸越，暴师南服，朝廷用大臣荐，将以材略瑰异、洞识世务者置之左右，备朝夕顾问，被征者三人，公独以奏对称旨，开缺留京，赏三品卿衔，命在总理各国事务衙门学习行走，补太常寺少卿。

公骤跻巍官，上意寖向用，由是为众所嫉，左迁直隶大顺广道。有顷，命充出使美利坚、日斯巴尼亚、秘鲁三国大臣。自欧墨各洲重译通市，聘使之职，尤在得人，匪直缔邦交而已，抑将察其向背以取进止，明其坚瑕以剖然疑，不者彼族且益轻我而事愈不可为。使美之日舟抵金山，津吏索观国书，公以谓非税关所得预，峻辞拒之。既又谭笑讥嘲，言论微婉，吏踧踖惭谢。华人佣于洛士丙冷，为美工燔杀数至二百馀人，前使廑与美廷索偿所毁财产，久不得直，公则繁称旁引，词诤义屈，凡偿墨西哥银十四万七千七百有奇。美故虐遇华工，至是复设苛例以为禁遏，公诇知其谋，谓与其系命它族，毋宁靳弗与通，于是有自禁华工之议，继乃徇于众请不果行，然自兹已来美例遂加酷矣。公之持大体、蓄远识，滂仁彍义以惠侨民者类如此。驻节三载，其闲更往来于日斯巴尼亚、秘鲁两国都，冠佩雝穆，弸中彪外，决疑定难，缜密而栗，尤务尊国权师敌技，躯躯践履以不克称职是惧，自其国人言之，未尝不曰洞中窾会；自吾士大夫之甄核人物者论之，亦未尝不叹为绝域使才也。

历阶由太常寺少卿迁大理寺少卿、太仆寺正卿，使事毕，仍命在总理事务衙门行走，旋以右副都御史署礼部右侍郎，擢户部右侍郎，兼管钱法，仍兼署礼部右侍郎，转补户部左侍郎，兼管三库，赏加尚书衔，赐紫禁城骑马。

公既再入译署，则益殚竭忠款，研幾杜微，错综变化，各适其指,事有钩棘,或同列愕顾,徐起应付,妙如转圜,顾独条理精整,弥缝罅漏,遇所不可辄抗辩广坐,诂释名义,常服远人。其后外患日棘,艰危踵迫,公忧怵国故,蚤夜旁皇,其涉利害尤巨一二事,主者閟其议,比祸机萌蘖,则劫于成执,挽救靡从。又赓议商约,称贷外款,皆与枋事者异趋,以故抑骚愤叹恒,愁然不自得。嗣是奉使贺英,上以公领度支熟知外情,议就彼国兼论加税事,公乃由英经佛兰西、德意志而至俄罗斯,复还英之伦敦,历北美洲华盛顿城而归,条具闻见,累疏以陈大指,谓宜屏外援,筹固圉,为箴膏起废之策,言至深切。归未久而变法议起,当宁昃食,锐意求治,尝一被命管理京师矿务铁路总局,及事变,异己者因诬奏,遽就诏狱,祸且不测,已而论戍新疆。既抵戍所,逾岁拳匪衅作,都门沸羹,贼臣昏狡阴左,弗戢鱼烂速寇,谥以至愚,乃复伪敕四出,骈戮贤俊,兽嗥虺毒,通幽彻遐。公虽远处边徼,竟于斯时并及于难,光绪二十六年七月二十六日也。乘舆还京,下诏罪己,遂追复原官,世之知公者盖莫不悲焉。天之生是弥纶磅礴之才,亦既位通显遭遇圣明,充其设施,宜若可以消释世患,不幸而颠踬济厄,丁时灾晦,横罹冤酷,则天之所生是才者又何也?

公生于道光丁酉年正月四日,春秋六十有四,所著《铁画楼诗文集》六卷《续集》二卷,经进《三洲日记》八卷。配林夫人先公卒,妾某氏。子垲征,刑部主事;琬征,恩荫知县;骥征。孙介禑。垲征故侍公出塞,既奉匮还,以光绪三十年某月某日葬公于某乡某原,属为墓道之文。祖廉向者校读遗集,雅耆公文,又内交于垲征,乃撮公之炳炳大业昭著后禩,且声以铭诗。铭曰(略)。

(录自闵尔昌纂《碑传集补》卷六)

庚子西狩丛谈(选录)

吴　永

张公于予有荐主恩……当主办日约时,予曾从事左右,相处逾岁。其精强敏赡,殊出意表。在总署多年,尤练达外势。翁常熟当国时,倚之直如左右手,凡事必咨而后行。每日手函往复,动至三五次。翁名辈远在张上,而函中乃署称"吾兄"、"我兄",有时竟称"吾师",其推崇倾倒,殆已臻于极地。今张氏裒辑此项手札,多至数十巨册。现尚有八册存余处,其当时之亲密可知。每至晚间,则以专足送一巨封来,凡是日经办奏疏文牍,均在其内,必一一经其寓目审定,而后发布。张氏好为押宝之戏,每晚间饭罢,则招集亲知僚幕,围坐合局。而自为囊主,置匣于案,听人下注,人占一门,视其内之向背以为胜负。翁宅包封,往往以此时送达,有时宝匣已出,则以手作势令勿开,即就案角启封检阅。封内文件杂沓,多或至数十通。一家人秉烛侍其左,一人自右进濡笔,随阅随改,涂抹勾勒,有原稿数千字,而仅存百馀字者;亦有添改至数十百字者,如疾风扫叶,顷刻都尽。亟推付左右曰:"开宝开宝!"检视各注,输赢出入,仍一一亲自核计,锱铢不爽,于适才处分如许大事,似毫不置之胸中。然次日常熟每有手函致谢,谓某事一言破的,某字点铁成金,感佩之词,淋漓满纸。足见其仓卒涂窜,固大有精思伟识,足以决谋定计,绝非草率搪塞者。而当时众目环视,但见其手挥目送,意到笔随,毫不觉其惨淡经营之迹。此真所谓举重若轻,才大心细者,宜常熟之服膺不置也。

张公得罪之由,曾亲为予言之,谓实受李莲英所中伤。……最可异者，侍郎虽身受重戮，而始终未尝革职，故临刑时犹被二品官服。闻廷旨到后，相知中致意家属，有劝其自尽者。侍郎慨然曰："既奉有明旨，即自尽以后，照章仍须执行斩决。与其二死，孰与一死？大臣为国受法，宁复有所逃避？安心顺受，亦正命之一道也。"于此足见其胸襟磊落，难临守正，不图苟免，真不愧大臣骨梗。独念公抱此异才绝识，乘时得位，又得当轴有大力者为之知己，而迄不获一竟其用，区区以不得于奄竖之故，遂至窜身绝域，投老荒边，甚乃授首于仓皇乱命之中，若明若昧，同一死难，而迄不得与袁、许诸公共播芬烈于一时之众口。苍苍者天，何以独厚之于前，而又重厄之于后耶？当时新抚为饶公应祺，假使稍微负责，缓须臾以察真伪，则拳祸旦夕已定，势即可以不死。公如不死，则后来和议，必可以大为文忠臂助。既已周悉外情，老成谙练，而又为拳匪所欲杀之人，对于外人，以患难同情之感，其言易入，定能为国家挽回几许权利。外交人才，如此消乏，而又自戕贼之，长城自坏，其谓之何！

……公临刑之前数时，已自知之。忽告其从子，谓尔常索我作画，终以他冗不果，今日当了此夙愿。即出扇面二页画之，从容染翰，模山范水，异常缜密，盎然有静穆之气。画毕就刑，即此便为绝笔。此真可谓镇定，盖公之得于道者深矣。

（录自吴永述、刘治襄记：《庚子西狩丛谈》，岳麓书社一九八五年版）

张樵野侍郎之与当时朝局

祁景颐

南海张樵野侍郎荫桓，起家小吏，同光时随其舅氏李山农观察宗岱于济南，落寞无聊。时朝邑阎文介公为山东巡抚，励精图治，留意人才，丰采凛然，属吏皆严惮之。一日，有应奉之事，嘱幕僚草稿，凡数易，俱不惬意。公自为之，亦觉未当，因以嘱李山农观察。李归，为张言之。张固工文词，请于李，试为之。稿成，李以呈文介，意不过塞责。文介阅竟，见其叙事明通，悉中肯綮，深为嘉许。盖奏章重在明显简要，上见之，或交军机，或交部，大抵无不准之理，不必文采纷纶也。文介问李，何人属稿？李以张对。遂令进见，与谈大洽。文介刚傲不易相处，张乃因势利导，倍加倚重。时各省传教之士，骄纵不守绳检，张承抚台命，遇事操纵得宜，是为侍郎外交之发端。继文介抚东，为宁远丁文诚公，亦激赏之，累保至候补道，分发湖北。汉口华洋杂处，交涉繁多，颇善处理。旋以军机处存记，特简安徽徽宁池太广道。光绪甲申，文介入枢府，荐其堪胜洋务大任，乃开缺以三品卿衔在总理各国事务衙门学习行走。正值法越事起，文介与钱塘许恭慎公同兼总署，朝命与侍郎会同办理。定约划界事，外有李文忠折冲，我以谅山大胜，法乃迁就议和。时侍郎躬操权柄，锐意任事，又事枢援，意气不免骄矜，为人侧目。当时风尚，京朝九列清班除满蒙外，汉则居恒科甲出身，少则亦由门荫，家阀隆重，罕有杂流羼入。侍郎以外职崛起，至于卿贰，即不露锋芒，亦难久安于位，况机锋四露，遇事任性耶？故被劾四次。给事中孔宪毂参其私致书上海道。次日，醇邸承旨，撤总署昆冈、周德润、陈兰彬、周家楣、吴廷芬、张荫桓差使，而已授直隶大顺广道，复以三四品京堂候补，出使美、日、秘，盖李文忠所荐也。海外使还，超擢侍郎。辛卯冬，钱侍郎应溥赴河南查办事件，命张署其礼部右侍郎。故事，吏、礼二部尚、侍汉缺，非翰林进士不可。拔贡朝考用部，反能补署。举人亦且不能得。昔年曾忠襄公，以功勋重臣曾署礼尚。忠襄起自优贡，人虽未敢明言，亦期期以为不合旧制。时高阳李文正方为礼部尚书，尝与其门下一二翰林言之，以张署侍郎为不当。迨侍郎二次入朝，每年贡献不赀，挥洒巨万，两宫时有供奉，结纳内侍，所用尤巨。吴渔川观察永《庚子记事》，谓其于中官不甚理论，殊不尽然。甲午日本事起，曾命偕邵抚部友濂往议和。日本忽拒之，谓其位望不足，乃改命文忠。次年丙申误，应为乙未，和议成，言者蜂起，劾其与海盐徐尚书用仪纳贿辱国。李文忠留京入总署，翁文恭亦得兼职，凡遇交涉，必使侍郎同为处理，文恭尤为推重，其笼络手段，每日函牍交驰，侍郎亦勤勤纳交，款接益密，即《庚子纪事》中所言也。

侍郎在朝，资用豪侈，饮馔丰美，又好收藏书画，同列无与伦比。李文正以旧辅再出，眷注甚隆，在总署亦惟侍郎之言是从。常熟有时利用侍郎以排同官，表面无间，心亦不洽。如总署考满章京，侍郎出题阅卷。翁言："樵野阅卷，余收卷点数而已。四十年老于典校，当此一叹。"次日考汉章京，翁言："樵野欲一人专主。余不自量，看六十本，而樵仍覆阅。伊加圈颇滥，余笑颔之而已。恭邸托一人，余曰某已摈之矣。因不觉力斥其妄，不欢而罢。比通校一过，樵既加圈，不能不尽前，大为所苦。"不满之意，溢于言表。德宗立意维新，孝钦久生疑忌，宵小内竖从而构之，嫌怨日深。侍郎翕热功名，又恃两宫俱有援系，于德宗召见时，私有所呈，兼进新学书籍，如康南海之进身，外传翁文恭所保，其实由于侍郎密荐也。戊戌四月，常熟被放，侍郎诣之，告以与军机同见，上以胡孚宸参摺示之，摺仍言得贿二百六十万，与翁平分。上谕以竭力当差。又言是日军机见东朝，极严责，以为当办。军机大臣廖尚书寿恒力求始罢。更传有命英年收张某拘拿，已而无事。此即《庚子纪事》中所记。侍郎被传，无事后，有新疆之命。所记小误，盖前事为本月初，侍郎发遣在八月严办康梁以后也。使侍郎不以他途进，遇德宗召时，剀切陈言外交大事、各国情势，徐图更张，未始不能见功。不使昏愚妄测正人，激成庚子拳乱，清社以屋，国家亦随之一蹶不振，则侍郎一生宦迹与中国不无关系也。

侍郎丰颐广颡，言论忼爽。乙丙之际，杨文敬公士骧官翰林时，与侍郎交密。余时与文敬坐上见之，遇人亦和平实厚，而心计甚工。文章雅饬，才足副之。与当时名流如盛伯羲祭酒、王文敏公诸公以时往还，不意于庚子秋竟遭奇祸于万里外，可谓惨矣。尤奇者，其子仲宅，于民国后为强有力者以党案钩鯱之，父子皆不善终，是为可怪！偶阅《庚子纪事》，有感于侍郎与当时朝局，就所知者，拉杂记之，以为异日之信史，于考证似不无裨益也。

（录自祁景颐：《䜩谷亭随笔》，《近代稗海》第十三辑）

红棉叹

牟伯融

木棉树，攀枝花，未发叶，先着葩。阳春正二月，葩开艳若霞。东风一振荡，摇落杂泥沙。绿叶成阴棉吐絮，御寒不中作衣被。除却漫天作雪飞，牧竖卖钱拾滞穗。攫拿枝干只轮囷，赤腾腾气上干云。百石堂中老名辈，别号红棉旧主人。世居佛山清河商，太翁操持计然计。中人之产食指多，有子不循弓冶义。鸡群独鹤出群材，谁识张生负异才。西库五车悉贯串，欧风美化总精该。其奈文章不中程，三十未能青一衿。宁知才大难为用，笑煞禅山市井情。季子归来家不齿，残羹冷炙敝衣履。风尘青眼出青楼，惟有阿金一知己。解佩凌波紫洞舟，添香瀹茗媚香楼。只道花钱出措大，谁知姹女贴缠头。春光漏泄寮婆恶，粤语呼鸨母曰“寮口婆”。贴钱养汉龟凌弱。姐儿爱俏鸨爱钞，寒酸岂有迷人药。三郎未必终郎当，飞上枝头变凤凰。不然抉侬眸子去，休教贻笑大堤娼。从此防闲逐穷客，侠骨痴情缘会绝。青鸟殷勤为探看，乞与萧郎壮行色。赆别临歧裹泪痕，最难消受美人恩。愿教丹桂发云路，早拔青莲出火坑。有戚当年令山左，万里寻亲宁重我。琴堂空赋弹铗歌，手谈聊泛明湖舸。风行历下桃花泉，棋谱名，范西屏制。国手偏推粤客先。赌墅竟能陪谢傅，樵入山东抚幕，初以弈进。乘槎直上看张骞。围棋决胜特馀事，才比马周工奏议。央口合龙铜瓦箱，勤王先驻金台旆。光绪六年，俄兵犯界，诏调卫京之师。山东丁抚之兵先到，樵以河工、勤王两案随摺保奖。进贤平远丁中丞，丁文诚公宝桢。保送监司觐玉京。不分汾江穷巷士，才名一旦动公卿。斯文领袖翁师傅，坛坫齐名潘司寇。潘文勤公祖荫。绝学发微公羊高，及门充塞翰林署。荐贤顺德李侍郎，李文恪公文田。经学新来敝邑张。招致瓶花盦下坐，共来说饼相公堂。戴逵说经，以公羊为饼师。谈经夺得十重席，五鹿折角闭喙息。赋诗仍推粤派工，石甫樊山应搁笔。帝师咄咄呼伯寅，老夫相士几失真。不谓杂捐超翰苑，白衣新得一门生。樵以纳捐吏目出身，常熟计相，门人尽属甲科，白衣弟子惟樵一人。留京内用出廷谕，召对迩英授卿寺。蔡邕一月历三台，却教礼部破成例。六部则例，春官最严，非科甲不得补署。樵以捐纳竟升右堂。泥金传遍五仙城，紫诰金章奉寿椿。嘱咐里门备仪仗，花车快送意中人。正室鱼轩到京邸，郎去三年阿金死。病骨难捱葵扇敲，粤语呼鸨母曰“大葵扇”。断魂谁免芙蓉诔！金死系吞阿芙蓉膏。桃花命薄莲苦心，岂独伤心是小青。博得英雄数行泪，樵闻金死，落泪而已。奈何天外惜馀春。洋务邦交归总署,恭王主政爵相副。合肥李文忠公。盲人瞎马坏方针,一邱之貉国是误。张衡能造浑天仪,邹衍谈瀛仍骛迷。特派衙门充坐办,又参枢轴入军机。平生画爱石谷叟,贿迁重购九十九。合璧求全一幅山,百石堂成开笑口。大郎承旨搜墨林,报说容斋画宝琛。不是状元难割爱,只缘国使位方尊。出使德俄奥大臣吴县洪钧。通家谋画结仇怨,指嗾台垣纠吴县。当时中伤怀璧人,后来酿出彩云案。德宗宵旰在图强,书上公交车首推康。百日维新建新极,格天一德是翁张。移宫捕党新政变,六士铮铮死国难。引用匪人间两宫,君与贵阳罚城旦。贵筑李尚书端棻。因果循环庚子年,灭洋扶清义和拳。举贤陶侃原忧国,新疆巡抚秀水陶勤肃公模。乞赦逐臣弭衅端。拜疏开尊为君贺,老樵失色酒杯堕。此何世界吾何归,公欲福我反招祸。端徐跋扈战云汹,得疏惊疑气转凶。几失充军二毛子,爰书矫诏害孤忠。六月天山电旨下,原保转作监斩者。丹心碧血洒龙沙,断送孤臣一樵野。溯君廿载秉国钧,缅越高丽台湾沦。富贵逼人天步棘,春秋责备在贤能。嘉君抱负眼光利,提倡新法救国弊。涣汗不成翊赞功,求治太急进太锐。论君一生辜负恩,报书迟滞误阿金。阿金争比金娇幸,光绪末粤妓金娇故后,吴兴沈叟费千金,建墓绘象刻诗,门联为铁禅和尚撰。墓在息鞭亭畔,正对黄花冈。烈士美人已成羊石名胜。金屋无人见泪痕。苏秦昔佩六国印,君领五部差相称。宠利居功不保身,四科所以先德行。百粤重光我在军,登龙客晤大郎君。凤毛未许同嵇绍,羊质宁堪溷景仁。诗人黄景仁,字仲则,张子同。入都阑入复辟党,纨绔招灾由狂妄。宋王押遣圣人逃,宋芸子、王湘绮均押遣回籍。尔独何辜陷法网。援引康海出尊公,父以此始子其终。兴亡转烛三十载,风流云散百翚空。木棉本是不材木,木不为炊花麗蔌。花名人号将毋同,输与二樵饱眼福。黎简山水以红棉图为多。宦游佛镇老牟融，一访婴沙侠女踪。佛山婴嘴沙为妓院所麇集。君不见樵径苍茫绿野外，年年春至木棉红。

（转录自汪辟疆《光宣以来诗坛旁记》）

各家诗文评论及其他

樵野起自幕僚，以县令至监司，见知阎文介、丁文诚。出膺使节，洊贰司农，两入译署。戊戌获谴，戍新疆，庚子秋遽罹重辟。朝局方炽，有识哀之。虽不以科目进，而折节读书，洽习掌故，文辞抶丽。李炁伯、王廉生与交稔。一时朝士未易抗衡。官皖中，谭复堂方作令，商榷文艺尤密。《荷戈》一集，世多称之，好收石谷画，以百石名斋，亦如瞿稼轩之雅嗜石田，自号耕石也。

（录自徐世昌《晚晴簃诗话》卷一七九）

南海张樵野荫桓起自幕僚，出膺使节，洊贰司农，两入译署，每有献替，动关时局。虽不以科目进，而折节读书，洽习掌故，文辞抶丽，一时朝士，未易抗衡，亦一代奇才也。然锋铓太露，嫉之者众。戊戌获谴戍新疆，庚子且被矫诏僇异己，遽罹重辟，识者哀之。生平好收石谷画，以百石名斋，其《渭南道上得廉生祭酒书及垲儿消息奉答》一诗云……此诗由廉生传出，偶向友好诵及，不胜感喟。廉生姓王，名懿荣，福山人。博学耽著述，盖与樵野交谊最深，而能古道照人者。此诗载《铁画楼诗续钞》。

（转录自《清诗纪事》所引屈向邦《粤东诗话》）

南海张樵野侍郎荫桓起家簿尉，粗识字，中岁始力学，四十后即出持使节，入赞总署，而骈散文诗皆能卓然成家。馀力作画，亦超逸绝尘，真奇材也。生平作事不拘绳尺，且以流外官致身卿贰，辇下诸贵人尤疾之,以故毁多于誉。然干局实远出诸公上。戊戌五月常熟去国时,侍郎亦被人参奏,闻东朝已有旨饬步军统领即日前往抄籍矣。以荣禄力谏而止,实则荣禄别有用心,非为侍郎乞恩也。尝见其为人所画便面,湿云滃郁,作欲雨状,云气中露纸鸢一角,一童子牵其线立一危石上,自题诗其上曰:“天边任尔风云变,握定丝纶总不惊。”盖即此数日中所作也。

侍郎诗笔清苍深重,接武少陵、眉山,视高达夫之五十为诗,盖有过之。尝得其遗诗一卷,皆遣戍西行时关内外途中所作,爰择其尤者录之。《九月晦渭南道中得廉卿生祭酒书述敝居及垲儿踪迹奉答一诗》:“无限艰危一纸书,二千里外话京居。覆巢几见能完卵,解网何曾竟漏鱼。百石斋随黄叶散,两家春与绿杨虚。灞桥不为寻诗去,每忆高情泪引裾。”一气关生,情文交挚。……侍郎富名迹,收藏石谷卷轴至多,尝建百石斋以储之。自被祸后,桓玄寒具,遂成云烟之散没矣。……侍郎之进用,由于阎文介之汲引。初以山东道员召为太常寺少卿,充总理各国事务衙门大臣,骎骎大用矣。会京朝士大夫以其出身不由科第,故挟全力以挤之。直总署未数月,复出为大顺广道。既而美使缺,文介复力保,遂再授少常出使,荐至侍郎,加尚书衔。侍郎与合肥,晚年颇隙末,而与朝邑风义,顾始终弗替。文介之薨也,遗疏忤孝钦意,恤典独薄。礼官以赐谥请,几靳不予。后卒得转圜者,侍郎之力也。

(录自李岳瑞《春冰室野乘》)

樵野侍郎起家佐贰,为朝士所轻。自监司入为京卿,以人言斥外。再入为奉常直译署,洊擢至卿贰,朝中清流犹嫉之。戊戌五月,翁文恭罢相,樵野亦为台谏纠劾,将籍其家,赖荣文忠营救,仅夺职遣戍。或见其为人画便面,滃云欲雨,云中露纸鸢一角,一童子牵丝立危石上。自题句云:“天边任尔风云变,握定丝纶总不惊。”颇见抱负……

樵野娴风雅,不知者乃以“伏猎侍郎”目之。自谪戍后始存诗。《九月晦渭南道中得廉生祭酒书述敝居及垲儿踪迹奉答》句云:“覆巢几见能完卵,解网何曾竟漏鱼。”又《二月廿一日抵戍示常弟藩侄垲儿》诗末数语云:“远送两三人,昏灯写遗属。理乱暂不闻,馀生甘窘辱。”盖自料不复生入玉门矣。谪居累载,朝论亦渐忘之。庚子乱作,忽具疏极言拳匪之不足恃,外衅之不可开。乞新疆巡抚联魁[1]代奏。时端、刚柄政,疏上触其忌,即矫旨处死。其忠直可并袁、许,而当世罕知之者。集中有《书愤》诗,即庚子夏绝笔之作,痛心拳祸,语挟风霜。疏草虽不传,大旨当即本此。其诗云:“兵气缠三辅,前筹借五军。御戎夸善战,济治首程文。野阔狐嗥火,宵深狗变云。遥看高掌拓,陡觉老拳棼。电线竿频折,飙轮軏骤焚。苍黄连海曲,酝酿始河渍。到处皆鸡肋,何时洗蛰氛。茄花惊逝水,秃柳偃寒雰。操纵乖长策,安攘侈异闻。石言疑可禳,沙语肯离群。既诩心如铁,无嫌鼻斲斤。不成狮搏兔,若为马驱蚊。龟坼艰秋获,乌瞻失夏耘。渐愁歌蹩躠,徒结吠狺狺。杼轴虚东国,干戈追夕曛。倒绷偏侈老,粥饭却常醺。负乘非晁错,前锋误伍员。荷篅擎一柱,棋局乱楸纹。大角光常彻,欃枪力自皲。尤歼仍涿野,巢败在亭云。只合雷霆振,何当畛域分。遐荒传露布,欢燕迈横汾。艺圃休图曼,歌筵妙转裙。更宜恢玉步,勿使累琴熏。相忍难为鲁,摅谋但束殷。月堂方邃密,海气已烟煴。未厌栖庭树,还应念社枌。南园谁述德,西第久言勋。蛟色潜流沫,鱼胶

① 按,此处误,应为饶应祺。

岂固筋。不逢东里相,空酹望诸君。戡乱宁无术,艰贞况励勤。舞竿黭故技,史册颂交欣。”曰“月堂”、曰“南园”者,痛斥徐、崇辈,以林甫、侂胄喻之。“玉步”、“琴熏”隐谓德宗。诗语具见忠爱。或曰樵野之失慈眷,实中官谮之。事未必然,姑存其说。

(录自郭则澐《十朝诗乘》卷二二)

穷塞逋臣尚抗章,曾规新法进康梁。头颅万里无人惜,只赚伶官泪数行。康有为初规变法,所著及封奏皆由张樵野侍郎代进。樵野起自杂流,有干才,通时务,东朝亦深喜之,由是失宠。康、梁败,樵野亦遣戍新疆。朝野几忘之矣。拳乱作,忽具疏力言外衅之不可轻开,乞新抚联魁代奏,端、刚辈方窃柄,矫旨正法,其直谏不亚袁许,而人鲜知者。先是,樵野在朝颇赫赫,朝士多奔走其门,遣戍日独伶人五九弃所业送至西安乃返。朱古微有《氐州第一》词纪之。

(录自郭则澐《庚子诗鉴》)

吾乡张樵野侍郎荫桓,起家簿尉,粗识字。中岁始力学,与南海谢偶樵朝征,以文字相切磋。偶樵丈著《白香词谱笺》,参订者侍郎也。侍郎诗文,皆卓然成家,馀力作画,亦超逸绝尘,真奇才也。生平作事,不拘绳尺,以外官致身卿贰,朝中诸大老尤疾之。戊戌五月,常熟罢相,侍郎亦为言官论列,闻已有旨饬步军统领查抄,以荣禄力救获免。某君笔记云:尝见侍郎为人画便面,湿云滃郁,作欲雨状。云气中露纸鸢一角,一童子牵其丝,立危石上。自题二句云:“天边任尔风云变,握定丝纶总不惊。”盖被劾时作云。又侍郎遣戍西行,有《九月晦渭南道上得廉生祭酒书述敝居及儿垲消息奉答一首》,诗云:“无限艰危一纸书,二千里外话京居。覆巢几见能完卵,解网何曾竟漏鱼?百石斋随黄叶散,两家春共绿杨虚。灞桥不为寻诗去,每忆高情泪满裾。”按侍郎藏石谷画至多,筑百石斋贮之。王祭酒，名懿荣，殉庚子之难，有赐谥。侍郎诗笔清苍深郁，接武眉山、少陵，七古浩气磅礴。

（录自沈宗畸《便佳簃杂钞》）

以予所知，康南海之得进于德宗，实樵野所密荐，常熟诇知德宗意，始具摺保康。从南海《自编年谱》中数见当时康、梁与樵野往来之密。或疑南海自编年谱中言常熟者多于樵野，以为南海纯得常熟之力，此实大误。南海来京，主樵野，此事瘿公、孺博皆言之。常熟负重望，又有知己感，故数言之，樵野结纳深，而为谋主，故不数言之也。废八股，亦樵野力赞之。南海有奏请仿欧洲各国制新器、著新书、寻新地之事，摺交总署，樵野即属任公拟稿议定。吾闻当时樵野与康、梁，私人抵掌谈政治，辄昌言无忌，实为致死之由。……樵野之死，乃于庚子夏义和团方炽时，京中突有密电致新疆当局，属阴置张荫桓于死地。相传此电乃西后授意者，南海曾述之。见于官文书者乃云，有密旨以张荫桓通俄，就地正法。和议成，始昭雪，复原官。

（录自黄濬《花随人圣庵摭忆》）

康长素之出，实由樵野荐之于翁叔平，翁荐之于光绪，故戊戌变政，樵野实其原动，西太后欲杀之久矣。庚子乱命，与害珍妃同一笔法，事类袁绍之杀田丰。盖自耻失败而永图灭口，且杜翻案耳。樵野之起，不由科第，而才华显露，众多侧目；至其亲家李芍农亦与不谐，故受祸虽烈，而称之者稀，尚不克比于许景澄、徐用仪，亦可伤矣。阮季湖前觅得樵野遗集寄京，偶题此什，以抒所感，亦论近世史者所宜知也。

（叶恭绰：《读张樵野铁画楼集序》，录自《遐庵诗乙稿》）

南海张樵野荫桓，于清光绪间以外省末吏荐至公卿，以才显于世，枢府依为左右手。其时翁同龢与孙毓汶意见不同，有若“牛李”，樵野游其间，皆能水乳。卒以荐康有为成戊戌大狱，那拉氏追恨杀之戍所。其时风气锢蔽，以其不由科目进，众皆轻之。李若农文田乃其亲家，且时极嘲诋。至非罪被害，哀之者稀，不获与“三忠”袁昶、许景澄、徐用仪同称其道，亦可伤矣。乃其文艺超凡，迥非当时科第中人所及，亦复知者无几。余曩者偶窥鳞爪，极致钦迟，求其刊本，仅得《铁画楼诗续集》，而全豹渺不可得。前数年，偶与阮季湖谈及，以其同籍南海佛山，属其物色。经岁馀得之坊市，即此六册也。审各卷中，有校正小签，当系初印本。依封面所署，乃刻于北京。询之厂肆，渺无知者，盖已为绝版之物矣。余十年来所见张与翁、孙手札有数十册，盖几于每日数通，昔人所谓每事必咨，不过如是。而樵野遇事犀烛剑剖，判断如流，诚超过其时流辈倍蓰，不止其荐康南海一事。在当日为历史行动，而卒以此杀身，且罕知者。专制之朝，了无正义公道可言。此其一征。余恒拟仿《过秦论》为《过清论》，卒未暇，此类亦可资举证也。一九五二年六月廿三日盛暑，叶恭绰识。

（叶公绰：《铁画楼诗钞》跋，转引自王贵忱《可居题跋三集》后记）

关于樵野著述情况，由于缺乏记录，已不能尽得其详。依据见之著录者和笔者所藏而言，计有下列十数种：一、《张樵野观察赠书》稿本，不分卷，五册。系郑振铎旧藏，今藏北京图书馆。原书未见。二、张樵野选编《骈体正宗》初二编稿本，存二编二册。此系张氏选编，收其手写骈文四篇。初编不知所之。原稿系卢子枢旧藏，闻系自北京南海会馆散出。今为笔者所藏。三、《奉使日记》十六卷，进呈本。今藏上海图书馆。原书未见。四、《英轺日记》，见《广东文征续编》第一册(总编纂许衍董,参阅汪宗衍、吴天任)收录。原书未见。五、《俄属游记》,往时杂览摘记,失记出处。原书未见。六、《三洲日记》八卷,光绪丙申(光绪二十二年,一八九六年)夏五月京都刊本,别有光绪三十二年上海石印本,即影印光绪丙申本。七、张荫桓辑《西学富强丛书》,光绪二十二年石印本。原书未见。八、《铁画楼诗文稿》六卷,见于《广东文征续编》第一册收录,又见之著录有《铁画楼诗文集》六卷,疑为《铁画楼诗文稿》一书之异名,似别无旧刊本传世。原书未见。九、《奏稿》校定本十九篇。多为张荫桓所撰经誊写之清稿本,间有张氏手自校改者。内有为他人代拟稿。光绪二十一年,张荫桓继李鸿章任中国全权大臣,与日本全权大臣林董于次年议定《中日通商行船条约》。其间与日本代表商议之细节,均有奏本上光绪帝。此类奏稿有八件,史料价值较大。原稿在笔者处。十、张荫桓《铁画楼诗钞》卷五,写样校订稿本。此卷一名《不易集》,盖张氏诗集每卷各独立标题书名。此卷系写书样待刻者。目录八页,正文四十页,首尾俱全,有作者校改者。原稿笔者所藏。十一、张荫桓《铁画楼诗钞》卷五,初印校样稿本。此为初刻印样校本,与写样本略有异同,以视初稿增刊九页。存目录二页,正文十一页。此增刊本收诗下限至戊戌年正月,可能因是年政变发生而未能印行,故鲜有知此书者。原稿笔者所藏。十二、《张樵野戊戌日记》稿本。此日记系张氏自印绿格竹纸稿纸,半页八行,版心有"铁画楼"三字,总一百三十一页,原分装三册。始记于光绪二十四年戊戌正月初一日,止于是年七月初六日,也即日记作者被捕前三十二天,共记二百一十三天行事和见闻,经覆案有关文献,可知张氏所记乃实录,史料价值尤大。原稿笔者所藏。十三、张荫桓《铁画楼诗续钞》二卷,光绪二十八年刊本。此书一名《荷戈集》,原刊本传世不多。笔者藏有白连史纸初印本和毛边纸较后印本各一部。

（录自王贵忱:《张荫桓其人其著》,《学术研究》一九九三年第六期）

人名索引

一、本索引所收人名范围只包括日记中所涉及与张荫桓有交往、或名字见诸日记的部分人物，其中以与作者同时代的中国人为主，也包括与当时外交交涉直相关的少数外国人。

二、本索引原则上以所收人物的姓名立条目，该人物在日记各处所见其他称谓，比如字、号、别号及代指该人物的籍贯、郡望、官职等，一律附于其后。另立附条目，参见姓名主条目。外籍人士附以拉丁文名字。

三、本索引按照人名的汉语拼音顺序排列。

四、条目下所注阿拉伯数字表示该人名出现于日记中的具体时间（年月日均为阴历），其中黑体数字 12、13、14、15、20、24 分别指代光绪十二年、十三年、十四年、十五年、二十年、二十四年，r 表示闰月。例如："13.10.1"，表示"光绪十三年十月初一"；"24.r3.7"，表示"光绪二十四年闰三月初七"。同年的月日连排，不同年则另行起排；同月连续三日，起止用-表示。

C

D

H

J

K

L

M

N

O

P

Q

R

S

X

Z